武江年鉴

2022

武江年鉴编纂委员会　编

方志出版社
Publishing House of Local Records

图书在版编目（CIP）数据

武江年鉴. 2022 / 武江年鉴编纂委员会编. --北京：方志出版社，2022.12
ISBN 978-7-5144-5453-6

Ⅰ. ①武… Ⅱ. ①武… Ⅲ. ①武江区—2022—年鉴
Ⅳ. ①Z526.54

中国版本图书馆CIP数据核字（2022）第253209号

责任编辑：刘方圆
责任校对：刘玉霞
责任印制：梅中英
出 版 者：方志出版社
地　　址：北京市朝阳区潘家园东里 9 号（国家方志馆4层）
邮　　编：100021
网　　址：http://www.zgfzcb.cn
发　　行：方志出版社图书营销中心（010-67110500）
印　　刷：韶关市典经社彩印有限公司
开　　本：889毫米×1194毫米　1/16
印　　张：24印张　插页：2.5印张　地图：1幅
字　　数：704千字
版　　次：2022年12月第1版
印　　次：2022年12月第1次印刷
定　　价：260.00元

编辑说明

一、《武江年鉴》是中共韶关市武江区委、韶关市武江区人民政府主管的大型年度资料性文献。《武江年鉴》编纂坚持以马克思列宁主义、毛泽东思想、邓小平理论、“三个代表”重要思想、科学发展观、习近平新时代中国特色社会主义思想为指导，旨在全面、系统、准确地反映武江区自然、政治、经济、文化、社会等方面的基本情况，为读者了解和研究武江区提供基本资料。

二、《武江年鉴》采用分类编辑法。主体内容设类目、分目、条目3个结构层次，以条目为表现内容的基本形式。全书条目的标题统一用黑体加【 】表示，少数包含多方面资料的条目则在文内用楷体标题标明各段资料的主题。

三、《武江年鉴（2022）》着重反映2021年武江区各项事业发展的基本情况。全书设特载、大事记、区情概览、中国共产党韶关市武江区委员会、韶关市武江区人民代表大会、韶关市武江区人民政府、中国人民政治协商会议韶关市武江区委员会、纪检·监察、民主党派、群众团体、军事、法治、综合经济管理、工业、商业、农·林·水、财政·税务·金融、城乡建设·生态环境·公路、教育、文化·旅游·体育、卫生健康、社会生活、镇（街道）、先进表彰、统计资料、文件辑录、附录、索引。

四、本年鉴的统计数据采用法定计量单位（农田土地面积计量单位仍用“亩” 少量计量单位仍用“公里”“吨”），统计数据以武江区统计局提供的数据为准，统计局无此数据的则使用单位统计数据。

五、年鉴配备双重检索系统，书前刊有目录，书后配有索引。索引采用主题分析法，款目按汉语拼音字母顺序排列。

《武江年鉴（2022）》审稿组

组　　长：林基乐

副 组 长：董素梅

成　　员：（以姓氏笔画为序）

丁　琳　刘　琼　李道阳　邱小庭　张　伟　胡佳捷　曾　斌

《武江年鉴（2022）》撰稿人员

（以姓氏笔画为序）

王贝毓	王龙树	王仪承	王晓姣	邓培君	邓新佳	叶多胜	叶思乐
丘燕霞	冯　洁	成志军	朱　琴	朱玉娟	华　伟	刘　媛	刘志琳
刘秀静	许　靖	严志全	李　婷	李　磊	李素芬	杨　思	肖　璐
邱小庭	何　森	何承康	邹　睿	邹佳奇	沈　赟	宋沛妍	张运运
张国威	陈　琳	陈于兵	陈兴运	陈剑琪	陈晓聪	陈敏琳	范岑岑
林　皓	欧艳华	罗　伟	罗薇君	金　晶	周敏仪	郑曼玲	赵奉君
胡敬东	钟明东	钟泳琪	侯家良	骆婕怡	桂顺风	翁一成	郭　婷
郭一诺	郭二妮	唐　杰	黄　鑫	曾伟虾	曾丽明	曾晓榕	谢珍环
谢悦彬	谢雪诗	赖槐泉	蔡利欢	谭冬连	谭灯材	黎　颖	黎玉珍

武江数字 2021

土地面积677.85平方千米

年末户籍人口29.90万人

年末常住人口37.89万人

人口自然增长率3.30‰

地区生产总值3067200万元

第一产业增加值86081万元

第二产业增加值1191864万元

工业增加值976155万元

第三产业增加值1789255万元

第一、第二、第三产业构成2.8：38.9：58.3

人均地区生产总值81378元

社会消费品零售总额753258万元

外贸进口总额70367.1万元

外贸出口总额7459.8万元

地方一般公共财政预算收入（不含韶关新区）61521万元

地方一般公共财政预算支出（不含韶关新区）196586万元

国内税收收入73.83亿元

城镇常住居民人均可支配收入45127元

农村常住居民人均可支配收入24230元

农林牧渔业总产值157085万元

耕地面积0.49万公顷

粮食播种面积0.39万公顷

粮食产量2.46万吨

林地面积5.08万公顷

森林覆盖率70.45 %

森林蓄积量366.13万立方米

双虹照耀武江 （韶关市摄影家协会 供图）

雨后武江 （庄东平 摄）

西河体育中心全景　（唐晓军　摄）

武江区商圈住宅小区——蓉山华府　（黄杰洪　摄）

武江区林桥公园（谭富堂　摄）

武江区摩尔城　（区委宣传部 供图）

武江区富康广场　（区委宣传部 供图）

坐落于武江区西联镇的韶关城投集团大楼 （杨亦武 摄）

武江区君临·新天地广场 （区委宣传部 供图）

武江区工业西大道 （韶关市摄影家协会 供图）

保利广场 （李红珍 摄）

坐落于武江区西联镇的韶关市妇幼保健院（韶关市儿童医院）（熊亮　摄）

韶州公园踏月桥 （李惠兰　摄）

韶州公园儿童乐园 （王海涛 摄）

拾贝湖 （区委宣传部 供图）

①

②

③

④

① 武江区西河镇下坑村风貌　（何坚强　摄）

② 武江区龙归镇南水河畔格桑花海　（谢焘　摄）

③ 武江区龙归镇山前村全景　（侯宜君　摄）

④ 武江龙归镇冲下村乡村丰收图　（徐宇虹　摄）

2021年9月23日，武江区2021年中国农民丰收节暨生态农业博览会在重阳镇水口村开幕　（何亮　摄）

2021年10月16日，“农行杯”2021韶关重阳水上无动力运动基地龙舟测试赛在武江区重阳镇水口村开赛

（区委宣传部　供图）

2021年3月10日，区委书记颜亮（左三）一行在青暖村委欧屋村调研党史教育红色文化　（陈励　摄）

2021年2月7日，区委副书记、区长郑伟平（右一）率队慰问武江区消防救援大队全体人员

（区委宣传部　供图）

2021年12月8日，区委书记张广晖（左三）调研常态化疫情防控工作，图为调研组实地查看武江集中隔离点

（区委宣传部　供图）

2021年12月6日，区委副书记、区长黄艺坤（左二）到西河镇调研美丽乡村建设等工作

（区委宣传部　供图）

2021年6月17日，区领导一行在重阳镇万侯红色村广场重温入党誓词　（何亮　摄）

2021年8月26日，武江区在科创园举行全市第三季度项目集中开竣工暨武江“厂区变园区、产区变城区”项目开竣工仪式　（区委宣传部　供图）

政务要事

2021年6月28日，武江科创园青创中心动工暨招商项目签约仪式在科创园举行　（陈励　摄）

2021年1月22日，武江区在科创园举办农村人居环境整治第三批“打擂比武”现场评选活动　（陈励　摄）

2021年1月23日，武江区招商引资暨高质量发展大会在科创园召开　（区委宣传部　供图）

2021年10月29日，中国共产党韶关市武江区第十次代表大会开幕　（区委宣传部　供图）

2021年10月30日，韶关市武江区第十届委员会第一次全体会议召开　（区委宣传部　供图）

重要会议
HUIYI ZHONGYAO

2021年11月24日，韶关市武江区第十届人民代表大会第一次会议开幕　（区委宣传部　供图）

2021年11月23日，中国人民政治协商会议第十届韶关市武江区委员会第一次会议开幕
（区委宣传部　供图）

2021年5月25日，武江区中医院建设项目主体结构封顶仪式举行　（区委宣传部　供图）

2021年8月1日，改造后的群立街道路　（区委宣传部　供图）

①

韶关

凤度小学

① 2021年8月30日，武江区龙归中心幼儿园建成启用　（谢悦彬　摄）

② 2021年8月30日，武江区蓉城幼儿园　（谢悦彬　摄）

③ 2021年9月11日，武江区韶华幼儿园用（唐晓军　摄）

④ 2021年9月1日，武江区风度小学建成启用　（区委宣传部　供图）

⑤2021年8月30日，武江区韶新幼儿园用（区委宣传部　供图）

2021年9月23日，武江区举办武江区“庆丰收　感党恩”2021年中国农民丰收节暨“党恩情　满武江”生态农业博览会活动，图为活动现场的龙舟表演　（陈励　摄）

2021年3月29日，位于芙蓉山脚下红玫路旁的新建书香广场

（区委宣传部　供图）

武江区韶乐亲水台　（许淑贞　摄）

社会民生

MINGSHENG SHEHUI

改造后的光明巷 （区委宣传部 供图）

城市微改造提升后的光孝路新颜（邓伟仪 摄）

光明巷的故事 （沈德奎 摄）

2021年10月12日，武江区重阳镇水口村代表队的奋桡者在武江河奋力拼搏　（刘松胜　摄）

2021年12月28日，第九届“中信置业杯”中国女子甲级联赛广东韶关·武江工商联站暨闭幕式在武江区举行
（陈励　摄）

社会民生

MINGSHENG SHEHUI

2021年1月23日，武江区开展全民核酸检测应急演练　（区委宣传部　供图）

2021年4月25日，武江区在沙洲尾社区卫生服务中心启用韶关市首家数字化新冠疫苗接种点

（区委宣传部　供图）

2021年9月9日，武江区社区志愿者全程陪同护送高龄老人接种疫苗　（区委宣传部　供图）

2021年11月10日，沙洲尾社区卫生服务中心的医护人员到华泰小学为学生接种新冠疫苗　（吴嘉宁　摄）

社会民生

2021年11月22日，韶关市首个全国示范性老年友好型社区——恒大社区揭牌　（区委宣传部　供图）

2021年8月25日，武江区“舒心驿站”挂牌成立（区委宣传部　供图）

2021年12月14日，武江区博物馆全面升级改造后恢复开放　（黄杰洪　摄）

2021年11月26日，世界冠军走进韶关市风烈中学领航追梦主题活动在武江区举办　（区委宣传部　供图）

2021年7月28日，“中国共产党广东历史一百年”流动展板在武江区博物馆门口广场展出

（区委宣传部　供图）

社会民生 SHEHUI MINGSHENG

2021年11月7日，2021韶关市消防嘉年华暨武江区“119”消防宣传月在武江区韶乐广场启动

（区委宣传部　供图）

2021年10月16日，世界粮食日和全国粮食安全宣传周活动韶关（武江）会场启动仪式在武江区乡村振兴培训实践中心举行　（区委宣传部　供图）

2021年1月5日，武江区第三届机关工作创新创优竞赛在武江区科创园举办，图为区纪检监察机关党支部作品《“靶向”精准监督，护航脱贫攻坚》　（区委宣传部　供图）

2021年5月6日，武江区政务服务大厅设立韶关市首个“办不成事”反映窗口　（区委宣传部　供图）

2021年5月29日，武江区在全民健身广场举办现场招聘会　（区委宣传部　供图）

社会民生 MINGSHENG SHEHUI

2021年6月28日，武江区开展党史教育进校园活动，邀请党龄50年以上的老党员参与党史专题宣讲　（区委宣传部　供图）

2021年6月29日，中国共产党成立100周年“红歌传唱”活动在武江区科创园举行，图为东岗小学学生演唱现场
（区委宣传部　供图）

2021年7月14日，武江区在科创园举办“重温党史经典 体悟初心使命”红色情景剧大赛，图为比赛现场（区委宣传部　供图）

2021年9月8日，武江区江湾镇卫生院改扩建项目正式封顶　（区委宣传部　供图）

2021年2月8日，武江区江湾镇自来水厂正式投入使用　（江湾镇　供图）

2021年2月1日，武江区龙归镇污水处理厂正式投入使用（龙归镇　供图）

社会民生 SHEHUI MINGSHENG

武江农特产品展示　（陈励　摄）

武江区江湾镇驻镇帮镇扶村工作队在第六届中国国际食品及配料博览会现场助力特色农产品展销　（区委宣传部　供图）

2021年5月20日，武江区重阳镇发生洪灾，图为工作人员利用冲锋舟前往救援受困人员

（区委宣传部　供图）

目 录

中国共产党
韶关市武江区委员会

韶关市武江区人民代表大会

韶关市武江区人民政府

中国人民政治协商会议 韶关市武江区委员会

纪检 · 监察

民主党派

群众团体

军 事

法　治

综合经济管理

工　业

商　业

农·林·水

财政·税务·金融

城乡建设·生态环境·公路

教　育

文化·旅游·体育

卫生健康

社会生活

镇（街道）

先进表彰

统计资料

文件辑录

附　录

索　引

特　载

党史学习教育唯实唯先

在全党开展党史学习教育，是以习近平同志为核心的党中央作出的一项重大战略决策。自党史学习教育开展以来，在党中央和省委、市委的坚强领导下，在市委第一巡回指导组的有力指导下，武江区委及各级党组织紧紧围绕“学史明理、学史增信、学史崇德、学史力行”和“学党史、悟思想、办实事、开新局”的目标要求，坚决履行政治责任，聚焦主题、紧扣主线，唯实唯先、精心组织、周密部署，创新举措、深入推进，高标准高质量完成党史学习教育各项任务，将党史学习教育贯穿全年工作各个方面、各个领域，推动党史学习教育多点发力、高潮迭起，全区干部群众精神面貌、社会风气、政治生态呈现新气象，新武江新经济新生活迈出新步伐。

一、行动迅速，统筹领导有力有序

（一）强化组织领导。全市党史学习教育动员大会召开前，武江区提前谋划、深入研究，迅速成立以区委书记任组长的党史学习教育领导小组，多次以书记专题会和领导小组会议的形式研究武江区贯彻落实举措。全市党史学习教育动员大会召开后，紧锣密鼓地在全市率先召开全区党史学习教育动员大会，迅速拉开党史学习教育帷幕。一年来，区委主要领导先后8次组织召开工作会议，研究部署相关工作，以上率下推动党史学习教育有力有序有效全面开展。

（二）强化队伍配置。武江区第一时间成立工作机构、落实办公场所、完善相应工作制度，领导小组办公室下设4个专责工作小组，其中针对党史进校园单独设置专项青少年组，并抽调4名年轻党员干部专职办公，确保任务到组、职责到人、细化到事，全力推进党史学习教育各项工作。各镇（街）、各单位均参照区委成立相应领导机构和工作机构，上下同热、一贯到底。

（三）强化统筹和巡回指导。印发区委党史学习教育实施方案和工作安排，明确“1+10+N”工作路线图，制订自学指引、专题学习、专题研究、党史进校园、“党恩大家谈”等10个专项工作方案，定期更新推送党史学习教育工作安排参考。加强行业分类指导，将工作任务细化分解成18项工作清单，制定工作进度表，并将重点工作分解到各责任单位。组建四个区委党史学习教育巡回指导组，对全区各单位开展两轮专项巡回指导，加强对区各单位在党史学习教育工作的了解掌握和指导。

二、注重质量，深入开展学习宣教

2021年，武江区始终坚持以习近平新时代中国特色社会主义思想为指导，把党史学习教育与学习贯彻习近平总书记在庆祝中国共产党成立

100周年大会上的重要讲话精神、中共十九届六中全会精神结合起来，坚持学习党史与学习新中国史、改革开放史、社会主义发展史相结合，发挥"关键少数"表率作用，层层带动，在全区掀起"学党史"热潮。

（一）多形式开展理论学习。全年开展7期区委理论学习中心组党史学习教育专题集中学习，各镇（街）、单位党委（党组）中心组开展分专题研讨200余期，全区上下形成以学促干、以学笃行的良好氛围。针对习近平总书记在庆祝中国共产党成立100周年大会上的重要讲话精神和十九届六中全会精神开展2期正科实职以上领导干部专题研讨班，2期副科实职领导干部和四级主任科员及以上职级干部专题培训班，还通过全区干部大会、座谈会、党委（党组）书记上党课、辅导报告会等多形式，实现党员干部党史学习教育全覆盖，不断掀起学习热潮。在系统学习习近平总书记系列讲话精神方面，区委及各单位均通过党委（党组）会议"第一议题"制度、理论学习中心组集体学习、三会一课、主题党日活动等形式共852场次系统学习习近平总书记在青海、西藏、陕西榆林等地考察期间重要讲话精神以及习近平总书记关于学习和总结党的历史一系列重要论述，不断增强学习的系统性、全面性。线上线下开展党史知识问答同频共振。8—10月期间，区委党史学习教育领导小组办公室通过"武江发布"微信公众号组织开展党史知识网上问答活动，参与3000多人次。在基层社区，也通过现场问答活动，以问促思、以答促知、以唱促学，争做党史学习教育"答"人。教育系统将全区31所中小学分成6个联盟体开展"同上一堂党史课"主题教研，录制党史精品课29节，在全区各学校推广学习，并推荐到省级评选。税务青年干部成立6个理论学习小组，通过"分享+碰撞""理论+实践""线上+线下""联学+共建"的"四+"模式进行学习研讨，拍摄微党课，持续开展"读、学、唱、评、行"系列活动。

（二）多方位开展主题宣讲。制订全区党史专题和"七一"重要讲话、中共十九届六中全会等重大主题宣讲方案，精心从政法、教育、妇女、青年、企业等各行业领域以及镇（街）挑选政治立场坚定、思想觉悟高、口头表达能力好的年轻干部组成区级百姓宣讲团，到机关、入社区、进农村等开展宣讲活动近150场，真正使党的创新理论飞入寻常百姓家。在新时代文明实践阵地，开展近70场党史主题小课堂活动，受众2000余人次，推动学习大众化、普及化。在学校，积极邀请离退休老干部、老战士、老专家、老教师、老模范等"五老"进校园宣讲红色经典故事50余场次，组织"红领巾宣讲队"深入各中队开展宣讲700余次；在田野间、在榕树下，30人的年轻干部宣讲队开展"讲百节党课，迎百年华诞""微党课"活动，打通理论学习"最后一公里"。各镇（街）、各单位均发挥主观能动性，对辖区红色资源、红色故事、共产党员感人事迹进行梳理挖掘，在重阳农民运动协会暖水欧屋旧址等地设立青年讲解岗；用"党史读书会""电影微党课"开辟讲学新阵地，调动老党员、劳动模范等社会力量参与党史专题宣讲；将党史学习与红色故事分享会、情景剧表演、知识竞赛有机融合。

（三）多维度开展宣教活动。全区各单位开展阅读红色经典、瞻仰革命遗址、参观主题展览等活动460场次，参加近9100人次。举办"重温党史经典 体悟初心使命"红色情景剧大赛，全区报送23个参赛节目，为庆祝中国共产党成立100周年营造浓厚的爱党爱国氛围；人民团体发挥自身优势，组织开展"青春向党"等各具特色的宣教实践活动，通过抓重点人群、抓载体创新，不断扩大宣教覆盖面和吸引力。在区博物馆常设红色武江展区展览，在重阳镇布置革命历史展览，深入挖掘重阳万侯、西河光明巷等红色故事，启动南昌起义南下广东支援西水暴动活动遗址修缮保护及陈列布展项目，在"武江发布"推出"百年风华·红色印记"追寻红色足迹系列推文，传承武江红色基因。此外，还有单位创新载体拓宽"悟思想"的广度，让党史学习教育在武江增添更多明亮色彩。面向全区开展"党恩大家谈"现场活动，邀请7位来自各镇（街）、企业、学校的代表谈心得、聊体会，党内党外代表汇聚一堂，在“谈党恩”中有所感、有所悟；在田间地头、在社区、在学校、在机关单位，组织党员群众坐下来一起谈对党的认识，对党的感恩，谈出对党的忠诚和信仰的坚定。举办全区统一战线党史学习教育“共话同心圆”诵读活动，先后录制16名统战领域代表人士的爱国心声，在“武江发布”微信公众号发布，并以专栏形式在韶关日报刊登发表，取得良好宣传效果；联合韶关南叶杂志社举办“百年初心路·魅力武江情”党史学习教育征文比赛，收到公务员、工人、教师、学生、自由撰稿人等社会各界人士踊跃投稿400多件，涵盖小说、诗歌、散文、报告文学等体裁，90余件作品进入终评，成人组37件作品脱颖而出分获一等奖、二等奖、三等奖、优秀奖及入围奖，另决出青少年组佳作20名。土生土长的老武江人、融入武江生活的新武江人，关注武江建设的外地作者，一起共论初心、共话武江。

（四）用好用活学习资料。全区征订发放指定学习用书4771套，参考学习书本一批，推送“党史学习教育”“有声图书馆”等网上学习平台，大力推进《百年扬帆——粤学党史粤爱党·打卡广东红》征订工作。加强“打卡广东红”小程序用户推广工作，全区VR打卡83391次，在线观看86962次，实地打卡78次。广泛开展党史、新中国史、改革开放史、社会主义发展史宣传教育，普及党史知识。

（五）开好组织生活会并抓好整改落实。全区共450个基层党支部于7—8月召开党史学习教育专题组织生活会，整改台账450份，党支部整改问题1682个，整改措施1746条，已整改1670个；党员整改问题4253个，整改措施4352条，已整改4232个。区委党史学习教育领导小组办公室督促各单位做好问题查摆、整改措施等全套资料收集，通过查阅台账、巡回指导等方式，共查摆出问题355条，整改348条。通过“网格式”监督、“表单式”管理、“沉浸式”推进、“跟踪式”销号，采用巡回指导等形式对部分单位开展“回头看”，针对个人检视材料未按要求填写、整改措施没有整改期限等共性问题进行检查督促，多措并举强化整改，确保切实到位。

三、强化宣传，营造浓厚社会氛围

（一）积极协调省市媒体做好宣传报道。把握宣传重点，充分整合基层通讯员的力量，利用电视新闻、报纸、广播等多种渠道，推出武江区党史学习教育活动宣传报道。精心梳理优秀共产党员感人事迹，取得市委宣传部支持，有5条红色故事线索收纳入市级统筹报道。在“武江发布”新媒体平台开设“党恩大家谈”“学党史办实事比贡献”等党史学习教育专栏，集纳报道各镇（街）各单位党史学习教育进展和成效，加大宣传声势，形成比学赶超的浓厚氛围。

（二）积极做好经验的宣传推广。一方面，积极对接市委党史学习教育简报组；另一方面，分期精准策划主题，采取“主动投”和“主题约”两种形式加强简报统筹谋划，积极向上级平台提供反映武江学习实践生动局面的宣传报道，市宣传简报组采用32篇，学习强国采用55篇，南方+采用101篇；全区原创稿件投稿415篇，编发武江区党史学习教育工作简报58期，采用稿件153篇。用好“武江发布”微信公众号，集纳报道400余篇；采取半月一小计的形式通报各单位简报采用情况，督促各单位强化工作小结和经验总结。

（三）强化舆情管控和处置引导。开展3个与党史学习教育相关的舆情引导专项行动，严防借党史学习教育开展娱乐化、商业化行为，借党史学习教育“刷流量”“蹭热点”；严防网上历史虚无主义错误观点散布；吸取省内某地党史学习教育主题群众文化活动不规范管理背景板引起的舆情教训，规范使用户外横幅标语、宣传海报，加强开展活动使用的幕布等有关物品管理，坚决防止任何形式的“低级红”“高级黑”。

四、为民办事，注重教育成果转化

2021年，武江区坚持人民至上，落实“小切口大变化”民生实事办理制度，以做一件成一件的决心，将群众急难愁盼问题融入工作日常，深入推进“我为群众办实事”实践活动，全面完成8项重点民生项目，动真碰硬解决一批长期想解决而没有解决的“老大难”问题。

（一）区级层面，更多惠及民生的福祉得以

实现。病有所医，江湾卫生院春节前可投入使用，满足辖区5500多常住人口的基础医疗和基本公共卫生服务需求。学有所教，与省级标准看齐新建韶新幼儿园，新增540个优质学位，解决韶关新区周边适龄幼儿就近入学问题。行有所路，城区内通过拓宽一批“瓶颈路”，改造一批“老街路”，提升道路畅通能力、优化城区交通网络，体育西路的改造使周边片区居民出行更加便利；实施X313线西河段改造提升，为附近村民解决事故频发的交通隐患。住有所居，22个老旧小区旧貌换新颜，通过雨污分流改造、三线整治、电梯加装等提升人居环境，使7000余户群众居住环境更加整洁美丽。身有所安，全力织紧织密常态化疫情防控网络，建起防御新冠病毒的钢铁城墙；改建武江中队消防站，全区消防安全水平有力提升，群众生命健康和财产安全更有保障。情有所依，扩建区博物馆，“三馆”连片打造“悦读武江”“芙蓉山下”文化品牌，切实满足群众对历史认识理解、对高质量文化生活的需求。物有所归，积极有序推进生活垃圾分类，覆盖238个小区、近百个机关企事业单位及餐饮商超，有效提高居民环保意识，促进资源回收利用，吹起一道城乡生产生活方式的绿色转型之风。

（二）广开渠道，积极收集群众诉求。由区领导带头，持续开展“大学习、深调研、真落实”，深入挂点镇（街）、村（社区）、分管联系部门调研摸查，提出问题清单。各镇（街）、各单位结合工作实际，梳理报送重点民生实事600余件。各党组织依托“1+4+N”在职党员下社区报到、“民情夜访”、支部共建、网格化管理、志愿服务等多种形式载体，积极解决人民群众急难愁盼的653件实事。在整个过程中，各级党组织和广大党员充分发挥战斗堡垒和先锋模范作用，想群众之所想、急群众之所急、解群众之所困，赢得群众的信任和支持。全区开展“学党史、办实事、比贡献”活动，邀请群众评选出最满意、最窝心、最买账的急难愁盼实事。在城区建设康园中心，为残障人群筑起集健身、康复、学习、娱乐于一体的温馨“港湾”；仅用33天改造提升吉祥路，新增周边停车位166个，有效解决停车难问题，创造“武江速度”；全方位开展反诈骗宣传、严厉打击电信网络诈骗犯罪，及时跟踪处置超过8000条预警信息，守好群众“钱袋子”；加强代表建议交办和督办，不让民生项目、民生工程“打折扣”；在调查核实“一卡通”工作中查处镇村干部4人，涉及资金3.4万元，有效解决“发放迟缓”“非卡发放”“贪污冒领”等问题；利用微信软件积极建立执行“微”团队，畅通案件当事人与法院的沟通渠道，让数据多跑路，群众少跑腿。区政府办发挥好“后盾”单位帮扶作用，“以购代扶”，有力提升挂点村农村人居环境，拓宽产业发展路子；投入45万元改造提升乡镇敬老院，安装冷暖两用的空调、视频监控设备和报警按铃，有效提升老人居住舒适度；推出“认领群众微心愿”服务，点亮群众微心愿240个，有效解决群众急难问题；积极主动联合城区供电局推进三个有重大用电隐患单位整改工作，及时有效消除安全隐患18个，有效堵住安全漏洞；为1600余名劳动者追回劳动报酬3755万元，联合西联镇解决讨薪案件30余宗，涉案金额约两千万元，保持劳动关系和谐稳定；在全市范围内第一个设立“办不成事”反映窗口，提高政务效能，将“办不成事”变成“能办成事”。

（三）“开新局”唯实惟先。2021年，武江区坚持从党史学习教育中汲取实践的力量，认真贯彻落实党中央决策部署，按照省、市工作要求，团结带领全区广大党员干部群众，科学统筹推进疫情防控和经济社会发展，加快建设韶关“双化双融”先行示范区和高质量发展率先突破区，全区经济社会各项事业取得新进步。2021年，全区居民年人均可支配收入、固定资产投资总量、高新技术企业数量等经济指标稳居全市首位，地区生产总值306.72亿元。武江区抓好国家、省、市试点改革，谋在先干在前，国家级整区屋顶分布式光伏开发试点、城乡融合发展省级试点任务有序推进，“厂区变园区、产区变城区”“全生命周期”管理机制改革等市级试点效应突显，迈出改革创新坚实步伐，全面促进经济社会高质量发展。

各镇（街）、各部门把学习党史与推动发展紧密结合起来，干在实处、走在前列，共同开创各项工作新局面。如积极深入基层一线开展调研，紧紧围绕区委中心工作开展督查督办，有力推动重要工作、重点项目保质保量完成；区直机关单位帮扶挂点村建设“四小园”、开通“田间直播助农”、认领“共享菜园”，将乡村旅游由“拍照打卡式”变为“劳动体验式”，盘活农村资源，创新农村发展模式；乡镇推进城乡融合美丽小城镇试点工作，围绕构建“一心两带三区”发展新格局，谋划实施镇域提升、路路通畅、搭建农业服务平台、水系治理四大工程；积极挖掘红色文化，加快推进侯屋村紫薇炮楼项目、西水农民暴动旧址修缮保护及陈列布展项目等建设进度，进一步推动重阳11个红色文旅IP开发；推动现代科技与社会治理深度融合，推进“中心+网格化+信息化”综合网格建设，通过雪亮平台开展智感安居小区建设，打造智慧社区；推动建成9个长者饭堂，惠及老年群体2万人次，城区覆盖服务网络基本形成；以“一区一园、一镇一业、一村一品”为抓手，发展省、市级示范家庭农场13家、“三品一标”农产品认证企业10家、产品认证13个，积极发展特色农业和优势产业；想方设法提高新冠疫苗接种效率，建设全市首家数字化新冠疫苗接种点和大型临时接种点，两者日接种量近1万剂次。

五、多措并举推进青少年党史学习教育

青少年是国家的未来和民族的希望。在党史学习教育动员大会上，习近平总书记强调要抓好青少年学习教育，让红色基因、革命薪火代代传承。自党史学习教育开展以来，武江区始终扎实抓好青少年党史学习教育，帮助青少年在对党史的回望中，用党的实践创造和历史经验启迪智慧、砥砺品格，洗礼精神、找准方向、主动作为。

（一）抓实“红色思政”，筑牢思想根基。围绕小学道德与法治课“中国有了共产党”和初中道德与法治课“踏上强国之路”等教材内容，开展主题教研，思政课教师对授课内容、教学方法、教学设计等进行研究，开展教学研究活动200余节次，参与思政课教师600余人次，进行听课、评课、磨课活动。通过开展党史专题教学教研活动，提高党史课堂质量，有效地引导青少年了解中国共产党带领中国人民站起来、富起来、强起来的历史过程，培育学生对中国历史和中国共产党党史的正确认知，对中华民族文化的认同，对祖国的认同和对中国共产党的政治认同，初步形成听党话、感党恩、跟党走的情感和意识。

（二）抓活“红色教育”，传承红色基因。2021年“六一”前夕，各中小学积极发展少年先锋队新队员5000余名，壮大青少年“红色队伍”。各学校积极开展“唱支红歌给党听”活动，引导5万余名青少年在歌曲中深情回顾党的百年征程，从内心深处感受党的百年荣耀，激发发奋学习、报效祖国的爱国情怀。开展红色电影放映活动14场次，组织以红色题材为主的舞蹈、绘画、儿童剧、讲故事、朗诵、演讲等各类比赛200余场次，积极邀请离退休老干部、老战士、老专家、老教师、老模范等“五老”进校园宣讲红色经典故事50余场次，教育青少年要发扬老一辈吃苦耐劳、勇于担当的精神，将红色基因代代相传。

（三）抓好“红色实践”，赓续精神血脉。学校开展“红领巾心向党”主题大队活动或中队活动，组织“红领巾宣讲队”深入各中队开展宣讲700余次，用青少年易于理解的语言讲好党的故事。举行全校性“童心向党”系列文艺会演活动50余场次，引导学生全员参与，实践体验，培养爱国爱党情感。开展红色研学活动，增强青少年爱党爱国情怀。

六、持续关注两新组织、农村和流动党员学习

2021年，根据统计结果显示武江区流入党员为50人，流出1761人，发放学习资料305册，赠送党史学习有声笔记84套，流动党员纳入党史学习教育专题培训及专题辅导287人次，举办流动党员专题宣讲活动5场，流动党员革命传统教育182人次，为外来务工人员办实事数量240件。

（区委宣传部）

全面提升中心城区建设

2021 年，武江区管辖的主城区道路 83 条，其中主干道 30 条、次干道 33 条、支路 20 条；新城区道路 65 条。养护总面积约 420 万平方米，其中车行道约 324 万平方米；人行道面积约 95 万平方米。

一、道路改造全面提升。完成惠民路、群立街（新华北路至教育西路段）、体育西路、光孝路（惠民北路至武江大道段）、工业西路宏昌百货门前道路及人行道、沙洲路及周边道路、沙湖路（二期）、五祖路、红政路（卷烟厂至新华南路段）、如意路、吉祥路、嘉盛苑周边道路、光明巷、新华北路（志兴金碧园至茶叶大厦段）人行道、城区道路接驳口硬化等 19 条城市街巷道路的提升改造。

二、市政建设全面提升。完成新民路等易涝积水点排水改造工程、九龄西路（恒大城）污水截污整治工程、百旺大道污水截污整治工程等，正在实施韶关市武江区建设路安置项目（原消防官兵公寓项目）地块内市政水渠改造工程、教育路（原教育路西延线）与沙湖路交叉口排水改造工程。完成辖区武江北路、沿江路、芙蓉北一路、二路、三路、沐溪大道等 60 条主次干道的管道疏通，共疏通排水管道及方渠 55450 米，清疏雨水格栅 7976 个，清理砂井 2801 个，清理淤泥约 1250 立方米，更换四防 1246 个，完成全年的总工作量 83.3%，新区已完成实施截污工程 4 处。

三、市政服务全面提升。处理“12319”数字城管平台的市政设施维修工单 2666 宗，处理“12345”市民服务热线投诉 49 宗，处理网络舆情投诉 15 宗，完成领导交办任务 563 宗，处理考评检查等其他维修任务 757 宗。总共维修人行道约 3250 平方米，修补路侧石及花基侧石 1066 米，更换、修补市政井盖格栅 234 套，修复砼路面及沥青砼路面约 4400 平方米，清除不规范交通标志标线 8803 米，安装或更换止车石 293 条，同时也处理辖区管养范围内的盖板、水沟、花基、树池等其他维修。

（区城管局）

武江区城乡融合发展省级试点建设

自城乡融合发展省级试点启动以来，武江区立足北部生态发展区功能定位、资源禀赋和发展条件，以破除城乡二元结构壁垒为目标，聚焦建立美丽小城镇发展机制、搭建城乡产业协同发展平台、健全村改社区管理机制、健全完善农村集体经济运行机制四项试点任务，扎实推动城乡融合高质量发展。

一、增强中心城区承载力

推进城市更新改造，韶州大桥、丹霞大道北建成通车，2021 年度 25 个老旧小区改造工作基本完成，启动下一年度 55 个老旧小区改造工作，累计争取到中央预算内投资 6486 万元。推进城市智慧化管理，安装千寻自动抓拍系统，建立共享单车管理平台。推进常态化文明创建，城市文明由“迎检式创建”向“常态化创建”转变。2021年，武江区户籍人口城镇化率提高2.06%、达78.44%，常住人口城镇化率提高0.7%、达85.2%，超额完成市下发武江区目标任务。

二、激活乡村发展内生动力

出台《农村土地承包经营权流转奖补激励实施方案》，大力推进以土地要素为核心的农村综合改革，加快农村土地流转。推进美丽乡村建设，龙归水岸、江湾寺前爱情公园等成为新晋网红打卡点，重阳镇水口村承办2021韶关市龙舟测试赛及多个无动力水上运动项目，成为武江美丽乡村建设的一张靓丽名片。推进农村产业发展，深化特色产业发展，推进艾草、南药等一批“一村一品”和特色优势农产品规模化发展。深化农村人居环境整治“打擂比武”，村庄实现从“零产业”到“产业兴”的转变，从“无名村”到“网红点”的蝶变。

三、构建产业发展承载平台

搭建武江科创园、武江城乡融合产业园、武江现代农业产业园三大产业发展新平台。2021年，武江科创园产业集聚效应初步显现，一批优质企业签约入驻园区。武江城乡融合产业园、武江现代农业产业园基础设施加快建设。全力抓好招商引资，创新招商引资工作机制，围绕“3+2”（补说明）现代产业体系，建立“1+6”（补说明）招商引资领导机制。

四、补齐城乡公共服务短板

以城乡融合发展省级试点改革为契机，全力补齐教育、医疗等公共服务短板，为城乡居民就学就医等提供公平优质保障。2021年，韶新幼儿园、江湾中心幼儿园等5所幼儿园及阳山小学、风度小学、沐溪小学等新改扩建项目完工并投入使用，新增优质学位5670个。区中医院、区儿童医院建设项目有序推进，江湾卫生院新公共卫生综合楼建成交付使用。完成3间风采长者饭堂建设，区社会福利院启动建设。完成区图书馆、区博物馆改（扩）建，开展“四季武江”精品旅游线路游活动。城镇新增就业人数3601人，城镇登记失业率2.92%，城乡居民基本医疗保险参保率101.11%。

（区发改局）

武江区“厂区变园区、产区变城区”改革试点

2021年，武江区全面落实市委、市政府关于推进“厂区变园区、产区变城区”工作部署，结合全区产业发展规划及闲置土地开发利用，制定《关于推进原镇泰玩具厂及韶关大道北片区“厂区变园区、产区变城区”试点实施方案》，确定以武江区原镇泰玩具厂约6.93公顷厂区，及厂区周边约66.67公顷闲置及村级工业低效用地为“双变”改革试点范围，推动园区加快从传统的生产型厂区向科技创新及服务型现代化智慧园区转型，促进产城融合发展。

一、改革试点三大工作任务

（一）推动旧厂区变创新区。通过厂区更新改造和产业导入，打造武江科创园，提升土地资源价值。以区属国有企业为主体，以财政资金撬动银行贷款，收购原镇泰玩具厂资产，理顺土地性质和规划条件。将4.9万平方米厂房、员工宿舍等进行改造提升，用于发展医药健康、智能装备等主导产业。其中，把原仓库改造成集共享办公、展示中心、路演大厅等多种功能的展示馆，打造开放式众创空间；把原职工宿舍改造成青创中心；把原办公楼改造成重点实验室、产业研发

中心等，为园区进驻企业提供“一站式”的中试研发生产服务；改建原高职楼，打造集园区运营管理、科技服务投融资服务、人才公寓等功能的公共服务平台，为入驻企业提供专业、全方位、多层次和多元化的一站式服务。重点围绕医药健康、智能装备、新材料等领域靶向引进一批高新技术企业和高成长性企业，打造集科技研发、产业转化、生产制造于一体的创新产业链条，推进科技创新孵化育成体系建设，创建国家级科技孵化器。

（二）推动村厂区变新园区。大力推动旧村改造，提升土地集约利用效能。厘清片区内土地权属，整合分散土地资源，推动实现村集体土地归宗，推进土地连片开发和旧厂改造。以原镇泰玩具厂周边 13.33 公顷闲置和低效用地为试点，探索布局散乱、利用粗放的村级闲置及低效连片用地改造开发模式。加快小作坊、旧厂房等的拆除整理，让形态破旧、产能落后、安全隐患集中的村级厂房退出，拓展新园区建设空间。制定相关优惠政策，探索政府主导、市场参与、联营开发、入股共享等改造方式，实现政府、企业、村集体和谐开发，共建共享。坚持以“工改工”为主，优化整合原镇泰玩具厂周边村级厂区功能布局，推动村集体产业转型升级。依托朗科科技、中震科建等优质企业，瞄准存储卡、移动硬盘、地震预警系统、预警工程等高端制造核心领域，高质量规划产城融合的产业集聚区和智慧信息创新园。制定产业园建设规范，引进专业园区运营商和商业模式，打造一流现代化典型示范园区。

（三）推动城乡接合区变产城融合特色街区。结合新型城镇化试点工作，充分利用人口集聚效应，构建集产业发展空间、城市公共空间、生活休闲空间“三位一体”特色街区，打造产城融合示范区。突出提升创新驱动能级，构建“一平台一园区”产业发展新高地。坚持创新驱动引领，把原镇泰玩具厂建设成为创新孵化平台，将周边旧厂区通过“村改”创建成为智慧信息的创新园区，聚焦优势创新资源、科技创新研发、成果转化运用，突出智慧、数字、生态等城市时尚要素配置，把韶关大道北片区建设成为中青年创新创业集聚区和产业发展中心，打造产业创新发展新名片。实施中青年创业计划，提供中青年创业项目咨询、特色政务服务及各类信息资源，谋划建设精品人才公寓，提供中青年创业优质居所。突出提升生态宜居品质，打造时尚幸福生活新街区。坚持规划引领，完善公共服务配套，利用片区山水资源，有序推进生态品质特色街区打造。引入社会资本，建设精品商住楼宇。结合天子岭山水自然景观提升，建设兼具自然景观和实际使用需求的公共休闲场所。引导大型零售、文化演艺、时尚展示、科技体验、自助消费等生活性服务业快速发展，打造现代商圈和特色街区。以优质公共服务供给和绿色生态宜居环境打造促进产业集聚，推动以产兴城、以城促产、产城融合。

二、保障措施

（一）聚焦系统谋划，扎实做好规划布局。区委、区政府高度重视“双变”改革试点工作，多次召开工作会议对相关工作进行研究部署，并成立以区委主要领导任组长的工作领导小组，研究部署试点规划，建设及周边闲置低效用地的开发利用，解决试点推进过程中重大问题。在充分调研论证的基础上，结合原镇泰玩具厂及韶关大道北片区实际，制订《关于推进原镇泰玩具厂及韶关大道北片区“厂区变园区、产区变城区”试点实施方案》，明确推动旧厂区变创新区、推动村厂区变新园区、推动城乡接合区变产城融合特色街区三项主要任务，并系统谋划了 13 个项目、总投资达 47.6 亿元。

（二）聚焦资源盘活利用，推动旧厂区变创新区。积极争取专项债券、一般债券、中央预算内资金和重大项目前期工作经费等上级项目资金，为试点重点建设项目顺利实施提供资金保障。以区国投公司为主体，投入近 1 亿元收购原镇泰玩具厂，改造提升约 5 万平方米的厂房、员工宿舍等建筑物，打造武江科创园。印发实施《武江科创园企业入驻管理办法》，为入驻科创园企业提供租金补贴、招商推介等政策支持，加强园区运营管理，全力打造创新型园区。

（三）完善配套服务，推动城乡接合区变产城融合特色街区。加强规划和用地保障；全面落实财政资金保障，重点用于招商引资及片区产业发展奖补；引导金融机构加大对园区企业的支持力度；完善产业发展税费优惠政策；落实各级人才政策，强化人才支撑；围绕片区产业定位，加大招商引资工作力度，引进一批优质产业项目。加快片区公共服务配套，把区儿童医院建设成为二级特色医院，提升四一九医院综合服务水平，强化区域医疗保障能力。推动片区中小学、幼儿园规划建设，加大区域优质教育资源供给。完善区域路网建设，提升片区通行能力。

三、改革工作成效

（一）医药健康创新园雏形初具。天紫路演中心以及 A、B、C 栋（科创中心）办公楼已完成改造并投入办公，二期 D、E 栋（青创中心）办公楼改造建设项目已基本完成主体建设，计划次年初投入使用。印发施行《武江科创园科创中心租金补贴暂行办法》，扶持创新企业发展。已引入企业 92 家，其中包含浩辰医学检测中心、中科细胞质量检测中心、朗科集团等高新技术企业，创新驱动效应持续增强。2021 年，武江科创园实现税收 4851 万元。

（二）产城融合布局逐步呈现。收储盘活科创园对面约 7.33 公顷村级工业低效用地，已完成土地征收工作。谋划布局朗科国际存储产业园、中震科建防灾减灾产业园等项目，探索村级闲置及低效连片用地改造开发模式，通过“工改工”等形式植入新产业、新业态。原镇泰玩具厂和韶关大道北片区试点范围内西河镇村级集体用地均已纳入韶关市征收改造范围。

（三）特色街区配套日趋完善。试点范围医疗、教育、商业等公共服务配套不断完善。加强区域教育资源供给，武江第一小学开工建设；武江区儿童医院加快建设、四一九医院综合服务能力逐步提升；深化区域路网改造，丹霞大道北通车，提升武江科创园通行能力；金城汇商业综合体等建设项目动工建设。2021 年，项目累计完成投资 1.06 亿元。

（区发改局）

乡村振兴战略全面实施

2021 年，武江区认真贯彻落实中央关于实施乡村振兴战略的决策部署和省、市有关工作要求，围绕省“九大攻坚”行动和市“3510”工程目标任务，以城乡融合发展省级试点建设和农村人居环境整治“打擂比武”活动为重要抓手，举全区之力推进乡村振兴各项重点工作。

一、以驻镇帮镇扶村为抓手，拓展脱贫攻坚成果

制定《武江区乡村振兴驻镇帮镇扶村工作实施意见》，明确工作目标、帮扶方式、主要任务和保障措施，有效推进巩固脱贫攻坚成果同乡村振兴有效衔接。

一是强化工作联系机制，共同谋划镇村发展。全区 59 名东莞派出驻镇村干部、区派出驻镇村干部、农行金融助理、“三支一扶”和大学生志愿者工作队队员分批次全部完成进驻。按照创建乡村振兴示范村、红色村、集体经济薄弱村、软弱涣散村等四种类型，重点在龙归—江湾、西河—重阳两条乡村精品线路及镇域周边，选取 32 个重点村，选派干部担任驻村第一书记。为加强工作力量，对 3 个由东莞市高埗镇、凤岗镇帮扶的重点镇，除由工作队长挂任镇党委副书记外，区直单位还派出干部挂任副镇长，便于沟通协调，形成工作合力。为方便区、镇、村各级工作力量有效联动，区统一精心制作工作通讯录，印制成口袋书 200 本，派发到各级领导干部。工作通讯录

不仅收录区领导、区乡村振兴局、各镇负责人、驻镇村干部、帮扶村负责人的联系方式，还收集整理帮扶镇村简介和驻镇帮镇扶村政策汇编，既方便各级领导干部联络，又便于随身携带，学习查阅镇情村情和相关政策。驻镇村工作队会同镇村深入各村组开展调查研究，逐步摸查当地产业发展、基础设施现状等第一手资料，分析资源优势和短板弱项，积极摸索监测帮扶、产业就业、镇村建设、基层治理等方面促进镇村发展的方法，2021 年完成编制镇域乡村振兴规划。

二是强化监测帮扶机制，巩固提升脱贫成果。全面组织镇、村和区直行业部门开展防止返贫监测和帮扶工作，建立农户主动申请、部门信息比对、基层干部调研、走访和排查以及巡视巡察、跟踪审计发现情况相结合的易返贫致贫人口发现和核查机制。按照“四个不摘”要求，持续稳定贯彻落实产业帮扶、就业帮扶、兜底救助政策和教育、医疗、住房、饮水等民生保障普惠性政策。产业帮扶方面，区统筹 2021 年中央财政衔接推进乡村振兴补助资金 139.50 万元用于方田村艾草产业种植基地、生猪养殖示范基地等建设项目，带动有劳动能力脱贫户 15 户 17 人，年人均增收在 1.5 万元。就业帮扶方面，每月动态跟踪脱贫劳动力务工动向，及时帮助提供岗位信息；发放脱贫劳动力就业补贴 1 万元，发放 8 家吸纳脱贫人口就业的企业补贴 4.5 万元、吸纳社会保险补贴 56.73 万元、吸纳一般性岗位补贴 56.82 万元。乡村公益性岗位补贴 37.19 万元；开展送岗送训下乡入户活动，共帮扶脱贫劳动力 537 人次，全区 463 名有劳动能力脱贫人口实现稳定就业，新增安置 20 名脱贫劳动力到乡村公益性岗位。教育帮扶方面，发放 2021 年春季发放脱贫户学生生活费 56.80 万元，受助学生 335 人；高中 2020—2021 学年度免学费清算资金 11.88 万元，受助学生 95 人；通过全国学生资助管理信息系统、学籍系统与扶贫系统比对，有效做好义务教育阶段适龄学生“放流控辍”，确保入学率达到 100%。兜底保障方面，全区 728 户 1727 名脱贫户已全部购买医疗保险；共救助脱贫户 495 人次，医疗救助 6.41 万元，救助比例达到 85%；393 户 581 名无劳动能力脱贫户全部纳入兜底保障，共发放低保金、五保金和孤儿生活保障金 163.05 万元；共发放残疾人生活津贴 63.03 万元，惠及 313 人，重度残疾人护理补贴 78.66 万元，惠及 295 人。同时，全区还开展全区脱贫攻坚逐村逐户“回头看”核查，成立 3 个专项核查组，围绕“两不愁三保障”和“八有”要求，对全区脱贫户进行全面核查。对 335 户 1146 名有劳动能力脱贫户，重点排查 2021 年务工、务农收入等情况；对 393 户 581 名无劳动能力脱贫户，重点排查脱贫人口住房、安全饮用水等家具环境情况。2021 年已按程序确认 27 户脱贫户为脱贫不稳定户，录入省防贫监测信息系统，通过完善区民政局、区人社局、区卫生健康局、区应急管理局、区残联等相关行业部门预警沟通机制，提前采取有针对性的帮扶措施防止返贫致贫，对返贫的及时落实各项帮扶举措，实行动态清零。

三是强化信息报送机制，全面做好宣传动员。为促进各镇驻镇帮镇扶村工作队积极推进工作，总结和梳理好经验、好做法，区设置实施乡村振兴工作简报平台，发动各镇工作队队员积极投稿，已印发 10 期工作简报，形成各镇工作队互相学习、互相借鉴、共同进步的浓厚氛围。同时，加强宣传发动，通过各镇村理事会、乡贤会宣传驻镇帮镇扶村政策，并积极在武江发布、凤岗武江对口帮扶等媒体发布工作信息，争取更多社会力量积极参与乡村振兴。如西联镇驻镇村干部会同镇村开展多种形式宣传，让群众、更多社会力量积极参与美丽乡村建设活动中来，共筹集社会资金 21.48 万元。

四是强化教育培训机制，切实提高业务水平。为进一步统一思想，明确工作任务，提升镇村领导干部和驻镇帮镇扶村工作队队员开展乡村振兴驻镇帮镇扶村工作的本领能力，举办全区乡村振兴驻镇帮镇扶村干部培训班，对驻镇帮镇扶村干部、各镇分管领导、业务骨干和 32 个重点村村委书记共 140 人进行全员培训，聚焦当前乡村振兴重点工作等进行专题辅导和详细解读，从驻镇帮镇扶村工作业务、抓基层党建工作、涉农资金统筹整合和项目管理、乡村振兴项目建设和农业产业发展等5个方面进行培训，为全区乡村振兴驻镇帮镇扶村工作扎实开展打下坚实理论基础。

五是强化镇村共建机制，推动镇村持续发展。各镇通过调查发现本地招商资源禀赋，不断优化营商环境，完善企业服务长效机制，积极投入招商引资。如西联镇积极引进广州教育、智慧健康养老、地产等方面企业到沐溪村，就利用村集体安置富余用地建设老年大学、老年健康公寓规划项目进行洽谈，积极推动形成以商招商、产业链招商的新格局。

二、以富民兴村产业为抓手，推动乡村产业振兴

一是深入实施高标准农田建设攻坚行动。有序推进2021年度高标准农田建设项目，完成武江区承担建设293.33公顷高标农业的建设任务，提前完成市下达的152公顷撂荒地复耕复种任务。

二是深入实施种业翻身仗攻坚行动。坚持把粮食生产放在农业农村工作首位，突出制止耕地抛荒、推广优质高产良种、推进病虫专业化防治三个重点，着力推动粮食生产绿色发展和提质增效，确保粮食生产基本稳定。2021年武江区粮食播种面积为3906.67公顷，总产量为2.45万吨。

三是积极发展规模特色产业。以“一区一园、一镇一业、一村一品”为抓手，全力打造武江区现代农业产业园，积极发展特色农业和优势产业。果蔬、花卉等高效特色经济作物种植面积达2000公顷，已逐步建立一批包括江湾镇的红薯、石斛、花茶，龙归镇的淮山、食用桑、茶树菇，重阳镇的特色水果、丝茅姜、“黑美人”西瓜、花生，以及西河镇的无花果、沃柑、蔬菜等在内的地方特色农业基地，重阳黄岸百香果和重阳水口兰花成功申报2021年省级“一村一品、一镇一业”入库项目，武江区续源家庭农场、武江区果丰家庭农场、武江区龙安淮山生产专业合作社等3家企业被列入粤港澳大湾区“菜篮子”生产基地，雪印集团入选粤港澳大湾区流通企业，逐步打造成为粤港澳大湾区的“菜篮子”“果盘子”“米袋子”。

四是深入培育新型经营主体。全区新型农业经营主体不断壮大，共培育农业产业化龙头企业9家（其中国家级龙头企业2家，省级1家，市级6家）；发展农民专业合作经济组织69个，其中市级以上农民专业合作社5家，入社成员达4594户；发展家庭农场75家，总家庭成员302人，其中市级示范家庭农场8家、省级示范家庭农场5家。农村土地承包经营权流转规范化加强，成立区级农村土地仲裁机构，家庭承包耕地流转总面积1466.67公顷，为武江农业产业可持续发展奠定基础。

五是大力实施农业知名品牌创建行动。2021年武江区“三品一标”农产品认证企业10家、产品认证13个。培育“龙安淮山”“百花蜂蜜”2家广东名牌产品，新增“詹氏”川贝蜂蜜省级名牌产品，龙归香蜜薯、龙安淮山、黄塱无花果、妙联丝茅姜被认证为省名特优新农产品，后坪茶树菇、龙安淮山、龙归香蜜薯、大夫前果丰贡柑、妙联丝茅姜被认证为无公害农产品；依托“乐村淘”网，打造武江区域公共品牌“优粤良品”的工作正有序推进；龙安淮山、大夫前果丰农场贡柑等规模化绿色生产基地已基本建成。

六是有序推进农村集体产权制度改革工作。武江区作为农村集体产权制度改革国家级试点，顺利通过验收，逐步构建集体资源资产归属清晰、权能完整、流转顺畅、保护严格的农村集体产权制度，农村集体经济组织成员身份得到科学合理确认。农民的土地承包权、宅基地使用权、集体权益分配权和对集体经济组织活动的民主管理权利得到落实，初步形成以维护农村集体经济组织成员权利的治理体系，基本实现改革目标。2021年已有430个行政村（小组）完成集体经济组织成员身份确认，完成率99.3%；8.8万农民群众获得集体组织成员身份认定；累计登记集体资产24亿元，较改革试点前增加16.8亿元，增加幅度达231%，登记集体土地、山林等自然资源63120公顷。

三、以打擂比武活动为抓手，推动乡村生态振兴

一是资金撬动，激活全民参与。2021年区财政安排3430万元专项资金，分别用于组团筹集资金1∶1配套奖补、“生态宜居美丽乡村”评

选奖补、破旧泥砖房拆后公共设施新建奖补，按照“筹集资金越多、登台打擂越快、评比结果越优、奖补奖励越多”的原则进行奖补，有效引导村民、企业等各方力量捐资捐物、投工投劳。如龙安村委安村老屋充分发挥党员带头人和村民理事会主心骨的作用，集资社会资金38.7万元，发动村民投工投劳，拆除整治残破房屋45间，扩宽道路500米，整治环境黑点21处，打造具有历史文化和乡愁记忆的安村学堂、小桥流水等8处小景观，成为村民休闲和市民游玩的好去处。全区撬动社会资金、村民自筹资金4719万元，村民投工投劳2万多工日。

二是组团作战，凝聚强大合力。围绕武江区龙归—江湾和西河—重阳两条美丽乡村精品线路沿线的35个行政村（119个自然村），区委书记、区长各牵头统筹1条线路，组成20个组团，采取“党政主要领导包片、处级领导抓村、科级干部驻组、百家企业扶点”的方式，构建起“区—镇—村—企”组团作战的工作机制。同时，将临时党支部建在攻坚组团上，由组团挂点区领导担任支部书记、区直部门主要负责人兼任各行政村“第一书记”，推动全区近2000名区、镇、村党员干部带着思路举措和政策资源沉到一线，深入了解群众所思所想所盼所愿，努力做到“群众需要什么就建设什么”。如龙归镇双头村发挥组团联动作用，筹集社会资金近100万元，发动村民投工投劳2500工日，组织村民集资组建“韶关市双头农业有限责任公司”，通过整合流转闲置土地，大力发展民宿产业、爱情岛婚纱摄影产业和种植采摘区等三大产业，逐步提升村民经济收入，村庄实现从“脏乱差”到“白净美”的改变，从“零产业”到“产业兴”的转变，从“无名村”到“网红点”的蝶变。

三是擂台评比，建设美丽乡村。在2020年“打擂比武”“生态宜居美丽村庄”评比的基础上，2021年又评出“农村人居环境整治示范村庄”“农村人居环境整治优秀村庄”和“优秀组织奖村庄”21个，12月评出“农村人居环境整治示范村庄”11个，共计发放获奖村奖补资金1930万元。乡村环境全面美起来，农村活力逐步显现，全区273个自然村100%达到“干净整洁村”标准，其中美丽宜居村94个，比例达到34.43%；特色精品村67个，比例达到24.54%。在两条精品线路打造“梦里荷乡”“十里江湾”“方田花海”“龙归公园”等网红打卡点超过26处，发展出30家接待能力较强的餐饮、住宿企业，村党组织鼓励支持村民自营的民宿、农家乐星星点点遍布沿线村庄，“五一”、国庆等节假日期间，两条精品线路日均创收50万元到100万元不等。

四、以发挥党建引领为抓手，推动乡村组织振兴

一是压实“三级书记”第一责任。坚持高位推进，认真落实乡村振兴工作“一把手”负责制，形成区、镇、村三级书记抓乡村振兴，各级各部门上下贯通、责任到底、合力攻坚的工作格局。区委书记作为第一责任人，充分发挥示范引领作用，对乡村振兴重大问题亲自研究、难点事项亲自协调、任务落实亲自过问，先后多次召开书记专题会议和区委常委会会议研究推进乡村振兴工作。针对镇村发展中的短板弱项，谋划实施深化镇村提振等六大行动，成功创建省级城乡融合试点；针对以往贫困村新农村建设“政府干，群众看”的难题，谋划实施农村人居环境整治“打擂比武”活动，有效撬动村民和社会各界共同参与美丽乡村建设。

二是强化组织保障。按照“区委常委班子包镇、区政府班子包行业、区直单位包村”的定点帮扶机制，区直单位和镇副科以上干部挂点自然村，形成兵团作战模式，协调解决乡村振兴工作中的实际困难和存在问题。继续推行“双联”“双包”“双带”工作机制，通过村党组织班子成员联系服务普通党员，党员联系服务群众，包干负责人居环境整治，包片负责和谐邻里文化构建，带动乡贤理事会在乡村治理中发挥凝聚人心、教化群众、淳化民风的正能量作用，带动广大村民在美丽乡村建设中发挥主体作用，激发农村党员带头参与村庄事务的内生动力，全区205名农村党（总）支委委员结对联系586名党员群众，累计为群众解决大小民生问题257个。

三是深入实施新一轮加强党的基层组织建设三年行动计划。强化乡镇党委在推进乡村振兴中的作用，巩固和加强行政村党组织领导地位，持续实施“头雁”工程，把基层党组织锻造得更加坚强有力。探索创新乡村德治有效实现形式，充分发挥工青妇等群团组织作用，引导新乡贤积极参与乡村治理。充分利用在职党员到社区报到活动，每个月组织党员利用休息时间到镇村开展三清三拆三整治工作，带动农民群众参与秀美乡村建设。继续开展农村无职党员设岗定责工作，推行党员“项目化”管理模式，村党支部将年度工作任务分解立项，形成项目清单，以党员为主体，组建成立志愿者服务队，组织村党员认领项目、承担责任，并配套制定项目量化记分管理办法，在5镇51个村全面推行农村无职党员设岗定责活动，共设立矛盾调解、治安保卫、公共卫生、护林防火、政策宣传、帮困救助、文明倡导、村容管理等服务岗位41个，1033名无职党员结合自身实际，落实岗位，发挥农村党员先锋模范作用，激发村党员参与村庄事务的内生动力，为实施乡村振兴战略提供坚强组织保障。

五、以培育乡村人才为抓手，推动乡村人才振兴

一是打造武江区乡村振兴培训实践中心品牌。以乡村振兴培训实践中心为重点，积极创建广东美丽乡村培训学院（武江校区），着力构建“1个基地”——城乡美好环境与幸福生活培训实践基地，拓展“3个平台”——现代农业创新创业平台、名特农产品展览展销平台、乡村特色资源与企业资本对接平台，逐步完善大师工作室、文创基地、餐饮、民宿、田园教育、乡村旅游等研学服务项目，积极培养一批种植养殖、民宿、旅游、餐饮服务等行业的接地气、本土化的专业人才。

二是大力开展精勤农民培育工作。突出“精”“勤”理念，委托专业培训机构举办精勤农民（第一批）培训班，培训学员34人，培训新型职业农民85人，培养一批有文化、懂技术、善经营、会管理的高素质农民队伍，高素质农民全面发展体系进一步完善，乡村人口综合素质和生产经营能力进一步提高。

三是全力推进职业技能提升工程。大力推进“粤菜师傅”“广东技工”“南粤家政”三项工程，全面铺开企业“新型学徒制”培训，建立企业与技工学校精准对接机制，健全终身学习制度和职业技能培训制度。充分发挥乡村振兴培训实践中心的作用，大力推进“农村电商”“乡村工匠”培训项目，提升劳动力就业技能。2021年举办“南粤家政”专场招聘会1场次，为农村劳动力提供就业岗位500余个，新增评审“乡村工匠”职称50多人，培训南粤家政102人次，粤菜师傅102人次，广东技工103人次、农村电商31人次。

六、以提升乡风文明为抓手，推进乡村文化振兴

一是建立“双擎驱动”活动机制。结合武江作为市辖区的实际，打破原来活动主要面向农村开展的局限性，创新实行“城市+农村”双擎驱动机制，持续推进全区各村（居）文明实践站建设，2021年已经完成全区7个文明实践所，76个文明实践站建设，实现“全覆盖”。

二是推行“菜单式”运作模式。创新建立武江区新时代文明实践活动“菜单”，通过群众“点单”的方式，将“菜品”送到群众身边，实现精准解决问题、满足需求。

三是抓好基层文明创建。完成2018—2019年度武江区精神文明建设先进集体评选命名工作，其中命名区级文明镇3个，区级文明村15个；积极推选参加市级文明村镇评选，武江区2个镇（西联镇、重阳镇）、2个村（向阳村、梁屋村）获得市级文明村镇荣誉。强化运用领导干部“1+1”（补说明）宣讲、“家门口的党课”、“榕树下的党课”、驻村第一书记领学等形式，组织农村基层学习宣传贯彻习近平新时代中国特色社会主义思想和党的十九大精神，积极开展形式多样的乡村宣讲宣传活动。广泛开展星级文明户、文明家庭、身边好人等推荐评选活动，吸引农民群众积极参与精神文明建设，有效传播正能量。

四是深化文化惠民，提升群众获得感。强化培育特色乡村文化品牌，制定挖掘培育重阳水口赛龙舟、龙归后坪客家山歌、江湾瑶族习俗等传统文化项目目标。发展壮大民间文艺队伍，着力扶持引导龙归、重阳、西联等乡镇的一批文艺团队发展。结合新时代文明实践要求，着力打造“听党话、跟党走、感党恩”、“在希望的田野上”基层理论宣讲、“百花放映”送电影下乡、“讲好人故事 建善美之城”道德模范故事汇等一批品牌活动。

七、以谋划实施项目为抓手，补齐公共设施短板

一是积极谋划实施涉农资金项目。全面摸清全区基础设施和公共设施短板弱项，认真谋划项目，积极申报涉农资金，共谋划涉农项目152个7.66亿元，其中公共基础设施提升项目11个2434万元，村庄风貌提升项目23个3.19亿元，农业设施提升项目15个8804万元，污水处理设施项目5个4092万元，农村公路和村内道路提升项目14个1.09亿元。2021年已成功申报省级涉农资金2.99亿元，进一步完善农村基础设施建设。

二是深入实施农村生活污水治理攻坚行动。推进村级污水处理终端和管网建设，因地制宜分类推进农村生活污水治理，治理率从2020年的60%提升至78%，超额提前完成省、市要求的到2025年农村生活污水处理率提升至60%的目标任务。

三是深入实施农村集中供水全覆盖攻坚行动。2021年通过实施龙归镇市区扩网工程、西河镇北部片区市区扩网工程、重阳镇入户管网供水工程（二期），全区农村集中供水实现全覆盖，确保群众普遍饮上安全自来水。

四是深入实施村内道路建设攻坚行动。打造建管并重的乡村美丽廊道，着力畅通乡村道路微循环，2021年累计建设改造“四好农村路”10.27千米。全面摸清273个自然村村内道路硬化现状，详细掌握各镇已硬化村庄数、长度里程、各类型道路覆盖比例，制定年度目标任务。214个自然村均实现村内道路硬化，完成比例达到78.39%，2022年将基本实现村内道路硬化全覆盖。同时，加强廊道沿线景观节点建设，不断提升龙归—江湾“广东美丽乡村精品线路”和知名度、美誉度。积极推进西河—重阳精品线路建设，继续深入打造一批重阳水口龙舟文化、西河山蕉知青文化等一批网红打卡点。

（区委农办）

重阳镇水上无动力运动中心建设

根据市委、市政府工作部署和区委、区政府工作安排，2021年4月，重阳镇会同区住建局、区城管局等有关区直部门，在重阳水口村启动重阳水上无动力运动中心项目建设。重阳镇水上无动力运动中心面积约8.2平方千米，水域全长约2公里，距离韶关北环高速重阳出口约3公里。2021年，武江区“庆丰收·感党恩”2021年中国农民丰收节暨“党恩情·满武江”生态农业博览会活动在重阳水口村开幕，在重阳镇水口村成功举办“农行杯”2021年韶关重阳水上无动力运动基地龙舟测试赛、“文明交通·绿色出行”文艺演出、“韶关市武江区首届钓鱼公开赛”等系列活动。

一、发挥党员干部先锋模范作用。在水上无动力运动中心建设工作中，水口村党支部党员干部带头积极响应，主动谋划，通过分片包户压实责任，并主动利用节假日和外出乡贤返乡时间召开户主会，做好村民思想工作，顺利完成“三清三拆三整治”等工作。

二、推进水口村人居环境综合整治。依托重阳镇水上无动力运动中心建设的契机，大力推动周边环境整治和提升。完成水口村绿化约3.1万平方，河卵石路0.2万平方，临时植草砖停车场停车位355个，沥青路面铺设2100米、立面整治53间、建设“小菜园”围栏29个、种植桃树400棵、沿河安装路灯48盏、建设鸡舍12间，完成原生态竹林公园改造提升。

三、挖掘龙舟文化丰富内涵。深入挖掘“水口龙舟调”文化习俗，广泛收集当地龙舟调素材，寻找“水口龙舟调”非物质文化遗产传承人，将“水口龙舟调”逐级申报非物质文化遗产。用好龙舟展示馆，搭建龙舟文化展示平台。龙舟展示馆面积为380平方米，共有3个展区，分别为龙舟历史、龙舟文化和水上运动中心展示区，展区布展后，极大的促进龙舟文化的保护传承发展。

四、丰富重阳镇水上无动力运动中心的功能。完成龙舟文化馆、精品民宿、碧道、道路白改黑、生态体验馆、科普培训基地、红色革命教育基地等项目建设。规划河道功能包括龙舟及赛艇专业赛道、龙舟训练基地、赛艇训练基地、橡皮艇体验区、亲子无动力项目体验区等功能版块，打造一个涵盖文化、休闲观光旅游、餐饮、住宿、体验、训练、赛事、服务于一体的现代水上无动力运动中心。

2021年10月16日，重阳镇水上运动—武江区“庆丰收 感党恩”2021年中国农民丰收节暨“党恩情 满武江”生态农业博览会现场

（陈励 摄）

（重阳镇）

推进“三融” 提升“三力”以基层党建引领社区治理创新

——广东省韶关市武江区新华街花城社区党委先进事迹

广东省韶关市武江区新华街花城社区辖区面积1.8平方千米，常住居民3095户10521人。社区党委辖党支部7个，党员171名；“两委”干部7名，交叉任职和“一肩挑”比例均为100%。社区党委认真贯彻落实习近平总书记关于社区治理的重要讲话精神，牢记初心使命，充分发挥基层党组织战斗堡垒作用和党员先锋模范作用，坚持以“三融入三提升”为抓手，围绕营造共建共治共享社会治理新格局，通过组织融入网格、党员融入群众、服务融入民生，切实提升基层党组织的组织力、战斗力、凝聚力，把党的政治和组织优势转化为社区治理优势，走出一条基层党建引领社区治理创新的新路子。近五年来，社区党委获省级以上表彰6项，时任党委书记肖碧琴获省级以上表彰4项。

一、把组织融入网格，提升基层党组织组织力，让党组织在社区治理中成为主心骨。一是着眼“深”字健全组织体系。通过建立社区党委、网格党支部、楼宇党小组三级组织体系，将网格党建做实做细，推动党组织工作触角向城市“神经末梢”延伸，让党的声音在社区“一竿到底”，群众的诉求“一呼百应”。以500—1000户为规模标准，将住宅小区、商务楼宇、经济主体划分为6个网格党支部，在辖区90余栋楼宇中分片设立楼宇党小组85个、党员楼长152名，实现党的组织和工作两个全覆盖，打通联系服务群众“最后一公里”。二是着眼“融”字推动辖区组织互联互动。推行“红色物业”党建模式，建立以社区党委为中心，社区居委会、业委会、物业公司有序协调的工作机制。实行社区党委、社区居委会、社工组织“三社”联动机制，推进社区治理工作项目化，社区党委“派单”，社会组织和专业社工“接单”，社区居委会、社区居民协同参与，有效提升社区治理合力。三是着眼“合”字打造“一专多能”网格党组织队伍。整合网格民警、网格员、社区党员、居民小组长、“红袖章”、红色楼长等队伍，组建红色网格党小组，把驻区机关企事业单位纳入网格管理，将基层党建、政策宣传、疫情防控、信息采集、文明引导、治安联防等工作列入网格工作责任清单，形成党组织建在网格、资源统筹汇网格、责任落实到网格、问题解决在网格的工作机制，实现网格治理从“有形”到“有效”的转变。

二、把党员融入群众，提升红色网格战斗力，让党员干部在社区治理中成为主力军。一是率先建立“六个一”党建引领网格化疫情防控机制。社区党委面对粤北中心城区人口构成复杂、人员流动性大、管理难度高等复杂严峻形势，会同区委从区直机关党员“一把手”中选派的社区“第一书记”，组织机关在职党员下沉社区开展“敲门行动”“夜晚亮灯补查行动”，创新实施“一个网格一个支部、一个社区一张拼图、一个关卡一座堡垒、一名党员一面旗帜、一个网格早晚一会商、一个结对一个帮扶”的疫情防控机制，让党旗在防疫斗争第一线高高飘扬，全力维护辖区1万多名居民的生命安全和身体健康，成为武江区“六个一”党建引领网格化疫情防控机制的起源地和示范点，相关经验做法得到国家指导组充分肯定，并代表韶关市在广东省疫情防控新闻发布会上作经验介绍。花城社区被广东省委、省政府授予“广东省抗击新冠肺炎疫情先进集体”称号，时任党委书记肖碧琴被中华全国妇女联合会授予“抗击新冠肺炎疫情全国三八红旗手”称号。二是深入开展“真情五百”入户大走访活动。固定每周二晚组织社区党员志愿者与社区干部入户走访辖区居民，让党的每个细胞在基层社会治理中激发活力。通过开展“进百家门、知百家情、采百家言、解百家难、暖百家心”活动430多次，关心帮扶弱势群体，在一次次“零距离”的细致入微真情服务中，社区党委与群众之间密切“家”的情感连接。三是创新开展“两参与、三带头”党员先锋活动。2018年起，组织辖区在职党员在“八小时”以外，参与社区党组织建设、社会治理，带头遵守社区管理公约、参与社区公益服务活动、营造和谐邻里关系，通过360多次活动开展服务3800余次，有效发挥在职党员在社区治理中的示范带头作用，为2020年韶关市全面推行“社区吹哨、党员报到”工作提供实践经验，相关经验做法入选韶关市市域社会治理创新案例。

三、把服务融入民生，提升共建共治凝聚力，让居民群众在社区治理中成为主人翁。一是围绕“一老一少”全面提升党建阵地服务功能。针对社区老年人和少儿居多的特点，实施社区党群服务中心提升工程。设立书画室、微影院、文艺室等，丰富老年人文化娱乐生活；精心打造的风度书房成为小学生下午放学后最青睐的“4点半课堂”，家长们都说“这里是党的阵地，孩子放在这里我很放心”。同时，组织辖区社工开展“爱心联盟”“壹基金”等志愿服务，让群众在家门口就能感受到党组织的服务和关怀。二是围绕“一旧一新”推行企业个性化服务。推动实施沿江路扬尘整治及综合提升工程、电化厂公园等一批民生项目，有效解决辖区关停并转企业厂区环境破旧问题。针对关停并转企业老党员生活不便、组织生活参与度不高问题，设立便民服务站、党员活动室等，提供义诊、义剪等服务，开展“家门口党课”“口袋书”“金句”微课堂活动120余场次。同时，聚焦服务新业态经济组织，建立全市首个枫合汇商务楼宇党组织。结合楼宇党组织企业需求，由社区党委牵头，邀请思想政治、企业管理等领域专家学者开展“每月讲坛”。建立社区与企业联合开展主题党日活动机制，充分发挥社区与企业党员专长优势，形成社区党建与楼宇党建有机融合联动效应。三是围绕“共商共建”搭建街坊议事堂平台。坚持“众人的事情由众人商量”，社区党委牵头把居民普遍关心反映的问题和意见列为议事范畴，积极组织居民参与商议与自身利益相关的社区大小事务。通过平台解决社区慈善募捐、业委会筹备等事务112件，解决困难问题268个，增强群众获得感幸福感安全感。

（区委政法委）

十件民生实事全面完成

2021年民生实事项目涵盖养老、医疗、教育、交通等方方面面，件件含金量高，事关百姓的切身利益，是解决发展“不平衡”“不充分”的一大利器。区委区政府始终坚持以人民为中心的发展思想，以需求为导向，在各级、各部门精心部署、狠抓落实下，10件民生实事已经全部如期完成，件件落到实处，事事普惠民生，交出令人满意的答卷。

一、医疗卫生服务能力持续提升

完成武江区中医院主体工程建设和江湾卫生院改扩建。武江区儿童医院建设平稳推进。武江区新华社区卫生服务中心尘肺病康复站于2021年3月30日通过市级专家组综合考评验收并投入使用。

二、义务教育、学前教育快速发展

完成沐溪小学、阳山小学扩建和韶关新区幼儿园（建成后更名为“韶新幼儿园”）、江湾镇中心幼儿园新建项目建设，对滨江花园幼儿园、芙蓉幼儿园、鸿裕幼儿园等3所配套幼儿园进行装修改造。学前教育经费最低标准由每年400元提高至500元。

三、食品安全检测得到强化

不断加强食品安全检查，完成全年600批次以上食品抽检任务；以主城区农贸市场为主，完成全年5万余批次农产品快筛快检。

四、完成一批老旧小区改造项目

完成金友大厦等18个老旧小区基础设施项目及公共环境改造，启动实施市水务局宿舍等25个老旧小区改造。

五、困难群众生活保障水平进一步提高

城乡低保对象最低生活保障人均补差水平分别从每月609元、276元提高到631元、300元；特困人员基本生活标准不低于当地最低生活保障标准的1.6倍；提高孤儿（含艾滋病病毒感染儿童，下同）、事实无人抚养儿童基本生活最低养育标准，集中供养孤儿从每人每月1820元提高到1883元，分散供养孤儿、事实无人抚养儿童从每人每月1110元提高到1227元；困难残疾人生活补贴、重度残疾人护理补贴标准，分别从每人每月175元、235元提高到181元、243元。

六、消防基础设施建设进一步提升

完成武江中队消防站主体建筑施工建设。加快推进乡镇消防补短板，完成综合应急救援仓库及龙归镇消防站工程项目编制。加快基层消防队伍建设，在龙归镇率先组建10人消防队伍。

七、生活垃圾分类处理有效推进

完成武江区城区内86家公共机构（含61家机关单位、22家公立中小学、3家公立幼儿园）生活垃圾分类工作，覆盖率达100%。重点完成新华街道14个物业小区、128家无物业小区和惠民街道49家物业小区示范片建设，为全面实施垃圾分类工作积累经验、做出样板。

八、完成一批乡村公路改造建设项目

全年累计完成“四好农村路”建设21.98千

米。同时完成武江区西河至重阳乡村精品线路（X313 线十里亭桥至塘姿段）提升改造 7.868 千米。

九、完成一批城区道路改造提升工程

完成城区五祖路、体育东路、体育西路及新华北路道路提升改造工程。

十、完善一批文化服务设施

基本完成武江区图书馆二期建设；完成武江区书香广场建设和武江区博物馆提升改造，并投入使用。

（区政府办）

武江区扎实推进区、镇、村党组织换届选举

22021 年，武江区委坚持和加强党的全面领导，以“完善组织体系开启新征程”为主题，深入贯彻落实省委、市委加强党的基层组织建设三年行动计划，加强统筹领导，精心组织实施，严肃换届纪律，全面顺利圆满完成区镇村三级党组织换届选举工作。

一、注重高位推动，切实加强组织领导

一是健全领导机构。根据工作需求，成立武江区换届工作领导小组、乡镇领导班子换届工作领导小组、党代会工作领导小组，由区委书记任组长，领导小组下设办公室及工作组，由区委常委任负责人，加强对有关工作的组织领导和统筹协调，指导各镇（街）各单位贯彻落实区委的各项部署要求。二是专题研究部署。区委高度重视村（社区）“两委”换届、乡镇领导班子换届、区党代会选举工作，坚决落实中央、省委和市委的一系列工作安排和政策要求，多次召开区委常委会、工作领导小组会议、书记专题会研究部署工作情况，严肃纪律要求。三是明确工作责任。明确区、镇两级党委履行主体责任，党委书记履行第一责任人职责，纪检监察部门履行监督责任，组织部门履行直接责任，坚决把正风肃纪牢牢抓在手上，层层传导压力，级级狠抓落实，做到守土有责、守土负责、守土尽责。

二、注重严格程序，切实把好换届人选考察关

一是扎实开展前期摸底专项调研。深入了解我区各村（社区）、镇（街）领导班子运行情况。开展村级换届专题调研，运用实地调查、个别谈话、民主测评、民意调查等方式分析研判，排查发现存在问题，制定“一村一策”，实现换届前问题归零。重点了解镇（街）党（工）委书记对班子配备的建议。二是制定工作实施方案。区领导挂点联系指导 5 个乡镇、2 个街道的村（社区）“两委”换届工作，明确乡镇（街道）领导班子职数配备，准确把握各项政策规定，严肃换届纪律要求，严格换届考察程序。从严从实做好党代表、区委委员、候补委员人选摸排和酝酿工作。三是对换届人选及党代表提前审核，严把入口关。通过区级联审将 50 名不符合条件的村（社区）“两委”干部初步人选排除出人选名单；提前对全区 67 名符合继续提名条件的人选进行查核“凡提四必”事项；及时开展区第十届委员会和纪律检查委员会组成人员预备人选的考察工作。四是充分优化班子结构。村（社区）党组织书记、主任“一肩挑”比例 100%，党组织委员、村（居）委会委员交叉任职比例大幅度提升，整体结构实现年龄、学历“一降一升”。乡镇党委委员按照不同乡镇实现年龄、性别、文化结构配备要求，更科学合理。区委委员按照德才兼备、以德为先、任人唯贤的原则和结构合理的要求选出，更注重素质。五是充分发扬党内民主。村（社区）党组织换届选举党员参选率高达 93%，村（社区）党组织书记推荐人选全部当选。全部

党组织和党员参与推选乡镇党代表504名、区党代表209名，党代表更具先进性和广泛代表性。乡镇党委委员平均得票率高达99%。区委委员全部高票当选，区委常委全部全票当选。

三、严明换届纪律，匡正换届风气

一是印制《致全区农村（社区）党员的一封信》、“五个严禁、五个一律”宣传海报、“明白卡”和“提醒卡”，签订村（社区）“两委”换届选举纪律承诺书，广泛运用农村“大喇叭”、巡回宣传车等接地气的形式，大张旗鼓宣传换届纪律，确保换届纪律深入人心、家喻户晓。发放《市县乡领导班子换届工作纪律须知》，通过武江发布、武江组工、武江廉政聚焦等网络信息平台发布《“十严禁”换届纪律——红线、底线高压线》宣传漫画。印发《关于严肃换届纪律加强换届风气监督的实施方案》，根据我区实际细化换届风气监督的工作举措。二是加强思想教育。坚持教育在先、警示在先、预防在先，专题部署全区村（社区）党组织专题组织生活会和警示教育专题会，在选举日之前开展党员思想教育，把纪律和规矩挺在前面，使广大党员干部群众知边界、明底线。广泛开展谈心谈话，组织各级领导班子、党员干部和相关工作人员深入学习换届纪律要求，学习“十严禁”、《换届工作组工干部“八不准”》等换届纪律学习资料，确保换届纪律入脑入心。三是加强警示教育。组织召开区镇两级严肃换届纪律“四个一”警示教育大会，五镇两街均多次组织观看了警示教育片教育警示专题片《警钟长鸣——严肃换届纪律教育警示录》。在对现任镇（街）领导班子进行考察谈话时，与每名谈话对象谈话时一并了解所在乡镇（街道）的换届风气，作为武江区换届考察的“规定动作”。将《承诺书》下发至各镇（街）、区直各单位，要求全体党员领导干部向组织签订公开承诺书，切实作出纪律承诺。四是畅通监督举报渠道，及时受理群众来信来电来访，对换届期间反映换届风气或村干部的信访问题，开通快查快办的“绿色通道”，加强沟通和联系，并及时反馈办理情况。制定《韶关市武江区换届舆情应对工作预案》及信息收集沟通快速反应机制，加强我区换届纪律舆情突发事件处理，对反映违反换届纪律问题的举报，及时受理、优先办理，最大限度地避免、缩小和消除因舆情突发事件造成的各种负面影响，掌握引导舆情的主动权，营造风清气正的换届环境。

（区委组织部）

武江区扎实做好招商引资工作

为贯彻落实市委、市政府关于招商引资工作的重要部署，强化招商引资“一号工程”地位，武江区坚持大招商、招大商、招好商，持之以恒推动武江产业大发展。2021年武江区完成招商引资新签约项目16个，签约项目合同投资额89.9亿元，其中超亿元项目7个。新开工建设项目18个，新竣工投产项目15个，其中2021年新签约项目8个，往年开工续建项目4个，合计完成年度投资额18亿元。

一是坚定不移优化营商环境。武江区实施“3+3+3+4”产业链招商组团机制，开展改革优化营商环境大学习大讨论。通过解放思想、创新思维，设立1000万元产业引导基金、500万元专精特新“小巨人”奖、“武江暖心卡”等惠企政策，瞄准中小企业融资、企业高级管理人员和核心技术骨干工作生活等需求，提供宜居宜业暖心服务。开展招商引资服务争先创优工作竞赛。各组团、各单位每季度围绕招商项目质量、项目落地绩效、营商服务口碑三个方面进行大比拼，在招商组团、招商小组、领导干部中开展三轮招商引资政策法规技能竞赛活动，把“项目为王”导向树得更牢。开展“三个一批”改革攻坚行动和服务作风问题查纠整治行动。实施一批提效率商事制度创新行动，实施一批落地难攻城拔寨行动，实施一批补短板强基础行动。坚持推动全区上下对标先进，找营商环境差距，推动区级所有审批事项进驻政务服务大厅，投资项目审批时间比照国务院要求压缩56%，政务服务“两减一即”实现全省最优。开展“事不关己、高高挂起”等四大突出问题查纠整治行动，查摆营商环境问题6个、查处群众身边腐败问题8个，“亲”“清”政商关系不断巩固。

二是打造产业发展新引擎。谋划武江科创园产业平台。武江科创园已引入企业82家，其中包含浩辰医学检测中心、中科细胞质量检测中心、朗科集团等高新技术企业。谋划武江城乡融合园产业平台。与深圳科技工业园（集团）有限公司签订战略合作协议，合作共建深圳科技工业园武江科技创新基地，围绕产业升级、集群打造园区运营等方面展开合作，打造成为广东省标杆型产城融合示范区。洽谈对接江苏枫叶能源、湖南德至祥、铁建重工等有意向进驻的高新技术企业。谋划武江现代农业产业园。产业园选址重阳镇黄岸村，规划总用地15.53公顷，工业用地8.27公顷，园区功能定位为农产品深加工、冷链配送中心，电子商务、农业展示展销，农业观光、商业配套等功能一体化的现代农业产业园。园区现已完成土方平整，以及园区主干道路和基础配套的给水排水管网、电力通信管网、排水沟、护坡绿化工程建设。谋划国家林草装备科技示范园。2021年1月，市政府正式向省林业局发函推荐武江区申报建设国家林草装备示范园。8月，广东韶关国家林草智能装备科技示范园申报通过省林业局组织的专家评审论证会，委托国家林草局调查规划设计院进一步完善申报资料，11月将国家林草局资料报送至省林业局。

三是坚持构建全员招商格局。注重发挥领导干部先锋队作用、招商工作队主力军作用、驻韶企业义务兵作用，不断增强招商引资的工作合力和服务水平。凡是重点招商项目均明确由党政“一把手”亲自抓，四套班子主要领导共同研究、共同决策，按照一个重点招商项目成立一个领导小组、组建一支服务团队、建立一个微信工作群的“三个一”工作模式，化繁为简，明确目标任务、完成时限、责任单位，定期跟踪、定期研究、定期部署，确保重点项目顺利落地。其中，浩辰医学、华林云、广东医睦科技、新创医疗等4个项目已入驻武江科创园，中核武江儿童医院、兴农友植物工厂等2个项目已开工建设，深圳欣中深国家干细胞转化资源库——灵长类动物储备实验中心已签署投资协议，朗科科技已入园临时办公，后续将继续跟进完善租赁及投资协议。深圳欣中深国家干细胞转化资源库——灵长类动物储备实验中心、中震科建（深圳）控股有限公司防震减灾科学城项目、江苏集萃安泰创明先进能源材料研究院有限公司广东（韶关）绿色能源材料与应用技术研究院、香江数字化智能科技中心、重阳水上无动力运动小镇、岭南山水度假城、领航新能源产业融合城等一批在谈重点招商引资项目，区主要领导及招商办正加强对接及研判，争取让优质项目尽早落地。

（区委办）

大事记

1月

3日 市委书记王瑞军到江湾镇调研“打擂比武”、乡村产业振兴工作情况、查看镇域风貌提升情况。

5日 韶关市武江区第三届机关工作创新创优竞赛在武江区科创园路演中心二楼会议厅隆重举行，区委副书记陈刚为竞赛作致辞，市直属机关工委纪委书记赖世生及武江区有关领导莅临指导。区直机关12支参赛队伍通过情景剧、快板、诗朗诵等形式，充分展现机关工作创新创优的突出举措。区住建局党总支部作品《加快“四好农村路”建设，助力乡村振兴发展》及区人社局党总支部作品《以人民为中心，开创为民新高度》获得一等奖。

7日 区委常委会（扩大）会议召开。会议听取各镇（街）和区直各党（工）委书记抓基层党建工作述职并进行评议。

是日 武江区召开2020年度党管武装工作述职会议，会议深入学习贯彻习近平强军思想，全面总结过去一年的党管武装工作，研究部署2021年的各项工作任务，把党管武装的政治责任扛得更牢、工作举措落得更实，全力推动武江党管武装工作迈上新台阶。区委书记颜亮出席会议并讲话，区领导陈雪、杜亚、余志强参加会议。

8日 区委书记颜亮率调研组深入基层一线，实地走访调研“奋战100天”重点项目建设情况，要求各项目攻坚组团全力加快统筹推进项目建设。区委副书记、区长郑伟平，区人大常委会主任孙理鸣，区政协主席彭波等四套班子成员参与调研。

9日 韶关市公安局武江分局在新华南3号大院举办庆祝首个中国人民警察节警营开放日活动。

12日 省委组织部一行到花城社区调研五级联创工作。

是日 武江区召开冬春季新冠肺炎疫情防控工作会议，并以电视电话会议形式开至各镇（街）。区委书记颜亮作讲话，区委副书记、区长郑伟平主持会议，区人大常委会主任孙理鸣、区政协主席彭波、区委副书记陈刚等区四套班子成员参加会议。

13日 武江区召开党外代表人士春节座谈会。

18日 中共韶关市武江区委印发《中共韶关市武江区委关于制定武江区国民经济和社会发展第十四个五年规划和二〇三五年远景目标的建议》。

21日 区委编办、区纪委监委、区委组织部、区财政局、区人社局联合印发《关于增设韶关市武江区委第三巡察组的通知》（韶武机编办〔2021〕2号），同意增设区委第三巡察组，配组长1名、副组长1名。

是日 中共韶关市武江区委印发《关于聘请区委、区政府发展咨询顾问的决定》。

22日 武江区举办农村人居环境整治第三批“打擂比武”现场评选活动。

23日 武江区在科创园召开招商引资暨高质量发展大会。

26日 区委书记颜亮主持召开区委九届第180次常委会会议，传达学习习近平总书记在省部级主要领导干部学习贯彻中共十九届五中全会精神专题研讨班开班式上发表的重要讲话精神、省委十二届十三次全会精神，审议并原则同意《政府工作报告》，听取区政府党组、区总工会、团区委、区妇联2020年工作汇报，研究召开区委九届第十三次全会有关事项。

是日 武江区召开“十四五”规划编制工作会议，听取规划编制工作开展情况汇报，征求意见建议，安排部署下一步工作。区委书记颜亮主持会议并作讲话，区委副书记、区长郑伟平，区人大常委会主任孙理鸣，区政协主席彭波，区委副书记陈刚等四套班子成员参加会议。

27日 区消防救援大队成功处置武江区乳韶路芙蓉加油站对面汽修店仓库火灾，无人员伤亡。

29日 韶关市公安局武江分局森林警察大队举行揭牌仪式。原韶关市公安局武江分局森林派出所整体划转至韶关市公安局武江分局，更名为韶关市公安局武江分局森林警察大队。

30日 区委书记颜亮主持召开区委九届第182次常委会会议，传达学习习近平总书记在中共中央政治局第二十七次集体学习时的重要讲话精神、市委十二届十四次全会精神，审议并原则同意《韶关市武江区国民经济和社会发展第十四个五年规划和二〇三五年远景目标纲要》《韶关市武江区2020年国民经济和社会发展计划执行情况与2021年计划》《韶关市武江区2020年预算执行情况和2021年预算》《韶关市武江区关于进一步加强招商引资工作推进经济高质量发展的实施意见》以及提交区委九届第十三次全会审议的材料。

2月

2日 中共韶关市武江区第九届委员会第十三次全体会议召开，全会总结2020年工作，部署2021年工作，审议区委常委会2020年政治要件贯彻落实情况和抓党建工作情况的书面报告，表决通过《武江区关于实施新一轮改革发展“六大行动”推动高质量发展的意见》。

3日 韶关市妇联主席汪波带队到西河镇红星村调研指导第四期省级“妇女之家”示范点建设工作。汪波一行首先参观红星村活动阵地、宣传栏、管理制度等建设情况，查看创建省级“妇女之家”档案资料，并听取村妇联主席关于省级示范妇女之家活动开展情况的汇报。

4—5日 武江区召开区九届人民代表大会第六次会议，听取、审议并表决通过关于区人民政府、人大常委会、人民法院、人民检察院、计划、财政及第十四个五年规划和二〇三五年远景目标纲要等7个工作报告的决议，表决通过区人民政府2021年度10件民生实事项目。

4—5日 武江区召开中国人民政治协商会议第九届韶关市武江区委员会第六次会议。

5日 武江区成立韶关市武江区社区矫正委员会。

7日 区委书记颜亮主持召开区委九届第184次常委会会议，审议并原则同意《2019年韶关市武江区委领导班子“不忘初心、牢记使命”专题民主生活会及专项整治方案整改落实情况报告》《2020年度武江区委领导班子民主生活会对照检查材料》。

是日 区委书记颜亮、区长郑伟平率慰问组一行，先后前往武江公安分局、武江区环卫所、武江区消防大队，亲切看望慰问公安民警、环卫工人和消防队员，提前向他们致以新春的问候和祝愿。

8日 武江区江湾镇自来水厂投入使用。

10日 武江区召开推进巡视整改工作动员会议。区委书记颜亮作讲话，区委副书记、区长郑伟平主持会议，区人大常委会主任孙理鸣，区政协主席彭波，区委副书记陈刚等四套班子成员参加会议。

是日 中共韶关市武江区委印发《武江区关于实施新一轮改革发展“六大行动”推动高质量发展的意见》。

18日 武江区召开区招商引资工作领导小组

（扩大）会议，区委书记颜亮出席会议并作讲话，区长郑伟平，区人大常委会主任孙理鸣，区政协主席彭波、区委副书记陈刚等领导参加会议。会议上听取武江区招商引资暨高质量发展大会举办以来的工作进展情况汇报，就如何加快武江区科创园企业入驻提出建议和措施。

20日 武江区召开2021年区委党的建设工作领导小组第一次会议。

22日 市长陈少荣到武江区调研并督导土地收储工作，强调要深入贯彻习近平总书记对广东系列重要讲话和重要指示批示精神，围绕贯彻落实省委、市委全会精神及工作部署，全面提升武江中心城区的创新发展承载力和生态宜居品质，力促城乡融合高质量发展再上新台阶；要高效有序推进土地收储工作，为全市经济社会高质量发展提供强有力的要素支撑。

是日 武江区召开2021年区委政法工作会议。

3月

1日 区委书记颜亮率调研组一行走访辖区企业，了解企业发展情况，并对企业遇到的问题和困难进行现场督办解决。

2日 根据党中央和省委、市委工作部署，武江区召开全区党史学习教育动员大会，深入学习贯彻习近平新时代中国特色社会主义思想，认真落实中央和省委、市委党史学习教育动员大会精神。区委书记颜亮对全区开展党史学习教育进行动员部署，区委副书记、区长郑伟平主持会议，区人大常委会主任孙理鸣，区政协主席彭波，区委副书记陈刚等四套班子成员参加会议。

3日 韶关市委常委、军分区政委黄星会大校到武江区西河镇下坑村开展调研指导工作。区委常委、人武部政委杜亚，区人武部负责人及有关部门人员陪同调研。

是日 武江区召开2021年项目建设指挥部第一次会议，会议上安排部署2021年工作任务。区委书记颜亮，区委副书记、区长郑伟平出席会议。

8日 武江区在科创园召开区政法队伍教育整顿工作推进会。

9日 市委常委、市委组织部部长刘小军一行到花城社区调研基层党建引领社会治理创新工作。

10日 区委书记颜亮率调研组一行到重阳镇、西河镇对乡村振兴工作开展调研。区人大常委会主任孙理鸣，区政协主席彭波，区委副书记陈刚等区四套班子领导参加调研。

11日 区委书记颜亮在区政务服务数据管理局主持召开专题会议，研究部署进一步推进武江区政务服务改革、优化营商环境工作重点事项。会议强调，要拔高标准，进一步精简环节、优化流程、降低成本、提升便利度，着力提升政务服务能力，营造一流营商环境，为推动武江区“二次创业”注入新活力。

12日 武江区组织开展2021年全区义务植树活动。本次义务植树地点位于武江区西河镇天子岭山顶，种植树种主要包括中国红樱花、红苞木、碧桃、黄花风铃木等。区委书记颜亮、区长郑伟平等三十余名领导参加本次植树活动。

15日 武江区开展武江区2020年领导干部“头雁作用”民主测评。

22日 市委书记王瑞军在区委书记颜亮的陪同下，到新华街道拖拉机厂宿舍小区调研老旧小区提升改造项目。

23—27日 武江区举办新一届村（社区）党组织书记培训班。88名村（社区）党组织书记全部

2021年3月22日，武江区委书记颜亮陪同韶关市委书记王瑞军在拖拉机厂宿舍小区调研老旧小区提升改造项目　　（区委宣传部　供图）

参与培训。

25日 武江区在区科创园路演中心二楼会议厅召开中国共产党韶关市武江区第九届纪律检查委员会第六次全体会议。区委常委、区纪委书记、区监委主任肖建红代表区纪委常委会作题为《推动新时代纪检监察工作高质量发展，为促进武江“二次创业”开创新武江新经济新生活崭新局面提供坚强保障》的工作报告，区委书记颜亮参加会议并讲话。龙归镇、区住建局、区统计局、区城管局四个党（工）委（党组）主要负责人向区纪委委员进行述责述廉并接受现场评议。

29日 广东省人大常委会副主任王学成，韶关市委副书记、市长陈少荣一行到花城社区、拖拉机厂宿舍小区调研爱国卫生工作。

4月

1日 武江区经区政府常务会议审议通过生物防火林带建设项目。该项目建设面积3179.1亩，长度为105.97公里，项目总投资1172万元。项目地块分布在西河镇、西联镇、龙归镇和重阳镇。

6日 区委书记、区委政法队伍教育整顿领导小组组长颜亮带队深入各政法单位和基层站所，就武江区政法队伍教育整顿工作开展情况实地调研督导。

2021年4月19日，《中国共产党武江历史》（1984—2012）审稿会议在区政府六楼610会议室召开　（区委宣传部　供图）

7日 市人大常委会选联工委主任余构华率队到武江区江湾镇调研人大代表中心联络站建设及乡村振兴工作情况，区人大常委会副主任潘岐亮陪同。

9日 武江区召开全区政法队伍教育整顿查纠整改环节工作推进会，总结学习教育环节工作情况，全面部署推进查纠整改环节各项工作。省委政法队伍教育整顿省级驻韶关指导组李育斌出席会议并讲话，区委书记、区委政法队伍教育整顿领导小组组长颜亮作工作推进部署，区委常委、政法委书记、区委政法队伍教育整顿领导小组常委副组长黄向阳主持会议。

10日 武江区西联镇赤水村举办农民运动会。

14日 国家统计局韶关调查队队长邸彦明带队到西河镇调研农村统计调查基础工作。

15日 广东省第二届《乡村振兴大擂台》韶关赛区海选在武江区乡村振兴培训实践中心举行。江湾镇代表武江区参加海选，在韶关市10个县市区的参赛乡镇中，总分第三名，获得二等奖。

16日 武江区在龙归乡村振兴实践中心举办2021年贫困劳动力粤菜师傅技能培训班。此次培训共有25名农村劳动力（其中9名贫困劳动力）参与，以武江各镇粤菜美食风味助力推动武江区烹饪技能人才提高技艺水平，培养乡村“粤菜师傅”技能人才。

19日 武江区召开《中国共产党武江历史》（1984—2012）审稿会议，区史志办负责人主持会议并讲话，区委办、区档案馆等负责人在会上作讲话，全区各有关单位30余人参加会议。

21日 省委政法队伍教育整顿工作领导小组驻韶关指导组吴清阳一行莅临武江区，先后深入新华派出所、芙蓉山派出所、西河派出所等基层政法单位，通过听取汇报、查阅台账、实地走访、座谈交流等方式，对武江区的政法队伍教育整顿工作进行检查指导。

22—25日 区委书记颜亮带队赴浙江开展产业招商，围绕林草智能装备、医药健康等武江区重点发展产业与知名民企及相关研究机构负责人洽谈，诚邀广大客商与武江区共同谱写“春天的故事”。

23日 中共韶关市武江区委办公室、韶关市武江区人民政府办公室印发《武江区新一轮改革发展“六大行动”三年行动计划(2021—2023年)》。

25日 韶关市首个数字化新冠疫苗接种点在武江区沙洲尾社区卫生服务中心启用。

26日 韶关市公安局武江分局成功侦破省厅挂牌督办的2011年“3·20”命案积案，在云南曲靖抓获潜逃10年的犯罪嫌疑人贺某乔。韶关市公安局党委书记、局长谢超武代表市局党委向分局表示祝贺发来贺信，并向全体参战民警致以诚挚的慰问。

28日 武江区人社局立案处理旺角渔村欠薪案，为94名员工追回拖欠工资229.7014万元。

30日 区委书记颜亮深入辖区企业、旅游景点等地，开展节前安全生产检查，强调各级各部门要时刻绷紧安全这根弦，严格落实各项安全生产措施，确保“五一”假期社会和谐稳定。

5月

6日 武江区政务服务大厅设立“办不成事”反映窗口，为线上或线下提交申请材料后未能实现成功受理、成功审批的群众或企业提供主动、快捷的反馈通道，并第一时间协调帮办，解决群众办事的“疑难杂症”。

7日 区委书记颜亮到江湾镇调研防汛减灾和乡村振兴工作。

12日 武江区召开全区严肃换届纪律“三个一”警示教育大会，市专项巡察指导督导组组长张桂先传达学习习近平总书记关于加强换届纪律和作风的重要指示精神以及省、市关于换届工作的部署要求，区委书记颜亮作表态发言，全区75名领导干部参加。

14日 武江区召开2021年第二季度重点项目建设现场推进会。区委书记颜亮，区长郑伟平，区人大常委会主任孙理鸣，区政协主席彭波，区委副书记陈刚参加推进会。

18日 区委书记颜亮到龙归镇调研地质灾害防治、项目选址工作，强调要全面筑牢防汛安全底线，全力保障人民群众生命财产安全。

19日 市政协主席王青西一行到武江区召开市委专题协商会调研座谈会议，研究讨论武江区“产业生态化、生态产业化”项目谋划开展情况。市政协副主席谢天友出席会议。

是日 中共韶关市武江区委办公室、韶关市武江区人民政府办公室印发《韶关市武江区城乡融合发展省级试点行动计划(2021—2025年)》。

20日 区委书记颜亮主持召开区委九届第200次常委会会议，学习习近平总书记在中共中央政治局第二十九次集体学习时的重要讲话精神、《中国共产党重大事项请示报告条例》以及全市改革优化营商环境大会会议精神，审议并原则同意《沙州路及周边道路改造工程的实施方案》《关于做好2021年武江区“两优一先”评选表彰工作的实施方案》、武江区医药健康科技产业园建设项目(青创中心)有关事项以及武江区城乡融合省级试点工作动员大会有关安排。

是日 武江区召开防汛工作会议，听取全区防汛、救灾工作情况汇报，专题研究部署当前及下一阶段防汛救灾工作。区委书记颜亮作讲话，区委副书记陈刚等区领导参加会议。

21—22日 区委书记颜亮率队赴广州深圳考察拜访，先后到华南农业大学、省政府发展研究中心、富士康—源康智慧农业、众口味食品集团就有关工作及项目事宜进行对接洽谈，共商合作发展。

24日 武江区召开城乡融合发展省级试点工作动员大会，部署全区城乡融合发展省级试点工作。广东省政府发展研究中心副主任、武江区政府发展咨询顾问杨广丽，省发改委发展战略和规划处黄蓓，市政府副秘书长邱杨生，市发改局局长郭先桂，区委书记颜亮，区委副书记、区长郑伟平出席会议。

是日 中共韶关市武江区委办公室印发《中共韶关市武江区委进一步落实全面从严治党主体责任清单》。

25日 武江区召开武江区年轻干部座谈会，各镇街、区直各单位约50名年轻干部参会，区委书记颜亮出席并讲话，区委副书记陈刚主持会议。

27日 广东省高级人民法院副院长林碧艳一行到区龙归法庭调研。

是日 武江区召开改革优化营商环境大会，深入学习贯彻习近平总书记关于优化营商环境的重要讲话精神，认真贯彻党中央、国务院关于优化营商环境的决策部署和省、市的工作要求，坚决打通招商引资、服务企业发展过程中的难点痛点堵点，对标最好最优，全力打造一流营商环境，助推武江经济高质量发展。区委书记颜亮，区长郑伟平出席会议并讲话。区政协主席彭波，区委副书记陈刚出席会议。

28日 武江区发布《韶关市武江区第七次全国人口普查公报》。

29日 2021年全市第二季度项目集中开竣工活动—武江区分会场活动在龙归镇顺利举行。区委书记颜亮在韶关主会场参加活动，区长郑伟平，区政协主席彭波参加分会场活动。

6月

1日 市委书记王瑞军到武江区重阳镇巡河检查防汛备灾工作，实地调研龙舟赛事筹备、水上运动小镇更新改造工作，深入水口村诺普信基质栽培蓝莓基地、青暖村、万侯红色村实地调研数字蓝莓现代农业生产示范基地、土地资源价值及田园综合体规划、红色+休闲康养旅游建设情况。

3日 武江区召开全区政法队伍教育整顿工作推进会暨区委政法队伍教育整顿工作领导小组（扩大）会议。

6日 武江区召开区委农村工作会议暨全区实施乡村振兴战略工作推进会，研究部署新阶段工作任务，全面推动乡村振兴落地见效。区委书记颜亮出席会议并讲话，区长郑伟平主持会议，区人大常委会主任孙理鸣，区政协主席彭波，区委副书记陈刚出席会议。

8日 区长郑伟平一行到龙归镇市场监管所调研，了解乡镇街道体制改革后市场监管所下放乡镇管理的情况。

11日 区委书记颜亮到西河镇以“铭记光辉历史 传承红色基因 同心同力把西河建设成为韶关城乡融合高质量发展的一颗明珠”为主题，为西河镇党员领导干部讲党史学习教育专题党课。

12日 区委书记颜亮一行对武江区各农贸市场、药店等重点场所落实新冠疫情防控工作进行督导检查，切实加强端午、“七一”期间疫情防控工作。

14日 市委常委、宣传部部长刘启宇一行到武江区，检查端午节假期疫情防控及安全生产工作。

15日 武江区召开重点领域安全稳定分析推进会，深入学习贯彻习近平总书记关于安全生产的重要论述特别是对湖北十堰市张湾区艳湖社区集贸市场燃气爆炸事故作出的重要指示精神，贯彻落实全省和全市安全生产工作会议精神，研究部署武江区安全生产和社会稳定工作。区委书记颜亮出席会议并讲话，区长郑伟平主持会议。

16日 区委书记颜亮率调研组一行实地走访辖区企业，就优化营商环境、企业党建、挂点企业生产经营和疫情防控等方面的工作情况展开调研。

17日 区四套班子领导在区博物馆开展党史学习教育中心组专题学习。

23日 武江区人社局立案处理奥园明玥江山欠薪案，为73名工人追回拖欠工资184万元。

27日 区委书记颜亮率慰问组一行走访慰问部分党龄超过50年的老党员，为他们颁发“光荣在党50年”纪念章，并向全区广大党员致以诚挚问候和崇高敬意。区长郑伟平，区委副书记陈刚等参与慰问。

28日 武江区举行武江科创园青创中心动工暨招商项目集中签约仪式，市委常委、副市长罗晓勤，区委书记颜亮，区长郑伟平，市直部门相关负责人，签约企业代表和已入园企业代表等参加签约仪式。

29日 武江区召开中共韶关市武江区第九届第十四次全体会议，全会研究部署关于召开武江区第十次党代会的有关事宜，表决通过《中国共产党韶关市武江区第九届委员会第十四次全体会议关于召开中国共产党韶关市武江区第十次代表大会的决议》。区委书记颜亮主持会议并作讲话，区委副书记、区长郑伟平参加会议。

29日 中共韶关市武江区第九届第十四次全体会议召开，全会研究部署了关于召开武江区第十次党代会的有关事宜，表决通过了《中国共产党韶关市武江区第九届委员会第十四次全体会议关于召开中国共产党韶关市武江区第十次代表大会的决议》。区委书记颜亮主持会议并作讲话，区委副书记、区长郑伟平参加会议。

是日 武江区召开庆祝中国共产党成立100周年暨“两优一先”代表座谈会，会议坚持以习近平新时代中国特色社会主义思想为指导，深入学习贯彻习近平总书记对广东系列重要讲话和重要指示批示精神，对优秀共产党员、优秀党务工作者以及先进基层党组织进行表彰，激励全区各级党组织和党员干部学习先进、争当先进，以新担当新作为，为奋力开创“新武江新经济新生活”崭新局面、全力建设韶关“双化双融”先行示范区和高质量发展率先突破区而不懈奋斗。区委书记颜亮，区长郑伟平，区政协主席彭波出席会议。区委副书记陈刚主持会议。

是日 武江区召开全区政法队伍教育整顿总结大会。

7月

2日 区委书记颜亮主持召开区委九届第206次常委会会议，传达学习习近平总书记在庆祝中国共产党成立100周年大会上的重要讲话精神。

4日 武江区召开全区干部大会，传达学习习近平总书记在庆祝中国共产党成立100周年大会上的重要讲话精神，以及全省、全市干部大会精神，对学习贯彻落实工作进行全面动员部署。区委书记颜亮主持会议并讲话，区长郑伟平、区人大常委会主任孙理鸣，区政协主席彭波，区委副书记陈刚出席会议。

7日 武江区召开区镇两级人大换届选举工作部署会，深入贯彻落实省委、市委、区委关于县（区）乡两级人大换届选举工作会议精神。区人大常委会主任孙理鸣出席会议并讲话。区委常委、区委宣传部部长李宇强，区委常委、区委组织部部长沈中伟，区人大常委会领导班子及各镇（街）人大（工委）主席（主任）、区人大换届工作选举委员会成员及人大常委会机关全体人员参加会议。

13日 武江区召开乡村振兴驻镇帮镇扶村工作队进驻交接会。区委书记颜亮作讲话，区人大常委会主任孙理鸣，区政协主席彭波，区委副书记陈刚，东莞市凤岗镇四级调研员尹德明、高埗镇副镇长熊振球参加会议。

14日 区委书记颜亮率调研组深入基层一线，实地走访调研2021年重点项目建设情况，要求各项目攻坚组团全力加快统筹推进项目建设。区长郑伟平，区人大常委会主任孙理鸣，区政协主席彭波等四套班子成员参与调研。

是日 武江区举办以“重温党史经典　体悟初心使命”为主题的红色情景剧大赛，区自然资源局参赛队伍在参加决赛的13支队伍中脱颖而出，荣获一等奖。

是日 武江区举办2021年镇街综合行政执法业务培训班。各镇（街）综合行政执法工作分管领导、执法人员及区直执法部门执法人员约80人参加培训。

15日 区委书记颜亮率队到东莞市凤岗镇看望慰问武江区驻外招商队全体队员，并进行座谈调度部署武江区驻外招商工作。颜亮一行先后前往武江区驻外招商队工作地点、驻外招商队员宿舍，了解驻外招商队近期工作开展情况，关心询问驻外招商队员日常生活起居，充分肯定武江区驻外招商队在团队建设、制度健全、招商信息收集和项目对接等方面工作中取得的进展。

是日 武江区举办2021年农村人居环境整治第一批“打擂比武”现场评选表彰会。区委书记颜亮，区长郑伟平，区人大常委会主任孙理鸣，区政协主席彭波，区委副书记陈刚出席活动。

16日 区委书记颜亮率队赴深圳市考察，招引对接优强企业，深化务实合作，以产业大招商助力武江高质量发展。在深圳朗科公司，颜亮一行参观公司展厅，详细了解企业发展历程、产品研发和市场销售等情况，并与公司负责人座谈交流，就加强对接合作达成共识。

19日 武江区召开区委全面依法治区委员会第三次会议，区委书记颜亮主持会议并讲话，区长郑伟平，区人大常委会主任孙理鸣出席会议。会议传达学习落实中央全面依法治国委员会2021年工作任务部署会议精神、省委全面依法治省工作会议精神、市委全面依法治市委员会第三次会议精神和《中国共产党政法工作条例》，审议武江区行政复议体制改革实施方案，总结武江区上半年全面依法治区工作，研究部署下半年工作。

25日 区委书记颜亮主持召开区委九届209次常委会会议，传达学习李希在韶调研精神，研究部署武江区贯彻落实意见。

27日 韶关市行政服务中心有关领导一行到武江区政务服务大厅开展工作交流，了解武江区政务服务的工作开展情况、大厅建设情况、"12345"热线工作开展情况、政府网站信息采编工作以及其他政务服务工作情况。

是日 区委书记颜亮率慰问组到驻韶关部队开展慰问活动，向全体官兵致以节日的问候和祝福，畅叙鱼水深情，共谋军地发展。区人大常委会主任孙理鸣，区政协主席彭波参加慰问。

是日 中共韶关市武江区委办公室印发《区委区政府领导开展"深调研"工作方案》。

8月

1日 武江区恢复设立韶关市公安局武江分局西联派出所，由市公安局武江分局管理。原新区公安分局22名民警随机构划转到武江公安分局，从原新区公安分局划转65名辅警到武江公安分局；武江公安分局接管新区西联镇辖区的社会面管控和接处警、案件侦办等工作。

4日 武江区召开"全力推动城乡融合发展省级试点建设工作"专题议政会。区委书记颜亮作讲话，区政协主席彭波主持会议，区委副书记陈刚参加会议。

9日 市公安局党委书记、局长谢超武到武江分局实地调研动中备勤、派出所警务机制改革等工作，就如何更好地改进优化动中备勤、如何科学合理布警做好社会面管控以及派出所警务机制改革进行交流探讨。

10日 区委书记颜亮一行先后到韶关市韶瑞重工有限公司、韶关市龙韶实业有限公司、广东新蓝天纺织新材料有限公司走访调研，详细了解企业在疫情防控常态化下的生产经营、市场拓展、技术改造等方面情况，部署精准帮扶措施，要求各部门努力为企业排忧解难，助推企业实现扩产增效。

12日 市委书记王瑞军到武江区高思培优培训学校、韶关市风度小学实地调研培训机构管理、学校建设及开学筹备等情况。

13日 区委书记颜亮主持召开区委九届第212次常委会会议，传达习近平总书记在西藏考察时发表的重要讲话精神，研究召开区委九届第十五次全会有关事项。

16日 武江区召开中共韶关市武江区第九届委员会第十五次全体会议，全会审议《韶关市武江区促进农业转移人口市民化加快新型城镇化行动方案》《关于推进原镇泰玩具厂及韶关大道北片区"厂区变园区、产区变城区"试点实施方案》。区委书记颜亮主持会议并代表区委常委会作报告。

17日 省人大常委会副主任罗娟一行到武江开展社区矫正法执法检查，现场察看武江区社区矫正中心建设情况，查看工作台账，听取武江区司法局贯彻社区矫正法工作汇报。

19日 区委书记颜亮一行前往芙蓉社区卫生服务中心看望慰问一线医护人员，并代表区委向医务工作者们致以崇高的敬意，送上诚挚的节日问候和祝福。

25日 武江区组织召开武江区2021年普法工作联席会议。

26日 武江区在科创园举行2021年全市第三季度项目集中开竣工暨武江"厂区变园区、产区变城区"项目开竣工仪式。区委书记颜亮在分会场通过视频连线向主会场汇报武江区项目集中开竣工情况，区人大常委会主任孙理鸣，区政协主席彭波参加活动。

29日 区委书记颜亮到龙归镇、江湾镇调研生态环境保护工作，强调要深入践行习近平生态文明思想，聚焦存在突出问题全力整改，持之以恒推动生态优先绿色发展，促进生态环境持续改善。

31日 武江区召开区九届人大常委会召开第五十五次会议，决定任命黄艺坤为韶关市武江区人民政府副区长。审议通过韶关市武江区人民代表大会常务委员会关于接受郑伟平辞职请求的决定（草案）和韶关市武江区人民代表大会常务委员会关于黄艺坤为韶关市武江区人民政府代理区长的决定（草案）。

8月 武江区在重阳镇水口村举办韶关市武江区首届钓鱼公开赛。

8月 武江区四套领导班子领导组成9个慰问团分别走访慰问13个驻韶驻区部队。

9月

1日 武江区江湾中心幼儿园正式开园。

6日 区委书记颜亮主持召开区委九届第215次常委会会议，学习传达中央生态环境保护督察韶关协调联络组会议精神以及省、市疫情防控工作会议精神，研究部署武江区中央生态环境保护督察组下沉督察反馈问题整改落实工作及疫情防控工作。

7日 区委书记颜亮率慰问组一行开展教师节走访慰问活动。

8日 市长陈少荣带队前往风度小学，看望慰问一线教师，并代表市委、市政府向广大教师和教育工作者致以节日的问候和崇高的敬意，区委副书记、代区长黄艺坤陪同慰问。

9日 接中共韶关市委组织部《关于张广晖等同志职务任免的通知》（韶组干〔2021〕481号文件），省委批准：张广晖任韶关市武江区委书记；免去颜亮的韶关市武江区委书记职务。市委同意：张广晖任中共韶关市武江区委委员、常委；免去颜亮的中共韶关市武江区委常委、委员职务。

10日 区委书记张广晖带队调研督导环保督察反馈问题整改工作。

11日 区委书记张广晖一行到太阳城第二社区调研防疫工作。

13日 广东省退役军人事务厅、韶关市退役军人服务中心、武江区退役军人事务局验收工作组一行到重阳镇开展全国示范型退役军人服务中心（站）和广东省退役军人服务中心（站）星级示范创建检查验收工作，成功创建2021年全国示范型和广东省五星级退役军人服务站。

14日 接中共韶关市委组织部《关于王友华等同志职务任免的通知》（韶组干〔2021〕554号），市委同意：王友华任中共韶关市武江区委委员、常委、副书记；廖钢青任中共韶关市武江区委委员、常委（建议兼任区委办公室主任职务）；免去欧伟强的中共韶关市武江区委常委、委员（不再兼任区委办公室主任职务）。

15日 武江区江湾镇网上巡回法庭设立。

16日 东莞市凤岗镇党委书记张耀洪到江湾镇调研驻镇帮镇扶村工作。

20日 区委书记张广晖率慰问组一行开展中秋节前走访慰问离退休干部活动。

23日 区委书记张广晖主持召开区委九届第218次常委会会议，研究讨论市党代表候选人推荐人选情况。

是日 广府人联谊总会企业家考察团一行在市政协副主席、市第五届世界广府人恳亲大会筹备办公室主任王德雄，市政协副秘书长何新文和区政协主席彭波的陪同下到武江科创园进行考察和交流活动。

2021年9月1日，江湾中心幼儿园正式开园
（吴嘉宁　摄）

是日 武江区“庆丰收·感党恩”2021年中国农民丰收节暨“党恩情·满武江”生态农业博览会活动在重阳镇水口村开幕。博览会活动现场组织市民群众有序参观建党百年主题展、乡村振兴成果展、武江农特产品展、兰花展等特色展区，并延续多年传承的赛龙舟习俗表演。

24日 武江区召开区人民武装部党委第一书记任职大会，韶关市委常委、韶关军分区大校政治委员黄星会宣布区委书记张广晖任武江区人武部党委第一书记的任职决定，并为其颁发任职证书。

26日 省委办公厅二级巡视员、省党史学习教育第一巡回指导组副组长洪润清一行，在市住建局领导和区委常委廖功文、区政协副主席黄艺顺陪同下，到新华街道调研党史学习教育成果“我为群众办实事”之老旧小区改造工作，并给予充分的肯定。

27日 区委书记张广晖主持召开区委九届第219次常委会会议，研究讨论市党代表候选人推荐人选情况，审议并原则同意市党代表候选人初步人选考察对象建议名单、《武江区关于韶关市第十五届人民代表大会代表名额分配意见和实施方案》、韶关市武江区第十届人民代表大会提名代表候选人建议人选名单。

28日 区委书记张广晖、区委常委廖钢青、副区长钟爱明一行到汇展酒店、工业西市场、宏昌百货、林静液化气站等企业，就国庆、中秋节前食品安全、特种设备安全和疫情防控等工作开展督导检查，并到区市场监管局开展调研，听取区市场监管工作情况汇报。

29日 武江区未成年受害人“一站式取证”办案中心在市妇幼保健院正式揭牌启用。

10月

4日 区委书记张广晖一行就森林防火、安全生产等工作到龙归镇进行督导检查。

11日 区委书记张广晖主持召开区委九届第220次常委会会议，审议并通过韶关市第十五届人民代表大会代表候选人推荐名单（武江区）、政协韶关市第十三届委员会委员推荐名单（武江区）、中国共产党韶关市第十三次代表大会代表候选人初步人选建议名单（武江区）、中共韶关市武江区第十届区委委员、候补委员候选人预备人选建议名单以及中共韶关市武江区第十届纪委委员候选人预备人选建议名单。

13日 区委书记张广晖一行到区国投集团调研指导工作，与区国投集团主要负责人及各部门、各子公司负责人进行座谈交流。

15日 区委书记张广晖主持召开区委九届第221次常委会会议，学习习近平总书记在纪念辛亥革命110周年大会上的重要讲话精神、习近平总书记在中央人才工作会议上发表的重要讲话精神以及市委书记王瑞军到武江区调研时的讲话精神，审议《2021年武江区镇（街）和部门绩效评价实施方案》、中国共产党韶关市武江区第十次代表大会系列材料，研究召开区委九届第十六次全会有关事项。

16日 区委副书记、代区长黄艺坤一行到重阳镇水口村、湿地公园、现代农业产业园等地调研乡村公路建设、水系治理。

是日 “农行杯”2021韶关重阳水上无动力运动基地龙舟测试赛火热开赛。

18日 武江区召开中共韶关市武江区第九届委员会第十六次全体会议，区委书记张广晖主持会议并作讲话，区委副书记、代区长黄艺坤参加会议。会议报告中国共产党韶关市武江区第十次代表大会筹备工作情况。会议审议通过中国共产党韶关市武江区第十次代表大会有关会议材料。会议圈选确定韶关市武江区出席市第十三次党代会代表候选人预备人选。会议审议通过《中国共产党韶关市武江区第九届委员会报告》和《中国共产党韶关市武江区第九届纪律检查委员会工作报告》。会议酝酿、表决通过第十届区委委员、候补委员和区纪委委员候选人预备人选建议名单。全会决定，中国共产党韶关市武江区第十次代表大会于2021年10月28日至30日召开。

20日 市财经委主任刘剑成和市人大代表一行在区人大常委会主任孙理鸣、区市场监管局局长古寿英陪同下，到新华南世纪新城购物广场视察武江区创建放心消费承诺示范街区工作。

21日 接中共韶关市委组织部韶组干〔2021〕655号文件通知，市委同意：李庆任中共韶关市武江区委委员、常委；免去杜亚的中共韶关市武江区委常委、委员职务。

是日 接中共韶关市委组织部韶组干〔2021〕657号文件通知，市委同意提名：房仲斌挂任韶关市武江区人民政府副区长（时间至本轮莞韶对口帮扶工作结束）；黄远文不再挂任韶关市武江区人民政府副区长职务。

是日 接中共韶关市委组织部韶组干〔2021〕656号文件通知，市委同意：房仲斌挂任中共韶关市武江区委委员、常委（时间至本轮莞韶对口帮扶工作结束）；黄远文不再挂任中共韶关市武江区委常委、委员职务。

22日 市委教育工委书记、市教育局局长黄令遥到武江区调研教育工作。调研组一行先后到武江小学新建项目现场、至和汤邓淑芳纪念学校调研，并到区教育局召开座谈会。区委副书记、代区长黄艺坤，副区长马文娟陪同。

27日 区委书记张广晖主持召开区委九届第222次常委会会议，传达学习习近平总书记在十九届中共中央政治局第三十四次集体学习上发表的重要讲话精神，审议《2020年韶关市武江区机关绩效考核奖励金和慰问金发放方案》《韶关市2021年度全面深化改革工作先进单位和先进个人拟推荐名单》《韶关市武江区第十届政协委员建议名单》，传达市委提名的市第十三次党代表大会代表候选人到武江区参选有关工作要求。

是日 凤岗镇党委副书记、镇长宁康到江湾镇调研驻镇帮镇扶村工作。

29日 中国共产党韶关市武江区第十次代表大会召开。区委书记张广晖代表中共韶关市武江区第九届委员会作题为《抢抓发展机遇 奋勇拼搏争先 全力建设韶关“双化双融”先行示范区和高质量发展率先突破区》的报告。

是日 韶关市武江区西河镇人民政府对下坑村委村民未经批准违法占地建房案开出镇历史上的首个行政处罚罚单。

30日 武江区召开中共韶关市武江区第十届第一次全体会议，会议选举产生新一届区委常委和书记、副书记，通过中国共产党韶关市武江区第十届纪律检查委员会第一次全体会议选举结果。会议以无记名投票、差额选举方式，选举产生中国共产党韶关市武江区第十届委员会常务委员会委员，张广晖、黄艺坤、王友华、沈中伟、廖功文、陈雪、段世甲、黄向阳、谢伟强、廖钢青、李庆当选为新一届区委常委。会议以无记名投票、等额选举方式，选举张广晖为武江区委书记，黄艺坤、王友华为武江区委副书记。

10月 《韶关武江：党建引领“打擂比武”，共同缔造生态宜居美丽乡村》作为全市唯一入选的农村基层党建示范案例，荣获中共广东省委南方杂志社授予的“2021年度广东基层党建创新案例农村基层党建示范案例”称号。

11月

4日 省农业农村厅原二级巡视员刘付启荣率省文化和旅游厅、省文明办、南方报业传媒集团的专家记者所组成的实地考察组一行，到武江区开展第三届“广东十大美丽乡村”系列评选活动实地考察工作。区委书记张广晖，区委副书记王友华陪同考察。

5日 武江区召开扫黑除恶专项斗争总结大会暨平安武江建设工作会议，会议总结武江区三年以来扫黑除恶专项斗争情况，表彰先进集体和先进工作者，对新发展阶段推进更高水平的平安武江建设进行全面部署。区委书记张广晖出席会议并讲话，区委副书记王友华主持会议。

8日 市委副书记杨安队到武江区调研乡村振兴工作，区委副书记王友华及各镇相关负责人参加调研。

是日 区委书记张广晖主持召开区委十届1次常委会会议，传达学习习近平总书记在中央人大工作会议上发表的重要讲话精神，听取2021年武江区食品药品安全工作情况汇报，审议《武江区社区“两委”班子和社区干部绩效考评指导意见（送审稿）》、武江区第十届人大常委会组成人员名额安排和构成，听取武江区第十届人民代表大会代表当选情况汇报、武江区十届人大一次会议、政协武江区十届委员会一次会议筹备工作情况汇报，审议武江区第十届政协常委会组成人员名额安排和构成以及十届区委常委工作分工。

12日　市委副书记杨安队到武江区调研基层社区建设工作，区委书记张广晖、区委副书记王友华、区委常委廖钢青参加调研。

15日　市委副书记杨安队到武江区新华街道调研社区办公用房建设工作，市委办公室、市委组织部、市财政局、市人社局、市卫生健康局、市国资委及武江区有关负责人陪同调研。

16日　武江区在重阳镇举办韶关市武江区2021年戏曲进乡村文艺汇演。

18日　广东省妇联社会服务中心副主任王飙尘率队到武江区“舒心驿站”进行调研工作。

22日　武江区在西联镇恒大社区举行区首个全国示范性老年友好型社区揭牌仪式。

23—26日　武江区召开区十届人大一次会议。会议学习贯彻习近平总书记在中央人大工作会议重要讲话精神；听取和审议区人民政府工作报告、区2016—2021年国民经济和社会发展计划执行情况的报告、区2016—2021年财政预算执行情况的报告、区人大常委会工作报告、区人民法院工作报告、区人民检察院工作报告等六个工作报告。会议形成决议并决定批准区政府工作报告、区人大常委会工作报告、区人民法院工作报告、区人民检察院工作报告等四个报告。会议选举产生武江区出席韶关市第十五届人民代表大会代表37人；选举孙理鸣为区第十届人民代表大会常务委员会主任，卢建成、谭木初、聂平南、曾宏、韩伟强、曾瑛为副主任，选举区第十届人民代表大会常务委员会委员25名；选举黄艺坤为区人民政府区长，余志强、钟爱明、刘喆焱、马文娟、龚映韶为区人民政府副区长；选举沈中伟为区监察委员会主任；选举李芳为区人民法院院长；选举钟全芳为区人民检察院检察长；依法通过区第十届人民代表大会各专门委员会主任委员、副主任委员、委员名单。

29日　区委书记张广晖到重阳镇调研革命烈士欧日章展馆、西水农民暴动旧址修缮保护工作及市级红色村万侯村建设情况，深入了解革命烈士欧日章的革命事迹和万侯村侯氏宗祠风俗民情及紫薇炮楼的保护利用情况。区领导廖功文、廖钢青、龚映韶参加调研，重阳镇主要负责人陪同。

12月

2日　武江区召开全区机关党的建设工作暨深化模范机关创建工作推进会，深入学习贯彻中共十九届六中全会精神、习近平总书记“七一”重要讲话和关于机关党建的重要论述精神，总结过去三年武江区机关党建和模范机关创建工作情况，研究部署下一步工作。区委书记张广晖出席会议并讲话，区长黄艺坤主持会议，区人大常委会主任孙理鸣，区政协主席彭波，区委副书记王友华出席会议。

3日　第八个国家宪法日“宪法晨读”活动武江分会场活动在至和小学举行。区教育局机关全体干部参与活动并现场诵读宪法。武江区各类学校3万余名师生通过网络方式，同步观看和参与本次活动。

7日　广东省税务局党委书记、局长吴紫骊，韶关市委副书记、市长陈少荣一行，到武江辖区企业广东欧莱高新材料股份有限公司开展调研，并对税务工作成效给予充分肯定。

8日　区委书记张广晖深入辖区调研常态化疫情防控工作，强调要严格贯彻落实全市疫情防

2021年12月7日，广东省税务局党委书记、局长吴紫骊，韶关市委副书记、市长陈少荣等一行，到武江辖区企业广东欧莱高新材料股份有限公司开展调研　（陈建　摄）

控指挥部（扩大）会议精神，慎终如始绷紧疫情防控这根弦。区委常委、区委办主任廖钢青参与调研。

9日 区委书记张广晖率调研组一行实地察看河道综合治理工作及深入辖区重点工业企业调研，区委常委、区委办主任廖钢青及相关职能部门负责人陪同调研。

12日 韶关市武江区图书馆（二期）建设项目在韶关市武江区红玫路28号武江区图书馆举行开工仪式。

13日 韶关市委常委、宣传部部长陈江帆与市文明办负责人到武江区调研。陈江帆一行先后来到侨新小区、芙蓉市场、西河全民健身广场、世纪购物广场、新时代文明实践中心，实地察看公共资源配置情况，了解民生服务保障措施，研究推进创建全国文明城市工作。

14日 区委副书记、区长黄艺坤到重阳镇调研县道313线、乡道282线等乡村道路现状和湿地公园、重阳镇水黄岸段调研水系治理工程谋划情况、并了解山水林田湖草项目、新增债券资金使用、新村建设等工作开展推进情况。

是日 区委副书记王友华一行率调研组到西河镇红星村调研“村改居”工作。

17日 区委书记张广晖主持召开区委十届第6次常委会会议，会议传达学习习近平总书记在中央经济工作会议上发表的重要讲话精神、中央第四生态环境保护督察组督察广东省情况反馈会精神以及市委第294次常委会（扩大）会议精神，传达全省审计查出问题工作电视电话会议精神，听取武江区有关审计整改情况，传达学习全市产业工人队伍建设改革推进会议精神，听取了武江产业工人队伍建设改革工作情况，审议了《韶关市高新区环卫保洁市场化实施方案》《武江区一般公务用车管理调整方案》及天玺湾幼儿园《商品房买卖合同》《关于调整韶关市武江区四套班子领导及区直机关联系基层工作的意见》《关于进一步加强领导干部请（休）假及外出报备工作的意见》听取2021年实施武江区思政课创新实践工程的情况汇报。

20日 武江区举办市委宣讲团中共十九届六中全会精神宣讲报告会暨全区正科职以上领导干部学习贯彻中共十九届六中全会精神专题研讨班。区委书记张广晖主持开班式并讲话，市委宣传部讲师团团长王晓明作宣讲报告。区委、区人大、区政府、区政协领导班子成员，“法检”两长以及各镇（街）、区直各单位和驻区有关单位正科职以上领导干部参加会议。

23日 武江区召开区委人才工作会议，会议传达学习习近平总书记在中央人才工作会议上的重要讲话精神、贯彻落实党中央人才工作决策部署和省委、市委人才工作会议精神及有关工作要求，部署当前和今后一段时期全区的人才工作。区委书记张广晖出席会议并讲话。区人大常委会主任孙理鸣、区政协主席彭波出席会议、区委副书记王友华主持会议。

24—28日 第九届“中信置业杯”中国女子围棋甲级联赛广东韶关·武江工商联站暨闭幕式在武江区举办。

28日 区委书记张广晖主持召开区委十届第7次常委会会议，会议传达学习习近平总书记在中央全面深化改革委员会第二十三次会议上发表的重要讲话精神、省委十二届十五次全会精神，审议了韶关市武江区13宗城镇建设用地耕地占用税资金事宜以及《关于武江区2021年预算调整方案的报告》。

是日 区委书记张广晖率相关职能部门负责人深入辖区道路交通堵点、建设工地、武江区综合救援队、商场超市、生产企业等地开展节前安全专项检查，确保人民群众度过欢乐、祥和的节日。

31日 2021年“魅力武江·你我同行”迎新徒步活动在韶州公园举行。

区情概览

建置沿革

【简述】 武江区因珠江水系北江上游武江流经境内而得名，另因地域处于武江（河）以西，故又俗称“西河”。

【南朝以前建置】 春秋时期武江境内为百越地。战国时期为楚国属地。秦始皇三十三年(前214年)，统一岭南，设南海郡，郡治在番禺，辖区属南海郡管辖。赵佗立南越国后，又为南越国属地。

西汉元鼎六年(前111年)平定南越，本境设置曲江县，属桂阳郡，郡治在郴州，隶于荆州。元封五年（前106年），武帝置十三刺史部（亦称州，时为监察区），桂阳郡曲江县受荆州刺史部监察。西汉末年王莽新朝时，桂阳郡改称南平郡。东汉初复称桂阳郡。东汉后期，在桂阳郡南部地区设始兴都尉，以加强对曲江县的管辖。三国吴甘露元年（265年），在桂阳郡南部分设始兴郡，郡治设在曲江县城（今浈江区莲花山），隶属荆州。

西晋太康元年（280年）三月，武帝平吴，始兴郡移属广州。曲江县治从莲花山迁往安聂邑（今武江境内西河），西河成为曲江县政治、经济、文化中心。东晋末（419年），曲江县治迁往官滩（今浈江境内南郊）。

南朝梁承圣（552—555年）中，于始兴郡置东衡州，州治在曲江，州县治所迁西河。

【隋、唐、五代十国时期建置】 隋开皇九年（589年），改东衡州为韶州，州县治所回迁莲花山。开皇十一年（591年），撤销韶州，曲江并入广州。唐武德元年（618年），曲江县治再迁西河。武德四年（621年），把广州属的曲江设置为番州，不久更名东衡州。

唐贞观年间（627—649年），改东衡州为韶州。五代时期，后梁乾化元年（911年），刘岩发兵破韶州，州县治所迁往中洲（今浈江境内小岛），本境仍一直是韶州、曲江县的城区部分。

五代十国时期，先属后梁，后属南汉，以韶州辖曲江县，辖区属曲江县。

【宋、元、明、清时期建置】 宋初仍以岭南东道韶州辖曲江县。未久撤道改称州，曲江县隶属韶州。北宋至道三年（997年），又于州上置路（半行政半监察性质），曲江县隶属广南东路韶州管辖。

元朝以行省为地方最高行政区，下设道（省派出机构）、路、县三级。至元十五年（1278年）岭南平定后，曲江县隶属海北广东道韶州路（此间又在韶州路置录事司，以管理城乡居民；一说至元二十三年（1286年）置，又称新民官司）。至顺元年（1330年），属江西行省广东道韶州路管辖。

明洪武元年（1368年），改韶州路为韶州府（同年罢新民官司）。洪武二年（1369年）升广东道为广东行中书省；洪武八年（1375年）又改称广东承宣布政使司（简称广东布政司，习惯上称广东省），曲江县均隶属韶州府。

清初仍称广东布政司，未久定称广东省，省下设道（省的派出机构）、府、县，曲江县隶属广东省南韶连道韶州府管辖。

【民国时期建置】民国元年（1912年），撤销道、府，曲江县隶属广东省。民国3年（1914年）复设道，曲江县隶广东省南韶连道（未久改称岭南道）。民国9年（1920年），又撤销道，未久设北区善后督办，性质与道同。此后屡设屡废，民国14年（1925年）设北江行政区，民国15年（1926年）撤销北江行政区。民国17年（1928年）设北江善后委员会。民国21年（1932年）改为北江绥靖区。民国25年（1936年）改设第二行政督察区，性质与善后委员会、行政区、绥靖区同，均为省派出机构，曲江县仍属之。民国29年（1940年）改称北江行政区。民国30年（1941年）复称第二行政督察区，曲江县仍属之。民国32年（1943年）11月，在曲江县城置韶关市，升格为省直辖市。民国34年（1945年）1月，韶关被日本侵略军占领，市的建制自行解体。民国36年（1947年）再次调整全省行政区，曲江县隶属第三专署行政督察区。武江境内隶属韶关市和曲江县管辖。

【中华人民共和国时期建置】1949年10月7日，韶关市区武江境内解放。是日，成立韶关市人民政府。10月10日，宣告成立曲江县人民政府。武江境内隶属曲江县管辖。1951年6月1日，恢复韶关市建制；武江境内属韶关市管辖。韶关市设立郊区办事处，境内设西厢乡。1952年11月9日，撤销北江专署，改设粤北行政公署，辖曲江等19个县、1个市。是年，撤销西厢乡，改称西河街道办事处，属韶关市管辖。1956年3月1日，改置韶关专员公署，辖曲江等17个县、1个市。是年，西河街道办事处并入韶关市和平街道办事处。武江境内西河、西联隶属韶关市管辖。1959年1月，韶关市郊区办事处、曲江县、仁化县和乳源县合并（时称三县一市合并），武江境内西河、西联农村归蔬菜公社（后改称环市公社）管辖。1961年1月17日，撤销韶关市大郊区，恢复韶关市建制。武江境内西河、西联仍归韶关市管辖。1965年8月，环市公社分出西联公社，归属韶关地区示范农场管理。1969年，西联公社并入环市公社，归属韶关市管辖。1971年，韶关市区划分东河、南郊、中区、南区、北区、西河6个区，武江境内城区设西河区街道革命委员会。1972年，环市公社从南郊迁入武江境内五祖路。1975年3月，恢复韶关市郊区建制。7月，新韶公社分出芙蓉公社。11月，韶关市城区6个区合并为西河等3个区。西河区街道革命委员会，改称武江区革命委员会，为韶关市的派出机构。1977年1月，韶关市升格为省直辖市。武江境内西河、西联属韶关市。1978年7月，撤销韶关市革命委员会，改置韶关市人民政府。武江境内西河、西联隶属韶关市。1983年6月，韶关地区与韶关市合并为地级市，统称韶关市。武江境内西河、西联仍属韶关市。

1984年9月，经广东省人民政府批准，撤销韶关市郊区（原市政府派出机构），成立武江区，为韶关市辖县级行政区，辖西河、芙蓉、新华3个街道办事处，16个居委会（新华北、武江北、新村、新村二、工业中、东岗、黄田坝、群立街、工业西、工业东、芙蓉北、光明巷、狗头山、沙湖、武江南、新华南），13个村级乡（西河、黄田坝、马停脚、白芒、下坑、黄塱、田心、车头、阳山、沐溪、西联、甘棠、芙蓉）和塘湾、山蕉2个场。区人民政府驻所在西河五祖路（原市郊区办公楼）。1994年9月28日，迁往韶关市惠民南路128号。2004年8月，韶关市部分行政区域调整，原曲江县龙归、江湾、重阳3个镇划入武江区。2021年，武江区辖西河、西联、龙归、江湾和重阳5个镇，惠民、新华2个街道。

（区年鉴编辑部）

自然地理

【位置 范围 面积】武江区位于广东省北部，韶关市境内的武江、北江河以西。坐标北纬24°42′00″—24°48′00″，东经113°06′00″—113°34′00″。东与浈江区隔河相望，南与曲江区白土镇接壤，西与乳源瑶族自治县大布、东坪、乳城、一六镇毗邻，北与乳源桂头镇相连。辖区总面积677.85平方千米。

【地质 地貌】武江区域内的地质地层属于沉积岩地层为主。受粤北山字型地质构造的影响，区内褶皱和断裂极其发育，褶皱主要由古生代地层形成紧密式之背斜核部，以北北东向构造为主，次级构造亦较为发育。褶皱构造有北部的大岗头向斜，中部的天子岭背斜和南部的芙蓉山向斜。均为断褶带内曲江复向斜的次褶皱带。地貌以丘陵地带和冲积小平原及高山奇峰为主。区境地势北高南低，西高东低，海拔多在55—200米，坡度约30度。江湾镇境内的大东山主峰海拔1390米，是武江区最高山峰；依次有江湾镇枫岭头海拔1100米，龙归镇凤田黄茂堂海拔941米，西河镇境内的圆子背肩山海拔1125.5米、大岗山海拔406米、天子岭海拔357米、芙蓉山海拔282米。最低武江河河床处海拔55米。

【地形】武江区地处南岭山脉南麓的盆地之中，其地形犹如一只卧狮，东西长、南北窄成不规则多边形。区境东起市区武江河中心，西至江湾镇武洞、白石村，长56.75千米，南至曲江交界的圆子背肩山，北至重阳镇大夫前村，宽17.8千米。

【河流】武江区主要河流有武江、北江、南水河、重阳河、锅溪河、韶西水、沐溪水、芙蓉水、沙山水。其中武江历史上曾称虎溪、武溪，发源于湖南省临武县三峰岭，途经坪石、乐昌、桂头，由浈江区犁市镇上朗流入该区重阳镇水口村，至北江桥下与浈江河汇合成北江河。武江河全长260千米，河床坡降0.906‰，在该区河段约16千米，河面宽150—200米，为Ⅶ级航道，境内河段通航能力为300吨级船舶。含武江在内的韶关市区最高洪水位57.21米，最大洪流量9460米^3/秒，发生于1994年6月18日。最低水位0.7—1米，枯水流量12.3米^3/秒，发生于1966年9月24日。北江河古称“溱水”“肆水”“始兴大江”，发源于江西省信丰县石碣大茅山和湖南省临武县三峰岭，上游分别称“浈江”“武江”。北江流至佛山市三水区思贤滘与西江汇合，全长468千米，河床坡降0.398‰，多年平均流量1080米^3/秒。北江流经武江区西河、西联境内约12千米。河面宽150—350米，可通航为Ⅶ级航道，通航能力为300吨级船舶。西联镇下胡村、赤水村有煤运码头常年水运，可直抵珠江三角洲及连接西江水道。

【气候与灾害】武江区地处北回归线以北，属亚热带气候为主的湿润性季风气候，日照充足，雨量充沛，冬季多干冷的偏北风，夏季多偏南的暖湿气

芙蓉山上远眺武江　　（区委宣传部　供图）

候。年平均气温20.3℃（其中年平均最高气温25.4℃、最低气温16.8℃），年平均湿度为52%，年平均日照时数1858小时，年平均雨量为1537.4毫米。入汛期为每年4月中旬至7月下旬。春季冷暖季风交替频繁，多为低温阴雨天气，日照最少；夏季火热酷暑，雨量多且集中；秋季秋高气爽，昼夜温差较大，降水量少；冬季雨量减少，天气寒冷，年无霜冻期305天。2005年秋旱严重；2006年7月15日，遭百年一遇的洪灾；2008年1月，遭遇80年一遇的雨雪冰灾；2013年5月16日、8月15日，武江大部地区遭遇重大洪涝灾害。2021年，武江区自然灾害防御实现“零伤亡”。

（区年鉴编辑部）

自然资源

【土地资源】2021年，武江区耕地面积4996.84公顷（水田3601.52公顷，旱地765.58公顷，水浇地629.74公顷），园地1374.61公顷，林地50800公顷，草地1183.6公顷，湿地56.03公顷，城镇村及工矿用地5512.74公顷，交通运输用地810.81公顷，水工建筑用地91.28公顷，水域及水利设施用地2462.89公顷，其他土地470.12公顷（农村道路120.43公顷，设施农用地207.09公顷，田坎106.94公顷，裸土地31.15公顷、裸岩石砾地4.51公顷），森林蓄积量366.13万立方米，森林覆盖率70.45%。

【矿产资源】辖区矿产资源较为丰富，但储量较少，共生、伴生矿较多。主要有煤矿、铁矿、铅锌矿、锡矿、钨矿、金矿、银矿、石灰石、高岭土、萤石矿等。铅锌矿（小型）主要分布在重阳镇；石灰石储量丰富，品质好，主要分布在西联镇、龙归镇、西河镇。萤石矿主要分布在龙归镇续源、江湾镇架锦坑。陶瓷矿（高岭土）主要分布在重阳镇、龙归镇。煤炭矿区有芙蓉山、田心、车角岭煤区（已停采）。

【动植物资源】武江区内野生动物种类繁多，主要分布于山区和丘陵地带，体型较大的野兽多栖息在西北山区，一般兽类出没于平川、丘陵。主要野生动物有哺乳类、鸟类、鱼类、甲壳类、两栖、爬行类、昆虫类等。主要野生植物有维管束植物2349种，分隶207科、877属。水果类38种、野生药用植物135种。内陆水域中常见的浮游生物共14门、120多属。

【旅游资源】武江区是粤北古邑，韶关博物馆珍藏有武江境内出土的汉代、三国、西晋、东晋文物。自然景观有广东韶关芙蓉山国家矿山公园、芙蓉山公园、芙蓉仙洞、沐溪水库、石背窝水库和江湾温泉等。人文景观主要有唐朝宰相张九龄家族墓、北宋尚书余靖墓、蓉山古刹。有南昌起义军朱德部队驻地旧址、八路军驻韶关办事处旧址、抗战时期中共广东省委遗址、青水塘和李子园炮楼等革命遗址。有荷花园酒店、湖心宾馆、倚山酒店、汇展酒店、碧桂园·太阳城凤凰酒店等一批旅游酒店。

（区年鉴编辑部）

环境质量

【大气环境】2021年，武江区空气质量指数（AQI）优良率为97.8%，同比上升0.8个百分点，达到市区AQI优良性94%以上要求；$PM_{2.5}$为23微克/立方米，空气质量六项指标（SO_2、NO_2、CO、PM_{10}、$PM_{2.5}$、O_3-8h）均达到国家环境空气质量二级标准，空气综合指数为2.86，为市辖三区空气质量最优。

【水环境】2021年，武江十里亭市级集中式饮用水水源水质100%达标，稳定达到Ⅱ类水要求；全区水环境质量水质指数为3.3499，全市排名第3，地表水4个市控以上断面（孟洲坝电站、武江桥、十里亭、龙归）水质达标率100%，其中龙归断面综合污染指数2.8557、排名同比上升23位；孟洲坝电站断面3.7152，排名同比上升1位；武江桥断面3.4692，十里亭断面3.2125，排名均与上年持平。地下水质量考核点位水质级别保持稳定且极差比例为0。

【声环境】 2021年，武江区昼间道路交通声环境平均等效声级范围在63.4—68.2分贝之间；市区昼间区域声环境质量昼间平均等效声级声强度为一级（标准值为≤68.0分贝）。道路交通噪声声环境质量好。

（市生态环境局武江分局）

人口·语言

【人口】 2021年，年末全区户籍总人口29.90万人，比上年末增加0.92万人。其中：城镇人口23.45万人，比上年末增加1.32万人；乡村人口6.44万人，比上年末减少0.40万人；男性14.86万人，女性15.04万人。年末全区常住人口37.89万人，比上年末增加0.40万人。其中城镇常住人口32.28万人，比上年末增加0.60万人，常住人口城镇化率85.20%，比上年末提高0.70个百分点；农村常住人口5.61万人，比上年末减少0.20万人。全区常住出生人口2589人，出生率8.46‰；死亡人口1579人，死亡率5.16‰；自然增长人口1010人，自然增长率3.30‰。

【语言】 武江区方言复杂，有粤语、客家话、虱婆声、连滩话、船民话、瑶族勉语等方言。还有潮汕、清远、河源、梅州、湖南、四川、河南等地方言。粤语区域面积、人口均占全区的绝大部分，城乡流行。客家方言主要分布在龙归等5个镇的大部分地区。虱婆声主要分布在重阳、西联镇大部分农村、龙归镇后坪村和西河镇向阳、村头、大村等。连滩话主要分布在西河镇什石园下坝村、黄塱中坝村。江湾镇瑶族村村民讲瑶族勉语。

（区统计局）

民族·宗教

【民族】 2021年，武江区居民以汉族为主，少数民族25个，超过100人的少数民族有瑶族、壮族、苗族、畲族。其中，瑶族人口最多，主要集中在江湾镇瑶族村，该村2021年有瑶族人口130户、645人。

【宗教】 2021年，武江区宗教主要有佛教、基督教，依法正式登记宗教活动场所3个，分别为韶关市芙蓉禅寺、韶关市武江区基督教龙归聚会点、韶关武江区九归禅寺。全区信仰宗教教徒约470人，约占全区户籍人口的0.15%，其中佛教教徒约400人、基督教教徒约70人。全区有宗教教职人员9人，其中佛教僧尼6人。

（区委统战部）

交通设施

武江区位于韶关市西部，交通便利，区位优势明显。位于武江区的武广高铁站，距离中心城区约16千米，使城区进入广州一小时经济圈。京港澳高速公路西联镇互通立交贯通四方。武江区境内的高速公路有京港澳高速公路、乐广高速公路、韶关北环高速公路；国道有G240线、G323线；省道有S246线、S520线；县道有X313线、X314线，形成较为完善的城乡交通骨干网络。2021年，全区公路总里程606.24千米，其中：高速公路34千米，国道28千米，省道46千米，县道61.97千米，乡道185.25千米，村道115.31千米，乡村小道135.71千米。全区公路密度为80千米/百平方千米。农村公路桥梁共计59座2037.33延米。

（区年鉴编辑部）

行政区域

武江区地处广东省北部，南岭山脉南麓。东以武江、北江为界，东与浈江区隔河相望，南与曲江区白土镇接壤，西与乳源瑶族自治县相连，北与浈江区的犁市镇相邻。辖新华、惠民2个街道和西河镇、西联镇、龙归镇、江湾镇、重阳镇5个乡镇，共37个社区、51个行政村；其中西河镇辖有14个行政村，西联镇辖有8个行政村3个社区，龙归镇辖有15个行政村1个社区。江湾镇辖有6个行政村1个社区，重阳镇辖有8个行政村1个社区，惠民街道辖有14个社区，新华街道辖有17个社区。

2021 年度武江区行政区划一览表

表1

镇（街）	村（社区）
西河镇	红星村、向阳村、前进村、朝阳村、塘湾村、大村村、什石园村、糖寮村、马屋村、下坑村、黄塱村、田心村、村头村、山蕉村
西联镇	西联村、芙蓉村、下胡村、甘棠村、赤水村、车头村、阳山村、沐溪村、碧桂园·太阳城社区、碧桂园·太阳城第二社区、恒大社区
龙归镇	凤田村、续源村、社主村、龙归村、奇石村、冲下村、山前村、方田村、坳头村、马渡村、寺前村、盘村村、留村村、龙安村、后坪村、龙归社区
江湾镇	梁屋村、瑶族村、锅溪村、湖洋村、胡屋村、围坪村、江湾社区
重阳镇	大夫前村、九联村、青暖村、重阳村、水口村、黄岸村、万侯村、妙联村、重阳社区
惠民街道	沙湖社区、冷水坑社区、群康社区、新华北社区、群立社区、武江北社区、黄田坝社区、侨新社区、惠民北社区、东岗岭社区、新村社区、沐阳东社区、幸福社区、长城社区
新华街道	乳韶社区、工业西社区、工业中社区、芙蓉北社区、沙洲社区、金洲社区、芙蓉东社区、惠民东社区、惠民西社区、五祖路社区、工业东社区、武江南社区、新华南社区、红尾坑社区、花城社区、利民社区、御龙湾社区

经济建设

【概况】2021 年，武江区按照争当韶关“双化双融”先行示范区和高质量发展率先突破区的目标定位，坚持稳中求进工作总基调，统筹做好疫情防控和经济社会发展，狠抓招商引资，持续释放消费潜力，做强做大支柱产业，加大力度统筹城乡发展，不断深化改革创新，发展质量稳步提升，实现“十四五”良好开局。

2021 年全区地区生产总值 306.72 亿元，比上年增长 5.2%。其中，第一产业增加值 8.61 亿元，增长 10.3%；第二产业增加值 119.19 亿元，增长 2.8%（工业增加值 97.62 亿元，增长 6.0%）；第三产业增加值 178.93 亿元，增长 6.4%。人均地区生产总值 81378 元，增长 3.3%。固定资产投资下降 5.1%。社会消费品零售总额 75.33 亿元，增长 8.0%。外贸出口额 0.75 亿元，下降 40.4%；实际利用外商直接投资 20 万美元，下降 99.0%。地方一般公共预算收入 6.15 亿元，增长 3.6%（不含韶关新区、可比口径）。

【农业】2021 年，武江区农林牧渔业总产值 157085 万元，增长 18.7%。其中，农业产值 70047 万元，增长 2.8%；林业产值 12395 万元，增长 6.7%；畜牧业产值 68088 万元，增长 41.3%；渔业产值 4949 万元，下降 0.7%；农林牧渔服务业产值 1604 万元，增长 27.2%。全区粮食播种面积 3907.93 公顷，增长 0.2%，其中稻谷面积 3525.73 公顷，增长 1.0%。油料种植面积 1363.87 公顷，下降 6.4%。蔬菜播种面积 2680 公顷，下降 2.6%。中草药种植面积 72.67 公顷，增长 91.2%。农村用电量 8005.8 万千瓦时，增长 18.8%。全区粮食总产量 24559 吨，增长 0.1%。油料产量 4412 吨，下降 7.1%。蔬菜总产量 87267 吨，下降 4.4%。水果总产量 12152 吨，增长 1.5%。茶叶产量 35 吨，增长 2.9%。全区肉类总产量 14773 吨，比上年增长 35.1%。其中，猪肉产量 13019 吨，增长 51.1%；禽肉产量 1592 吨，下降 26.7%。年末生猪存栏 136024 头，增长 44.5%；年末家禽存栏 299546 羽，增长 15.5%。全年生猪出栏量 161992 头，增长 49.9%；家禽出栏量 1029101 羽，下降 26.0%；水产品产量 3264 吨，下降 1.1%。

【工业和建筑业】2021年，武江区工业增加值976155万元，增长6.0%。其中规模以上工业增加值增长4.9%。规模以上工业中，分门类看，采矿业增长14.4%，制造业增长4.5%，电力、热力、燃气及水的供应业增长14.5%。分经济类型看，股份制工业714565.0万元，增长3.5%；外商及港澳台工业142697.5万元，增长13.2%。轻工业增加值708014.6万元，增长4.5%；重工业增加值149247.9万元，增长7.0%。先进制造业增加值比上年增长8.7%，占规模以上工业增加值的比重为10.1%，比上年提高1.1个百分点。其中，高端电子信息制造业增长88.5%，先进装备制造业8.5%，石油化工产业增长0.76%。高技术制造业增加值比上年增长14.1%，占规模以上工业增加值的比重为5.8%，比上年提高0.6个百分点。其中，医药制造业增长1.4%，电子及通信设备制造业增长61.1%，计算机及办公设备制造业增长31.2%，医疗仪器设备及仪器仪表制造业增长2.2%。装备制造业增加值比上年增长12.1%，占规模以上工业增加值的比重为7.7%，比上年提高0.7个百分点。其中，电气机械和器材制造业增长37.2%，计算机、通信和其他电子设备制造业增长61.1%，通用设备制造业增长15.8%。优势传统产业增加值比上年增长1.7%。其中，纺织服装业增长26.5%，食品饮料业增长2.1%。全年规模以上工业实现利润8.8亿元，比上年下降42.9%。亏损企业亏损总额3.5亿元、增长240.2%，亏损企业数占比26.1%。国有控股企业利润7.7亿元，下降17.3%；股份制企业利润8.5亿元，下降43.1%；外商及港澳台商投资企业利润0.7亿元，下降62.5%。采矿业利润0.3亿元，增长23.8%；制造业利润7.3亿元，下降38.1%；电力、热力、燃气及水生产和供应业利润1.6亿元，下降66.2%。全区资质建筑业现价总产值595584万元，增长8.8%。全区建筑业增加值215840万元，下降9.2%。

【服务业】2021年，武江区批发和零售业增加值134093万元，增长7.2%；交通运输、仓储和邮政业增加值53513万元，增长8.1%；住宿和餐饮业增加值45516万元，增长6.8%；金融业增加值183843万元，增长0.7%；房地产业增加值388510

2021年11月16日，武江区加大中心城区都市型产业的培育力度，科创园落成后成为市区创新产业的载体
（区委宣传部　供图）

万元，增长 3.4%；其他服务业增加值 983072 万元，增长 8.5%。全区规模以上服务业企业实现营业收入 276072 万元，增长 3.9%。分行业看：交通运输、仓储和邮政业增长 1.7%；信息传输、软件和信息技术服务业增长 15.4%；房地产业（不含房地产开发经营）增长 5.6%；租赁和商务服务业增长 8.2%；科学研究和技术服务业增长 2.9%；水利、环境和公共设施管理业下降 20.5%；居民服务、修理和其他服务业下降 42.3%；卫生和社会工作下降 18.2%；文化、体育和娱乐业增长 192.9%。

（区年鉴编辑部）

【城乡融合】 2021 年，武江区出台《韶关市武江区城乡融合发展省级试点行动计划（2021—2025 年）》，拟定《武江区城乡融合发展省级试点落实重点任务主要措施情况表》，按照省级试点重点工作任务，推动试点任务落实。5 月，召开城乡融合发展省级试点工作动员大会。武江区聚焦建立美丽小城镇发展机制、搭建城乡产业协同发展平台、健全村改社区管理机制、健全完善农村集体经济运行机制四项试点任务，扎实推动城乡融合高质量发展。推进城市更新改造，韶州大桥、丹霞大道北建成通车。推进城市智慧化管理，安装千寻自动抓拍系统，建立共享单车管理平台。2021 年，全区户籍人口城镇化率提高 2.06%，达 78.44%，常住人口城镇化率提高 0.7%，达 85.2%，超额完成市下发武江区目标任务。推进美丽乡村建设，龙归水岸、江湾寺前爱情公园等成为新晋网红打卡点，重阳镇水口村承办 2021 韶关市龙舟测试赛及多个无动力水上运动项目。搭建武江科创园、武江城乡融合产业园、武江现代农业产业园三大产业发展新平台。2021 年，韶新幼儿园、江湾中心幼儿园等 5 所幼儿园及阳山小学、风度小学、沐溪小学等新改扩建项目完工并投入使用，新增优质学位 5670 个。区中医院、区儿童医院建设项目有序推进，江湾卫生院新公共卫生综合楼建成交付使用。

【重点项目建设】 2021 年，武江分布式光伏开发项目启动建设。制定《武江区 2021 年重点建设项目计划》，安排重点项目 95 个，年度投资计划 72.6 亿元。全年新增“四上”企业 66 家，新签约欣中深（深圳）健康技术服务有限公司、深圳市朗科科技股份有限公司、杭州佰辰医学检验所有限公司等项目 16 个，其中超亿元项目 7 个，累计投资金额 89.9 亿元。区重点项目完成投资 50.1 亿元，其中市重点建设项目完成投资 23.19 亿元，完成年度投资计划的 121%，被市评为优秀等次。全力推进土地收储“攻坚战”，完成征地 1346.67 公顷，交地 285.13 公顷。武江科创园二期建设基本完成，新引进注册落户企业 92 家。武江区城乡融合产业园一桥一路主体工程和园区控规修编基本完成，广东韶关国家林业科技示范园创建扎实推进，与深圳科技工业园集团达成合作共建意向。武江现代农业产业园基本完成“三通一平”（水通、电通、道路通和地平整）。保利广场、君临·新天地、碧城广场等建成开业，初步建成面积超 60 万平方米的七大商业综合体。

（区发改局）

法治建设

【依法治区】 2021 年，区委依法治区工作坚持以习近平新时代中国特色社会主义思想为指导，全面贯彻落实中共十九大和十九届历届全会精神，深入贯彻中央全面依法治国委员会、省委全面依法治省委员会、市委全面依法治市委员会会议精神，按照《韶关市武江区 2021 年全面依法治区工作要点》要求，着力加强党对法治建设的领导，扎实推进严格执法、公正司法、全民守法，法治武江建设水平进一步提升，为武江新时代经济发展提供良好的法治环境。深入学习宣传贯彻落实习近平法治思想，把习近平法治思想贯彻落实到全面依法治区工作的全过程。加强党对全面依法治区工作的集中统一领导，推动全面依法治区工作落地落实。围绕立足新发展阶段、贯彻新发展理念、构建新发展格局、推动高质量发展，加强法治保障和服务工作。稳步推进法治政府建设，提高依法行政水平。深化司法体制改革和制约监督体系建设，有效维护司法公正。加强法治社会建设和法治工作保障，筑牢全面依法治区基础。

【依法行政】2021年，武江区依法行政工作全面贯彻习近平法治思想，深入贯彻习近平总书记对广东系列重要讲话和重要指示批示精神，按照上级决策部署，坚持问题导向，以高质量法治助推高质量发展，推进法治政府建设率先突破，助力国家治理体系和治理能力现代化。切实转变优化并依法全面履行政府职能。推进政府机构职能优化协同高效。全面推行清单管理制度，深入推进"放管服"改革，全面推进数字政府改革建设。创新监管方式，持续优化法治化营商环境，切实提高政府服务效能。完善依法行政制度体系。加强行政规范性文件制定和监督管理，落实动态清理工作机制。推进行政决策科学化、民主化、法治化。健全科学民主依法决策机制，严格落实重大行政决策程序，加强行政决策执行和评估。坚持严格规范公正文明执法。稳步推进乡镇（街道）综合行政执法改革，深化行政执法体制改革。创新行政执法方式，加大重点领域执法力度，强化重大突发事件依法处置，提高行政执法规范化水平。同时，加强对行政执法制约和监督。加强社会矛盾纠纷行政预防调处化解。健全依法有效化解矛盾纠纷机制，加强行政调解工作，发挥行政复议化解行政争议主渠道作用，加强和规范行政应诉工作。强化对行政权力的制约和监督。全面深化政务公开，加快推进政务诚信建设，形成监督合力。加强法治政府建设的组织领导，完善法治政府建设推进机制，全面加强依法行政意识和能力建设。

（区司法局）

政治建设

【政务公开】2021年，在市委、市政府及区委、区政府的正确领导下，在区人大、政协的监督支持下，武江区认真贯彻落实《中华人民共和国政府信息公开条例》和省、市关于政务公开工作安排部署，以公开为原则、不公开为例外，紧紧围绕疫情防控、经济社会发展和群众关注关切，大力推进政府网站与政务新媒体政务公开工作，有效保障了人民群众的知情权，全力打造公开透明的阳光政府。全年武江区政府网站按省市要求完成网络安全等保二级测评和备案工作，并率先在全市完成适老化建设，在韶关市人民政府关于政府网站与新媒体考评中获批优秀等次并全市通报表扬。

（区政数局）

【廉政建设】2021年，区委切实增强"四个意识"、坚定"四个自信"、做到"两个维护"，推进全面从严治党和作风建设向纵深发展。坚持把政治建设摆在首位，围绕疫情防控、改革优化营商环境、公务接待、公务用车等加强监督检查，确保中央和省委、市委重大决策部署落到实处。先后开展2轮常规巡察，全面完成九届区委对47个单位党组织和87个村（社区）党组织巡察全覆盖工作目标。重点查处"三类人"、重点领域和群众身边腐败问题，全年纪检监察机关立案审查违纪案件80件，保持惩治腐败的高压态势。

（区纪委监委）

精神文明建设

【概况】2021年，武江区坚持以习近平新时代中国特色社会主义思想为指导，积极培育和践行社会主义核心价值观、大力弘扬时代新风，加强思想道德建设，扎实推进新时代文明实践中心建设工作，不断提升全区广大干部群众思想觉悟、道德水准、文明素养和全社会文明程度，全区精神文明建设工作取得明显成效。

【文明创建】2021年，武江区坚决扛起创文工作责任，把创文任务细化分解到人、到岗、到时间节点，各镇（街）各单位"一把手"要亲自抓、负总责，分管领导具体抓、抓落实，形成各司其职、各负其责的工作格局。区直各单位主要领导主动带头落实网格化管理职责，深入一线研究推进工作、检查督促落实，确保责任网格创建工作水平迅速提升。严格对标对表，抓重点、攻难点、消盲点，进行实测点的全面自查和逐项查漏补缺。深入推进城乡环境卫生、社区（小区）环境、农贸市场及周边等十大专项整治行动。

【文明实践】 2021年，武江区全面推进7个新时代文明实践所及88个新时代文明实践站硬件改造提升工作，全年开展理论宣讲、文明礼仪、移风易俗等各类“文明实践小课堂”200余场。同时，把开展党史学习教育作为精神文明建设的重要内容，在全区各新时代文明实践站（所）党史学习教育“文明实践小课堂”70余场，掀起党史学习教育热潮。

【精神文明创建】 2021年，武江区坚持“以城带乡、三级联创”的思路，提高创建覆盖面，扎实推进文明村镇、文明单位、文明校园、文明家庭等创建工作。1月16日，西联镇、重阳镇、江湾镇梁屋村、西河镇向阳村4个镇（村）被评为2018—2020年度韶关市文明村镇，惠民街沙湖社区、新华街武江南社区、惠民街幸福社区等3个社区被评为2018—2020年度韶关市文明社区，区城市管理和综合执法局、惠民街道办事处、龙归镇卫生院等3个单位被评为2018—2020年度韶关市文明单位，江珍家庭、陈眉间家庭、林玉辉家庭3个家庭被评为2018—2020年度韶关市文明家庭。

【文明培育引领新风尚】 2021年9月23日，武江区文明办组织开展韶关市武江区第十九个全国“公民道德宣传日”主题宣传暨道德模范故事汇活动，营造人人参与道德建设的良好氛围。为大力弘扬传统文化，全年组织开展“善美韶关”“我们的节日”等主题活动200余场。积极推选道德模范，先进典型，充分发挥典型示范引领作用，其中武江区1人获评2021第一季度“韶关好人”，1人获评第八届韶关市道德模范，1人荣登2021年12月“中国好人榜”。积极刊播倡导文明健康生活方式主题公益广告，传播普及健康理念，倡导良好卫生习惯，推动形成文明健康生活方式，在主次干道新设立文明创建宣传栏20块。

（区委宣传部）

社会建设

【扫黑除恶专项斗争】 2021年，武江区以增强群众安全感为目标，建立平安武江建设新格局。健全社会治安防控体系，持续高压态势打击突出违法犯罪。严厉打击电信网络诈骗、“套路贷”等新型犯罪，提升金融领域、网络领域等新型违法犯罪的打击破案能力。常态化开展扫黑除恶专项斗争。全区打掉恶势力犯罪集团1个、涉恶团伙8个，侦破“九类涉恶案件”34宗；起诉涉恶案件4件20人；一审审结认定涉黑恶案件3件15人，执行到位财产1.43亿元；立案查处涉黑涉恶腐败和“保护伞”2人，给予党纪政务处分1人。武江区扫黑除恶专项斗争领导小组被市委、市政府评为先进县（市、区）扫黑除恶专项斗争领导小组，4个单位和3名干部分别荣获市扫黑除恶先进集体和先进工作者称号。

【平安武江建设】 2021年，武江区充分发挥好“村民（街坊）议事堂”“红色楼长”“红色物业”等自治组织作用，激发群众自我管理的内生动力。共建立各类调解组织106个，人民调解员727人，为群众提供高效、便捷、低成本的纠纷解决渠道。推进综合网格建设，实现疫情防控、消防、安全生产等网格“多网融合”，有效整合全区基层资源，提升网格员队伍专业化水平。加强社会心理服务体系建设，积极预防化解、遏制轻生自杀行为。加强对重点人群的心理疏导和帮扶救助，重点针对农村留守儿童、困境儿童、严重精神障碍患者、残疾人和社区矫正对象开展心理疏导，定期进行回访，落实好相关帮扶措施。持续推进“雪亮＋智格”“智感安居小区”等工程建设，打造设施智能、服务便捷、管理精细、环境宜居的智慧社区。已完成省级智感安防标准小区（拖拉机厂东区宿舍）试点建设和全区22个老旧小区智能化提升改造。构建“中心+网格化+信息化”治理体系，打造设施智能、服务便捷、管理精细、环境宜居的智慧社区。充分运用大数据、5G、人工智能等新技术，围绕加强全覆盖主动布防，加快推进“雪亮工程”建设，由武江区建设的覆盖五镇两街的视频监控点位已全部接入武江区雪亮平台及市级雪亮平台，实现区、镇（街）、村（社区）三级联网。

（区委政法委）

生态文明建设

【节能降耗】 2021年，武江区完成韶关市下达的节约能源资源工作任务，综合能耗消费总量71.13万吨标准煤，能耗总量同比上升4.94%，单位GDP能耗强度同比上升2.15%。严控新增高耗能项目立项备案，压缩能耗增长空间；做好高耗能企业能耗数据监测力度，指导未办理节能审查项目业主提交节能审查报告，引导高耗能项目加大节能技术改造力度；组织开展节约型机关创建工作及节能宣传周、全国低碳日等宣传活动。

（区发改局）

【义务植树】 2021年3月12日，区直机关义务植树活动设在武江区西河镇天子岭山顶开展。5月22日，市林业局、武江区自然资源局全体干部职工义务植树活动设在武江区回龙山开展。两次活动共栽植枫香、黄花风铃木、木荷等苗木6000余株。全区应参加义务植树适龄人员12.6万人，实际参加义务植树适龄人员12.2万人，义务植树尽责率96.8%，义务植树总株数68万株。

【重点林业生态工程】 2021年，武江区高质量水源林造林面积33.33公顷，任务完成率为100%。区乡村绿化美化任务共3个，根据工作实际情况，区自然资源局采用送苗木下乡的方式提供红锥、木荷、枫香等苗木18000余株，任务完成率为100%。2020年，中央森林抚育项目面积380公顷，任务完成率为100%；2021年中央森林抚育项目面积50.67公顷，任务完成率为100%；2021年省级碳汇造林抚育项目73.33公顷，任务完成率为100%。完成省下达的3333.33公顷的除治任务（其中飞机防治2666.67公顷，地面综合防治666.67公顷）；对武江区松林进行松材线虫病春秋季普查，普查面积20040公顷，任务完成率为100%。

【造林绿化】 2021年，武江区高质量水源林造林面积33.33公顷，任务完成率100%，完成高质量水源林封山育林面积257.8公顷，任务完成率100%。完成地方财政暨社会投资造林总面积569.8公顷，其中人工更新造林面积31.67公顷，退化林修复132.53公顷，封山育林面积405.6公顷，任务完成率100%。完成武江区回龙山林相改造面积29.67公顷，任务完成率为100%。完成武江生物防火林带建设面积211.94公顷，长度为105.97千米，任务完成率为100%。

（区自然资源局）

各单位在职领导人名单

◎韶关市武江区四套班子、纪委监委

·中国共产党韶关市武江区委员会

区委书记：颜　亮（任至8月）
　　　　　张广晖（8月任职）
区委副书记：
　　　　　郑伟平（任至8月）
　　　　　黄艺坤（8月任职）
　　　　　陈　刚（任至8月）
　　　　　王友华（8月任职）
区委常委：
　　肖建红（任至8月）
　　沈中伟
　　李宇强（任至8月）
　　廖功文（8月任职）
　　陈　雪（女，任至11月）
　　段世甲（8月任职）
　　黄向阳
　　曹　锢（女，任至8月）
　　谢伟强（8月任职）
　　欧伟强（任至8月）
　　廖钢青（8月任职）

杜　亚（任至10月）
李　庆（10月任职）
黄远文（挂职，任至10月）
房仲斌（挂职，10月任职）

·韶关市武江区人大常委会

主　任：孙理鸣
副主任：
卢建成
潘歧亮（任至11月）
韩伟强（11月任职）
谭木初
聂平南
曾　宏
曾　瑛（女，11月任职）

·韶关市武江区人民政府

区　长：郑伟平（任至8月）
黄艺坤（11月任职）
常务副区长：
陈　雪（女，任至11月）
副区长：黄远文（任至12月）
房仲斌（12月任职）
余志强
黄燕斌（任至9月）
钟爱明
刘喆焱（9月任职）
马文娟
龚映韶（11月任职）
李小平（5月挂职）
张　亚（5月挂职）

·中国人民政治协商会议韶关市武江区委员会

主　席：彭　波
副主席：谭浩托（任至11月）
潘歧亮（11月任职）
何　岚（任至9月）
罗元月
林　健（女）
张思建
黄艺顺
邱韶东（11月任职）
秘书长：刘立文（女）

·中共韶关市武江区纪律检查委员会、韶关市武江区监察委员会

书　记：肖建红（任至8月）
沈中伟（10月任职）
副书记：
朱旭东
张耀雄（任至10月）
黄芬芳（女，10月任职）
常　委：
陈　艳（女，10月任职）
黄华华（10月任职）
叶　盛（10月任职）
郑春红（女，10月任职）
黄韶娟（女，任至10月）
黄　平（任至10月）
黄芬芳（女，任至10月）
周　虹（女，任至10月）
区监察委主任：
肖建红（任至9月）
沈中伟（11月任职）
副主任：
朱旭东
张耀雄（任至12月）
黄芬芳（女，12月任职）
委　员：黄华华（12月任职）
叶　盛（12月任职）
廖建新（12月任职）
陈晓华（12月任职）
黄　平（任至12月）
黄芬芳（女，任至12月）
周　虹（女，任至12月）
陈鸿南（任至12月）
区派驻机构组长：
杨　岚（女）
曾文英（女）
罗宝阳

◎法院、检察部门

·韶关市武江区人民法院

院　长：
唐永华（任至9月）
李　芳（女，11月任职）
副院长：刘文正
舒粤平
陈扬广
政治部主任：黄　英（女）
机关纪律检查委员会书记：
黄伟斌
审判委员会专职委员：
邱华英（女）
吕韶杰

·韶关市武江区人民检察院

检察长：
邵　林（任至9月）
钟全芳（女，11月任职）
副检察长：
韩学民
刘旭珊（女，任至6月）
赵宋明
蔡梅英（女）
政治部主任：黄思俭
检察委员会专职委员：刘列青
办公室主任：林秋晨（女）
第一检察部主任：
陈创鑫（任至9月）
第二检察部主任：
邓　洁（女）
第三检察部主任：蔡伟雄
法警大队大队长：
古俊全（任至3月）

◎中共韶关市武江区委工作部门

·韶关市武江区委巡察机构

主　任：

黄韶娟（女，任至10月）

陈　艳（女，10月任职）

组　长：黄育辉

潘康武（任至10月）

黄韶娟（女，10月任职）

林伟新（女，3月任职）

·中共韶关市武江区委办公室

主　任：欧伟强（任至9月）

廖钢青（9月任职）

常务副主任：林基乐

副主任：刘　薇（女，瑶族）

张　华（任至3月）

·韶关市武江区国家保密局

局　长：刘　薇（女，瑶族）

·韶关市武江区史志办公室

主　任：陈志青（任至6月）

·中共韶关市武江区委组织部

部　长：沈中伟（任至9月）

段世甲（9月任职）

常务副部长：

黄维民（任至9月）

副部长：

陈　艳（女，任至10月）

周　虹（女，10月任职）

覃　婷（女，壮族）

林玉辉（女，9月任职）

张羽忠（土家族）

·韶关市武江区关心下一代工作委员会

主　任：陈　刚（任至12月）

王友华（12月任职）

第二主任：

沈中伟（任至12月）

段世甲（12月任职）

执行主任：

杨应光（任至12月）

陈坤明（12月任职）

副主任：肖德鸿（任至12月）

秦留柱（12月任职）

张文清

刘访林（任至12月）

陈雪延（12月任职）

覃　婷（女，壮族）

办公室主任：张文清（兼）

·韶关市武江区非公有制经济组织和社会组织工作委员会

副书记：刘军辉

·韶关市武江区委党校

校　长：沈中伟（任至9月）

段世甲（9月任职）

常务副校长：

张羽忠（土家族）

·韶关市武江区委老干部局

局　长：覃　婷（女，壮族）

副局长：张永祥

·中共韶关市武江区委宣传部

部　长：李宇强（任至9月）

廖功文（9月任职）

常务副部长：

陈志坚（6月任职）

副部长：

杨长虹（女，任至6月）

侯广平

·韶关市武江区精神文明建设委员会办公室

主　任：（空缺）

·韶关市武江区新闻出版局（区版权局）

局　长：侯广平

·韶关市武江区委宣传部讲师团

团　长：

张　远（女，3月任职）

·韶关市武江区文明实践中心

主　任：（空缺）

·中共韶关市武江区统一战线工作部

部　长：

曹　镅（女，任至9月）

谢伟强（9月任职）

常务副部长：邱洲才

副部长：刁海燕（女）

·中共韶关市武江区委政法委员会

书　记：黄向阳

常务副书记：

张耀雄（10月任职）

副书记：余志强

欧气勇

周　明（3月任职）

·中共韶关市武江区委机构编制委员会

主　任：颜　亮（任至10月）

张广晖（10月任职）

副主任：郑伟平（任至10月）
黄艺坤（10月任职）
陈　刚（任至10月）
王友华（10月任职）
委　员：
段世甲（10月任职）
廖钢青（10月任职）
段锋刚
黄维民（10月任职）
刘江平
朱冬生（6月任职）
沈中伟（任至10月）
欧伟强（任至10月）
林小夏（女，任至9月）
林棋昇（任至1月）

·韶关市武江区委机构编制委员会办公室

主　任：
林小夏（女，任至9月）
黄维民（9月任职）
副主任：刘　琼（女）

·中共韶关市武江区直属机关工作委员会

书　记：覃　婷（女，壮族）
副书记：
张永祥
林玉辉（女，任至9月）

·韶关市武江区档案馆

馆　长：欧阳征禄（任至6月）
副馆长：
李卫东
陈志青（女，6月任职）

·中共韶关市武江区委农村工作办公室

主　任：朱冬生（任至7月）
杨国浩（7月任职）
常务副主任：李远贵

◎韶关市武江区人大常委会工作部门

·韶关市武江区人大常委会办公室

主　任：成振铭（任至7月）
肖大清（7月任职）
副主任：张峰莹（女）
谭冬连（女）

·韶关市武江区人大常委会法制工作委员会

主　任：梁嘉金（4月任职）

·韶关市武江区人大常委会财政经济工作委员会

主　任：黄伟和

·韶关市武江区人大常委会城乡建设环境与资源保护工作委员会

主　任：钟爱民

·韶关市武江区人大常委会教育科学文化卫生工作委员会

主　任：许忠财

·韶关市武江区人大常委会选举联络人事任免工作委员会

主　任：黄碧贞（女）

◎韶关市武江区政府工作部门

·韶关市武江区人民政府办公室

主　任：段锋刚
副主任：朱　唯
纪曼娜（女）
茹伟杰（兼）
叶龙涛（1月任职）

·韶关市武江区信访局

局　长：茹伟杰
副局长：杨伟波

·韶关市武江区发展和改革局

局　长：何爱华（任至9月）
副局长：李　丹（女）
刘　旭
党组成员：陈华林（3月任职）

·韶关市武江区教育局

局　长：汤应辉（任至9月）
副局长：
邓汝机
陈少萍（女）
袁　海（任至6月）
李　婷（女，8月任职）
罗嘉颖（女，8月挂职）
党组成员：
陈锦奎
黄建荣（女，3月任职）

·韶关市武江区工业和信息化局

局　长：黄海涛
副局长：
陈胜鸿
林卓伟（任至7月）
张统帅

王　艳（女，10月任职）
文　琪（女，10月挂职）
党组成员：邱四英（女）
麦宇晖

· 韶关市公安局武江分局

局　长：余志强
政　委：张为民
副局长：
刘　革
刁文海
邓河军
佀庆岩
丁晓宇（挂职，任至7月）
纪委书记：杨国平
政工办主任：阙文育

· 韶关市武江区民政局

局　长：宋　清
副局长：李新健
徐　玲（女）

· 韶关市武江区司法局

局　长：茹伟杰
副局长：
张锦怀（任至4月）
杨伟波
王　莉（女，任至1月）
曾楚钧（女，10月任职）
政工科科长：刘梨秀（女）
党组成员：
冯寿全（任至10月）

· 韶关市武江区财政局

局　长：刘江平
副局长：陈志福
陈　西（10月任职）
邓明晖
党组成员：华新凤（女）

· 韶关市武江区国库支付中心

主　任：
黄　艺（任至10月）
邹惠芳（女，10月任职）

· 韶关市武江区人力资源和社会保障局

局　长：林棋昇（任至1月）
朱冬生（6月任职）
副局长：
谭友卫
龚存进（任至6月）
刘　漫（女，4月任职）
党组成员：
刘加林（任至11月）
曾群芳
许贤健（1月任职）
林海平（4月任职）
社保中心副主任：
叶劲梅（女）
就业中心主任：陈　艳（女）

· 韶关市武江区自然资源局

局　长：邱　江
副局长：丘日雄
龚艺旋
周福升
陈晓辉（挂职）

· 韶关市武江区住房和城乡建设局

局　长：黄艺顺
党组书记：何方涛
副局长：林冬青
林少波
黄文彬

· 韶关市武江区农业农村局

局　长：朱冬生（任至7月）
杨国浩（7月任职）
副局长：杨培华
苏平华
吴江华（任至7月）
刘良华（10月任职）
常务副主任：李远贵
党组成员：曾彩娣（女）

· 韶关市武江区文化旅游体育局

局　长：刘　枫
副局长：唐乃华（女）
彭先国
党组成员：朱伟东

· 韶关市武江区卫生健康局

局　长：刘　敏（女）
副局长：雷　霞（女）
吴荣华
郑　斌
张　锐（8月挂职）
党组成员：谢甘霖

· 韶关市武江区退役军人事务局

局　长：肖大清（任至6月）
余　聪（6月任职）
副局长：邓少雄
刘志深

· 韶关市武江区应急管理局

局　长：黄　勇
副局长：郭志东
陈　浩
龚光权

· 韶关市武江区审计局

局　长：袁文娟（女）
副局长：
华志荣

陈　玲（女，1月任职）

·韶关市武江区市场监督管理局

局　长：古寿英（女）
副局长：王　鸽（任至4月）
　　　　周伟真
　　　　黄华华（任至11月）
　　　　邓献良
　　　　林海平（任至4月）

·韶关市武江区统计局

局　长：黄　倩（女）
副局长：林洁谊（女）
党组成员：刘学农

·韶关市武江区医疗保障局

局　长：李惠歆
副局长：叶　盛（任至11月）
　　　　刘　丽（女）

·韶关市武江区城市管理和综合执法局

局　长：洪维陶
副局长：何智勇
　　　　陈韶彬
　　　　丁少锋

·韶关市武江市政综合管理中心

主　任：（空缺）
副主任：林毅华

·韶关市武江区政务服务数据管理局

局　长：叶文辉
副局长：曹信初
　　　　佘子舒（3月任职）
区行政服务中心主任：
　　　　刘斯琪（女，7月任职）

·韶关市生态环境局武江分局

局　长：叶文涛
副局长：刘艳忠

·韶关市武江区消防救援大队

大队长：陈玉航
副大队长：郭祖煌（2月任职）
政治教导员：王业辉

·国家税务总局韶关市武江区税务局

局　长：陈志华
副局长：罗　智（任至8月）
　　　　陈忆恩（8月任职）
　　　　钟海涛（任至11月）
　　　　钟军瑜（11月任职）
　　　　王婕茹
　　　　（女，任至2月）
　　　　马伟忠（2月任职）
　　　　杨　娟（女）
　　　　何佩强（任至5月）
纪检组长：罗中安（任至8月）
　　　　　陈大星（8月任职）
第一税务分局局长：
　　　　幸立峰（8月任职）
第二税务分局局长：孟　聪

·韶关市武江区地方公路管理站

党组书记：何方涛
站　长：谢洪泉（任至4月）
副站长：陈　戈
　　　　赖楚彬

◎中国人民政治协商会议韶关市武江区委员会工作部门

·韶关市武江区政协办公室

主　任：刘立文（女）
副主任：郭莹斌（女）

·韶关市武江区政协组织联络科

科　长：赵建军（任至5月）
　　　　张祈俊（6月任职）
副科长：陈汉荣

·韶关市武江区政协宣教提案科

科　长：赖　德

◎民主党派

·民革武江区基层组织

民革武江区基层委员会：
　　　　张嘉异
民革武江区第一支部：潘　雷
民革武江区第二支部：顾永康
民革武江区第三支部：
　　　　李　婷（女）
民革武江区第四支部：蒋建华
民革武江区第五支部：曹永宝
民革粤北人民医院支部：
　　　　钟永红

·民盟武江区基层组织

主任委员：陈胜鸿
副主任委员：
　　　　张国平
　　　　周　樱（女）
委　员：邓桂琼（女）
　　　　沈　坚
　　　　谢　佳（女）

曹佳良

· 民建武江区基层组织

民建武江区基层委员会主委：
黄艺顺
民建武江一支部主委：殷　伟
民建武江二支部主委：何　勇
民建武江三支部主委：曹　剑
民建武江四支部主委：
陈　明（女）
民建武江五支部主委：周　靖
民建武江六支部主委：
张蕊红（女）
民建武江七支部主委：李华峰

· 民进武江区基层组织

主任委员：刘　旭
副主任委员：
黄春神
李　婷（女）
麦振中
谭志雄
民进武江区综合一支部主委：
黄春神
民进武江区综合二支部主委：
李　婷（女）
民进五中支部主委：麦振中
民进韶关新区支部主委：
谭志雄

· 农工党武江区基层组织

武江区基层委员会主委：
邱韶东
粤北人民医院总支主委：
曹正国
粤北人民医院一支部主委：
曹正国
粤北人民医院二支部主委：
肖政
粤北人民医院三支部主委：
何敏（女）
市医卫支部主委：谢广宁
粤北第二人民医院支部主委：
江成林
市中医院支部主委：
郑路嘉（女）
市职防院支部主委：廖祥彦
韶关学院医学院支部主委：
王　萌（女）
市科技支部主委：连金养
市妇幼保健院支部：李颖芳
武江区一支部：王　雁（女）

· 九三学社武江区基层组织

武江区基层委员会主委：
罗元月
武江区一支社主委：胡金和
武江区二支社主委：
罗　燕（女）
武江区三支社主委：谢华美
武江区四支社主委：刘斯琪
武江区五支社主委：梁　芹
供电支社主委：王俊威
韶关医学院支社主委：向敏瑜
韶关新区基层委员会主委：
李少鸿
韶关新区一支社主委：朱应麟
韶关新区二支社主委：张方丽
韶关新区三支社主委：
严泰山（4月任职）
粤北医院基层委员会主委：
徐晓南
粤北医院一支社主委：徐晓南
粤北医院二支社主委：陈　斌
粤北医院三支社主委：谢　斌

◎群众团体

· 韶关市武江区总工会

主　席：谭木初
常务副主席：
梁嘉金（任至4月）
龚耿岚（女，4月任职）
副主席：陈献平

· 韶关市武江区中国共产主义青年团

书　记：
陈秉丞（任至6月）
袁　海（女，6月任职）
副书记：林雪丽

· 韶关市武江区妇女联合会

主　席：
龚耿岚（女，任至3月）
曾玉玲（女，4月任职）
副主席：钟喜梅（女）

· 韶关市武江区残疾人联合会主席团

主　席：黄燕斌（瑶族）
副主席：刘存友
班建华

· 韶关市武江区残疾人联合会理事会

理事长：刘存友（任至10月）
副理事长：刘芷伊（女）

· 韶关市武江区红十字会

会　长：（空缺）
专职副会长：侯芋彤（女）

· 韶关市武江区工商联合会

主　席：刘　东

副主席：刁海燕（女）
党组书记：刁海燕（女）
党组成员：王民生（3月任职）
黄学源（3月任职）

·韶关市武江区归国华侨联合会

主　席：邱洲才
专职副主席：麦燕玲（女）

◎镇（街）

·韶关市武江区西河镇

书　记：吴韶华
副书记：
余　聪（任至6月）
叶贤治（6月任职）
王　成
黄　辉（任至6月）
王　莉（女，7月任职）
委　员：
江仁智（任至7月）
刘绍鸽
林仁和（任至7月）
邬　江（任至7月）
黄　超（7月任职）
谢文丹
张小英（女，7月任职）
刘万臣（7月任职）
人大主席：李　毅
镇　长：余　聪（任至6月）
叶贤治（10月任职）
副 镇 长：
邬　江（任至10月）
张小英（女，任至10月）
黄　超（10月任职）
陈世华（10月任职）
欧丹玲
（女，挂职，10月任职）
纪委书记：江仁智（任至7月）
刘万臣（7月任职）

·韶关市武江区西联镇

书　记：粟　健（任至6月）
刘　武
（6月任职，任至9月）
副书记：
杨国浩（任至6月）
曹吾林（10月任职）
刘建强
吴江华（7月任职）
欧家驹（挂职，9月任职）
黄华华（挂职，8月任职）
委　员：
隋国昕（任至7月）
黄　超（任至7月）
何　毅（任至7月）
李光杰（任至7月）
戴锴晖
邓东睦（7月任职）
白玉婷（女，7月任职）
廖克球（7月任职）
陈永红（7月任职）
人大主席：
朱小燕（女，任至4月）
黄振天（10月任职）
镇　长：杨国浩（任至10月）
曹吾林（10月任职）
副镇长：
黄　超（任至10月）
李　婷（女，任至10月）
陈永红（10月任职）
宋剑斌（10月任职）
张　豫
（女，挂职，10月任职）
纪委书记：
隋国昕（任至7月）
白玉婷（女，7月任职）

·韶关市武江区龙归镇

书　记：韩伟强
副书记：林棋昇（任至6月）
黄振天（任至6月）
黄寿文
郁　扬（6月任职）
林卓伟（7月任职）
黄建华（9月任职）
黄镇邦（8月任职）
委　员：成伟雄（任至7月）
张碧荣
袁武宗
欧宇帆（任至7月）
邓东睦（任至7月）
王　莉（任至7月）
林光锋（7月任职）
伍焕征（7月任职）
杨　晖（7月任职）
人大主席：
叶贤治（任至6月）
龚存进（10月任职）
镇　长：林棋昇（任至10月）
郁　扬（10月任职）
副镇长：成伟雄（任至10月）
卢翠玲（10月任职）
肖永佳（10月任职）
张永祥（10月任职）
纪委书记：张碧荣

·韶关市武江区江湾镇

书　记：刘　武（任至6月）
林棋昇（6月任职）
副书记：
曾玉玲（女，任至4月）
谭克志（任至2月）
朱小燕（女，4月任职）
梁满洪（2月任职）
邹　锋（7月任职）
陈伟东（挂职）
委　员：涂星明

杨　晖（任至7月）
刘甜妹
（女，任至7月）
欧宇帆（7月任职）
胡言辉（任至7月）
黄文勇（7月任职）
潘会亮（任至7月）
许忠霖（7月任职）
邹　锋（任至7月）
梁锐居（7月任职）
人大主席：黄永和
镇　长：曾玉玲
（女，任至3月）
朱小燕（女，3月任职）
副镇长：
杨　晖（任至7月）
涂星明（10月任职）
邹　锋（任至10月）
梁锐居（10月任职）
陈伟东（挂职，8月任职）
纪委书记：潘会亮（任至7月）
许忠霖（7月任职）

·韶关市武江区重阳镇

书　记：龚映韶
副书记：
郁　扬（任至6月）
李佳月（7月任职）
刘戈勇
隋国昕（7月任职）
王耀辉（挂职，8月任职）
姜汝伟（9月任职）
委　员：
李海陶
曾维佩（任至7月）
林光锋（任至7月）
何应荣（7月任职）
胡言辉（7月任职）
龚　文（女，7月任职）
谭　健（7月任职）
镇　长：郁　扬（任至10月）
李佳月（10月任职）
人大主席：
侯福清（任至10月）
陈秉丞（10月任职）
副镇长：
黄明富（任至10月）
刘斯琪（女，任至10月）
欧牛泉（10月任职）
谭　健（10月任职）
江　昊
（挂职，10月任职）
纪委书记：李海陶

·韶关市武江区惠民街道办事处

党工委书记：何远韶（女）
党工委副书记：
唐家勇
陈作昌
李旭阳（1月任职）
委　员：
杨惠得（任至7月）
刘福娣（女，任至7月）
刘甜妹（女，7月任职）
李永红
温　碧
人大工委主任：
陈志坚（任至7月）
吴怡诗（女，7月任职）
街道办主任：唐家勇
办事处副主任：
刘福娣（女，任至8月）
李永红（8月任职）
温　碧
纪工委书记：
杨惠得（任至7月）
江仁智（7月任职）

·韶关市武江区新华街道办事处

党工委书记：
罗北京（任至9月）
副书记：
丘细琼（女）
饶佳运（7月任职）
李光杰（7月任职）
周　明（任至3月）
李旭阳（任至1月）
谭克志（任至4月）
委　员：
邓志雄
曾维佩（7月任职）
邬　江（7月任职）
叶龙涛（任至1月）
陈　靖（女，1月任职）
人大工委主任：
张祈俊（任至7月）
黄　辉（7月任职）
街道办主任：丘细琼（女）
副主任：饶佳运（任至7月）
周志奎（任至7月）
邓志雄（7月任职）
邬　江（7月任职）
纪工委书记：
邓志雄（任至7月）
曾维佩（7月任职）

中国共产党韶关市武江区委员会

综　述

2021年，在党中央和省委、市委的坚强领导下，中共韶关市武江区委坚持以习近平新时代中国特色社会主义思想为指导，深入学习贯彻中共十九大和十九届二中、三中、四中、五中、六中全会以及中央经济工作会议精神，认真学习贯彻习近平总书记在庆祝中国共产党成立100周年大会上的重要讲话和对广东系列重要讲话、重要指示批示精神，按照省“1+1+9”工作部署和高质量加快构建“一核一带一区”区域发展格局要求，以及韶关“争当北部生态发展区高质量发展排头兵”的目标定位，科学统筹推进疫情防控和经济社会发展，加快建设韶关“双化双融”先行示范区和高质量发展率先突破区，如期全面建成小康社会，经济社会各项事业取得新进步，实现“十四五”良好开局。

中共韶关市武江区委设置工作部门9个。分别是：纪律检查委员会监察委员会机关、办公室、组织部、宣传部、统一战线工作部、政法委员会、机构编制委员会办公室、直属机关工作委员会、巡察工作领导小组办公室。其中，纪律检查委员会与监察委员会合署办公，实行一套工作机构、两个机关名称；办公室挂区保密委员会办公室、区国家保密局、区机要局、区密码管理局、区档案局牌子；组织部挂区老干局、区公务员局、区非公有制经济组织和社会组织工作委员会牌子；宣传部挂区政府新闻办公室、区精神文明建设委员会办公室、区新闻出版局（区版权局）、区互联网信息办公室牌子；统一战线工作部挂区民族宗教事务局、区台港澳事务局牌子。区委下属10个基层党（工）委：西河镇党委、西联镇党委、龙归镇党委、江湾镇党委、重阳镇党委、惠民街道党工委、新华街道党工委、区直属机关工委、公安武江分局党委、区委教育工委。

重点工作

【党史学习教育】 2021年，武江区委深入学习贯彻习近平总书记在党史学习教育动员大会上的重要讲话精神，以开展党史学习教育为契机，推动全区上下深入学习领会习近平新时代中国特色社会主义思想。率先在全市召开党史学习教育动员大会，明确“1+10+N”工作线路图，区委理论学习中心组开展7期党史学习教育专题集中学习，带动各镇（街）、各单位党委（党组）中心组开展专题研讨200余期，多方位、多维度开展主题宣讲和宣教活动，学习成效得到省、市充分肯定。注重解难题办实事，推动党史学习教育见行见效，区级8个重点民生项目全部完成，妥善解决人民群众急难愁盼的653件实事，形成以学促干、以学笃行的良好氛围。

【生态环境改善】 2021年，武江区委全力配合做好迎接中央生态环保督察工作，认真整改辖区生态环境重点问题，14宗案件均全面办结。大力做好生态环境污染防治，全区水环境质量排名全市第三，空气质量为市辖三区最好，完成年度减排任务，受污染耕地安全利用率达90%，污染地块安全利用率保持100%。狠抓生态保护修复，争取上级山水林田湖草资金2.02亿元，推进实施的15个项目全部基本完工。实施森林防火“五清”行动，全区森林火灾受害率控制在0.5‰内。建立自然资源监管平台，运用无人机“7天一更新”模式监控耕地，有效增强自然资源监管工作的时效性、精准性、系统性。

【经济发展提速】2021年，武江区产业平台建设全面提速，武江城乡融合产业园基础设施项目有序推进，初步具备承接项目入驻条件。持续推动武江科创园建设及配套设施完善提升，二期项目基本完工，周边66.67公顷土地房屋征收工作扎实开展，引入92家企业落户园区。招商引资成效显著，新一届区委领导班子开展招商对接40余次，举办大型招商宣传活动2次，与深科园、深圳朗科、中深健康、中震科建等重点企业建立合作关系，完成新签约项目16个，投资总额89.9亿元，新开工建设、竣工投产项目32个。创新驱动效应持续增强，清单式开展企业申报工作，全年新增“四上”企业66家。深入实施工业技术改造，完成技改投资8.45亿元，全区规上工业增加值增长至85.73亿元。

【城市功能提升】2021年，武江区创建全国文明城市取得新成效，完成群立街、光孝路、体育西路、五祖路等道路改造提升工程，城区道路更加通畅。加快完善城市配套设施，增设北江桥头西等7个公共停车区域，新增停车位468个，推进全域智慧停车项目建成运营；新增5处城区小公园，韶州公园老虎岩片区建成开放。以绣花功夫更新城市，完成金友大厦等18个老旧小区改造，新启动25个改造项目。重拳整治破坏城市风貌的行为，共完成违建治理12.67万平方米。大力推进智慧城市建设，优化“数字城管”平台，建设千寻自动抓拍系统，及时处理各类工单案件近6.2万宗。推动保利中宇广场、新天地广场、碧城广场建成开业，不断加快商业综合体招商步伐，沙洲尾、群康路等一批夜间经济示范街区更加成熟。

【乡村振兴发展】2021年，武江区大力实施乡村振兴战略，该区在省农村人居环境整治三年行动检查验收中获得“优秀”等次。推动美丽乡村建设，全区“干净整洁村”达标率100%，青暖村、田心村及村头村被评为“2021年广东省卫生村”。深化“打擂比武”工作，评选出21个“农村人居环境整治示范村庄”。全区农村污水治理设施覆盖率达78%，农村基本实现自来水全覆盖。加强乡村治理，红星村、芙蓉村、社主村、湖洋村获评“广东省乡村治理示范村”。牵牢产业兴旺“牛鼻子”，培育发展家庭农场13家，新增3个粤港澳大湾区“菜篮子”生产基地。全力打响武江农业品牌，全国名特优新农产品数量在全市位居前列。

【全面深化改革】2021年，武江区抓好国家、省、市试点改革，成功申报国家级整区屋顶分布式光伏开发试点，与3家企业签订总投资约12亿元的战略合作框架协议；城乡融合发展省级试点、“厂区变园区、产区变城区”试点、重点建设项目“全生命周期”管理机制改革等试点扎实有序推进。营商环境持续向好向优，第一批68项行政权力和43项公共服务事项职权下放到镇（街），创新设立的“办不成事”等服务窗口，为群众、企业提供更周全、更贴心服务。政务服务事项“一窗综合受理率”、事项网办率、“最多跑一次”事项占比率均超过97%，行政许可事项即办件占比、全流程网办率达100%，位列全市第一。巩固深化农村集体产权制度改革成果，累计登记集体资产24亿元、集体土地和山林等自然资源63120公顷。

【民生福祉增强】2021年，武江区全面深入实施教育“四大工程”，新改扩建学校8所，新增优质公办学位5670个。扎实落实“双减”工作，中小学生校内课后服务实现全覆盖。着力提高基础教育水平，区教育局被评为2021年国家义务教育监测实施“优秀组织单位”，9所学校被评为“广东省绿色学校”。常态化做好疫情防控工作，有力有序推进新冠疫苗接种，保持新冠病例“零确诊”。不断补齐医疗卫生服务短板弱项，完善城乡医疗服务网络，加快推进区中医院、区儿童医院、江湾卫生院建设。基本民生不断巩固，“粤菜师傅”“广东技工”“南粤家政”三项工程累计培训6401人次，顺利完成城镇新增就业、就业困难人员实现就业等目标。推进公共文化建设，启动实施图书馆二期项目，完成书香广场、区博物馆改扩建，成功举办2021年中国女子围棋甲级联赛广东韶关·武江工商联站比赛。防范化解风险隐患，圆满完成全国“两会”和庆祝中国共产党成立100周年大会等重要时期安保维稳任务。推进基层治理工作，围坪村、方田村被确认为2021年省级“民主法治示范村”。抓好安全生产工作，安全生产事故数同比下降近30%。加快推进市域社会治理现代化，开展政法队伍教育整顿，常态化推进扫黑除恶、依法治区工作，社会大局持续和谐稳定。

【全面从严治党】 2021年，武江区坚持把政治建设摆在首位，严守党的政治纪律和政治规矩。坚定不移抓好意识形态工作，常态化推进意识形态阵地建设和管理。圆满召开区第十次党代会、区人大和政协第十届第一次会议，平稳顺利完成组织意图人选选举。抓好乡镇领导班子集中换届工作，新一届乡镇领导班子年龄、性别、文化结构配备更加科学合理。完成村（社区）“两委”换届，党组织书记、主任“一肩挑”比例达100%。落实“广东城市基层党建20条”举措，花城社区党委获评全国先进基层党组织。抓好正风肃纪反腐，严厉整治群众身边腐败和作风问题，查处违反中央八项规定精神问题6起9人，摸排基层违纪违法线索155条，给予党纪政务处分41人。紧盯“关键少数”和重点领域，一体推进不敢腐、不能腐、不想腐，全区纪检监察机关立案80件，处分71人。完成九届区委巡察全覆盖，抓好省委巡视反馈意见整改工作。人大、政协的职能得到切实加强，国安和国防意识深入人心，统一战线的作用得到进一步发挥，区工商联被评为全国“五好”县级工商联，工、青、妇等群团工作取得新成绩。

重要会议

【区委九届十三次全体会议】 2021年2月2日，中共韶关市武江区第九届委员会第十三次全体会议召开。全会以习近平新时代中国特色社会主义思想为指导，深入学习贯彻中共十九大和十九届二中、三中、四中、五中全会精神，习近平总书记出席深圳经济特区建立40周年庆祝大会和视察广东重要讲话、重要指示精神，省委十二届十一次、十二次、十三次全会精神及市委十二届十三次、十四次全会精神，总结2020年工作，部署2021年工作。会议审议区委常委会2020年政治要件贯彻落实情况和抓党建工作情况的书面报告，表决通过《武江区关于实施新一轮改革发展“六大行动”推动高质量发展的意见》。区委常委会主持会议，区委书记颜亮代表区委常委会作报告，区委副书记、区长郑伟平就经济工作作专题讲话。

全会强调，2021年是中国共产党成立100周年，是实施“十四五”规划、开启全面建设社会主义现代化国家新征程的第一年，做好2021年工作意义重大、责任重大。必须深入贯彻习近平总书记对广东系列重要讲话和重要指示批示精神，围绕贯彻落实省委、市委全会精神及工作部署，坚持稳中求进工作总基调，立足新发展阶段，贯彻新发展理念，积极参与构建新发展格局，以推动高质量发展为主题，以深化供给侧结构性改革为主线，以改革创新为根本动力，以满足人民日益增长的美好生活需要为根本目的，坚持系统观念，巩固拓展疫情防控和经济社会发展成果，扎实做好“六稳”工作，全面落实“六保”任务，更好统筹发展和安全，坚定不移融入对接“双区”建设，实施新一轮改革发展“六大行动”，以落实市委提出的全面深化改革年为抓手，突出打响打好“三大战役”，全面提升武江中心城区的创新发展承载力和生态宜居品质，奋力开创“新武江新经济新生活”崭新局面，确保“十四五”顺利开局起步，以优异成绩庆祝中国共产党成立100周年。

【区委九届十四次全体会议】

2021年6月29日，中国共产党韶关市武江区第九届委员会第十四次全体会议召开。全会以习近平新时代中国特色社会主义思想为指导，全面贯彻中共十九大和十九届二中、三中、四中、五中全会精神，研究部署关于召开武江区第十次党代会的有关事宜，表决通过《中国共产党韶关市武江区第九届委员会第十四次全体会议关于召开中国共产党韶关市武江区第十次代表大会的决议》。区委书记颜亮主持会议并作讲话，区委副书记、区长郑伟平参加会议。

全会要求，全区上下要统一思想，提高认识，不断增强抓好换届工作的政治责任感和历史使命感，切实认识到抓好换届工作是践行“两个维护”的政治要求；认识到抓好换届工作是实现发展目标任务的坚强保障；认识到抓好换届工作是提升干部政治能力的重要契机。要加强领导，严把四关，切实把风清气正的要求贯穿换届全过程，区委要始终坚持把纪律规矩挺在最前，将“严”字贯穿换届工作各关口、各流程，以风清气正的氛围环境为换届选举工作保驾护航。要统筹兼顾，积极作为，全力推动各项工作齐头并进，坚持系统观念，确保推进换届工作和日常工作两手抓、两不误、两促进，要加快推动全区经济社会高质量发展，奋力推进全面深化改革实现新突破，防范化解重大风险维护社会大局稳定。

【区委九届十五次全体会议】

2021年8月16日，中共韶关市武江区第九届委员会第十五次全体会议召开。全会深入学习贯彻习近平总书记在庆祝中国共产党成立100周年大会上的重要讲话和对广东系列重要讲话、重要指示批示特别是关于横琴、前海开发开放的重要论述精神，贯彻落实省委十二届十四次全会和李希书记在韶调研指示精神，及市委十二届十五次全会精神，审议《韶关市武江区促进农业转移人口市民化加快新型城镇化行动方案》《关于推进原镇泰玩具厂及韶关大道北片区“厂区变园区、产区变城区”试点实施方案》。区委书记颜亮主持会议并代表区委常委会作报告，区委副书记、区长郑伟平参加会议。

全会要求，主动对接融入两个合作区建设，突出重点把握关键，打造韶关高质量发展率先突破区。找准融入重大平台的切入点，加快构建绿色发展新型工业化产业体系：主动服务韶关新区创新驱动发展，大力推动产业创新集聚发展，加快城乡产业协同发展平台建设。发挥中心城区要素优势，建设更高水平的新型城镇化：提升中心城区首位度，发展镇域特色经济，推动城乡融合发展。打通“两山”转换通道，构建以绿色产业为牵引的乡村振兴发展新格局：集聚资源资产价值化，加快新时代文明实践中心赋能建设；加大资源资产“串珠成链”力度，加快乡村休闲旅游发展；推进农村“三变”改革，提升农村资源资产综合效应。推动全面深化改革，加快提升主动融入“双区”和两个合作区的竞争优势：全面深化改革，健全完善对接“双区”和两个合作区的机制体制；改善民生福祉，提升融入“双区”和两个合作区的保障力；加强基层社会治理创新，营造法治诚信平安的协同发展环境。坚持把招商引资和项目建设作为更高水平发展的总抓手，不断构筑武江“二次创业”新优势：推进招商引资，提高主导产业质量，推进重点项目建设，拓展合作发展空间。

【区委九届十六次全体会议】

2021年10月18日，中国共产党韶关市武江区第九届委员会第十六次全体会议召开。区委书记张广晖主持会议并作讲话，区委副书记、代区长黄艺坤参加会议。

会议报告中国共产党韶关市武江区第十次代表大会筹备工作情况。会议审议通过中国共产党韶关市武江区第十次代表大会有关会议材料。会议圈选确定韶关市武江区出席市第十三次党代会代表候选人预备人选。会议审议通过《中国共产党韶关市武江区第九届委员会报告》和《中国共产党韶关市武江区第九届纪律检查委员会工作报告》。会议酝酿、表决通过《第十届区委委员、候补委员和区纪委委员候选人预备人选建议名单》。

全会决定，中国共产党韶关市武江区第十次代表大会于2021年10月28日至30日召开。

全会强调，武江区第十次党代会，是在庆祝中国共产党百年华诞的历史时刻，在全面建设社会主义现代化国家新征程的关键节点，召开的一次十分重要的会议。要把牢细节关，把严纪律关，确保党代会各项筹备工作高质量完成。要及时统筹力量进行查漏补缺，扎实做好疫情防控工作，确保大会严谨、规范、有序、圆满，将大会开成鼓舞人心、发扬民主、凝聚共识的大会。

【区委十届一次全体会议】2021年10月30日，中国共产党韶关市武江区第十届委员会第一次全体会议召开。会议选举产生新一届区委常委和书记、副书记，通过中国共产党韶关市武江区第十届纪律检查委员会第一次全体会议选举结果。会议以无记名投票、差额选举方式，选举产生中国共产党韶关市武江区第十届委员会常务委员会委员，张广晖、黄艺坤、王友华、沈中伟、廖功文、陈雪、段世甲、黄向阳、谢伟强、廖钢青、李庆当选为新一届区委常委。会议以无记名投票、等额选举方式，选举张广晖为武江区委书记，黄艺坤、王友华为武江区委副书记。

会上，区委书记张广晖代表十届区委作表态发言，张广晖指出，新一届区委领导班子就任于“十四五”规划开局的关键时期，受命于“两个一百年”奋斗目标的历史交汇点，承载着全区广大党员干部和人民群众的共同愿望。交织着光荣与责任、凝聚着信任与希望、承载着激励与奋斗的历史重担。朝受命、夕饮冰，昼无为、夜难寐。要视使命为追求、化责任为动力，倍加珍视组织的重托和厚望、倍加珍惜人民的信赖和期待，接好事业棒、跑好接力赛，共同把宏伟事业推向前进，努力把武江建设成为韶关“双化双融”先行示范区和高质量发展率先突破区，向组织和人民交出一份满意答卷。

区委常委会会议

2021年，共召开51次区委常委会会议。

1月26日，召开区委九届第180次常委会会议，传达学习习近平总书记在省部级主要领导干部学习贯彻中共十九届五中全会精神专题研讨班开班式上发表的重要讲话精神、省委十二届十三次全会精神，审议并原则同意《政府工作报告》，听取区政府党组、区总工会、团区委、区妇联2020年工作汇报，研究召开区委九届第十三次全会有关事项。

1月30日，召开区委九届第182次常委会会议，传达学习习近平总书记在中共中央政治局第二十七次集体学习时的重要讲话精神、市委十二届十四次全会精神，审议并原则同意《韶关市武江区国民经济和社会发展第十四个五年规划和二〇三五年远景目标纲要》《韶关市武江区2020年国民经济和社会发展计划执行情况与2021年计划》《韶关市武江区2020年预算执行情况和2021年预算》《韶关市武江区关于进一步加强招商引资工作推进经济高质量发展的实施意见》以及提交区委九届第十三次全会审议的材料。

2月7日，召开区委九届第184次常委会会议，审议并原则同意《2019年韶关市武江区委领导班子“不忘初心、牢记使命”专题民主生活会及专项整治方案整改落实情况报告》《2020年度武江区委领导班子民主生活会对照检查材料》。

5月20日，召开区委九届第200次常委会会议，学习习近平总书记在中共中央政治局第二十九次集体学习时的重要讲话精神、《中国共产党重大事项请示报告条例》以及全市改革优化营商环境大会会议精神，审议并原则同意《沙州路及周边道路改造工程的实施方案》、《关于做好2021年武江区“两优一先”评选表彰工作的实施方案》、武江区医药健康科技产业园建设项目（青创中心）有关事项以及武江区城乡融合省级试点工作动员大会有关安排。

7月2日，召开区委九届第206次常委会会议，传达学习习近平总书记在庆祝中国共产党成立100周年大会上的重要讲话精神。

7月25日，召开区委九届209次常委会会议，传达学习李希在韶调研精神，研究部署武江区贯彻落实意见。

8月13日，召开区委九届第212次常委会会议，传达习近平总书记在西藏考察时发表的重要讲话精神，审议并原则同意《武江区2021年下半年工业经济稳增长工作方案》《武江区2021年下半年城市经营（建筑业、房地产业）稳增长工作方案》《武江区2021年下半年其他营利性服务业提升增效工作方案》《武江区2021年下半年财税稳增长工作方案》《韶关市武江区促进农业转移人口市民化加快新型城镇化行动方案》《韶关市武江区促进农业转移人口市民化加快新型城镇化行动方案》及六个具体子方案、韶关市武江小学建设工程项目概算、韶关市武江区城乡公共服务一体化建设项目等三个项目及其子项目实施相关事宜和《武江区2021年第二批专项债券项目申报和额度分配方案》《关于韶关市武江区2020年财政决算草案的报告》《关于韶关市武江区2021年上半年预算执行情况的报告》，研究召开区委九届第十五次全会有关事项。

8月13日，召开区委九届第214次常委会会议，学习习近平总书记关于生态文明建设的重要论述，听取韶关市武江区2021年上半年国民经济和社会发展计划执行情况报告，审议2020年度镇（街）和部门绩效考核结果以及武江区扫黑除恶专项斗争先进评选通报表扬名单，传达贯彻市委关于严肃换届纪律有关要求。

9月6日，召开区委九届第215次常委会会议，学习传达中央生态环境保护督察韶关协调联络组会议精神以及省、市疫情防控工作会议精神，研究部署武江区中央生态环境保护督察组下沉督察反馈问题整改落实工作及疫情防控工作。

9月23日，召开区委九届第218次常委会会议，研究讨论市党代表候选人推荐人选情况。

9月27日，召开区委九届第219次常委会会议，研究讨论市党代表候选人推荐人选情况，审议并原则同意市党代表候选人初步人选考察对象建议名单、《武江区关于韶关市第十五届人民代表大会代表名额分配意见和实施方案》《韶关市武江区第十届人民代表大会提名代表候选人建议人选名单》。

10月11日，召开区委九届第220次常委会会议，审议韶关市第十五届人民代表大会代表候选人推荐名单（武江区）、政协韶关市第十三届委员会委员推荐名单（武江区）、中国共产党韶关市第十三次代表大会代表候选人初步人选建议名单（武江区）、中共韶关市武江区第十届区委委员、候补委员候选人预备人选建议名单以及中共韶关市武江区第十届纪委委员候选人预备人选建议名单。

10月15日，召开区委九届第221次常委会会议，学习习近平总书记在纪念辛亥革命110周年大会上的重要讲话精神、习近平总书记在中央人才工作会议上发表的重要讲话精神以及市委书记王瑞军到武江区调研时的讲话精神，审议《2021年武江区镇（街）和部门绩效评价实施方案》、中国共产党韶关市武江区第十次代表大会系列材料，研究召开区委九届第十六次全会有关事项。

10月27日，召开区委九届第222次常委会会议，传达学习习近平总书记在十九届中共中央政治局第三十四次集体学习上发表的重要讲话精神，审议《2020年韶关市武江区机关绩效考核奖励金和慰问金发放方案》、韶关市2021年度全面深化改革工作先进单位和先进个人拟推荐名单、韶关市武江区第十届政协委员建议名单，传达市委提名的市第十三次党代表大会代表候选人到武江区参选有关工作要求。

11月8日，召开区委十届1次常委会会议，传达学习习近平总书记在中央人大工作会议上发表的重要讲话精神，听取2021年武江区食品药品安全工作情况汇报，审议《武江区社区“两委”班子和社区干部绩效考评指导意见(送审稿)》、武江区第十届人大常委会组成人员名额安排和构成，听取武江区第十届人民代表大会代表当选情况汇报、武江区十届人大一次会议、政协武江区十届委员会一次会议筹备工作情况汇报，审议武江区第十届政协常委会组成人员名额安排和构成以及十届区委常委工作分工。

12月17日，召开区委十届第6次常委会会议，会议传达学习习近平总书记在中央经济工作会议上发表的重要讲话精神、中央第四生态环境保护督察组督察广东省情况反馈会精神以及市委第294次常委会(扩大)会议精神，传达全省审计查出问题工作电视电话会议精神，听取武江区有关审计整改情况，传达学习全市产业工人队伍建设改革推进会议精神，听取武江产业工人队伍建设改革工作情况，审议《韶关市高新区环卫保洁市场化实施方案》《武江区一般公务用车管理调整方案》、天玺湾幼儿园《商品房买卖合同》、《关于调整韶关市武江区四套班子领导及区直机关联系基层工作的意见》、《关于进一步加强领导干部请(休)假及外出报备工作的意见》，听取了2021年实施武江区思政课创新实践工程的情况汇报。

12月28日，召开区委十届第7次常委会会议，会议传达学习习近平总书记在中央全面深化改革委员会第二十三次会议上发表的重要讲话精神、省委十二届十五次全会精神，审议韶关市武江区13宗城镇建设用地耕地占用税资金事宜以及《关于武江区2021年预算调整方案的报告》。

区委书记专题会议

1月5日，区委书记颜亮在西河镇八楼会议厅召开区委书记专题会议，听取西河镇、西联镇、重阳镇村“两委”换届工作推进情况、存在问题、困难和风险。

1月6日，区委书记颜亮在区委区政府316会议室召开区委书记专题会议，研究西联镇芙蓉村村委换届工作。听取龙归镇、江湾镇村“两委”换届工作推进情况、存在问题、困难和风险。

1月12日，区委书记颜亮在区委区政府316会议室召开区委书记专题会议，研究疫情防控工作以及区委、区政府发展咨询顾问聘任有关事宜。

1月13日，区委书记颜亮在区委区政府310会议室召开区委书记专题会议，听取乡村振兴培训实践中心运营方案。

1月14日，区委书记颜亮召开区委书记专题会议，研究西联镇芙蓉村村“两委”换届工作。

1月19日，区委书记颜亮召开区委书记专题会议，听取武江区招商引资暨高质量发展大会以及迎新春汇报演出活动筹备工作情况汇报。

1月20日，区委书记颜亮在区委区政府316会议室召开区委书记专题会议，研究区委全会材料以及听取朝阳幼儿园概念性设计方案汇报。

1月25日，区委书记颜亮在区委区政府310会议室召开区委书记专题会议，研究村“两委”换届工作。

是日，区委书记颜亮在区委区政府316会议室召开区委书记专题会议，研究《武江区关于实施新一轮改革发展“六大行动”的意见》等有关工作。

1月26日，区委书记颜亮在区委区政府七楼会议厅召开区委书记专题会议，听取《武江区农业发展第十四个五年规划》《武江区工业发展第十四个五年规划》《武江区第三产业发展第十四个五年规划》《武江区教育事业发展第十四个五年规划》《武江区卫生健康事业发展第十四个五年规划》《武江区文化、旅游、体育事业发展第十四个五年规划》《武江区生态环境、交通、水利发展第十四个五年规划》《韶关市武江区国民经济和社会发展第十四个五年规划和二〇三五年远景目标纲要》(含指标体系和重大项目)《韶关市武江区2020年国民经济和社会发展计划执行情况及2021年计划草案的报告》

等编制情况汇报。

1月27日，区委书记颜亮在区委区政府316会议室召开区委书记专题会议，听取乡村振兴培训实践中心运营方案。

1月28日，区委书记颜亮在区委区政府316会议室召开区委书记专题会议，学习《关于十二届省委第七轮巡视整改工作若干要求》，研究部署省委巡视整改工作。

2月6日，区委书记颜亮召开区委书记专题会议，研究2020年区委领导班子民主生活会有关事项。

2月19日，区委书记颜亮在区委区政府316会议室召开区委书记专题会议，研究科创园二期有关事项和乡村振兴培训实践中心运营有关工作。

2月20日，区委书记颜亮召开区委书记专题会议，研究部署科创园一期企业入驻、二期工程建设以及招商工作重点事项。

2月22日，区委书记颜亮在区委区政府316会议室召开区委书记专题会议，研究新区改革有关事项。

2月23日，区委书记颜亮在区委区政府316会议室召开区委书记专题会议，研究武江区党史学习教育有关事项。

3月1日，区委书记颜亮在区委区政府310会议室召开区委书记专题会议，研究政府工作要点和政府重点项目安排计划以及2021年区委工作要点、区委深改委工作要点。

3月3日，区委书记颜亮召开区委书记专题会议，听取征收中心、龙归镇、西河镇土地收储“攻坚战”进展情况汇报。

3月9日，区委书记颜亮在区委区政府316会议室召开区委书记专题会议，研究龙归粮仓住宿用房、重阳高速路口优化、西河幼儿园等有关工作。

3月10日，区委书记颜亮在区委区政府316会议室召开区委书记专题会议，研究“三个一”有关工作。

3月11日，区委书记颜亮召开区委书记专题会议，研究部署进一步推进武江区政务服务改革、优化营商环境工作重点事项。

3月12日，区委书记颜亮在区委区政府316会议室召开区委书记专题会议，听取2020年攻坚克难、创新创优、担当落实先进单位和个人评选工作情况。

3月15日，区委书记颜亮召开区委书记专题会议，听取乡村振兴培训实践中心运营推进情况汇报。

3月17日，区委书记颜亮在区委区政府316会议室召开区委书记专题会议，研究《武江区关于2021年推进农村人居环境整治建设生态宜居美丽乡村打擂比武工作实施方案》。

3月20日，区委书记颜亮在区委区政府七楼会议厅召开区委书记专题会议，听取新一轮改革发展“六大行动”方案。

3月22日，区委书记颜亮在区委区政府316会议室召开区委书记专题会议，听取新增住宿用房设计方案。

3月24日，区委书记颜亮召开区委书记专题会议，研究新型城镇化助推农民变市民相关工作。

3月25日，区委书记颜亮召开区委书记专题会议，研究区儿童医院项目建设有关事宜。

3月27日，区委书记颜亮在区委区政府316会议室召开区委书记专题会议，听取光明巷提升改造方案。

3月28日，区委书记颜亮召开区委书记专题会议，听取科创园二期提升方案和产业发展规划方案。

3月29日，区委书记颜亮在区委区政府316会议室召开区委书记专题会议，研究新冠病毒疫苗接种有关工作。

是日，区委书记颜亮在区委区政府310会议室召开区委书记专题会议，研究部署清明期间防范重特大生产安全事故暨应急管理、疫情防控、消防、森林防灭火、防汛和系统防范化解道路交通安全风险工作。

4月2日，区委书记颜亮在区委区政府316会议室召开区委书记专题会议，听取新华小学规划方案。

4月6日，区委书记颜亮在区委区政府316会议室召开区委书记专题会议，研究武江区2021年“担当落实走在前列”干部大会有关事项和科创园入口提升方案。

4月7日，区委书记颜亮在区委区政府316会议室召开区委书记专题会议，听取武江区中医院医疗专项装修设计、疾控中心建设、智慧园区、最美公务员方案。

是日，区委书记颜亮在区委区政府316会议室召开区委书记专题会议，听取京港澳高速龙归互通周边提升方案。

4月8日，区委书记颜亮在区委区政府310会议室召开区委书记专题会议，研究端午节龙舟赛筹备工作有关事项。

4月12日，区委书记颜亮在区委区政府316会议室召开区委书记专题会议，部署碳达峰、碳中和有关工作、听取武江区林业机械装备产业优势竞争力报告、听取武江区提升政务服务水平、优化营商环境工作方案。

4月14日，区委书记颜亮召开区委书记专题会议，听取招商引资三人组工作推进情况汇报。

4月20日，区委书记颜亮在区委区政府310会议室召开区委书记专题会议，听取沙洲片区小学规划前期工作推进情况汇报。

4月26日，区委书记颜亮在区委区政府316会议室召开区委书记专题会议，研究巡视报告、三年行动计划、恳亲大会筹备计划。

4月28日，区委书记颜亮在区委区政府316会议室召开区委书记专题会议，研究凤武大厦规划设计方案；研究巡视整改未完成事项。

5月7日，区委书记颜亮在区委区政府316会议室召开区委书记专题会议，听取粮仓二期住宿方案汇报。

5月12日，区委书记颜亮在区委区政府310会议室召开区委书记专题会议，研究优化营商环境有关事项。

5月14日，区委书记颜亮在区委区政府316会议室召开区委书记专题会议，研究武江区产业链招商有关工作。

5月17日，区委书记颜亮在区委区政府316会议室召开区委书记专题会议，听取人大、政协代表换届选举筹备工作情况、儿童医院康体儿童生态康体公园建设方案以及龙归高速出口提升方案。

5月19日，区委书记颜亮在区委区政府316会议室召开区委书记专题会议，研究优化营商环境有关方案。

是日，区委书记颜亮在区委区政府316会议室召开区委书记专题会议，听取城乡融合产业园土方平衡方案。

5月25日，区委书记颜亮在区委区政府316会议室召开区委书记专题会议，研究优化营商环境有关方案。

5月30日，区委书记颜亮在区委区政府316会议室召开区委书记专题会议，听取韶关武江大健康产业创新发展大会筹备工作情况汇报。

6月1日，区委书记颜亮召开区委书记专题会议，研究三防工作和部署“龙舟水”防御工作。

6月2日，区委书记颜亮召开区委书记专题会议，研究新区改革社会管理事务接管事宜、乡镇换届有关工作以及西联镇“两违”建设管控有关工作。

6月8日，区委书记颜亮在区委区政府316会议室召开区委书记专题会议，研究武江小学规划方案，听取西河幼儿园前期工作以及沙洲片区小学前期工作推进情况汇报。

6月9日，区委书记颜亮召开区委书记专题会议，研究武江区端午期间疫情防控和安全防护有关工作。

7月6日，区委书记颜亮在区委区政府310会议室召开区委书记专题会议，研究城乡融合发展省级试点、新型城镇化有关工作。

7月7日，区委书记颜亮在区委区政府316会议室召开区委书记专题会议，研究科创园企业入驻有关工作。

7月8日，区委书记颜亮在区委区政府316会议室召开区委书记专题会议，听取京港澳高速龙归互通周边提升方案、朗圣拆迁工作。

7月12日，区委书记颜亮在区委区政府316会议室召开区委书记专题会议，研究驻镇帮镇扶村工作方案。

7月13日，区委书记颜亮在区委区政府316会议室召开区委书记专题会议，听取凤武大厦、创想公园设计方案。

7月19日，区委书记颜亮在区委区政府316会议室召开区委书记专题会议，研究厂区变园区工作方案。

7月20日，区委书记颜亮在区委区政府310会议室召开区委书记专题会议，研究部署近期创文、维稳工作。

7月30日，区委书记颜亮在区委区政府316会议室召开区委书记专题会议，研究绩效考核及龙归镇G323线地块有关工作。

8月4日，区委书记颜亮在区委区政府316会议室召开区委书记专题会议，听取武江小学设计方案和工作推进情况汇报。

8月12日，区委书记颜亮在区委区政府316会议室召开区委书记专题会议，听取第三季度集中开竣工筹备情况、现代农业产业园方案。

8月17日，区委书记颜亮召开区委书记专题会议，听取区人大代表、政协委员初步人选名单。

8月23日，区委书记颜亮召开区委书记专题会议，听取第三季度项目集中开竣工活动筹备情况汇报。

8月24日，区委书记颜亮在区委区政府316会议室召开区委书记专题会议，听取龙归高速出口、G323线交通整治、一桥一路指挥部方案。

9月3日，区委书记颜亮召开区委书记专题会议，部署环保督察迎检工作。

10月8日，区委书记张广晖在区委区政府310会议室召开区委书记专题会议，研究韶关高新区改革有关事项。

10月21日，区委书记张广晖在区委区政府316会议室召开区委书记专题会议，研究土地修复造地有关工作。

11月1日，区委书记张广晖在区委区政府310会议室召开区委书记专题会议，研究科创园及韶关大道北片区地块开发利用工作。

11月19日，区委书记张广晖在区委区政府310会议室召开区委书记专题会议，研究长者公寓项目有关问题。

11月30日，区委书记张广晖在区委区政府310会议室召开区委书记专题会议，研究利用武江区检察院旁地块建设法院、公安办公大楼有关工作。

12月1日，区委书记张广晖在区委区政府316会议室召开区委书记专题会议，研究重阳镇水口村水上运动中心项目开发有关工作。

12月3日，区委书记张广晖在区委区政府316会议室召开区委书记专题会议，听取区国投公司汇报国企运营、政府资产盘活利用发挥效益等工作。

12月7日，区委书记张广晖召开区委书记专题会议，研究装配式建筑预制构件生产基地项目有关事项。

12月13日，区委书记张广晖召开区委书记专题会议，研究韶关大道北片区地块开发利用工作。

12月15日，区委书记张广晖召开区委书记专题会议，研究芬兰ECOLING公司在武江投资事宜以及龙归产业园开发建设工作（包括土地报批、土方工程，与深科园成立平台公司有关事项）。

12月23日，区委书记张广晖召开区委书记专题会议，研究科创园运营管理、凤武共建项目、青创中心建设和功能定位等事宜。

12月30日，区委书记张广晖在区委区政府316会议室召开区委书记专题会议，听取武江文创园规划设计方案汇报。

其他重要会议

【招商引资暨高质量发展大会】 2021年1月23日，武江区召开招商引资暨高质量发展大会，市委常委、副市长罗晓勤出席大会并讲话，区委书记颜亮出席大会并作主旨发言，区委副书记、区长郑伟平参加大会并致辞，区人大常委会主任孙理鸣出席大会，区委常委、常务副区长陈雪主持大会。会上，郑伟平作武江投资环境推介，对《关于进一步加强招商引资推进经济高质量发展的实施意见》进行说明，介绍武江区招商引资推动经济高质量发展的思路，大会期间宣读《武江区委、区政府发展咨询顾问的决定》，并向武江区发展咨询顾问代表颁发聘书，举行现场集中签约仪式和网络云签约仪式。

【全区党史学习教育动员大会】 2021年3月2日，武江区召开全区党史学习教育动员大会，深入学习贯彻习近平新时代中国特色社会主义思想，认真落实中央和省委、市委党史学习教育动员大会精神。区委书记颜亮对全区开展党史学习教育进行动员部署，区委副书记、区长郑伟平主持会议，区人大常委会主任孙理鸣，区政协主席彭波，区委副书记陈刚等四套班子成员参加会议。会议书面传达学习贯彻习近平总书记在党史学习教育动员大会上重要讲话精神、全省党史学习教育动员大会精神，会议要求全区各级党组织和广大党员干部要切实提高政治站位，深刻认识开展党史学习教育的极端重要性，从党的百年伟大奋斗历程中汲取继续前进的智慧和力量。

【组织、宣传、统战工作会议】2021 年 3 月 11 日，武江区召开全区组织、宣传、统战工作会议，总结 2020 年工作，部署 2021 年任务。区委副书记陈刚出席会议并讲话，区委常委、统战部部长曹镅，区委常委、宣传部部长李宇强，区委常委、组织部部长沈中伟分别作总结部署发言，区委常委、区委办主任欧伟强主持会议。会议要求，组织、宣传、统战部门要围绕中心，服务大局，奋力开创组织宣传统战工作新局面。全区各级党组织要切实增强使命意识、责任意识，把主体抓牢，把主业抓实，推动武江区组织宣传统战各项工作再上新台阶。

【改革发展六大行动干部大会】2021 年 4 月 30 日，武江区召开 2021 年“担当落实 走在前列”暨实施新征程改革发展六大行动干部大会，对全区作出突出贡献的先进单位和个人进行表彰。表彰分为攻坚克难、创新创优、担当落实创先争优“头雁作用”、优胜组团、担当落实等五大类别，激励引导全区党员干部以先进为标杆、以模范为榜样，建功北部生态发展区生态品质中心城区。

【警示教育大会】2021 年 5 月 12 日，武江区召开严肃换届纪律“三个一”警示教育大会，认真学习贯彻习近平总书记关于加强换届纪律和作风的重要指示精神，贯彻落实省、市关于换届工作的部署要求。市专项巡察指导督导组对县镇领导班子换届风气专项巡察工作进行安排部署，市专项巡察指导督导组组长张桂先出席会议并讲话。区委书记颜亮主持会议并作表态发言。市专项巡察指导督导组成员，区四套班子成员和法检“两长”，各镇（街）党政主要负责人、区直各单位主要负责人，区专项巡察组成员参加会议。

【城乡融合发展省级试点工作动员大会】2021 年 5 月 24 日，武江区召开城乡融合发展省级试点工作动员大会，部署全区城乡融合发展省级试点工作。广东省政府发展研究中心副主任、武江区政府发展咨询顾问杨广丽，省发改委发展战略和规划处黄蓓，韶关市相关部门领导负责人出席会议。会议强调，建设城乡融合发展省级试点是深入学习贯彻习近平总书记关于区域协调发展、城乡协调发展的重要论述的重要举措，是省、市赋予武江区的重大使命任务。武江区上下要敢于坚决拿起解放思想这一有力武器，勇于担当、敢为人先，在聚焦发展、突破制约、解决问题、体制机制创新等方面主动谋划、积极求变，全力推进城乡融合发展试点工作。

【改革优化营商环境大会】2021 年 5 月 27 日，武江区召开改革优化营商环境大会，深入学习贯彻习近平总书记关于优化营商环境的重要讲话精神，认真贯彻党中央、国务院关于优化营商环境的决策部署和省、市的工作要求，坚决打通招商引资、服务企业发展过程中的难点痛点堵点，对标最好最优，全力打造一流营商环境，助推武江经济高质量发展。区委书记颜亮、区长郑伟平出席会议并讲话。区政协主席彭波，区委副书记陈刚出席会议。

【学习贯彻习近平总书记在庆祝中国共产党成立 100 周年大会上重要讲话精神干部大会】2021 年 7 月 4 日，武江区学习贯彻习近平总书记在庆祝中国共产党成立 100 周年大会上重要讲话精神干部大会召开，传达学习习近平总书记在庆祝中国共产党成立 100 周年大会上的重要讲话精神，以及全省、全市干部大会精神，对武江区学习贯彻落实工作进行全面动员部署。区委书记颜亮主持会议并讲话，区长郑伟平、区人大常委会主任孙理鸣、区政协主席彭波、区委副书记陈刚出席会议。

【农村人居环境整治现场评选表彰会】 2021年7月15日，武江区举办2021年农村人居环境整治第一批“打擂比武”现场评选表彰会。区委书记颜亮，区长郑伟平，区人大常委会主任孙理鸣，区政协主席彭波，区委副书记陈刚出席活动。

【机关党的建设工作暨深化模范机关创建工作推进会】 2021年12月2日，全区机关党的建设工作暨深化模范机关创建工作推进会召开，深入学习贯彻中共十九届六中全会精神、习近平总书记“七一”重要讲话和关于机关党建的重要论述精神，总结过去三年武江区机关党建和模范机关创建工作情况，研究部署下一步工作。区委书记张广晖出席会议并讲话，区长黄艺坤主持会议，区人大常委会主任孙理鸣、区政协主席彭波，区委副书记王友华出席会议。

【乡村振兴工作推进会现场评选表彰会】 2021年12月10日，武江区举办乡村振兴工作推进会暨2021年农村人居环境整治第二批“打擂比武”现场评选表彰会，区委书记张广晖，区长黄艺坤、区人大常委会主任孙理鸣、区政协主席彭波、区委副书记王友华出席活动。

【人才工作会议】 2021年12月23日，武江区委人才工作会议召开，会议传达学习习近平总书记在中央人才工作会议上的重要讲话精神、贯彻落实党中央人才工作决策部署和省委、市委人才工作会议精神及有关工作要求，部署当前和今后一段时期全区的人才工作。区委书记张广晖出席会议并讲话。区人大常委会主任孙理鸣、区政协主席彭波出席会议，区委副书记王友华主持会议。

2021年12月10日，武江区举办乡村振兴工作推进会暨2021年农村人居环境整治第一批“打擂比武”现场评选表彰会（陈励　摄）

【武江区传达学习贯彻韶关市第十三次党代会精神干部大会】 2021年12月29日，区委书记张广晖主持召开全区干部大会，传达学习贯彻市第十三次党代会精神，以及市委十三届一次全会精神，贯彻落实市委书记王瑞军关于“双节”前的工作部署安排，区委副书记、区长黄艺坤，区人大常委会主任孙理鸣、区委副书记王友华参加会议。

重要活动

【武江“厂区变园区、产区变城区”项目开竣工仪式】 2021年8月26日，2021年全市第三季度项目集中开竣工暨武江“厂区变园区、产区变城区”项目开竣工仪式在武江科创园顺利举行。区委书记颜亮在分会场通过视频连线向主会场汇报武江区项目集中开竣工情况，区人大常委会主任孙理鸣，区政协主席彭波，区领导陈雪、欧伟强、黄燕斌、马文娟、李小平、张思建、黄艺顺，区委有关部门、区直有关单位主要负责，区招商办全体人员，区项目办有关人员，企业代表等参加此次活动。

【中国农民丰收节生态农业博览会活动】 2021年9月23日，

武江区“庆丰收 感党恩”2021年中国农民丰收节暨“党恩情·满武江”生态农业博览会在重阳镇水口村开幕。武江区委书记张广晖在开幕式上致辞，区委副书记、代理区长黄艺坤，区人大常委会主任孙理鸣，区政协主席彭波参加开幕式，市委农办常务副主任、市乡村振兴局常务副局长刘世冬莅临现场。

【韶州公园迎新徒步活动】2021年12月31日，2021年“魅力武江·你我同行”迎新徒步活动在韶州公园举行。区委书记张广晖作致辞，并与区委副书记、区长黄艺坤，区人大常委会主任孙理鸣，区政协主席彭波，区委副书记王友华一道鸣笛发令，宣布徒步活动开始。区四套班子领导、区法检“两长”，各镇（街），区直各单位、驻区有关单位主要负责人等参加活动。

十届区委委员名单

区委委员（55人）

张广晖　区委书记
黄艺坤　区委副书记，区政府党组书记、副区长、代理区长
孙理鸣　区人大常委会党组书记、主任
彭　波　区政协党组书记、主席
王友华　区委副书记
沈中伟　区委常委、纪委书记人选，区监察委副主任、代理主任
廖功文　区委常委、宣传部部长
陈　雪　区委常委，区政府党组副书记、常务副区长
段世甲　区委常委、组织部部长、党校校长
黄向阳　区委常委、政法委书记
谢伟强　区委常委、统战部部长、区政协党组副书记
廖钢青　区委常委、区委办公室主任
李　庆　区委常委，区人武部上校部长、区政府党组成员
卢建成　区人大常委会党组副书记、副主任
潘歧亮　区人大常委会党组成员、副主任
谭木初　区人大常委会党组成员、副主任，区总工会主席
聂平南　区人大常委会党组成员、副主任
曾　宏　区人大常委会党组成员、副主任
韩伟强　区人大常委会党组成员、副主任人选，龙归镇党委书记、综治委主任
余志强　区政府党组成员、副区长，区委政法委副书记，公安武江分局党委书记、局长
刘喆焱　区政府党组成员、副区长
马文娟　区政府党组成员、副区长
龚映韶　区政府党组成员、副区长人选，重阳镇党委书记、综治委主任
林　健　区政协党组成员、副主席
张思建　区政协党组成员、副主席兼区政府党组成员
李　芳　区法院党组书记、副院长、代理院长、审判委员会委员
钟全芳　区检察院党组书记、副检察长、代理检察长、检察委员会委员
朱旭东　区纪委副书记，区监察委副主任
林基乐　区委办公室常务副主任
段锋刚　区政府办公室党组书记、主任
吴韶华　西河镇党委书记、综治委主任
林棋昇　江湾镇党委书记、综治委主任
何远韶　惠民街党工委书记、综治委主任
覃　婷　区直属机关工委书记，区委老干部局局长，区委组织部副部长（兼）
张羽忠　区委组织部副部长兼党校常务副校长
陈志坚　区委宣传部常务副部长
邱洲才　区委统一战线工作部常务副部长兼区民族宗教事务局局长，区侨联主席

张耀雄　区委政法委常务副书记
黄维民　区委编办主任
黄海涛　区工业和信息化局党组书记、局长
刘江平　区财政局党组书记、局长
朱冬生　区人力资源和社会保障局党组书记、局长
邱　江　区自然资源局党组书记、局长
何方涛　区住房和城乡建设局党组书记，区地方公路管理站党组书记
杨国浩　区农业农村局党组书记、局长，区委农村工作办公室、区乡村振兴局局长
刘　敏　区卫生健康局党组书记、局长
袁文娟　区审计局党组书记、局长
古寿英　区市场监督管理局党组书记、局长
洪维陶　区城市管理和综合执法局党组书记、局长兼环卫所所长
叶文辉　区政务数据管理局党组书记、局长
龚耿岚　区总工会常务副主席
袁　海　团区委书记
曾玉玲　区妇联主席
陈志华　国家税务总局韶关市武江区税务局党委书记、局长
肖碧琴　西河镇公共服务中心主任

区委候补委员（10人）

叶贤治　西河镇党委副书记、镇长
曹吾林　西联镇党委副书记、镇长
郁　扬　龙归镇党委副书记、镇长
朱小燕　江湾镇党委副书记、镇长
李佳月　重阳镇党委副书记、镇长
唐家勇　惠民街党工委副书记、办事处主任
丘细琼　新华街党工委副书记、办事处主任
茹伟杰　区司法局党组书记、局长，区信访局局长，区政府办公室副主任（兼）
刘　枫　区文化旅游体育局党组书记、局长
黄　倩　区统计局党组书记、局长

区委办工作

【概况】 中共韶关市武江区委办公室是协助区委领导处理区委日常工作的部门，挂区保密委员会办公室、区国家保密局、区机要局、区密码管理局、区档案局牌子、中共韶关市武江区委全面深化改革领导小组办公室、武江区委国家安全委员会办公室设在区委办公室。

2021年，区委办公室在区委的坚强领导和市委办公室的有力指导下，坚持以习近平新时代中国特色社会主义思想为指导，深入学习党的十九大和十九届二中、三中、四中、五中、六中全会精神，深入学习贯彻习近平总书记在庆祝中国共产党成立100周年大会上的讲话等重要讲话和重要指示批示精神，认真落实省委市委安排部署，围绕区委中心工作，扎实做好“三服务”工作。

【办文办会】 2021年，区委办严格控制文件规格，要求全区各部门参考文件格式标准印制文件，杜绝重复发文，全区规范性文件和通报类文件合计85件，同比减少35%。开展精简控制各类文件和简报刊物专项行动，全年拟文、审文、发文超350件，报备规范性文件4件，均做到按程序规范核发、登记、印刷、分发各个环节。注重加强办公室内部文件办理及流转效能，于10月初正式启用办公OA系统收发、办理及分送，大大减少纸质公文印刷，并已实现区委办和区政府办之间文件流传。全年共筹备区委常委会会议51次、书记专题会议125次、专项工作会议76次、座谈会43次，圆满完成区第十次党代会及区委十届一次全会等全区性重要会议，协助举办“打擂比武”等全区性会议23场，共草拟会议纪要104份。在筹备和接待工作中，始终积极做到与部门沟通协调，对会议议程、参观路线、餐饮通勤等相关事宜进行周密安排和部署，基本做到领导放心、客商满意。

【政策研究】 2021年，区委办注重完善区委办工作制度，制定完善《中共韶关市武江区委

办公室议事规则》《中共韶关市武江区委办公室“三重一大”事项集体决策制度实施办法》《中共韶关市武江区委办公室内部管理制度》等系列工作制度，进一步规范工作程序，推动学习常态化制度化。高质量、高标准起草领导讲话稿、区委重要汇报材料，圆满完成区第十次党代会及区委十届一次全会的报告起草工作。深入分析总结、认真撰写各类调研信息和典型经验材料，其中《武江区深化招商引资机制改革 为高质量发展注入强劲动力》专题报告及3篇综合情况报告刊登至韶关信息专报，8篇工作亮点信息刊登至韶关信息普刊。

【督查督办】 2021年，区委办及时跟进区委常委会第一议题事宜，落实习近平总书记重要讲话和重要指示批示45项，确保武江工作始终按照中央决策部署和省委、市委工作要求扎实推进。开展政治要件制度建立和落实情况专项督查，共对区城管局、区自然资源局、区农业农村局等15个单位开展政治要件督查21次。通过专项督查、现场检查、明察暗访、温馨提示等形式，聚焦区委、区政府2021年重点工作领域开展督查，发布各类型交办事项627件，并坚持一跟到底。印发《武江区“担当落实，走在前列”进行时》12期，“红旗榜”共通报各类表扬215项，对26项工作落实不力的后进单位进行提醒，激励各单位在开创武江经济社会高质量发展新局面中担当落实、走在前列。

【改革工作】 2021年，区委办大力推动武江区各改革试点和改革事项扎实开展，根据《韶关市2021年全面深化改革实施方案》梳理出武江区相应改革要点28个，制订《武江区2021年全面深化改革实施方案》，细化10个重点领域的72项具体改革任务，明确各项改革任务的责任单位，推动全区改革任务抓细抓紧抓实。结合“大学习、深调研、真落实”工作，抓好武江区新一轮改革发展“六大行动”三年行动，细化六大领域共154个项目任务清单，不断推动武江改革向深向里。及时收集报送重点改革信息，在韶关改革工作简报中作城乡融合发展改革试点建设经验交流，先后在学习强国、韶关日报、韶关发布等主流媒体平台刊登武江区营商环境改革、政务服务改革、打擂比武等事例19次，武江全面深化改革工作影响力持续扩大。

【保密安全与意识形态工作】 2021年，区委办共组织召开2次全区保密工作大会，播放保密工作警示教育片，采取以会代训的方式对全区各单位分管领导及保密员进行培训。建立健全保密工作制度，印发《关于开展武江区“7+7”网格保密自查自纠工作的通知》，采取双月自查汇总、季度整改提升、建立工作台账、统一汇总上报工作机制，推动全区保密工作规范化常态化精准化。加大保密检查工具设备投入，对区教育局、区卫健局等重点单位开展计算机及网络管理保密督导检查，加强保密工作提醒谈话力度，及时消除不利因素。加强做好舆情信息工作，及时处理上级转办、同级主动监测报送的网络舆情信息，注重做好风险多发领域的舆情监测及线下介入，切实防范网络意识形态风险。

【国家安全工作】 2021年，区委办认真贯彻有关规定，加强党委对国家安全工作的领导，进一步强化区委关于国家安全工作的领导力量，建立健全武江区国家安全制度体系，扎实做好维护政治安全各项工作等方面工作。在“4·15”全民国家安全教育日前后及11月1日《中华人民共和国反间谍法》颁布实施7周年之际，区委国安办深入组织全区各镇（街）、各单位开展“三进”宣传工作，通过国旗下讲话、主题班会等形式开展国家教育进校园活动；通过送法上门、亮灯行动等形式开展国安教育进村（进社区）活动；通过观看宣传片、专题讲座等形式开展国安教育进机关活动，并向群众派发主题海报、宣传横幅、宣传手册、宣传品等等。

深化改革

【概况】2021年，武江区委、区政府紧紧围绕中央和省委、市委部署的改革任务，坚持以习近平新时代中国特色社会主义思想为指导，全面贯彻中共十九大和十九届二中、三中、四中、五中、六中全会精神，深入学习贯彻习近平总书记对广东重要讲话和重要指示批示精神，全面落实省"1+1+9"工作部署和李希在韶调研讲话精神，认真落实市委全面深化改革年工作要求，改革创新、真抓实干，较好地完成上级部署的各项改革任务，有力推动武江加快建设韶关"双化双融"先行示范区和高质量发展率先突破区。

【改革工作】2021年以来，武江区不断强化组织统筹领导，坚持与时俱进把握改革"脉搏"，注重提高改革工作的系统性，大力激发高质量发展内生动力。结合市委全面深化改革工作要求，围绕提质增效、争先创优，制订实施《武江区2021年全面深化改革实施方案》，细化10个重点领域的72项具体改革任务，由15位区领导各自抓好一项先行先试和重点领域的改革，明确各项改革任务的责任单位，推动武江全面深化改革工作不断走深走实。2018年，武江区实施改革发展"六大行动"三年行动计划，各项事业取得突出成绩。2021年，继续实施新征程改革发展"六大行动"三年行动计划，对产业创新、城市提质、乡村美丽、改革争先、民生幸福、作风提升等六个领域改革发展进行再研究、再优化、再部署，为武江建设社会主义现代化新征程上抢占风口、勇立潮头积淀更多优势潜能。以落实省委巡视整改工作为契机，成立由区委书记和区长亲自负责的省委巡视反馈问题专项整改组，针对工程建设、征拆工作、农村"三资"等5个重点领域问题进行专项整改，推动巡视整改与武江改革发展紧密结合、相互促进，着力破解高质量发展的反复性、根本性、规律性问题，进一步释放武江改革内生活力。

【难点攻坚】2021年，武江区围绕提升招商引资服务效能攻坚。建立招商"全流程介入"机制，着力加强内外联动的招商体系建设，对外成立武江区驻外招商工作队驻点东莞凤岗主动出击、精准招商。对内建立"5+1"产业链招商组团，举全区之力实施产业链招商组团攻坚，全力保障项目落地，不断增强"走出去、引进来"组合效应。2021年完成新签约项目13个，在谈项目20个，涉及投资总额61.9亿元。进一步加大项目关键环节改革攻坚力度，成立武江区征拆交地"攻坚战"指挥部和项目落地保障组团，统筹精干力量实施"攻坚战"，专门对接市相关部门，针对项目选址、规划调整、用地指标申请等环节建立攻坚任务清单，高效推进项目落地，交出推动浩辰医学在2个月内敲定入驻武江科创园，提前6天完成朗圣药业项目征拆任务等"武江速度"代表作。

【体制机制】2021年，武江区充分发挥区委深改委牵头抓总作用，会议定期听取研究改革事项，坚持改革任务跟踪落实机制，安排区委改革办专人跟进深化改革要点任务落实进度，每月跟踪督导改革进展，对改革优秀案例和落实不力的反面典型在区委常委会上通报，推动各项改革任务和省、市改革试点按照计划落实生效。建立推进改革工作实绩考核制度，有效运用好"担当落实、走在前列"十条意见激励机制，充分发挥"攻坚克难""创新创优"奖评比等激励效用。2021年，全区共有10个单位、26人次获评"攻坚克难""创新创优"奖项，干部队伍活力得到全面激发，全区上下对标最好最优、进位争先、推动发展的动力明显增强。

【推进试点任务】2021年，武江区坚持抓紧抓实改革试点任务，不断总结改革经验做法，以试点作为突破口、先行棋，扩大全区改革创新效应。有序推进城乡融合省级试点建设。印发实施《韶关市武江区城乡融合发展省级试点实施方案》《韶关市武江区城乡融合发展省级试点行动计划（2021—2025年）》，明确试点区域范围、重点工作任务、工作安排等，确保美丽小城镇发展机制、搭建城乡产业协同发展平台、健全村改社区管理机制、健全完善农村集体经济运行机制等四项试点任务按计划在规定时间节点稳步推进。完成各项改革试点任务。实施重点项目“全生命周期”管理机制以来，武江小学、儿童医院等项目相继开工建设，丹霞大道北建成通车，武江区市重点建设项目完成投资总量和进度均位居韶关市前列，试点任务顺利完成。武江区自2020年9月起逐步推进“数字财政”系统建设，实施《韶关市武江区加快推进全面实施预算绩效管理工作计划》，已实现项目库管理、预算绩效管理、预算指标、预算执行等全链条线上管理，数字财政系统试点任务已基本完成。有力推进龙归镇龙安村扶持和壮大村集体经济试点建设，通过入股合作模式，龙安村与当地企业开展合作，利用财政扶持资金投资入股，同时协助企业处理好社会关系、劳务用工等环节，每年可获得分红，增加村集体经济收入。2021年武江坚持以改革促发展，准确把握上级重大改革部署的工作思路和具体要求，精准发力、主动出击，成功争取了整县（市、区）屋顶分布式光伏开发国家级试点和第三批“厂区变园区、产区变城区”市级改革试点。

（刘志琳）

组织工作

【概况】 2021年，武江区辖5个镇（西河、西联、龙归、江湾、重阳）、2个街（惠民、新华），共51个行政村、38个社区（含1个筹建的社区）。有党的基层组织526个，其中基层党（工）委10个（五镇两街、教育、公安、直工委），下辖党委33个，党总支39个，党支部444个；党组30个。党员13032名，其中，35岁以下2360名、占18.1%，60岁以上5774名、占44.3%，平均年龄55.5岁；大专及以上学历5984名、占45.9%；女性4736名、占36.3%；少数民族122名、占0.9%。

【农村党建】 2021年，武江区完善“村到组、组到户、户到人”农村三级党建网格，落实村各类组织向村党组织报告工作制度和村级重大事项决策“四议两公开”制度，强化村党组织对村民小组、村民理事会等的领导管理监督。扎实推动脱贫攻坚与乡村振兴有效衔接，武江区“党建引领农村人居环境整治‘打擂比武’”工作经验入选广东基层党建创新案例，这是全市各县（市、区）中唯一入选的农村基层党建示范案例。

【城市党建】 2021年，区委组织部深入落实“广东城市基层党建20条”举措，建立健全街道“大工委”、社区“大党委”工作机制，任命住建等涉民生领域单位分管领导、驻点民警等248名人员为兼职委员，有效增强街道社区统筹资源和服务群众能力。新华街花城社区党委作为全市唯一党组织获评为全国先进基层党组织。扎实开展“社区吹哨、党员报到”工作，在市级“报到之星”评选活动中，武江区获得先进个人1名、特色服务项目3个、优秀组织者2个，在全市各县（市、区）中获奖数量位列第一。

【学校党建】 2021年，区委组织部创新建立学校党建“先进带后进”模式，组建7个组团，推动学校党建蓬勃发展。2021年，武江获评“全省基础教育党建工作示范校”。武江区现有市级“党建示范校”数量居全市第一。区委教育工委是全市唯一的市级“党建工作示范区”。

【“两新”组织党建】 2021年，区委组织部发挥行业主管部门“管行业、管党建”作用，将21个区直单位列为区委两新工委成员单位。推动两新组织党组织参与乡村振兴，武江区3个非公企业党组织所在公司被评为“武江区2019—2020年脱贫攻坚突出贡献企业”。深入推动物业党建联建，武江区南枫物业党支部、碧桂园物业党支部被省住建厅评为省级“红色物业”试点单位，武江区获评数量全市最多。

【干部选拔任用】 2021年，区委组织部坚持以习近平新时代中国特色社会主义思想为指导，深入贯彻习近平总书记关于干部工作的重要论述精神，坚持新时期好干部标准，严格规范执行《党政领导干部选拔任用工作条例》和有关干部工作政策法规，建立健全干部选育管用机制，建设忠诚干净担当的高素质干部队伍，选人用人工作水平不断提高。武江区共开展干部选拔任用和职级晋升工作15批次，涉及各级干部420人次。其中，提拔任职75人，进一步使用4人，晋升职级190人，交流43人，退出领导岗位11人（含申请提前退休2人），挂职4人，调动19人（含调入3人、调出16人），调整35人，兼任职务20人，重新任命3人，乡镇换届留任16人，免职1人。提拔任职75人中，包括正科12人，副科63人；女干部24人（含正科4人、副科20人）；党外干部6人，少数民族干部3人；没有破格提拔的情况。

选优配强乡镇领导班子。武江区按照中央和省委、市委关于抓好乡镇领导班子集中换届的部署，以及班子结构配备要求和人岗相适原则，综合考虑干部的学历、能力、个性和基层经验等因素，同时统筹把握乡镇领导班子年龄、性别、文化结构配备要求，圆满完成乡镇领导班子换届工作。新一届乡镇领导班子配备结构更优，大学本科以上学历人数较上届增幅31.6%。注重配强乡镇党政正职，均具有大学本科学历，平均年龄42.4岁；35岁以下年轻干部17人，占31.5%；每个乡镇均配备有30岁以下年轻干部和“五方面人员”。无论是年龄、文化结构，还是“四类干部”（年轻干部、少数民族干部、女干部和非中共党员干部）“五方面人员”（乡镇事业编制人员、优秀村党组织书记、到村任职的选调生、第一书记、驻村工作队队员）等结构均符合结构性要求，而且更加科学合理，实现了绘出好蓝图、选出好干部、配出好班子、树立好导向的目标。

【干部监督】 2021年，区委组织部认真落实日常严管干部的要求，以任职提示、勤廉提示等“三示三书”为抓手，把纪律挺在前面，强化日常预防和事前监督，抓早抓小抓苗头，对轻微问题及时提醒，防止小毛病演变成大问题，累计发出“三示三书”131份。实行区委对新提拔干部、转任重要岗位干部任前谈话、任职提示和任职承诺制，进行任前个别谈话或集体谈话75人次。加强对受处分党员干部的教育管理监督，及时跟进做好后续工作，化解消极因素，帮助其提高认识和改正错误，促使受处分党员干部放下思想包袱，轻装前进，大胆干事创业。

严肃换届纪律要求。加强干部思想政治教育，广泛开展谈心谈话，换届前区委组织部与镇（街）每名领导班子成员开展谈心谈话共67人次。加强换届纪律宣传，编印并向全区各级党员领导干部发放“十严禁”换届纪律明白卡和小册子共1000余份，张贴宣传海报100余张。通过武江发布等网络信息平台发布“十严禁”换届纪律宣传漫画，广泛宣传换届工作纪律，让广大干部群众知晓和监督。从严从实从紧抓好换届风气监督工作，以零容忍的态度正风肃纪。

【人才工作】 2021年，区委组织部持续推进全区机关单位人才队伍建设，通过招录、选调引进高素质党政人才85人，联合区人社、教育、卫健等部门组织开展5次专场招聘，累计招聘教育教学类人才91人、医疗卫生类人才20人，综合管理类事业人才13人。聘请中国科学院院士、华南农业大学教授刘耀光等8名来自各行业领域的高层次人才为发展咨询顾问。充分发挥人才驿站柔性引才作用，累计组织各类人才活动38场，其中柔性引才活动13场，柔性引才28人次。落实人才经济待遇，发放扶持高校毕业生在韶就业补贴（区财政补贴40%部分）金额46.912万元。

【公务员管理】 2021年，区委组织部稳步推进公务员职级晋升工作，全区综合管理类公务员职级晋升190人次。深化机构改革，深化公务员分类改革，有序开展行政执法类公务员职位设置和职级套转工作，设置、申报并由市批复职位数220个，完成行政执法类公务员套转130名。开展公务员招录工作，全区录用公务员（含参公人员）41 人；开展初任公务员培训，共培训 80 人。办理转任 97 人，办理转正定级 22 人，办理公务员（含参公人员）登记 75 人，办理退休 23 人，办理辞去公职 3 人，办理辞退 1 人。

【组工调研信息宣传】2021 年，区委组织部加大向上级党刊报送稿件力度，全年向市级以上党刊投稿 91 篇，被学习强国等国家级、省级、市级媒体宣传报道 72 篇。2021 年，武江区作为全市唯一县（市、区）获评省级“信息报送先进单位”，并作为全市唯一县（市、区）被《韶关组工信息》采用稿件。

（华　伟　陈剑琪　张国威）

宣传工作

【概况】2021 年，在区委的坚强领导和市委宣传部、市委网信办、市创文办的指导支持下，区委宣传部凝心聚力、主动作为，扎实开展各项工作，着力推动宣传思想文化事业发展在“十四五”时期开好局、起好步，为武江区建设韶关“双化双融”先行示范区和高质量发展率先突破区营造良好的宣传舆论环境。

根据《韶关市武江区区级党政机构改革方案实施意见》（韶武办发〔2019〕3 号），设置区委宣传部，对外加挂区政府新闻办公室、区精神文明建设委员会办公室、区新闻出版局（区版权局）、区互联网信息办公室牌子，下属事业单位 2 个（区委宣传部讲师团、武江区文明实践中心）。

【意识形态工作】2021 年，区委宣传部严格落实意识形态工作责任制。坚持月研判、季联席，加强分析研判，深化意识形态风险常态化排查，推动网络意识形态风险纳入全区网格化管理，按要求向区委专题汇报年度意识形态工作。扎实开展“扫黄打非”各项专项行动，确保相关意识形态阵地稳定。加强网络安全防护，发出网络安全风险提示 12 期，多样化开展网络安全宣传周活动，不断提升网络综合治理能力，营造清朗的网络空间。

【理论武装工作】2021 年，区委宣传部积极推动党的创新理论成果在武江落地落实。统筹推进党委（党组）理论学习中心组学习工作。印发《2021 年武江区党委（党组）理论学习中心组学习重点》，每半年进行一次通报，组织、督促全区各镇（街）党（工）委、部门党组（党委）理论学习中心组按要求开展理论学习；制订《中共韶关市武江区委理论学习中心组 2021 年度学习计划》，进一步明确区委理论学习中心组学习规则、学习安排，更好地发挥区委理论学习中心组的示范作用，通过邀请专家进行专题授课、研讨学习、现场教学等有效形式，开展中共十九届五中全会精神、党史学习教育、革命传统教育、改革优化营商环境、学习贯彻习近平总书记在庆祝中国共产党成立 100 周年大会上的重要讲话精神、习近平法治思想等重要主题的区委理论学习中心组专题学习会 14 次，合计参学人数 600 余人次，带动各党委（党组）积极“跟学”，学出成效。派员旁听列席部分党委（党组）理论学习中心组学习会 4 次，强化沟通指导，交流总结学习经验。组织好基层宣讲。选优配强党史学习教育、学习贯彻习近平总书记在庆祝中国共产党成立 100 周年大会上的重要讲话精神等区级百姓宣讲团队伍，组织召开备课会，发动各镇（街）、各单位开展对应主题的宣讲活动，推动党的创新理论进企业、进农村、进机关、进校园、进社区、进网站，打通理论学习“最后一公里”。

【创文工作】2021 年，武江区扎实落实“一周一督一通报”工作，按要求整改市创文办督办事项 20 余期，区创文办开展创文督导 50 余期。全面推进武江区上报的 7 个新时代文明实践所及 88 个新时代文明实践站硬件改造提升工作，全年开展理论宣讲、文明礼仪、移风易俗等各类“文明实践小课堂”200 余场，党史学习教育“文明实践课堂”70 余场。积极推选道德模范，先进典型，充分发挥典型示范引领作用，其中武江区 1 人获评 2021 第一季度“韶关好人”，1 人获评第八届韶关市道德模范，1 人荣登 2021 年 12 月“中国好人榜”。坚持“以城带乡、三级联创”的思路，提高创建覆盖面，扎实推进文明村镇、文明单位、文明校园、文明家庭等创建工作。大力开展“新时代好少年”学习宣传活动，武江区 1 人获评市级“新时代好少年”，10 人获评区级“新时代好少年”。积极谋划 2021 年心理团辅活动、个案辅导、心理宣传活动，全年共开展“一对一”个案心理辅导 12 人次，咨询辅导（网络、电话辅导）15 人，心理团辅进校园活动共计 121 场次。

【文化建设】 2021 年，武江区在落实疫情防控常态化措施的前提下，采用群众喜闻乐见的形式开展丰富多样的文化活动。组织开展韶关市武江区第十九个全国“公民道德宣传日”主题宣传暨道德模范故事汇活动，营造人人参与道德建设的良好氛围。为大力弘扬传统文化，全年组织开展“善美韶关”“我们的节日”等主题活动 200 余场。成功举办 2021 年韶关重阳水上无动力运动基地龙舟测试赛，推动打造重阳水口龙舟无动力水上运动基地户外运动品牌。

【新闻宣传】 2021 年，武江区围绕中心、重点、亮点工作，不断传播“武江好声音”，在中央媒体平台刊发正面宣传（含新闻报道和新媒体作品）近 60 篇，在省、市级媒体平台分别刊发 500、1600 余篇。举办宣传文艺座谈会，加强与各级媒体通联，接洽新华网、中新社、南方日报、香港商报等十多家央、省媒体前来武江采风，围绕乡村振兴工作成效进行多角度报道，推出《让每一户家庭都能“幼有善育”》“两会”回头看等特别报道。利用好“武江发布”微信公众号，加强议题设置，创新内容创作生产模式，2021 年共发布推文 517 条，累计关注用户达 16700 人次，总阅读量超 150 万次，送达人数超 1500 万人（次）。充分发挥“武江发布”微信公众号作为网络传播品牌阵地的作用，强化整体谋划，树立精品意识，运用好“新言网语”，围绕区委区政府中心主线和重点工作，抓住重要时间节点，推出《武江区“庆丰收 感党恩”2021 年中国农民丰收节暨“党恩情·满武江”生态农业博览会开幕》《战鼓擂响！“打擂比武”16 强是谁？快来一睹为快！》《武江速度！单日完成超 12000 剂新冠疫苗接种》《“快闪”超燃告白！庆祝中国共产党百年华诞！》等一批展现武江区经济社会发展成果的原创正面宣传佳作。

（郭　婷）

统战工作

【概况】 区委统战部是区委主管统一战线的工作部门，挂区民宗局、区台港澳事务局牌子。内设机构：办公室、综合业务股、党派民宗股。

2021 年，在市委统战部的悉心指导下，在区委的坚强领导下，武江区统一战线深入学习贯彻习近平新时代中国特色社会主义思想，深入贯彻落实《中国共产党统一战线工作条例》，自觉从党的百年奋斗历程中汲取智慧和力量，坚持围绕中心、服务大局，着力凝聚共识、汇聚力量，以新使命、新担当、新作为，奋力开创全区统一战线工作新局面，为武江经济社会高质量发展做出了应有贡献。

【《中国共产党统一战线工作条例》宣传贯彻工作】 2021 年，区委统战部将《中国共产党统一战线工作条例》的学习宣传贯彻工作纳入区委工作重要议事日程、区委理论学习中心组学习内容，纳入 2021 年全区干部精准培训规划、宣传工作要点，制定并印发武江区《学习宣传贯彻〈中国共产党统一战线工作条例〉实施方案》；先后在区委常委会、区委理论学习中心组（扩大）会上组织专题学习《中国共产党统一战线工作条例》；举办《中国共产党统一战线工作条例》手机微信小程序线上知识问答活动，发动全区党员干部及广大统战成员参与人数 2507 人、答题 3927 次，组织统战机关及镇街统战干部开展《中国共产党统一战线工作条例》专题培训 2 次，全区各级党委、党组及党员领导干部抓好统战工作的思想自觉和政治站位进一步提升。

【党史学习教育开展】2021年，区委统战部先后组织统一战线各领域开展爱国主义教育活动、党史学习教育活动11次，引导辖区港澳台同胞、各民主党派成员、少数民族同胞、宗教界人士、民营经济人士、归侨侨眷、党外知识分子、新的社会阶层人士等统战成员知史爱党爱国；创新举办全区统一战线“共话同心圆”诵读活动，先后录制16名统战领域代表人士的爱国心声，通过武江发布微信公众号发布，并在韶关日报以专栏形式刊登发表。

【民主党派和无党派人士工作】2021年，区委统战部积极发挥民主党派参政议政作用，召开民主党派2021年春节座谈会，组织民主党派等代表人士围绕武江区推进城乡融合发展省级试点工作建言献策。积极发挥民主党派智力密集优势，组织辖区6个党派基层委员会分别开展1个统战理论课题调研，其中民进提交的课题被立项为市重点课题，被推荐参加省统战理论创新成果评选。开展党派成员摸底工作，全面掌握了解6个民主党派8个基层委员会846名成员的情况。开展无党派人士认定，全年按照规定认定无党派人士5名。

【党外知识分子工作】2021年，区委统战部顺利完成区知联会注册登记工作。组织武江区党外知识分子参与党史学习教育专题活动，加强对其思想引导；指导其开展以乡村振兴等区委区政府重点工作为内容的调研走访活动，进一步引导党外知识分子积极发挥作用。制订武江区党外知识分子联络服务工作站建设工作方案，计划自2022年起，逐步在全区各机关单位建设党外知识分子基层工作平台。

【民族工作】2021年，区委统战部加快少数民族聚集区高质量发展。组织江湾镇及瑶族村代表赴乳源考察调研特色瑶族村寨建设情况，争取21万元少数民族发展资金，修缮练屋村小组水渠750米，协调区工商为江湾镇瑶族村特色村寨建设捐款20万元。做好民族团结进步和少数民族服务管理工作，有序组织全区50余名外来少数民族同胞接种新冠疫苗，协调解决涉外来少数民族商业纠纷3宗，协助解决22名到韶关工作的外来少数民族子女就学问题，审核确认3名少数民族中考生享受加分政策资格。

【宗教工作】2021年，区委统战部全面完成省委巡视反馈武江区宗教领域问题的整改工作，制定出台武江区防范打击非法宗教渗透等相关制度文件。扎实开展非法宗教场所和非法传教活动排查整治，取缔1处违法设立的宗教活动场所，查处涉省委巡视反馈问题的非法宗教活动1宗。加强宗教场所安全防范工作，多次联合有关部门到宗教场所、民间信仰点开展安全生产和疫情防控工作检查。加强民间信仰点规范化管理，完成全区6处民间信仰点的资料采集录入工作及1处民间信仰点的发证登记工作，督促指导镇村完善各民间信仰点的管理机制。

【非公有制经济领域统一战线工作】2021年，区委统战部在民营经济人士中开展深入学习领会习近平新时代中国特色社会主义思想要义和中共十九届六中全会精神学习活动，不断提高广大民营经济人士的政治责任感和时代使命感。推动形成亲清新型政商关系，引导民营经济人士积极建言献策，深入考察调研，提高议政建言的质量和水平，为武江经济发展和产业进步作贡献。开展营商环境调研和问卷填报，协助党委政府深化营商环境改革，推动企业健康发展。引导民营经济人士积极履行社会责任。向民营企业家发起“积极参与乡村振兴战略”倡议，引导民营企业家参与“广东扶贫济困日”、乡村振兴战略、“万企兴万村”等履行社会责任的具体实践活动，增强荣誉感和使命感。2021年，累计捐款121万元。12月24日至28日举办第九届中国女子围棋甲级联赛广东韶关·武江工商联站暨闭幕式。指导完成区工商联换届工作。

【新的社会阶层人士统一战线工作】2021年，区委统战部建立健全区新阶联《四大工委分工制度》《轮值会长制度》《财务管理制度》等制度，以及内部民主协商会、征求意见会、座谈会、情况通报会等工作机制，进一步规范新阶联运作。认真开展网络人士思想状况调研工作，发放并收集调研问卷100余份，撰写“新的社会阶层人士对建党100周年的期盼和建议”调研报告。推荐1名武江区的新阶联代表人士参加在阳江举办的为期3天的全省第三期国情教育培训班。

【港澳台统一战线工作】2021年，区委统战部按照上级要求部署，稳妥推进各项专项工作。认真做好辖区港澳台同胞新冠疫苗接种工作，积极进行组织发动，并协助完成辖区130余名港澳台同胞接种新冠疫苗。认真开展辖区港澳台同胞走访慰问工作，先后利用节假日、民情夜访等形式，走访慰问辖区港澳台同胞230余户，积极宣传党的政策，加强政治引领。积极帮助辖区港澳台同胞解决困难问题，先后帮助3名港澳台同胞解决办理居住证问题、帮助2名香港同胞解决子女就学问题、为3名80岁以上台胞申请生活补助。

【海外统一战线工作和侨务工作】2021年，区侨联基层组织建设扎实推进，争取省基层侨联建设工作经费5万元，新建成惠民街武江北社区侨胞之家。服务中心基金会向上争取侨界公益项目，为重阳镇卫生院捐赠救护车1辆。认真贯彻落实党的侨务方针政策以及华侨、归侨侨眷权益保护法，举办“尊侨、爱侨、护侨”法律知识讲座，与区法院共同建立涉侨纠纷联动化解工作机制，聘请2名律师为涉侨纠纷多元化解调解员。加强对外联系和交流，赴广州走访塞浦路斯广东商会，拓展海外统战工作资源。

【党外代表人士队伍建设】2021年，区委统战部协助完成区人大、区政协委员中的党外人士的联合审查工作，认真做好人大、政协委员中民营经济人士的综合评价工作；配合完成区人大、政协换届工作，并开展市、区政协委员的党代人选推提名荐和考察工作；发挥组织部、统战部两部联席会议制度作用，全年调整、任用党外干部15人，选送一批党外干部参加党外干部中青班培训，和新民主党派成员任职培训。

【统战部门自身建设】2021年，根据换届工作安排，调整完善区委统一战线工作领导小组，进一步完善大统战工作格局。顺利完成区委巡察统战部整改工作，推动统战部全面从严治党向纵深发展。先后组织召开巡察整改民主生活会、党史学习教育专题组织生活会、优化营商环境专题组织生活会、党史学习教育专题民主生活会，统战部党员领导干部全面检视、整改自身存在的问题，统战干部能力建设、作风建设持续加强。积极争取增设了党派民宗股，调入工作人员1名，实现全员考取执法证，统战工作力量得到加强。

（郭二妮）

非公有制经济组织和社会组织党建

【推进“双同步”工作】2021年，区“两新”组织党工委深入推进非公企业、社会组织党建摸排和组织建设“双同步”工作，将866家两新组织纳入非公企业和社会组织党建底数，与税务、市场监管、工商联等有关部门形成合力，精准识别党员分布情况，有效推进两新组织党的建设工作。新建两新组织党组织9个，新建党组织数量位列全市前列。

【拓展新兴业态党建工作】2021年，区“两新”组织党工委加强互联网企业党建工作，全区建立党组织的互联网企业3个。做好快递小哥等新就业群体关心关爱和权益保障，全区建立快递行业公司党组织2个。积极探索楼宇、商圈市场等新兴领域党建工作，全区建立楼宇党组织1个、商圈市场党组织2个。

（华　伟）

党校工作

【概况】中共韶关市武江区委党校成立于2014年，校园地处武江区龙归镇冲下村（原龙归粮仓），与武江区乡村振兴培训实践中心共用，占地面积近2

万平方米，建筑面积近4000平方米。校内基本设施功能齐全，有容纳300人的大礼堂1间（乡村振兴讲堂）、容纳100人的教室3间（青山讲堂、绿水讲堂、秋实厅）、容纳60人的小组讨论室2间（春华厅、乡村工坊）、标准学员宿舍68张床位、食堂、图书馆及乡村振兴展示中心等。

【干部教育培训】 2021年，区委党校坚持把学习贯彻习近平新时代中国特色社会主义思想作为党员干部教育培训的中心内容，教育引导广大党员干部自觉忠诚拥护"两个确立"，增强"四个意识"、坚定"四个自信"、做到"两个维护"。在做好自身办学工作的同时，区委党校严把学员选调关，择优推荐选派领导干部参加省委党校、市委党校各主体班次和省直、市直单位举办的各类专题培训班。组织开展各类专题干部培训85期、累计培训领导干部6093人次，其中参加省、市培训22期、培训111人次（包括市委党校举办的县处级干部进修班、中青年领导干部培训一班、二班、少数民族干部培训班等）。

（华　伟）

机构编制

【概况】 2021年，区委机构编制委员会办公室（以下简称区委编办）在武江区委、区政府的坚强领导下，武江区委编办深入推进党史学习教育，坚持机构编制瘦身与健身相结合，积极发挥机构编制工作在全面深化改革一线位置的作用，推动政府职能转变，着力深化相关领域改革，创新机构编制管理，不断推动机构编制科学化、规范化、法定化建设，有力推进各项工作深入开展。

【乡镇街道机构改革】 2021年3月，区委编办不断深入各乡镇（街道）和区直部门开展"回头看""深调研"，重点对镇街体制改革进行专题调研。结合机构编制报告工作，向全区47个单位就改革后存在问题，全面了解改革后运行真实情况，牵头推进存在问题的解决。为加强党的全面领导，实现"三个平台"有效运行。武江区印发《韶关市武江区乡镇街道"三个平台"工作机制方案》，各镇街3月全部成立综合治理委员会、公共服务委员会、综合行政执法委员会，5月制定"三个平台"工作机制的实施办法，7月成立3个专责小组，促推镇街"三个平台"高效运转。根据《韶关市武江区区直部门派出机构下放乡镇（街道）统筹管理的实施办法》，将区市场监管局、区自然资源局和区司法局派出机构人员全面下放镇街统筹管理。同时，武江区还将机构编制资源向基层大力倾斜，下沉编制58名。10月区委编办和区司法局联合印发《关于加快完善镇街综合行政执法队伍有关工作的函》，要求各镇街落实好场地、人员、设备、经费等保障工作。

【机构编制核查工作】 2021年，区委编办为落实中央、省委、市委关于机构编制第二次核查的工作要求，核实武江区机构编制基础数据的真实性、

2021年12月22日至28日，区委编办会同区委改革办、区司法局、区政数局到五镇两街开展乡镇街道体制改革落实情况调研

（区委编办　供图）

准确性、完整性和规范性，开展全区第二次机构编制核查工作并制定实施方案。全区189个机关事业单位按照“机构清、编制清、领导职数清、实有人员清”的要求，对机构设置、编制核定、领导职数配备等情况进行初步核查，核对机构编制实名制系统人员信息。将实名制系统信息在单位进行公示，接受单位人员和群众监督。采用集中对账方式，对部门单位提交的核查数据对比表、人员信息表、公示表、纸质证明等材料与组织、财政、人社、社保信息系统进行数据比对。按照不低于核查单位总数30%的比例，抽取全区80个机关事业单位，采取集中对账、现场查验等方式进行实地核查，重点检查“账实相符、账账相符”情况，并将审核结果反馈到各部门、单位，进一步确保数据审核结果的准确性、完整性。

【资源倾斜切实提升教育医疗水平】 2021年，区委编办积极争取教职员编制，不断调整盘活现有编制资源，增加学校教职员编制。反复与市委编办对接，客观反映武江区编制紧缺问题，3月从韶关市里争取到中小学教职工编制400名，缓解燃眉之急。加快幼儿园等事业单位的机构设立工作。设立区韶新幼儿园、区蓉城幼儿园、区鸿裕幼儿园、特殊教育学校等，并相应制定机构编制方案，解决适龄儿童和残疾儿童入学难的问题，也填补武江区无特殊教育学校的空白。加大教师招聘力度。2021年，区委编委批准教育使用事业编制120名，其中，武江区公开招聘45名（含“丹霞英才”10名）、公开选聘5名、省统招70名。优先保障医疗领域编制使用。在编制不足、财力紧张的情况下，结合疫情防控的需要，区委编委会批准区医疗卫生机构2021年使用事业编制67名，其中，50名用于医疗卫生公开招聘，10名用于医疗系统“丹霞英才”招聘，7名用于农村卫生人才培养。

【落实事业单位法人登记管理】 2021年，区委编办高效完成2020年度事业单位年度报告工作。1月19日，向武江区各事业单位主管部门发布《关于做好事业单位法人2020年度报告工作的通知》，明确开展年度报告工作的政策、方法和步骤程序，周密部署武江区事业单位法人年度报告工作。加强对事业单位经办人员业务指导，精心指导各事业单位掌握各项指标填报内容和熟悉账户操作流程，全程做好服务。全区103个已进行事业单位法人登记的事业单位全部按时完成报送工作，报送率为100%。扎实做好事业单位法人证书到期换领工作，全年已办理法人证书到期换领68宗。坚持做好事业单位法人登记业务办理工作。2021年共办理事业单位法人设立登记11宗、变更登记54宗、注销登记8宗、证书补领4宗。推进党政事业单位中文网站域名注册工作，武江区有效域名191个，注册率达100%。统筹负责全区191个机关事业单位的网络域名缴费工作，建立健全区中文域名管理台账，并及时做好涉改单位的中文域名注册、变更、注销事项，确保网上名称准确无误。

【监督管理和检查工作】 2021年7—9月，区委编办开展机构编制监督检查和事业单位法人公示信息抽查工作，对武江区10个单位进行机构编制监督检查，15个事业单位进行事业单位法人公示信息抽查。发现问题12项，并于2021年9月向被抽查单位印发整改通知，督促单位完成整改工作。

（谭灯材）

老干部工作

【概况】 2021年，武江区离退休干部共计1326人，其中机关单位542人，事业单位784人。由区委老干部局直管的离休干部有2人，年龄最大的93岁，2人均为解放战争时期的领导。直管的退休干部共有46人，其中正处级（含享受正处）23人，副处级23人。

【强化老干理论武装】 2021年，区委老干部局充分发挥老干部政治强、觉悟高、党性好的优势，鼓励老干部开展“重温烽火岁月·党史在我心中”红色研学、“党恩大家谈”党课宣讲等活动，创新开展好“百年华诞·银领向党”等党史学习教育系列活动。持续巩固深化“不忘初心、牢记使命”主题教育成果，针对老干部党员行动不便、在市外与子女居住等情况，创新运用“微信党课”等线上宣教模式，积极开展送学上门、送教上门活动。举行“光荣在党50年”纪念章颁发仪式，区委常委、组织部部长为离退休党员干部颁发纪念章，老干部们的荣誉感、归属感和使命感显著增强。推动区委老干部局工作人员100%发展为党员，强化政治学习，着力提高全体干部政治判断力、政治领悟力、政治执行力。区委老干部局敢于担当、善于作为的作风得到区委、区政府充分肯定，2021年区委老干部局1名领导被评为区担当落实创先争优“头雁作用”先进个人。

【强化老干关心关爱】 2021年，武江区注重大力弘扬尊老敬老的光荣传统，对老干部保持敬重之心、倾注关爱之情、创新采取许多利老、便老的工作举措，带领全区机关单位周到细致地做好老干部服务工作，得到全区老干部的一致好评。为拓展老干部活动空间，丰富老干部文娱生活，区委老干部局积极协调有关资源，推动老干部活动中心建设于区文化馆内。区委老干部局积极与人社、财政、卫健等单位联系沟通，确保离休干部的离休费、医药费等各种专项经费纳入财政承担。在区委老干部局的积极争取下，武江区成为韶关市10个县（市、区）中少有的离退休干部也可以享受年度绩效奖金的县（市、区）。重大节日期间，区委书记和区长带头，组织区四套班子领导及各镇（街）各单位走访慰问全区各级离退休老干部；区委老干部局也积极组织开展“上门送粽子”“上门送月饼”等活动，将组织的节日祝福送到家。建立生活特殊困难离退休干部帮扶机制，积极协调有关部门，对生活特殊困难离退休干部给予重点帮扶、救济，将帮扶资金列入年度财政预算，由区财政予以保障。

【强化老干余热作用】 2021年，区委老干部局注重发挥老干部的政治优势、经验优势和威望优势，在老干部自觉自愿、量力而行的基础上，鼓励和支持老干部积极参与区委、区政府中心工作，参与社会公益事业。每年春节前，向副处级以上离退休干部召开全年工作情况通报会，区四套班子主要领导均出席会议，会议认真听取老干部对武江经济社会发展的意见和建议。同时，支持老干部12人次担任市或区党代表、人大代表、政协委员以及区委督查督办工作专班成员，以点带面倡导老干部为武江区城乡融合、招商引资、“二次创业”等重大决策部署建言献策，并协助督促做好中央和省委、市委交办的工作事项以及区委重点项目等工作的落实。在区委老干部局的推动下，区关心下一代工作委员会领导成员中的执行主任和副主任全部均由区老干部担任。工作中，老干部积极向青少年讲历史讲传统、传思想传精神，帮助青少年扣好人生的“第一粒扣子”。2021年武江区9名老干部工作者获得韶关市关心下一代工作突出贡献奖、先进个人荣誉。在区委老干部局的支持下，武江区老区建设促进会会长、副会长等职务均由区老干部担任。为推动区老促会高质量运转，区委老干部局还积极向区委、区政府争取资金，支持其编纂完成《武江区革命老区发展史》。2021年，区老促会获评为市老区革命老区县发展史丛书编纂工作先进集体，2名区老促会工作者获评先进个人。

（冯　洁）

保密工作

【概况】 2021年，武江区保密工作在区委、区政府的领导和市保密局的具体指导下，坚持以习近平新时代中国特色社会主义思想为指导，深入贯彻落实省委、市委主要领导的批示精神，深刻认识新形势下加强保密工作的重要性，努力推动各项工作取得进展，确保党和国家秘密安全。

【落实保密工作要求】 2021年，武江区始终将保密工作纳入重要议事日程，定期研究部署保密工作，并坚持“谁主管谁负责”的原则，进一步落实保密工作责任。全体领导干部签订保密承诺书，提升全区领导干部的保密责任意识，对涉密人员开展复查，增强保密工作的紧迫感、责任感。

【保密管理】2021年，武江区始终坚持党管保密原则，抓好涉密人员管理工作，指导、监督全区各单位全面贯彻执行。定期开展隐患排查工作，规范办公秩序流程，全面提高信息安全防护水平，并对重点部门进行抽查，根据检查内容及时约谈单位负责人，要求发现问题的单位立行立改。

【保密业务培训】2021年，积极推动保密法治宣传教育要求，围绕“4·15”全民国家安全教育日，以保密进校园、进社区、进企业等创新方式，深入开展保密宣传活动，极大调动武江区各单位各部门参与保密工作的热情。结合保密工作会议，开展“菜单式”备课，对全区40多个单位进行保密宣传培训和警示教育，并结合区党代会、“两会”等契机，对抽调工作人员、电脑运维人员等开展针对性专项保密知识培训。

（刘志琳）

直属机关工委工作

【概况】2021年，武江区直机关工委共下设72个党组织，其中机关党委2个，党总支部7个，党支部63个，共有党员1119名。在区委的坚强领导和市直工委的精心指导下，区直工委以习近平新时代中国特色社会主义思想为指导，认真贯彻新时代党的建设总要求和新时代党的组织路线，以《武江区加强党的基层组织建设三年行动计划实施方案（2021—2023年）》为抓手，抓牢“完善组织体系开启新征程”的主题，围绕庆祝中国共产党成立100周年、党史学习教育等重要工作部署，不断推进区直机关党建高质量发展。

【印发机关党的工作要点】2021年，区直机关工委按照市直机关工委《韶关市2021年机关党的工作要点》部署，结合实际情况，从5个方面21个要点出发，确定全区机关党的工作总体思路：坚持以习近平新时代中国特色社会主义思想为指导，深入贯彻落实新时代党的建设总要求和新时代党的组织路线，以党的政治建设为统领，以“支部工作规范年”为主题，不断巩固深化“不忘初心、牢记使命”主题教育成果，深入开展讲政治、守纪律、负责任、有效率的模范机关创建活动，扎实抓好新一轮加强基层党建三年行动计划贯彻落实，持续深化“双争双促”主题实践活动，切实加强转变机关作风和党风廉政建设，全面提高机关党的建设质量，勇当武江“二次创业”拓荒牛，以新的更大作为、更大魄力，奋力开创武江高质量发展新局面，推动武江在城乡融合高质量发展上走在北部生态发展区前列提供坚强有力的政治保证和组织保障，以优异的成绩庆祝中国共产党成立100周年。

【划拨党建活动经费】2021年，坚决落实《中共韶关市武江区委办公室印发〈关于加强区直机关党建工作保障的实施方案〉的通知》（韶武委办发电〔2017〕106号）要求，经区委组织部和区直机关工委审核，按照“5321”的标准，足额划拨38个机关基层党组织党建活动经费共计77万元，切实做好机关党建经费保障。

【深化“模范机关”创建活动】2021年，区直机关工委制定武江区模范机关创建活动工作清单，从增强政治责任等4个方面，制定18项重点任务，召开2021年全区机关党的建设工作暨深化模范机关创建工作推进会，联合区委组织部印发《关于表彰2019—2020年度模范机关创建先进单位的决定》，推动“模范机关”创建取得实效。

【述职及政风行风评议】2021年，召开武江区2020年度区直机关各党支部书记抓基层党建述职暨政风行风民主评议会。会上，10个机关党支部书记向区委有关领导、区直机关工委进行现场述职，与会代表们对63个党支部书记进行现场打分。通过“书记抓、抓书记”，压实党建主体责任，打造质量过硬的机关党组织。同时，对22个机关职能部门进行政风行风民主评议，集中梳理解决群众反映强烈的机关作风和效能问题，以评议促整改、以结果促提升，整体抓实机关服务效能建设。

【进一步优化党组织设置】2021年，区直机关工委为做好省委第十巡视组巡视反馈问题整改工作，持续加强区直机关党的建设，根据部分党支部的实际工作情况，撤销7个区直机关党总支部，将24个党支部划归区直工委直接管理，保证组织架构设置合理化科学化。撤销区市场监督管理局党总支部下属4个党支部。该单位基层市场所人员因编制下放乡镇（街道），党员组织关系随之转出，按照《中国共产党支部工作条例（试行）》，撤销新华所党支部、龙归党支部、芙蓉所党支部以及西郊所党支部，确保党组织工作规范化。根据区检察院实际工作情况，撤销区检察院党支部，增设区检察院党总支部，下设区检察院第一党支部、第二党支部和退休干部党支部；根据《关于明确韶关市武江区国有投资集团有限公司参照正科单位管理的通知》文件精神，撤销区财政局党总支部，下辖区财政局党支部和区国投公司党支部调整由区直工委直接管理。为加强党支部标准化、规范化建设，提醒20个区直机关党组织及时准备好换届工作，并指导43个党组织做好换届及补（改）选工作，不断夯实机关党建基础。

【党务台账调阅】2021年，根据《武江区党务台账调阅工作制实施方案》要求，区委组织部、区直机关工委成立专项工作组，每季度抽查下辖党组织党务工作，通过发现一个问题整改一个，有效提高机关党建的规范化水平。同时，引入现场列席、党员访谈等方式，引导机关党组织增强机关党建工作的科学性和实效性。全年已开展调阅5期，调阅基层党组织33个，并结合武江区巡视整改要求，将发现的问题及时反馈给各党组织，督促指导其限时整改，2021年已完成54个问题整改。

【党员发展】2021年，区直机关工委严格落实发展党员“十六字”总要求，严格审核入党材料和把关程序，保证入党手续完善。各级党组织共收到入党申请书115份，吸纳入党积极分子70人，发展预备党员31名，同时接收12名预备党员转正，较好完成发展党员各项指标。

【加强党员培训】2021年，区直机关工委依托广东南岭干部学院现场教学点武江乡村振兴培训实践中心，充分运用韶关红色资源，举办机关党组织书记、党务工作者以及发展对象培训班，围绕党史学习教育、规范党支部日常管理、严格“三会一课”等内容，把学习贯彻习近平总书记“七一”重要讲话、中共十九届六中全会精神等作为党员干部教育培训的中心内容。2021年，共培训党支部书记79人、党务工作者74名、发展对象120名。

【组织关爱保障】2021年，区直机关工委在元旦、春节以及“七一”期间，向68名困难党员、党龄50年以上老党员等送上节日的慰问，共计2.5万元。及时对有需要给予组织关怀救助的党员审核党员互助金，上半年为区城管局和区市场监管局2名困难党员发放互助金2800元，下半年为5名困难党员申请互助金8800元。

【举办创新创优竞赛】2021年，区直机关工委围绕“服务中心、岗位创新、转变作风”三条主线，以“党建引领提效能 服务创新促发展”为主题组织竞赛，全区机关各级党组织共选送12个作品参赛。其中，区住建局党总支部、区人社局党总支部获一等奖。搭建平台推动区直单位竞相展现、交流学习党建引领改革发展的创新做法，有效推动全区机关效能提升，获多个上级单位肯定。

【参加创新创优竞赛并取得突破】2021年，区直机关工委为持续深化模范机关创建，展现武江区提升机关工作技能的优秀做法，选送区组织系统党支部、公安武江分局党委、税

2021年1月5日，韶关市武江区第三届机关工作创新创优竞赛在科创园路演中心二楼会议厅举行。图为参赛团队与领导评委合影
（区委宣传部　供图）

务局机关党委、人社局党支部、卫健局党支部的5个作品参加竞赛市级文本评选，有4个作品进入现场赛，获奖数全市第一、获奖成绩全市各县（市、区）中最优。区组织系统党支部作品《创建党建引领“打擂比武”新机制激发乡村振兴新动能》代表市级参加省级决赛，并在赛场上荣获三等奖，实现武江区在省级赛场上零的突破。

【深化“双周讲坛”活动】 2021年，区直机关工委以“强业务、提效能、优服务”为主题，组织各区直机关党组织通过集中授课、专题研讨、技能竞赛、知识测试等方式，打造出一批具有系统特色的优秀课程，如区卫健系统的“院长讲坛”、区组织系统的“组工讲坛”、区审计局的“审计讲坛”等。活动开展以来，全区各级机关累积开展活动826次，参与14021人次。

【开展在职党员到社区报到活动】 2021年，区直机关工委根据党史学习教育工作要求，结合“1+4+N”在职党员到社区报到服务工作机制，联合区委组织部与挂点新华南社区举办以“学党史、办实事、惠民生”为主题的党员集中志愿服务活动，集结公安武江分局、人社局、卫健局、应急局、医保局、城管局、区妇联、团区委8个区直单位党组织和粤北人民医院党组织、阳光造型等力量，为广大市民提供多项服务，真正把党史学习教育成效转化为为民服务的动力。积极到挂点冲下村开展服务工作，进一步密切党群干群关系。区直机关工委结合支部党日活动，到冲下村党群服务中心开展端午节包粽子暨走访慰问孤寡老人活动，强化宗旨意识，丰富挂点村精神文明建设。通过赠送党建学习书籍、走访调研的方式推动挂点冲下村党建工作规范化。选树在职党员到社区报到典型。为助力共建共治共享城市基层党建工作新格局，帮助社区解决群众急难愁盼问题，积极推荐区直机关党员参选2020年度韶关市在职党员到社区报到服务之星评选，国家税务总局韶关市武江区税务局机关党委1名党员获评先进个人。

【组织广泛参与做好党代表选举】 2021年，区直机关工委广泛组织下辖党组织和党员参与武江区第十次党代会代表选举工作。组织区直机关73个党组织，1119名党员，通过召开支部党员大会，工委扩大会议和党代表会议等形式，经过广泛协商充分酝酿，产生区直机关党代表68名，其中领导干部43名，专业技术人员15名，先进模范10名。区直机关党代表选举工作既保证组织意图，又广泛发动党员参与，其中党组织参与率100%，党员参与率99.9%，为党代会的成功召开夯实基础。协助完成市第十三次党代会代表选举工作。发动区直机关73个党组织，1119名党员参与市级党代会代表选举工作，通过全额推荐票选和支部酝酿协商等方式，协助产生武江区直机关出席市第十三次党代会代表10名，为市级党代会的召开做好充分准备。

【落实纪念章颁发工作】 2021年，为增强党员的荣誉感、归属感、使命感，自颁发工作启动以来，区直机关工委通过广泛征求意见、集中讨论、颁发对象公示等工作，结合“七一”走访慰问等活动，向64名党龄满50年的区直机关老党员颁发纪念章，深切表达组织对老党员们的关爱关怀。

【“两优一先”评选工作】2021年，区直机关工委为充分展示先进典型的精神风范，充分展示广大党组织和党员在各项工作中取得的丰硕成果，严格按照推荐人选的数量、基本条件和提名（推荐）办法，共推荐区直机关19名党员、5个区直机关党组织参加评选，其中2名党员获评市级优秀共产党员、1名党员获评市级优秀党务工作者、2个党组织获评市级先进基层党组织、12名党员获评区级优秀共产党员、4名党员获评区级优秀党务工作者、3个党组织获评区级先进基层党组织。区直机关工委获评区级先进基层党组织，是获得该荣誉称号的2个基层党（工）委之一。

2021年7月14日，区直机关工委在科创园天紫路演中心举办红色情景剧大赛，区自然资源局获得一等奖 （区自然资源局 供图）

【开展建党百年庆祝活动】2021年，区直机关工委组织举办武江区红色情景剧大赛。为推动党史学习教育走深走实，积极营造爱党爱国的浓厚氛围，联合区委组织部、团区委举办“重温党史经典 体悟初心使命”主题情景剧表演大赛，来自各镇街党工委、区直机关党组织的23支队伍参加初赛，引导全区各级党组织注重运用身边人、身边事以及武江本地的红色故事，亲身演绎邓如兰、欧日章等在武江本土发生的党与人民同呼吸、共命运的历史故事，引导机关党员干部感悟党始终不渝为人民的初心宗旨，铭记党百年奋斗的光辉历程。活动得到与会市、区领导的充分肯定和高度表扬。参加“重温百年党史 牢记初心使命”主题演讲比赛获佳绩。为展现武江区党史经典故事与党员形象，推荐区直机关党员参加市委组织部、市直机关工委联合举办的主题演讲比赛，2名选手从全市80名选手中脱颖而出，分别获得二等奖、三等奖的好成绩，获奖数量与成绩在全市最优。

（张运运）

韶关市武江区人民代表大会

综 述

根据韶武办发〔2019〕20号中共韶关市武江区委办公室关于印发《韶关市武江区人民代表大会常务委员会机关职能配置、内设机构和人员编制规定》，区人民代表大会常务委员会（以下简称区人大常委会）是区人民代表大会的常设机关，对本级人民代表大会负责并报告工作。区人大常委会机关内设机构为“一室五委”，即人大常委会办公室、法制工作委员会、财政经济工作委员会、城乡建设环境与资源保护工作委员会、教育科学文化卫生工作委员会、选举联络人事任免工作委员会。机关行政编制10名。办公室主任1名、副主任2名，工委主任5名。

2021年，区人大常委会在区委的正确领导和市人大的大力指导下，坚持以习近平新时代中国特色社会主义思想为指导，全面贯彻落实中共十九大和十九届二中、三中、四中、五中、六中全会精神，以及中央、省委、市委、区委人大工作会议精神，深入学习贯彻习近平总书记系列重要讲话精神以及习近平总书记关于坚持和完善人民代表大会制度的重要思想，紧紧围绕中央决策部署和省、市、区委中心工作，结合党史学习教育，切实履行宪法和法律赋予的各项职责，扎实开展监督、决定、任免、代表等工作，统筹推进疫情防控、乡村振兴和经济社会发展，较好地完成各项工作任务，为武江区建设韶关“双化双融”先行示范区和高质量发展率先突破区贡献人大力量。

2021年2月5日，武江区第九届人大六次会议在庄严的国歌声中闭幕（陈励 摄）

重要会议及决议

1月27日，区九届人大常委会召开第四十九次会议，决定免去林棋昇的韶关市武江区人力资源和社会保障局局长职务；决定任命周虹为韶关市武江区监察委员会委员；会议审议并原则通过武江区九届人大五次会议有关事项。

2月4日至5日，区九届人民代表大会第六次会议胜利召开，听取、审议并表决通过关于区人民政府、区人大常委会、区人民法院、区人民检察院、计划、财政及第十四个五年规划和二〇三五年远景目标纲要等工作报告的决议，表决通过区人民政府2021年度10件民生实事项目。

4月21日，区九届人大常委会召开第五十次会议，会议传达学习省委人大工作会议、中共广东省委《关于加强新时代人大工作的意见》及省人大常委会办公厅关于印发《全省县乡人大“巩固基础、强化履职”两年行动计划（2021—2022年）》的通知精神。决定免去刘明洲、张步云的韶关市武江区人民法院审判员职务；任命梁嘉金为韶关市武江区人大常委会法制工作委员会主任。

5月13日，区九届人大常委会召开第五十一次会议，决定任命李小平、张亚为韶关市武江区人民政府副区长。

6月11日，区九届人大常委会召开第五十二次会议，审议通过武江区2021年区镇人大换届选举工作有关事项；决定免去刘旭珊的韶关市武江区人民检察院副检察长职务。

7月8日，区九届人大常委会召开第五十三次会议，听取和审议《韶关市武江区区镇人民代表大会换届选举工作实施方案（草案）》；审议通过《韶关市武江区人民代表大会常务委员会关于区镇两级人民代表大会换届选举的决定（草案）》；通过关于设立各镇（街道）选举委员会（选举工作领导小组）及组成人员任命的决定；听取武江区第十届人大代表选举筹备工作情况报告。决定任命肖大清为韶关市武江区人大常委会办公室主任，任命吴怡诗为韶关市武江区惠民街道人大工作委员会专职主任，任命黄辉为韶关市武江区新华街道人大工作委员会专职主任；决定免去成振铭的韶关市武江区人大常委会办公室主任职务，免去陈志坚的韶关市武江区惠民街道人大工作委员会专职主任职务，免去张祈俊的韶关市武江区新华街道人大工作委员会专职主任职务。决定任命朱冬生为韶关市武江区人力资源和社会保障局局长，任命杨国浩为韶关市武江区农业农村局局长，任命余聪为韶关市武江区退役军人事务局局长；决定免去朱冬生的韶关市武江区农业农村局局长职务，免去肖大清的韶关市武江区退役军人事务局局长职务。决定免去凌永芳的韶关市武江区人民法院审判员职务。

8月25日，区九届人大常委会召开第五十四次会议，听取区人民政府关于区2021年上半年财政预算执行情况的报告；听取区人民政府关于2021年上半年国民经济和社会发展计划执行情况的报告；听取和审议区人民政府关于2020年区本级财政决算草案的报告，审查和批准区本级财政决算；听取和审议区人民政府关于2020年区本级预算执行和其他财政收支的审计工作报告；听取区人民法院2021年上半年工作情况报告；听取区人民检察院2021年上半年工作情况报告。听取区人大2021年换届选举筹备工作情况报告；审议通过区人大常委会关于调整武江区区镇两级人大代表选举日的决定（草案）；审议通过区人大常委会关于调整部分代表名额的决定（草案）。听取区人大常委会教科文卫工委关于武江区劳动人事争议仲裁要素式办案改革工作、区公共卫生服务城乡均等化工作和区公共卫生人才队伍建设及区教育优质均衡工作的专题调研报告；听取区人大常委会财经工委关于武江区招商引资工作专题调研报告。决定免去陈伟清的韶关市武江区人民法院行政审判庭庭长、审判委员会委员、审判员职务。决定任命聂东发为韶关市武江区人民检察院检察员。

8月31日，区九届人大常委会召开第五十五次会议，会议传达学习习近平总书记关于生态文明建设的重要论述；审议通过区人大常委会关于调整武江区区镇两级人大代表选举日的决定（草案）。决定任命黄艺坤为韶关市武江区人民政府副区长。审议通过韶关市武江区人民代表大会常务委员会关于接受郑伟平辞职请求的决定（草案）和韶关市武江区人民代表大会常务委员会关于黄艺坤为韶关市武江区人民政府代理区长的决定（草案）。

9月29日，区九届人大常委会召开第五十六次会议，决定任命刘喆焱为韶关市武江区人民政府副区长；决定免去黄燕斌的韶关市武江区人民政府副区长职务，免去何爱华的韶关市武江区发展和改革局局长职务，免去汤应辉的韶关市武江区教育局局长职务。决定接受肖建红、唐永华、邵林的辞职请求，并通过《韶关市武江区人民代表大会常务委员会关于接受肖建红辞职请求的决定（草案）》《韶关市武江区人民代表大会常务委员会关于接受唐永华辞职请求的决定（草案）》《韶关市武江区人民代表大会常务委员会关于接受邵林辞职请求的决定（草案）》。决定任命沈中伟为韶关市武江区监察委员会副主任。决定任命李芳为韶关市武江区人民法院审判员、审判委员会委员、副院长。决定任命钟全芳为韶关市武江区人民检察院检察员、检察委员会委员、副检察长。决定沈中伟为韶关市武江区监察委员会代理主任，李芳为韶关市武江区人民法院代理院长，钟全芳为韶关市武江区人民检察院代理检察长。

11月19日，区九届人大常委会召开第五十七次会议，传达学习中央人大工作会议精神及习近平总书记会上重要讲话精神；听取武江区区镇两级选举委员会组成人员辞职情况的报告；听取和审议武江区第十届人民代表大会代表资格审查报告；听取和审议武江区监察委员会关于开展廉政教育工作情况的专题报告。原则通过区人民政府工作报告、区人大常委会工作报告、区人民法院工作报告、区人民检察院工作报告、区2016—2021年国民经济和社会发展计划执行情况、区2016—2021年财政预算执行情况等工作报告及区第十届人民代表大会第一次会议有关事项。听取区人大常委会教科文卫工委关于武江区乡村旅游发展工作的调研报告；听取区人大常委会财经工委关于武江科创园建设进展情况的调研报告。决定免去唐永华的韶关市武江区人民法院审判委员会委员、审判员职务，免去谢祥军的韶关市武江区人民法院执行局副局长职务，免去谢林峰的韶关市武江区人民陪审员职务。

11月21日，区九届人大常委会召开第五十八次会议，决定免去陈雪的韶关市武江区人民政府副区长职务。

11月23日至26日，区十届人大一次会议胜利召开。会议学习贯彻习近平总书记在中央人大工作会议重要讲话精神；听取和审议区人民政府工作报告、区人民政府2016—2021年国民经济和社会发展计划执行情况的报告、区人民政府2016—2021年财政预算执行情况的报告、区人大常委会工作报告、区人民法院工作报告、区人民检察院工作报告等报告。会议形成决议并决定批准区人民政府工作报告、区人大常委会工作报告、区人民法院工作报告、区人民检察院工作报告等报告。

11月23日至26日，区十届人大一次会议胜利召开。会议选举产生武江区出席韶关市第十五届人民代表大会代表37人（名单略）；选举孙理鸣为区第十届人民代表大会常务委员会主任，卢建成、谭木初、聂平南、曾宏、韩伟强、曾瑛为副主任，选举区第十届人民代表大会常务委员会委员25名（名单略）；选举黄艺坤为区人民政府区长，余志强、钟爱明、刘喆焱、马文娟、龚映韶为区人民政府副区长；选举沈中伟为区监察委员会主任；选举李芳为区人民法院院长；选举钟全芳为区人民检察院检察长；依法选举产生区第十届人民代表大会各专门委员会主任委员、副主任委员、委员（名单略）。

12月30日，区十届人大常委会召开第一次会议。会议听取和审议区人民政府关于2021年财政预算调整的报告，并批准预算调整报告；听取区人民政府关于区国投集团公司运营管理情况的专题报告；听取区人民政府2021年度环境状况和环境保护目标完成情况报告；听取2020年度区国有自然资源资产专项报告；听取区人民政府关于2020年度区级预算执行和其他财政收支审计查出问题整改情况的报告；听取区人民政府2021年承诺为民办实事办理情况报告；听取区人民政府2021年代表建议、意见办理完成情况报告。审议通过《关于设立韶关市武江区第十届人民代表大会常务委员会代表资格审查委员会的决定(草案)》。决定免去黄远文的韶关市武江区人民政府副区长职务，免去张耀雄的韶关市武江区监察委员会副主任职务，免去黄平、黄芬芳、周虹、陈鸿南的韶关市武江区监察委员会委员职务，免去谢鸿飞的韶关市武江区人民法院审判员职务，免去陈创鑫的韶关市武江区人民检察院检察员职务。决定任命房仲斌为韶关市武江区人民政府副区长，任命黄芬芳为韶关市武江区监察委员会副主任，任命黄华华、叶盛、廖建新、陈晓华为韶关市武江区监察委员会委员；任命刘泽彬为韶关市武江区人民法院审判员，任命邓洁、徐霞为韶关市武江区人民检察院检察委员会委员。

主要工作

【依法行使重大事项决策权】2021年，武江区人大代表共开展执法检查、专题调研等13项，听取和审议专项工作报告24项，作出重大事项决定23项，票决产生区人民政府民生实事项目10件，确保区委决策部署通过法定程序成为全区人民共同意志。依法任免国家机关工作人员51名，区、镇成功召开新一届人民代表大会第一次会议，组织区镇两级人大代表500多人专题培训学习。

【监查调研】2021年，区人大常委会组织人大代表对《中华人民共和国森林法》《中华人民共和国环境保护法》《广东省爱国卫生条例》《广东省野生动物保护管理条例》《韶关市野外用火管理条例》等事关人民生产生活的重要法律法规的贯彻落实情况进行监督检查，配合省、市人大对《广东省县乡人大工作条例》等进行检查调研，有力推动有关条例在武江区的贯彻实施。全年共开展视察调研、专题调研、执法检查、工作评议等13次。

【完成人大换届】2021年，是区镇人大换届工作年，武江区、镇两级人大代表选举工作从2021年6月开始，至2021年10月结束。各选区在选举委员会的统一领导下，在规定的选举日进行投票，依法选举产生新一届区人大代表190名，乡镇人大代表302名。10月26日至11月26日，区、镇先后召开新一届人民代表大会第一次会议。韶关市武江区第十届人民代表大会第一次会议依法选举产生武江区出席韶关市第十五届人民代表大会代表，武江区第十届人民代表大会常务委员会主任、副主任、委员，武江区人民政府区长、副区长，武江区监察委员会主任，武江区人民法院院长，武江区人民检察院检察长。

【区委人大工作会议】2021年12月23日，中共韶关市武江区委人大工作会议召开。会议认真学习贯彻中共十九届六中全会精神和中央、省委、市委人大工作会议精神，研究部署当前和今后一个时期全区人大工作。区委书记张广晖出席会议并讲话，区人大常委会主任孙理鸣传达中央、省委、市委人大工作会议精神，区政协主席彭波出席会议，区委副书记

2021年7月7日，武江区召开区镇人大换届选举工作部署会议
（区委宣传部　供图）

2021年9月14日，区人大常委会机关党支部党员参观“中国共产党成立100周年主题档案文献展” （黄国萍　摄）

王友华主持会议。

代表工作

【人大换届选举培训学习】2021年5月25日，区人大常委会召开2021年区镇人大换届选举培训学习会议。会议由区人大常委会主任孙理鸣主持，区人大常委会机关全体人员、各镇（街）人大主席（工委主任）及人大办工作人员等30多人参加会议。会议传达学习中央、省委关于换届选举工作的精神，会议强调要高度重视换届选举工作，在党的坚强领导下，准确把握法规，严守纪律，确保区镇人大换届工作有序推进，圆满完成换届选举工作任务。

【人大换届选举工作部署会】2021年7月7日，武江区召开区镇两级人大换届选举工作部署会，深入贯彻落实省委、市委、区委关于县（区）乡两级人大换届选举工作会议精神，动员全区把思想统一到人大换届选举工作上来，提高认识、落实责任、明确任务，确保换届选举工作依法有序顺利进行。区人大常委会主任孙理鸣出席会议并讲话。区委常委、区委宣传部部长李宇强，区委常委、区委组织部部长沈中伟，区人大常委会领导班子及各镇（街）人大（工委）主席（主任）、区人大换届工作选举委员会成员及人大常委会机关全体人员参加会议。

【人大代表初任履职培训】2021年11月23日，武江区人大常委会举办武江区第十届人大代表初任学习培训班。培训班邀请十一届全国人大代表、韶关市人大常委会原副秘书长刘雪庚进行授课，参加培训学习的有区十届人大代表、各镇（街）人大主席团（街道人大工委）办公室主任及人大办工作人员等共200人。

调研工作

【教育优质均衡工作调研】2021年5月20日，区人大常委会副主任谭木初率区人大代表对武江区教育优质均衡工作情况进行专题调研。调研组先后前往武江区沐溪小学、阳山小学、新区幼儿园等多个在建、扩建项目现场，实地查看学校基础设施、硬、软件配套设备及教师队伍建设等情况，详细了解各学校教育教学质量以及存在的不足和短板，并提出建议和意见。

【招商引资工作调研】2021年6月18日，区人大常委会副主任卢建成带领区人大代表到武江科创园对区的招商引资工作开展专项督查检查。调研组一行实地走访落户武江科创园的广东华源世特天德医药有限公司、广东省云印社文化发展有限公司等多家企业，详细了解有关项目在引进和发展过程中存在的困难及意见建议，并就相关问题进行交流。

【公共卫生服务城乡均等化工作调研】2021年7月20日，区人大常委会副主任谭木初率区人大代表参加“更好发挥人大代表作用”主题活动，与代表们一同围绕武江区公共卫生服务城乡均等化工作开展专题调研。调研组先后前往武江区儿童医院（核工业四一九医院院内）、武江区中医院（龙归镇）施工现场进行实地查看。听取相关负责人对在建项目的情况汇报，详细了解建设项目的工期节点计划、工程进度、在建过程中遇到的问题及后期配套设施等相关情况并提出建议和意见。

【劳动人事争议仲裁要素式办案工作调研】 2021 年 7 月 23 日，区人大常委会组织区人大代表前往武江区人社局，对劳动人事争议仲裁要素式办案工作情况进行专题调研。调研组参与要素式庭审现场观摩，旁听武江区劳动人事争议仲裁委员会审理的一宗工伤待遇劳动争议案件，并在庭审结束后，就要素式办案模式的工作要点、办案方式、工作机制等内容进行现场交流。

【乡村旅游发展工作调研】 2021 年 9 月 15 日，区人大常委会副主任谭木初带领区人大代表对武江区乡村旅游发展工作情况进行专题调研。调研组一行先后到龙归粮仓、银月湾文旅公司、芙蓉仙洞等实地查看，了解各旅游景点、文旅公司现状和运营情况，并听取相关单位汇报。

【校园周边食品安全工作调研】 2021 年 9 月 16 日，区人大常委会副主任曾宏带领市、区两级人大代表开展校园周边食品安全专题调研。调研组重点围绕食品店、士多店是否有出售“三无”产品、过期食品、劣质食品及文具等，托管班的食堂环境、食物储藏室、食品留样等进行调研。

【水污染防治推进情况专题调研】 2021 年 9 月 16 日，区人大常委会组织开展水污染防治和万里碧道建设推进情况专题调研。调研组一行先后到龙归镇凤田北岸村、龙归凤田南岸村碧道建设点等地，现场查看河涌水质、河道保洁及农村生活污水处理情况，并沿线查看万里碧道工程建设情况。区人大常委会副主任曾宏参加调研。

【医院污水处理系统建设专题调研】 2021 年 10 月 11 日，区人大常委会组织区人大代表对武江区基层医院独立医疗污水处理系统建设情况进行专题调研。调研组一行先后到西河镇卫生院、重阳镇卫生院对独立医疗污水处理系统进行现场调研，听取各医疗单位负责人的汇报，详细了解医疗污水处理系统运行情况和医疗垃圾处理情况。区人大常委会党组成员韩伟强、区人大常委会副主任人选曾瑛参加调研。

【禁毒工作调研】 2021 年 10 月 23 日，区人大常委会副主任聂平南带领区人大代表对武江区公安分局禁毒工作、区司法局《中华人民共和国民法典》宣传贯彻工作情况进行专题调研，调研组对禁毒工作、《中华人民共和国民法典》宣传贯彻工作取得的成效给予肯定，并提出相关的意见和建议。市公安局开满分局、区司法局相关负责人陪同。

【武江科创园建设工作调研】 2021 年 11 月 12 日，区人大常委会组织人大代表对武江科创园建设进展情况进行专题调研，调研组一行首先听取武江科创园建设进展情况汇报，并就进一步完善园区内企业办公条件，优化园区营商环境等问题进行交流。区人大常委会党组副书记、副主任卢建成及财经工委、区相关部门负责人参加调研。

（谭冬连）

韶关市武江区人民政府

综　述

韶关市武江区人民政府设置工作部门21个。分别是区政府办公室、发展和改革局、教育局、工业和信息化局、民政局、司法局、财政局、人力资源和社会保障局、自然资源局、住房和城乡建设局、农业农村局、文化旅游体育局、卫生健康局、退役军人事务局、应急管理局、审计局、市场监督管理局、统计局、医疗保障局、城市管理和综合执法局、政务服务数据管理局。其中，区政府办公室挂外事局、信访局牌子；发展和改革局挂粮食和物资储备局牌子；工业和信息化局挂科学技术局、商务局牌子；自然资源局挂林业局牌子；住房和城乡建设局挂人民防空办公室、交通运输局、水务局牌子；市场监督管理局挂知识产权局牌子。民族宗教事务局列入政府工作部门序列，不计入机构限额。

2021年，在市委、市政府及区委的坚强领导下，在区人大、区政协的有力监督支持下，区政府坚持以习近平新时代中国特色社会主义思想为指导，全面贯彻中共十九大和十九届历次全会精神，深入贯彻落实习近平总书记“七一”重要讲话和对广东系列重要讲话、重要指示批示精神，按照市赋予武江区争当韶关“双化双融”先行示范区和高质量发展率先突破区的目标定位，坚持稳中求进工作总基调，统筹疫情防控和经济社会发展，如期全面建成小康社会，“十四五”规划实现良好开局。全区地区生产总值在全市率先突破300亿元，达306.7亿元、同比增长5.2%。

【生态环境】 2021年，武江区高质量打好污染防治攻坚战，PM2.5等空气质量6项指标稳定达到国家二级标准，空气质量指数（AQI）优良率达到97.8%，为市辖三区最优。水环境质量指数位居全市前三，地表水市控以上断面水质达标率达100%。启动实施林长制，完成造林和森林抚育近1333.33公顷，松材线虫病普查2万公顷。深入实施河长制，河湖划界、“清四乱”有序开展，广东“智慧河长”全面推广。完成生态修复项目7个，水土流失治理1.56平方千米。完成50个自然村农村生活污水处理设施建设。整治农村乱占耕地建房14宗、整改卫片违法图斑24.13公顷。

【经济实力】 2021年，武江区新增“四上”企业66家，区重点项目完成投资50.1亿元，其中被列为市重点建设项目完成投资23.19亿元，完成年度投资计划的121%，被市评为优秀等次。武江科创园二期建设基本完成，集聚效应初步显现。武江区城乡融合产业园一桥一路主体工程和园区控规修编基本完成。武江现代农业产业园基本完成“三通一平”。工业经济稳步发展，全年完成工业投资18.57亿元，其中技改投资8.45亿元。常态化开展暖企助企走访行动，推动烟厂、利民、旭日等重点企业平稳发展，全年规上工业增加值增长4.9%。现代农业加速发展，全区农林牧渔业总产值15.71亿元、增长18.7%。完成高标准农田建设293.33公顷、撂荒地复耕复种152公顷，粮食总产量达2.46万吨。新增2个全国名特优新农产品，3个粤港澳大湾区“菜篮子”生产基地。现代服务业持续发展，保利广场、君临·新天地等建成开业，全区社会消费品零售总额增长8%。群康路、沙洲尾片区等街区夜间经济及周边商圈越发活跃。

【新型城镇化】2021年，韶关丹霞大道北建成通车，完成武江区五祖路、体育西路、群立街等18条道路改造提升。完成金友大厦等18个老旧小区并启动原市新艺家具厂宿舍等25个老旧小区改造。韶州公园、芙蓉山公园、林桥公园等城央公园特色景观有效提升，成为市民休闲娱乐好去处。深入开展“全国文明城市”创建工作。完成新华街道、惠民街道生活垃圾分类示范片区建设。铁拳整治“两违”，完成违法建设治理12.67万平方米。投入财政资金3430万元，深入实施农村人居环境整治“打擂比武”，全区自然村全部达到“干净整洁村”标准。完成“四好农村路”建设22千米。完成龙归镇、西河镇供水扩网工程和重阳镇供水入户管网工程，农村集中供水实现全覆盖。红星村等4个村荣获“省乡村治理示范村”称号，恒大社区获评“全国示范性老年友好社区”。

【发展活力】2021年，武江区科创园及周边地块被列为市第三批“双变”改革试点并启动实施。成功申报整区屋顶分布式光伏开发国家级试点并有序推进。探索推进资源资产价值化，建立完善涉工程施工砂石规范处置机制。深化国资国企改革，进一步规范国有资产投资和运营管理。深化农村综合改革，田心村、山蕉村被列为市级扶持壮大村级集体经济试点村。持续推进“放管服”改革，在全市率先设立“办不成事”窗口，建立“办不成事”服务机制，政务服务效能和服务意识进一步提升。

【社会大局】2021年，武江区全面开展驻镇帮镇扶村工作，深入巩固脱贫攻坚成果。新、改、扩建8所学校，新增优质公办学位5670个。取得市支持新增400个中小学教师编制。大力推动“双减”工作落实落地，中小学校校内课后服务实现全覆盖，学科类校外培训机构压减任务全面完成。加强对重点人员、重点场所和关键环节的管控，织密扎牢常态化疫情防控网络。区中医院完成主体工程建设，区儿童医院项目建设稳步推进。全面落实3.0版韶关市“促进就业十条”等稳岗惠企利民政策，全年城镇新增就业人数3601人。城乡低保、残疾人福利水平、孤儿基本生活保障水平稳步提高。完成区图书馆、区博物馆改（扩）建，建成书香广场。举办第九届中国女子围棋甲级联赛闭幕式、韶关龙舟无动力水上运动测试赛等大型文体赛事。深入开展安全生产专项整治三年行动，安全事故起数、死亡人数实现“双下降”，未发生较大及以上安全生产事故。

【治理效能】2021年，武江区坚持党的全面领导，扎实开展政府系统党史学习教育，推动党史学习教育走深走实。坚持依法行政，行政复议体制改革深入推进，高效完成行政复议案件办理58宗，政府班子成员带头出庭应诉20件，出庭应诉率位居全市前列；一村（社区）一法律顾问工作机制进一步完善，法治政府建设水平不断提升。自觉接受区人大、区政协和社会各界监督，全年办理人大建议、政协提案132件，满意率和基本满意率100%。

重要会议

【区政府常务会议】2021年，区政府共召开23次政府常务会议。

1月14日晚，召开区九届政府第73次常务会议，审议并原则通过《韶关市武江区省级以上生态公益林完善落界工作报告（送审稿）》、调整武江区机关事业单位遗属生活困难补助标准相关事项、2021年武江区公务员招录计划申报事项、区委区政府发展咨询顾问推荐人员名单（送审稿）。

1月27日，召开区九届政府第74次常务会议，审议并原则通过《韶关市武江区国民经济和社会发展第十四个五年规划和二〇三五年远景目标纲要（审议稿）》《韶关市武江区2020年国民经济和社会发展计划执行情况与2021年计划草案的报告（送审稿）》《韶关市武江区2020年预算执行情况和2021年预算（草案）》及2021年《政府工作报告（送审稿）》。

1月29日，召开区九届政府第75次常务会议，审议并原则通过《武江区关于实施新一轮改革发展“六大行动”推进高质量发展实施意见》《关于进一步加强招商引资工作推进经济高质量发展的实施意见》，听取2020年法治政府建设年度报告。

3月4日，召开区九届政府第76次常务会议，审议并原则通过《韶关市武江区关于进一步加强塑料污染治理的实施方案（送审稿）》，传达学习《关于国家2018年度土地卫片执法移交问题追责问责情况的通报》，部署武江区卫片执法工作，审议并原则通过《武江区2021年重点建设项目计划（送审稿）》《武江区2021年重点项目建设“流动红黄旗”考评方案（送审稿）》《关于加快推进质量强区建设实施方案（送审稿）》，研究讨论签订浩辰医学精准诊断中心《项目投资协议书》、成立凤岗—武江产业共建公司有关事宜，审议并原则通过《武江区乡镇学校校车设置方案（送审稿）》《武江区2021年第一批整治提升项目实施方案（送审稿）》《韶关市武江区体育西路（暂定名）维修改造项目实施方案（送审稿）》《2021年区政府重点任务责任分解表（送审稿）》《2021年区十件民生实事责任分解表（送审稿）》。

3月16日，召开区九届政府第77次常务会议，研究讨论北江干流武江区段生态环境系统保护修复工程（武江区江湾镇、西河镇水生态环境综合治理）一期、北江流域水源涵养功能提升项目—武江区回龙山林相改造项目、北江干流武江段生态环境系统保护修复工程（韶关市武江区重阳镇一六矿区环境风险管控项目二期）、北江干流武江段生态环境系统保护修复工程（广东省韶关市西河镇马屋村废弃采石场复绿工程）、武江区道路交通技术监控设备维护有关事宜，研究部署省委巡视反馈意见整改工作。

4月1日，召开区九届政府第78次常务会议，审议并原则通过《韶关市武江区城镇老旧小区改造实施方案（2021—2025）》及2021年老旧小区改造计划，研究讨论南岭国家公园南水片区生态环境系统保护修复工程——武江生物防火林带建设项目、武江区“十三五”规划未开工项目有关事宜，听取武江区系统防范化解道路交通安全风险工作报告，审议并原则通过《韶关市武江区系统防范化解道路交通安全风险工作方案》，审议并原则通过《关于调整武江区乡镇机关事业单位工作人员乡镇补贴标准的实施方案》《韶关市武江区区属行政事业单位非经营性国有资产管理暂行办法》《韶关市武江区人民政府“三重一大”事项清单（试行）》。

4月18日，召开区九届政府第79次常务会议，审议并原则通过《武江区项目谋划决策实施方案（试行）》，研究讨论提高武江区2021年低保、特困人员供养最低标准及2021年至2023年孤儿基本生活最低养育标准相关事宜，审议并原则通过《武江区区本级项目建设用地征收工作指引》，听取全区存量违法占地整治工作情况，审议并原则通过《武江区自然资源监管工作机制》，研究《武江区拆旧复垦项目后期管护工作实施方案》《武江区现代农业产业园控制性详细规划》，审议并原则通过《韶关市武江区儿童医院建设项目国有土地上房屋征收补偿方案》《武江区开展“政府效率年”活动实施方案》《武江区区级预算执行监督管理办法》《韶关市武江区医药健康科技产业园公共实验室项目实施方案》，听取一季度经济运行情况报告。

4月25日，召开区九届政府第80次常务会议，审议并原则通过《武江区土地征收工作专项资金管理办法（送审稿）》《武江区土地和房屋征拆工作经费管理办法（送审稿）》，研究落实《武江区2021年抓项目促投资行动方案》，审议并原则通过《武江区康乐养老中心建设项目国有土地上房屋征收补偿方案（送审稿）》，研究讨论武江区流域水生态环境综合治理建设项目（龙归镇粮仓—南岸瀑布段与龙归污水处理厂—产业园段一期）有关事宜。

5月13日，召开区九届政府第81次常务会议，审议并原则通过《武江区科创园科创中心租金补贴暂行办法》，听取重点项目建设“流动红黄旗”4月份评比情况报告，研究讨论武江区2021年度“四好农村路”建设项目有关事宜，审议并原则通过《2021年韶关市武江区医疗卫生机构公开招聘方案》《韶关市武江区城乡融合发展省级试点行动计划（2021—2025年）》。

5月19日，召开区九届政府第82次常务会议，审议并原则通过沙洲路及周边道路改造工程投资概算、《武江区关于进一步加强产业链招商工作若干措施》、韶关市武江区医药健康产业园建设项目（青创中心）立项及投资概算、韶关市武江区康乐养老中心建设项目控规和规划设计等实施方式，研究部署经济责任和自然资源资产责任审计整改工作，审议并原则通过武江区2021年第一批老旧小区配套基础设施建设项目立项和申报资金事项。

6月5日，召开区九届政府第83次常务会议，传达学习《广东省消防工作若干规定》《中共韶关市委办公室韶关市人民政府办公室〈关于深化消防执法改革落实消防安全责任制〉的通知》（韶办字〔2021〕1号）精神，听取关于加强“打通消防生命通道”和“三小”场所专项整治行动相关工作情况报告，审议并原则通过《武江区培育“五朵金花”特色农业产业以奖代补实施方案》《关于加强武江区政府投资项目财政投资评审监督管理的实施意见》及武江区2021年公开招（选）聘教师事项，研究区政府班子成员分工调整事项。

6月17日，召开区九届政府第84次常务会议，听取武江区2020年行政复议与行政应诉案件情况报告，审议并原则通过《韶关市武江区行政复议体制改革实施方案（送审稿）》，听取武江区2020年度自然资源综合考核情况自评报告，并部署2021年相关工作，审议并原则通过《武江区现代农业产业园控制性详细规划（送审稿）》，研究讨论《武江区城乡融合产业园控制性详细规划（征求意见稿）》，听取上半年经济运行、财政收支情况报告，审议并原则通过《武江区重点建设项目“全生命周期”管理机制改革试点实施方案（送审稿）》、公开选聘韶关市风度小学正副校长事宜，研究讨论武江区学校保安增加人员事项。

6月29日，召开区九届政府第85次常务会议，传达学习《中共广东省委 广东省人民政府关于有关地区统计违纪违法问题的通报》等文件，研究部署武江区整改落实工作，传达学习《广东省人民政府关于印发〈广东省完善农业支持保护制度若干措施〉的通知》精神，审议并原则通过《武江区提升政务服务水平，优化营商环境工作方案》、武江区儿童医院12户征收对象征收补偿事宜、武江区农业局地块良种示范场征收补偿事宜、韶关市武江区地产开发公司注销事项、武江区职业年金准备期清算补缴事项、武江区2021年事业单位公开招考事宜、调整2021年机关事业单位退休人员基本养老金事宜，研究部署审计整改工作。

7月11日，召开区九届政府第86次常务会议，审议并原则通过《2021年武江区生态环境安全查纠整治工作方案》，传达学习《广东省农村乱占耕地建房问题整治工作领导小组办公室关于传达贯彻省农村乱占耕地建房问题整治工作领导小组会议精神的函》，研究部署审计整改工作，审议并原则通过武江区图书馆二期项目概算、韶州公园建设项目进度款调整支付比例相关事宜、调整原龙归畜牧兽医站国有资产用途事宜，研究讨论改造原龙归畜牧站事宜。

8月2日，召开区九届政府第87次常务会议，审议并原则通过《关于推进镇泰玩具厂及韶关大道北片区“厂区变园区、产区变城区”试点的实施方案》，听取2021年上半年应急管理工作报告，审议并原则通过《武江区关于落实党政主要领导履行经济责任审计发现问题的整改情况报告》，传达《国务院办公厅关于贯彻落实国务院第四次廉政工作会议精神任务分工的通知》，审议并原则通过《韶关市武江区落实国务院第四次廉政工作会议精神任务分工方案》，研究讨论《武江区机关事业单位编外聘用人员管理办法》，审议并原则通过韶关市武江小学（暂名）项目直接选取相关中介服务机构事宜，听取2021年上半年药品安全工作情况报告。

8月4日，召开区九届政府第88次常务会议，会议部署近期重点工作，对几个方面工作进行强调，审议武江区陆生野生动物养殖户退出后养殖设施设备补偿事宜，《武江区2021年第二批专项债券项目申报和额度分配方案》，使用两名事业编制用于区事业单位“三支一扶”服务期满符合报考条件人员聘用工作事宜，外立面整治提升奖补经费资金使用分配方案，研究韶关市武江小学（暂名）建设项目相关工作事宜

8月12日，召开区九届政府第89次常务会议，听取全区2021年上半年消防安全工作情况报告，审议并原则通过《韶关市武江区促进农业转移人口市民化加快新型城镇化行动方案》及“六提六转”子方案，研究讨论清退项目投资履约保障金有关事宜，听取2021年上半年扫黑除恶常态化工作情况报告，研究讨论新区改革划转武江公安分局人员编制及经费、2021年下半年高新区城管执法所需经费事宜，审议并原则通过《韶关市武江区关于落实党政主要领导自然资源资产审计发现问题的整改情况报告》《关于韶关市武江区2020年财政决算草案的报告》《关于韶关市武江区2021年上半年预算执行情况的报告》和韶关市武江小学（暂名）建设工程项目概算、韶关市武江区城乡公共服务一体化建设项目等三个项目及子项目实施事宜及《武江区2021年下半年工业经济稳增长工作方案》《武江区2021年下半年城市经营（建筑业、房地产业）稳增长工作方案》《武江区2021年下半年其他营利性服务业提升增效工作方案》《武江区2021年下半年财税稳增长工作方案》4个经济稳增长工作方案。

8月22日，召开区九届政府第90次常务会议，审议并原则通过《武江区全面推行林长制工作方案》《武江区2021年度小型水库安全运行管理标准化建设项目实施方案》《韶关市武江区2021年上半年国民经济和社会发展计划执行情况的报告》及韶关高新区莞韶城三期基础设施项目（一桥一路工程）二期用地报批事宜、区儿童医院建设项目工程内容变更及增加预算有关事宜、《武江区重点建设项目管理办法（试行）》。

9月22日，召开区九届政府第91次常务会议，研究讨论调整广东韶关实验中学、广东韶关实验小学学费标准事项，审议并原则同意追加公办幼儿园公用经费事宜、武江区流域水生态环境综合治理建设项目放水补偿费用支付有关事宜、实施武江公安分局芙蓉山派出所业务用房异地新建项目概算、《韶关市武江区农业发展公司组建工作方案（送审稿）》、购买武江区自然资源监管平台服务事宜、《武江区“广东兜底民生服务社会工作双百工程”社工薪酬待遇管理办法（送审稿）》，听取中央第四生态环境督察组进驻广东以来武江区相关工作开展情况报告、关于武江区2020年政府履行教育职责存在问题的整改情况报告。

10月27日，召开区九届政府第92次常务会议，传达学习《中共韶关市委 韶关市人民政府印发〈关于严格落实生态环境保护责任的实施意见〉的通知》精神，听取武江区生态环境保护工作报告，审议并原则通过《韶关市长舜能源科技有限公司组建工作方案（送审稿）》、武江区沐阳路绿化修复及改造提升工程概算、《武江区社区“两委”班子和社区干部绩效考评指导意见（送审稿）》、中科细胞质量检测中心《项目投资协议书》、《韶关市武江区人民政府2021年度重大行政决策事项目录和听证事项目录》，传达学习《中华人民共和国行政处罚法》。

11月12日，召开区九届政府第93次常务会议，传达学习省深入贯彻学习习近平总书记重要批示专题工作会议精神，听

取1—10月经济运行情况报告及全年经济目标分解建议，审议并原则通过《韶关市武江区第一次全国自然灾害综合风险普查落实方案（送审稿）》（套开武江区第一次全国自然灾害综合风险普查领导小组工作会议）、韶关市武江龙归培训基地项目概算、武江区重阳镇沙园至水口农村公路改建工程项目概算、教育路（原教育路西延线）与沙湖路交叉口排水改造工程概算、区城管局申请调整资产性质事宜、《韶关市武江区2016—2021年国民经济和社会发展计划执行情况的报告（送审稿）》、《韶关市武江区2016—2021年度财政预算执行情况报告（送审稿）》、在武江区第十届人民代表大会第一次会议上的《政府工作报告（送审稿）》

12月9日，召开区十届政府第1次常务会议，审议并原则通过《武江区镇街权责清单（送审稿）》《韶关市武江区流域面积50平方千米以下河道管理范围划定工作实施方案（送审稿）》《武江区工程施工采挖砂石处置方案》及国有林场经费事宜、新华北路道路改造工程概算、龙归镇社主村道路提升整治工程概算、《韶关市高新区环卫保洁市场化实施方案（送审稿）》、调整武江区2021年第二批专项债债券项目子项目及分配额度有关事宜，传达学习全省审计查出问题工作电视电话会议精神，听取武江区有关审计整改情况报告，审议武江区高铁沿线重阳镇水口村农房整治提升项目概算，听取欣中深《招商引资项目投资协议书》有关情况报告、规范行政事业单位个人所得税扣缴有关情况汇报，审议并原则通过《武江区协税护税信息交换工作管理办法（送审稿）》，审议公开拍卖龙归镇人民政府高寨、续源河水电站事项，审议并原则通过区法院审判法庭大楼选址及建设用地有关事宜、天玺湾幼儿园《商品房买卖合同》、《武江区一般公务用车管理调整方案（送审稿）》，听取武江区2021年禁毒工作情况汇报。

12月27日，召开区十届政府第2次常务会议，审议并原则通过韶关市武江区房屋建筑承灾体调查项目有关事项、《武江区2021年度土地征收成片开发方案（送审稿）》、《武江区新增乡镇集中式饮用水水源保护区区划方案（送审稿）》、韶关市武江区13宗城镇建设用地耕地占用税缴纳事项、《关于武江区2021年预算调整方案（送审稿）》，听取武江区2021年预备费使用情况报告，学习《广东省重大行政决策程序规定》。

重要活动

【招商引资暨高质量发展大会】 2021年1月23日，武江区召开招商引资暨高质量发展大会。优秀专家学者和企业精英与武江共商“开启新征程，融入新格局”，携手共谋“发展新机遇，合作新平台”。市委常委、副市长罗晓勤出席大会并讲话，区委书记颜亮出席大会并代表武江区四套班子和32万武江人民向与会嘉宾的到来表示衷心的感谢，希望广大企业、战略投资者更多地了解武江，投资武江，武江将提供最高最好最优的政策、机遇、礼遇、环境、服务，全力打造与“双区”接轨的营商环境，抢抓广东“双区”建设新机遇，开创合作共

2021年1月23日，武江区招商引资暨高质量发展大会在天紫路演中心召开　（区委宣传部　供图）

赢新局面，在社会主义现代化新征程上，留下一路精彩的春天故事。区委副书记、区长郑伟平作武江投资环境推介，对《关于进一步加强招商引资推进经济高质量发展的实施意见》（以下简称《实施意见》）进行说明，介绍武江区招商引资推动经济高质量发展的思路。

【城乡融合发展省级试点工作动员大会】 2021年5月24日，武江区召开城乡融合发展省级试点工作动员大会，部署全区城乡融合发展省级试点工作。广东省政府发展研究中心副主任、武江区政府发展咨询顾问杨广丽，省发改委发展战略和规划处黄蓓，市政府副秘书长邱杨生，市发改局局长郭先桂，武江区委书记颜亮，武江区委副书记、区长郑伟平出席会议。2020年10月23日，广东省人民政府办公厅印发广东省城乡融合发展省级试点地区名单，武江区为市县试点之一，试点范围为武江区全域，试点任务为建立美丽小城镇发展机制、健全村改社区管理机制、搭建城乡产业协同发展平台、健全完善农村集体经济运行机制。

【生态农业博览会活动】 2021年9月23日，武江区“庆丰收 感党恩”2021年中国农民丰收节暨“党恩情 满武江”生态农业博览会在重阳镇水口村开幕。武江区委书记张广晖在开幕式上致辞，区委副书记、代理区长黄艺坤，区人大常委会主任孙理鸣，区政协主席彭波参加开幕式，并邀请市委农办常务副主任、市乡村振兴局常务副局长刘世冬莅临现场，共同把稻谷倒入启动台，宣布活动开幕。开幕式上，舞蹈《金翅舞》拉开活动的序幕，独唱《幸福中国一起走》、舞蹈《盛世和谐》等文艺节目轮番上演，为现场观众带来一场高潮迭起的视听好戏。会场周边还设置有建党百年主题展、乡村振兴促进法展、乡村振兴成果展、武江区精品线路展、武江兰花展、武江农特产展，集中展示了武江区发展精细农业、建设精美农村、培育精勤农民的累累硕果，丝茅姜、香蜜薯、淮山等武江本地的全国名特优新农产品及地道风味小吃备受市民群众的喜爱，吸引他们驻足挑选购买。

2021年9月23日，“庆丰收 感党恩”中国农民丰收节暨“党恩情 满武江”生态农业博览会在重阳镇水口村开幕　（何亮　摄）

【粮食安全宣传周活动】 2021年10月16日，世界粮食日和全国粮食安全宣传周活动韶关（武江）会场启动仪式在武江区乡村振兴培训实践中心举行，市发改局副局长赵伟明、武江区政府副区长张亚出席活动并作讲话。2021年10月16日是第41个世界粮食日，主题是“行动造就未来，更好生产、更好营养、更好环境、更好生活。”此次活动，旨在继续强化全社会对粮食安全形势的认识，普及爱粮节粮、营养健康知识，积极营造厉行节约、反对浪费的浓厚社会氛围。活动中公布第三批“韶关市粮食安全宣传教育基地”名单，并进行授牌仪式。其中，武江区乡村振兴培训实践中心入选韶关市粮食安全宣传教育基地。活动现场还举行了粮食宣传开放体验日活动。

【重阳水上无动力运动基地龙舟测试赛】 2021年10月16日，“农行杯”2021韶关重阳水上无动力运动基地龙舟测试赛火热开赛。韶关市副市长李欣，广东省社会体育中心副主任、省龙舟协会副会长卢海燕，韶关市政府副秘书长靳晓兵，广东省冬泳协会会长肖志雄，武江区委书记张广晖，浈江区委书记陈来安，韶关市文化广电旅游体育局局长黄宣剑，韶关市水务局局长胡亮亮和中国农业银行韶关分行行长廖晓云出席开幕式。在武江区重阳镇水口村武江河水域，来自韶关市各县（市、区）的16支优秀参赛队伍齐亮相，船桨划水、上下翻飞，鼓声劈浪、竞渡争先。在此次标准龙舟500米直道竞速中，各支参赛队伍上演智慧与勇气的较量、力量与速度的碰撞。队伍之间实力相当，难分伯仲。经过激烈比拼，最终武江重阳水口一队以总成绩03分47秒680摘取桂冠。同时，现场还举行了龙舟巡游、瑶族歌舞表演等精彩节目，气氛热烈。

【第八届体育国际标准舞公开赛】 2021年12月4日，由广东省高校体育舞蹈协会授权，中共韶关市委宣传部、市文化广电旅游体育局指导，武江区文化旅游体育局、市体育舞蹈运动协会主办的2021年广东省高校体育舞蹈公开赛（韶关站）暨粤北地区第八届体育舞蹈（国际标准舞）公开赛在摩尔城假日酒店开赛。此次共有来自广东省50支代表队1000多人参加比赛，年龄段涵盖6岁至20多岁的选手们在赛场上一展舞技和激情。

【中国女子围棋甲级联赛决赛暨闭幕式】 2021年12月24日至28日，由中国围棋协会、韶关市政府主办，武江区政府、武江区工商业联合会（商会）承办的第九届中信置业杯中国女子围棋甲级联赛决赛暨闭幕式在韶关市武江区举行，本届女子围甲联赛共有十支队伍参加，其中不乏芮乃伟九段、金惠敏九段、吴侑珍九段、於之莹七段等多位名将身影。因防疫相关要求，赛事未安排现场观赛，市民可通过线上直播观看联赛。中国女子围甲联赛至今已举办至九届，本次赛事是韶关市首次举办国家级的女子围棋职业联赛，在赛事期间还举行希望围棋教室授牌仪式暨职业棋手公益指导棋活动，为韶关武江区金福园小学捐建希望围棋教室，这也是女子围甲自2016年以来在国内各地捐建的第41个希望围棋教室。

【迎新徒步活动】 12月31日，2021年“魅力武江·你我同行”迎新徒步活动在韶州公园举行。活动伊始，区委书记张广晖作致辞，并与区委副书记、区长黄艺坤，区人大常委会主任孙理鸣，区政协主席彭波，区委副书记王友华一道鸣笛发令，宣布徒步活动开始。随着发令喇叭响起，徒步人员从韶州公园西门出发，全区党员干部沐浴着冬日和煦暖阳，以昂扬的斗志、强健的体魄，共同迈进充满希望的新一年。本次徒步全程约6千米，途经西门绿道、望江亭、韶月湾观景台、老虎岩路口、环湖路等地点，终点设在韶月广场。一路走来，湖光山色总相宜，欢声笑语不断，路线途中还设有法治宣传点和绿色环保宣传点，大家纷纷在“打卡点”合影留念、在倡导垃圾分类的签名墙上签名，活动在轻松愉悦的氛围中圆满结束。

（桂顺风）

2021年10月16日，“农行杯”2021韶关重阳水上无动力运动基地龙舟测试赛（何亮　摄）

区政府办公室工作

【概况】2021年，武江区政府办紧紧围绕区委区政府的中心工作和重大决策部署，着力加强队伍作风建设，积极完善工作制度，不断提升服务水平，充分发挥承上启下、协调左右的作用，为区政府各项工作的高效运行提供坚强保障。

武江区政府办公室是武江区政府的综合部门，负责推动区政府决策部署的落实，按照区政府要求协调有关方面开展工作，承担区政府运行保障具体事务，级别为正科级。区政府办核定编制16名，设主任1名，副主任3名，正股级领导职数7名。内设秘书股、综合一股、综合二股、信息调研股、行政股、金融股、外事办，加挂区外事局、区信访局牌子。

【工作运转】2021年，区政府办按照“零差错”“零失误”的标准和要求，严把办文、办会关。进一步发挥韶关市电子政务综合应用平台作用，实现上级来文办理全流程电子化。抓好会务筹备、记录工作，严格做好区政府常务会、区政府党组会等会议的组织筹备、审核把关工作，从源头上提高会议效率和质量。自觉落实重大事项请示报告制度、保密工作责任制，增强担当精神、责任意识。区政府及区政府办制发公文及函件277件，流转公文1.9万余件，组织完成政府常务会议23次、政府党组会议28次、区长办公会议50次、政府工作会议75次。

【参谋助手】2021年，区政府办始终把服务大局、当好参谋作为重要职责。主动发挥上下沟通、左右联系、各方协调、服务全局的作用，加强与区委办、区人大办、区政协办的沟通协调，掌握全区工作大局和部署要求，确保政府日常工作运转与区委部署步调一致。积极主动做好政府领导之间的协调，加强与镇街、部门的协调，了解全区经济建设、社会发展和重大事件等方面情况，为领导科学决策提供可靠的依据。坚持做到严谨细致，努力吃透上级精神，反复琢磨观点，精心锤炼文字，高质量完成起草《政府工作报告》、全区经济运行分析材料、领导交办的有关报告、情况材料和各类会议、大型活动领导讲话等各类综合材料400余篇。

【督查督办重大决策部署落实】2021年，区政府办围绕区委区政府中心工作，坚持督办检查和联络协调常抓不懈，以督查促整改、以督查助提升，不断提高各项工作实效。重点围绕2021年《政府工作报告》、民生实事、区领导批示交办等事项进行督查，全年制发督办通知36份，跟进事项240余件。牵头抓好人大代表建议和政协提案办理，组织、指导区有关单位办理市、区人大代表建议和政协提案（意见）132件，基本满意率及满意率达100%。

【自身建设】2021年，区政府办坚决把党的政治建设贯穿办公室工作全过程。坚持以习近平新时代中国特色社会主义思想为指导，以党史学习教育为契机，深入学习贯彻中共十九届六中全会精神、习近平总书记“七一”重要讲话精神，牢固树立“四个意识”、坚定“四个自信”、坚决做到“两个维护”。深入抓好意识形态建设，认真落实党风廉政建设责任制，严守政治纪律和政治规矩。切实抓好干部职工的日常考核和年度考核，创造公平竞争、和谐竞争浓厚氛围，充分调动工作积极性。全年区政府党组开展“第一议题”学习23次，开展谈话提醒32次；区政府办公室党支部召开支委会12次，支部党员大会4次，专题讲党课4次，开展主题党日活动12次。

（郭一诺）

外事工作

【概况】根据武江区委、区政府机构改革工作的统一部署，武江区外事局挂牌武江区人民政府办公室，于2019年3月5日正式挂牌和运作。区政府办公室内设外事办，设正股级领导职数1名（韶武办发〔2019〕34号）。

其主要任务是研究制定本区外事工作的政策规定和发展

规划，并组织实施；负责因公出国管理工作，承办审批、审核本区因公出国和邀请外国人来区访问的有关事项；负责因公出国人员护照的颁发和管理工作；监督执行外事纪律，协助有关部门处理涉外事件；承办区政府及市外事局交办的其他事项。

【因公出国（境）管理】 2021年，区外事局严格落实市委外办关于加强因公出国管理工作的文件精神，认真贯彻中央八项规定精神，严格执行新冠肺炎疫情期间因公出国管理的各项制度和规定。2021年，武江区没有安排因公出国团组任务。

【外事服务】 2021年，区外事局严密做好外国人来华邀请申报工作。根据市委外办关于外国人来华邀请申报相关工作要求，对在武江区登记注册并合法运营的企业、学校等邀请单位及其邀请到武江从事重要且必要的经贸、科技、文化、教育等活动的外国人，妥善完成来武申请办理工作。扎实开展外事暖企服务，联合区工信局等单位开展商务旅行卡讲解推广工作。2021年，共推动2家企业3人办理APEC商务旅行卡。

（邹佳奇）

信访工作

【信访突出问题化解】 2021年，信访工作在区委、区政府的正确领导和上级信访部门的悉心指导下，认真贯彻落实国家和省、市、区关于信访工作的决策部署，落实信访机构改革，积极推进信访矛盾化解攻坚，治理重复信访、化解信访积案专项行动，落实区领导包案化解信访突出问题，全区信访形势整体平稳可控。

2021年，武江区扎实开展治理重复信访、化解信访积案专项工作。中央、省联席办第一批交办武江区重复访案件26宗，已全部落实区领导包案并在规定期限内结案。第二批交办武江区重复访案件9宗，全部交办至各责任单位，均落实包案责任领导、责任人和工作措施。

2021年，列入区领导包案28宗，区领导高度重视，积极主动与责任部门对接，认真研判案情，制定化解措施，促进案件化解。截至年底，办结化解类案件8宗，化解结案率达61.5%；同时，协助做好市领导包案化解信访问题工作。2021年，武江区3宗被列入市领导包案的案件已全部化解。

【信访渠道】 2021年，信访人可通过武江区人民政府公布的信访工作机构通信地址、电子信箱、投诉电话、网上投诉平台，以走访或者来电来信网信形式提出信访诉求。也可通过武江区人民政府网站公布的接待日和接待地点当面反映信访事项。在新建设的信访接待大厅的基础上，进一步优化社会治理资源力量，建设完成区级信访超市，升级打造一站式矛盾纠纷调处平台，充分发挥信访了解社情民意、为群众纾困解难的作用。区信访局共受理各级来信来访234批276人次，同比批次下降4%，人次下降54%。其中走访79批110人次，网信、信件155批166人次。主要涉及征地补偿、物业纠纷、山林（土地）权属纠纷、欠薪劳资纠纷及城建领域纠纷。

（王贝毓）

机关事务

【概况】 2021年，区机关事务服务中心在区委、区政府的坚强领导下，全面贯彻党的二十大精神，坚持以“服务精细化、管理规范化、保障高效化”的工作思路，深入细致的开展好公务接待、一般公务用车管理、党政机关办公用房管理、会务服务等各方面工作，为机关高效有序运转提供强有力的后勤服务保障。

根据机构编制方案，区机关事务服务中心为隶属区政府办管理的正科级公益一类事业单位，核定事业编制15名，设主任1名，副主任2名。无内设机构。

【接待总量】 2021年，区机关事务服务中心严格落实中央“八项规定”，厉行节约，按照《区机关事务服务中心公务接待管理办法》等规章制度执行接待工作，杜绝超标、超范围接待。

在大型会务接待上，充分利用现有设备和条件开展接待工作，减少各项经费支出。

【重要接待】 2021年，区机关事务服务中心圆满完成省住房和城乡建设重点工作综合检查组，省、市特色产业现代农业产业园实地核查组等重要接待。

【后勤服务】 2021年，区机关事务服务中心服务工作跟上时代要求，管理科学化。全力做好区机关大院的保洁工作，严格落实各项疫情防控措施，定时定人对会议室、办公大楼走廊、食堂、楼梯、电梯间等重点场所进行清洁、消杀，切实保障集中办公区域安全；全力做好水电等各项物业维修服务，定期对区机关大院用水用电设备进行维修检查，有效预防和排除各类安全隐患。

【会务服务】 2021年，区机关事务服务中心全面做好重大会务活动后勤服务保障工作，积极改善会务环境，提高会务服务质量，圆满完成“两会”、武江区招商引资暨高质量发展大会、区委农村工作会议暨全区实施乡村振兴战略工作推进会等重要会议活动的会务保障工作。

【机关食堂】 2021年，区机关事务服务中心健全食堂内部管理制度，严格执行食品安全标准和消毒防疫要求，规范操作、优质服务，提高用餐安全和用餐服务质量。

【机关安全保卫】 2021年，区机关事务服务中心实行24小时值班巡逻，全年值班巡逻累计约3650次。定人定岗，对重点区域、重点部位实行智能监控、昼夜巡查，做好疫情常态化防控工作，严格落实外来人员来访登记制度及体温监测管理。

【公务车辆管理】 2021年，区机关事务服务中心认真履行公务用车管理职责，加强公务用车编制管理，完善公务用车各项管理制度，完成广东省公务用车管理信息平台公务用车数据核实工作，实现在平台上管理及使用公务用车，提高公务用车管理智能化水平，有效杜绝违规用车、公车私用等违规现象。加强行车安全教育，全力保障重大会议、公务接待活动等用车，全年无发生较大交通责任事故。

（骆婕怡）

“数字政府”建设

【政府信息化建设管理】 2021年，区政务服务数据管理局实现区基础通信政务网络上连省市、横向连接区直属各部门，向下全覆盖至镇（街）、村（居），将互联网出口带宽和各镇街专网带宽提高50%。全区自建政务信息系统6个，其中在建1个，均已按要求开展迁移上云与网络安全等级保护2.0测评工作。强化“粤政易”一体化协同办公，累计为本区6023名公职人员开通并激活“粤政易”账号。全面推广应用“粤视会”会议视频系统，协助区高清视频会议部署，有效提升疫情防控远程调度能力。

【政务服务管理】 2021年，区政务服务数据管理局积极落实各项政务服务管理工作，推进“一网申办、一窗受理”改革，完成政务服务事项“进门上网”，武江区28个单位1313个依申请政务服务和公共服务事项进驻区政务服务大厅办理，一窗受理率达100%、网上可办率98%以上。完善区、镇（街）、村（社区）三级公共服务平台建设，推进458项区级政务服务事项向镇（街）延伸，97项事项向村（社区）延伸，并在区、镇、村综合办事窗口全面应用全市一体化政务服务平台，实现“前台统一收件、后台分类审批、窗口统一出件”的政务服务模式，全面提高镇（街）、村（居）的事项承接能力。开展“一件事”主题集成服务，完成100项联办事项的认领、事项要素录入、配置和发布实施工作，设立“一件事”窗口并安排专人办理，实现多个关联事项“一套材料、一窗受理、一网通办、一次办结”。推行“免证办”“邮递办”，充分利用数据共享和电子证照等技术手段，双向邮寄纸质申请材料及审批结果，有效提高办事效率，减少群众跑动次数。

【政务数据资源管理利用】2021年，区政务服务数据管理局扎实做好数据资源管理利用工作，根据省、市文件要求，按照政务数据资源目录编制与汇聚规范，组织27个区直单位迅速开展数据编目工作，数据编目关联覆盖率100%。组织推广应用大数据服务平台，推进数据资源共享互联，不断提升武江区政务服务信息化水平。

【政务服务平台管理】2021年，区政务服务数据管理局大力推进区政务服务大厅标准化规范化建设，完善大厅建设和运行管理规范、服务规范，强化现场管理和投诉处理，打造智慧高效的政务服务平台。2021年，进驻大厅的职能部门和企事业部门有32个，分别设有综合窗口、税务、公安、人社、市场监管、不动产、市政功能、民政婚登等服务窗口，基本实现“综合受理、一窗通办”。设有工程建设项目、政策兑现，跨域通办、一件事、统一身份认证、企业开办专窗，提供“一窗”受理，不断强化政务服务供给能力。大力推广应用“一门式一网式”政务服务信息系统、工程建设项目审批管理系统、“互联网＋监管”系统等，让数据多跑腿，群众少跑路。

2021年9月23日，广东省司法厅一级巡视员张荣辉带领督导组到武江区行政服务中心（谢婵祺　摄）

【政务服务热线】2021年，区政务服务数据管理局坚持“群众利益无小事”宗旨，对市转发工单内容提出处理意见，经审核后转相关单位限时办理，大力协调解决群众诉求问题。武江区工单相对其他县市区而言数量最为庞大，全年累计转派工单13414宗，同比增长近50%。同时认真做好工单数据分析研判工作，及时回应疫情防控期间群众关切的热点难点问题。

【其他主要工作】2021年，区政务服务数据管理局坚持以改革创新为根本动力，以服务群众、便利群众为工作出发点和落脚点，坚决落实市委、市政府以及区委、区政府工作部署，主要负责人亲自抓，勇于担当、主动作为，特别是在“粤商通”的宣传推广、“互联网＋监管”数据汇聚、政务服务“跨域通办”、政务服务好差评、统一身份认证、电子印章、电子证照应用、政务服务目录编制挂接方面，获得全市数字政府改革建设工作认可。在挂点村开展乡村振兴打擂比武、挂点社区居委会开展疫情防控等基层工作中勇于挑重担、出成效。

（钟志敏，胡敬东　邓培君　林　皓）

中国人民政治协商会议韶关市武江区委员会

综　述

2021年，政协韶关市武江区委员会设常务委员会，由主席、副主席、秘书长和常务委员组成。设主席1名，副主席6名，秘书长1名；设提案、经济、农业和农村、教科文卫体、社会和法制、港澳台侨6个专门委员会。政协机关设办公室、组织联络科、宣教提案科（根据韶机编办发〔2019〕123号文件精神，宣传教育科更名为宣教提案科）。根据韶武办发〔2019〕42号、韶武机编〔2019〕46号文件精神，区政协机关核定编制7名，实有人员7名。

重要会议

【九届六次会议】 2021年2月4日，中国人民政治协商会议第九届韶关市武江区委员会第六次会议开幕。来自各界的134名区政协委员欢聚一堂、共商大计，为助推武江区在城乡融合高质量发展上走在北部生态发展区前列，争当韶关改革发展排头兵、同心协力开创武江新一轮改革发展新局面积极建言献策。

2021年2月4日，区政协九届六次会议开幕

（区委宣传部　供图）

【专题议政会】 2021年8月4日，武江区召开“全力推动城乡融合发展省级试点建设工作”专题议政会。区委书记颜亮参加会议并讲话，区政协主席彭波主持会议，区委副书记陈刚参加会议。会议听取武江区全力推动城乡融合发展省级试点建设工作推进情况汇报。区政协委员代表、各民主党派代表、工商联代表围绕主题，从经济模式、乡村振兴、城乡建设、绿色循环、民生保障等方面，共同为推动武江城乡融合高质量发展出良策、建净言。

【十届一次会议】 2021年11月23日，中国人民政治协商会议第十届韶关市武江区委员会第一次会议开幕。来自全区各行各业、各条战线的164名区政协委员齐聚一堂，认真履行政治协商、民主监督、参政议政的职能。会议选举产生政协第十届韶关市武江区委员会主席1名、副主席6名、秘书长1名、常务委员24名。新一届政协将更紧密地团结在以习近平同志为核心的中共中央周围，继承发扬人民政协的优良传统，在中共武江区委的坚强领导下，紧紧围绕区委、区政府的决策部署，共同谱写人民政协事业发展和武江高质量发展的新篇章。

2021年11月23日，区政协十届一次会议开幕

（区委宣传部　供图）

【党组会议】 2021年区政协共召开12次党组会议。1月7日，区政协召开九届82次党组会议，学习国家主席习近平发表二〇二一年新年贺词；传达学习省委十二届十二次全会精神；讨论政协2020年工作总结和2021年工作计划；研究讨论2020年提案工作报告；研究讨论区政协九届六次全会日程、议程；通报各专委政协委员履职考核情况；研究讨论2020年度优秀委员人选；研究讨论2020年度优秀提案名单；研究讨论召开民主党派座谈会有关事项；研究讨论政协委员履职费发放有关事项。

2月3日，区政协召开九届86次党组（扩大）会议，学习习近平总书记同党外人士共迎新春座谈会上的重要讲话；传达学习中国共产党韶关市武江区第九届委员会第十三次全体会议精神；通报区政协九届六次会议筹备情况；研究讨论区政协九届六次会议有关经费问题。

3月5日，区政协召开九届90次党组会议，传达学习习近平总书记在全国脱贫攻坚总结表彰大会的重要讲话精神；传达学习《中共中央关于在全党开展党史学习教育的通知》精神；传达学习《关于进一步解决形式主义问题做好2021年为基层减负工作主要措施及分工方案》精神；传达学习陈希在全国组织部长会议上的讲话精神；传达学习区委关于贯彻落实《关于巩固深化“不忘初心、牢记使命”主题教育成果的若干举措》的通知；研究讨论党史学习领导小组成员名单及方案；研究讨论巡视整改有关事项；研究讨论信访包案工作。

4月15日，区政协召开九届96次党组（扩大）会议，对习近平总书记在十九届三中全会上的重要讲话精神再学习再领会；学习《习近平新时代中国特色社会主义思想学习问答》——“如何理解协商民主是我们独特的、独有的、独到的民主形式”；研究贯彻庆祝中国共产党成立100周年组织开展“永远跟党走”群众性主题宣传教育活动；研究围绕做好招商引资及提升企业服务进行调研工作安排；研究推荐评选2019—2020年武江区脱贫攻坚工作突出贡献企业、集体和个人候选名单；研究《市政协筹备“市委大力推进产业生态化和生态产业化专题协商会议”工作方案》；研究讨论巡视整改工作总结。

5月14日，区政协召开九届99次党组（扩大）会议，传达学习贯彻习近平总书记在中共中央政治局会议上的重要讲话精神（分析研究当前经济形势和经济工作，听取第三次全国国土调查主要情况汇报，审议《中国共产党组织工作条例》）；学习《习近平新时代中国特色社会主义思想学习问答》——“如何理解习近平新时代中国特色社会主义思想是当代中国马克思主义、21世纪马克思主义”；学习《中共广东省委办公厅关于认真做好市县乡领导班子换届工作的通知》精神；学习《李希、张义珍同志在全省市县乡领导班子换届工作电视电话会议上的讲话》精神；传达学习《关于党史学习教育有关活动注意事项的通知》并研究布置工作；传达学习《区委常委会会议第二议题制度》并研究贯彻落实。

6月4日，区政协召开九届100次党组（扩大）会议，传达学习习近平总书记在中共中央政治局会议上的重要讲话精神（听取“十四五”时期积极应对人口老龄化重大政策举措汇报审议《关于优化生育政策促进人口长期均衡发展的决定》）；党史学习教育——习近平论《中国共产党历史》“把红色基因传承好，把红色江山世世代代传下去”；学习《中共中央国务院关于新时代加强和改进思想政治工作的意见》精神；学习《中共中央 国务院关于加强基层治理体系和治理能力现代化建设的意见》精神；学习《韶关市武江区关于进一步加强重大事项请示报告工作的实施方案》精神；学习《中共韶关市武江区委办公室关于进一步解决形式主义问题做好2021年为基层减负工作分工安排的通知》精神；学习《关于严肃换届纪律加强换届风气监督的实施方案》精神；听取政协换届选举筹备工作情况；研究购买一般公务用车事项。

7月5日，区政协召开九届103次党组（扩大）会议，传达学习贯彻习近平总书记在庆祝中国共产党成立100周年大会上的重要讲话精神。

8月17日，区政协召开九届106次党组（扩大）会议，学习贯彻习近平总书记在青海考察期间重要讲话精神；学习贯彻习近平总书记在西藏考察期间重要讲话精神；学习李希在全省省级、市厅级主要领导干部学习贯彻《横琴粤港深度合作区改革开放方案》《全面深化前海港现代服务业合作区改革开放方案》专题研讨班上的讲话精神；学习《中国共产党组织工作条例》；传达贯彻区委九届第十五次全会精神；传达学习武江区换届工作领导小组第四次会议会议纪要精神；传达《关于在全区公务员队伍中开展争做“人民满意的公务员”活动的实施方案》精神；研究审议人事事项。

9月27日，区政协召开九届108次党组（扩大）会议，学习习近平关于法治思维方法的重要论述（法治政府建设）；学习李希、马兴瑞在省委十二届十四次全会上的讲话精神；传达学习《2021年度韶关市武江区落实意识形态工作责任制执行情况绩效评价实施方案》暨专题研究意识形态工作；研究区政协十届一次会议筹备工作；欢送退休副主席。

10月15日，区政协召开九届109次党组（扩大）会议，传达学习习近平在纪念辛亥革命110周年大会上的重要讲话精神；研究讨论政协第九届韶关市武江区委员会常务委员会提案工作报告；研究讨论政协第九届韶关市武江区委员会常务委员会工作报告；研究讨论中国人民政治协商会议第十届韶关市武江区委员会第一次会议选举办法；研究讨论中国人民政治协商会议第十届韶关市武江区委员会第一次会议筹备工作报告；研究讨论区政协九届第24次常委会会议议程；研究讨论人事事项。

11月11日，区政协召开九届111次党组（扩大）会议，学习习近平在中央人大工作会议上的重要讲话精神；研究区政协十届一次会议有关事项。

12月6日，区政协召开十届1次党组（扩大）会议，传达学习中共十九届六中全会精神及省、市传达学习贯彻中共十九届六中全会精神干部大会精神；对习近平总书记在中央政协工作会议暨庆祝中国人民政治协商会议成立70周年大会上的重要讲话精神和《中共中央关于新时代加强和改进人民政协工作的意见》精神再学习再领会；专题研究党建工作；审议2021年政协工作总结和2022年工作计划；听取各专委汇报2022年视察计划和调研计划；研究召开区政协十届一次常委会会议议程。

【常委会会议】2021年，区政协共召开5次常委会会议。1月21日，区政协召开九届第20次常委会会议，区政协主席彭波主持会议。传达学习贯彻习近平总书记出席深圳经济特区建立40周年庆祝大会和视察广东重要讲话、重要指示精神，中共十九届五中全会精神，省委十二届十二次全会、市委十二届十三次全会精神、区委九届十二次全会精神；听取区政府工作报告（征求意见稿）的说明，政府部门2020年办理政协提案情况的通报；听取区纪委监委负责人关于2020年全区党风廉政建设和反腐败工作情况通报；听取区法院负责人关于2020年工作情况通报；听取区检察院负责人关于2020年工作情况通报；审议政协第九届韶关市武江区委员会常务委员会工作报告（讨论稿）；审议政协第九届韶关市武江区委员会常务委员会关于九届五次会议以来提案工作情况的报告（讨论稿）；审议关于召开政协第九届韶关市委员会第六次会议日期、议程和日程安排的建议（草案）；审议2020年优秀提案、优秀委员建议名单。

2月5日，区政协召开九届第21次常委会会议，区政协主席彭波主持会议。听取各组召集人汇报分组讨论情况，通过政协第九届韶关市武江区委员会第六次会议决议（草案）。

3月17日，区政协召开九届第22次常委会会议，区政协主席彭波主持会议。传达学习贯彻习近平总书记重要讲话精神暨全国两会精神；传达学习习近平总书记在党史学习教育动员大会上的重要讲话精神；研究审议通过《2021年区政协工作要点》；研究审议通过2021年政协委员提案立案审查情况。

5月27日，区政协召开九届第23次常委会会议，区政协主席彭波主持会议。传达学习习近平总书记在中共中央政治局第二十九次集体学习时发表的重要讲话精神；学习《中共广东省委办公厅关于认真做好市县乡领导班子换届工作的通知》精神；学习《论中国共产党历史》——人民政协在建立新中国和社会主义革命、建设、改革各个历史时期发挥了十分重要的作用；协商议政座谈会—《全面提升招商引资质量》；研究开展“广东扶贫济困日”活动有关事项；协商人事事项。

11月2日，区政协召开九届第24次常委会会议，区政协主席彭波主持会议。传达学习习近平总书记在纪念辛亥革命110周年大会上发表的重要讲话精神；传达学习区第十次党代会、区委十届一次全体会议精神；学习换届工作纪律的有关要求；审议通过政协第九届韶关市武江区委员会常务委员会工作报告（讨论稿）；审议通过政协第九届韶关市武江区委员会常务委员会提案工作情况的报告（讨论稿）；审议通过政协第十届韶关市武江区委员会第一次会议议程、日程；审议通过政协第十届韶关市武江区委员会政协委员提名人选名单。

重要活动

【上级领导调研】2021年5月19日，市政协主席王青西一行到武江区召开市委专题协商会调研座谈会议，听取武江区“产业生态化、生态产业化”项目谋划开展情况。

5月21日，省人民政协理论研究会常务副会长吴茂芹一行来韶调研，区政协副主席林健参加座谈并作“搭建用好四个平台 着力推进双向发力”汇报。

5月27日，省政协联络工作委员会专职副主任廖珍玉带领的三个党支部党员前往龙归粮仓开展主题党日活动。区政协副主席何岚陪同调研。

6月3日，市政协副主席谢天友一行到武江区科创园开展“加强招商引资工作”民主监督视察活动。区政协主席彭波陪同调研。

8月13日，市政协副主席谢天友带队到武江区开展韶关市“提振领导干部干事创业精气神”专题调研座谈会。区政协主席彭波、副主席林健参加会议。

10月22日，市政协副主席王德雄率视察团一行到龙归镇开展“风度书房中心镇全覆盖工作进展情况”专题视察工作。区政协主席彭波、秘书长刘立文陪同调研。

【交流学习】2021年4月19—20日，河南省信阳市政协和韶关市政协到韶州公园、向阳小区、矿山公园电化厂公园调研考察城市公园建设。

4月20日，连南县政协副主席房婧婧带领文化旅游产业专题调研组一行到武江区龙归镇学习文旅产业工作经验。

8月16日，浈江区政协副主席何艳霞带队到武江区政协委员联系群众工作室进行交流学习。

9月23日，广府人联谊总会会长陈耀光带领考察团考察武江科创园，先后参观和观摩天紫路演中心、广东省华林云信息科技有限公司、朗科科技公司、浩辰医学检验所有限公司等高新科技企业。

10月27日，中山市政协文史委主任祝晓林一行到重阳镇调研乡村振兴中的历史文化保护与开发利用。

政治协商

2021年，区政协积极开展政治协商，加强与各民主党派、人民团体和各界人士的沟通交流，积极为民主党派履职创造条件，协助区委区政府就“全面提升招商引资质量”“我为优化营商环境献良策”“全力推动城乡融合发展省级试点建设工作”等议题召开区委专题协商会、区政府专题议政会和专题议政性常务委员会会议，广泛听取各民主党派、工商联及无党派人士意见建议，深入研讨如何在生态优先、绿色发展下优化营商环境。持续加强与港澳委员的沟通联系，发展壮大爱国爱港爱澳力量，为武江发展凝心聚力，助推城乡融合高质量发展。

民主监督

【民主监督评议】2021年，区政协认真组织开展民主监督活动。提案专委召开提案立案审查会议，研究讨论九届六次会议提案立案情况，对武江区政协6个重点提案涉及的相关职能部门提案办理情况进行督办，视察该区长者饭堂建设及运营情况并开展座谈。经济专委到区科创园及相关企业视察招商引资及产业平台推进情况，对优化武江区招商引资环境提出建议。农业专委以党史学习教育为契机，组织委员对区生猪养殖情况进行调研，深入了解困扰人民群众“吃肉贵”的问题，到重阳镇视察农村人居环境整治提升情况，到龙归镇视察河道整治和农村生活污水治理情况。教科文卫体专委委员到市职健所、区新华社区卫生服务中心、区中医院视察公共卫生服务体系建设进展情况，根据视察中发现的问题，向有关部门提出了有针对性和可操作性的对策或建议，助推民生项目实施，助推武江区高质量发展。社会和法制专委多次参加政法队伍教育整顿座谈会，结合群众的新要求、新期盼，以及实际生活中遇到的具体问题提出建议。到区市场监督管理局开展视察工作，对法治建设、行政执法、食品安全监管等需要进一步加强的工作或存在不足的地方建言咨政。港澳台侨专委到韶关市新雅物业有限公司政协委员联系群众工作室就贯彻落实武江区开展“二次创业”和提升营商环境氛围进行调研座谈，组织专委委员对新华街道老旧小区改造情况进行民主监督，并到市气象局宿舍改造点实地察看情况，对利用社会资源解决老旧小区改造资金不足试行情况进行视察并提出建议。此外，区政协还积极组织政协委员对区发改局、区工信局、区人社局等部门开展工作情况实施民主评议民主监督，促进职能部门政风、行风建设。

【社情民意】2021年，区政协坚持完善政协委员联系群众工作室的工作制度，制定《2021年区政协各专委驻政协委员联系群众工作室安排表》，安排各专委轮流到新华北、黄岸村、新雅物业、工业西等工作室开展活动，把政协工作触角延伸到基层群众中，使政协工作更“接地气”。如：政协委员在新雅物业政协委员联系群众工作室接访群众，为群众所在小区成立业主委员会和小区物业停车位收费问题出谋献策。通过积极发挥政协委员的专业所长，定期开展接访活动，收集反映、协助解决群众的意见和建议，做好办理落实情况的跟踪、督办和反馈等工作，为基层群众排忧解惑，委员主体作用得以更好发挥，让群众实实在在受益，使“委员联系群众工作室”成为“零距离”服务群众的“驿站”。

【提案工作】2021 年，区政协九届六次会议期间，共收到委员提案 85 件，经初审确定立案 62 件，立案率为 72.9%，未予立案 23 件。其中，确定重点提案 6 件。所有提案按相关程序得到及时办理，委员满意和基本满意率达 100%。通过组织下发《2021 年武江区政协九届六次会议提案承办目录表》，确定承办单位、领办领导，明确提案回复时限，并加强提案办理过程中的督查督办工作。对不予立案的提案，当作建议或社情民意转交有关部门探索办理。对会后收到的提案，区政协提案专委会及时审查立案交办，提案成果得到有效运用，为服务决策、推动工作发挥了重要作用。区政协十届一次会议期间收到提案 96 份。

参政议政

2021 年，区政协围绕党委、政府中心工作，积极参政议政。精心组织政协委员开展各项专题调研视察和民主监督活动 26 次，调研视察覆盖住房、教育、医疗、社保、社会稳定、生态环境、重点项目建设等群众关心的热点难点问题，积极为武江经济社会发展建言献策。充分发挥政协联系广泛、协调关系、凝聚力量的优势，引导委员企业参与乡村振兴“打擂比武”工作；助力区实施镇域提升“139”行动和“龙归—江湾”“西河—重阳”乡村精品线路建设；助推龙归粮仓、方田花海、十里江湾等网红打卡点建设；韶关市龙韶实业有限公司等多个委员的企业获“全区脱贫攻坚突出贡献企业”等表彰。政协委员大力支持“打擂比武”各组团工作，通过建设“四小园”、“田间直播助农”、认领“共享菜园”等内容，将乡村旅游由“拍照打卡式”变为“劳动体验式”，盘活农村资源，打开农村帮扶新模式，为全区乡村面貌焕然一新，人民生活水平不断提高贡献政协力量。许多村庄彻底改变以往脏乱差的现象，成为韶关乡村振兴样板，得到市委书记在全市脱贫攻坚总结大会讲话中充分肯定和表扬。九届区政协在 2021 年任期届满，换届工作在区委的统一部署和领导下，坚持以习近平新时代中国特色社会主义思想为指导，依据政协章程，精心组织，扎实做好各项工作，确保换届选举工作的圆满完成，获市换届考察组和市换届风气巡回督查组充分肯定。

理论研究

2021 年，区政协扎实开展调研工作。根据《关于加强新时代人民政协党的建设若干意见》，以及中央和省委、市委政协工作会议精神，区政协首次受邀在市政协“全市政协系统党建工作经验交流会”上作为代表发言，介绍区政协党的建设工作的做法和成效。在省政协“党的十八大以来我省协商民主创新发展”专题调研座谈会上，区政协围绕新时代条件下如何推进协商民主创新发展，如何更好发挥人民政协专门协商机构作用等问题，作题为《搭建用好四个平台 着力推进双向发力》的交流发言。根据《关于印发〈市政协筹备“市委大力推进产业生态化和生态产业化专题协商会议”工作方案〉的通知》，围绕市委“大力推进产业生态化和生态产业化”协商会议主题，区政协在市政协的指导下，按照谋划产业生态化和生态产业化发展具体项目的有关要求，结合武江区“十四五”规划和相关行业专项规划，围绕“两化”，精准组织项目谋划。在市委召开的“大力推进产业生态化和生态产业化”专题协商会议上，区政协作了《武江区关于“精准谋划项目、推动‘两化’工作”》的专题发言，发言质量得到市委和市政协主要领导高度评价。此外，区政协首次受邀赴广州参加省政协常委会和全省政协系统工作交流会，并作书面发言和讨论发言。

（何承康）

纪检·监察

综　述

2021年，武江区纪检监察机关坚持以习近平新时代中国特色社会主义思想为指导，全面贯彻中共十九大和十九届二中、三中、四中、五中、六中全会精神，不断增强“四个意识”、坚定“四个自信”、做到“两个维护”，在市纪委监委和区委的坚强领导下，认真贯彻落实十二届市纪委六次全会部署要求，坚持稳中求进工作总基调，聚焦主责主业，强化监督执纪问责，坚定不移推进全面从严治党，党风廉政建设和反腐败工作取得新成效。

重要会议

【2020年度领导班子民主生活会】 2021年2月7日，在区委、区政府610会议室召开2020年度区纪委监委领导班子民主生活会，区委常委、区纪委书记、区监委主任肖建红代表区纪委监委领导班子作对照检查发言，纪委监委班子成员依次围绕主题开展批评和自我批评，市纪委监委第四监督检查室主任曾光、正科级纪检监察员范小江到会指导并作点评。

【九届区纪委六次全会】 2021年3月25日，在区科创园天紫路演中心二楼会议厅召开中国共产党韶关市武江区第九届纪律检查委员会第六次全体会议。区委常委、区纪委书记、区监委主任肖建红代表区纪委常委会作题为《推动新时代纪检监察工作高质量发展，为促进武江“二次创业”开创新武江新经济新生活崭新局面提供坚强保障》的工作报告，区委书记颜亮参加会议，并作讲话。龙归镇、区住建局、区统计局、区城管局四个党（工）委（党组）主要负责人向区纪委委员进行述责述廉并接受现场评议。

2021年3月25日，中国共产党韶关市武江区第九届纪律检查委员会第六次全体会议在天紫路演中心二楼会议厅召开

（区纪委监委　供图）

【严肃换届纪律“三个一”警示教育大会】 2021年5月12日，在区委区政府七楼会议厅

召开全区严肃换届纪律“三个一”警示教育大会，市专项巡察指导督导组组长张桂先传达学习习近平总书记关于加强换届纪律和作风的重要指示精神以及省、市关于换届工作的部署要求，区委书记颜亮作表态发言，全区75名领导干部参加。

【党章党规党纪教育培训班】 2021年9月18日，在区委区政府七楼会议厅举办武江区2021年领导干部党章党规党纪教育培训班，区委常委、区纪委书记人选、监委代理主任沈中伟作警示教育辅导，区委书记张广晖讲话，全区108名领导干部参加。

【九届区纪委七次全会】 2021年10月15日，在区委、区政府610会议室召开中国共产党韶关市武江区第九届纪律检查委员会第七次全体会议。区委常委、区纪委书记人选、区监委代理主任沈中伟代表区纪委常委会作《中共韶关市武江区纪律检查委员会向区第十次党代表大会的工作报告（讨论稿）》。

【十届区纪委一次全会】 2021年10月30日，在区委、区政府310会议室召开中国共产党韶关市武江区第十届纪律检查委员会第一次全体会议。区委常委、区纪委书记人选、区监委代理主任沈中伟主持会议。全会选举产生中国共产党韶关市武江区第十届纪律检查委员会书记、副书记和常务委员会委员，报中国共产党韶关市武江区第十届委员会第一次全体会议通过。

纪　检

【强化政治责任感】 2021年，区纪委监委持之以恒学懂弄通做实习近平新时代中国特色社会主义思想，扎实开展党史学习教育，认真学习习近平总书记“七一”重要讲话精神等，在学深悟透、务实戒虚、整改提高上持续发力。落实好“第一议题”制度，发挥领导班子带头学示范作用，推动纪检监察干部不断提高政治判断力、政治领悟力、政治执行力。全年共召开纪委常委会（扩大）会29场，组织理论学习中心组学习23场。把学习贯彻落实中共十九届六中全会精神作为当前和今后一个时期一项重要政治任务抓紧抓好，认真学习领会全会公报和决议精神，通过纪委常委会、理论学习中心组学习、全体干部大会、支部“三会一课”等形式开展集中学习、撰写心得体会。同时，发放全会文件汇编等学习辅导资料，督促纪检监察干部潜心自学。此外，微信公众号及时推送习近平总书记系列重要讲话精神相关内容，深入宣传中共十九届六中全会精神。推动纪检监察干部以全会精神为指导，自觉运用党的百年奋斗历史经验，联系实际落实落细各项工作任务，推进全面从严治党，发挥监督保障执行、促进完善发展作用。

【正风肃纪】 2021年，区纪委监委出台《武江区作风提升三年行动计划（2021—2023年）》，教育和引导全区党员干部立足本职岗位，在武江“二次创业”中树一流作风形象。持续落实作风建设常态化监督检查机制，紧盯关键节点，全年明察暗访

2021年10月15日，中国共产党韶关市武江区第九届纪律检查委员会第七次全体会议召开　　（区纪委监委　供图）

单位（场所）224个，发现并督促整改问题28个，通报20个单位共计49人。查处违反中央八项规定精神问题6起9人，其中形式主义、官僚主义问题3起4人。开展公务接待“吃公函”问题、公车使用管理问题专项监督，发现各类问题89个。对标最好最优打造一流营商环境的目标要求，协助区委出台《武江区营商环境四大突出问题查纠整治行动方案》并制定《武江区损害营商环境的四大突出问题清单》，细化工作内容，形成上下联动、齐抓共管的工作格局。共开展营商环境问题查纠整治行动2次，发现问题13个，提出整改意见建议9个。结合“我为群众办实事”实践活动，聚焦群众反映强烈的突出问题，开展专项监督检查。严厉惩治群众身边腐败和作风问题，加强对农村基层党员、干部违纪违法线索排查。全年共摸排基层正风反腐违纪违法线索155条，立案75件，结案56件，给予党纪政务处分41人。开展农村乱占耕地建房问题专项监督，查处涉及农村土地问题案件2宗，约谈、批评教育相关部门负责人3人，督促区自然资源局整治违法占用耕地建房案件3宗。开展惠民惠农资金专项督查，发现问题3个，提出意见建议2条。开展粮食购销领域专项整治，制订《专项整治方案》《自查自纠方案》《案件查处方案》，成立专项整治工作领导小组，明确各职能单位职责分工，自查自纠阶段发现问题6件，已督促相关单位进行整改。

【执纪审查】2021年，区纪委监委坚持严的主基调，综合运用批评教育、诫勉谈话、组织处理、党纪处分等方式处理各类违纪行为。全区纪检监察机关共受理群众信访举报136件。立案80件，结案87件，给予党纪政务处分71人。采取留置措施1人。深化运用监督执纪“四种形态”批评教育帮助和处理176人次，“四种形态”占比分别为57.9%、33.5%、8%、0.6%，“四种形态”结构合理。扫黑除恶专项行动开展以来，区纪委监委受理涉黑涉恶和“保护伞”问题线索25条，立案25件，给予党纪政务处分19人。开展政法队伍教育整顿以来，收到问题线索共24条，立案11人，给予党纪政务处分7人，组织处理9人。建立案件线索研判机制，强化案件线索分析研判，按照快查快办、重点经营、一般关注的原则，加快推进案件查办，提升案件质量。建立镇（街）纪（工）委案件区级审核制度，有效提升镇街办案质量。全年区纪检监察机关自办案件24件，占全区立案总数的30%；7个镇级纪委、区公安纪委办案56件，占70%。牢固树立“没有安全就没有审查调查”意识，强化案件监督管理工作，实行问题线索统一管理，建立健全办案安全工作责任制度、办案谈话工作暂行规定等系列制度，筑牢安全防线。加强硬件设施安全保障，下拨专项经费支持镇级纪委加强谈话点建设。用好管好区级“同志式”谈话室，既充分彰显纪委监委教育人、挽救人的初衷情怀，又兼顾办案安全，有效推动监督执纪工作常态化、专业化、规范化，实现政治效果、纪法效果和社会效果有机统一。

【巡察工作】2021年，区委巡察机构紧紧围绕市县巡察“三个聚焦”监督重点，深入查找并纠正政治偏差。全年开展两轮常规巡察，涉及9个单位。全面完成九届区委对47个单位党组织和87个村（社区）党组织巡察全覆盖工作目标。开展村（社区）、乡镇领导班子换届风气、涉粮领域专项巡察和巡察整改交叉检查，共发现问题362个，移送问题线索4条。根据九届区委巡察情况，压实巡察整改主体责任，下发《关于进一步总结完善巡察整改工作的通知》，落实巡察整改情况跟踪督办，开展巡察整改“回头看”，推动38个被巡察单位和87个村（社区）开展整改成效自查自纠，完善相关制度建设286个，对整改不到位的6个单位发出督办单，责成“二次整改”，确保巡察反馈问题真解决、建长效。健全巡察工作机制，出台《关于进一步加强武江区委巡察队伍建设的实施意见（试行）》《武江区委巡察组巡察后评估制度（试行）》等。新成立区委第三巡察组，配备2名干部，增强巡察工作力量。加强巡察干部业务培训，组织巡察干部开展各类培训3期28人次，邀请区审计局针对政府投资领域易发的风险点及财经管理进行专题培训，增强巡察干部“发现问题”的精准性，提高巡察干部业务水平。

【宣传教育】2021年，区纪委监委动态更新科级领导干部廉政档案，新增区管干部廉政档案36册，清退61册，完善134册，将廉政档案作为日常分析研判、处置问题线索的重要参考，为区干部提拔使用、了解领导干部个人廉政情况起到有效助力。常态化开展任前廉政教育活动，对7批次76人开展任前党纪法规知识测试、廉政承诺，督促拟提拔干部先过“廉关”再履新。在全区开展“清风宣讲”、廉政教育报告、专题案例剖析会共54场。建立村（社区）党员干部警示教育制度，压实镇（街）党（工）委抓廉政教育的主体责任。完成新一届村（社区）“两委”班子廉政警示教育“全覆盖”，针对区镇两级班子换届，在5个镇同时开展严肃换届纪律“四个一”警示教育。通过专题讲座、家庭助廉等形式，对政法系统干部、党员发展对象、初任公务员开展廉政教育辅导，引导干部及其家属筑牢廉洁防线。扎实开展“一案一警示”工作，通过到案发单位召开专题警示教育大会、组织旁听庭审活动，增强警示教育的针对性和有效性。

【队伍建设】2021年，区纪委监委坚持把政治建设摆在首位，扎实开展党史学习教育，从严落实党建、意识形态、保密工作责任制。区纪委监委领导班子带头领学促学，主要负责同志、班子成员上专题党课6次，充分发挥示范带头作用。结合支部“三会一课”、主题党日活动等，专题开展“党史中的纪律”学习，举办情景剧创作、音频录制等活动，让纪检监察干部通过参与式、沉浸式、互动式学习教育更深地体悟百年党史的思想伟力。全年组织开展业务培训12次，培训316人次。针对部分新任镇（街）纪（工）委书记业务知识和能力不足的问题，组织委机关业务科室负责人对新任纪委书记和新进纪检监察干部开展为期3天的业务培训。为提高纪检监察干部提炼总结能力，规范和加强纪检监察信息工作，全年纪检监察信息被市级以上媒体采用96条，其中南粤清风网采用8条。同时，突出正面激励导向，强化争先创优意识，激发干部干事创业热情，区纪委监委全年提拔使用干部16人（其中职级晋升7人），交流到外单位任职5人。严格执行内控管理制度，全年全区纪检监察干部履行请示报告500多人次。弘扬担当实干精神，先后有5名纪检监察干部被区委区政府评为“头雁效应”先进个人、攻坚克难之星、扫黑除恶先进个人，区纪委监委机关获韶关市先进基层党组织、市扫黑除恶先进集体等荣誉称号。通过观看警示教育片、案例通报等形式加强纪检监察干部日常警示教育，防止纪检监察干部“灯下黑”问题发生。

监　察

【体制改革】2021年，区纪委监委一体推进“三项改革”，总结经验做法，研究解决存在突出问题，切实把改革成果转化为治理效能。协助党委完善全面从严治党制度，落实全面从严治党责任制度，促进管党治党主体责任和监督责任贯通联动，重点完善对各级主要领导干部监督制度和领导班子内部监督制度，着力破解对一把手监督和同级监督难题。加强对下级纪检监察的组织领导和业务指导，加强下级纪检监察组织班子建设，督促镇（街）纪（工）委持续深化“三转”，进一步提升镇村监督质效。按照省、市纪委监委工作部署和指引，稳妥有序开展区监委向区人大常委会报告专项工作，自觉接受人大监督。健全派驻机构与区纪委监委协作机制，补齐监督短板，提高派驻监督实效，充分发挥派驻监督“派”的权威和“驻”的优势。完善纪律监督、监察监督、派驻监督、巡察监督统筹衔接制度，强化纪委监委监督的协助引导推动功能，促进党内监督与人大监督、民主监督、行政监督、司法监督、审计监督、统计监督、群众监督和舆论监督贯通融合、协调协同。

（金　晶）

民主党派

民革武江区基层组织

【概况】2021年，民革武江区基层委员会辖武江区第一支部、武江区第二支部、武江区第三支部、武江区第四支部、武江区第五支部和粤北人民医院支部。2021年发展新党员2人，共有民革党员146人。

【思想政治建设】2021年，民革武江区基层委员会高举新时代中国特色社会主义伟大旗帜，始终继承和发扬孙中山爱国、革命、不断进步精神，将思想政治建设作为一切工作的出发点和落脚点。把理论学习中心组学习列入重要议事日程，中心组学习以政治学习为根本，以深入学习中国特色社会主义理论体系为首要任务，以深入学习贯彻中共中央总书记习近平系列重要讲话精神重要指示精神为重点。坚持结合工作实际，抓好中共中央、省委、市委和民革中央、省委重要会议精神的学习贯彻。认真开展学习中共党史、新中国史、改革开放史、社会主义发展史及多党合作史、民革历史宣传教育活动。按照民革市委会的有关会议和文件精神要求，对学习教育的总体要求、目标任务、学习内容、进度安排、具体要求等做了具体部署，积极参加市委会理论学习中心组学习会、专题学习会，召开武江区基层组织学习会等，掀起党史学习教育活动的热潮。

【重要活动】5月27日至6月25日，全区民革党员中的公务员（含参公管理事业单位工作人员）参加在广东南岭干部学院举办的党史学习教育专题培训班；10月18日，部分基层干部参加陪同省委会副主委何杰参观北伐战争纪念馆、广东省委旧址等红色基地。10月29日至31日，部分基层干部参加市委会组织的参观东莞民革都市丽人支部多党合作展览厅，观看多党合作历史展览，回顾民革老一辈领导人同中国共产党团结合作的奋斗历程。部分基层干部积极参加省委会副主委何杰到韶关举行的党史教育专题讲座、作风建设年活动座谈会。通过参加学习教育，不断提高政治判断力、政治领悟力、政治执行力，不断增进对中国共产党领导和中国特色社会主义的政治认同、思想认同、理论认同、情感认同，坚定不移走中国特色的社会主义政治发展道路，始终保持同中国共产党同心同德、团结奋斗的政治本色，牢固树立“四个意识”、增强“四个自信”、做到“两个维护”，进一步巩固共同思想政治基础。

【组织建设】2021年，民革武江区基层组织严格按照上级组织部署，组织全区民革党员代表参加民革韶关市第十二次代表大会，顺利完成市委会换届工作，娄平、张嘉异、钟永红、余硕进入新一届的市委会领导机构，刘军、康喜廷、高林、王为当选新一届监督委员会委员。刘素云当选为新成立的市委会咨询委员会副主任。

以民革作风建设年为契机，按照民革中央作风建设年工作部署，深入践行“四新”“三好”和《中共中央关于加强中国特色社会主义参政党建设的意见》要求，组织区民革骨干参加广东作风建设年工作（韶关）报告会，全面加强作风建设，端正思想作风，改进工作作风，严格纪律要求，强化内部监督力度。强化党员政党意识，引导全区民革党员明确主体责任，认真履行党员义务。

推进达标支部创建工作，努力促进基层组织建设规范化。坚持办好武江区民革党员之家，进一步发挥强化思想教育、凝聚人心力量、展示民革形象等方面作用。筑牢组织发展根基。加强基层组织政治理论学习，不断完善严格落实理论学习制度。围绕主题精心策划活动内容，创新活动形式。严格落实组织发展政策要求，把好新党员入口关。

参加市委组织部和市委统战部联合举办的2021年韶关市民主党派新一届市委委员培训班、市统一战线“同心大讲堂”的培训、新党员、骨干党员学习培训班。

【参政议政】 2021年，民革基层组织认真贯彻落实民革中央关于“举民革全党之力，抓好参政议政工作”的要求，围绕市委、市政府，区委、区政府的中心工作，认真开展调查研究，提出大量的提案建议。“两会”期间，区民革党员中的市政协委员围绕城市公共交通配套、中心城区发展、企业用钢采购机制、大件垃圾收集处理制度、无物业管理小区有效管理等事关韶关发展的重要问题建言献策。向市政协提交并立案的集体提案8件，个人提案12件，转来信3件。李婷撰写的《提高我市城市管理水平，加快推行无物业管理小区有效管理的提案》被列为2021年韶关市政协重点提案，刘军撰写的《大力发展生猪生态养殖，促进韶关生态产业构建》作为市委会在市政协十二届五次大会上大会发言材料。市政协委员詹三毛、张嘉异在2021年考核中成绩名列前茅。武江基层委向区政协提交提案3件。提案数量所占比例位居各界别前列，质量不断提高，9件提案被评为市优秀提案。

【社会服务】 2021年，民革基层组织积极参与扶贫济困、疫情防控、捐资助学、复工复产、乡村振兴等工作。粤北人民医院支部承办市委会组织到枫湾镇的送医送药活动，义诊200人次，送药8000元，杨泳参加市卫健局组织的送医送药活动。各基层组织不断进步，在日常工作中发挥出民革组织的坚强堡垒作用，用好家风引领支部党员守公德，严私德，以工匠精神激励支部党员守初心，行本业，成果显著，令人欣慰。武江三支部的娄平、粤北人民医院的钟永红参加市委会组织的慰问百岁抗战老兵唐松活动；武江基层委捐款1.2万元，帮助江湾镇困难农民之女就学生活；粤北医院支部蒋段林助学5000元，何慕珠助学2000元。据不完全统计，韶关民革市委会捐款约计2万元。

（王龙树）

民盟武江区基层组织

【概况】 2021年，民盟武江区基层委员会下辖6个支部，即北江中学支部、田家炳中学支部、武江区科技教育支部、医卫支部、粤北医院支部和文体机关二支部，盟员总数120人。盟员主要来自教育、医卫、科技、文化、政府机关等界别。

【思想建设】 2021年，民盟武江区基层委员组织全体盟员认真学习中共十九届五中和六中全会精神、中共中央总书记习近平在庆祝中国共产党成立100周年大会上的重要讲话精神，民盟中央、民盟省委和中共韶关市委重要会议精神，以及全国两会精神、《中国共产党统一战线工作条例》等，按照上级民盟组织关于开展中共党史学习教育的决策部署和工作要求，通过开展党史学习教育学习会、座谈会，到广东民盟盟史馆韶关分馆、北伐战争纪念馆等红色教育基地开展现场教学等，开展形式多样的党史学习教育，坚定永远跟党走的理想信念。组织盟员认真收看庆祝中国共产党成立100周年大会现场直播。广大盟员积极参加盟市委组织开展的专题读书活动，并提交学习心得体会。盟员蒋光源投稿参与盟中央举办的庆祝民盟成立80周年书画展，盟员龙芸撰写文章参加盟省委举办的“我与民盟”征文活动。

【参政议政】 2021年，市、区“两会”期间，盟员人大代表、盟员政协委员积极履职，展现民盟风采。市政协会议期间，盟员政协委员撰写提交8件提案，向区政协提交提案7件。曾敏青撰写的《关于促进我市家政服务业健康发展的提案》被评为市政协的2020年重点提案、优秀提案。盟员邓晓芳撰写的两篇反映社情民意信息稿件被省市有关部门采用。盟员曾雪清积极撰写论文参加第九届民盟教育论坛活动。组织骨干盟员积极参加民盟韶关市委的各项调研活动：参加“关于活化利用工业遗产的调研报告”和“韶关历史文化资源保护和活化利用的调研报告——历史名人文化资源”调研组专题调研。多个支部负责人和盟务骨干参加盟市委与市发改局、市文广旅体局、市卫健局的对口联系活动。各支部积极开展“一支部一议”“一人一议”活动，为参政议政提供素材。在民盟韶关市委员会2021年工作总结大会上，左之滨、曾雪清、甘苏佳、邓晓芳等被评为“盟务工作先进个人”。

【组织建设】 2021年是市委会换届年，武江各支部严格贯彻落实《民盟韶关市委员会2021年换届工作方案》的具体要求，有条不紊地开展相关工作。6月19日，中国民主同盟韶关市第十次代表大会在广东南岭干部学院顺利举行，选举产生新一届市委会领导班子。2021年，武江区共发展4名新盟员。在履职实践中，多个基层组织和盟员表现优异，文体机关二支部被民盟韶关市委评为“盟务工作先进集体”。各级盟组织结合支部和盟员本职工作实际，积极开展形式多样的各种活动。9月，田中支部组织盟员到翁源县江尾镇韶关盟史馆参观学习。10月，文体机关二支部组织盟员前往位于乐昌市坪石镇的华南教育历史研学基地开展党史学习教育。11月，北中支部组织盟员到乳源县桂头镇大村村华南教育研学基地考察调研。11月，多名盟员参加盟市委组织的中国画培训班、剪纸培训班。

【社会服务】 2021年，武江各支部盟员积极参加“6·30”广东扶贫济困日活动，捐款捐物献爱心，捐款金额1万元。医卫界盟员医生、医护人员积极参与新冠疫情防控工作。盟员教师冯穗元积极参与盟市委组织的公益朗诵讲座进校园活动。盟员教师谭国兵组织学生开展韶关市田家炳中学文艺表演活动，将学校多彩的文化生活直观展示给广大师生。盟员冯穗元家庭2021年被评为全国最美家庭。

（陈于兵）

民建武江区基层组织

【概况】 2021年，民建在武江区设有1个基层委员会，武江区基层委员会下设7个支部，共有会员130人，其中武江一支部16人，武江二支部24人，武江三支部18人，武江四支部18人，武江五支部17人，武江六支部18人，武江七支部19人。会员主要由驻区和区政府机关经济界人士组成。

【思想建设】 2021年，民建武江区基层委员会按照民建韶关市委的部署，组织广大会员学习贯彻习近平在庆祝中国共产党成立100周年大会、党外人士座谈会、纪念辛亥革命110周年大会上的重要讲话和对广东系列重要讲话、重要指示批示精神；学习《中国共产党统一战线工作条例》《中国民主建国会纪律处分办法（试行）》以及《中国新型政党制度》白皮书等一系列重要政策法规文件。组织会员参与民建韶关市委开展的中共党史学习教育实践活动，如组织各支部近三年新入会会员到乐昌市党史教育基地开展现场教学；组织骨干会员到湛江、茂名等地爱国主义教育基地、党史学习教育基地参观学习。理论研究工作取得新成绩，严志全撰写的《民建地方组织开展社会服务的路径探析》和《发挥教育基地的平台作用，讲好多党合作故事路径研究》分别荣获民建中央社会服务工作征文优秀论文二等奖和2020年度全市统战理论政策研究创新成果优秀奖。

【组织建设】 2021年，民建武江区各支部开展主题学习、参观考察、调研、实践活动等形式多样的主题活动，不断丰富支部组织生活，提高组织凝聚力。加强干部队伍培养，做好民建韶关市委换届的推荐工作，共有8名会员当选为民建韶关市第十四届市委委员，其中陈曦当选为主任委员，胡湘泉、钟爱明当选为副主任委员。在县（市、区）换届中，钟爱明任武江区人民政府副区长；3名会员当选为区人大代表，其中1人当选为区人大常委；11名会员被推荐担任区政协委员，其中黄艺顺当选为武江区政协副主席，3人当选为区政协常委。全年各支部及会员在会务工作中取得新成绩。如武江四支部获民建韶关市委2021年度先进基层组织称号；武江七支部获民建韶关市委2021年度组织工作先进集体表彰；武江二支部、武江四支部获民建韶关市委2021年度社会服务工作先进集体表彰；武江四支部获民建韶关市委2021年度宣传和理论研究工作先进集体表彰；李华峰、黄永忠、龙秀利、朱鹏鹏、李沛钧等被民建省委评为2020年度参政议政工作优秀个人；李沛钧、曹剑、黄永忠、钟海燕获民建韶关市委2021年度参政议政工作优秀个人称号；李沛钧、蓝斌、黄建斌、李伟煜、郑润博、钟海燕、谭定军等获民建韶关市委2021年度优秀会员表彰。

【参政议政】 2021年，民建武江区基层委员会组织和动员广大会员发挥自身优势，积极撰写各类建言献策材料，全年被上级民建组织、市政协、中共韶关市委统战部、武江区政协等部门采用的材料共25件。李沛钧撰写的《整治转供电环节不合理收费行为，优化营商环境的建议》被民建中央、民建省委采用为社情民意信息；黄永忠撰写的《关于规范网络直播行业讲好中国故事的建议》、钟海燕撰写的《减税降费新政有效改善企业经营状况但仍需关注四个方面问题》被民建省委采用为社情民意信息；朱鹏鹏撰写的《关于加快发展韶关康养产业的建议》被中共韶关市委办公室采用；曹剑撰写的《关于加强基层医疗单位疫情防控的建议》被市政协评为优秀提案；黄丽忠撰写的《关于将光明巷提升打造为百年文化名巷的建议》等多篇建议被采用为武江区政协提案。

【社会服务】 2021年，民建武江区基层委员会各支部及广大会员积极开展和参与各项公益活动。武江四支部到广东省北中学生开展爱心助学活动，为7名贫困学生捐款1.4万元。武江五支部组织会员企业到乐昌市秀水镇开展乡村振兴助力活动，捐款1.8万元。武江二支部会员刘东及其企业为张九龄纪念公园建设捐赠建筑材料，价值10万元；在“广东省扶贫济困日”为武江区8个村委会和村小组定向捐款110万元；为农村基础设施建设和爱心助学活动捐款16万元。武江四支部会员李军前为福建南安教育基金会捐款20万元，为南雄珠玑文化协会捐款5万元。武江六支部会员钟小辉爱心助学南雄一名贫困学生3000元；武江六支部会员许定才为民建会员捐赠一批学习资料价值3300元。

（严志全）

民进武江区基层组织

【概况】 2021年，韶关民进武江区基层组织共有武江区基层委员会1个，支部4个，总计会员128人，其中武江区综合一支部38人，武江区综合二支部39人，五中支部27人，韶关新区支部24人。会员主要来自教育、文化、医卫、经济等界别。

【思想建设】 2021年，民进武江区基层组织扎实推进政治学习，积极参加庆祝中国共产党成立100周年活动，认真传达习近平总书记“七一”重要讲话精神，引导广大会员深刻领会和把握讲话的重大意义、丰富内涵、核心要义、实践要求，各支部积极活化学习内容深入开展党史学习教育，如武江区综合二支部到韶关市博物馆参观“红色韶关·光荣记忆——中国共产党领导韶关新民主主义革命文物联展”。

【理论研究】 韶关民进武江区基层组织积极开展理论研究，以武江区基层委员会主委刘旭为组长的《深化中共党史学习，提升民主党派基层组织能力研究》获得市委统战部理论研究课题立项并顺利结题。民进武江区基层组织继续深入开展“我身边的先进”宣讲活动，树立“伟大出于平凡，先进就在身边”的理念。各支部积极宣传会员中的优秀典型，获得市级以上的表彰主要有武江区综合二支部欧俊锋的教学论文1篇发表在国家级刊物，2篇获省二等奖，1篇获市二等奖；李婷在“我在韶关过大年摄影比赛”中获得二等奖；赵芳在广东省第十四届“百歌颂中华”歌咏活动总决赛中获银奖，在韶关市2021年“百歌颂中华”歌咏活动总决赛中获金奖；涂德福、姚志红指导学生参加韶关市英东杯跳绳、乒乓球比赛获得第一名。通过对身边优秀典型的宣传，激发了广大会员在本职工作和会务工作中建功立业的积极性。

【组织建设】 2021年，民进武江区基层组织发展5名新会员，在组织发展工作中着力改善会员的年龄层次、行业领域和知识结构，注重质量、注意数量，严把会员入口关、突出代表性。武江区各支部定期组织退休会员开展集体活动，丰富退休会员业余文化生活。继续推行退休会员“逢五逢十”生日慰问制度，为退休会员送上生日问候和生日礼金；坚持重大节日慰问制度和生病住院探望制度，及时发现退休会员生活上的困难并努力帮助解决。民进武江区基层组织会员任职取得突破，新区支部会员蔡红燕担任曲江区政协副主席。

【参政议政】 2021年，民进武江基层组织会员中，廖学成担任市人大代表，宋良锋、李德新担任武江区人大代表；宋良锋、黄亮担任市政协常委，蔡红燕、温荣华、谭志雄担任市政协委员；闫世鹏担任武江区政协常委，刘旭、李婷、黄春神、欧俊锋、姚志红担任武江区政协委员。民进武江区基层组织的各级人大代表和政协委员及广大会员紧紧围绕区委、区政府中心工作，积极参政议政。2021年市“两会”期间，民进武江基层委员会主委刘旭主笔的市政协大会发言材料、民进集体提案《双管齐下，打好招商引资工作组合拳》获市委书记王瑞军领衔督办，武江综合一支部副主委廖学成主笔的《关于增强旅游路线公共交通运营能力，推进全域旅游发展的建议》被列为重点建议由市人大常委会副主任林岚领衔督办，韶关新区支部主委谭志雄提交的《关于加强韶关老年保健品市场监管的提案》被评为“市政协优秀提案”。武江区基层委员会提交武江区政协提案8件，均得到有关单位的重视。信息工作方面，武江区综合二支部委员沈文俊撰写《关于加大直播行业征税稽查和执行力度的建议》被省政协采用。

【社会服务】 2021年，民进武江区各支部凝聚广大会员的爱心和力量，发挥自身优势，创新工作思路，积极做好社会服务工作。韶关民进武江区基层组织持续擦亮社会服务“金字招牌”，五中支部“爱心基金”品牌共资助市第五中学困难学生超过200名，助学总金额40万元。武江综合一支部副主委廖学成自担任韶关民进企业家联谊会新一届会长以来，为户外应急救援协会捐助3万元，为新时代文明实践中心捐款10万元，其公司荣获县“热心公益爱心企业”称号；武江区综合二支部主委李婷牵线韶关市电视台民声网爱心协会为乐昌马子坪小学全校学生捐赠校服，牵线社会爱心企业为困难学生捐资助学2万元，赖国斌定向捐赠贫困儿童学杂费，赵志文、赵芳、邓春辉等文艺界会员积极开展送戏下乡活动。

（朱玉娟）

农工党武江区基层组织

【概况】 2021年，农工党韶关市武江区共有1个基层委员会，1个总支，11个支部，党员191人。其中粤北人民医院总支75人（一支部28人、二支部25人、三支部22人），市医卫支部12人，粤北第二人民医院支部15人，市中医院支部16人，市职防院支部16人，韶关学院医学院支部26人，市科技支部11人，市妇幼保健院支部8人，武江区一支部12人。成员主要分布在驻区医药卫生、教育和科技系统。科技支部黄阳晓被生态环境部授予生态环境监测“三五”人才称号。贝抗胜、曹正国、何敏3名党员被评为2021年度“岭南名医”。

【思想建设】 2021年，农工党武江区基层委员会认真组织学习贯彻习近平新时代中国特色社会主义思想和中共十九届五中、六中全会精神，学习农工党中央、农工党广东省委以及中共韶关市委有关会议和文件精神，扎实推进中共党史学习教育。各基层组织骨干党员参加农工党韶关市委在乐昌坪石镇皈塘村南昌起义军革命活动旧址和华南教育历史研学基地开展中共党史学习教育。参加农工党广东省委举办的“庆祝中国共产党成立100周年”线上知识竞赛。参加农工党韶关市委在曲江剧院举办农工党广东省委助力韶关乡村振兴和脱贫攻坚民主监督成果汇展暨庆祝中国共产党成立100周年“同心向党·情系乡村”文艺晚会。参加农工党韶关市委主委会议，专题学习贯彻习近平总书记在庆祝中国共产党成立100周年大会上的重要讲话精神。参加农工党韶关市委在中共广东省委粤北省委机关五里亭旧址开展的中共党史学习教育现场教学。参加农工党韶关市委在翁源县坝仔镇半溪村广东核工业教育基地开展的中共党史学习教育现场教学及廉政教育，集中学习贯彻中共十九届六中全会精神。参加农工党韶关市委召开的学习中共十九届六中全会精神专题报告会，市委宣讲团专家组成员、市委党校副校长杨斌教授作专题辅导报告。

【组织建设】 2021年，农工党武江区各支部进一步加强组织发展，切实推进基层组织建设，全年共发展新党员8人。2月，吕泱被任命为韶关市住房和城乡建设管理局局长。11月，邱韶东当选为武江区政协副主席。7月20日至22日，组织7名委员参加中共韶关市委组织部、市委统战部在广东南岭干部学院举办的2021年韶关市民主党派新一届市委委员培训班。各支部结合中共党史学习教育，组织党员开展形式多样、内容丰富的组织活动，如韶关学院医学院支部组织党员到南雄市珠玑镇灵潭村和油山镇上朔村，粤北第二人民医院支部组织党员到仁化县双峰寨，市第二人民医院支部组织党员到中共广东省委粤北省委机关五里亭旧址和北伐战争纪念馆参观学习，开展中共党史学习教育。继续抓好基层组织创优和“星级支部”创建活动，共评选出武江一支部、韶关学院医学院支部、粤北人民医院一支部等6个四星级支部。

【参政议政】 2021年，农工党武江区各支部紧紧围绕区委、区政府的中心工作，切实履行政治协商、民主监督、参政议政职能。农工党武江区党员向市、区人大和政协提交提案和建议12件，吕泱的《关于加快重点项目建设，促进韶关经济发展的提案》被评为市政协2020年优秀提案。吕泱、邱韶东、陈勇胜3名党员在市政协2020年度委员履职考核中被评为优秀委员。2件提案被市政协列为2021年重点提案，其中陈勇胜的《推进长征国家文化公园韶关段建设 打响“红色韶关”品牌的建议》，由市长陈少荣、市政协副主席刘大济牵头督办；黄文的《关于在公共场所配置和推广使用“救命神器”AED的提案》由市政协副主席王德雄牵头督办。阳纯兵《关于加强市区室外消防通道管理的建议》、陈晓聪的《关于加强武江区基层医疗机构发热门诊建设的建议》、蔡艺苹的《关于进一步加强武江区乡村医生队伍建设 夯实基层公共卫生服务的建议》被评为武江区政协2020年优秀提案。

【社会服务】 2021年，农工党武江区各支部充分发挥自身优势和特点，积极开展各种社会服务活动。3月21日，市妇幼保健院支部联合科技支部、武江区一支部和综合支部在市妇幼保健院芙蓉新院门诊楼一楼共同举办大型义诊，为广大市民开展睡眠障碍义诊咨询活动，普及睡眠障碍防治知识，现场咨询100余人，免费测血压40余人次，发放资料100余份。4月11日，综合支部、科技支部、市第一人民医院支部、市妇幼保健院支部、武江区一支部联合广东狮子会韶州服务队到曲江区启智学校开展助残慰问和体检服务，捐赠价值3000元的慰问品。4月24日，农工党粤北人民医院总支联合农工党韶关学院医学院支部在始兴县九龄公园举办送医送药义诊活动，市政协副主席、农工党韶关市委主委卢春燕参加活动。4月26日，韶关学院医学院支部到乳源一六镇开展文化科技卫生“三下乡”活动。5月5日，综合支部、武江区一支部联合广东狮子会韶州服务队到浈江区犁市镇大村困难家庭进行关爱慰问活动，帮助解决危房改造和10个小孩的学习成长费用。10月27日，农工党武江区一支部联合市综合支部、广东狮子会韶州服务队筹集3万多元到龙归镇山前村开展乡村振兴及助残活动，市政协副主席、农工党韶关市委主委卢春燕参加活动。11月6日，粤北第二人民医院支部到仁化县石塘镇送医送药，赠送药品价值1500元。

（陈晓聪）

九三学社武江区基层组织

【概况】2021年，九三学社武江区各基层组织以习近平新时代中国特色社会主义思想为指导，深入学习贯彻中共十九届六中全会精神，扎实开展中共党史学习教育活动，围绕区委、区政府的工作重点，积极履行新时代参政党职能，为促进武江区高质量发展作出积极贡献。

2021年，九三学社韶关市委被九三学社中央评为“九三学社组织信息系统数据维护工作先进集体”“2021年度机关规范化建设市级组织先进单位”，获“2021年度机关规范化建设市级组织工作成效奖”；武江区基层委员会被九三学社中央授予“九三学社‘五史’知识竞赛优秀组织奖”；九三学社韶关市委被九三学社广东省委评为“2019—2020年参政议政工作先进集体”和“2020—2021年机关建设先进集体”。陈汉飞被评为韶关市抗击新冠肺炎疫情先进个人，徐晓南、陈斌、杨丽萍入选2021年《岭南名医录》。

【思想建设】2021年，九三学社武江区各基层组织以习近平新时代中国特色社会主义思想为指导，召开各类学习会议31次，组织班子成员和广大社员深入学习习近平新时代中国特色社会主义思想，全国、省、市两会精神，中共中央习近平总书记在庆祝中国共产党成立100周年的重要讲话精神，中共十九届六中全会精神。根据社中央、社省委、社市委的统一部署，各基层组织结合实际，以不同方式开展中共党史学习教育活动。4月，韶关新区基层委员会联合韶关市口腔医院开展“五史”教育学习活动。5月，武江四支社参观中共粤北省委旧址，学习中共党史。7月，武江二支社学习中共中央总书记习近平在庆祝中国共产党成立100周年大会上的重要讲话精神，参观华南教育历史研学基地（大村），开展爱国主义教育。9月，召开庆祝九三学社创建76周年大会暨“五史”学习教育宣讲报告会，邀请全国政协委员、社中央委员、社中央思想建设研究中心主任许进作专题辅导。11月，武江四支社、供电支社、武江五支社联合开展学习中共十九届六中全会精神。

2021年，武江各基层组织社员向社省委、市政协和市委统战部等提交信息19件，被市政协采用1件，被市委统战部采用1件。

【组织建设】2021年6月，召开九三学社韶关市第八次代表大会，圆满顺利完成市级组织换届工作。各基层组织严格按照组织程序，开展换届动员、代表选举、委员推荐等工作。九三学社韶关市委坚持领导班子联系基层制度，高度重视各基层组织建设，不断加大对各基层组织工作的指导力度。韶关新区三支社完成增补支社主委工作。继续对各基层组织实施支社年度社务工作目标管理考评。武江基层委员会、韶关新区基层委员会被评为九三学社韶关市委2021年度先进基层委员会。武江一支社等11个支社被考评为九三学社韶关市委2021年度先进支社。2021年是县（市、区）的换届年，九三学社韶关市委积极与武江区委统战部沟通协商，做好人大代表、政协委员推荐工作。

2021年，九三学社在武江区有基层委员会3个、基层支社13个，共有社员209人。其中，武江基层委员会150人、粤北医院基层委员会28人、韶关新区基层委员会31人。

【参政议政】2021年，武江区社员参加中共武江区委、区人大、区政府和区政协组织召开的专题协商会、情况通报会、征求意见座谈会，对重大决策、经济建设和社会发展提出意见建议。

李再丰、成绍强、罗元月、罗燕、徐晓南、罗伟、雷东山、梁利球、李少鸿、梁喜阳、邓丽山、刘斯琪、杨姗姗、陈斌、胡金和、向敏瑜、张方丽等先后参加各类参政议政会议和视察活动达26人次。九三学社韶关市委先后召开参政议政工作会议5次，围绕丹霞机场经济建设、大数据产业发展、社区养老服务、科技创新平台建设、茶叶发展、绿色高效水产养殖、碳酸钙多元产业等方面开展重点课题调研，完成参政议政调研报告10篇，武江各基层组织参与社员25人次。

2021年，在武江区的社员中有市政协委员7人（常委3人）、市人大代表2人、区人大代表3人（副主任1人）、区政协委员6人（副主席1人）；向市、区两会提交议案、提案、意见和建议14件。其中，九三学社韶关市委提交的集体提案《关于抢抓机遇，打造互联网+机械零配件产业集群的提案》（市政协重点督办提案）和社员罗伟委员的《关于发掘地理标志产品，促进文化旅游发展的提案》获2021年市政协优秀提案表彰。

【社会服务】2021年，九三学社武江区各基层组织开展社会服务活动7次，开展慰问退休社员活动6次。3月，粤北医院基层委员会在保利社区开展“健康及防疫常识”义诊活动。4月，武江一支社在全民健身广场开展中医义诊活动。4月，韶关新区基层委员会联合韶关市口腔医院在华泰花园社区开展“幸福健康、关爱口腔”的社区口腔健康宣传与免费义诊活动。11月，韶关新区基层委员会开展“九三生态林”抚育活动。11月，武江四支社、供电支社、武江五支社在沙湖绿洲社区联合开展“生殖健康和备孕”义诊活动。5月和11月，供电支社探望家境贫困的饶连连同学，为饶连连同学共捐助5200元的助学金。6月，社韶关市委组织社员参与“扶贫济困一日捐”活动。

2021年，韶关市“乡村健康快车”列为韶关市“招善引爱”工作的项目之一。全年为605名困难白内障患者实施免费手术治疗，做到“零感染、零事故”的安全目标，对曲江、武江辖区内5569名糖网筛查对象进行免费筛查和跟踪随访工作，并对卫生院医务人员、乡医及村干部进行白内障、糖网病的专业知识科普培训。九三学社韶关市委、市卫健局联合韶关爱尔眼科医院举办韶关市第二季抗疫一线医务人员免费飞秒摘镜公益活动。发动各界爱心人士和社会团体筹措资金51.39万元，其中武江三支社筹集资金5295.9元。

（成志军）

群众团体

总工会

【概况】 武江区总工会是区委领导下负责工会工作的群团组织，是各镇（街）、工业园区工联会和区直单位机关工会、辖区企事业工会组织的领导机关，主要职责是：负责贯彻执行党的路线、方针和政策，围绕党的中心任务和党的工运方针，制定和组织实施工会工作计划，并指导全区工会工作。区总工会行政编制3名，设主席1名（由区人大常委会副主任兼任，不占编制），副主席2名（其中分管日常工作的副主席1名，正科级），正股级领导职数1名。区总工会下属事业单位武江区职工服务中心，核定编制2名，设主任1名。武江区总工会于2021年4月7日召开的第三届第八次全委会议，选举龚耿岚为韶关市武江区总工会第三届委员会委员、常务副主席、经费审查委员会主任。

【工会组织建设】 2021年，区总工会大力开展工会组建攻坚行动，新建基层工会26家，现有基层工会241家，会员总人数达1.3万人。其中新业态工会7家，会员583人。

【引领职工政治思想学习】 2021年3月，区总工会召开党史学习教育动员大会，向职工传达学习中央和省委、市委、区委党史学习教育大会精神。4月，组织基层工会传达学习市总工会十八届二次全委（扩大）会议精神。5月，在机关和各基层企业中组织“学党史 知工运 开新局”党史、工运史学习主题巡展等。6月，邀请区党史宣讲团成员在工会系统开展党史学习教育宣讲。7月，组织机关干部职工观看学习习近平总书记在“七一勋章”授勋仪式上的讲话及学习“七一勋章”获得者的故事等。8月，组织区总工会干部职工观看学习省总工会举办“建功‘十四五’，奋进新征程”主题劳动和技能竞赛启动暨粤港澳大湾区（广东）劳模和工匠人才创新工作室联盟发布仪式举办会精神和省总工会领导的讲话精神。10月，深入学习贯彻全国工会宣传工作会议精神；学习习近平在纪念辛亥革命110周年大会上发表重要讲话精神；学习贯彻习近平总书记在庆祝中国共产党成立100周年大会上重要讲话精神主题宣讲学习。11月，传达学习中国共产党韶关市武江区第十次代表大会会议精神；传达学习中国共产党第十九届中央委员会第六次全体会议精神。12月，传达学习武江区“两会”精神及机关党的建设暨深化模范机关创建工作推进会会议精神等。

【工人队伍建设】 2021年11月，武江区总工会制定印发《武江区新时期产业工人队伍建设改革实施方案》，成立以区委副书记王友华为组长的产业工人队伍建设改革领导小组，统筹推进全区产业工人队伍建设改革。12月17日由区人大常委会副主任、总工会主席谭木初向区委常委会汇报全区产业工人队伍建设情况，12月23日召开武江区产业工人队伍建设改革领导小组会议暨工作推进会议。

【工会经费收缴】2021年，区总工会聘请第三方会计审计公司对18个基层工会2018—2020年度工会经费使用及武江区教育工会联合会主席离任审计、本级2020年度工会、工会委员会工会经费计拨、收支和预算执行情况、资产资金管理进行审计，帮助指导和监督基层工会经费规范管理使用。

【常态化帮扶】2021年，区总工会按照《韶关市总工会困难职工家庭认定和档案管理办法（试行）》，对符合条件的7名困难职工每人给予发放2400元/季的帮扶，全年共发放帮扶资金88800元；组织7名困难职工参加市总"医爱一公里"公益体检活动和赠送住院综合互助计划；聘请第三方机构对2020年脱困职工进行回访，坚决防止返贫返困。

【工会职工维权】2021年，区总工会共开展法律宣传7场、组织法律培训宣传讲座2场，律师进企业4次，解答法律咨询76人次，协助修改规章制度3次，调解处理来访、信访、网络舆情8件，挽回经济损失12.3万元。

【关心关爱职工】2021年6—12月，区总工会开展"抗疫有你 关爱有我"慰问各社区卫生服务中心和隔离点的抗疫一线工作人员活动。6—9月，开展向各行业一线岗位工作人员"夏日送清凉"活动。9月，开展为企业职工赠送"住院二次医保"活动。

【职工活动和慰问】2021年，区总工会利用粤工惠平台，开展"月月活动 次次惊喜"系列的线上工会会员活动，同时开展传统节日活动、"观红色电影，走红色遗址，讲红色故事"、"劳模宣讲进企业"等党史学习教育和工运史学习活动、插花花艺、多肉DIY、茶艺培训、形体等职工会员活动，全年共开展线上活动11次、线下活动10场。2021年，通过开展"情暖农民工 留粤过大年"暖流活动、学雷锋送温暖活动、"工会进万家"活动等，区总工会慰问困难职工7名，各级劳模21名，离退休老党员3名等。

【乡村振兴助力脱贫】2021年3月，区总工会组织爱心企业韶关市合众化工有限公司工会走访慰问贫困村8户贫困户。7月，号召基层工会响应"百企兴百村"及"扶贫济困 乡村振兴"行动，韶瑞重工有限公司捐款3万元助力武江区乡村振兴发展工作。

【重要会议】2021年1月13日，区总工会召开全区工会系统传达学习韶关市工会第十八次代表大会精神会议。3月12日，召开党史学习教育动员大会。3月23日，召开第三届经审委员会第四次全体会议。4月7日，召开武江区工会第三届八次全体会议。5月28日，全体社会化工会工作者开展业务专题培训会。5月31日，开展工会系统党史学习教育宣讲活动会议。7月1日，观看庆祝中国共产党成立100周年大会。9月30日，召开学习贯彻全国工会宣传工作会议精神会议。10月11日，学习习近平在纪念辛亥革命110周年大会上发表重要讲话精神会议。10月29日，举办学习贯彻习近平总书记在庆祝中国共产党成立100周年大会上重要讲话精神主题宣讲会。11月2日，传达学习中国共产党韶关市武江区第十次代表大会精神会议。11月17日，传达学习中国共产党第十九届中央委员会第六次全体会议精神会议。11月29日，召开第三届经审委员会第五次全体会议。12月9日上午，召开工会系统工会干部业务能力提升培训班。12月23日，召开武江区产业工人队伍建设改革领导小组会议暨工作推进会。

【表彰情况】2021年，区总工会被广东省总工会评为"广东省城市困难职工解困脱困工作作出重要贡献集体"，被韶关市总工会授予"2020年度韶关市工会工作专项奖一等奖"、"2020年度工会统计工作先进单位"（表彰荣誉文件2021年下发），被市总工会评为“当好主人翁 建功新时代—韶关职工建功立业”主题劳动和技能竞赛先进组织单位，区总工会机关党支部获“韶关市武江区先进基层党组织”称号，区总工会培育推荐的8个基层工会班组及班组长被命名“2021年韶关市团队创先特色示范班组及班组长”，韶关市韶瑞重工有限公司产品研发部工会小组获“广东省模范职工小家”，韶关市铁友建设机械有限公司骆文静被省总工会评为“广东省优秀工会工作者”，韶关市武江区兴农畜牧有限公司程靖财荣获2021“省五一劳动奖章”。

（刘秀静）

共青团武江区委员会

【概况】 中国共产主义青年团韶关市武江区委员会是区委领导下的群团组织，负责领导全区团组织和联系、服务青年，内设办公室。2021年，区属基层团委20个，团支部204个，团员5433人；团干部414人，其中专职团干部3人，兼职团干部411人。

【青少年思想工作】 2021年，团区委扎实开展党史学习教育，每周积极动员全区团员青年广泛参与“青年大学习”，推动学习常态化、制度化。要求各级团组织充分利用“三会两制一课”、集中教育培训、网络学习教育等形式积极引导广大青年深入学习中共十九大和十九届二中、三中、四中、五中、六中全会精神以及团的十八大和历届全会精神。开展青少年理想信念教育活动，以庆祝中国共产党成立100周年等活动开展为契机，组织广大团员青年和少先队员在“五四”“六一”“十一”及少先队建队日等重要时间节点，开展“青春向党·奋斗强国”、“请党放心 强国有我”主题团队日活动及新团员集中入团仪式、“红领巾奖章”评选等教育活动，激励和引导全区广大团员青年和少先队员弘扬中华民族伟大精神，增强青少年的中国特色社会主义道路自信、理论自信、制度自信、文化自信，使其立志肩负起民族复兴的时代重任。结合青年需求办实事，开展“青春献礼·建党100周年”“我为青年做件事”主题实践活动，以服务青年需求为目标，组织开展读书会、交友、“青春情暖”、义诊、实习见习等活动，满足青年交友、谈心交流、纾困解难等方面的需求。2021年，共举行为青年办实事活动20余次，服务青年群众3000余人次。

2021年5月13日，武江区入团示范活动暨红旗团组织和优秀个人表彰大会颁奖现场 （团区委 供图）

【团务工作】 2021年，团区委按照团章规定的标准和程序办理接收新团员，年内发展团员调控数为367人。在3月及10月组织开展的区级基层团干培训班，就发展团员、基层团务等工作进行了业务培训。坚持把政治标准放在首位，做好发展青年入团的审核把关工作，严格控制团青比例，初中毕业班团学比控制在20%以内。同时，安排专人及时跟进做好智慧团建平台各项维护工作，做好团员的管理和转接等工作。全年各项考核指标数据均在韶关各县市区排名前列。积极扩大团组织覆盖面，根据团员青年流动聚集状况，继续推进“两新”组织、园区等领域的团建工作，新建“两新”团组织11个。联合区教育局顺利召开中国少年先锋队武江区第一次代表大会，选举产生武江区第一届少先队工作委员会，选举产生由区教育局局长、团区委书记为主任的武江区第一届少先队工作委员会，标志着武江区少先队工作步入新的阶段，以团建带队建的形式进一步推动武江区少先队工作向前发展。加强系统内部交流培训，按照疫情防控要求，创新培训方式，组织乡镇（街道）、学校、企业等团组织参加线上座谈和交流学习，提升团干的工作能力水平，全年轮训基层各类团干、青年近400人次。建好团属工作阵地，积极推进县域“一专一站两联”工作；管好用活“青年之家”，2021年武江区新成立“青年之家”14个，初步实现团的组织、工作、阵地与基层社区的有机融合。持续加强党建和党风廉政建设，团干部队伍作风建设和服务青年能力显著提升。

2021年，武江区有5个团组织和7位团员团干获得市级“两红两优”表彰，有11个团组织和29名团员团干获区级“两红两优”表彰；有2个集体获评省级少先队先进集体，有9个集体和22名个人获市级少先队先进集体和个人称号，有48个集体和140名个人获区级少先队先进集体和个人称号；有12名学生获市级“最美南粤少年”称号，有24名学生获区级“最美南粤少年”荣誉。

【少年先锋队工作】2021年，团区委落实入队规程，确保小学少先队组织做好分批入队工作。全区所有小学的少先队已全面启动分批入队工作，并按照三个政策性文件要求，常态化、规范化、制度化落实入队仪式。认真谋划“红领巾奖章”评选工作，按照不低于40%的比例，在综合考虑各项条件的基础上挑选有代表性的学校开展评选工作。充分发挥少先队岗位的激励作用，全面落实岗前培训，通过各种方式鼓励每个队员积极参与大队的管理工作，每学年都会评比一批优秀的队干、队员、优秀大中队等。规范使用少先队标志标识，通过全面自查和整改，确保区内学校使用标准的少先队标志。规范开展少先队仪式教育，入校督导各校的入队仪式，要求各学校须在入队前开展队前教育，并做好新队员的资料收集工作。按照少先队辅导员岗位职责配齐配强各级各类少先队辅导员。各校均配备大队辅导员1名，部分学生人数1500人以上的学校配备副辅导员一名，并选拔责任心强，能力强的教师进行岗前培训后聘为中队辅导员。加大少先队辅导员培训力度。定期加强辅导员的培训，2021年安排10名辅导员参加省、市的辅导员培训。加强校外少先队工作力量，东岗小学、红星小学等10所学校结合实际聘请家长、各行各业优秀人员为校外辅导员，有效加强少先队的工作力量。

【系统推广和培训】2021年，团区委为落实武江区创文工作部署，推进志愿者注册和服务时长录入，确保志愿服务各项数据达标，于10月25日举办2021年基层团干部培训班，各镇、街、区直各单位、各社区的40名负责人参加此次培训。培训邀请团市委业务负责人员对“i志愿”系统的设置、定位、功能进行授课，为扎实录入志愿服务活动数据、完成创文指标要求打下坚实的基础。做好系统维护，明确一名分管领导和工作人员负责“i志愿”系统管理，指导和引导各镇、街，区直单位及志愿者服务队系统管理员用好“i志愿”服务平台，规范志愿者招募及志愿团体注册，按照省市要求，规范志愿服务时长录入工作，要求各志愿服务队进一步完善录入工作，健全完善志愿服务时长录入机制。截至12月31日，武江区“i志愿”系统共有注册志愿者19176人，参与志愿服务人员占注册志愿者数的74.5%。

【学雷锋志愿服务活动】2021年3月，团区委积极响应上级统一开展“3·5”学雷锋日活动的号召，在龙归镇开展以“村村学雷锋，振兴建新功”为主题的学雷锋纪念日志愿服务活动，充分发挥辖区内各方志愿者的力量，开展志愿服务活动，践行雷锋精神。开展助农宣讲活动，为40余名龙归镇农民和青年普及网络销售、直播带货知识和分享创业经验，助推家乡优质产品销售，为乡村振兴发展赋能。开展河小青志愿服务活动，组织40余名来自岭南第一技师学院和冲下村的志愿者到龙归河、冲下村环村公路进行巡河护河及卫生清洁，志愿者们齐心协力、积极清扫，用双手践行“绿水青山就是金山银山”的理念。开展义诊义剪及宣传活动，团区委组织市一医院团委、乐善义工、区直部门等机构现场为群众提供义诊、义剪服务，同时进行禁毒、垃圾分类、消防安全、反邪教等政策宣传，受到广大群众的热情参与和热烈好评。

【生态文明志愿服务活动】 2021年3月12日，团区委组织青年团员代表在龙归镇光伏电站开展植树活动，60余名青年团员充分发挥吃苦耐劳、顽强奋斗的精神，在义务植树点挥汗舞铲，挖坑、栽树、填土，在大家的通力合作下，种下300棵树，形成一片郁郁葱葱的“青年林”，进一步践行“绿水青山就是金山银山”的绿色发展理念。结合河长制工作要求，组织开展“河小青”培训活动，定时组织“河小青”到区内河流开展巡河护河志愿服务活动，参与近1000人次。8月30日，团区委联合区自然资源局于在韶州公园开展森林防火月防灭火宣传志愿服务活动，志愿者们带上宣传袋、宣传册和宣传礼品向韶州公园内和周边的居民宣传防森林防灭火的有关知识，详细讲解引发森林火灾的原因、危害性和法律法规，呼吁广大群众共同加入护林防火活动中，共同守护我们的美丽家园。共计30名志愿者参与活动，派发宣传资料800余份，向群众介绍150余次。

【禁毒宣传活动】 2021年，团区委加强与区禁毒的沟通协调，充分利用节日、法定假日、纪念日等有利时机有针对性在广大青少年中深入开展禁毒和预防艾滋病等各类志愿宣传教育。7月26日，团区委以开展武江区2021年基层兼职大学生面谈会活动为契机，在重阳学校为全区大学生进行防毒禁毒宣传，通过向大学生宣传防毒禁毒有关知识，详细讲解毒品危害和防范等常识，促使大学生在思想上、心理上、行为上构筑拒绝毒品的坚强防线，增强他们防毒、拒毒的意识和能力。结合创平工作需要，举行2次“平安三率”志愿宣传活动，招募创平宣传志愿者进行培训，组织志愿者前往辖区内主要路段开展工作。

2021年8月1日，西联大型临时疫苗接种点开展12—14岁人群疫苗接种工作（区委宣传部 供图）

【节假日公园志愿服务活动】 2021年春节、“五一”、国庆期间，团区委组织志愿者到韶州公园西广场、北广场开展志愿服务活动，协助区委、区政府加强韶州公园管理，维护国庆期间的园区秩序，保障游客安全，提升群众对创建平安武江的满意度，合计开展活动3次，参与志愿者近600人次。

【文明交通引导活动】 2021年，团区委按照创文工作的要求，在重大节假日和10—11月期间组织志愿者到辖区内8个主要交通路口、斑马线处开展公共文明引导服务活动，指引行人按交通信号有序通过，劝导机动车辆礼让行人、不车窗抛物。

【疫情防控志愿服务活动】 2021年，疫情期间，团区委多次组织志愿者到武江区新冠疫苗大型接种点和各街道卫生院内轮流值班维持现场秩序，引导群众安全有序、录入信息等帮助群众完成疫苗接种。

【特殊群体关爱志愿服务活动】 2021年，团区委联合韶关市第一人民医院前往龙归中心小学开展以“合理膳食 营养惠万家”为主题的健康科普义诊暨“六一”儿童节慰问活动，市一医院志愿医疗服务团队为200多名学生进行体检和口腔健康检查，并发放30多份教育宣传资料。联合韶关市第一人民医院团委、武江区图书馆走进武江区特殊教育学校开展“阳光行动 与你同行”关爱特殊青少年活动，为特殊学生进行口腔健康检查和分享绘本故事。在春节等公众节假日前组织志愿者到独居老人、困难青少年家中慰问，为他们送上社会各界的关心和问候。

（黎玉珍）

妇女联合会

【概况】 武江区妇女联合会（简称区妇联）是中共武江区委领导下的群团组织，负责领导团结全区妇女和妇联组织，服务广大妇女群众。内设机构办公室。行政编制3名，设主席1名，专职副主席1名，正股级领导职数1名。区妇女儿童工作委员会办公室设在区妇联，接受区妇女儿童工作委员会的直接领导，承担委员会具体工作。

2021年，全区建有镇（街）妇联7个，执委人数175人，镇（街）妇联区域化建设改革覆盖率达到100%；建有村（社区）妇联88个，村（社区）妇联执委数量916人，“妇女之家”88个，创建率100%，“儿童之家”88个，创建率100%。

【强化政治引领】 2021年，区妇联将习近平新时代中国特色社会主义思想、中共十九届六中全会精神及习近平总书记关于注重家庭家教家风建设的重要论述同促进妇联重点工作相结合，结合中国共产党成立100周年，以热烈庆祝第111个“三八”国际妇女节为载体，开展“巾帼心向党 百年正辉煌”演讲展示，充分彰显新时代妇女在创造奋斗、奉献作为武江新蓝图进程中的时代风采。同时利用“网上网下”进行联动宣传教育，号召各镇（街）妇联、区直机关妇委会以“妇女之家”“儿童之家”“巾帼文明岗”等阵地为依托，不断强化妇联干部队伍的理想信念教育和党性教育，调动广大妇女听党话跟党走。2021年，共召开中心组专题学习会20余次，开展“学党史 悟思想 办实事 开新局”党史学习专题宣讲会1场，党史教育实践活动2场；基层妇联学习专题会议2场。

【服务中心大局】 2021年，区妇联助力脱贫攻坚，实施妇女脱贫和创业就业工作，推进武江区铧林农场成功申报创建2021年市级“巾帼创业基地”项目，吸收农村困难妇女、辐射带动参与就业；在西联、龙归镇等片区开展“巾帼家政”免费就业培训7期，组织辖区120余名妇女参加，帮助100余名贫困、特困妇女安置就业。助力乡村振兴，以做好“家”字文章为切入口，开展“家越美 粤幸福”美丽家园示范村建设项目，共组织培训宣传活动5场，有效带动村民群众积极投身“农村人居环境整治行动”；联合农业农村局、财政局等部门组成验收小组，对申报美丽家园示范村的情况进行审核，经对标打分，10个申报村全面通过验收，共同推动示范更多村居加入美丽家园建设项目，助力武江乡村振兴工作。

【夯实组织基础】 2021年，区妇联完成村（社区）换届，推选出新一届村（社区）妇联执委916名，村（社区）妇联主席88名。5月，率先在全市全面铺开村妇女小组长选配、村（社区）妇女议事会建立完善工作，全区各村小组实现按需配备村妇女小组长317人，配备率达100%，88个村居（社区）建立妇女议事会，共768名女性加入，覆盖率达100%。

【通过“两规”省检】 2021年，区妇联切实履行好妇儿工委办公室职责，促“两个规划”重点、难点指标有效落实。3月2日，召开妇女儿童发展规划终期评估工作推进会；3月25日，省妇儿工委委员、省民政厅党组成员、副厅长陈奇率广东省妇女儿童发展规划终期评估第四实地检查组一行对武江实施妇女儿童发展规划

（2011—2020）情况进行实地评估，武江区顺利通过省妇女儿童发展规划终期实地检查。针对妇女发展规划终期评估反馈短板问题：村民委员会中女性比重较低，距离目标值差1个百分点问题，认真履行妇儿工委办职责，争取区委重视，充分调动成员单位的积极性，在全区新一届村（社区）“两委”换届选举工作中，产生村（社区）“两委”女干部班子成员276名，占51.3%，同比增长22.3%，女书记（主任）31名，占35.2%；村“两委”女性干部68名，占比23.2%；西河山蕉、重阳水口、黄岸，龙归奇石有4位女性干部新当选村书记（主任），“村委会主任中女性比例”，突破零跃升为7.84%。

【妇女儿童维权】 2021年，区妇联实现各镇（街）7个婚调委100%全面建立，依法调处涉及家庭成员的各类权益纷争，妥善解决继承、赡养、抚养、离婚、家暴等家庭矛盾纠纷，共受理来信、来电咨询等27件次，来访案件19宗，结案率达100%。实施“爱心妈妈”计划，一对一帮扶孤困儿童，共招募符合条件“爱心妈妈”6名，时刻关注结对儿童的学习、生活及思想动态，与其进行情感交流、心理疏导，引导他们重树对生活的勇气和信心，健康成长。持续夯实妇联阵地建设，推进“舒心驿站”落实落地，2021年8月在省、市妇联的支持指导下，于武江北社区开展省级项目“舒心驿站”建设工作，建站两个月，已成功组建由8名心理咨询师组成的专家团队，并配备1名社工师常驻站点。建立健全重点人群和家庭关爱服务机制，做好对武江区困境、留守、流动、特殊（残疾）儿童、单亲母亲、创业等七大类别人员信息情况摸底建库，积极对接省、市政策福利，实现更好更有效服务关爱本区七大类别人员。

2021年8月25日，舒心驿站（韶关武江站）正式落户武江北社区，举行揭牌仪式（李悦　摄）

【做好“家”字文章】 2021年，区妇联以“好家风好家教”系列宣传活动为载体，共开展宣传活动60余场次，开展家庭教育讲座42场次，引导广大家庭传承“好家风”，促进全区家庭共同提升精神境界、培育文明风尚；以“书香飘万家”为主题，进一步抓实、做好家庭主题阅读工作，通过“亲子诵读比赛”“唱支新歌给党听”共同诵读党史等形式传递科学家庭教育理念，开展亲子阅读系列活动13场次。策划实施“父母成长计划”，组织开展“严格家风家教”主题宣传活动，围绕家庭教育课题，面向家长、监护人等家庭成员，开展法律、反家暴、反邪教、禁毒、防拐卖、防艾滋病等宣传活动，以好的家风支撑起好的社会风气，为孩子安全健康成长创造安全、平等、文明、和谐的家庭环境。

【惠民关爱帮扶】 2021年，区妇联严格落实妇联干部报到制度和妇联执委普遍联系妇女群众制度，对建档贫困单亲母亲、留守妇女（儿童）、智障残疾精神病患妇女儿童等特殊群体实行挂钩联系走访帮扶行动，2021年针对重点妇女、儿童开展慰问334人次，发放慰问金、慰问品折合约7.6万元，各级妇联执委探访重点儿童675人次，探访重点妇女437人次。开展“两癌”救助关爱活动，联合区卫健局组织发动妇女群众参与农村妇女“两癌”免费筛查项目，共开展“两癌”筛查1300多人次；联合人寿保险公司积极开展巾帼健康行动之“两癌”救助保险，为贫困妇女购买“两癌”保险2500余人。持续推进单亲特困母亲安居房项目，第三期单亲母亲安居房建设已争取市级配套资金3万元到账。实施妇女创业小额贴息贷款项目，已完成对接项目2个，预计发放贷款60万元，以期带动更多妇女创业就业。

【选树先进典型】 2021年，区妇联成功培育、选树创建一批省、市先进：武江区行政服务中心被评为广东省“巾帼文明岗”；武江区法律援助处、武江区土地和房屋征收事务中心财务股等5个集体被评为韶关市“巾帼文明岗”；武江区委组织部、武江区新华街工业西社区被评为韶关市“三八红旗集体”；新华街道惠民西社区、西河镇向阳村等3个村（社区）被评为韶关市“平安家庭”创建活动先进示范村（社区）；冯艳家庭、黄宗伟家庭等9户家庭被评为韶关市“平安家庭”创建活动先进示范户；郁扬家庭、林晓家庭等19个家庭被评为韶关市“优秀书香家庭”；白玉婷家庭被评为韶关市“最美家庭”；郑春红、李霜被评为韶关市十大好军嫂。

（杨　思）

归国华侨联合会

【概况】 2021年，在区委、区政府的领导和市侨联、区委统战部的指导帮助下，武江区侨联坚持以习近平新时代中国特色社会主义思想为指导，深入学习贯彻习近平总书记重要讲话和重要指示精神，坚持“以侨为本，为侨服务”的宗旨，“群众工作、参政议政、维护侨益、海外联谊”的基本职能，围绕区委和区政府的中心工作，认真开展党史学习教育，团结引领全区广大归侨侨眷和海外侨胞听党话、跟党走，推动侨联工作再上新台阶。

根据机构改革后机构编制方案，区侨联核定专职副主席编制1名。无内设机构。

【加强思想政治引领】 2021年，组织区侨联班子开展党史学习教育，学习传达贯彻上级有关文件精神，学习新修订的《中国共产党统一战线工作条例》，引导广大归侨侨眷爱党爱国爱家乡。组织侨界党员代表10人赴江西省赣州市大余县参加市侨联组织的党史学习教育主题党日活动、党史学习教育专题宣讲会，引导广大侨界群众听党话、跟党走，凝聚侨界力量建功新时代、奋进新征程。与市侨联党支部到广东南岭干部学院、武江区江湾镇寺前村联合开展主题党日活动，引领韶关市侨界走进美丽乡村，助力乡村振兴。组织区侨联班子和各侨联小组长及归侨侨眷到英德英红华侨农场开展爱国主义教育活动。通过开展活动，进一步激发武江区侨界群众爱党爱国爱家乡的热情。

【新冠肺炎疫情防控】 2021年，区侨联积极转发疫情防控相关通知，做好广泛宣传，引导辖区归侨侨眷、海外侨胞科学防疫，把党中央的关怀关爱送到广大侨胞心中。认真抓好疫情防控。全面落实“外防输入、内防反弹”的要求，进一步做好疫情防控期间海外侨胞和归侨侨眷联系服务工作。端午节前夕，及时广泛宣传引导归侨侨眷、境外侨胞充分认识当前疫情严峻形势，非必要尽量在韶不外出，非必要不出省、非必要不进京。

【基层组织和人员队伍建设】 2021年，区侨联争取省基层侨联建设工作经费5万元用于侨联基层活动平台建设；新建惠民街武江北社区侨胞之家。全区共建新华街惠民西社区、惠民街武江北社区侨胞之家2个；惠民街侨联工作站1个；新华街惠民西社区侨联工作小组1个。全年累计开展大型相关活动5场约150人次。推荐5名侨联代表人士任职区人大代表、政协委员，为侨界群众参政议政提供工作平台。

【归侨侨眷服务】 2021年，区侨联开展全区新一轮侨情摸底调查工作，更新和进一步完善全区归侨、侨眷基本情况登记表，建立出国留学人员信息花名册92名。认真开展2020年贫困归侨侨眷扶贫救助补助的省市核查工作和2021年春节前困难归侨侨眷慰问工作。认真开展2021年贫困归侨侨眷扶贫救助补助发放工作。2021年，向6名贫困归侨侨眷扶贫救助补助金。认真开展中秋节、重阳节送温暖慰问活动，并向发放全区51名80岁以上老年归侨、83名70岁以上老年归侨发放慰问金。认真组织侨界群众开展庆祝中国共产党成立100周年庆祝活动，组织辖区55名侨界群众参加市侨联举办的“侨心向党 同心追梦”文艺会演节目，并选送《党啊亲爱的妈妈》、情景剧《梦开始的地方》、大合唱《在灿烂的阳光下》3个节目。与区人民法院共同建立涉侨纠纷联动化解工作机制，制定《关于开展涉侨纠纷多元化解工作方案》，建立联席会议、涉侨纠纷识别、涉侨纠纷诉讼对接等工作机制，聘请2名律师为涉侨纠纷多元化解调解员。认真处理群众来信来访。据统计，2021年共接待处理来访归侨侨眷9人3宗，100%办结。

【海外联系交友】2021年，区侨联与韶关市侨联主席钟山红及有关领导赴广州拜访塞浦路斯广东商会，开展调研座谈交流活动。区侨联在辖区侨资企业韶关光华塑胶五金制品有限公司开展走访调研。

工商业联合会

【概况】武江区工商业联合会（商会）是区委领导的以非公有制企业和非公有制经济人士为主体，具有统战性、经济性、民间性有机统一基本特征的人民团体和商会组织。

根据机构改革后机构编制方案，区工商联核定事业编制1名。2020年12月1日起，根据《关于调整韶关市武江区工商业联合会编制的批复》（韶武机编〔2020〕52），区工商联核减事业编制1名，增加行政编制1名。内设机构：办公室。

【团结引导和理想信念教育】2021年，区工商业联合会在换届大会、班子会议上把学习宣传习近平新时代中国特色社会主义思想和中共十九届六中全会精神作为第一议题开展学习；在民营企业家中开展党史学习教育，组织企业家、执委、年轻一代民营企业家和工商联所属商会负责人到东莞市大岭山抗日基地开展党史学习教育现场教学，进一步激发民营经济人士的政治责任感和时代使命感；加强会员企业党建指导工作，摸底走访了解情况，动员韶关市浩辰医学检验所有限公司成立党支部，进一步落实关于在符合条件的民营企业成立党支部的工作要求，最大限度把民营企业团结凝聚在党的周围。

【服务社会】2021年，区工商业联合会引导民营经济人士自觉践行以人民为中心的发展思想，向民营企业家发起“积极参与乡村振兴战略”倡议，引导民营企业家参与“广东扶贫济困日”、乡村振兴战略、“万企兴万村”等履行社会责任的具体实践活动，增强荣誉感和使命感。2021年，累计引导、筹集捐款121万元用于武江区乡村振兴，大大促进了本区乡村振兴工作的落实。

【参政议政】2021年，区工商业联合会积极向区委统战部选送推荐区工商联会员企业优秀代表人士进入市、区两级人大、政协任职。协助区委区政府开展营商环境调研和问卷填报，协助党委政府深化营商环境改革，推动企业健康发展。

【日常工作】2021年，区工商业联合会深入开展“大调研、大走访”活动。加强与民营经济人士的联情联谊。全年，累计走访会员企业30多家，收集问题4个，解决问题4个。组织区工商联（商会）组织执委班子和会员企业骨干到东莞开展考察调研活动，学习交流先进的管理理念和经验，进一步促进会员企业健康快速发展。组织会员企业员工550余人参加韶关市人民政府主办的“农行杯”第十四届穿越丹霞山50千米徒步赛，区工商联（商会）选手获得穿越组男子第七名，女子第三名、第四名的优异成绩，展现区工商联（商会）的新风貌、新风采，成功承办第九届中国女子围棋甲级联赛广东韶关·武江工商联站暨闭幕式。

【自身建设】2021年，区工商业联合会按照省委巡视的整改工作要求进一步完善区工商联党组设置，新任命2名党组成员；2021年9月29日召开韶关市武江区工商业联合会（商会）第六次会员代表大会，选举出新一届工商联（商会）领导班子。制定《韶关市武江区工商业联合会（商会）财务管理制度》《韶关市武江区工商业联合会（商会）会员缴纳特别会费实施细则》和《韶关市武江区工商业联合会（商会）第六届主席（会长）、副主席（副会长）、执委考核办法（试行）》等多项工作制度。2021年12月27日被再次全国工商联确认为“2020—2021年度全国‘五好’县级工商联”。

（郭二妮）

残疾人联合会

【概况】武江区残疾人联合会（简称区残联）是由残疾人及其亲友和残疾人工作者组成的人民团体，是参加公务员管理的事业单位。核定事业编制4名，设理事长1名、副理事长1名和正股级领导职数2名。

区残联下设区残疾人综合服务中心，核定事业编制6名，实有5人。辖区5个专门协会，分别是：武江区肢残人协会，主席班建华；武江区盲人协会，主席吴羽庭；武江区聋人协会，主席温建文；武江区智力残疾人及亲友协会，主席温雪梅；武江区精神残疾人及亲友协会，主席蓝松娣。

区残联坚持以习近平新时代中国特色社会主义思想为指导，全面贯彻中共十九大和十九届二中、三中、四中、五中、六中全会精神，深入学习贯彻习近平总书记系列重要讲话和重要指示精神，按照区委、区政府决策部署，认真履行“代表、服务、管理”职能，围绕残疾人的基本需求，立足基层，切实加强残疾人社会保障、康复、教育、就业等工作。紧紧围绕“我为群众办实事”主题，持续推动党史学习教育走深走实。同时，严格按照中央、省市、区及相关部门疫情防控统一部署和会议精神，持续抓好辖区康园中心、民办定点康复机构、盲人按摩机构等残疾人服务机构的疫情防控常态化工作。

武江区2021年残疾人持证情况表

表2　　　　单位：人

在册残疾人数	视力残疾人数	听力残疾人数	言语残疾人数	肢体残疾人数	智力残疾人数	精神残疾人数	综合残疾人数
5765	466	369	53	2817	745	897	418

【康复工作】2021年，武江区为残疾人提供康复评估、康复训练、辅具适配、咨询转介等康复服务，共为符合条件的残疾人免费发放辅助器具328件；投入45万元为91户建档立卡户、低保户且有需求的残疾人家庭进行居家无障碍改造，圆满完成省、市下达的90户残疾人居家无障碍改造任务；加强对辖区内韶关市武江区爱心亨达特殊教育培训中心、韶关市爱慧自闭症康复训练中心、韶关市武江区小海龟学前儿童特殊教育培训中心和韶关市乐康早期干预中心4间定点民办康复机构的档案管理、经费使用、服务规范等管理，进行“每年一考核、每半年一督导、每月一检查”，提高机构康复服务水平和管理水平，现在机构接受康复训练的儿童180名，其中已申领康复训练补助的符合条件的0—6岁儿童168名；区残联委托有资质的第三方专业公司对残疾人辅具进行适配、维修和上门服务，有效解决肢体残疾人生活自理

及出行问题；组织相关行业主管部门，10月18日认定准入2间辅具类残疾人定点康复机构，提高本区残疾人辅具适配水平。

【社会保障】 2021年，区残联从6月28日起，全面规范开展残疾人证“跨省通办”工作，提升服务效能，确保残疾人证办理工作在不同地域实现无差别受理、同标准办理，推进残疾人服务便利化；牵头组织卫健、扶贫、民政等部门开展困难疑似残疾人评残办证服务，全年共开展6次上门评残服务活动，为129名行动不便重度残疾人提供残疾评定上门服务；开展第二代残疾人证到期换证工作，使残疾人及时享受相应的各项优惠扶助政策，已完成残疾人证到期换证393人；配合协助武江区民政局做好重度残疾人护理补贴和困难残疾人生活津贴的审核及定期动态核查工作，全面落实残疾人两项补贴资格认定申请“跨省通办”工作；协助市人社武江分局办理残疾人城乡基本医疗保险和养老保险的投保，并定期进行核查和数据比对，确保应保尽保；认真落实武江区2021年度全国持证残疾人基本状况调查工作，共完成全国持证残疾人基本状况调查5927人，其中入户调查5461，电话调查81人，入户率达98.54%；App采集率达100%；积极配合区民政局制定武江区“广东兜底民生服务社会工作双百工程”实施方案、人员整合、薪酬方案等，推进“双百工程”顺利落地；推进残疾人家庭医生签约工作，截至11月，残疾人总签约率97.23%。

【就业扶持】 2021年，区残联落实好按比例安排残疾人就业年审工作，全年共年审武江区277家用人单位，已安排残疾职工人数达652人；联合人社部门共举办3场招聘会，组织20名有求职需求的残疾人参加招聘会；为使用机动轮椅车的77名下肢残疾人发放燃油补贴共2.02万元；为2名考取汽车驾驶证残疾人发放残疾人汽车驾驶技能培训费，共4000元；新建重阳扶贫基地暨旭日爱心车间，新增员工20人，新增就业人数达50人；积极动员辖区残疾人参加小龙虾养殖、网红食品制作、电商培训、农村种植等培训，帮助残疾人掌握更多实用技术，完成年度培训共58人；做好6名残疾人高校毕业生就业“百分百工作”，专人落实残疾人毕业生的建档、调查、服务、跟踪并录入中残联实名制系统，同时组织有就业需求的残疾人参加各类企业招聘会、推荐残疾人就业，帮扶更多就业年龄段且有就业意向的残疾人解决就业问题；鼓励残疾人自主创业，积极发动有自主创业能力的残疾人参与光明巷打造的特色一条街店铺经营工作。

【教育关爱帮扶】 2021年，区残联与市残联、市康复中心及区教育局等部门共同推动在市康复中心借场建设武江区特殊教育学校工作的落实，解决武江区残疾人特殊教育学校从“无”到“有”的问题，9月武江区特殊教育学校已正式开办，从根本上解决残疾儿童入学难的问题；协同教育部门排查适龄残疾儿童入学情况和落实“一人一案”工作，同时加强与区教育局、东岗小学和至和小学特教班等沟通联系，进一步提高残疾儿童少年义务教育入学率和巩固率；认真落实扶残助学工作，6月为21名在校残疾大学生发放扶残助学补贴共5.96万元；新冠肺炎疫情期间，购置一批盲用语音额温枪免费发放给辖区户籍盲人按摩店和视障家庭，升级完善防疫物资；积极发动狮子会服务队、爱心企业、爱心人士为辖区28户困难残疾人家庭捐赠了电视机、冰箱、床垫、洗衣机、沙发、电饭煲、暖炉等一批物资和慰问金；做好残疾人关爱慰问工作，全年共自筹资金慰问残疾人14人/次，其中残疾儿童10人/次；为残疾群众提供“零距离”助残便民服务，为辖区行动不便的肢体残疾人上门办理申请残疾人机动轮椅车燃油补贴手续；深入五镇两街为出行不便的重度残疾人上门送护理床、轮椅、拐杖、洗澡凳、助行器、盲杖、语音电饭煲等一批辅助器具。

【信访工作】 2021年，区残联固定每周二上午在区残疾人综合服务中心接访，共接访90余人次，处理涉及低保、助学、贫困求助、康复救助、居家无障碍改造等问题，为残疾人排忧解难；联合挂点新村社区、恒大社区到所辖路段开展入户走访宣传活动，向群众派发宣传手册及宣传相关知识，仔细倾听他们的意见与建议，热心地解答群众的提问，积极倡导大家齐心协力共谱和谐稳定新曲，如积极倡议社会爱心企业为辖区单亲低保户重度残疾人在读大专的小孩筹集学费，缓解其家庭经济负担。全年未发生一起残疾人集体上访、越级上访等恶性事件。

【文体宣传】 2021年，区残联以“全国助残日”和“国际助残日”为契机，组织残疾人开展或参加各种文体活动，使残疾人能早日融入社会，感受到党和政府对他们的关爱之情；11月组织全区20户残疾人家庭开展“读一本书、看一场电影、游一次园、参观一次展览、参加一次文化活动”文化进残疾人家庭“五个一”活动；12月组织残疾人参加张九龄纪念公园游园活动等。

【残疾人证发放】 2021年，区残联共发放残疾人证1151本。

（宋沛妍）

红十字会

【概况】 武江区红十字会（以下简称区红十字会）是区政府领导下负责从事人道主义工作的社会救助团体。区红十字会核定事业编制1名。设会长1名（由区政府领导兼任，不占编制），专职副会长1名。

【红十字会工作】 2021年，区红十字会贯彻党和国家有关红十字会工作的方针政策和省委、市委的决策部署，按照区委工作要求，组织开展相关工作。开展备灾救灾工作，在自然灾害和突发事件中，组织协调救灾和救助工作；依法开展募捐筹资。开展应急救护和防病知识的宣传、普及、培训，组织志愿者参加现场救护。参与和推动无偿献血、造血干细胞和器官（组织）捐献工作。组织开展红十字志愿服务活动和红十字青少年活动。宣传国际红十字与红新月运动的基本原则和日内瓦公约及其附加议定书，并依照其有关规定开展工作。完成区委、区政府和市红十字会交办的其他任务。

【红十字宣传工作】 为纪念第74个“世界红十字日”和第13个“全国防灾减灾日”，2021年，5月12日，区红十字会联合区总工会、区妇联等多个部门，在韶关旭日国际有限公司开展“关爱生命、救在身边——我为群众办实事”和“防范化解灾害风险，筑牢安全发展基础”等主题宣传活动。通过向企业员工宣传红十字运动知识、发放急救手册和急救知识折页，让企业员工们知道在工作和生活中随时都可能发生的意外伤害和灾害，学习急救防灾知识，可以保护自己和帮助他人。活动吸引了300多名企业员工参加，发放宣传资料600余份。6月5日，区委组织部在西河体育广场开展“学党史 办实事 惠民生”主题宣传活动，区红十字会积极组织红十字志愿者参加活动，并向在场的市民群众发放应急救护知识手册、干细胞捐献、无偿献血宣传折页等800余份，解答群众对先天性心脏病、小天使基金项目的申请条件和流程等方面的问题，使广大群众对红十字工作有更深的了解。

【红十字“救在身边”行动】 2021年5月22日，省红十字应急救护进社区百场行动韶关市首场活动在武江区芙蓉北社区启动。7月9日、7月11日、7月13日，区红十字会分别在新华北、武江北、新华南社区开展应急救护知识进社区活动。参加学习的社区居民达196余人，进一步提高社区群众应对突发事件和意外伤害的自救互救能力，切实增强社区群众的安全意识。全年区红十字会共开展8场应急救护培训进企业活动，受益对象400多人。其中开展红十字应急救护员培训活动4场，参加培训的124名企业员工都顺利通过考试，获得由韶关市红十字会颁发的红十字救护员证；开展应急救护普及性宣讲活动4场，受益群众300人次。通过开展应急救护知识进企业培训活动，扩大应急救护知识普及率，提升广大群众自救互救、防灾减灾避险的意识。开展青少年水上安全知识进校园活动，结合省红十字会“生命之舟 伴你远航”——青少年水上安全教育进校园项目，5月中旬，分别走进龙归镇中心小学、西联沐溪小学开展青少年水上安全知识教育活动，为两所学校2300多名师生送去一堂生动有趣的水上安全知识教育课，进一步增强武江区中小学生的水上安全意识，提高学生的自救互救能力。11月23日，联合区教育局在龙归中学开展应急救护知识宣讲进校园活动，将红十字应急救护知识送进课堂，近50名师生参加活动，活动得到了一致的好评。为纪念第22个“世界急救日”，9月6日，区红十字会联合武江区政府办、惠民街、碧桂园集团，在碧桂园太阳城凤凰酒店，9月9日在群立社区居委会开展2021年“世界急救日”主题宣传活动，普及应急救护知识和技能，进一步宣传和推动应急救护工作，大力培育和践行社会主义核心价值观，弘扬“关爱生命、救在身边”的社会风尚。此次的主题宣传活动中，区红十字会根据不同场所和群体的急救需求，在社区和酒店等人员密集的场所分别举办了红十字应急救护知识讲座活动和红十字救护员培训班。授课老师将理论知识讲解和现场操作演示相结合，向学员们讲授心肺复苏、创伤救护、脑出血、心肌梗死等常见的急救知识和技能。参加活动的酒店员工和居民群众纷纷表示，“世界急救日”主题宣传活动贴近群众，急救知识务实管用，将会向家人和朋友传播学到的急救知识。

【人道救助工作】 2021年1月26日，区红十字会在重阳镇政府举行“2021年武江区红十字博爱送温暖活动”物资发放启动仪式和走访慰问送温暖活动，为重阳镇困难群众送去一批价值约1.5万元的慰问物资，让困难群众过上一个欢乐祥和的新春佳节，受益群众400余人。5月7日上午，区政府副区长钟爱明、区红十字会专职副会长侯芊彤陪同市红十字会常务副会长赵远芳走访慰问武江区区患大病困难家庭，给予人道救助，传递人道温暖。此次活动，为本区患大病困难家庭送去6000元人道救助金，以实际行动帮助困难群众排忧解难。为弘扬“人道、博爱、奉献”的红十字精神，关心和救助白血病患儿童，11月5日，区政府副区长钟爱明带领区红十字会、重阳镇等相关部门一行，走访看望武江区白血病患儿童，为白血病患儿家庭送去关爱和温暖，并送上慰问金和慰问品。

【“99公益日”活动】 “99公益日”是由腾讯公益于2015年9月9日联合数百家公益组织共同发起的一年一度全民公益活动。2021年，省红十字会以“红十字‘救’在身边”项目在腾讯公益平台上线，倡议社会各界和爱心人士积极参与，一起做好事，传播公益理念，促进社会和谐。武江区红十字会积极响应号召，以“一起捐”的方式动员社会各界积极参与，共发动322人次参与捐款，筹得善款6883.32元。

（邹佳奇）

军 事

人民武装部

【概况】 武江区人民武装部（以下简称区人武部）是中共武江区委的军事工作部，是武江区人民政府的兵役机关，主要负责本区的国防动员、民兵工作、兵员征集、国防教育、双拥等工作，接受韶关军分区和武江区委、区政府双重领导。2021年，在军分区党委正确领导下，区人武部坚持以习近平新时代中国特色社会主义思想和习近平强军思想为指导，认真贯彻落实上级决策部署，突出党史学习、聚力练兵备战、深化国防动员、从严管党治党、强化正规抓建、抓好常态化疫情防控，各项建设呈现向上向好的良好态势。

【重要会议】 2021年，区委书记、人武部党委第一书记颜亮参加市委组织的县（市、区）人武部党委第一书记党管武装述职会议，并在会上作述职发言。1月，召开区党管武装工作述职会议，组织7名镇（街）党（工）委书记进行述职，通过述职和平时持续抓建，镇（街）党（工）委书记抓武装的责任意识、阵地意识有较大提升。落实区常委议军和镇（街）党（工）委议武会议制度，7个镇（街）均能按照要求落实；落实党政班子过“军事日”制度，协调部领导参加地方党代会、人大代表选举、党委常委、政府党组和人大、政协相关工作。12月30日，召开2021年区委常委议军会议，区委书记、人武部党委第一书记张广晖主持会议并讲话，会议传达学习上级文件精神，人武部汇报完成工作情况及下一步工作打算，研究审议武装工作需要党委政府解决的困难问题和加强武装工作的具体措施。

【学习教育】 2021年，区人武部党委坚持用习近平新时代中国特色社会主义思想和习近平强军思想武装头脑、指导实践、推动工作；及时传达学习习近平主席最新重要讲话和指示批示精神，抓好“七一”重要讲话精神、中共十九届六中全会精神传达学习，深刻领会党百年奋斗的历史经验，不断从中汲取前进的智慧和力量；坚决贯彻落实全会和决议精神，坚定不移把“两个确立”真正转化为做到“两个维护”的思想自觉、政治自觉、行动自觉。扎实开展党史学习教育，认真学习军委明确的“5+4”本指定学习教材和重要参考材料，每季度用好6个学习平台和4个机制，组织干部职工参观红军长征粤北纪念馆、开展“重走长征路”红色拉练活动；积极参加29种革命精神党课授课辅导，组织收看中央党校发布的12个中共党史专题讲座，组织观看《1921》《守岛人》《长津湖》等优秀影片，学习时代楷模张连印先进事迹，推动思想政治教育落地生根。与区委宣传部、区教育局共同筹划国防教育“开学第一课”活动，部领导亲自到九中、金福园小学等单位授课，成效明显。

【征兵工作】 2021年1月8日，区人武部组织召开征兵工作业务培训会，传达学习上级文件精神，部署“一年两征”工作任务，并集中组织开展体检和政考培训。1月21日，在全国和省、市征兵工作会议后，组织征兵工作成员单位集中召开武江区年度征兵工作会议。立足于早宣传早发动，坚持以高中应届毕业生为重点，结合兵役登记工作督导落实，在完成兵役登记工作的同时，利用6月高考青年填报志愿等时机，到辖区各高中和镇（街）现场调研宣传，掌握辖区适龄应征青年人口底数，深入村（居）委把大学生青年情况摸准摸实，“一对一”地动员大学生青年积极投笔从戎。协调区委宣传部在高铁站、沃尔玛广场等地利用户外大型显示屏滚动播放征兵宣传片，先后印制兵役登记公告、各类宣传册、海报6000余份，下发到各基层民兵营（连），基层武装部积极协调辖区商家利用电子显示屏宣传征兵标语等。严密组织体检和政治考核，征兵办先后2次组织召开区政治考核任务部署及培训会，集中组织学习政治考核规定，进一步明确标准、规定，熟悉工作程序、方法，提高政治考核人员的业务能力。3月12日、9月9日，坚持公平公正公开的原则，采取摇号定兵，区领导、区征兵办成员单位负责人，参加役前教育训练青年、廉洁征兵监督员、公证处工作人员全程参与。通过体检、政治考核、役前教育训练等程序，挑选合格青年输送到部队，无一退兵。

【依法从严治军】 2021年，区人武部深入贯彻军委党的建设会议精神，突出严字当头、担当作为，开展党的纪律教育；落实党员领导干部述学述责述廉、过双重组织生活等制度，组织党员进行“两学一做”承诺践诺，利用交班会等时机组织传达党纪文件、开展随机党纪教育，集中观看《铁纪强军》纪律教育系列专题片和基层法纪教育片，不断强化党员干部敬畏法纪、收敛知止的思想和行动自觉。认真组织优秀共产党员评选活动，利用参加军分区组织表彰晚会和上级先进报告会等时机，开展向身边典型学习活动。依据军委国防动员部和省军区、军分区部署要求，严格抓好巡视巡察问题整改工作，认真学习上级文电、指示和法规政策，坚持把巡视巡察问题整改作为一项重要而紧迫的政治任务，逐条逐项开展全面自查，仔细深入分析研判，持续深化问题整改。集中整改后转入常态抓建中，问题整改“回头看”工作取得扎实成效。

（陈兴运）

退役军人事务

【概况】 2021年，武江区退役军人事务局（以下简称区退役军人事务局）在区委、区政府领导下，在市退役军人事务局的指导下，坚持以习近平新时代中国特色社会主义思想为指导，深入学习贯彻习近平总书记关于退役军人工作和新时期双拥工作的重要指示批示精神，牢牢把握“让军人成为全社会尊崇的职业”这一目标，深入推进服务保障体系建设，发挥勇于担当，攻坚克难的工作作风，有序推动退役军人各项工作任务深入发展。

【接收安置】 2021年，武江区落实“阳光安置”政策，接收符合政府安排工作退役士兵，提供企业岗位和区公益一类事业单位管理岗位，并于10月底安置到位。按时足额发放退役士兵待安排工作期间生活补助金并落实好待安置期社会保险接续待遇。年度安置工作获得转业士官一致好评，并赠送区退役军人事务局锦旗一面。

【就业创业】 2021年，武江区组织自主就业退役士兵参加全员适应性培训，举办2021年退役士兵短期就业创业技能培训。举办1场退役军人专场招聘会。组织2019年、2020年退役士兵报考中等职业院校。

【优抚优待】 2021年，武江区按时足额发放各类优抚对象优待抚恤补助费，包括“三属”抚恤金、“残疾军人”伤残抚恤金、“在乡复员（退伍）军人”生活补助金、“参战人员”生活补助金、“铀矿开采退役人员”生活补助金、“60周岁农村籍退役军人”生活补助金、“无军籍职工”生活退休待遇和房补金、“企业军转干”生活补助金、现役义务兵家庭优待金、退役军人（2020年秋、冬季）一次性经济补助金、“病故军人遗属”一次性死亡抚恤金等。

【烈士褒扬】 2021年，武江区对辖区内的李运连烈士墓进行迁移保护，迁移至韶关烈士陵园。清明节、“9·30”烈士纪念日等重点时节，宣传发动全区人民参加网上祭扫活动，组织60名党员干部在韶关烈士陵园参加向烈士纪念碑敬献花篮仪式，200余人在当地烈士纪念碑和烈士墓举行祭奠活动。

【思想政治】 2021年，武江区实施退役军人村干部培养工程。退役军人林永前获得广东省乡村振兴先进村党组织书记、广东优秀兵支书荣誉。区退役军人服务体系成立志愿服务队8支，开展志愿服务117人次。组织退役军人、军嫂参加2021年“韶关最美退役军人”“韶关最美军嫂”评树表彰活动，其中，退役军人刘世昌获评第二届“韶关最美退役军人”，军嫂郑春红、李霜、陈小玲获评“2021年度韶关市十大好军嫂”，军嫂黄惠梅获评“2021年度韶关市好军嫂”。

【双拥工作】 2021年，“八一”、春节等重要节日期间，武江区开展拥军优属活动，走访慰问各类优抚对象并送上慰问物资。帮助军人子女办理就近入学、随父母调动转学工作，安置随军家属，为现役军人家庭送喜报，发放慰问金。跟进落实军地互提要求、互办实事“双清单”工作事项。驻韶部队积极参与扶贫济困活动，并捐赠资金。

【权益维护】 2021年，武江区确定重点常态化联系对象进行实地走访，8个镇（街）退役军人服务中心（站）挂牌成立武江区公共法律服务中心（站）退役军人工作站（窗口），聘请律师顾问采取咨询等方式为退役军人提供法律服务。开展《中华人民共和国退役军人保障法》宣传活动3场，专题宣讲1场，发放书籍2000余册，提高工作人员及退役军人知法、学法、懂法意识，依法维护退役军人合法权益。结合“我为群众办实事”活动，为退役军人办一系列实事，为一等战功者调整残疾等级，为退役军人成功申请应急救助资金，为参战老兵申请建房帮扶款。全年共获赠锦旗5面。

【服务体系建设】 2021年，区退役军人服务保障体系更趋完善，服务能力显著提升。组织全区退役军人服务体系工作人员进行教育培训1次、参加市级培训3次。借助全国示范型退役军人服务站星级服务站创建契机，不断完善服务体系建设，提升服务能力，切实把武江广大退役军人工作和生活保障好。重阳镇退役军人服务站、惠民街道退役军人服务站被省退役军人事务厅评为五星级退役军人服务站，西联镇退役军人服务站被评为四星级退役军人服务站。

（李 磊）

法 治

政法委及综治

【概况】2021年，武江区委政法委在区委和市委政法委的正确领导下，紧紧围绕党史学习教育、政法队伍教育整顿、建党百年安保维稳和市域社会治理现代化等重点工作，在健全政法工作机制、开展平安建设和专项整治以及创新社会治理路径方法上，精准发力、持续用力，有力推动武江政法工作高质量发展。全省群众安全感和政法工作满意度调查结果显示，区政法工作群众安全感、满意度、教育整顿效果满意度均排名全市第2名，分别排名全省第11名、第19名、第10名，其中政法工作群众安全感、满意度分别比2020年在全市排名提升5个和3个名次。

【政法队伍教育整顿】2021年，区委政法委以政法队伍教育整顿为抓手，树立政法队伍新形象，区委主要领导带头直接抓、全程抓，先后主持召开多次会议研究推动，并经常深入基层一线指导，确保高站位高质量推进第一批政法队伍教育整顿工作，全面完成三个环节及“回头看”各项任务，发现并整治顽瘴痼疾问题48个，建立健全长效机制95项。为解决暴露出的深层次问题，区委政法委坚持以健全工作机制为切入点和突破口，健全完善党对政法工作的绝对领导、政法干部队伍建设、执法司法制约监督和政法工作保障等若干个关键机制。

【国家政治安全和维护社会稳定】2021年，武江区以稳中求进为基调，探索防范化解重大风险工作新路子，坚持把维护国家政治安全放在首位，建立健全形势分析、风险评估和工作协作机制，加强反渗透反破坏反颠覆反分裂工作，加强反恐防暴工作，国家政治安全屏障进一步筑牢。坚持以中国共产党成立100周年安保维稳工作为主线，统筹做好疫情防控和安保维稳各项工作，在全国“两会”及“七一”“十一”等三个一级响应重要节点，圆满完成全国“两会”和庆祝中国共产党成立100周年大会等特防期的安保维稳任务。结合基层矛盾纠纷排查化解专项行动，建立区、镇（街）、村（社区）三级风险隐患台账，对可能存在的政治安全和社会领域风险隐患，开展“拉网式”排查，确保及时发现和处置各类风险隐患。针对突出风险隐患，坚持“一案一策一专班”措施，压实工作责任，确保及时妥善化解。2021年，全区共排查矛盾纠纷877宗，成功调解868件，调解成功率达98.97%。

【平安武江建设】2021年，武江区以增强群众安全感为目标，建立平安武江建设新格局，健全社会治安防控体系，持续高压态势打击突出违法犯罪。严厉打击电信网络诈骗、“套路贷”等新型犯罪，提升金融领域、网络领域等新型违法犯罪的打击破案能力。常态化开展扫黑除恶专项斗争。全区打掉恶势力犯罪集团1个、涉恶团伙8个，侦破“九类涉恶案件”34宗；起诉涉恶案件4件20人；一审审结认定涉黑恶案件3件15人，执行到位财产1.43亿元；立案查处涉黑涉恶腐败和“保护伞”2人，给予党纪政务处分1人。武江区扫黑除恶专项斗争领导小组被市委、市政府评为先进县（市、区）扫黑除恶专项斗争领导小组，4个单位和3名干部分别荣获市扫黑除恶先进集体和先进工作者称号。充分发挥好“村民（街坊）议事堂”“红色楼长”“红色物业”等自治组织作用，激发群众自我管理的内生动力。武江区共建立各类调解组织106个，人民调解员727人，为群众提供高效、便捷、低成本的纠纷解决渠道。推进综合网格建设，实现疫情防控、消防、安全生产等网格“多网融合”，有效整合全区基层资源，提升网格员队伍专业化水平。加强社会心理服务体系建设，积极预防化解、遏制轻生自杀行为。加强对重点人群的心理疏导和帮扶救助，重点针对农村留守儿童、困境儿童、严重精神障碍患者、残疾人和社区矫正对象开展心理疏导，定期进行回访，落实好相关帮扶措施。持续推进“雪亮+智格”“智感安居小区”等工程建设，打造设施智能、服务便捷、管理精细、环境宜居的智慧社区。已完成省级智感安防标准小区（拖拉机厂东区宿舍）试点建设和全区22个老旧小区智能化提升改造。构建“中心+网格化+信息化”治理体系，打造设施智能、服务便捷、管理精细、环境宜居的智慧社区。充分运用大数据、5G、人工智能等新技术，围绕加强全覆盖主动布防，加快推进“雪亮工程”建设，由武江区建设的覆盖五镇两街的视频监控点位已全部接入雪亮平台及市级雪亮平台，实现区、镇（街）、村（社区）三级联网。

【“平安三率”宣传】 2021年，武江区以提升群众知晓率为标尺，宣传平安武江齐共建新亮点，推进全媒体宣传平安武江，通过线上线下相结合的创新模式，全方位落实平安武江“指尖宣传”，延伸宣传触角，扩大宣传范围，提升武江平安建设宣传效果。通过线上线下相结合的创新模式，线上宣传充分发挥微信公众号、视频号、微信广告、抖音、今日头条等新媒体传播速度快、覆盖范围广、信息量大的优势，精准发力，定期发布平安武江系列宣传活动和相关图文知识，开展平安线上答题抽奖活动，发布问卷二维码，制作《平安武江致全区人民的一封信》海报等，全方位落实平安武江“指尖宣传”。线下宣传以“村村通”广播、结合在职党员与青少年“i志愿”等进村（社区）开展入户和沿街宣传、打造平安武江智慧小屋、保利广场平安打卡抽奖活动、平安夜市、平安圩日、平安征文比赛等群众喜闻乐见的活动形式延伸宣传触角，扩大宣传范围，提升武江平安建设宣传效果。平安武江系列活动月期间，接受市级媒体采访和推广近20次，平安武江公众号活动推文阅读和转发量近15万人次，参与活动人数近6万人。

【深化政法领域改革】 2021年，武江区以提升执法公信力为指引，实现法治武江建设新突破，紧盯执法司法权力运行监督和制约关键环节，常态化进行“四类案件”识别监管，健全重大敏感案件办理机制，形成审判监督管理闭环。突出问题导向，着力在出台便民利民举措和提高执法司法质效上创新创优。区公安分局率先在全市运用智慧新巡控完成巡逻勤务改革，增加机关巡逻组下沉一线开展巡逻防控工作。区法院加强一站式多元解纷和诉讼服务体系建设，将审判服务职能集约到窗口统一办理，推动“一次办结”。区司法局全面推行村（社区）法律顾问律师微信“二维码”公示制度，让法律知识与群众“零距离”接触。深入推进智慧新警务建设，完成2个派出所智能执法办案区的建设和改造。全面深化智慧法院建设，区法院网上立案3098件，云端庭审案件318场，线上调解案件131件。促进行政争议实质性化解，区检察院率先在全市建立推进行政争议实质性化解工作衔接机制。推进行政复议体制改革，区司法局整合政府与政府部门行政复议职责，设置统一办理行政复议案件的机构。充分发挥区委依法治区办统筹作用，深化行政执法体制改革，出台《韶关市武江区人民政府法律顾问工作规则》。区法院推进执行工作长效机制建设，建立网络平台执行“微团队”，完善网络司法拍卖工作机制，不断提升执行工作透明度、满意度。推行在各镇（街）司法所设立“司法复议咨询点”，建立武江区败诉行政案件和行政机关负责人出庭应诉年度报告制度。坚持执法司法为民，深入开展“我为群众办实事”活动，政法单位紧紧围绕人民群众“急难愁盼”问题，共推出为民办实事项目40个，开展实践活动700余场，累计收到群众感谢锦旗60面和感谢信4封。

【疫情防控工作】2021年，武江区以维护人民生命健康为使命，助力服务疫情防控大局，建立健全区委政法委委务会召开疫情防控工作会议制度，统筹疫情防控“三人小组”、打击涉疫情违法犯罪等，坚决守好防疫防线。疫情防控阻击战打响以来，全区累计收到上级部门转发核查线索共51336条，下发村（社区）“三人小组”25518条，持续推广应用“一码通”，对境外和国内中高风险地区来韶返韶人员实行“闭环管理”，实现排查全覆盖。

（沈　赟）

法治政府建设

【概况】2021年，武江区深入学习贯彻习近平法治思想，认真落实《法治政府建设实施纲要（2021—2025年）》，从严从实从细推动法治政府建设。完善依法行政制度体系。完成第一批68项行政权力、43项公共服务事项，以及124项执法事项向各镇街下放并编制完成镇街权责清单。制定《韶关市武江区人民政府法律顾问工作规则》有效规范镇（街）及政府部门法律顾问工作。深化行政执法体制改革。制定印发《韶关市武江区人民政府关于镇街行政执法的通告》，2021年4月1日，镇街实行综合行政执法。制定《关于建立武江区镇街综合行政执法工作制度的实施意见》等综合行政执法统筹制度，指导镇街规范执法。推进行政复议体制改革。整合行政复议资源，完成行政复议体制改革，实现行政复议案件统一办理。建立武江区败诉行政案件和行政机关负责人出庭应诉年度报告制度，规范和加强全区行政应诉工作。

【依法行政】2021年，武江区切实转变优化并依法全面履行政府职能。全面推行清单管理制度，编制完成并公布《韶关市武江区乡镇街道权责清单》。深入推进“放管服”改革，持续推进“减证便民”行动，全面推行证明事项告知承诺制，改进和规范基层群众性自治组织出具证明工作。

健全科学民主依法决策机制，推进行政决策科学化、民主化、法治化。印发《关于进一步明确合法性审查工作的通知》（韶武法治办〔2021〕4号），明确规范性文件、重大行政决策及以区政府名义签订协议的请示件的合法性审查要求，压实政府部门和镇街法律论证责任。落实政府法律顾问制度，制定《韶关市武江区人民政府法律顾问工作规则》，有效规范政府法律顾问工作。

坚持严格规范公正文明执法。深化行政执法体制改革，稳步推进镇街综合行政执法改革。制订印发《韶关市武江区人民政府关于镇街行政执法的通告》，将区级124项执法事项调整由镇街行使，2021年4月1日起镇街实行综合行政执法。制订《关于建立武江区镇街综合行政执法工作制度的实施意见》等制度，建立健全镇街与区级部门行政执法案件移送及协调协作机制。提高行政执法规范化水平。实施行政执法人员素质提升行动计划，加强行政执法人员教育和培训。贯彻执行行政执法“三项制度”，组织开展行政执法“三项制度”专项督查，对执法信息平台公示情况、行政执法案件办案质量进行监督，加强对行政执法制约和监督。

【规范性文件管理】2021年，区司法局组织开展涉及行政处罚和计划生育内容的规范性文件清理工作，经梳理排查，武江区无上述规范性文件。

【行政复议】2021年，区司法局稳步推进行政复议体制改革。整合行政复议资源，6月1日起，区政府只保留一个行政复议机关，由区政府统一行使行政复议职责，实现了行政复议案件统一办理，区司法局作为区人民政府的行政复议机构，以区人民政府行政复议办公室的名义，依法办理区政府行政复议案件。起草的《韶关市武江区行政复议体制改革实施方案》通过区政府常务会议和区委全面依法治区委员会审议，于7月21日印发实施。报区编委会同意在区司法局增设行政复议股，加挂行政应诉股牌子，增加行政编制2名。

2021年，新收申请行政复议案件58宗，案件同比增加190%，审结61宗（含2020年转结案件5宗）。办理区政府作为被申请人的行政复议案件7宗。

【行政应诉】 2021年，区司法局落实行政应诉责任，积极做好行政应诉和行政负责人出庭应诉工作。制订印发《韶关市武江区人民政府办公室关于进一步加强行政应诉工作的通知》和《韶关市武江区关于建立全区败诉行政案件和行政机关负责人出庭应诉年度报告制度》，建立武江区败诉行政案件和行政机关负责人出庭应诉年度报告制度，明确行政应诉工作主体责任，及时掌握败诉行政案件和行政机关负责人出庭应诉情况，促进严格执法、规范执法和文明执法，有效推动行政机关依法行政。

全区行政应诉案件共计161宗，同比增加61%。其中区政府行政应诉案件41宗。区司法局代理区政府出庭应诉案件21宗。积极协调区政府班子成员出庭应诉，2021年区政府班子成员出庭应诉21宗，行政负责人出庭率100%。

【行政执法监督】 2021年，区司法局严格执行行政执法人员持证上岗和资格考试管理制度，全年共组织4次行政执法人员综合法律知识考试，全区参加考试67人次，申请执法证126人，领取执法证121人。制订印发《关于全面提升行政执法人员素质的行动实施意见》，组织开展武江区提升行政执法人员素质行动。加强对镇街综合行政执法的统一培训。不仅举办武江区2021年镇街综合行政执法业务培训班，同时还组织参加省、市开展的专题培训，提高执法人员法律素养和业务能力，强化镇街综合行政执法队伍能力建设。全面落实“三项制度”，开展行政执法“三项制度”专项督查。2021年12月21日至28日，抽取6个行政执法部门对执法信息平台公示情况、行政执法案件办案质量开展监督，推进规范公正文明执法。转发《广东省行政执法流程和执法文书规范（2021年版）》给各行政执法单位参照执行，加强基层行政执法规范化、标准化建设。

【政府法律顾问】 2021年，区司法局建立健全政府法律顾问制度，制订印发《韶关市武江区人民政府法律顾问工作规则》（韶武府〔2021〕13号），有效加强和规范镇（街）及政府部门法律顾问工作。区政府共有7名政府法律顾问，5名为外聘律师。全区有7个镇街、12个区政府部门已聘请法律顾问。区政府法律顾问代理行政诉讼案件2件，研究讨论行政复议7件，审查重大行政决策8件，审查合同10件，参与1场法治专题讲座及1场执法培训宣讲。

公 安

【概况】 韶关市公安局武江分局（以下简称武江分局）承担维护国家安全稳定，预防、制止和打击违法犯罪活动，维护社会治安秩序，管理交通、危险物品、特种行业等职能。2021年，韶关市公安局武江分局在区委、区政府和市公安局的正确领导下，全力以赴战疫情、防风险、保安全、护稳定，努力打造忠诚干净担当的公安队伍，全力维护了武江社会安全稳定，群众安全感和公安工作满意度成绩创历史新高，取得群众安全感全市排名第2、全省排名第11，公安工作满意度全市排名第2、全省排名第30的优异成绩。

武江分局成立于1983年，原址位于韶关市武江区新华南路3号，2018年5月搬至西联镇西联市场17号之一，正科级建制。2016年9月武江分局因市区公安体制改革下放至武江区政府，组织关系属中共武江区委，受武江区委、区政府和韶关市公安局双重领导。同时原市公安局交警支队市区二大队一并下放至武江分局管理，现为武江分局交警大队。2020年10月，森林派出所整建制划归武江分局，更名为韶关市公安局武江分局森林警察大队。2021年8月，韶关市公安局新区分局新城派出所划归武江分局，更名为武江分局西联派出所。

【党委（支部）建设】 2021年，武江分局严格落实管党治党主体责任，严格落实“第一议题”制度，以党委会议、党委理论学习中心组集体学习等形式，深入贯彻学习习近平新时代中国特色社会主义思想、习近平总书记“七一”重要讲话、中共十九届六中全会精神、习近平总书记关于党史学习教育的重要论述和重要指示精神等政治理论81次，围绕“学史明理、学史增信、学史崇德、学史力行”和“学党史、悟思想、办实事、开新局”的要求，高站位、高质量、高标准完成党史学习教育各项任务。坚持党建带队建、党建促业务，涌现出“全省公安机关先进基层党支部示范点”新华派出所党支部、“韶关市先进基层党组织”刑侦大队党支部和一批“两优一先”党员，有效地提升了队伍的凝聚力和战斗力。

【公安队伍教育整顿】 2021年，武江分局扎实开展政法队伍教育整顿，制定完善长效工作机制34项，整治“六大顽瘴痼疾”及肃清余毒流毒、公务用枪管理不规范、民警酒驾醉驾、接处警不规范、涉案财物管理等11个问题方面，打造了一支信念坚定、执法为民、敢于担当、清正廉洁的过硬公安队伍。

【“我为群众办实事”实践活动】 2021年，武江分局扎实开展“我为群众办实事”实践活动，持续推进排查整治校园安全隐患，设立护学岗，成立未成年受害人“一站式取证”办案中心，优化老年人办事服务，推进全国户口迁移“跨省通办”试点，实施“零门槛”入户政策，推行“一窗通办”改革，安装身份证免费照相自助机，落实部分户政业务告知承诺制政策，实施“出生一件事”联办测试等一件件实事落地见效。集中开展排查失踪人员专项行动，建立完善失踪人员查找机制，最大限度减少失踪及失踪后被侵害等情况发生。开展违法犯罪人员信息勘误工作，切实解决当前存在的违法犯罪人员信息登记不准确、使用不规范导致无辜群众切身利益受到损害的问题。

【党风廉政建设】 2021年，武江分局落实主体责任，专题召开全局党风廉政建设和反腐败工作会议，部署全年重点工作，并多次召开党委会研究党风廉政建设及监督执纪有关事项。制订分局2021党风廉政建设主体责任清单、责任制监督工作方案等，压实各部门党风廉政建设责任。围绕公安中心工作和重点领域环节，深强化监督检查及重大事项审核监督，及时排查队伍廉政风险，构建日常监督、重点检查、专项督察相互交织的监督检查网。强化党廉教育，扎实开展“正风肃纪”主题纪律作风集中整顿教育、纪律教育月活动、“以案促改”专题教育以及涉案财物和取保候审突出问题专项整治等，进一步筑牢了拒腐防变的思想防线。

【指挥调度】 2021年，武江分局严格落实“110”处警“三回复”制度，率先在全市运用智慧新巡控完成巡逻勤务改革，每天安排2组24小时“动中备”巡逻小组和9组常态化巡逻小组，节假日等重要节点增加4组机关巡逻组下沉一线开展巡逻防控工作，持续织密“1、3、5”执勤防线，切实提升见警率。

【社会维稳】 2021年，武江分局以中国共产党成立100周年安保维稳为主线，全力防范政治安全、暴恐袭击、公共安全、金融领域风险，在重要节点，启动等级勤务，加大重点部位防控，严格落实人防、物防、技防安全防范措施和管理工作责任，持续推进不稳定因素排查化解，举全警之力圆满完成中国共产党成立100周年、十九届六中全会、春节、“两会”、清明、“五一”、国庆等重要节点安保维稳任务。2021年武江社会大局持续平稳。

【常态化疫情防控】 2021年，武江分局常态化开展疫情防控攻坚工作，疫情防控工作专班民警24小时运作。安排警力进驻集中隔离场所24小时值守，严格落实各项安保措施，规范人员、车辆进出查验工作，确保场所安全可控。坚持“人物同防”，落实落细检查措施，每日安排警力120人次，加大对宾馆、娱乐服务场所、寄递物流、棋牌室等人员密集场所的每日巡查管控和社会面的治安巡逻，现场责令整改隐患，督促落实疫情防控管理制度，全面提高安全防护意识，全力以赴做好防输入、防扩散、防反弹工作。

【扫黑除恶专项斗争】 2021年，武江分局贯彻落实常态化开展扫黑除恶专项斗争工作要求，成立分局扫黑除恶专项斗争领导小组及办公室，专门设立常态化扫黑除恶专业队伍。积极推动“以案促建”“以案促治”，聚焦重点行业领域整治。深入开展全方位、多渠道、立体式的宣传活动，切实提升人民群众参与度、知晓率。

【“飓风2021”专项行动】 2021年，武江分局紧扣公安机关侦查破案主业，以“飓风”行动为牵引，深入推进“团员护苗”“利剑”等专项行动，严打严防命案、涉枪爆、涉黄赌等突出违法犯罪，加大传统“盗抢骗”等关系民生小案的侦办力度，深入开展智慧追逃，始终保持严打高压态势。全年未发生命案，抓获在逃命案逃犯3人，接连打掉砸玻璃盗窃、扒窃等犯罪团伙，切实实现了“更快破大案、更多破小案”目标。

【打击电信诈骗】 2021年，武江分局快打严打电信网络诈骗，不断深化“断卡”“断源”行动，认真落实线索落地快打机制，保持对涉电诈犯罪的严打高压震慑，成功破获部督案件“李某霞被网络诈骗案”等案件。通过张贴海报、悬挂横幅、发放宣传单、沿街LED屏全体滚动播放标语与宣传片等多种方式营造浓厚全民反诈氛围，推广注册“国家反诈中心”App数量133537人次，全区注册“小七”反诈微信小程序人数突破4万人，强有力地实现精准预警劝阻工作。

【打击涉林涉水涉环境违法犯罪】 2021年，武江分局组织开展集中清查非法贩卖野生动物统一行动，全面强化辖区集贸市场、餐饮场所及涉野生动物交易场所清查整治，加大对偷猎野生动物违法犯罪打击力度。落实烟花爆竹禁燃管控，做好《韶关市烟花爆竹燃放安全管理条例》及扩大市区烟花爆竹禁燃区域的宣传和贯彻执行。组织开展“猎火行动”，严厉打击野外违规用火和森林火灾肇事者，遏制森林火灾发生。强化扬尘整治，严查货运车辆扬尘撒漏等违法行为，确保市区空气质量良好。重拳打击辖区数量较大、影响面较广的非法占用林地案件、“两伐”案件、森林火灾案件和非法收购、违法运输木材等违法犯罪行为。

【全民禁毒工程建设】 2021年，武江分局深入开展“春雷3”“净边2021”“夏季破案攻势”“整治突出毒品问题”等专项行动，严打涉毒违法犯罪。强化禁种铲毒工作，以温室大棚种植基地为清查摸排重点，做到底数清、情况明。严格落实易制毒化学品管控，切实防范化解非法流失和滥用蔓延风险。继续深化“三清一收”专项行动，做好清隐、清零、清库和病残吸毒人员收治工作。强力推进吸毒人员“平安关爱”行动，完成辖区户籍社会面吸毒人员见面核查、吸毒毛发检测，并进行分类分级评估定级。落实戒毒史人员“一人一策”帮扶措施，携手市禁毒办、区禁毒办、市疾病预防控制中心为辖区社区戒毒（康复）人员进行公益体检和疾病防治知识教育。持续推进禁毒脱贫攻坚，辖区精准扶贫吸毒人员全部脱贫。深入开展吸毒人员排查摸底，严格落实吸毒检测措施，全面采集各类检测信息，吸毒检测完成率102.4%，毛发初筛完成率104.39%。强化禁毒线上线下宣传力度，2021年2月3日在广东省公安厅主办的第三届广东公安新媒体矩阵大会上，“武江禁毒”抖音号被授予“年度飞跃进步警务抖音号”称号。

【交通管理】 2021年，武江分局深入推进交通安全隐患排查、城市交通安全综合治理、公路交通安全风险防控、交通安全宣传重点提示、系统防范化解交通安全风险、预防交通事故成效等六项重点工作，落实预防道路交通事故各项工作措施，坚持日常管理与专项整治相结合，有效遏制了各类交通违法行为，缓解了交通拥堵，辖区道路交通安全形势稳中有降。完成G323线和G240线社主交叉口重点路段，龙归镇社主村、马渡村等村道村口整改提升；完成新华南与惠民南交叉口、丹霞大道北与怡华路交叉口、教育路与惠民北路交叉口3个拥堵节点改造；在粤北医院门口路段设立固定岗亭，全天四个高峰期时间段安排警力指挥过往车辆，保障救护车生命通道畅通。

【六合一专项行动】 2021年，武江分局围绕出租屋排查整治、“三非”外国人排查、寄递渠道落实安全制度检查、道路交通秩序整治、社会面集中清查、反诈宣传和“国家反诈中心”App推广安装六个方面重点工作，集中统一开展专项清查整治，全面消除各类风险隐患，全年开展集中清查整治二十六轮。

【重点行业场所安全防范管理】 2021年，武江分局加强重要节点、重点单位、重点场所、重要部位巡逻防控，强化社会面整体防控。扎实做好辖区消防安全监督管理，对生产加工企业、“三合一”等场所强化日常检查及消防安全教育，坚决督促落实整改消防安全隐患。加强野外火源管理，加大巡查和宣传力度，依法严厉打击野外用火行为。加强危爆物品源头控制、定点销售、流向控制，组织开展易制爆危险化学品储存场所治安防范达标攻坚行动。深入推进打击整治枪爆违法犯罪专项行动，实现持枪、爆炸物品犯罪案件零发案。加强娱乐服务场所和旅业、旧货行业、机动车维修业管理，定期组织暗访和交叉检查，督促经营业主落实管理责任、从业人员守法经营。推动落实寄递物流“三个100%”制度，全程监控实名登记和开箱验视制度落实，最大限度消除安全隐患。

【校园安全管理】 2021年，武江分局持续开展“护校安园”专项行动，及时排查校园安全隐患并责令整改，常态化设立60个固定护学岗，每日投入警力220人，确保辖区145所学校学生上下学期间安全。

【基层基础建设】 2021年，武江分局完成森林公安体制调整，恢复设立西联派出所。改造分局中心枪弹库、执法办案中心，修缮交警大队塘湾业务用房，建设分局涉案财物管理中心。派出所警力达到全局警力的40%，完成派出所所长进镇街领导班子，为派出所更好地开展工作奠定坚实基础。动工建设芙蓉山派出所业务用房异地新建项目，交付使用重阳派出所业务用房异地新建项目，完成修缮江湾派出所办公用房。继续推进社会治安视频监控“十三五”项目建设，新建社会治安视频点位300个、点位电子警察12个、可视化指挥调度室2个，小区门禁设备36套、覆盖房屋1103座，为预防打击犯罪、疫情防控和民生服务等工作提供强有力的数据支撑。

【执法规范化建设】 2021年，武江分局不断完善执法制度，加强执法培训、监督考评等工作，组织各办案部门开展执法考评4次，开展执法巡查2次，开展执法、警务技能等培训12次，在市局、省厅执法考评工作中取得较好成绩。建成并投入使用重阳派出所智能化办案区，改造完成西联派出所执法办案区为分局执法办案管理中心区。认真开展“法治公安行动计划”，全面提升民警法律素养和执法能力。扎实开展“谁执法谁普法”工作，在武江区2021年度普法评议工作中排名第一。积极开展刑事复议、行政复议、行政诉讼工作，认真贯彻公安机关负责人出庭应诉制度。共办理刑事复议案件5宗，行政得议案件7宗，行政诉讼出庭应诉21宗，行政负责人出庭应诉率100%。扎实开展有案不立、压案不查、降格处理及违规办理取保候审等问题专项整治工作，全面查摆、整改执法顽瘴痼疾，全局执法水平和公信力不断提升。

【从优待警】 2021 年，武江分局坚持从优待警举措，推动开展民警交流轮岗工作，完善干部免职机制。深化辅警队伍管理，将全局辅警、后勤人员由原来的劳务派遣制调整为分局直接管理，直接签订劳动合同，并通过提高辅警商业保险保额、增加保险项目、推动优秀辅警评选、开展辅警走访慰问等工作切实提升辅警认同感。积极开展民警辅警走访慰问，对 85 名先进民辅警、困难民辅警等进行慰问，并发放慰问金。

【全警练兵】 2021 年，武江分局深入开展全警实战大练兵，不断提升全警素质能力，严格落实每周一训练，积极组织民警参加新任培训、警衔晋升培训、中国共产党成立 100 周年安保维稳业务骨干培训、省厅战训总队轮训等集中培训，以学促训提高民警实战水平。开展接处警、练兵大讲堂、专业练兵比武等专项培训练兵，分局《韶关市郑某峰等人串通投标案》案例获评省厅“2020 年度广东经侦部门精品案例、调研文章、情报‘三大精品’评选活动”三等奖，并被评为 2020 年度全省经侦部门“十大精品案例”，《“地雷探测器”——挖掘地下钱庄犯罪模型》在全市经侦部门数据化实战能力大比武中荣获一等奖，刑侦大队民警在全市公安机关新型网络犯罪现场勘查实战练兵比武竞赛中荣获第一名，以考促训锤炼民警过硬本领。组织年度实战练兵大巡检，对各派出所及大队开展实战练兵大巡检迎检培训，以检促训提升全警实战本领。

【创文巩卫】 2021 年，武江分局根据《武江区 2021 年创建全国文明城市测评网上申报工作需求清单（修订版）》要求，全警上路加强辖区内主次干道，红绿灯路口、医院、农贸市场及学校等重点位置管控，有效维护辖区交通秩序。积极对接惠民街道办冷水坑社区等创文巩卫挂点对口单位，广泛发动全体民警、辅警积极深入开展巩固国家卫生城市各项工作，不断完善卫生环境保护长效机制。

【公安宣传】 2021 年，武江分局充分发挥新闻媒体、网络平台宣传作用，及时报道打击各类违法犯罪战果情况及民警先进事迹，起到良好宣传效果。相继举办“平安夜市”“平安武江征文”“平安武江线下网红打卡”等创平宣传活动，打造独具特色的武江公安品牌。

【警务保障】 2021 年，武江分局根据基层民警警务工作实际需要，购置更新基层警用装备，进一步满足基层警务需求。2021 年新增装备 301 件，其中新购执法执勤车辆 2 辆、特种专业用车 3 辆；公安取证设备 10 件；警用防护装备 30 件；防疫测温设备 2 件；视频监控设备 12 件；办公电脑、打印机设备 123 件；其他办公设备 119 件。

（王晓姣）

法　院

【概况】 武江区人民法院位于沙洲一路 6 号，内设立案庭（诉讼服务中心）、刑事审判庭、民事审判庭、行政审判庭、执行局、政治部（督察室）、综合办公室（司法警察大队）以及审判管理办公室（研究室）8 个内设机构，派出机构龙归人民法庭。核定政法专项编制 69 名，实有在编干警 65 人，设院长 1 人，副院长 3 人。2021 年，区法院共受理各类案件 10695 件，结案 9690 件，收、结案数均居全市基层法院首位，法官人均结案 387 件。

【刑事审判】 2021 年，区法院受理刑事案件 320 件，审结 305 件。突出打击重点，依法审结寻衅滋事、故意伤害、“两抢一盗”等暴力和侵财犯罪案件 106 件 140 人，危险驾驶案件 63 件 64 人。严格贯彻落实习近平总书记关于常态化开展扫黑除恶专项斗争重要指示批示精神，审结涉恶案件 4 件 19 人，判处五年以上有期徒刑 8 人，并处财产刑 53.5 万元。严惩网络灰黑产业链犯罪和涉众型经济犯罪，审结跨境赌博、电信网络诈骗、非法传销案件

21件23人，责令退赔、追缴赃款1400余万元，守护人民群众的“钱袋子”。依法审结罗秋桂骗取医疗保障基金一案，为国家追回医疗保障基金45万余元，该案入选国家医保局公布的欺诈骗取医保基金典型案例。推进以审判为中心的刑事诉讼制度改革，与区检察院建立联席会议工作机制，加强认罪认罚从宽制度和刑事速裁程序适用，审结认罪认罚案件255件322人，适用速裁程序61件61人，刑事速裁案件平均结案用时6天，服判息诉率100%。

【民商事审判】 2021年，区法院受理各类民商事案件4931件，审结4485件。持续加大民法典适用和宣传力度，审理的2件饲养动物损害责任纠纷案入选“广东法院民法典百场庭审直播”；举办“高空抛物”“劳动保障”等民法典专题普法讲座，大力弘扬社会主义核心价值观。全年调解、撤诉民商事案件1755件，其中成功促成韶关宝能城49户业主与开发商就房屋买卖合同纠纷达成调解协议，保护住房消费者合法权益。高度关注受疫情影响较大领域，妥善处理涉企民商事案件898件，结案标的2.4亿余元，依法审慎适用强制措施，灵活为企业置换保全财产1000余万元，最大限度减少司法活动对企业正常生产经营的影响。在江湾镇、重阳镇设立网上巡回法庭，乡镇居民可利用自助服务平台完成网上立案、开庭、调解等诉讼事项，以“乡土司法”促进乡风文明，服务乡村振兴。深化民事案件繁简分流改革，适用小额程序和简易程序审理民商事案件2376件，占审结民商事案件的52.98%，实现简案快审、繁案精审、快慢分道。

【行政审判】 2021年，区法院受理行政诉讼和非诉行政执行案件829件，审结593件。认真落实行政机关负责人出庭应诉要求，全年共有409名行政机关负责人出庭应诉，出庭应诉率达90.81%。加大行政争议协调力度，协调化解行政案件83件。与区检察院、区司法局共同搭建“行政复议＋行政诉讼＋行政监督”联动化解行政争议平台，细化诉前和解，司法救助，复议、审判与公益诉讼的衔接，强化行政争议实质性化解。持续深化府院联动，为重点项目工程建设、专项整治提供司法保障；推广非诉行政案件“裁执分离”执行模式，形成“法院裁定准执，政府牵头组织，职能部门集体实施，法院强化指导”的联动机制，为政府打击违法占用耕地、林地建房等行为提供有力司法保障，实现政治效果、法律效果和社会效果的有机统一。

【执行工作】 2021年，区法院受理执行案件4615件，结案4307件，执行到位金额1.36亿元。加大涉民生案件执行力度，开展“南粤执行风暴2021”“根治欠薪冬季行动”等执行行动，执行到位金额907.58万元，对符合条件的4名申请执行人发放司法救助金12万元，帮助困难群体解决燃眉之急。开展执行案款集中发放活动，一次性发放执行案款1100余万元，以实际行动取得群众对执行工作的理解和支持。推行“分段＋分组”执行团队新模式，全面实现繁简分流、

2021年9月15日，武江法院江湾镇网上巡回法庭揭牌启用

（区法院　供图）

事务集约。建立网络平台执行“微”团队，方便当事人在线办理执行事务，主动告知当事人执行进度和相关信息，提升工作透明度。将880人纳入失信被执行人名单，限制高消费2740人，司法拘留16人，向公安发布协助临控通告22次，移送拒执罪线索3件，着力构建“一处失信，处处受限”的信用惩戒体系。

【司法公开】2021年，区法院主动接受人大监督、政协民主监督、检察机关法律监督和社会监督。向区委、区人大报告扫黑除恶专项斗争、法治政府建设等工作。坚持开门搞整顿，公开院顽瘴痼疾整治清单，向代表、委员、律师和各界群众征求意见建议，强烈整治积弊沉疴，务求实效长效。加强与区纪委监委的沟通，主动邀请区纪委监委派驻第三组列席区法院党组会议，自觉接受监察机关监督。邀请检察长列席审判委员会会议，支持检察机关履行监督职责。认真贯彻落实人民陪审员制度，保障人民群众有效地参与和监督司法。自觉接受当事人、人民群众、新闻媒体等社会监督，及时回应社会关切。持续深化庭审直播和生效裁判文书上网工作，促进司法审判在阳光下运行，同时发挥司法裁判的教育引领功能，增强群众的法律意识和规则意识。2021年，在中国庭审公开网上直播案件1555件，公布立案、庭审、执行等各类司法信息17万余条，在《法治日报》《人民法院报》等各级媒体刊发新闻稿件327篇次，不断丰富法治宣传教育形式。

【司法为民】2021年，区法院制定《武江区人民法院关于开展“我为群众办实事”实践活动的实施方案》，列出4个方面13个小项为群众办实事项目清单，推出提升诉讼服务水平、服务企业优质发展、简化诉讼费缴纳程序等7项为群众办实事举措。聚焦常态化疫情防控，引导商铺租赁、餐饮服务等涉疫纠纷协商化解；开展上门促调解、送法进企业、民法典专题讲座等为民办实事活动28次，收到群众表扬信2封、锦旗4面。加强一站式多元解纷和诉讼服务体系建设，将诉讼服务职能集约到窗口统一办理，推动“一次办结”。主动融入党委领导的诉源治理大格局，创新发展新时代“枫桥经验”，深化“分调裁审”机制改革，联动市律师协会、市物业协会、区侨联等组织参与调解。全年受理诉前联调案件1395件，成功调解735件，调解成功率达52.68%，努力让更多纠纷通过非诉讼方式化解。落实“谁执法谁普法”责任制，积极开展“法律六进”活动19场次，全年共发放普法资料1万余份，为群众提供法律咨询1000余人次。

【信息化建设】2021年，区法院深化广东诉讼服务网、移动微法院及“云上法庭”等在线平台应用，全年完成网上立案3098件，云端庭审349次，线上调解146件，让人民群众充分感受到“指尖诉讼、掌上办案”的便利。开通在线调解平台，初步实现纠纷全流程在线处置。持续推进电子卷宗随案同步生成和深度应用，扫描卷宗44万余页。建立“极速网拍”体系，打造“法院+网拍平台+辅拍机构”网络拍卖新模式，网拍率100%，成交金额5906万元。在全院范围内架设信息发布屏，提高重要信息知晓率。租赁云会议系统，推行无纸化会议，提高办文办会水平。

（朱 琴 郑曼玲）

检 察

【概况】2021年，武江区人民检察院在区委及上级检察机关的正确领导下，在区人大及其常委会的有力监督下，全面贯彻《中共中央关于加强新时代检察机关法律监督工作的意见》，紧扣“讲政治、顾大局、谋发展、重自强”的新时代检察工作新要求，忠实履行宪法法律赋予的监督职责，积极推进“四大检察”“十大业务”全面协调充分发展，各项检察工作取得新发展、新进步。

【刑事检察】2021年，区检察院共受理审查逮捕案件278件400人，受理审查起诉案件360件535人。致力打击刑事犯罪，全年对毒品类案件批准逮捕4件4人，提起公诉14件20人，对盗抢骗类案件批准逮捕71件84人，提起公诉86件123人，对妨害社会管理秩序类案件批准逮捕66件117人，提起公诉67件147人。切实维护了人民群众的切身利益，提高人民群众的安全感。率先适用自行补充侦查权，提高办案效果，补充完善证据，又缩短办案周期，让正义不迟到。坚持在办案中监督，在监督中办案。共办理立案监督案件12件，发出《侦查活动监督通知书》64份，《纠正违法通知书》5份。同时完善与公安机关的办案信息双向共享机制，适时开展联席座谈会，引导双方共树“大控方”理念，推动检察监督质效和刑事办案质效不断提升。大力落实“两法衔接”工作，加强行刑衔接。通过多种形式不断加强与相关部门的沟通、联系，争取理解和支持。通过信息共享平台监督行政执法机关移送涉嫌犯罪案件2件，严肃查处侵犯知识产权及安全生产类犯罪案件。深化羁押必要性审查专项工作。制定《武江区人民检察院关于降低刑事案件审前羁押率办案指南（试行）》，明确细化社会危险性审查标准，加强对涉民营企业案件等三类案件的羁押必要性审查工作。全年共审查215人，决定不予羁押51人。以“减假暂”（对本辖区内减刑、假释、暂予监外执行等案件进行系统性排查，对涉嫌违法违规的情况依法予以立案监督，是检察机关充分发挥法律监督职能的重要途径之一）、社区矫正等工作为抓手，扎实开展刑事执行监督工作。针对社区矫正、剥夺政治权利案件、财产刑执行案件分别发出监督意见书150份、8份和9份，采纳率100%。

【民事行政检察】 2021年，区检察院共受理民事检察监督案件14件，发出执行监督检察建议8份，再审检察建议1份，法院均予以采纳，监督数量和质量有新发展。其中办理的杜某某执行异议纠纷监督案入选广东检察机关办理保护妇女权益执行监督类典型案例。完善制度保障和指引，疏通堵点。与区自然资源局等行政单位联签相关机制，并与区法院、区司法局就共同做好行政争议实质性化解工作建立良性互动、有效衔接的实施意见。通过深化行政诉讼法律监督，加强与法院的协作，共办理行政诉讼监督案件43件。坚持有限监督、协同监督原则，灵活运用行政检察建议。共发出行政检察建议19份，同时促进行政争议实质性化解案件2件，有力督促行政机关依法行政，切实化解社会矛盾，促进法治政府建设。

【公益诉讼检察】 2021年，区检察院健全内外公益诉讼案件线索收集机制。对内，与刑事检察部门建立信息共享、证据共享、线索移送、协同配合机制，有效解决公益诉讼线索发现难、案件数量少、成案率低的问题；对外，公布公益诉讼案件线索举报奖励办法，从源头上拓宽渠道。优化案件数量和结构，共收集排查案件线索27件，其中立案24件，立案数同比增长约3倍。在集中力量办理传统领域案件的同时，在红色资源保护、个人信息安全等新领域持续发力，新领域案件占比超50%，其中在助力文物保护方面，通过召开听证会、向行政机关发出诉前检察建议等方式，推动260万元文物专项资金落地，取得较好的社会效果。提升办案质效和规范，加大办案力度，不断提升公益诉讼办案质量，其中办理的督促履行污染企业监管职责行政公益诉讼案的法律文书获评2021年度全省公益诉讼检察优秀法律文书。

【保障企业权益】 2021年，区检察院坚持依法保障企业权益和促进守法合规经营并重，深化与辖区内各企业的沟通联系，召开座谈会共3场，问计问需于企；多次开展送法进企业、领导挂点联系民营企业等活动，为企解忧；充分发挥检察职能，有力惩治侵害民营企业合法权益的犯罪，共办理破坏经济秩序犯罪审查逮捕案件10件17人，审查起诉案件15件34人，同时用好司法政策，突出稳企业保就业，对涉企轻微刑事案件不批准逮捕3件3人，不起诉6件6人。

【认罪认罚从宽制度】 2021年，区检察院通过落实认罪认罚从宽制度，实现全面贯彻宽严相济刑事政策、推动刑事诉讼模式转型，使得认罪认罚与矛盾化解、社会治理环环相扣。为进一步办理好认罪认罚案件，与区法院召开联席座谈会，并就如何进一步规范量刑建议等问题进行深入探讨，达成高度共识。2021年，准确适用认罪认罚从宽制度办结案件300件415人，在全年公诉案件总量中占比高达83%。同时，确定刑量刑建议提出率为87.08%，确定刑量刑建议采纳率为96.65%，适用速裁程序占出庭案件的三成以上。

【开展扫黑除恶专项斗争】2021年，区检察院对专项斗争中行之有效的做法和宝贵经验进行总结运用，及时转化为常态化开展扫黑除恶专项斗争的措施要求，推进长效常治。全面履行检察职能，持续保持对黑恶势力违法犯罪从严惩处的高压态势。高质效办理“7·30”涉恶专案，整治“村霸”恶势力。同时，建立健全打早打小的从严惩处机制，及时从普通案件中发现并向有关单位移送线索，坚持露头就打，维护社会治安环境持续向好。建立健全持续推进的组织保障机制。成立由检察长任组长，院党组全体成员及各内设机构负责人为副组长及成员的常态化扫黑除恶专项斗争领导小组，加强对该项工作的组织领导。同时，将办理黑恶案件、移送线索等内容纳入年度检察官业绩考评中，以激励约束的考核评价促进担当作为。

【疫情防控】2021年，区检察院坚决服从区委的统一部署和指挥，坚持自身防疫和依法履职两手抓两不误。切实发挥党支部战斗堡垒作用和党员先锋模范作用，坚持把战斗堡垒筑在疫情防控工作的最前沿，下沉挂点村居，做到“社区吹哨，党员报到”。充分运用律师网上阅卷、“12309”检察服务平台接访、物理隔离提讯等非接触方式，保障疫情期间案件的依法高效办理及相关诉讼参与人的合法权利。利用侦查监督工作室等平台，与公安机关形成有效联动，实时监控、排查相关案件，做到对涉疫案件依法快捕快诉，其中办理的蔡某团、蔡某峰销售伪劣口罩刑事附带民事公益诉讼案入选广东省检察机关保护消费者权益惩罚性公益诉讼典型案例，并被最高人民检察院转发宣传。

【群众信访】2021年，区检察院以“12309”线上线下一体化检察服务中心为平台，贯彻落实好最高人民检察院“群众信访件件有回复”制度，积极开展息诉息访工作。全年受理群众控告申诉信访98件。均在七日内告知“已收到，谁在办”，三个月内办理过程或结果答复率为百分之百。

【司法救助】2021年，区检察院构建司法救助内部信息共享机制，及时移送案件中的司法救助线索，应救尽救，及时救助，司法救助理念贯穿办案全过程。共办理4件司法救助案件，发放司法救助金共计19.6万元。

【未成年人检察】2021年，区检察院严厉打击侵害未成年人犯罪，坚持零容忍。共办理涉及侵害未成年人审查逮捕案件13件15人，依法批准逮捕11人，审查起诉8件11人。以“教育为主，惩罚为辅”的原则办理未成年人犯罪案件。共办理未成年犯罪嫌疑人审查逮捕案件20件38人，其中不批捕18人，不捕率达47.4%；审查起诉16件36人，其中不起诉7人。联合武江分局、韶关市妇幼保健院建立“一站式取证”办案中心，促进询问、证据提取一次完成，尽力防止“二次伤害”。积极贯彻“教育、感化、挽救”方针。与市恒福社工服务社签订帮教协议，由专业社工对不予起诉的未成年犯罪嫌疑人进行跟踪帮教、心理辅导，帮助他们尽早回归社会、重返校园。同时，探索运用监督监护令，对监护失职失责的被不起诉未成年人家长发出监督监护令，促家长履行管教义务，以形成良好家风。送法进校园，通过开展法治讲座、法治课堂、观摩法庭庭审等活动，对全区7540多名师生进行多种主题的法治宣传，助力平安校园的建设。

【人大监督】2021年，区检察院定期向区人大常委会专题报告检察工作情况，接受专项评议，抓好审议意见落实。主动走访全区人大代表，到各兄弟单位、人民群众中倾听对检察工作的意见建议，接受人大代表关于进一步加强和改进检察工作、加强未成年人保护、加大法治宣传力度等工作建议，切实把人大的监督和支持升华为推动检察工作发展的动力。

【民主监督】 2021年，区检察院主动邀请政协委员、人民监督员及社会各界人士累计80余人次参加教育整顿座谈会、检察公开听证、“检察开放日”等活动，通报检察工作情况，诚恳听取意见建议。强化检务公开接受监督，规范、完善重要案件信息发布程序，公开案件法律文书197件。依托“两微一端”新媒体平台发布检察信息200余条，积极举办检察普法活动，持续提升检察工作知晓率和群众满意度。

【队伍建设】 2021年，区检察院加强组织领导，将党史学习教育融入日常。年初制订党史学习教育实施方案，成立领导小组及办公室，定期研究部署党史学习教育活动。将党史学习教育融入常态化学习形式中，通过党组学、党组中心组学、各党支部学等多层级学习结构，将党史学习教育融入“第一议题”“两学一做”等学习形式中。全年组织参加党史学习教育37场次、1200余人次。结合重点任务，与政法队伍教育整顿共同推进。坚持党史学习教育贯穿全年，在政法队伍教育整顿专项工作开展期间，将政治教育、党史教育、警示教育、英模教育有机融合，扎实开展政治轮训，干警学习参与率达100%。深入学习习近平总书记“七一”重要讲话精神，以观看直播“全员学”，红色基地观摩活动“现场学”，关键少数“带头学”，组织宣讲会“专题学”，多种形式“沉浸学”等“五学”开展深层次的学习活动，不断推动学习教育转化。紧锣密鼓深入学习中共十九届六中全会精神，通过开展主题党日活动、组织党总支部、党组理论学习中心组及干部大会等多种形式开展专题学习，联系思想和工作实际，进行集中学习研讨，提高政治站位，坚持深入学、系统学、持久学。注重学习成果转化，推进为民办实事。将党史学习成果积极转化为为民服务、为民司法的实际行动，共开展为民办实事46件（场）次。

【队伍管理】 2021年，区检察院在区委、市院的关心支持下，坚持好干部标准和重实干重实绩的用人导向，逐步完善人员分类管理工作，共完成19人的晋升、1人的递补入额及1人的转任工作。

【基层党建】 2021年，区检察院为全面落实习近平总书记关于抓基层强基础的重要指示精神和共建共享发展理念，持续深化“五好”基层检察院建设及“一院两品”（以党建品牌和业务品牌建设为载体的基层检察院建设品牌体系）共建共享活动。各支部在院党组的带领下开展形式多样、内容丰富的主题党日活动，坚持党引领团支部，让年轻，特别是非党员身份的人员感受到组织的温暖，贯彻落实发展党员的“控制总量、优化结构、提高质量、发挥作用”的“十六字”方针，倾情打造“强堡垒、树旗帜，铸魂检察蓝”的党建品牌。2021年，被广东省人民检察院评为“五好”基层检察院建设先进单位。积极开展“结对共建”工作，在上级检察机关的指导下，与肇庆市高要区人民检察院签订为期三年的结对共建协议，通过交流共建、实地观摩、联络座谈等形式实现互帮互助、互学互长，共同推进新时代检察工作新发展。

【从严治检】 2021年，区检察院抓住落实“三个规定”（指《领导干部干预司法活动、插手具体案件处理的记录、通报和责任追究规定》《司法机关内部人员过问案件的记录和责任追究规定》《关于进一步规范司法人员与当事人、律师、特殊关系人、中介组织接触交往行为的若干规定》）不放，筑牢防范人情案、关系案、金钱案的制度“堤坝”，按时填录“三重一大”“三个规定”等内容，定期通报、随机抽查。同时，认真开展以“学党史悟思想，守纪律铸忠诚”为主题的系列纪律教育学习月活动。通过严管、厚爱，引导检察人员培养职业尊荣感，培养对检察工作发自内心的热爱、尊崇和敬畏。

【政法队伍教育整顿】 2021年，区检察院政法队伍教育整顿伊始，党组高度重视，即时成立领导小组，并根据工作模块抽调精干力量组成专项组。根据上级的统一部署，严格落实责任，实行“挂图作战”，多次召开领导小组办公室会议研究落实相关工作，总体上按照学习教育、查纠整改、总结提升三个环节压实推进，为检察队伍进行一次刮骨疗毒式的自我革命。

（唐　杰）

司法行政

【概况】 武江区司法局是武江区人民政府工作部门，为正科级。区委全面依法治区委员会办公室设在区司法局。设有10个内设机构，分别是办公室、区委全面依法治区委员会办公室秘书股、行政执法协调监督股、法律事务股、行政复议股、普法与依法治理股、人民参与和促进法治股、社区矫正管理股、公共法律服务和律师工作管理股、政工科（副科级）。下设7个司法所，分别是西河司法所、西联司法所、龙归司法所、重阳司法所、江湾司法所、惠民司法所、新华司法所。所属事业单位2个，分别是韶关市武江区法律援助处（参公）和广东省韶关市康正公证处。

【普法宣传】 2021年，武江区开展“送法进企业”“送法进社区”“送法进乡村”“送法进单位”等法治宣传活动21场次，为群众解答法律法规咨询640人次，派发宣传资料16700份，更新宣传栏6期。突出重点任务和重要时间节点普法宣传，结合“3·5”中国青年志愿者服务日、“4·15”国家安全教育日、“6·26”国际禁毒日、“敬老月”和“宪法宣传周”等时间节点，联合职能部门开展法治宣传主题活动，营造尊法学法守法用法社会氛围。突出《中华人民共和国民法典》和《韶关市农村住房建设管理条例》《韶关市文明行为促进条例》等地方性法规的宣传。2021年8月25日，组织全区36个普法工作联席会议成员单位召开普法工作联席会议。2021年11月4日，组织召开武江区2021年国家机关“谁执法谁普法”履职报告现场评议会。对武江公安分局、区民政局、区自然资源局、区残联4个单位进行评议，均获得优秀等次。

【公共法律服务】 2021年，武江区公共法律服务质量进一步提升，共安排32名律师担任辖区87个村（社区）的法律顾问，全区法律顾问进村（社区）提供法律服务共2436件。全区公共法律服务实体平台共接受法律咨询3160人次、受理业务1148件，在广东司法行政任务与督办系统签收并办结“12348广东法网”工单21宗。康正公证处办理公证业务122件。

区法律援助处受理法律援助案件453宗，受理法律帮助案件242宗，见证签署《认罪认罚具结书》336份，接受法律咨询711人次，为受援人挽回损失或讨回薪资306.26万元。

【司法行政基层组织建设】 2021年6月，区司法局新办公

2021年11月4日，武江区国家机关“谁执法谁普法”履职报告现场评议会召开（郭志峰　摄）

室建设竣工并正式投入使用，提升了司法行政办公场所规范化建设水平，有效的改善司法行政工作环境。武江区法律援助处新招录2名公务员，充实司法行政工作力量。扎实开展司法行政队伍教育整顿，着力锻造过硬司法行政队伍。扎实推进违规违法办理“减、假、暂”案件专项排查整治，坚决整治刑罚执行领域顽瘴痼疾，坚决清除干警队伍害群之马，全面贯彻落实防止干预司法“三个规定”，强化干部管理监督，深入开展律师和公证领域法律服务队伍专项教育整顿，严肃惩处违规违纪行为。

【人民陪审员选任】 2021年，武江区对全区122名人民陪审员履行审判职责的情况进行考核，其中优秀等次12人，称职等次110人。

【人民调解】 2021年，武江区加强行业性、专业性调委会建设，提高矛盾纠纷化解专业化法治化水平。4月和6月，韶关市粤北中小企业服务中心人民调解委员会、韶关中立校园安全纠纷人民调解委员会分别在武江区备案成立，并正式揭牌运行。推动婚姻家庭纠纷人民调解组织向镇街、村（社区）延伸，各镇街均已成立镇（街）级婚姻家庭纠纷人民调解委员会。组织全区村（社区）人民调解委员会开展换届工作，全区88个村（社区）人民调解委员会均完成换届工作。加强人民调解工作培训，提升调解员综合水平。11月19日，举办2021年武江区人民调解员培训班，全区各镇（街）、村（居）委会、人民调解委员会代表、人民调解员及各基层司法所工作人员等共计110余人参加培训班。

2021年，全区共调处各类纠纷895件，成功调解885件，调解成功率达98.88%，涉案金额6287.29万元。

【安置帮教】 2021年，武江区衔接安置帮教对象204人，其中刑满释放人员146人（含重点帮教对象57人），解矫对象58人。安置总人数200人，安置率达98.04%；帮教总人数201人，帮教率达98.53%。

【社区矫正】 2021年，武江区成立区社区矫正委员会，并明确社区矫正委员会组成人员及成员单位职责。通过排查安全隐患，扎实开展教育，夯实稳定基础。突出重点时段、重大节日抓好监管，通过一月一主题教育活动打牢思想基础，组织社区矫正对象积极应对疫情带来的影响。完成社区矫正“减假暂”专项排查整治工作。组织对全区2018年1月以来社区矫正对象258名共622份执行档案、工作档案进行系统整理完善，致函监狱等监管场所对其中42名“减假暂”、11名“特赦”社区矫正对象所缺失的相关法律文书进行补全，高标准完成全省交叉评查工作。完成未收押收监集中清理和暂予监外执行社区矫正对象专项检查行动。全区未发现应收未收的执行人员。8月17日，省人大常委会副主任罗娟一行到武江开展社区矫正法执法检查，检查组对武江贯彻落实社区矫正法给予充分肯定。2021年，全区新接收社区矫正对象81人，解除（终止）社区矫正对象64人，变更执行地迁出1人，年底在管社区矫正对象104人，整体情况稳定。

（赖槐泉）

综合经济管理

发展与改革

【概况】 根据韶关市武江区人民政府办公室印发的《韶关市武江区发展和改革局职能配置、内设机构和人员编制规定》(韶武办发〔2019〕35号)以及《韶关市武江区事业单位改革方案》(韶武机构改革办〔2019〕12号)等相关文件精神，韶关市武江区发展和改革局为正科级行政机关，下设办公室、综合规划股、投资管理股、产业发展股、能源股、粮食和物资储备股6个股(室)，下辖韶关市武江区重点建设项目事务中心、韶关市武江区价格认证中心两个公益一类事业单位。核定行政编制12名，设局长1名，副局长3名；正股级职数6名。韶关市武江区重点建设项目事务中心核定事业编制8名，设主任1名，副主任1名。韶关市武江区价格认证中心核定事业编制2名，设主任1名。

【规划方案编制】 2021年，区发改局完成武江区“十四五”规划纲要编制工作，韶关市武江区九届人大六次会议审议通过《韶关市武江区国民经济和社会发展第十四个五年规划和二〇三五年远景目标纲要(草案)》，于6月印发实施。编制完成《韶关市武江区2020年国民经济和社会发展计划执行情况及2021年计划草案的报告》《武江区2021年上半年国民经济和社会发展计划执行情况的报告》《韶关市武江区2016—2021年国民经济和社会发展计划执行情况的报告》等。

【改革试点】 2021年，武江区成功申报整县(市、区)光伏开发国家级试点，被列入国家能源局发布的整区屋顶分布式光伏开发试点名单，公共机构、工商业厂房及居民屋顶分布式光伏项目有序推进。

出台《韶关市武江区城乡融合发展省级试点行动计划(2021—2025年)》，谋划25个省级试点重大项目，总投资105.4亿元。5月，召开武江区城乡融合发展省级试点工作动员大会，省政府发展研究中心副主任杨广丽到会指导，省发改委发展战略和规划处黄蓓作城乡融合发展省级试点专题辅导。拟定《武江区城乡融合发展省级试点落实重点任务主要措施情况表》，按照省级试点重点工作任务，有序推动各项试点任务落实。撰写《韶关武江区坚持高水平建设城乡融合发展试点，着力破除城乡二元结构壁垒》改革工作简报，并被市委改革办采纳。9月，省发改委到武江区开展城乡融合发展路径研究调研相关工作。

武江区全面落实市委、市政府关于推进“厂区变园区、产区变城区”工作部署，深入研究产业规划及辖区闲置低效用地的开发利用，在充分调研论证的基础上，结合原镇泰玩具厂及韶关大道北片区实际，制定《关于推进原镇泰玩具厂及韶关大道北片区“厂区变园区、产区变城区”试点实施方案》，确定以武江区原镇泰玩具厂约6.93公顷厂区，及厂区周边约66.67公顷闲置及村级工业低效用地为“双变”改革试点范围。试点包括“推动旧厂区变创新区、推动村厂区变新园区、推动城乡接合区变产城融合特色街区”三项主要任务，通过谋划、整合等方式将13个项目纳入“双变”改革试点建设项目统筹推进，项目总投资47.6亿元。武江科创园二期、武江区儿童医院等4个项目已动工建设，完成总投资1.5亿元。

2021年，武江区被列为市级重点项目“全生命周期”管理机制改革试点，深入实施抓项目促投资行动，完善项目建设指挥部运作机制，建立重点项目“全生命周期”管理机制和“流动红黄旗”考评机制。全年参与全市项目集中开竣工活动项目47个，总投资171.84亿元。

韶关市下达武江区的2021年户籍人口城镇化率目标任务为提高0.6个百分点，武江区实际提高2.06个百分点，超额完成1.46个百分点。提高城镇落户便捷程度和服务水平，保障农业转移人口“三权”权益，依法自愿有偿开展“三权”退出机制探索，强化农业转移人口“五有保障”，提高城镇综合承载能力。2021年，武江区在全市新型城镇化考评中位列第一，获得市委、市政府通报表扬。

【争取上级资金】2021年，区发改局通过多种渠道组织各有关部门谋划包装项目，精准对标，推动项目前期工作，积极争取各项上级资金。成功申请7个项目获批新增专项债券资金6.5亿元；成功申请1个项目获批保障性安居工程配套基础设施建设中央预算内资金0.3728亿元；成功申请4个项目获批新增一般债券（含特殊转移支付）资金1.3亿元。

【重点项目建设】2021年，武江区重点建设项目95个，年度计划投资72.59亿元，开工78个，开工率82.1%，完成投资50.1亿元，完成年度投资计划的69%。其中，列入韶关市重点建设项目完成投资23.19亿元，完成年度投资计划的121%，在全市重点项目建设工作考核中位列第一，被评为“先进单位”。

【固定资产投资】2021年，武江区（不含韶关新区）固定资产投资增速下降13.8%，完成市下达的下降16%的目标任务。

【项目服务】2021年，区发改局加强对项目建设单位推进项目前期工作的培训指导，扎实做好投资项目服务工作，共办理投资项目立项118宗，其中，政府投资项目立项审批66宗，概算批复11宗，企业投资立项备案新增52宗。推动项目规范化管理，牵头制定《武江区项目建设指挥部项目实施规范化管理制度》《关于EPC建设模式实施问题整改方案》。

【价费服务】2021年，区发改局价格认证中心认定“三涉”案件128宗，案值合计约133万元。处理价格投诉20宗，投诉办结率100%。完成广东韶关实验中学、广东韶关实验小学学费标准调整工作。武江“双公示”归集数据26个部门216类信用信息332104余条，其中行政许可信息99040条，行政处罚信息702条，其他信用信息232362条。

【粮食与物资储备】2021年，世界粮食日和全国粮食安全周活动在武江区乡村振兴培训实践中心（龙归粮仓）顺利开展。区发改局推荐韶关市武江区乡村振兴培训实践中心参与申报省、市粮食安全宣传教育基地，最终成功获批“广东省粮食安全宣传教育基地”“韶关市粮食安全宣传教育基地”，是韶关市唯一入选省粮食安全宣传教育基地的单位。牵头完成2020年粮食安全考核具体工作，武江区粮食安全考核被市政府评为“优秀”等次。完成两批次共计8.634万元区级应急储备物资采购工作。完成区级应急物资保障任务，有效应对“5·20”洪灾等突发事件。

【能源管理】2021年，区发改局有效督促韶关剧院、韶关实验中学等完成配电房重大安全隐患整改，积极协调企业用电需求，全年电力供应形势平稳，未出现“拉闸限电”情况。协助做好辖区内加油站年审及安全生产检查工作，对“十四五”时期成品油分销体系新增油站规划点进行确认。

【获奖荣誉】 2021年，区发改局荣获市委、市政府授予“韶关市2021年度全面深化改革工作先进单位”称号。8月，局党支部被区委授予“韶关市武江区先进基层党组织”称号。

（陈 琳 范岑岑）

统 计

【概况】 2021年，武江区统计局（区统计局）机关行政编制7名，其中：局长1名，副局长2名，正股级领导职数4名。区统计局设4个内设机构：办公室和政策法规股、综合核算和信息化股、工业和能源科技股、投资服务业和农村社会股。年底实有公务员7人。韶关市武江区统计普查中心为武江区统计局下属正股级事业单位，编制8名，设主任1名，副主任1名。年底实有职员7人。

2021年，区统计局紧紧围绕区委、区政府总体部署，以提高统计数据质量为核心，着力夯实统计基层基础，强化统计监测预警，有效发挥了统计服务经济社会发展的职能作用。

【统计服务】 2021年，区统计局紧扣高质量发展的要求，不断提高统计数据质量，全面提升统计服务水平，以优质统计工作服务全区经济高质量发展。

培育“四上”企业成效明显，加强与工信、住建、税务、市场监管等部门沟通联系，对全区2021年经营情况好、纳税稳定的企业进行梳理摸底，实施定期走访、动态更新，对符合“四上”规模标准的企业加强业务指导与协调，为企业入库提供“实时跟踪指导、无障碍协调、无缝隙对接”服务，确保成熟一家、申报一家、入库一家。2021年武江区新增和下转上“四上”企业数量达到历年来最多的66家，位居全市首位，为武江经济发展注入新动能。部门联动统计工作取得良好成效。联合挖潜保农业稳增长，积极与农业农村、自然资源局联动协调，针对武江区农、林、牧、渔业的增长亮点、措施及主要支撑点进行研讨分析、比对挖潜，为武江区农业产品产量统计提供扎实的数据支撑。联合抓固定资产投资，与发改局紧密合作，充分发挥固定资产投资项目新增入库机制作用，确保新开工项目及时入库，通过努力，较好地稳控了固定资产投资降幅，完成全年固定资产投资市下达目标任务。履行好经济参谋助手职能。落实好GDP联席会议制度牵头单位职责，围绕全年经济奋斗目标，加强目标任务预测预警工作，报告重点领域、重要指标运行情况，提出解决问题的措施建议。根据经济运行趋势，通过横向、纵向等方式多维度分析统计数据，编印各统计专业监测台账和《武江统计月报》及时撰写统计分析、调研报告和专题分析报告等材料，全年编印《武江统计分析》20期，其中《武江区现代服务业十三五发展状况简析》《武江GDP行业结构简析》等多篇分析获区委区政府主要领导批示，为各部门提供重要信息资源，为区委区政府加强经济运行调度和管理提供可靠参考，发挥统计“数库”“智库”优势和参谋助手作用。

【落实统计改革】 2021年，区统计局推动实施镇域经济发展监测工作。区统计局根据市的统一部署，结合实际，提请印发《武江区乡镇（街道）经济发展监测实施方案（试行）》，统筹指导各镇街、各相关成员单位，做好镇街经济发展监测数据填报工作，根据汇总测算结果形成《武江区镇域经济发展简况》，全面分析镇域经济发展情况，深入解读镇域地区生产总值等关键指标，剖析镇（街）经济运行特点和监测中发现的问题，就今后工作提出对策建议，助推镇域经济高质量发展。

【统计调查】 2021年，区统计局承担国家、省、市布置的13项专项调查任务，分别是：城乡一体化住户调查；主要畜禽调查；规模以下服务业企业抽样调查；规模以下工业抽样调查；限下批零、住宿餐饮企业、个体户抽样调查；农民工监测抽样调查；小微企业和个体经营户跟踪调查；劳动力调查；应用“扫码读数”微信小程序更新基本单位名录库调查；人口变动情况抽样调查；城中村各项生活成本情况调研；企业生产经营调查；建筑业中小微企业抽样调查。

【城乡一体化住户调查】 2021年，区统计局注重日常调查工作各个环节，持续提高城乡一体化住户调查数据质量。加强住户调查平台数据的跟踪监管，从不同维度、不同层次逐一进行比对、综合分析，研判数据的准确性和合理性，对数据异常的，深入查找原因，及时落实整改；加强业务培训力度，定期组织镇街统计员、村居辅助调查员和记账户开展统计业务知识、实操演练、法律法规培训，不断提高记账户的记账质量；落实每月访户制度，实地走访入户，详细询问生产经营或工资收入情况，指导住户规范记账，查漏补缺。

【统计法治建设】 2021年，区统计局配合市统计局、市市场监管局对武江区5家餐饮企业开展“双随机、一公开”检查，对18家企业（项目）和两个乡镇开展统计执法检查。积极开展“两防”（防弄虚作假，防少报漏报）工作，加强企业、投资项目上报数据质量核查。

【统计督察整改】 2021年，区统计局落实好牵头单位主体责任，拟定本区和本单位统计督察整改工作方案和任务清单，对标对表、积极提请区委常委会会议、区政府常务会议以及各镇街、各相关部门再次深入学习防范和惩治统计造假弄虚作假重要文件精神和统计督察反馈意见、统计以案释法等。对各镇街、辖区“四上”企业统计员建立统计信用档案；推动各镇街、各部门全面清理纠正把统计局作为目标责任单位，提供个体企业数据等违反统计法精神、国家统计政令文件和做法，开展统计调查项目清理工作；建立健全包括《武江区统计数据质量责任制度》在内的9项涉及数据质量、信用建设、资料管理等方面的管理制度。

（李　婷）

审　计

【概况】 韶关市武江区审计局，属武江区人民政府组成部门，正科级单位。机关办公地点位于武江区惠民南路128号武江区政府办公大楼7楼。武江区审计局内设办公室、审计一股、审计二股、法规审理股、秘书股5个职能机构，2021年新增非独立核算事业单位武江区审计服务中心（2021年无在职人员）。截至2021年12月31日，核定编制15名，设局长1名，副局长3名（1名兼区经济责任审计工作领导小组办公室主任），股长（主任）6名。截至2021年12月31日，武江区审计局实有在编9人。

2021年，武江区审计局在区委区政府和上级审计机关的坚强领导下，认真学习贯彻习近平总书记对广东、对审计工作的重要讲话和重要指示批示精神，坚决贯彻中央、省委、市委和区委审计委员会部署要求，依法全面履行审计监督职责，较好完成全年工作任务。2021年武江区审计局完成审计项目10个。共出具并被批示、采用审计（调查）报告6份。审计查出非金额计量问题73个，查出管理不规范问题金额1235.63万元。审计提出并被采纳审计建议23条，审计期间整改金额36万元。

【财政审计】 2021年，开展武江区2021年度财政预算执行、其他财政收支情况及武江区2021年度区本级部门预算执行审计项目。关注财政预算执行和收入政策执行情况、财政收支真实性情况、财政资金审批管理情况、财政账户资金安全和管理情况、政府过紧日子和财政资金绩效情况、地方债务及债券资金管理使用情况，揭示武江区预算管理和预算执行方面存在的突出问题和风险隐患。

【经济责任审计】 2021年，区审计局围绕区委区政府中心工作，召开经责联席会议一次，面向联席会议成员单位、区重点部门举办经济责任审计专题培训会，普及经济责任审计相关知识，总结“十三五”期间经济责任审计工作的先进经验，谋划“十四五”期间经济责任审计工作，经济责任审计工作受到市审计局通报表彰。进一步完善巡审联动工作机制，抽调巡察办人员组成审计组完成区文旅体局局长经济责任审计项目；坚持以人民为中心，开展区残联理事长经济责任审计，重点关注康园中心建设、残疾儿童康复等，关注残疾人群体利益；抽调教育局内审人员参与第九中学校长经济责任审计项目，以审代训培养教育系统内审力量。

【民生审计】2021年，区审计局开展围绕三大重点民生工作，开展全区中心城区停车场规划建设管理审计、养老服务业政策措施落实情况审计、保居民就业审计、山水林田湖草生态保护修复工程试点专项审计等。通过审计，反映民生资金和项目的成效，揭示存在问题，促进相关单位加强管理，切实维护人民群众利益。

【重大政策跟踪审计】2021年，区审计局加强对中央及省、市、区重大政策措施落实情况的跟踪审计，重点关注优化营商环境、养老服务业、保就业、“三促进”、清理拖欠民营企业、电子警察等重大政策措施和决策部署的落实情况，客观反映政策落实的实际效果，促进政策措施不断完善。

【其他审计任务】2021年，武江区审计局在完成年度审计计划安排的各项审计任务外，积极配合有关部门开展专项工作，抽调1人参与区委巡察、1人参加市委专项巡察、1人参与武江区脱贫攻坚逐村逐户“回头看”核查、1人参与“三公经费”检查工作，1人参加清远市2020年社会保险基金审计、1人参加肇庆市巩固拓展脱贫攻坚同乡村振兴有效衔接审计。

【审计整改实效】2021年，区审计局建立审计整改台账，对审计整改问题进行集中和动态管理，对各审计组提交已到整改期仍未完成整改的问题进行跟踪落实，按照区审计委指示，将不能整改的问题及时督办。安排专人跟进省、市、区三级审计机关审计查出的涉及武江区问题共328个，已整改问题278个，尚在整改中问题50个，整改率为85%，其中：省查出涉及武江区的问题共60个，已整改问题39个，尚在整改中问题21个，整改率为65%；市查出涉及武江区的问题共60个，已整改问题53个，尚在整改中问题7个，整改率为88%；区本级审查出涉及武江区的问题共208个，已整改问题186个，尚在整改中问题22个，整改率为89%。

【审计委员会各项任务】2021年，区审计局加强党委对审计工作领导。立足本职工作，强化要素管控，高度重视审计委员会会议，积极主动与委员会主任沟通汇报，及时组织筹备会议，根据领导指示和工作部署组织各类专题会议，召开2次会议，加强党委对审计工作的全面领导，提高武江审计站位，确保审计委员会更好发挥把方向、谋大局、定政策、促改革的作用。立足决策管理，强化审计职能，围绕区委区政府重大决策部署，通过审计及时发现问题，提出意见建议，为决策当好“参谋员”；对于审计整改事项和领导批示事项的落实，加强与区委办、政府办、人大办、巡察办的协助配合，当好“督查员”；建立重要文书、重大事项报告机制，确保区委审计委员会领导第一时间掌握审计成果和重要事项，当好“信息员”。立足协调服务，强化工作效能，对区委审计委员会领导交办的事项，做到“第一时间抓督办、第一时间出结果”。努力做到“反映问题准、原因分析准、审计建议准”。通过加强与审计委员会成员单位的沟通交流，让审计干部及时掌握全区重点工作情况，做到信息互通、资源共享，全方位提升审计工作成效。

（邹　睿）

市场监督管理

【概况】2021年，韶关市武江区市场监督管理局（以下简称“区市场监管局”）紧紧围绕区委、区政府中心工作和市局重点目标任务，坚持推动重点领域改革不放松，提升监管执法效能不懈怠，促进作风持续好转不停步，各项工作目标任务有序推进落实，为武江建设韶关“双化双融”先行示范区和高质量发展率先突破区作出新的贡献。

根据《韶关市武江区市场监督管理局职能配置、内设机构和人员编制规定》（韶武办发［2019］16号）、《中共韶关市武江区委机构编制委员会办公室关于调整区市场监督管理局所属事业单位有关事项的通知》（韶武机编办［2019］8号）和《关于调整武江区市场监督管理局派出机构设置的通知》（韶武机编［2021］328号），韶关市武江区市场监督管理局内设15个内设机构：办公室、人事股、政策法规股、行政许可与登记注册股、综合应急管理股、信用风险与网络交易管理股、价格监督检查与反不正当竞争股、特种设备安全标准化和计量监管股、知识产权商标广告监管股、产品质量与产品生产安全监管股、食品生产流通安全监督管理股、餐饮经营安全监督管理股、药械和化妆品安全监督管理股、消费者权益保护股、执法大队；设7个派出机构（副科级）：韶关市武江区市场监督管理局新华街道市场监督管理所、韶关市武江区市场监督管理局惠民街道市场监督管理所、韶关市武江区市场监督管理局西河镇市场监督管理所、韶关市武江区市场监督管理局西联镇市场监督管理所、韶关市武江区市场监督管理局龙归镇市场监督管理所、韶关市武江区市场监督管理局重阳镇市场监督管理所、韶关市武江区市场监督管理局江湾镇市场监督管理所；设两个事业单位：韶关市武江区“12315”投诉举报中心、韶关市武江区消费者服务中心。全局共核定行政编制（含行政执法编制）共86个、事业编制6个，实有在职人数79人。核定局长职位1个，副局长职位3个。

2021年8月6日，武江区市场监管局执法人员检查农贸市场疫情防控措施落实情况（区委宣传部　供图）

【新冠疫情防控】 2021年，区市场监管局按照各级防控办的工作部署和专班工作要求，开展市场监管领域常态化疫情防控监管工作。常态化抓好农贸市场疫情防控工作，强化农贸市场疫情防控督导，向辖区镇街发出15份督导通报。持续加强餐饮服务疫情防控工作，结合节假日以辖区有承办节日大型聚餐和“年夜饭”团餐等的大、中型餐饮服务单位的为重点，监督巡查餐饮服务单位548家次，核查进口冷链食品流向餐饮服务经营者68户次，发出监督意见书8份，发出责令整改通知书1份，派发《疫情防控倡议书》等资料250余份。做好进口冷链食品疫情防控，处置涉疫食品流入事件4宗，对辖区进口冷链食品生产经营者、储存服务提供者造册登记，对底数进行动态调整，并按照规定频次每周期组织检测机构对其人员、场所环境、产品进行核酸检测。共采集核酸样本4.1万余批次，经检验均为阴性。切实强化零售药店“哨点”作用，检查药店283家次，发出责令整改通知书60份，对严重违反疫情防控规定的药店停业整顿12家次，约谈药店7家次。药店签订《自觉遵守疫情防控规定承诺书》149份，张贴疫情防控通知和宣传海报约500份。

【行政许可审批】2021年，区市场监管局通过提升开办企业便利度、大力服务招商引资企业、深入开展“证照分离”改革、优化市场退出机制持续优化营商环境。截至2021年12月，辖区范围内登记注册的各类市场主体26529户，注册资本（金）总额达4122851.4万元，从业人员94971人，与上年同期相比分别增长9.08%、9.39%、3.45%。2021年，新登记各类市场主体4968户，新增注册资本（金）总额454948.56万元，新增从业人员12260人，其中新登记企业907户，新登记农民专业合作社1户，新登记个体工商户4060户。办理食品经营许可业务3386宗，药品经营许可业务82宗，食品小作坊登记业务13宗，第二类医疗器械备案81宗，第三类医疗器械经营许可业务32宗，特种设备施工告知848台，特种设备使用登记1248台，作业人员复审88人。

【食品安全监管】2021年，区市场监管局继续以“四个最严”标准，严管食品安全，辖区全年食品安全工作总体态势良好，未发生较大以上食品安全事故。依照计划按时按质按量完成年度食品抽检606批次：其中，普通食品485批次，食用农产品121批次，普通食品问题发现率3.09%，农产品问题发现率6.61%，国抽系统抽检录入公示率100%，处置率100%。组织辖区17家农贸市场开展食用农产品快检工作，全年共开展食用农产品快检55800批次，不合格150批次，处置不合格食用农产品115.72公斤。贯彻落实2021年度省、市政府民生实事工程，完成2个Ⅰ级标准化农残快检室，建设已通过验收并投入使用。开展食品销售风险分级线上评定工作，全年完成A、B、C、D级补录任务100%。组织开展进口食品、人工灌装水、湿米粉等专项检查，查办食品违法案件62宗。通过“全国食品安全宣传周”“全民营养周”“全国科普日”及“为群众办实事——你送我检”食用农产品农残免费检测等活动积极开展食品安全进农村、进口岸、进校园、进企业、进社区宣传。

【校园食品安全监管】2021年，区市场监管局积极组织学校食堂及校园周边食品经营单位食品安全专项检查，做好2021年中高考食品安全保障，主动提前介入学校食堂建设指导，全方位校园食品安全。共检查学校食堂230家次，校外托管机构193家次，集体用餐配送单位5家次，学校周边餐饮单位172家次，对辖区内的高校食堂，职业院校（含技工院校）食堂，中小学校及幼儿园食堂监督检查覆盖率达100%，学校、幼儿园食堂从业人员“食安快线通用版”App线上培训考核覆盖率100%，食堂的食品安全管理员现场监督抽查覆盖率均达100%，合格率达97%，检查发现存在问题单位28家，均已督促整改落实。

【智慧监管工程】2021年，区市场监管局继续深入推进“互联网+明厨亮灶”智慧监管工程，利用科技手段有力助推餐饮服务质量安全提升。全区112家学校（幼儿园）食堂、9家A级校外托管机构、1家集体用餐配送单位已开通“互联网+

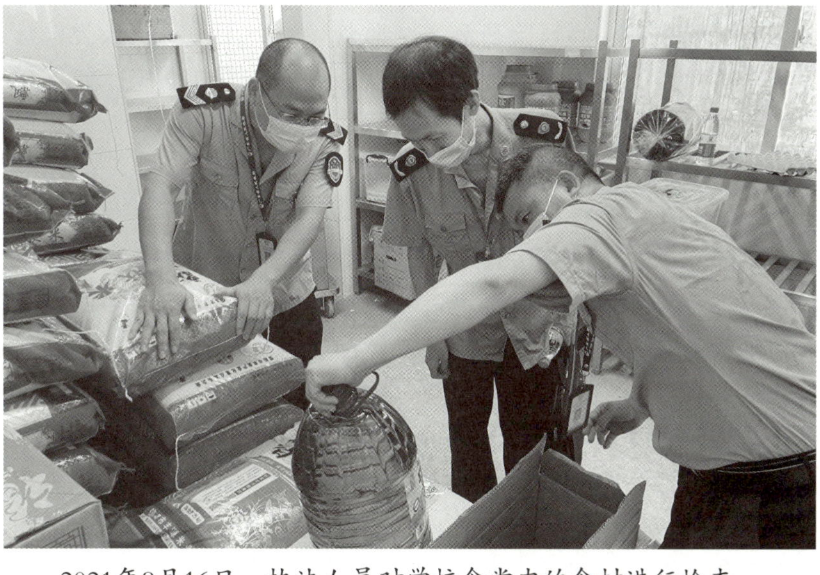

2021年9月16日，执法人员对学校食堂内的食材进行检查

（区委宣传部　供图）

明厨亮灶”智慧监管平台，开展线上监督巡查350家次，监督检查覆盖率100%，监督检查任务完成率83%；开展“阳光查餐厅”活动1次，“全民查餐厅”活动1次，核查处理投诉举报40余宗。

【特殊食品经营示范店创建】2021年，区市场监管局选择辖区药店、母婴用品店、超市等类型特殊食品经营户共4户参与特殊食品经营示范店创建活动。通过组织企业学习创建标准，对照标准进行自查整改存在问题共5个共性问题并通过考评验收。同时，通过约谈培训指导特殊食品连锁企业规范经营行为，保障百姓特殊食品消费安全。

【药品安全监管】2021年，区市场监管局采取“双随机、一公开”监管模式，以单体药店、城乡接合部药店、私人诊所、经营状况不良企业等高风险领域、高风险企业、高风险药品等为监管重点，加大药品安全监管力度。日常检查药品零售企业89家，覆盖率61%；实施GSP跟踪检查药品零售企业76家，覆盖率52%；检查医疗机构94家，覆盖率46%。全面完成年度检查任务。深入开展中药饮片专项整治、药品网络销售违法违规行为专项整治、第二类精神药品生产经营专项检查、药品流通环节等专项整治，强化风险隐患排查，全面规范药品市场秩序。强化疫苗安全监管，开展对疾病预防控制机构、疫苗接种单位日常检查，全年检查疾病预防控制机构及疫苗接种单位19家次，覆盖率100%。

【医疗器械安全监管】2021年，区市场监管局加大对涉及疫情防控的医疗器械生产企业检查力度，对涉及疫情防控的医用口罩生产企业实现100%全覆盖检查。加大对医疗器械经营使用单位进货渠道、购销记录、储运条件等项目检查力度，推动经营使用单位严格落实质量安全主体责任，确保医疗器械质量安全。检查二类备案批发企业95家和三类零售企业56家，覆盖率100%；检查二类备案零售企业72家，覆盖率42%；完成年度监管任务。加强对无菌、植入类医疗器械和网络销售医疗器械等经营企业、使用单位的监督检查。以专科医院、医疗美容机构、牙科种植中心等高风险单位作为重点监管对象，加大对使用环节的监管。检查无菌和植入类医疗器械经营企业137家、使用单位94家、网络销售医疗器械经营企业61家。

【化妆品安全监管】2021年，区市场监管局强化对婴幼儿化妆品、特殊用途化妆品等高风险化妆品检查，针对群众反映强烈的突出问题，围绕非法生产、非法添加、非法经营等重点风险事项，重拳出击，组织开展打击化妆品擅自变更配方违法行为和化妆品“线上净网、线下清源”等专项整治行动，严惩重处违法违规行为，检查化妆品经营企业监督205家，立案12宗。

【特种设备监管】2021年，武江区共有在册在用特种设备5443台，辖区内特种设备保持平稳安全运行，全年未发生特种设备安全事故、事件。区市场监管局有序组织开展对特种设备生产、使用单位的安全检查，按计划先后开展了元旦、春节、“五一”及国庆中秋“双节”期间开展特种设备专项检查行动以及日常监督检查、在用电梯安全监督抽查；根据上级部署，组织开展电梯鼓式制动器安全隐患专项排查治理、叉车安全隐患排查，燃气安全隐患排查、起重机械隐患排查等专项工作。全年共检查特种设备生产、使用单位228家次，抽查特种设备559台套。其中，对使用经检验不合格特种设备的6家使用单位依法予以立案查处。

【计量监管】2021年，区市场监管局围绕民生关切，集中开展电子计价秤、加油机专项整治，对4家使用具有作弊功能的电子计价秤的海鲜经营者进行立案查处。开展定量包装商品计量监督抽查，共抽查6家经营单位20批次商品，对1家销售过度包装食品的企业依法予以立案查处。全面履行市场监管部门节能减排工作职责，深入开展重点用能单位能源计量器具配备和管理情况监督检查工作，督促辖区内2家列入韶关市“百千万”重点用能企业按照国家标准《用能单位能源计量器具配备和管理通则》的要求，抓好重点用能企业能源计量监督管理。

【标准化工作】 2021年，区市场监管局积极指导单位参与国内外标准化活动，辖区内9家企事业单位、社会团体参与26项国家标准、行业标准、团体标准的制修订工作，并获得了韶关市政府专项奖励。市食品药品监督检验所顺利通过省公共服务标准化示范点中期评估。

【产品质量监管】 2021年，区市场监管局狠抓产品质量监管。开展建筑用钢筋专项清查整治，检查热轧带肋钢筋、热轧光圆钢筋销售门店10家，组织经营者签订《建筑用钢筋产品质量安全承诺书》10份。开展电动自行车销售单位检查，系统防范化解道路交通安全风险，检查电动自行车销售单位108家次；联合区农业农村局检查农用机械车辆生产单位4家次，销售单位2家次。向电动自行车经营者发放《电动自行车（摩托车）规范经营告知书》21份，张贴《快速识别电动自行车新国标产品》海报13张。组织区局干部职工、相关企业签订责任书152份。通过悬挂宣传横幅，LED屏幕宣传引导等方式，督促餐饮单位开展顾客酒驾行为劝阻工作。品牌建设成效突出，大力参与韶关市“品质领跑者工程”，指导帮助辖区企业广东欧莱高新材料股份有限公司以最高等级五星品牌获得首届韶关市制造业品质领跑者认定。组织指导企业参与政府质量奖评选活动，其中2家企业获得第二届韶关市政府质量奖，1家企业获得提名奖。

【价格监管】 2021年，区市场监管局牵头做好全区妨碍统一市场和公平竞争政策措施清理工作，增量审查文件2份，存量清理文件1份。组织区公平竞争审查成员单位召开公平竞争审查业务专题培训会，持续提高武江区公平竞争审查业务水平。切实开诊各类价格监督检查：在各重大节假日期间，公开发布提醒告诫书，积极开展客运票价、旅游景点门票、农贸市场等民生重点领域价格巡查检查，检查相关单位406家；加强医疗服务价格行为监督检查，随机抽查二级以上中医类医院1间、乡镇一级卫生院3间、乡镇卫生站2间、美容医疗机构5家，对检查中发现的价格公示不规范的轻微违规行为，现场要求马上整改；对产业园区、写字楼、商业综合体物业等转供电开展价格检查，检查16间转供电主体企业，口头责令4家转供电主体整改轻微违规行为。及时受理价格投诉举报，全年共受理价格投诉44件，100%办结。

【广告监管】 2021年，区市场监管局持续强化广告监管，组织召开2021年武江区整治虚假违法广告工作会议，开展2021年广告业统计工作。组织开展违法违规商业营销宣传集中整治行动，结合一直开展的移动端互联网广告治理规范工作进行线上监测，监测到一条违法案件线索，立案查处并罚款0.3万元。开展移动端互联网广告治理专项工作，行政约谈一家互联网媒介主体，检查辖区网站40个，公众号3个，自行监测互联网广告951条。

【“双随机、一公开”工作】 2021年，区市场监管局统筹推进全区“双随机、一公开”监管工作，建立韶关市武江区“双随机、一公开”监管工作联席会议制度，推动19个成员单位制定本部门及跨部门联合抽查计划，印发《韶关市武江区2021年度部门联合双随机抽查工作计划》，全区共组织抽查对象506户（次），牵头跨部门抽查对象21户（次），实现“进一次门、查多项事”，切实减轻企业负担。在不断完善“一单两库”的基础上，开展4次本部门专项检查、4次跨部门联合抽查。涉及抽查事项26项，共计抽查对象共390户，按照检查结果，及时录入广东省“双随机、一公开”综合监管平台，向社会公示检查结果。

【企业年报】 截至2021年6月30日24时，区市场监管局企业应报数4979户，实报数4818户，年报率95.88%，将未报送年报的161户企业列入经营异常名录。

【知识产权服务】2021年，区市场监管局宣传发动辖区企业参加2021年粤港澳大湾区高价值专利培育布局大赛，1家企业进入决赛。通过开展以“全面加强知识产权保护 推动构建新发展格局”为主题的世界知识产权日宣传周系列宣传活动进一步提升辖区知识产权意识，为深入实施知识产权战略营造良好氛围。武江区全年专利授权总数1287件，其中发明专利授权57件、实用新型专利授权1157件、外观设计专利授权73件。2021年，武江辖区有效商标3193件。

【消费维权】2021年，武江区“12315”投诉举报中心共受理咨询163次，投诉1551宗，举报253宗，信访件2宗，全部100%办结，为消费者挽回经济损失16.89万元。区消费者服务中心共受理消费投诉203件，挽回经济损失约9.5万元。

【企业信用体系建设】2021年，区市场监管局紧密结合文明创建工作，积极开展企业信用体系建设。在西河健身购物广场开展“放心消费承诺”示范街区创建活动，鼓励发动该商圈内108户积极参与，其中102户加入放心消费承诺，38户加入线下无理由退货承诺。开展2020年度“守合同重信用”企业公示活动，共受理公示申请203户，予以公示187户。

【第三批农贸市场升级改造】2021年，武江区第三批升级改造的市场有佳信市场、群康农贸市场。升级改造后的群康农贸市场已完成正式验收和财务清算。前进商贸综合体建设工作紧张有序地推进，综合体一楼的佳信市场已基本完成重建。

【先进表彰】2021年，区市场监管局获评“区2020年度平安建设（综治）工作优秀等次单位”“2021年度全市市场监管系统知识产权保护工作先进单位”“2021年特种设备安全工作表现突出单位”“2021年餐饮业经济发展指导工作优秀单位”“2021年度全市标准化和计量工作成效突出单位”“2021年度全市市场监管系统新闻宣传与政务信息工作先进单位”“2021年度武江区经济稳增长工作表现突出单位”。曾丽明获评“2021年度全市市场监管系统新闻宣传与政务信息工作先进个人”。

（曾丽明）

自然资源管理

【概况】武江区自然资源局是区政府工作部门，为正科级，加挂韶关市武江区林业局牌子。核定行政编制15名，行政执法编制28名。设局长1名，副局长3名。内设机构10个：办公室、法规股、自然资源规划与保护股、自然资源利用管理股、地籍与测绘管理股、矿产资源管理股、林政股、营林科教股、执法大队、森林火灾预防股；派出机构5个：西河自然资源所、西联自然资源所、重阳自然资源所、龙归自然资源所、江湾自然资源所（均为正股级）。

2021年，武江区耕地面积4996.84公顷（水田3601.52公顷，旱地765.58公顷，水浇地629.74公顷），园地1374.61公顷，林地50200公顷，草地1183.6公顷，湿地56.03公顷，城镇村及工矿用地5512.74公顷，交通运输用地810.81公顷，水工建筑用地91.28公顷，水域及水利设施用地2462.89公顷，其他土地470.12公顷（农村道路120.43公顷，设施农用地207.09公顷，田坎106.94公顷，裸土地31.15公顷、裸岩石砾地4.51公顷），森林蓄积量366.13万立方米，森林覆盖率70.45%。辖区矿产资源较为丰富，但储量较少，共生、伴生矿较多。主要有煤矿、铁矿、铅锌矿、锡矿、钨矿、金矿、银矿、石灰石、高岭土、萤石矿等。铅锌矿（小型）主要分布在重阳镇；石灰石储量丰富，品质好，主要分布在西联镇、龙归镇、西河镇。萤石矿主要分布在龙归镇续源、江湾镇架锦坑。陶瓷矿（高岭土）主要分布在重阳镇、龙归镇。煤炭矿区有芙蓉山、田心、车角岭煤区（已停采）。

【用地报批】2021年，武江区完成土地利用计划指标使用，土地指标分配使用量及完成率排名在全市前列。完成用地报批128.4412公顷，有效保障新老城区重点项目的用地需求。

【三旧改造】2021年，市下达区自然资源局三旧改造任务为：新增实施任务面积33.33公顷（其中工改工10公顷）、完成改造任务面积23.33公顷（其中工改工10公顷）；武江区实际新增实施任务面积35.32公顷（其中工改工11.05公顷），完成改造面积23.59公顷（其中工改工11.05公顷），超额完成三旧改造任务。

【矿产资源管理】2021年，区自然资源局督促矿权企业做好网上信息公示，对武江区重阳镇三墩寨建筑石料用灰岩矿采矿权的《网上出让方案》进行修改完善并报送。对《韶关市武江区龙归镇续源乱石湖冯仁来萤石矿场（采矿权）》以及《广东省韶关市武江区宝岭银多金属矿勘探（探矿权）》出具延续、变更登记等业务的核查意见。多次对辖区矿山开展专项排查，并对疑似超层越界矿山进行测量，暂未发现违法违规行为。根据上级自然资源主管部门有关文件指示精神，认真开展辖区历史遗留矿山核查工作（武江区涉及本次核查工作的图斑共有218个）。

【地质灾害防治】2021年，武江区登记在册的地质灾害隐患点共计16个，其中西河镇8个，西联镇2个，龙归镇2个，江湾镇2个，重阳镇2个，灾害类型包括崩塌、滑坡、地面塌陷、地面不均匀沉降。其中，威胁100人以上的隐患点共3处，威胁人数在50人以上100人以下的隐患点共2处。根据省自然资源厅每年消除上一年度在册隐患点数量10%的工作任务要求，本年度应消除隐患点3处，实际消除的隐患点数量为10处，超额完成地质灾害隐患点核销任务。根据上级文件要求，4月9日，区自然资源局牵头在西联镇光华塑胶五金制品有限公司装配车间西侧地质灾害点组织开展地质灾害应急演练。区应急管理局、西联镇人民政府、广东省地质局第三地质大队相关负责人出席观摩本次地质灾害应急演练。

【矿山石场治理复绿】2021年，区自然资源局以关闭矿山石场为重点，兼顾生产矿山，统筹开展土地综合修复工作，武江区完成矿山石场治理复绿面积为38.2公顷。

【动态巡查】2021年，武江区上线率为91.82%，累计上线时间16341.98小时，巡查距离126765.69千米。

【卫片执法】2021年，武江区土地卫片遥感监测图斑861宗，面积464.02公顷，其中新增违法用地图斑135宗，违法用地面积48.1公顷（耕地15.31公顷），经整改后，已消除违法用地面积27.16公顷（耕地14.44公顷）。

（许　靖）

应急管理

【概况】武江区应急管理局是主管安全生产、防灾减灾、应急救援等应急管理工作的区政府工作部门，为正科级。核定编制18名（其中行政编制12名，行政执法专项编制6名）。设局长1名，副局长3名；内设机构领导职数8名；内设机构8个：办公室、应急指挥和火灾防治股、综合协调股、应急救援和预案管理股、安全生产基础股、危险化学品安全监管股、物资保障和调查统计股、执法大队。

2021年，武江区应急管理局积极优化统筹提升全区应急能力建设，构建形成全区统一领导、权责一致、权威高效的应急能力体系，推动建立反应灵敏、上下联动、平战结合的应急管理体制。全区安全生产形势稳定向好，自然灾害防御实现“零伤亡”，没有发生因应急处置不当引起的伤亡事故。2021年，全区共发生各类生产安全事故10起，死亡11人、受伤3人，事故起数与上年相比下降28%，无较大及以上生产安全事故。

2021年8月13日，区疫情防控指挥办对酒店开展疫情防控查纠整改检查　　（区应急管理局　供图）

【疫情防控工作】2021年，区应急管理局充分发挥全区疫情防控指挥部办公室职能，统筹抓好全区疫情防控工作。做好定期进行会商研判、疫情数据分析，根据疫情防控形势变化调整防控政策。做好集中隔离点选址改造工作，组织对集中隔离点开展安全隐患排查。做好疫苗接种工作，全人群接种率稳步提高。做好重点地区来韶人员排查，确保“不漏一人”。

【智慧应急信息化建设】2021年，武江区完成市、区、镇三级网络并接畅通并投入使用。完成辖区的51个行政村、266条自然村应急广播平台升级，区级视频会商ITC系统服务升级，开发“武江区疫苗接种”“龙舟观赛预约”防疫小程序，完成武江区主城区三维模型建设，应急综合管理平台系统升级，区“雪亮平台”新接入64路武江区集中隔离点视频监控点，完成武江区121所学校共275路视频监控接入，初步建立人防、技防、物防结合的系统化防控体系。4月26日，申报的《武江：利用应急综合信息化平台，打造“智慧应急”新格局》在全市“善美韶关”市域社会治理创新竞赛中获得市域社会治理创新优秀案例。

【安全生产】2021年，区应急管理局将安全生产“四项重点工作”作为落实安全生产日常监管职责的重要抓手，全区共组织开展培训2177场次，参加培训人员127051人次；各类生产经营场所实行隐患报告奖励247次，奖励金额6.52万元；投入1312万元引入第三方专业服务机构排查安全隐患，排查各类企业、场所34987家，排查各类安全隐患3159个。

【安全生产专项整治】2021年，区应急管理局制定《武江区安全生产专项整治三年行动重点任务攻坚路线图》，按图作战，重点攻坚，进一步贯彻落实“一线三排”风险分级管控和隐患排查双重预防机制要求，建立健全生产经营单位全员安全责任制，压实企业安全生产主体责任。

【系统防范道路交通安全】2021年，区应急管理局牵头成立区系统防范道路交通安全工作专班，

2021年7月16日，武江区安委办组织对部分重点行业领域开展安全生产实地督查　　（区委宣传部　供图）

围绕“人、车、路、企、救”五方面重点工作，协调区公安交警、住建、城管、教育等多部门认真贯彻落实省、市关于系统防范化解道路交通安全风险工作部署，强化组织领导，采取有力措施扎实推进道路交通安全隐患整治。完成65个“平安村口”和29个“穿村过镇”路段和21个“一清一灯一带”路口建设任务，在18个路段安装隔离护栏5067米，强化校车安全和摩电安全管理，常态化开展交通安全执法检查，全区道路交通安全形势进一步好转。

【重大节假日期间安全防范】2021年，区应急管理局指导督促各镇（街）、各部门精准研判“五一”、中秋、国庆和“两会”等重大节假日和重点时段本单位存在的重大安全风险，强化重点行业领域、重点企业风险管控和隐患排查治理。组织检查督查组，采取直奔现场、不打招呼的形式对落实情况进行抽查检查，以问题为导向，进一步压实属地和行业监管责任，确保重大节假日期间和重大时间段全区安全防范工作有序。

【启动应急响应机制】2021年，区应急管理局深刻吸取全国、全省事故教训，及时启动“一盘棋”响应。在“6·13”湖北十堰燃气爆炸、“7·12”江苏苏州吴江酒店倒塌及“7·15”珠海隧道透水事故等全国各地事故发生后，先后组织开展燃气安全、地下建设施工、有限空间作业、既有房屋安全、废弃矿井加固等多个专项整治行动，及时消除安全隐患，化解重点行业领域安全风险。

【防汛防风防旱】2021年，武江区启动4次Ⅳ级防汛应急响应和1次Ⅳ级防冻应急响应。完成区与各镇（街）、镇（街）与辖区88个村（居）三防责任书签订，召开汛前基层三防业务交流会，层层压实防汛责任制。制订《武江区2021年防汛防旱防风工作方案》《武江区防汛工作隐患排查治理台账》《武江区镇（街）三防工作人员台账》《武江区镇（街）三防工作镇（街）领导联系村（居）台账》《武江区三防工作村干部联系户台账》《武江区防汛工作风险排查管控台账》《武江区汛期临危人员转移台账》等工作方案和6项三防工作台账。根据全区村（居）委换届后人员变动情况，按照临灾转移“四个一”机制“每一户至少一名转移对接责任人”的要求，明确了具体的对接人员、对接时点、对接方式、转移路线、安置地点等。

【汛前防汛安全检查】2021年，区应急管理局按照“准备早、措施实、应急快”的要求，组织全面完成水库、山塘、水电站等重点防护对象汛期、汛期隐患排查工作.在各单位组织自查的基础上，区三防办多次组织对全区防汛备汛工作自查成果进行抽查检查。

【防汛物资】2021年，区应急管理局根据对各镇（街）三防物资设备现场核查和测试情况，购置了一批发电机、救生衣、卫星电话等应急物资装备分配到各镇（街）和区人武部，对过期物资装备进行及时清理补充。

【低温冰冻天气防御】2021年，区三防办组织人员对辖区老、弱、病、幼、孕、低保人员、特困人员、独居老人及其他特困难人员进行御寒、保暖慰问，累计出动慰问人员533人次、走访困难群众104人次、发放棉被461件、防寒服249件。

【森林防灭火】2021年，区应急管理局根据市森林防灭火指挥部2021年工作要点，认真落实防火责任制，做到森林防灭火工作早安排，早部署，确保森林资源和人民生命财产的安全。各镇、各成员单位及时更新森防责任人，按照包村（社区）责任机制、实行村“两委”包村、村包户、户包人、护林员包山的原则，各镇组建不少于10人的护林员，并层层签订责任书，压实压紧防灭火责任；进入森林特别防护期以来，区应急指挥中心利用林火预警平台，开展防火视频巡查2549次，发现违规野外用火448处。

【森林防火宣传】2021年，区应急管理局针对森林防火工作的形势，运用村大喇叭、护林员和村民微信群、宣传横幅等

2021年8月13日，区应急管理局对工贸行业开展“铁拳执法”，提高安全生产和防灾减灾工作执行力　　（区应急管理局　供图）

方式进行护林防火宣传，在重点林区，悬挂防火宣传警示标牌40个，宣传横幅60条，发放《禁火令》9000余份；利用森林防灭火宣传月，联合学校开展校园“五个一”森林防火知识宣传教育活动，开展一次小手拉大手活动，形成“教育一个孩子，带动一个家庭，影响整片村庄”的浓厚宣传氛围，公开曝光典型火灾案例、违规野外用火行为和人员处理情况。

【应急救援队伍建设】 2021年，区应急管理局整合芙蓉山半专业化队、“三合一”队伍、江湾突击中队三支队伍，组建区综合应急救援大队，新购以水灭火装备、运兵车、四驱工具车、60套防灭火服、30台风力灭火器、10把油锯等森林防灭火物资，森林救援能力进一步增加。9月10日，区综合应急救援大队参加全省第二届森林消防业务技能大比武韶关市初赛，获得集体总分第三名，个人3000米负重跑第二名、“泵车以水灭火结合”第三名。

【“5·12”防灾减灾日宣传活动】 2021年5月12日，区应急管理局举办主题为“防范化解灾害风险，筑牢安全发展基础”的“5·12”防灾减灾宣传日，印制发放5000份《公众应急处置手册》《自然灾害自救手册》等宣传手册，有效提高群众防御灾害避险自救意识和能力。

【全国安全生产月活动】 2021年6月，区应急管理局围绕全国安全生产月“落实安全责任，推动安全发展”主题，组织开展安全生产“大讲堂”“大家谈”“公开课”“微课堂”和在线访谈、基层宣讲28场。组建“安全生产志愿服务宣讲团”，深入企业、农村、学校、社区、家庭开展巡回宣讲49场。

【党史学习教育主题党日活动】 2021年8月22日，区应急管理局党支部到重阳镇红色革命历史遗迹开展“铭记光辉历史 传承红色基因”主题党日活动，进一步引导党员干部、发展对象学史明理、学史增信、学史崇德、学史力行，推动党史学习教育工作走深走实。

【学习新《中华人民共和国安全生产法》活动】 2021年9月10日，区应急管理局开设新《中华人民共和国安全生产法》宣讲课，邀请法律顾问对全体干部职工授课宣讲，并进行闭卷测试，加强干部法律法规知识学习，牢固树立“以人为本、生命至上”的理念，提升依法行政工作能力和水平，营造安全生产遵法、学法、守法、用法的浓厚氛围。

【自然灾害风险普查】 2021年，武江区在省、市普查办科学指导下，全国第一次自然灾害综合风险普查工作稳步推进、进展有序，完成武江区普查工作总体进度100%，涵盖主要灾害致灾因子（地质灾害、气象灾害、水旱灾害、森林火灾、海洋灾害）调查、承灾体（公共服务设施、危险化学品企业、房屋建筑、交通设施、市政设施）调查、综合减灾能力调查、历史灾害调查。

（刘　媛）

工 业

工业综述

【概况】 武江区工业和信息化局（区科学技术局、区商务局）为区人民政府工作部门，设10个内设机构：办公室、招商与外资工作股、经济运行综合监测股、工业节能与信息化股、技改创新与产业及园区工作股、商务股、科技创新股、中小企业局、科技综合服务与社农股、现代服务业与电子商务股；行政编制17名，其中：局长1名，副局长3名；下属事业单位有武江区投资服务中心、武江区生产力促进中心。

2021年，武江区工信局在区委、区政府的坚强领导下，坚持以习近平新时代中国特色社会主义思想为指导，全面贯彻中共十九大和十九届六中全会精神和2021年全国两会重要指示精神，进一步更新理念，开拓进取，面对新冠肺炎疫情带来的压力，全局党员干部上下一心、攻坚克难，各项工作顺利稳步推进。

宏观管理工作

【工业增加值】 2021年，武江区（含新区）规上工业总产值182.06亿元，现价增长12.8%。全区（含新区）工业增加值97.62亿元，增长6.0%。

【新增规上企业数】 2021年，武江区（不含新区）培育新增规上企业数1家，完成市下达武江区上规任务。

【技术改造】 2021年，区工信局切实贯彻落实好各级惠企政策，主动对接市工信局技改创新科，帮助辖区企业丽珠集团利民制药厂获取省、市级专项企业技术改造资金152.98万元，为企业高质量发展提供有力支撑。

【区领导挂点联系制度】 2021年，区工信局严格落实《武江区2021年四套领导班子及区直部门挂点联系“四上”企业制度》，由党政领导带头、区直部门具体负责，对工商贸、建筑业、住宿业、服务业等多个领域重点企业进行定期挂点走访服务。以问题为导向建立重点企业“一企一策”，从政府领导层面加大协调解决企业生产经营存在问题和困难的力度，促进重点企业上台阶。

【工业经济运行监测】 2021年，区工信局强化工业经济运行情况月度监测，建立烟草、玩具、电力、医药、建材等工业行业月度经济运行台账，做好分析研判，高度关注出现较大降幅的行业，及时走访调研，了解经济运行中存在的问题。充分发挥部门协同作用，加强与统计、税务等部门沟通，从企业经营波动幅度、主营业务收入等方面多维度分析企业经营现状。同时积极联络新区经促局，共享信息，全面掌握新区55家规上工业企业经济运行情况。

【新增规上企业培育】 2021年，区工信局在年初、季度末等多个时间节点，联合区税务局对辖区内小微企业上一年度（或季度）累计主营业务收入进行摸排，建立潜力上规企业库，并对库内企业进行重点监测追踪。联合新区产业促进局，在上规申报期前对潜力上规企业进行集中走访，了解企业产值情况，合理预估企业上规时间，指导企业准备上规材料在规定时间内申报入库，做到应上尽上。

【龙头企业跟踪服务】 2021年，区工信局重点对辖区内亿元以上重点工业企业进行追踪监测。卷烟厂方面，每月跟进本月产值预计情况及下月生产指标下达情况，及时了解生产指标明显上涨（或下降）的原因，争取更多生产指标；利民制药厂方面，高度关注黄体酮、丁苯酞、特医生产线等新产品研发情况，尽可能通过招商引资帮助企业搭建合作平台，铺开企业销路；旭日玩具厂方面，加强企业联络走访，了解企业各阶段生产计划和存在困难，帮助企业解决诸如限电之类困境，竭力保障企业全年增长10个点的目标。

【工业信息化建设】 2021年，区工信局加快推进“制造业+互联网”创新融合发展，积极向辖区企业宣贯上云上平台、互联网+先进制造等扶持政策，多次协同市工信局深入丽珠集团利民制药厂、广东中烟工业有限责任公司、韶关市泰基搅拌有限公司、韶关市三创混凝土有限公司、广东省韶关市烟草机械配件厂有限公司等企业等重点企业开展信息化升级调研，为下一步制造业数字化转型奠定基础。

【提升工业互联网安全】 2021年，区工信局联合市工信、市电信专家深入丽珠、卷烟厂、泰基、三创、烟机，通过现场访谈、文档查阅等方式检查工控安全，以查促改，以点带面，督促落实企业主体责任，健全工业互联网安全和工控安全管理体系，提升应急保障管理水平。协同举办以“网络安全人民，网络安全靠人民”为主题的互联网安全论坛，邀请辖区丽珠等工业企业代表，进一步加强企业网络安全意识，为韶关市工业经济、数字经济高质量发展提供更加有力的网络安全保障。

【5G基站建设】 2021年，区工信局积极对接市工信局，落实属地化管理责任，加强与韶关铁塔公司沟通，掌握基站建设中存在的困难，并及时予以协调解决，加快推进5G建设工作。

【三线整治】 2021年，区工信局积极组织各运营商与区城管、住建、各镇（街）等部门对接，结合创文、老旧小区改造、“139”镇街、火灾高风险区域整治、乡村振兴等任务，共同推进“三线”弱电线路整治工作。

【科技管理】 2021年，武江区规上工业企业设立研发机构和公共创新平台总量共51家，占全市存量比重的16.77%，全市排名第1位。2021年新增6家，占全市新增比重的10.72%，市辖三区排名第1位。

【高新技术产业】 2021年，武江区高新技术产业得到较快速发展，全区高新技术企业存量为103家，占全市存量的27.39%，全市排名第1位。2021年，共认定高新技术企业45家，占全市认定总数30.20%；居全市第1位。全区国家高新技术企业产值为91.34亿元，同比增长12.99%，居全市第3位。

【科技服务】 2021年，武江区科技服务完成市下达的指标任务。各县（市、区）获得市级及以上科技经费达到4947.9万元，其中省级及以上3365万元、市级1582.9万元。位居全市第1位。

（曾晓榕）

各类工业

【概况】 2021年，武江区有规上工业企业共14家。以烟草、电力、医药行业为支柱，其中烟草行业所占比重最大，2021年韶关卷烟厂增加值占全区（含新区）规上工业增加值的67%，对该区工业经济影响巨大。

【烟草工业】2021年，烟草产业（韶关卷烟厂）完成规上工业增加值57.58亿元，同比增长2.8%。

【电力与热力生产和供应工业】2021年，武江区电力产业共完成规上工业增加值2.85亿元，同比增长17.8%。武江区电力产业主要由韶关供电局及2家水电企业（韶能、方夏）组成，其中韶关供电局相对稳定，而水电企业则受当年气候变化影响较大。广东电网公司韶关供电局是中国南方电网公司广东电网公司下属的大Ⅱ型企业，为韶关市7个县3个区供应电力，供电客户88.5万户，供电面积1.84万平方千米。韶关供电局成立于1959年，拥有110千伏及以上变电站56座，110千伏及以上输电线路2641.69千米。广东韶能集团股份有限公司是以可再生能源和清洁能源的投资开发与经营为主营业务的上市公司，也是韶关地区优势企业集团之一。公司成立于1993年6月，注册地为广东省韶关市。1996年8月30日在深圳证券交易所挂牌上市，股票简称“韶能股份”。

【医药制造业】2021年，武江区制药产业完成规上工业增加值3.2亿元，同比上升1.8%。丽珠集团利民制药厂是珠海丽珠医药集团股份有限公司下属的集医药生产、科研、开发为一体的中外合资企业，是国家中药现代化工程技术研究中心的中试基地和国家中药现代化工程技术研究中心的注射剂研究所。利民制药厂主要生产大容量注射剂、小容量注射剂、片剂、胶囊剂、颗粒剂、原料药等品种，是丽珠集团重要的大容量注射剂、小容量注射剂、中药提取、原料药生产基地。制药厂有大容量注射剂车间、小容量注射剂、中药提取、原料药生产基地。该厂的大容量注射剂车间、小容量注射剂车间、固体制剂车间、原料药车间、中药提取车间均已通过国家药品生产质量管理规范论证。

链接

规模以上工业企业简介

广东中烟工业有限责任公司 广东中烟工业公司韶关卷烟厂始建于1950年，2021年有职工900余人，占地面积9.36万平方米，建筑面积15万平方米，固定资产原值7.54亿元，净值5.18亿元，拥有国际先进水平的卷接包设备和国内先进水平的制丝生产线。主要产品为“红玫”牌香烟，年产量超过40万大箱，年产值达60亿元以上。广东中烟工业有限责任公司韶关卷烟厂前身为成立于1950年6月1日的民生卷烟厂，1964年民生卷烟厂更名为韶关卷烟厂，2006年取消韶关卷烟厂法人资格，更名为广东卷烟总厂韶关卷烟厂，2006年更名为广东中烟工业公司韶关卷烟厂，2007年改制更名为广东中烟工业有限责任公司韶关卷烟厂。2021年完成工业规上工业增加值57.58亿元，同比增长5.73%。现有职工900余人，占地面积9.36万平方米，建筑面积15万平方米，固定资产原值7.54亿元，净值5.18亿元，拥有国际先进水平的卷接包设备和国内先进水平的制丝生产线，拥有4800千克/时的制丝线一条，额定功率570千克/时的二氧化碳膨胀烟丝制丝线一条，GD卷接包机组13套，其中软包机组7套，硬包机组6套，年设备生产能力263亿支（52.6万箱）。随着国家控烟政策的逐步推进，韶关卷烟厂产量逐渐下滑，为应对生产计划不断下调的形势，韶关卷烟厂从调结构上做功夫，已逐步淘汰四类烟，一类烟、二类烟比例不断扩大。

广东电网公司韶关供电局 广东电网公司韶关供电局是中国南方电网公司广东电网公司属下的大II型企业，成立于1959年，拥有110千伏及以上变电站56座，110千伏及以上输电线路2641.69千米。为韶关市7个县3个区供应电力，供电客户88.5万户，供电面积1.84万平方千米。2018年实现工业总产值8.15亿元。广东电网公司韶关供电局先后荣获“全国文明单位”“全国五一劳动奖状”“中央企业先进集体”“全国模范职工之家”“全国安康杯竞赛优胜企业”“南方电网公司文明单位”“广东省安全文化示范企业”等称号；先后被国务院国资委，广东省委、省政府，韶关市委、市政府，南方电网公司和广东电网公司评为“抗灾救灾先进单位”；连续4年被评为“南方电网公司迎峰度夏先进单位”；先后5次被韶关市委授予“先进基层党组织”称号，连续14年荣获“韶关市党风廉政建设先进单位”称号。

韶能集团股份有限公司

广东韶能集团股份有限公司是以可再生能源和清洁能源的投资开发与经营为主营业务的上市公司，也是韶关地区优势企业集团之一。公司成立于1993年6月，注册地为广东省韶关市。1996年8月30日在深圳证券交易所挂牌上市，股票简称“韶能股份”，股票代码“000601”。公司的发展战略一直致力于清洁能源和可再生能源的投资开发。公司秉承“外树形象、内抓管理”的经营理念，通过“采用国有企业的管理基础，引进民营企业的经营机制，学习部队雷厉风行的作风，树立团结开拓、效率第一、为韶能争光的形象。”形成较为完善与完整的企业经营管理理念、内部控制体系、制度设计、机制安排、治理架构等。经过20年坚持不懈的探索和实践，公司闯出一条政策引导、文化支撑、管理提振的强企之路，逐步形成具有韶能特色的企业文化。并通过深化改革、强化管理，不断提高企业经济效益和管理水平。在不断提升股东价值的同时，也为地方的经济发展作出突出的贡献。

丽珠集团利民制药厂

丽珠集团利民制药厂成立于1966年，1997年转制加入丽珠集团，是国家高新技术企业、国家中药工业百强企业、广东省创新型企业、广东省知识产权优势企业、广东省战略性新兴产业培育企业。利民厂拥有大容量注射剂、小容量注射剂、片剂、胶囊剂、颗粒剂等10条生产线，150个品种规格，核心产品“参芪扶正注射液”为国家二类中药新药，国家中药保护品种，国家食品药品监督管理总局批准的纯中药澄明大输液品种。利民厂获得省、部级科技奖励及荣誉20多项，承担国家、省部级科研项目超过30项，申请国际和国内发明专利64项，获得授权38项。2021年，实现工业总产值4亿元。

科研发展计划方面，丽珠集团利民制药厂医药研究所是国家中药现代化工程技术研究开发中心中试基地，主要承担新药研发和在产品种质量提升研究工作。设置有质量标准室、中药室、生药室、固体制剂室、液体制剂室，制剂小试室，能承担多种剂型的研究开发工作。

广东方夏集团有限公司

广东方夏集团有限公司为韶关供电局下属集体企业，成立于2002年1月28日，注册资本为6110万元，企业住所为广东省韶关市武江区武江北路10栋。公司有员工47名，主要经营小水电业务，连续多年被评为“武江区A级纳税人”、韶关市模范纳税户。2021年，该公司在武江辖区生产总产值达4887万元。

韶关市世邦新型建材有限公司 公司成立于2011年9月，2013年3月正式投入生产，位于韶关市武江区龙归镇红尾坑内，注册资金800万元，主要从事蒸压加气混凝土砌块和蒸压水泥砖的加工生产业务，占地面积15816平方米，建筑面积5338平方米。2021年，生产总产值为5930.5万元。

韶关市泰基搅拌有限公司 韶关市泰基搅拌有限公司是央企中建材投资有限公司旗下全资子公司，成立于2005年2月，现有员工66人，2021年工业生产总值3716.7万元，公司地址位于韶关市武江区西河镇马屋村，是一家从事商品混凝土搅拌的企业。拥有2条从意大利进口的仕高玛连续强制式搅拌机，生产能力360立方米/小时，设计年产116.8万立方米混凝土，工程建设总投资2940万元，占地面积26640平方米。公司自成立以来一直注重安全生产，从未发生过重大安全生产事故，对消防、安全设施做到每周例行检查，有台账记录，坚决杜绝安全事故的发生。公司遵守国家的各种法律法规及地方政策，积极响应国家号召，注重环境治理，做好环保评估工作。

韶关市三创混凝土有限公司 韶关市三创混凝土有限公司成立于2006年8月15日，于2013年被中建材投资有限公司全资收购，是中建投水泥商混事业部韶关区域的龙头企业。公司位于韶关市武江区村头村三山岭，百旺大桥旁。注册资本2000万元，厂区面积约31496平方米，建有办公综合楼、搅拌楼、职工宿舍楼、试验楼；生产、生活自然分区，绿化环保符合人文理念。2021年，公司拥有科研人才8名，中高级管理人员7名，企业员工64名，创造工业生产总值6.6亿元。三创公司是广东省预搅拌混凝土行业协会理事单位，于2019年8月通过并取得ISO质量管理体系、环境管理体系和职业健康安全管理体系三体系评审，并取得相关证书；2019年8月31日通过广东省预拌混凝土企业绿色生产达标评审取得三星级评价证书。

公司拥有两条3立方新宇搅拌生产线，年设计产能能力达150万立方米，能生产各种标号普通混凝土、高强混凝土、流态（泵送）混凝土和抗渗混凝土，适用各种路面、桥梁、大坝、隧道、机场和城市施工建设的需要。主要承建大型项目包括保利、恒大、碧桂园等大型房地产投建项目及本市市政工程、公路、大型桥梁、隧道建设。主要客户有碧桂园、保利、富力、中建八局、广东省六建、广东省五建、广东省源天工程有限公司、广西建工、韶关市一建、韶关市住宅建、韶关市北江建、广州市恒盛建设集团有限公司、浙江新东方建设集团有限公司、韶关市新城兴建筑公司、中国核工业华兴建设有限公司、深圳市垲烨建筑工程有限公司、新疆生产建设兵团建设工程（集团）有限责任公司、新疆北新路桥集团股份有限公司、上海四建等。

韶关市三创混凝土有限公司曾获评“2018年度韶关市优秀纳税大户”。

韶关市广业环保有限公司 韶关市广业环保有限公司下辖市第二污水处理厂位于韶关市武江区西河镇村头村委区域内。污水处理厂分两期建设了一期工程和二期工程。一期建设处理规模为6万立方米/日，采用5万吨/日的氧化沟处理工艺和1万立方米/日的一级强化处理+人工湿地处理工艺，概算总投资12097万元（含截污管网投资），于2007年7月投入使用。二期工程建设处理规模为5万立方米/日，采用AO微曝氧化沟工艺，厂区概算投资为6680万元，于2010年6月投入使用。因韶关市第三污水处理厂选址在人工湿地处理工艺地块上建设，2019年5月1日1万立方米/日的一级强化处理+人工湿地处理工艺停止运行，韶关市第二污水处理厂规模是10万立方米/日。本公司有两个厂外提升泵站，一期泵站位于百旺大桥西侧桥底往北两百米处，二期泵站位于沙洲尾韶能大厦正门对出河边处，每个提升泵站配备4名员工，执行四班三运转上班制度。其余员工均在厂区内办公，共计员工35人，2021年工业总产值达3393.7万元。

污水厂执行《城镇污水处理厂污染物排放标准》GB18918—2002一级B标准及部分一类污染物最高允许排放浓度，污水经过处理后排放入北江河。污水厂处理整个武江片区的市政污水，服务人口约35万人。纳污范围内有丽珠集团利民制药厂，排放污水869立方米/日，工业污水占比约1%。2010年12月开始由广业环保有限公司一期TOT、二期BOT模式运营。管网运营单位为武江区市政管理中心。

韶关市童氏电源科技有限公司 韶关市童氏电源科技有限公司，位于武江区龙归镇马渡公路68号，生产传统的铅酸蓄电池，包括汽车电池、摩托车电池、太阳能电池、储能电池等，产能55万千瓦时，员工350人左右，2021年摩托车电池占总产能60%左右，公司累计实现工业生产总值12873万元，未来将大力拓展储能电池、汽车起停电池市场，提高企业的综合竞争能力。

韶关市龙韶实业有限公司 韶关市龙韶实业有限公司创办于2002年11月26日，注册资金6000万元，各类经营证照手续齐全。2021年工业生产总值完成1.7亿元，主要经营项目：冶金用熔剂灰岩、建筑用碎石、脱硫用粉体。公司现有员工200人，其中工程技术人员30人，拥有挖掘机、装载机等大型机械一批，重型自卸货车70辆，各类规格石料加工能力达600万吨/年。是宝武韶钢战略合作伙伴及其炼钢用石灰石生产基地，现为韶关市大规模熔剂矿以及采石加工的环保绿色矿山企业。

公司主要产品为熔剂石灰石、白云石和建筑用石料。熔剂用石灰石、白云石主要销往宝武集团韶关钢铁，建筑骨料主要供应中建材搅拌站，产品曾供乌石电厂11#机组、仁化电厂、国道106、京珠高速公路、韶关市电力调度中心大楼（32层）、武广铁路、广乐高速公路等重点工程。公司固定资产达人民币1亿元以上，是武江区模范纳税企业，税务机关信誉等级为B级。公司自成立以来，累计投入2400多万元用于贡献企业力量。

韶关广发光伏发电有限公司 韶关广发光伏发电有限公司位于广东省韶关市武江区龙归镇，成立于2017年8月17日，建设年发电量约8000万千瓦时的光伏发电基地；经营范围：光伏发电项目的投资、建设、运营、维护等。企业成立后，积极开展项目投资前期工作。2018年5月31日，国家对光伏补贴政策有重大调整，导致项目中断，于2019年4月恢复开工建设，2019年12月完成光伏区及项目配套升压站及综合楼的建设，并通过电力质检中心验收。2020年12月16日正式并网发电，4月取得电力业务许可证。由于单位面积组件功率提升及电站优化设计，原166.67公顷土地范围内有多处空余地方，公司计划在原有土地红线范围内空余地方扩容10兆瓦光伏项目，以提高土地利用率，追加投资3645万元（其中设备投资约2053万元，建设投资1592万元），扩容项目在7月开工建设，9月并网投产。2021年该公司工业生产总值达4376.1万元。

广东省韶关烟草机械配件厂有限公司 广东省韶关烟草机械配件厂有限公司是广东省民营企业，1996年被国家烟草专卖局定点为生产烟草机械零配件的专业生产厂家。公司坐落在广东韶关市武江区福林路1号，占地面积约6.3万平方米，员工132人，其中高级工程师1人，中、初级工程技术人员20余人，公司拥有一支专业知识较强、技术精干的员工队伍。引进具有先进技术加工中心及数控设备40多台套，以及美国EDS公司的UG三维设计系统，另配置电脑雕刻机、喷涂生产线、有色金属铸造等工艺线设施，有效地保证产品的制造和质量，公司从1995年成立以来，完成GDX1、GDX2卷烟包装设备所需的1万多种零配件由进口件转换国产件的设计和生产制造工作，其中25项国家专利在有效期内，12项获省重点新产品，3项产品被列入广东省火炬计划，6项获得广东省高新技术产品，3项获得广东省自主创新产品。产品的生产工艺在国内处于行业领先水平，销售全国19个省50多家烟厂，产品进入国际市场受到客户的好评。公司已通过国家质量体系认证中心的质量管理体系、环境管理体系、职业健康安全管理体认证工作。

2021年，全年生产总值为2328万元，制造部全年下达零配件的生产计划为3363批次(零配件完成3079批次，总成、组件完成284批次)，其中主要产品有CH烟包美容器、条包美容器、钢对钢压花总成、环保纸半圆刀、条包六面烫等。技术部完成新产品图纸设计和个性化设计18项及转化若干手工图纸，并对《一种烟包双通道透明纸除皱设备》《一种烟包双通道除皱加热机构》《一种烟包除皱装置的断电保护机构》《一种烟包端面烫实装置》四项产品申请的发明、实用新型专利均已受理，现在正审查中。同时新产品《FOCKE福克双烟道包装机美容器》已在昆明卷烟厂安装使用。

韶关市明昊新建材有限公司 韶关市明昊新建材有限公司成立于2016年6月3日，注册资金200万元，员工30人，厂房占地面积达16650平方米，建设2座全新环保机立窑，月产量可生石灰块2万吨，是全市最大的石灰生产基地，配套石灰深加工磨机设备，可生产各类品质生石灰粉日产300吨。2021年成为武江区新上规上工业企业，工业生产总值为5465.1万元，主要产品有建筑石灰、工业石灰、生石灰粉、高纯度氢氧化钙，产品运用范围广泛，污水处理剂用、电厂脱硫专用石灰及石灰石粉、水厂净水处理用灰粉、建筑用石灰粉，纸厂用碱及各类化工用灰等等。客户遍布全市各个县区、泛珠三角地区。采用国内先进的环保机立窑生产设备，从配料、上料、煅烧、出灰均采用全自动化操作系统，保证生产工序的先进性和产品质量的稳定性。采用最先进大型旋风式风选化灰机、雷蒙磨设备，生产出的氢氧化钙、生石灰粉纯度、细度等各项指标均达到国家标准，优质稳定产量高。

企业积极响应国家绿色环保企业建设，投资500万配套石灰窑生产过程产生的废气污染处理设备，达到清洁排放。整个生产产区各个环节设备产生粉尘的区域都安装收尘器，原材料采用全覆盖钢结构厂房堆放，各个易产出扬尘的区域也进行全封闭作业，防止产出扬尘污染。

（曾晓榕）

商　业

商贸管理

【概况】 武江区工信局（商务局）是全区商业贸易主管部门。2021年全区消费需求继续保持平稳运行态势，城乡市场繁荣。全区共完成社会消费品零售总额75.33亿元，同比增长8.0%，总量全市排名第二。限额以上批发业销售额完成57.41亿元，同比增长28.7%，增速全市排名第二；限额以上零售业销售额完成14.47亿元，同比下降2.6%。

【批发零售业】 2021年，武江区限上批零企业共有68家，其中批发企业40家，零售企业28家。该区限上批发业企业主要销售钢材、煤炭、医药、金属、矿产品、石油、建材等为主，重点批发企业包括韶关市银岭经贸发展有限公司、韶关市拓海贸易有限公司、海王（韶关）医药有限公司、韶关市豪杰贸易有限公司、韶关正邦食品有限公司等。限上零售企业主要以超市、百货、医药连锁经营、汽车4S销售店、加油站行业为主，重点上亿元零售企业有广东爱心大药房连锁有限公司、韶关市粤壹大药房有限责任公司、韶关安正丰田汽车销售服务有限公司、韶关市金沅汽车销售服务有限公司4家企业。新增限上批发零售企业9家，超额完成市下达全年新增7家批发零售的目标任务。

【现代物流业】 2021年，武江区现代物流业发展处于起步阶段，较有规模的限上冷链物流企业有广东雪印集团有限公司，广东雪印集团公司是集农产品种养、冷链加工、冷链储存、冷链配送、冷链销售、农产品研发、农产品市场化运营服务于一体的冷链物流企业。

【连锁经营行业】 2021年，武江区连锁经营的限上企业有广东爱心大药房连锁有限公司、沃尔玛深国投百货有限公司韶关新华南路分店、韶关市宏昌众晟商贸有限责任公司3家公司，其中具有代表性的本土连锁经营企业是广东爱心大药房连锁有限公司。

（曾晓榕）

对外经贸合作

【概况】 2021年，武江区外贸进出口总值77826.8万元，其中：出口7459.8万元，进口70367.1万元。新增外资企业4个，合同利用外资436万美元，实际利用外资20万美元。

【主要工作】 2021年，区工信局积极发动企业参加国内大型线上展会。根据市商务局发动企业参加第130届广交会、第4届进博会的工作要求，积极对接企业、发动企业人员报名参展，第130届广交会实现参展人员90人报名、第4届进博会辖区内4家企业报名观展，拓宽企业销售市场。收集外资外贸企业信息，掌握企业经营情况和诉求，及时将省、市的相关扶持政策推送给企业。

招商引资

【概况】 2021年，武江区完成招商引资新签约项目16个，签约项目合同投资额89.9亿元，其中超亿元项目7个。新开工建设项目18个，新竣工投产项目14个，完成年度投资额18亿元。

【主要工作】 2021年，武江区谋划武江城乡融合园产业平台，与深圳科技工业园（集团）有限公司签订战略合作协议，合作共建深圳科技工业园武江科技创新基地，围绕产业升级、集群打造园区运营等方面展开合作，打造成为广东省标杆型产城融合示范区。已洽谈对接江苏枫叶能源、湖南德至祥、铁建重工等有意向进驻的高新技术企业。

谋划武江现代农业产业园，产业园选址重阳镇黄岸村，规划总用地15.53公顷，工业用地8.27公顷，园区功能定位为农产品深加工、冷链配送中心，电子商务、农业展示展销，农业观光、商业配套等功能一体化的现代农业产业园。园区已完成土方平整以及园区主干道路和基础配套的给水排水管网、电力通信管网、排水沟、护坡绿化工程建设。谋划国家林草装备科技示范园，1月市政府正式向省林业局发函推荐武江区申报建设国家林草装备示范园。8月广东韶关国家林草智能装备科技示范园申报顺利通过省林业局组织的专家评审论证会，论证会后已委托国家林草局调查规划设计院进一步完善申报资料，于11月将国家林草局资料报送至省林业局。

链接

批发零售企业简介

韶关市拓海贸易有限公司 韶关市拓海贸易有限公司成立于2008年10月，经营地址为韶关市武江区惠民南路122号幸福广场九楼，是一家民营性质的外贸流通企业。现有资产总额5000万元，2009年6月注册资本和实收资本均为120万元，2009年9月更改为注册资本500万元，并增加实收资本180万元，在2009年增资200万元，实收资本达到500万元，2019年增资580万元，实收资本达到1080万元，2020年再增资1120万元，使公司实收资本达到2200万元。公司有员工25人，完善了外贸企业从进出口业务洽谈签约、进出口商品报检报关、外汇收汇核销、外汇进口付汇、出口退税申报、经营成果核算及财务分析等各个业务环节的人员配置。公司主营有色金属ADC12的进口内销，兼营矿产品、建筑材料、机械机电设备、日用百货、纺织品、工艺品、五金家电、化工产品等大类商品的进出口。公司已建立主营产品——有色金属ADC12进口的完善网络，各种规格的有色金属ADC12的采购多达30多个国家和地区，有色金属ADC12销售占公司销售总额的80%。韶关市拓海贸易有限公司2021年，月销售额为10.13亿元，同比增长71.3%，拉动武江区限上批发业增长9.4个百分点。

韶关正邦食品有限公司 韶关正邦食品有限公司作为武江区重点限上批发企业，成立于2020年10月30日，经营范围包括牲畜销售、农副产品销售，以自有资金从事投资活动，现有员工2人，共有4家分公司。2021年韶关正邦食品有限公司销售额为7.87亿元，同比增长84.5%，拉动该区限上批发业增长8.1个百分点。

国药控股韶关有限公司

国药控股韶关有限公司是国药集团下属单位国药控股广州有限公司在粤北地区的战略布局，定位“粤北第一医药分销平台”，成立于2002年9月，以药品、器械分销为核心业务，积极探索基层零售、电子商务等新型商业模式，网络覆盖率第一，当地市场份额超过40%，持续保持韶关地区第一的领先地位。公司拥有麻醉药品和精神药品、体外诊断试剂、医疗器械等经营资质，拥有独立的采购、销售和物流配送体系，专注韶关地区医药市场，覆盖业态包括医院、社区中心、基层卫生院、诊所、零售连锁及单体药店等，致力为上下游客户提供快速、优质、高效的医药分销服务。2021年国药控股韶关有限公司销售额为5.7亿元，同比增长11.3%，拉动武江区限上批发业增长1.3个百分点。

广东雪印集团有限公司

广东雪印集团有限公司成立于1998年，历经20余年的发展，已成长为集一产、二产、三产融合发展的企业，业务内容涵盖农产品种养殖、农产品加工、农产品冷链物流、农产品加工技术研发、中央厨房营养团餐、农业信息化服务、供应链金融等。雪印集团已在粤北、粤东、粤西、大湾区等地区设立农产品配送中心；建立覆盖粤北、粤东、粤西以及大湾区地区的农产品食材冷链配送网络；服务大客户领域涉及公安、司法、医疗系统、大中专院校、企事业单位。自成立以来，雪印集团一直致力于打造完整的农产品全产业链，以向客户提供安全放心的食品为己任，建立严格和完善的全程品质管理体系，为广大客户提供绿色、健康、安全、营养的食品。雪印集团依托粤北韶关丰富的生态农业资源，开发原生态的健康安全食品，专为政府机关、企事业单位、公安系统、检察系统、司法系统、教育系统、医疗系统、金融系统、商场超市九大系统，300多家品牌客户提供安全营养的食材配送服务。雪印粤北现代农产品冷链流通基地按照现代化标准建设，集冷链配送、电子商务、现代仓储、产品溯源、检验检测、信息管理等现代冷链流通项目于一体。为粤北地区优质农产品快速走向世界搭架了广阔的流通平台。2021年广东雪印集团有限公司销售额为3.37亿元，同比增长9.6%，拉动武江区限上批发业增长0.7个百分点。

海王（韶关）医药有限公司　海王（韶关）医药有限公司（原韶关市美丹药业有限公司）成立于2004年3月，是一家为医疗机构提供药品、医疗器械和耗材配送服务为主的流通企业，公司拥有医疗类全面的经营范围。药品的经营品种达3000余种，能满足各科临床用药需求。公司建立符合药品经营质量管理体系，拥有强大的专业化队伍，公司经营面积达6000平方米。库房内设有标准货架和温、湿度调控设备、冷链设施齐全，确保商品储藏运输过程的质量。公司业务已从市区及县城二甲医院覆盖到韶关地区各乡镇卫生院。公司多年来以认真的工作态度，快捷优质的服务在医疗机构中得到一致好评，赢得良好的口碑。公司秉承“守法重信、规范经营、诚信合作、共同发展”的经营宗旨，努力为医疗机构提供专业、快捷、细致、无忧的服务。2021年，海王（韶关）医药有限公司销售额为1.65亿元，同比下降21.1%。

广东爱心大药房连锁有限公司　广东爱心大药房连锁有限公司成立于2006年，是一家主要经营：中西成药、中药饮片、参茸补品、进口药品、医疗器械及保健食品等近1万种医药产品的省级药品零售连锁企业，并取得B2C互联网销售药品服务资格。旗下直营药店近300家，分布在韶关市辖属三区七县及清远等地区，拥有1.5万多平方米办公和药品配送的综合大楼。近几年来，企业以集团化发展和管理为目标，实施“多元化”的发展战略，打造以爱心大药房连锁为主导产业，集药品批发、农业开发、实业投资、商业物业、酒店、中药饮片生产为一体的综合性集团企业。2021年，广东爱心大药房连锁有限公司销售额为4.07亿元，同比增长0.3%。

韶关市粤壹大药房有限责任公司 粤壹大药房有限责任公司于2013年2月成立，属于独立法人、自负盈亏的社会零售药房。经营范围包括中成药、中药饮片、化学药制剂、抗生素制剂、生化药品、生物制品（疫苗除外）、医疗器械、预包装食品、生乳制品（含婴幼儿配方乳粉）、保健食品、特殊食品、化妆品、提供药品信息咨询服务等，是韶关市基本医疗保险定点零售药店和广铁集团公司职工医保定点零售药店。粤壹大药房拥有一支充满活力、开拓进取的药学服务团队，是一家以质量打造品牌、以专业谋求发展的放心药房，是粤北地区技术力量最雄厚的社会零售药房。现有工作人员20人，其中药学技术人员17名（副主任药师1名，主管药师1名，执业药师9名，药师4名，药士2名），专职出纳、会计各1名，保洁员1名。2021年韶关市粤壹大药房有限责任公司销售额为1.26亿元，同比下降18.0%。

韶关安正丰田汽车销售服务有限公司 韶关安正丰田汽车销售服务有限公司是广州宗远丰田汽车销售服务有限公司旗下企业，是一家按一汽丰田标准建设的集汽车销售，售后服务，零配件销售，信息反馈于一体的汽车4S店，于2016年11月开业。公司位于韶关市武江区沐溪大道142号，毗邻五洲国际汽配城，韶关高铁站附近，交通便利。公司占地面积近1万平方米，展示及销售一汽丰田全系列车型，韶关安正丰田汽车销售服务有限公司销售部，下设展厅接待小组和数字营销小组，市场部，金融部等部门，展厅宽敞明亮，环境幽雅，秉承“诚信第一”的服务理念经营。韶关安正丰田汽车销售服务有限公司售后部，下设售后维修接待，机电车间，钣金车间，美容中心，洗车中心，快修零配件仓库，厂区占地面积逾3000平方米。2021年，韶关安正丰田汽车销售服务有限公司销售额为1.56亿元，同比增长23.9%，拉动武江区限上零售业增长2个百分点。

韶关市金沅汽车销售服务有限公司 韶关市金沅汽车销售服务有限公司强势进驻韶关高新区。韶关金沅广汽本田4S店是广汽本田汽车有限公司授权的本田汽车销售中心和售后维修服务中心，是韶关武江区第一家广汽本田特约销售服务店。韶关金沅广汽本田4S店位于韶关沐溪大道丹霞大厦B座，韶关新崛起的豪华汽车新街。公司占地面积6000余平方米，注册资金1000万元。设立销售部、售后服务部、配件部、客服部、市场部、行政部等部门，拥有一套有序、严谨、高效、科学、合理的管理模式和机制。现销售包括皓影、雅阁、奥德赛、凌派、锋范、飞度、理念、缤智等多款车型。公司业务范围包括新车展示与销售、新车入户、售后维修保养、代办保险、消费信贷、二手车置换、精品销售等服务。2021年，韶关市金沅汽车销售服务有限公司销售额为1.14亿元，同比下降5.4%。

（曾晓榕）

农·林·水

农业

【概况】武江区种养品种多样，种植业主要集中在龙归、重阳、西河镇，以特色果蔬、优质丝苗米等为主导；养殖业主要集中在龙归、重阳镇，以畜禽、四大家鱼等为主导。全区按照“一村一品”区域联动发展的思路，合理布局优势特色产业基地，重点打造精品水果、蔬菜、南药、休闲农业等产业基地，促进农业产业化、规模化生产，发展效益农业。2021年，武江区耕地面积4996.84公顷，其中粮食播种面积3907.93公顷，总产量2.45万吨，全区生猪存栏13.60万头，完成省、市下达的目标任务。农林牧渔现价产值157085万元；第一产业增加值86081万元，平均增幅10.3%；农村居民人均可支配收入24230元。

【撂荒地治理】2021年，武江区已复耕复种撂荒耕地面积152公顷，任务完成率100%。其中，土地流转复耕69.47公顷，委托代耕代种32.8公顷，引导农民自行复耕48.07公顷，其他原因复耕1.67公顷。

2021年6月9日，武江区重阳镇农业产业园基础设施建设项目一期竣工航拍图　（何伟文　摄）

【高标准农田建设】2021年，武江区高标准农田建设项目规划建设面积293.33公顷，总投资预算合计990万元。项目区涉及胡洋村、胡屋村、梁屋村、围坪村、黄岸村、重阳村、水口村、马渡村8个村委会。资金来源为中央资金371万元，省级资金619万元。

【红火蚁防治】2021年，区、镇齐动员，召开区级现场会1场，镇级现场会5场，参加人员350人。开展技术培训，区级2场，镇级4场，共培训区镇村三级防控责任人140人次。积极宣传，派发宣传资料2000份，张贴海报110份，出版宣传栏一期。统防统控，投入资金23.59万元，施用药剂3.8吨，防治面积660公顷，其中防控示范266.67公顷，日常用药393.33公顷。在用药地区，防治效果达到95%，无红火蚁叮咬导致伤亡事件，干部群众初步掌握了红火蚁的基本知识和防治方法。

农　机

【概况】 2021年，武江区水稻种植面积3525.73公顷，农机化机耕面积3478.33公顷，机播面积589.67公顷，机收面积3475.33公顷；水稻耕种收综合机械化水平74.05%，其中机耕率98.66%、机播率16.72%、机收率98.57%，水稻耕种收综合机械化率比2020年提高1.8%。

【强农惠农政策】 2021年，第一季度武江区完成水稻温室育秧中心的建设，补齐机械化水稻种植短板环节，提高水稻全程机械化水平。全年申请中央农机购置补贴36万元，以及2020年度结转0.0340万元，共36.0340万元。购机补贴已录入35.2870万元，报废补贴录入1.02万元，使用比例达到100.75%。共受理确认拖拉机、植保、耕整地、水产养殖、收获、施肥6类40台农业机械的补贴指标及2台报废指标，共4个镇24户农民受益。

【农业机械拥有量】 2021年，武江区登记在册的手扶拖拉机78台，手扶拖拉机运输机组3台，大中型拖拉机共29台，履带收割机10台，粮食烘干机6台，插秧机18台，植保无人机9台。武江区有两家拖拉机制造有限公司，分别是韶关市常丰拖拉机制造有限公司与韶关市闽韶拖拉机制造有限公司；农机销售点有两家，韶关市兴民农机有限公司主要销售小型微耕机与旋耕机，韶关市惠田机械有限公司主要销售大中型拖拉机，收割机、粮食烘干机、冷库以及水稻插秧机。

【农机安全专项整治】 2021年，区农机总站主动联合公安交警部门做好上道拖拉机检查工作，以安全生产专项整治三年行动为抓手，继续深入开展拖拉机“不安全、不出门”专项整治行动，落实五个100%（100%办理登记和检验、100%持证驾驶、100%实施安全检查、100%执行安全规程、100%清理“变拖”和老旧残拖拉机），大力整治“六个严禁”行为。全年共联合交警部门联合执法6次，共出动车辆18台次，公安民警24人次，农机人员21人次，查获涉嫌假牌假证变形拖拉机3台，违反规定操作1辆，均由公安交警作出扣押处罚。同时深入乡村，与农机手和农机大户签订农机安全生产责任状（书）80余份，全区农业机械的安全性能和驾驶员的安全生产意识、技术水平得到明显提高。

（赵奉君）

林　业

【概况】 2021年，武江区林地面积50800公顷，草地1581.99公顷，森林蓄积量366.13万立方米，森林覆盖率70.45%。

【林业执法】 2021年，区自然资源局共受理各类案件24起，破23起（滥伐林木2起、林地案件20起、擅自野外用火案1起、不予立案1起）；林业行政处罚22人次；林业行政罚款51.95万元。

【造林绿化】 2021年，武江区高质量水源林造林面积33.33公顷，任务完成率100%，完成高质量水源林封山育林面积257.8公顷，任务完成率100%。完成地方财政暨社会投资造林总面积569.8公顷，其中人工更新造林面积31.67公顷，退化林修复132.53公顷，封山育林面积405.6公顷，任务完成率100%。完成回龙山林相改造面积29.67公顷，任务完成率为100%。完成生物防火林带建设面积211.94公顷，长度为105.97千米，任务完成率为100%。

【森林防火】 2021年，武江区围绕“一枝一叶总关情，护林防火伴我行”主题，结合节假日等重要时间节点组织开展“五进”（进社区、进企业、进学校、进农村、进家庭）宣传，积极营造森林防火的良好氛围；指导并联合各镇对敏感区域、重点部位以及历年火情多发点开展森林火灾隐患“五清”（清河、清沟、清渠、清路、清院）排查整治，并积极开展第一次全国森林火灾风险普查；强化

2021年8月28日，武江区森林防灭火宣传志愿者服务活动
（区委宣传部　供图）

护林员管理，全区护林员北斗巡护终端发放到位，要求各护林员落实终端上线巡护，粤林监测及护林员 App 上线率实现全省首个县级单位达到 100%。2021 年，实现重大节日森林防火区零火情，将森林火灾受害率控制在 0.9‰内。

【政策性森林保险】 2021 年，武江区认真贯彻落实上级关于积极发展林业保险的要求，切实增强抵御自然灾害风险能力，为生长和管理正常且权属清晰的生态公益林、商品林进行政策性森林保险参保。

【林业产业发展】 2021 年，武江区林业产业发展良好，林业种植方面：武江区油茶种植主要分布在西河镇、龙归镇、重阳镇，以农户自主经营为主，以外卖原材料为主，面积约 100 公顷；中草药种植主要有重阳镇水口村种植的牛大力，面积约 26.67 公顷，龙归镇续源村种植的吴茱萸，面积约 100 公顷，江湾镇湖洋村种植的铁皮石斛，面积约 0.67 公顷；菌类种植主要是在龙归镇后坪村种植的茶树菇，面积约 4 公顷，年产茶树菇约 1000 吨。林下养殖方面：武江区林下养殖主要以黑山羊、牛为主，主要分布在西河镇、重阳镇、龙归镇，数量在 3000 头左右，年出栏量约 1000 头。

【国有林场】 2021 年，武江区共有两个国有林场，分别为武江区国有樟源林场和武江区国有江湾林场，为区自然资源局下属事业单位。武江区国有樟源林场林地面积 6266.67 公顷，其中生态公益林 3066.67 公顷；武江区国有江湾林场林地面积 4533.33 公顷，其中生态公益林 2393.33 公顷。

【自然保护区】 2021 年，武江区共有 3 个自然保护地，分别为韶关市武江区芙蓉山省级森林公园、韶关北江特有珍稀鱼类省级自然保护区、韶关市武江区张九龄市级森林公园。韶关市国家森林公园在武江区芙蓉山国家矿山公园基础上，经自然保护地整合优化后面积 1237.6 公顷；韶关北江特有珍稀鱼类省级自然保护区批复成立于 2008 年，保护区面积为 2820 公顷；武江区张九龄市级森林公园批复成立于 2015 年，面积为 158.6 公顷；韶关市国家森林公园成立于 1993 年，在武江区的范围位于西河镇田心村委，属韶关林场田心工区，由韶关市国家森林公园管理处管理。

（许　靖）

畜牧业

【概况】 2021 年，武江区生猪饲养量和出栏量为 29.8 万头和 16.19 万头，分别比 2020 年增长 47.3% 和 49.9%，家禽饲养量和出栏量为 135.5 万只和 103 万只，比 2020 年增长 4.6% 和 5.3%；母猪存栏量 3.27 万头；山羊饲养量为 1794 头，牛饲养量为 1656 头。

【动物疫病防控】 2021 年，武江区禽流感、口蹄疫、非洲猪瘟等重大动物疫病防控工作有序推进，较好地完成防疫任务，有效防止重大动物疫病发生。全区未发生重大动物疫病流行。全年共向各乡镇及养殖场（户）派发禽流感疫苗 82.25 万毫升、新城疫疫苗 120.9 万羽份、小反刍兽疫疫苗 1.1 万头份、猪口蹄疫疫苗 8.5 万毫升、牛羊口蹄疫疫苗 1.55 万毫升。同时监督指导各乡镇做好动物强制免疫工作，全区动物强制免疫达到覆盖率 90%、抗体合格率 75% 以上的目标。

【畜禽养殖污染整治】 2021 年，武江区制定印发《武江区 2021 年加强畜禽养殖污染治理实施方案》。召开武江区推进畜禽粪污资源化利用工作会议，切实抓好全区畜禽粪污资源化利用工作。2021 年上半年开展畜禽养殖粪污资源化利用工作专项检查，督促养殖场完善环保治污设施，粪污综合利用率到达有关要求，防止养殖场污染事故的发生。全年区农业农村局出动 768 人（次），巡查养殖场 216 个（次），发出《指导意见书》17 份、《整改通知书》5 份，约谈养殖场 4 次，督促养殖场办理动物防疫条件合格证 32 个，完成环保手续备案 23 个，处理涉畜禽舆情投诉纠纷 5 件；协助生态环境部门立案查处 2 个养殖场。武江区养殖场环保设施已全面提升，规模养殖场设施配套率 100%，畜禽粪污资源化利用率 90.7%，超额完成省市下达的任务。

【畜禽养殖污染清理整治】 2021 年，武江区对辖区主要公路和主要江河干流及支流两岸 500 米范围内的畜禽养殖清理整治。重点做好江湾河岸边、龙归河以及南水河岸边、续源河岸边、武江河岸边、重阳河及其支流的养殖场整治清理工作。12 个养殖场已全部完成清理整治（或转产）。

2021年2月17日，武江区农业农村局检查指导养殖单位做好动物疫病和疫情防控（区委宣传部　供图）

水产业

【概况】 2021 年，武江区水产养殖面积为 594 公顷，全年水产品总产量为 3250 吨（其中：养殖产量 3211 吨，捕捞产量 39 吨）。

【水产品质量安全管理】 2021 年，区农业农村局积极配合市局开展水产品质量安全监管专项行动和省市部署开展的农产品质量安全整治工作，发放水产品质量安全告知书、生产档案及《水产养殖渔用药物使用相关规定及说明》小册子等宣传资料 570 多份，出动执法人员 190 人次，检查生产经营主体 95 家次。年初制订全区水产品质量安全监管计划，全年省市对武江区水产品养殖风险监测和例行监测监督检查以及武江区自主开展的水产品监督检查抽查样品合格率均为 100%。

【年检办证】 2021 年，区农业农村局积极配合市局做好辖区国家二级及省重点保护水生野生动物驯养繁育许可证、经营利用许可证的年检及办证工作，共完成 26 户年检换证和 9 户新申请办证工作。

【水产养殖种质资源普查】 2021 年 5 月 20 日，武江区召开全省第一次水产养殖种质资源普查视频会议，为确保如期完成武江区普查工作任务，武江区认真进行辖区 254 户水产养殖户的调查摸底工作；严格按照省市统一部署的要求，有序推进水产养殖种质资源普查工作；积极对接落实好第三方水产养殖种质资源普查辅助普查单位，确保了辖区水产种质普查工作顺利开展。

渔　政

【概况】 2021年，武江区持有渔业船舶登记证书并纳入广东省渔船管理系统的捕捞渔船现有41艘，总功率351.1千瓦，总船长324米，登记在册渔民80人，已全部上岸定居。户籍分布主要为重阳镇9艘、西联镇16艘、新华街道4艘、惠民街道4艘和西河镇8艘。主要停泊点为甘棠渔民村、白芒大村、浈江区沙头新村和重阳镇沙园渡口。

【宣传政策】 2021年3月至6月，休禁渔期间，武江区与各镇街建立渔政工作及加大宣传信息服务教育工作力度，开展形式多样、生动有效的宣传活动。出动宣传车次3次，发放宣传资料260份，张贴宣传画和标语22幅，发送给渔民禁渔期短信80条，悬挂横幅24幅，在龙归镇、重阳镇街日期间开展宣传活动共计2场次，确保武江区渔民对渔业船舶安全生产的重视。

【信息服务】 2021年，武江区充分利用微信、标语横幅等媒介广泛宣传，同时深入白芒大村、重阳沙园渡口、甘棠等渔民密集区召开座谈会和推进会，发放减船转产宣传资料，大力宣传减船转产等相关政策的重要性和必要性，做好渔民的思想工作，广泛争取退渔转产渔民的理解、支持和配合。此次座谈会出动工作人员9人次，参与活动渔民15人次。

【巡查执法】 2021年，武江区结合交叉检查制度，全面开展日常巡查，联合市农业农村局执法二科、浈江区渔政部门进行20次联合执法专项活动，检查武江区、浈江区、重点河道、流域的禁渔工作落实情况。区农业农村局日常巡查共进行67次，参加检查车次共67次，出动巡查检查人员共201人次，开展安全生产检查25次，检查渔船数量92艘次。

【安全生产】 2021年，武江区按照安全生产有关要求，安排资金用于定制渔船船牌82个，并全部完成安装。开展区渔业船舶工作，保证渔业船舶具备安全和作业的条件，全年共检查41艘渔业船舶，未发现安全隐患。压实船东船长主体责任。全面落实“安全、生产”的原则，船东船长依法履职尽责，年初与41位船东签订安全生产责任书，落实安全责任主体。对辖区镇、街全面排查，未发现存在涉渔“三无”船舶的现象。定期组织检查船员证书证件，包括船员证书人证对应情况，检查船员证书是否齐全和有效，保障出航船员100%持有有效船员证书。开展渔业无线电管理专项治理，强化设备备案登记和规范使用，推广新型渔业无线电设备运用，实现“一船一码一设备”监管目标。定期组织工作人员检查安全生产设备、船员配备以及渔业船舶适航等情况，排查生产安全隐患，落实整改措施。明确职责，建立渔业安全生产长效机制。各镇（街）建立渔船安全生产网格化管理，乡镇（街道）干部分片包干包船落实到位。全面实行镇（街）干部分片包干、包船，明确每艘渔船的安全监管责任人员，将属地管理责任落实到具体单位、具体人员。

（赵奉君）

水　利

【概况】 武江区境内河流众多，水资源丰富。省管河道北江、市管河道有武江、南水河，全区纳入区河长制管理的河流有北江（武江区段）、武江（武江区段）、南水河（武江区段）、龙归水、重阳水等。辖区内集雨面积50平方千米以上的河流总长约190千米。有公益性中小型水库共22座，山塘46座，总库容约为2400万立方米。水力发电站91座，总装机10.2万千瓦。各种小型农业引水陂头50多宗。

【推进河长制工作】 2021年，区、镇、村三级河长全年共巡河5685次，其中区级河长巡河311次，镇级河长巡河1684次；巡河发现并整改问题90个，处理率达100%。建立主要河流问题清单、工作重点任务清单和工作指标清单的清单制度，共解决河湖四乱问题1宗。以五水共治为统领，水体方面，水污染防治攻坚战取得阶段成果，辖区4个地表水水质考核断面达标率100%。水面方面，水面漂浮物清理长效机制显成效。水岸方面，河湖“清四乱”和河湖划界目标顺利完成，武江区万里碧道项目建设有序推进。水底方面，初步建立河道清淤长效机制，严管村民自用砂行为，非法采砂案件同比减少70%以上。水源方面，已推动完成500亩高质量水源林建设和1100亩抚育任务，建立和完善饮用水源地责任制度和饮用水源保护区日常巡查机制。以“河畅、水清、岸绿、景美”为基本要求，改善水资源、水环境、水生态、水安全以及景观游憩系统，全面完成武江城区，龙归江湾、西河重阳三大片区水环境综合治理和碧道景观建设，已完成10千米碧道建设。

【全域自然村集中供水工作】 2021年，武江区2宗工程建设任务已完成，年度计划投资1800万元，累计完成投资1800万元，投资完成率100%，累计支付1620万元，支付率达90%。农村生活饮用水水质卫生合格率90%以上；完成新增集中供水覆盖人口0.3695万人；全区已实现自然村集中供水全覆盖的任务目标。

【“万里碧道”建设】 2021年，共投资约4500万元实施武江区流域水生态环境综合治理建设项目（龙归镇粮仓—南岸瀑布段与龙归污水处理厂—产业园段一期，水生态环境提升、水安全提升部分），统筹推进“龙归—江湾”精品旅游线路、冲下美丽乡村样板村建设、农村人居环境整治提升、镇域“139”工程和中小河流治理等工作，完成碧道建设10千米。

龙归万里碧道　　（区委宣传部　供图）

【水土保持及水资源管理】 2021年，武江区超额完成市水务局下达的年度水土流失治理任务，任务目标值1.5平方千米，实际完成1.56平方千米。严格依法、依规开展水土保持方案的行政审批，共审批生产建设项目水土保持方案37件。对93个生产建设项目进行监督检查，有效督促项目业主落实水土保护防治措施，履行义务。开展节水社会的建设，完成政府部门、学校、企业和商住小区等54宗节水载体的建设。广泛深入水法律法规宣传，累计悬挂横幅、张贴宣传画、发放宣传资料等3500余份，现场举办水资源宣传活动2次。

【水库移民】 2021年，推进城乡一体化，开展武江区大中型水库移民职业技能培训，培训水库移民41人，使水库移民从业人员素质有提升、就业有渠道。

【农村水电站】 确定为绿色小水电示范电站。完成37座安全生产标准化水电站创建工作，水电站供电调度、水资源调度更加科学合理。

【水旱防治规划与预案】 2021年，武江区共修编水利工程防御预案27宗，山洪灾害防御预案34宗。

（黄　鑫）

财政·税务·金融

财　政

【概况】2021年，武江区一般公共预算收入完成61521万元，同比增长3.61%，增速全市第八。其中税收收入完成43886万元，同比增长19.76%，增速全市第二；非税收入完成17635万元，同比下降22.42%，占区财政收入比重为28.67%，收入质量较好。一般公共预算支出完成196586万元，完成年初预算的156.28%，增长0.31%，实现财政收支双增长。

武江区财政局内设办公室、预算和政府债务管理股、国库股、综合股、行政政法股和科教文化股、经济建设股、农业农村和社会保障股、国有资产监督管理办公室共8个股（室）。参公管理事业单位有武江区财政局国库支付中心、武江区政府采购管理中心、事业单位有韶关市武江区财政局投资评审中心。

【部门预算编制】2021年，区财政局按照全面深化财税体制改革、加快建立现代财政制度要求，提升治理能力，构建科学合理、公开透明、绩效优先、约束有力的财政预算编制体系。全面实施预算绩效评审管理，促进财政资金提质增效。2021年武江区有53个一级预算单位独立编制零基部门预算。树立过紧日子思想，严格执行《关于贯彻落实省财政厅树立过紧日子思想严控一般性支出意见的通知》，严格控制一般性支出和机关运行经费。

【国库集中支付】2021年，区财政局建立健全财政国库库款预测预警监控管理长效机制，合理预测收支情况。加强预算支出动态监控，开设财政“三保”专户，严格预算执行，加强资金调度，重点保障区“三保”支出及重点项目支出。落实预算支出通报制度，把支出进度作为重要考核指标，按时通报，确保支出达到序时进度要求。

区属共53个一级预算单位全面实行国库集中支付，2021年办理集中支付金额222967.22万元，其中办理直接支付23158笔，金额211179.5万元；办理授权支付7699笔，金额11787.72万元。

【优化支出结构】2021年，区财政局兜牢兜实“三保”支出底线。保障民生支出、涉农支出等重点，其中全区13类民生支出完成158763万元，占一般公共预算支出的比重达80.76%；省十件民生实事区级投入资金914万元，完成全年预算的111.40%。建立完善项目资金保障与核算运行机制，支持配合芙蓉新城等重点项目建设，加强与市对接，积极筹措、及时拨付征拆资金，确保经费及时到位、征拆顺利推进。

【财政体制改革】2021年，区财政局推进预算执行监督管理改革，印发《武江区区级预算执行监督管理办法》，明确部门主体责任、指导责任和监管责任，完善预算执行监督制度体系。配合市财政做好市本级与武江区、高新区与武江区事权管理改革工作，明确市本级通过资金分配向区级倾斜、对区级新增的财政事权进行补助、调整教育费附加补助金额等措施，理顺与高新区的事权与支出责任，做好基数划转和收入、债务支出责任划分等改革工作。推进公务卡改革，已覆盖47个单位及5个镇，开卡量达1218张，公务卡消费报销金额逐年增长，使用单位公务消费更阳光、更规范。加快推进涉农资金统筹整合，组织各单位申报成功2021年涉农领域预备项目32个，申请到位省级补助资金4766万元。

【行政许可管理】 2021年，区财政局认真做好行政审批事项办理工作，行政许可事项只有1项，为“中介机构从事代理记账业务审批”，该事项已进驻广东政务服务网。2021年共办理行政许可6项，受理6项，办结6项。7月开展《2020年度地区（部门）行政事业单位内部控制报告》工作，武江区105个行政事业单位均开展内部控制报告编报工作，实际上报单位105个，上报率100%。4月为武江区代理记账机构进行年度备案。

【存量资金盘活】 2021年，区财政局严格执行中央、省、市要求，积极盘活财政存量资金，对部门预算结余资金和结转2年以上资金，由同级财政收回统筹使用，2021年累计盘活存量资金1919万元，统筹用于区新增人员、涉农、民生类等刚性项目支出。

【政府债务管理】 2021年，区财政局根据省市财政部门部署，积极对接发改局及各项目主管单位，申报新增债券，申请到位债券资金7.8亿元，安排用于11个项目，涉及农业、教育、医疗、产业园区等方面，有力地保障区重点项目建设资金需求，加强政府债务管理，妥善防范化解政府债务风险。

【政府采购管理】 2021年，区财政局规范采购范围，宣传落实《韶关市政府集中采购目录及标准（2020年版）》，规范全区单一来源采购方式审批和进口产品核准管理，组织指导预算单位预留份额采购贫困地区农副产品。优化采购环境，排查清理政府采购领域违反公平竞争的规定和做法。全年全区政府集中采购合同备案1030笔，合计金额15594.67万元，其中项目采购计划24笔，合计7154.28万元，电子卖场交易1006笔，合计8440.39万元。

【财政投资评审】 2021年，武江区基建工程送审项目共计302项，送审项目金额共计14.03亿元，其中，预算评审共计项目148项，经评审后节约财政资金4325.39万元；结算评审共计项目154项，经评审后节约财政资金2664.14万元，工程项目预、结算审核平均核减率为8.04%。

【一般公共预算收入】 2021年，区财政局支持税务局加强税收收入收缴、重点税源收入入库，跟踪服务重点税源企业，落实减税降费政策，加强协税护税成员单位沟通与数据共享，共同做好收入组织，全年完成税收收入43886万元，同比增长19.76%。规范非税收入单位的征收管理，实行“收支两条线”，及时足额入库，定期检查；根据《广东省行政执法没收物品处理暂行办法》，及时复函、监督、销毁，规范处理管理罚没物品，确保物品价值；每月做好非税专户账务处理。全年非税收入完成17635万元，占区财政收入比重为28.67%，收入质量全市最优。全年一般公共预算收入完成61521万元，增长3.61%，实现正增长。

【财政监督】 2021年，区财政局严格按照上级财政部门要求，依法开展各项财政监督检查工作。严格按政府信息公开的规定，主动公开部门预决算信息，并积极做好区直单位2021年预算公开及2020年决算公开的检查和整改工作。做好武江区惠民惠农财政补贴政策的梳理工作，并按要求上报市财政局。根据省财政厅《关于组织地方财政部门开展2021年度会计和评估监督检查工作的通知》要求，对武江区鑫中三企业咨询服务有限公司代理记账的情况实施检查，并对武江区教育局2020年度的会计信息质量展开检查。

根据区委巡察办的要求，对区直单位2020年政策性（疫情影响）减免的社会保险费的相关情况展开自查。做好财政资金预算执行情况和绩效目标实现程度“双监控”工作。全年严格按上级财政部门的要求，对纳入省财政厅重点监控的12个省级专项资金和中央直达资金项目以及市级财政重点监控的6个项目资金中涉及武江区使用和管理的项目，按“双监控”的管理要求，实施线上和线下核查工作，配合市财政局对市重点核查项目展开核查。根据《广东省财政关于开展中央转移支付资金落实情况专项核查的通知》（粤财监〔2021〕48号）文件要求，组织区直单位对18个文件中涉及区管理和使用的资金项目展开自查自纠，并将工作开展情况上报上级财政部门。做好2021年财政专项资金核查工作。根据市财政局《关于开展2021年财政专项资金核查的通知》（韶财监〔2021〕18号）文件要求，按市主要核查范围规定的项目资金，对2020年公共医疗机构补助资金、乡村振兴（农村人居环境整治）资金以及2020年抗疫特别国债资金等展开核查，并提交自查报告。做好惠民惠农财政补贴资金“一卡通”管理情况的上报工作。按照《广东省财政厅关于报送惠民惠农财政补贴资金“一卡通”管理情况的通知》（粤财监便〔2021〕161号）文件要求，对近几年来武江区落实省财政厅、省民政厅、省人力资源和社会保障厅等八部门《关于进一步加强惠民惠农财政补贴资金“一卡通”管理的实施方案的通知》（粤财办〔2021〕9号）的管理情况进行总结，并形成书面报告上报市财政局。加大对违规使用财政专项资金的追收力度。2021年共追回韶关市润业畜牧有限公司违规使用中央基建投资20万元。

【国资和国企】2021年，武江区完成资产评估处置70次，处置资产原值1737.11万元（含资产调拨、机构改革资产划转）。其中报废公务用车10台，资产原值163.44万元。为贯彻落实区委、区政府厉行节约的精神，对已到期的固定资产经现场核查仍能继续使用的，不予做报废处置。

为加快国企改革步伐，区国资监管部门根据国企发展监管需要相继出台《韶关市武江区国有资产监督管理委员会“三重一大”事项清单》《韶关市武江区经营性国有资产租赁管理暂行办法》《韶关市武江区区属企业投资监督管理办法》，逐步形成以管资本为主的国有资产监督管理体系，规范国有资产管理。为积极摸清区属资源资产现状，武江区大步盘活闲置低效资源资产。摸清闲置、低效资产情况，成立武江区闲置低效资产工作领导小组，2021年5月发文《关于开展闲置、低效运转国有资产清查统计工作的通知》，对全区低效闲置资产进行摸底排查。并要求区属各单位将房产证、地证等资产证件统一交由区财政局管理，提高政治站位，服务资源资产价值化大局。将闲置资产经过评估论证后由非经营性转为经营性资产。根据《韶关市武江区区属行政事业单位非经营性国有资产管理暂行办法》文件精神，聘请第三方评估公司对龙归镇畜牧水产站、韶州公园兰花大棚等闲置大型资产进行评估，经过区政府常务会议同意后，将相关非经营性资产转为经营性资产并移交区国投集团代为经营管理，有效盘活低效资产，实现资产价值化目标。

【党的建设】2021年，区财政局认真履行党建“两个责任”，把党建与业务同安排、同部署。坚持“三会一课”，开展组织生活会、主题党日等活动，收缴党费12723元。结合“在职党员进社区”，要求全体在职党员干部15人注册登记有关信息完成线上报到，并对该局挂点的红星村在“报到平台”“吹哨”发布的任务进行主动“接单”认领，配合红星村委积极开展创文、防疫等工作。认真开展好学习教育，通过组织生活会、主题党日等形式开展集中学理论活动，通过购买学习资料和书籍、下载学习强国App等开展自学，增强干部职工政治觉悟，确保党的路线方针政策落实到位。落实党风廉政建设责任制，排除各股室风险隐患点。

【业务培训】2021年11月5日，武江区财政局举办农村财会人员财政支农政策培训班，共164人参加培训。

（王仪承）

税　务

【概况】国家税务总局韶关市武江区税务局（以下简称区税务局）是武江区主管税收、社会保险费和有关非税收入工作的职能部门，为正科级全职能局，内设办公室、税政一股、税政二股、社会保险费和非税收入股、收入核算股、纳税服务股、征收管理股、税源管理股、风险管理股、财务管理股、人事教育股、机关党委、纪检组共13股（室）；3个派出机构：第一税务分局（办税服务厅）、第一税务分局、西河税务分局；1个事业单位：信息中心。2021年共有干部131人。

【党的建设】2021年，区税务局党委坚持把党的领导和党的建设放在首位，聚焦发展大局，扛牢党建引领大旗。深入学习习近平新时代中国特色社会主义思想，认真研读习近平总书记关于党史学习教育重要讲话、"七一"重要讲话、十九届六中全会精神等思想理论，做到学而信、学而用、学而行。全年共召开党委会45次，中心组学习7次，专题研究全面从严治党工作2次，学习研究意识形态工作3次，支部书记讲党课21次，全局干部职工在强化理论学习中坚定理想信念，政治判断力和政治领悟力不断提高。在支部建设方面，完善"四合院"等6个支部工作法内涵，创新出台党建工作台账"互阅、互助"实施方案，梳理出14个互阅项目27条互阅清单，在不断促进党组织规范化建设中发挥党员干部先锋模范作用，做到敢于担当、敢于负责、敢于亮剑，营造出真抓实干、共谋发展的良好氛围。

【党史学习教育】2021年，区税务局党委以高度的政治自觉和强烈的政治担当，扎实开展党史学习教育，充分发挥党委理论学习中心组领学示范作用，结合青年理论学习小组主题联学，举办1期专题培训班和1期读书班，召开9次领导小组会议，10次青年理论学习小组主题联学。同时，积极参加区委区政府应知应会知识测试，和国家税务总局、市税务局党史知识竞赛，推动党史学习教育走深走实。党课《黄河大合唱》荣获市税务局微党课大赛一等奖，经验做法获市税务局及地方党政领导批示4次，其中1份被国家税务总局《每日要情》采用。上好"理论课""初心课""互动课""实践课"，设立"党史学习教育读书角"，举行红色歌曲传唱、红色电影鉴赏、红色家书诵读等活动，到红军长征粤北纪念馆开展主题党日活动，联合浈江区税务局画好一张韶关市区红色资源地图，与系统内以及地方党政部门、企业开展共建联学17次。创新"世界咖啡馆"形式，通过"分享+碰撞""融合+共创"方式，形成"用心用情服务纳税人"等5个方面9项

2021年4月29日，武江区税务局青年理论学习小组创新形式开展党史学习教育

（陈建　摄）

成果。深入田间地头开展税务直播，辅导惠农助农税收政策，切实把党的组织优势转化为乡村振兴的持久力量。区税务局以支部为单位建立为群众办实事工作台账，共制定“个人股权转让全程网上办”等6个“为民服务办实事”实施方案，累计为群众办实事23件，收到感谢信2封、锦旗2面。

【减税降费】 2021年，区税务局全面落实各项减税降费政策，推进税费优惠直达快享，有效为企业纾困解难，不断激发市场内生动力。开展“春雨润苗”专项行动，做好中小微制造业延缓纳税政策落实；优化出口退税服务，共为所辖23户出口企业办理197批次出口退（免）税28656万元；提速审批流程，将留抵退税内部审批由原来的3天压缩至1天，累计办理留抵退税47笔，退税额合计1.47亿元；全年享受小微企业2201户，减免税额8338万元；享受高新技术企业户数13户，优惠金额2993万元；享受研发费用加计扣除政策93户，共计1.7亿元；主动对接人社、退役军人事务局等部门，摸清辖区重点群体就业创业享受情况，有序保障重点群体就业创业政策落实。

【税费收入】 2021年，面对国内外疫情反复、经济下行压力加大等严峻形势，区税务局深入企业调研走访，了解企业生产经营、税收变化情况，摸清税收增长点；每月定期组织召开收入分析会，细化工作目标，挖掘潜在税收增长点；深入走访48户房地产企业，辅导企业依法依规纳税；深化内外、上下多方式联动，加强与区委区政府的沟通，由区委区政府牵头，与公安等六部门成立地方税种规范管理工作专班；与财政局、自然资源局、水务局等部门协调，强化耕地占用税、资源税等税种管理，主动作为，积极施策，全力确保稳增长。2021年，共组织税费收入1006783万元，同比增收81288万元，增长8.8%。其中：税收收入738311万元，同比增收17889万元，增长2.5%，占全市税收收入的37.8%；非税收入268472万元，同比增收63399万元，增长30.9%（社保费收入238707万元，同比增收61591万元，增长34.8%），为地方经济高质量发展提供有力的税务保障。同时，深挖税收大数据“富矿”，形成《从“十三五”经济税收数据看武江区产业结构发展方向》等2篇调研报告，获得区委副书记、区长黄艺坤等地方党政领导的肯定性批示。坚持按月分行业、分税种、分入库级次开展“天气预报”式税收经济分析，为地方经济发展和领导决策提供参考。

【税种管理】 2021年，区税务局高质量做好增值税管理，辅导试点纳税人开具全市第一张增值税电子专用发票，将辖区662户纳税人纳入专票电子化试点工作；加强企业所得税年度汇算清缴工作，按期申报率99.28%，对82户企业所得税纳税人开展后续管理，共调整应纳税所得额625万元，补缴企业所得税及滞纳金102万元；圆满完成2020年度个税汇算，全年补税办结率达99.94%、补税入库率达99.92%、退税办结率达100%；强化土地增值税清算工作，全年按计划完成3个项目清算；统筹抓好车辆购置税、资源税、环境保护税、契税、耕地占用税等税种管理；平稳有序做好水土保持补偿费和土地闲置费等6项非税收入划转征收工作。

【征管改革】 2021年是落实中共中央办公厅、国务院办公厅《关于进一步深化税收征管改革的意见》（以下简称《意见》）的起始之年，区税务局第一时间成立《意见》落实领导小组，建立落实工作机制，不断丰富精确执法、精细服务、精准监管、精诚共治内涵成效。全年共召开5次专题会议、2次党委会议、14次部门集中学习，形成抓改革落地的完整链条。进一步推进纳税人分级分类改革，两个基层管理分局创新推出“团队管户、分类管事”和“规模+行业+税种+事项”税源管理体系，按照纳税人的不同特征提供区别化的服务，分类匹配税收征管资源，达到集约化的税收管理。优化完善风险疑点指标模型，利用征管数据和信息化手段及时发现涉税风险点，全年共分配下发风险应对任务220条。打造“税务+行业协会+商会”服务模式，与14个行业协会建立联络机制，在工商联（协会）设立9个“税知晓”专栏。与财政、住建等部门建立协税护税联席机制，联合出台《武江区协税护税信息交换工作管理办法》，2021年与地方政府部门交换涉税数据29838条，逐步形成部门协作、社会协同、内外联通的税收共治新局面。

【法治税务】 2021年，区税务局建立四级法治税务合议团队，积极推进“说理式”执法，综合运用约谈、提醒等非强制性执法方式，规范税务行政裁量权，部分税务证明事项实行告知承诺制，落实“首违不罚”事项清单54条。为3个执法部门配备7台执法记录仪，在“三项制度”平台中上传440条执法音像信息，建设音视频全过程记录约谈室，让执法行为从受理、调查、决议等每个环节均有章可循。2021年，武江区税务局获评“广东法治税务示范单位”。

【纳税服务】 2021年，区税务局深入开展便民办税春风行动，坚持为民办实事解难题，不断提升服务效能，优化营商环境。优化“税银互融”5G办税微厅功能清单，创新实现同城通办，承接全市纳税服务后台运营团队组建工作，全年共为6340户次纳税人办理6655笔事项业务，并获韶关市第五届机关工作创新创优竞赛三等奖、武江区第三届机关工作创新创优竞赛二等奖。诉求响应提速，开展满意度走访，关注纳税人缴费人的涉税费诉求，帮助企业解决问题152条。吸纳涉税专业机构从业人员等60余人加入纳税服务体验师队伍，举办“十税合一”“同城通办”等纳税服务体验活动，根据体验师反馈的意见和建议，不断改进工作中存在的堵点、难点问题；政策辅导提速，开展“滴灌式”宣传辅导，围绕税收优惠政策直达快享，第一时间举办8期纳税人讲堂。深化“税银互动”宣传辅导，为2127户次纳税人提供优惠贷款18.3亿元，助力企业行稳致远；税费办理提速，做好财产和行为税“十税合一”简并申报工作，顺利上线新社保费核心征管系统。2021年，大厅平均业务办理时长由年初的3分钟降至年底的2.2分钟，优于全市平均水平，纳税人缴费人获得感不断增强。打破数据壁垒，深化与韶关市不动产登记中心等部门的数据共享，在全市率先实现涉税不动产业务“一窗办理”。联合韶关新区管委会、新区创业服务中心签订三方合作共建协议，创新建立“税优服务e站”，打造税企服务“新平台”。创新为大企业量身定制《“一企一策”税收专属服务手册》，涵盖税费优惠政策指引、税务风险防控指南、集团纳税信用风险管理等纳税人缴费人关心的热点难点问题。协助市税务局对企业开展“智税体检”，发挥好税务“啄木鸟”的作用。

【品牌引领】 2021年，区税务局创新打造“传薪火·筑税优”品牌矩阵，构筑党建引领示范、税收执法方式优化、人才培养提升“三大工程”，成为全市税务系统首个品牌矩阵。创建经验获市税务局主要领导批示，

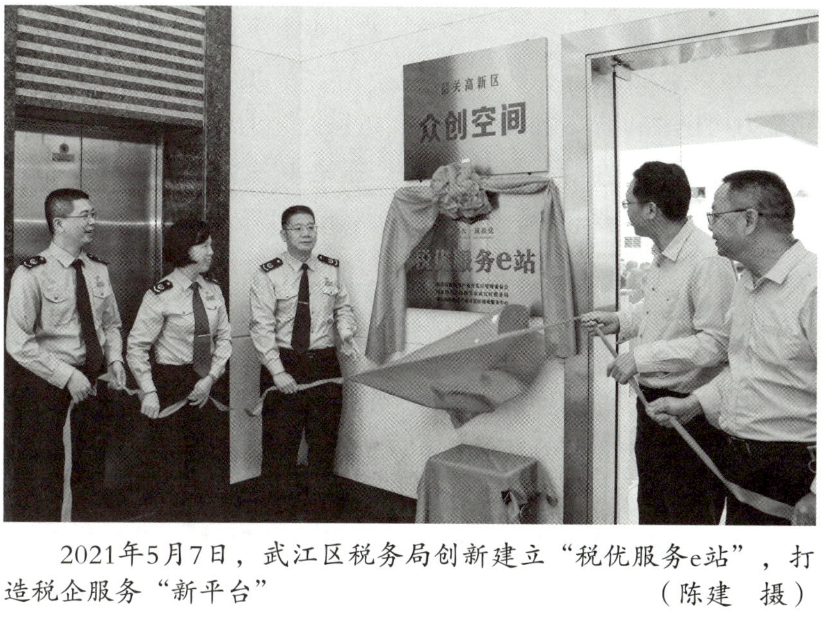

2021年5月7日，武江区税务局创新建立“税优服务e站”，打造税企服务“新平台”

（陈建　摄）

2021年4月2日，武江区税务局创新打造“传薪火·筑税优”品牌矩阵，构筑党建引领示范、税收执法方式优化、人才培养提升“三大工程”，成为全市税务系统首个品牌矩阵　（陈建　摄）

在全市进行刊登宣传。在品牌的示范引领下，区税务局不断扩大品牌影响力，实现传统媒体宣传“节节高”、新媒体发布“不断线”，共在央视新闻、人民日报客户端、《中国税务报》、光明网、南方＋等国家级、省级、市级主流媒体宣传报道76次，原创微信推文及素材被总局、省局、市局微信公众号采用70篇。

【行政运行】2021年，区税务局全力构建“和谐安全 暖心舒心”工作环境，在财务管理方面牢固树立“过紧日子”的思想，后勤管理营造“家”的温馨，疫情防控措施毫不放松。信息化建设立足于长远，网络安全屏障严格筑牢。维稳突出底线思维，保密宣传教育常抓不懈，行政运行效能不断提升，安全保障措施持续细化，全年未发生违规外联、失密泄密、重大舆情等突发事件。

【党风廉政】2021年，区税务局严格筑牢“风清气正 廉洁自律”安全防线，坚持全面从严治党，积极构建一体化综合监督体系，紧跟纪检监察体制改革工作部署，先后召开2次党委会，并采用部门联学的形式深化领会，为改革做好保障、打牢基础。同时，开展现金税费征缴专项整治重点风险排查工作，举办“严管是厚爱 监督是保护”主题演讲比赛，开展“抓纪律 提素质 改作风”“收心归位 严守纪律规矩”等专项行动，做好纪律作风问题专项整治工作，邀请武江区纪委作纪律教育学习月“清风宣讲”活动。开展集中警示教育12场次，各党支部开展典型案例学习29场次，征集廉洁家书95封，发送节前廉政温馨提醒1000余条，回收“一书一卡”171份，营造风清气正工作氛围。

【队伍建设】2021年，区税务局党委坚持把“人才兴税”融入发展大局，用心用情带好队伍，持续打造“担当作为 见贤思齐”选人育人机制。创新制定《“全员联学、岗位互学、骨干领学”工作方案》《“以考促学 以学促为”实施方案》《“武税菁英 聚力成长”青年干部培养方案》，积极培养复合型人才。成立青年理论学习小组，班子成员分任各青年小组导师。2021年共选拔正股级干部8名，副股级干部12名，21人进行职级晋升，协助市局选拔1名正科级领导干部，5名副科级领导干部。党委书记、局长被评为全国税务系统“百佳县税务局长（书记）”，单位获得荣誉表彰8项，10人获个人表彰，绩效先进经验被《广东税务》杂志刊载，2人进入全省业务大比武。2021年，共有5人获得“三师”资格，25人入选省、市税务局人才库，干部队伍向上向善，队伍活力不断激发。

（陈敏琳）

金　融

【概况】金融办为区政府办内设股室，负责研究拟订武江区有关金融工作措施并组织实施，监督管理辖内类金融机构规范化发展，配合有关部门查处，打击非法集资机构和非法金融业务活动，做好地方金融服务。

【金融服务实体经济】 2021年，区金融办做好制造业小微企业财政贴息申请工作。为更好地营造“大众创业、万众创新”环境，缓解制造业小微企业生产经营中的融资难题，促进制造业小微企业转型升级，武江区金融办认真贯彻落实《韶关市人民政府办公室关于印发韶关市制造业小微企业财政贴息管理办法的通知》（韶府办发函〔2019〕99号），对符合条件的武江区制造业小微企业申报财政贴息。做好“倍增计划”企业保费补贴申报工作。为深入推进供给侧结构性改革，促进企业做大做强做优，提升产业综合竞争力和绿色发展能力，按照《韶关市人民政府关于实施优质企业规模与效益倍增计划的意见》（韶府〔2018〕49号）中“落实保费补贴”的有关规定，认真落实《韶关市“倍增计划”试点企业保费补贴实施细则》，根据韶关市倍增办公布的实现倍增计划目标试点企业名单，组织指导武江区的试点企业进行保费补贴申报。精准服务武江区上市后备企业。为拓宽企业融资渠道，鼓励、推动企业利用资本市场实现跨越发展，充分发挥政府职能部门对企业上市的引导作用，推动企业转型升级，区金融办定期跟踪传达企业的融资需求，积极邀请企业参加上市专题培训班，更好服务武江区的上市后备企业发展。搭建专业金融服务中介机构对接平台。武江区金融办将上级金融部门整理的韶关市律师事务所、会计师事务所、资产评估事务所及证券公司等专业服务机构名单推荐给武江辖内企业，满足企业金融中介服务的需求。

【金融扶贫】 2021年，区金融办为做好扶贫小额信贷工作，持续开展普惠金融“村村通”项目，积极宣传扶贫小额信贷政策，鼓励更多贫困户利用扶贫贷款发展生产，认真贯彻落实《韶关市武江区人民政府办公室关于发放武江区普惠金融“村村通”助农取款服务点奖补的通知》文件精神，按照“市场主导、政府支持、人行指导、收单机构负责”的原则，根据业务量对助农取款服务点实行资金奖补，奖补资金纳入本级财政预算，直接奖补武江区助农取款服务点商户。积极走访了解各助农取款点商户的需求及意见建议，为商户更新宣传资料，鼓励助农、便民服务持续有效开展。

【金融合作】 2021年，区金融办积极摸清武江辖内企业融资需求，定期牵头召开政银企对接会，切实发挥地方政府在企业和金融机构之间“牵线搭桥”的作用，帮助企业精准对接金融机构，同时鼓励金融机构积极推出创新融资产品，解决企业困难。

【金融防范风险】 2021年，区金融办协助韶关市金融工作局对小额贷款公司、典当行等类金融机构定期开展现场检查工作，掌握其业务、资金、不良贷款等情况，规范化经营发展，全面排除风险隐患。结合处置和防范非法集资、扫黑除恶专项斗争、打击电信网络诈骗等工作，为整治武江区金融乱象，净化金融环境，定期联合各职能部门开展专项排查行动，重点排查含有“财富管理”“投资”等字眼的企业，对上级金融部门下发的线索及时进行摸排，强化涉稳风险研判，对可能出现的投资人聚集，提前采取措施稳妥处置，化解风险。

【创新宣传方式】 2021年，区金融办联合中国邮政集团有限公司韶关分公司开展“防范非法集资宣传邮路”活动，利用邮政车辆在镇（街）、村（居）的市场渠道及邮政包裹配送中的居民全覆盖优势，充分发挥快递业务在防非处非以及扫黑除恶工作的连帮作用。联合韶关农商银行武江支行开展为期半年的“今日小小银行家 明日防非防诈靠大家”主题亲子活动，通过播放防非处非、反电信诈骗、扫黑除恶等宣传视频，邀请小朋友参与互动问答游戏，增强活动的趣味性，主题宣传活动成功推送至“学习强国”“南方+”等平台，切实强化宣传效果。

（周敏仪）

城乡建设·生态环境·公路

住房和城乡建设

【概况】 韶关市武江区住房和城乡建设局（以下简称区住建局）为区政府工作部门，为正科级单位，加挂韶关市武江区人民防空办公室、韶关市武江区交通运输局、韶关市武江区水务局牌子。韶关是武江区住房和城乡建设局贯彻落实党中央关于住房和城乡建设、人民防空、公路管理、水务工作的方针政策和省委、市委的决策部署，按照区委工作要求，在履行职责过程中坚持和加强党对住房和城乡建设、人民防空、公路管理、水务工作的集中统一领导。

2021年，区住建局加强与市有关部门的联系，完善武江区房地产企业和建筑企业的资料。全区共有82家资质建筑企业和62家房地产企业。全区全年建筑企业完成产值总产值59.56亿元，比2020年增长8.78%；全区完成商品房销售面积121.91万平方米，比2020年增长1.2%；全区完成商品房销售金额83.51亿元，比2020年下降2.6%。

【党史学习教育】 2021年，区住建局加强组织领导，成立党史学习教育领导小组，召开动员会，制订工作方案和学习计划。局党组召开3次会议专题研究党史学习教育工作；党组理论学习中心组开展3次专题学习。注重政治引领，以开展集中学习、研讨交流为主要学习形式，并结合专题讲座、现场参观等方式，注重把党史学习教育融入日常、抓在经常。分发72册学习材料给党员进行自学，指导党员自学，组织党员撰写心得体会。组织局公务员、参公人员共21人次参加区委组织的党史学习教育专题培训。依托互联网技术，组织党员利用“有声图书馆”、VR打卡广东最红景点等方式进行线上学习。注重在革命传统教育中砥砺初心使命，党支部开展革命传统教育2场次，赓续精神谱系。制订宣讲活动方案，邀请宣讲团成员到局开展宣讲2场次。

【建筑行业监管】 2021年，武江区开展各类建筑工地安全生产专项行动暨各大节前专项行动、安全生产三年专项行动等，重点检查安全管理、消防安全、危险性较大工程、文明施工等，检查在建项目126家次，发现安全和疫情隐患共计601处，出具整改通知书126份。燃气安全方面，全年查处燃气黑点12处，共收缴14.5千克燃气瓶385个、5千克燃气瓶28个、充气设备12批，现场收缴物资已由市燃气协会暂扣。2021年武江区办理涉及工程建设项目635件，涉及项目286个，避免出现“体外循环”，实现全程网上办理，在竣工验收阶段实现消防和竣工验收备案并联审批，大大缩短审批时间。

【人防建设】 2021年，区住建局参加人防机动指挥所野外拉练共计7次，配合市人防办新安装一个电声警报设施，同时对城区其他三个警报设施进行更新换代。

【物业管理】2021年，区住建局有效开展辖区内物业管理的指导和监督工作，全区物业服务企业104家，物业管理小区170个，成立业主委员会9个。共处理“12345”网络问政投诉1250份，处理网络舆情12份，处理信访2份。办理业委会备案9份，前期物业服务合同备案15份，物业管理区域备案13份，物业服务合同备案12份。加强物业工作相关法律法规培训工作，5月，邀请韶关市物业管理协会来辖区新华街道办和惠民街道办进行培训讲座，共计约350人参加培训。培训主要针对辖区物业服务管理工作、业主委员会成立和管理工作进行培训指导，确保辖区后续物业管理工作做到有法可依有法必依的工作成效。

【老旧小区改造】2021年，武江区高度重视老旧小区改造工作，将老旧小区改造工作作为重点民生实事列为政府重点工作，出台《武江区城镇老旧小区改造实施方案（2021—2025）》，建立组团攻坚机制。将老旧小区纳入组团攻坚范围，充分发挥“街道主体责任，部门协同服务”的攻坚机制。由区政府主要领导亲自主持，深入现场指导研究改造方案，明确各职能部门的责任分工，高效率、高质量推进武江区老旧小区改造工作。2021年共计25个老旧小区任务（新华街道15个、惠民街道10个），涉及栋数126栋、居民户数3240户、改造面积24.721万平方米、投资约8897万元，截至2021年年底，25个老旧小区已全面开工建设，支付预付款约1200万元。

【农村房屋安全隐患排查整治】

2021年，武江区完成农村房屋全面摸排以及安全隐患的农村自建房整治。排查农村房屋共16740栋（户），发现存在安全隐患的有129栋（户），已完成对初步认定存在安全隐患的129栋农村房屋危险级别鉴定及“一户一档”资料收集。

【削坡建房风险点整治】2021年10月，武江区完成江湾镇锅溪村委叶屋村24号、新华街道芙蓉东路下连冲58号、新华街道芙蓉东路下连冲60号、重阳镇洞头源14号、重阳镇欧屋村2号、江湾镇锅溪村委叶屋村10号、西河镇松山路朝阳新村1号A6、龙归镇寺前村委会45号、龙归镇龙安村委会邓远香家、龙归镇冲下村委会龚水玥家、龙归镇冲下村委会潘小娟家、龙归镇冲下村委会郑家伟家12处（含2020年3处）历史存量削坡建房风险点整治、农村削坡建房整治，并完成削坡建房奖补资金7.8万元资金支付，提前完成整治任务。

【乡村振兴建设】2021年，武江区通过政府购买服务，引入社会化、专业化机构负责镇村生活垃圾收运工作，实现镇村生活垃圾收运体系100%全覆盖。建立健全农村卫生保洁长效运营机制，制定农村保洁员管理实施方案，全区共配备395个保洁人员，村庄保洁覆盖面达到100%。区住建局共完成50个自然村的农村生活污水处理设施建设，农村生活污处理设施覆盖率提升至78%，镇村生活污水得到有效处理。区住建局积极协助龙归镇龙安村开展打擂比武工作，经过努力，龙安村委安村老屋在打擂比武居活动评议中获评“农村人居环境整治示范村庄”，获得奖补资金60万元。协助重阳镇水口村开展市级龙舟赛筹备工作，负责清理龙舟赛道，完成水口龙舟馆建设及布展、水口驿站、村庄外立面整治。

【道路交通】2021年，武江区全面推行普通公路路长制“136”行动，制订并印发《武江区全面推行普通公路路长制“136”行动工作方案》《韶关市武江区普通公路路长制示范路“百日攻坚”专项行动工作方案》《韶关市武江区高速公路出入口路域环境综合整治工作方案》，在全区普通公路每个路段采取定岗、定人、定责的日常管理模式，压实路长制工作。完成整治城区内的砂石（堆）场、停车场、学车场共3个。利用路长制管理App系统深化工作实效，完成实时定位、上报巡查问题、及时处理上报信息等工作。累计完成490人次巡路工作，深化路长制工作实效。系统防范化解道路交通安全风险方面，制订并印发《武江区住建局系统防范化解道路交通安全风险实施方案》。投资约70万元，完成“一清一灯一带”“平安路口”“穿村过镇”共计122处道路安全设施建设任务。对于汛期水毁路段迅速进行抢修共计25处。制订《保护路产路权知识宣传单》《遏制超限超违法行为宣传单》，累计派发宣传单600份。

【水上交通】2021年，武江区为全面加强渡口渡船安全管理，消除安全隐患，5月，区住建局联合西河镇、糖寮村委及专业人员，完成对存在重大安全隐患糖寮村麦屋渡口韶关渡0005渡船上岸工作，彻底消除该渡口渡船隐患点，保障人民群众生命财产安全。根据《韶关市武江区交通运输局关于渡口渡船安全生产的检查方案》要求，每月至少一次对辖区内渡口渡船进行安全生产大检查，全年累计对辖区内所有渡口渡船全覆盖检查12次。

（黄　鑫）

生态环境

【概况】2021年，韶关市生态环境局武江分局严格贯彻习近平新时代中国特色社会主义思想和中共十九大精神，积极开展武江区生态环境保护执法和污染防治工作，协助武江区委、区政府落实环境污染防治监督管理责任，持续改善区域环境质量。

【水环境质量】2021年，武江十里亭市级集中式饮用水水源水质100%达标，稳定达到Ⅱ类水要求；全区水环境质量水质指数为3.3499，全市排名第3，地表水4个市控以上断面（孟洲坝电站、武江桥、十里亭、龙归）水质达标率100%，其中龙归断面综合污染指数2.8557、排名同比上升23位；孟洲坝电站断面3.7152，排名同比上升1位；武江桥断面3.4692，十里亭断面3.2125，排名均与去年持平。地下水质量考核点位水质级别保持稳定且极差比例为0。

【大气环境质量】2021年，武江区空气质量指数（AQI）优良率为97.8%，同比上升0.8个百分点，达到市区AQI优良性94%以上要求；PM2.5为23微克/立方米，空气质量六项指标（SO_2、NO_2、CO、PM10、PM2.5、O_3-8h）均达到国家环境空气质量二级标准，空气综合指数为2.86，为市辖三区空气质量最好，全年无中度及以上污染天气。武江区受污染耕地安全利用率90.09%、污染地块安全利用率保持100%；无非法转移、处置、倾倒工业危险废物及医疗废物情况。

【大气污染防治】2021年，市生态环境局武江分局牵头制订《武江区2021年大气污染防治工作方案》，明确年度任务目标和责任分工。积极开展污染天气预警大气巡查工作。根据市级发布的应对污染天气管控通知，武江区组织做好污染源的巡查整治工作。加大对懿辉砖厂、大新金砖厂、凤翔砖厂等烧结砖企业的检查力度。强化挥发性有机物（VOCs）治理力度，完成对辖区汽修、家具、印刷、机加工（喷漆）等涉挥发性有机物企业的排查摸底工作，加强对韶关旭日国际有限公司、韶关市合众化工有限公司、韶关科艺创意有限公司等重点企业的管控力度。抓好市区道路保洁工作，有效落实建筑工地、砂石场（堆）、裸露地扬尘“六个100%”整治管控措施。全面加强饮食油烟治理，禁止在建成区内露天烧烤，全面禁止露天焚烧行为。建立动态数据台账，通过实地勘察辖区内的在建工地、偷倒点、路面未硬化村口及“三场”，摸查统计形成数据台账，并根据巡查情况同步更新。严厉打击生产、销售不合格成品油违法行为，加大对企业自备油库的巡察力度，坚决依法查处非法调和成品油油库和“黑窝点”。严控新建高耗能项目和新增能耗的技改项目的核准和审批，严格落实固定资产投资项目节能审查制度。深入开展清洁生产审核工作，促进企业节能减排。积极落实省市相关要求，动员落后产能企业完成清洁生产审核，提高生产效率的同时减少环境污染。

【水污染防治】 2021年，市生态环境局武江分局牵头制订《武江区2021年水污染防治工作方案》，明确年度目标及工作任务。完善城区污水管网，实现雨污分流。强化入河排污口排查整治。印发《关于做好武江区生活饮用水水碘含量调查的通知》，开展生活饮用水水碘含量调查，安排基层医疗机构和各镇街统计相关信息，配合市疾控中心开展调查。加强碧道建设，顺利完成南水河碧道和龙归水碧道建设共计10千米。做好水电站管理工作，开展武江区小水电站核查评估、生态流量核定及一站一策编制工作，为健全保障生态流量长效机制打下基础。做好水资源管理工作，编制完成2021年水资源管理公报及年报，完成2021年度最严格水资源管理制度考核工作，全面实施取水许可、开展节水建设及取用水管理专项整治行动，加大水资源费征收力度，深入做好水法律法规宣传工作。做好水土流失工作，逐步提升水土流失综合治理水平，规范化水土保持预防监督，做好水土保持图斑整改工作。推行河长制，实现河道有效管理，大力开展“清四乱”专项行动、沐溪水库养殖网箱清理专项行动、水面漂浮物专项清理工作及东冲河水环境整治工程。落实水源涵养林造林地，高质量完成水源林造林地33.33公顷，做好省级碳汇林抚育及高质量水源新林抚育工作。

【土壤污染防治】 2021年，市生态环境局武江分局牵头制订《武江区2021年土壤污染综合防治工作方案》。开展土壤污染源头防治。加强日常监督管理，强化部门联动，严防工矿企业污染。推动农用地保护和分类管理。加大耕地土壤环境保护力度，推广适合武江区的施肥方案，推进重大病虫疫情防控、推广病虫害绿色防控和统防统治技术，持续落实农用地分类管理。严格建设用地土壤环境管理。加强暂不开发利用重点行业企业遗留地块管控，开展调查成果应用，持续管控土壤环境风险，严格落实用地规划、土地收回和收购、供地、三旧改造等环节建设用地准入管理操作流程，强化部门联动管理，禁止不符合住宅、公共管理与公共服务等用地标准地块进入用地程序，严格落实污染地块联动管理工作，禁止不符合住宅、公共管理与公共服务等用地标准地块进入用地程序。坚持以“四个最严”的要求，不断加强包括商品粮食在内的食品安全监管，进一步加强粮食流通加工领域监管，确保人民群众食品安全。加强塑料污染治理的宣传教育，有效提高社会各界对塑料污染治理的知晓和配合程度。

【农业面源污染】 2021年，市生态环境局武江分局加大畜禽养殖执法力度，做好禁养区巡查工作，以防死灰复燃。切实加强监督巡查，于上半年开展畜禽养殖粪污资源化利用工作专项检查，督促养殖场完善环保治污设施，粪污综合利用率到达有关要求，防止养殖场污染事件的发生。加强规模养殖场监管，压实养殖场环保主体责任。印发《武江区2021年加强畜禽养殖污染治理实施方案》，召开武江区推进畜禽粪污资源化利用工作会议，切实抓好全区畜禽粪污资源化利用工作。强化农业面源污染管控，有效降低农业污染。加强农村污水治理，显著提高农村生活污水处理率。

积极落实属地责任，按照中央环保督察组“回头看”工作的有关要求，按照《韶关市武江区人民政府办公室关于印发武江区畜禽养殖禁养区巡查方案的通知》（韶武办明电〔2018〕161号），加强禁养区巡查，未发现新增养殖场。区农业农村局出动768人次，巡查养殖场216个次，发出《指导意见书》17分，发出《整改通知书》5分，约谈养殖场4次，督促养殖场办理动物防疫条件合格证32个，完成环保手续备案23个〔初步统计56个规模场已办理环保手续38户，转产养鸡5户（规模以下）〕，处理涉畜禽舆情投诉纠纷5件，立案查处2个养殖场。全区化肥、农药使用总量逐年减少，从2015年度的5274.72吨、236吨分别减少至2019年度的5114吨、222吨。主要农作物测土配方施肥技术覆盖率达92.57%。

养殖场环保设施全面提升，规模养殖场设施配套率100%，畜禽粪污资源化利用率90.7%，超额完成省市下达的任务。共完成50个自然村的农村生活污水处理设施建设，现武江区农村生活污水处理率提升至78%，镇村生活污水得到有效处理。

【生态环境保护】 2021年，为确保生态环境保护职责落实到位，市生态环境局武江分局牵头制订《武江区2021年水污染防治工作方案》《武江区2021年大气污染防治工作方案》《武江区2021年固体废物污染防治工作方案》《韶关市武江区2021年土壤污染综合防治工作方案》等各领域污染防治工作方案，明确了年度目标及工作任务。

开展企业“双随机”检查及环境信访投诉处理工作，加强执法监管，严厉打击环境违法行为。2021年，市生态环境局武江分局共出动执法人员808人次，检查企业361家次、立案处罚6宗，罚款111万元；共处理武江辖区群众反映各类环保问题信访件1505宗，其中噪声污染977件（工地噪声687件），大气污染420件，其他108件，分别占比为65%、28%、7%，各信访件及时处理率100%，按期办结率100%。

针对省委第十巡视组巡视反馈“空气质量指数优良率均未达到市考核要求”问题，市生态环境局武江分局坚持问题导向，制订《关于省委第十巡视组巡视反馈空气质量达标问题整改落实方案》并按要求落实各项工作措施，2021年，武江区空气质量AQI优良达标率达到年度目标，区域空气质量相对最好。推动建立面源动态管理跟踪机制，加强大气面源整治工作的动态跟踪和全流程管理，强化区委、区政府对面源管理工作的定期研究和督察督办力度。

2021年8月27日至9月27日，中央第四生态环境保护督察组对广东省开展第二轮中央生态环境保护督察工作。市生态环境局武江分局配合区委区政府制订迎检工作方案，成立中央生态环境保护督察武江协调联络组及工作专班。严格落实《韶关市武江区迎接中央第四生态环境保护督察组驻粤及来韶督察期间保障工作方案》（韶武办字〔2021〕43号）工作要求，主动衔接、沟通市级各工作组，认真核处中央督导组交办案件并按时报送资料，协调推进武江区生态环境重点问题整改工作。

（叶思乐）

城市综合管理

【概况】 2021年，武江区城管局坚决贯彻落实区委区政府及上级部门对城市管理工作的决策部署和要求，全面提升城市精细化管理，各项工作任务稳步推进，取得一定成效。

【党建工作】 2021年，区城管局成立党史学习教育领导小组，明确职责分工，制订《区城管局史学习教育工作方案》，及时召开党史教育动员会，传达相关精神，进一步增强党史学习教育的针对性和实效性，确保整个教育活动有序推进。区城管局党组始终把党的工作贯穿到城市管理、城市提升工作全过程，把方向、管大局，抓落实。全面贯彻执行党和国家的方针、政策，有效落实区委的工作部署。在重大问题决策上，严格落实民主集中制，对涉及“三重一大”等重大事项，坚持党组会先研究、提意见，保证重大决策的科学制定和有效实施。全年共召开党组会22次，研究“三重一大”议题492项，为城市综合管理工作把大局、稳方向。严格落实好“三会一课”制度，组织召开党员组织生活会6次，讲专题党课6次，主题党日活动36次。加强政治理论学习，区城管局党组充分发挥头雁作用，对上级党委决策部署先学一步、学深一步，并及时向全体党员干部宣传党的政策、路线。重新完善《区城管局第一议题制度》，2021年共召开党组（扩大）会议22次，党组理论学习中心组学习会12次，各支部共召开党员大会36次。充分运用好党史学习指定书目，每周至少开展2次自主学习，并将成果运用到业务工作上。

【城管执法工作】 2021年，区城管局教育和纠正占道经营、乱摆卖乱堆放35500余起；规范共享单车辆停放2410余辆；清理乱张贴300余处；清理乱拉挂3140余宗；整治乱搭建的铁皮棚5处，拆除960余平方米；拆除大型户外广告招牌3块，拆除面积共8平方米；拆除违章设置地锁69个。

【打违控违工作】2021年，区城管局拆除违建216宗，拆除面积126867.99平方米。主要做法有：加大推动执法下沉工作力度，运用镇（街）所辖村（社区）的网格优势，加快各项日常工作衔接，形成新的管理运作模式。采用灵活多样化的执法方式，对已建好的、认定为违法的建筑，积极协调市相关部门对其实施停止供水、供电、供应管道燃气等“六停”措施，并进行立案依法依规处理。对在建违法建筑，采取强扭钢筋、强制拆除等措施，重拳打击违法建设。对小区违法建设管控不严、发现有违法建设苗头不制止、不反映的物业公司，督促行业主管部门将其列入黑名单，倒逼物业公司履行好监管职责，做好分内工作。2021年“打早打小”19处，面积2319.70平方米。

【户外广告招牌整治】2021年，区城管局持续强化对户外广告招牌的巡查和整治力度，对现有各类户外广告牌开展专项排查行动，通过建立排查台账，与各楼盘负责人召开座谈会，按照《韶关市户外广告、招牌规划建设指引》要求，对门店招牌实施统一规范设置。要求产权单位限期自行拆除存在安全隐患、影响市容市貌的广告牌。对无人管理的户外广告进行拆除，确保户外广告安全、整洁、有序。全年共拆除辖区老旧、破损、存在安全隐患的广告招牌35块，拆除面积730余平方米。

【落实“门前三包”】2021年，区城管局严格落实“门前三包”责任制及督导检查制度，对各店铺经营者严格要求，自觉纠正店外店、占道经营或堆放物品行为。严格落实“门前三包”责任制，自觉做好日常秩序卫生管理工作，全年共教育和纠正占道经营、乱摆卖、乱堆放3.5万余起。开展整治夜间大排档油烟扰民问题443宗，共出动人员2100余人，车辆530余台次；整治夜间大排档占道经营、乱摆卖1900余宗。

【扬尘整治】2021年，区城管局按照扬尘整治工作部署，常态化开展扬尘整治，通过各项有效举措，坚决打赢蓝天保卫战。排查道路面源问题清单25处，完成整治25处，处理扬尘督导工单72宗，完成72宗。与交警、交通等部门开展联合执法146次，出动执法力量846人次，出动执法车353车次，现场查处超载225宗，撒漏载运物违法行为546宗。全年共完成裸露土地整治18处，面积约42400平方米。完成市政道路、普通国省道公路周边连接线硬化13处，面积约26100平方米。市政设施修复砼路面约1370平方米，完成停车场整治7处，其中场地硬化整改6处，增设洗车1处，安装降尘喷淋设施2处；完成交通沿线砂石场（堆）规范整治15处。加强对辖区内的在建工地、偷倒点、路面未硬化村口、“三场”进行常态化巡查，形成台账。采取日常巡查和不定期抽查的方式，督促责任方做好“6个100%”。共处罚施工单位施工现场未采取覆盖，扬尘渣土污染治理的案件32起，其中27宗缴纳罚款，合计处罚金额461200元。

【数字城管建设情况】2021年，区城管局加快“数字城管”等城区管理系统建设升级，搭建无线城区平台，逐步完善通信执法、智能监控取证、市政设施物联网建设。区指挥中心完成“六乱”违法抓拍、环境监测等相关功能的前端监控，均正常运行。5月，将共享单车运营商后台接入区指挥中心平台，方便随时监管辖区内共享单车运营情况。城市管理综合平台已融合区应急综合管理平台，部分独立系统可以达到资源共享要求。“千寻”自动抓拍系统已纳入区应急管理平台建设。区城管局利用数字城管“网格化、精细化、智能化”平台优势，承接数字城管案件30005宗；承接网络问政、政府热线、民声热线等案件2805

宗，回复率100%，整改率100%。利用监控查处共享单车违停工单2361单。利用监控查处占道经营、乱摆乱买、环卫垃圾、市政设施等26805单。利用指挥中心LED屏幕完成户外投屏宣传17次。全力确保各类城市管理问题及时发现、市民投诉举报问题迅速回应、基础设施短板问题同步提升、城市治理薄弱环节不断加强。

【城市管理综合考评】2021年，区城管局在做好日常维护、管理等各项工作的基础上，做好每月的明检工作。武江区在市辖四区城市管理综合检查考评工作中，除1—2月，市住管局未对四区做考评排名外，其余月份4次排名第一，4次排名第二，1次第三，1次第四（6月开始新区纳入武江区考评范围，城市管理综合检查月度考评改为市辖三区）。全年四个季度考评得分均在82分以上，1次排名第一，3次排名第二；年度综合排第二名，园林绿化平均分排名年度第一，市容市貌、环境卫生、市政设施、拆违控违整治四个专业平均分排名均为年度第二。

【环卫保洁工作】2021年，区城管局大力提升环卫管理水平，建立辖区环卫保洁长效管理制度，完善网格化管理及App平台。进一步提高环卫作业管理水平和质量，规范环卫作业质量管理。完成高新区环卫保洁市场化工作。对韶关高新区环卫保洁实施市场化运营，包括高新区范围内的城市道路和公共场所清扫保洁服务、垃圾收集清运、公厕运营管理、中转站运营管理、河道及河沟明渠（含硬化斜坡）漂浮物打捞清理及保洁、“牛皮癣”清除、环卫专用车辆和设施设备配置与更新及维护保养管理、特殊情况下的环卫保障等服务，进一步提升韶关高新区城市管理水平。全年派出压缩收运一体车10800余车次，常态化保洁、机动保洁作业人员115200余人次；开展大清洗行动146次，冲洗主次干道人行道576余处、垃圾桶81380个。对辖区内29间公厕和2间垃圾中转站进行常态化保洁，垃圾中转站日处理垃圾量平均208吨，全年累计处理约75600吨。

【市政园林工作】2021年，区市政综合管理中心完成龙归社主樟树公园、龙归龚屋樟树公园、重阳镇水口村提升方案和北江桥西桥头南侧小公园、沙洲路碧岛华庭路口北侧小公园、头茶亭路林桥坑旁小公园、移山路和朝阳路绿化改造工程。完成辖区内60条主次干道排水管道及方渠疏通工作55450米，清疏雨水格栅7976个，清理砂井2801个，清理淤泥约1257立方米，更换“四防”装置1246个，完成全年工作量的83.3%；共修剪主次干道行道树日常修剪约1970株；应急抢险任务69宗，处理倒伏树木370株；全年持续全面对公共绿地、公园绿地进行系统养护，养护面积约472万平方米；完成树木冬季涂白工作，合计约71500株；完成春节、“七一”、国庆节假日约25万盆时花种植生产、摆花、收花工作。推进应用枝条粉碎机，科学处理园林绿化垃圾约500吨。

【疫情防控】2021年，区城管局积极做好新冠病毒防疫相关工作，落实防疫常态化措施，对辖区管养的公共厕所、垃圾中转站、垃圾桶及公园园区内的游乐设施、公共座椅、健身器材等设施及易滋生细菌的各个角落定时进行消毒，做好隔离酒店的保洁工作及外围的消杀工作。

【垃圾分类推广】2021年，区城管局积极推动生活垃圾分类示范片区建设。持续完善生活垃圾分类各项细则和流程，建立生活垃圾分类投放、收集、运输、处理一体化系统流程。将新华街、惠民街打造成武江区生活垃圾分类示范街道，武江区城区两街道范围86家公共机构（含61家机关单位、22家公立中小学、3家公立幼儿园）切实开展生活垃圾分类工作，城区内公共机构生活垃圾分类工作覆盖率达100%。新华街、惠民街110家物业小区，新华街128家物业小区，22家餐饮机构，3家区属卫生机构，52家幼儿园，10家集贸市场，5家超市均完成生活垃圾分类工作覆盖。完成第二个垃圾分类示范小区——碧桂园凯旋华府的示范创建工作。推进新华街、惠民街创建生活垃圾分类示范街道工作，共开展生活垃圾分类宣传活动13场。生活垃圾减量化、无害化、资源化方面，截至2021年11月已累计转移可回收物约6.2吨；转移有害垃圾101千克；转移厨余垃圾、其他垃圾约88370吨；生活垃圾焚烧发电量约3535万千瓦时，充分有效的做到生活垃圾减量化、资源化，进一步推进生活垃圾无害化。

【政府信息公开】 2021年，区城管局认真贯彻落实《中华人民共和国政府信息公开条例》及区政府信息公开工作的有关规定，结合城市管理和综合执法工作实际，遵循公正、公平、合法、便民的原则，形成局党组统一领导，办公室组织协调，各科室积极参加的领导体制和工作机制，安排专人负责政府信息公开工作，逐步完善政府信息主动公开流程，严抓发布前审核、发布后更新等管理。按照政府网站建设指引和考核要求，在政府信息公开平台公开信息50条，重点领域信息公开平台栏目更新信息3条，为广大群众及时了解和查询城市管理各类政府信息公开工作，将政务公开工作作为依法行政，提升服务水平的重要手段。

【安全生产】 2021年，区城管局以安全生产三年整治为契机，以应急各项工作指标为抓手，严格落实上级“一线三排”工作部署，在日常设施管理等方面下功夫，抓好本行业领域风险隐患整治工作，坚决遏制重特大事故发生，切实解决安全生产突出问题，推进综治创平防控体系建设，切实维护社会治安和社会稳定。结合重大节日加强公园森林防火及消防工作、加强落实防汛工作、加强道路交通安全工作、加强市政工程建设安全工作、加强市政设施养护安全相关工作、加强市容市貌整治及查处违法建设工作，做好城市内涝点摸排和防涝演练工作。

【文明创建】 2021年，区城管局开展牛皮癣专项整治工作，对辖区内主次干道、背街小巷、居民小区、候车亭、电线杆、交通标志等牛皮癣重灾区展开清理，增加人员和配置，落实责任制及长效监管，建立健全对“牛皮癣”的日常巡查。制定“牛皮癣”清理台账，每周及时、准确的上报牛皮癣清理工作情况，全年累计派出清理小广告工人约6150人次，清理小广告约8.4万件，累计使用手喷漆308瓶，油漆72桶，收集小广告信息约530条，有效地净化城市环境。针对城中村和城乡接合部卫生死角进行清理，共清理卫生死角约230处，清理垃圾约600吨。加强管辖范围防汛地下管道日常养护，落实清疏工作计划，做好通渠，更换及放置四防装置，抓井清淤，清疏闸口和清疏格栅及表面积淤等工作。对管辖的公园及广场的公厕、垃圾桶、亭台楼阁、休闲椅，市政设施等，以及辖区内的垃圾桶点、清运车辆、公共厕所、垃圾中转站、卫生死角等环卫设施，进行定时喷药消杀灭蚊。出动病媒防制专业人员约530人次，出动病媒防制专业器械约400台次，使用灭蚊药物约1000千克，开展灭蚊消杀约143万平方米。新增设置灭鼠屋200个，定时对管辖范围内老鼠屋投放灭鼠药，投放老鼠药约91千克。

【重点项目建设】 2021年，区城管局实施一批市政道路提升改造项目，完成沙洲路及周边道路、沙湖路（二期）、体育西路、群立街、光孝路、五祖路、红玫路（卷烟厂至新华南路段）、如意路、新华北路（志兴金碧园至茶业大厦段）人行道、城市道路接驳口等市政道路的提升改造。新建改造一批路边停车位，新增停车位127个，建设地点包括体育西路、群立街、工业西路宏昌百货门前、光孝路、北江桥西桥头桥底等。实施市政设施工程改造，完成新民路等易涝积水点排水改造工程、九龄西路（恒大城）污水截污整治工程、百旺大道污水截污整治工程、广东北江中学南侧消防通道工程，推动武江区建设路安置项目（原消防官兵公寓项目）地块内市政水渠改造工程及教育路（原教育路西延线）与沙湖路交叉口排水改造工程等。规划建设“五小”项目，其中“小公园”项目8处，建设面积约3.3万平方米，包括龙归镇双头村小岛绿化建设工程、朝阳路移山路口边坡绿化工程、群立街街头小公园、怡华路芙蓉北路口花坛小公园、朝阳路二棉东宿舍区小公园、惠民南路73号韶信洗车店周边绿化小公园、龙归镇龚屋村绿化改造工程、重阳镇水口村村道及周边配套整治提升工程。推动城乡融合发展，推进公共配套一体化，完成建设龙归镇社主樟树公园花海园路、水渠整治、国道边大树种植、花海木屋风车和入口景墙、小公园、竹林公园等工作，提升村镇的绿化环境景观效果，完成龙归镇双头村小岛绿化建设工程、县道313田心村段绿化提升工程、龙归镇方田村绿化补植、龙归镇龚屋村绿化改造工程等绿化工作，改善重阳镇水口村排水设施。新建村内停车场、公厕、垃圾收集点等公共服务设施，完善镇村的道路交通设施设备。

【行政审批许可】 2021年，区城管局通过推行新模式、开拓新路径等方式，实现审批“加速度”。减少企业和群众跑腿次数，让企业和群众高效办成“一件事”。户外广告规范方面，就企业设置户外招牌许可事项上门服务，现场为企业在办理户外招牌中的办理流程、设置规范等问题逐个予以解决。行政事项审批方面，对企业提出的紧急抢修工程需要办理占用、挖掘城市道路审批、占用城市绿地和砍伐迁移城市树木审批，采取靠前服务，靠前勘查，急事急办的办法快捷审批。推行并联审批机制。根据《韶关市水气接入外线工程建设项目并联审批实施细则（试行）》的要求，针对负责的“占用、挖掘城市道路审批”“占用城市绿地审批”和“砍伐、迁移城市树木审批”等3个事项，加强与住建、公安、交通等部门协作，优化内部流程，整合用水、用气报装“一件事一次办”所需申请材料，推行“多表合一、一表申报”，强化信息共享，共享数据自行复用、个性信息自主填报、申请表单自动生成，实现一次提交，多次复用。同步获取受理信息和相关前置部门的办理信息，实施行政协助、容缺审查、联合踏勘、同步审批。根据《韶关市自然资源局关于公布建设工程设计方案审查和建设工程规划许可证豁免项目清单的通知》（韶自然资字〔2020〕239号）文件要求，符合豁免条件的企业、单位及个人，可实行部分材料豁免。在办理市政设施建设类许可时，基本具备审批条件，申请事项主要材料齐全、符合法定形式，缺少非主要材料或材料存在缺陷、瑕疵的，窗口一次性告知需补正的材料、时限和超期处理办法，申请人承诺在承诺时限内将材料补齐的，可予以核准，并核发许可证。全年共受理行政许可申请2641件，准予许可1786份，退件855份。

【依法行政】 2021年，区城管局推行行政执法公示制度。建立行政执法事前、事中、事后公开机制，通过全国信用信息共享平台（韶关武江）和广东省行政执法信息公示平台数据采集系统等载体，依法及时向社会公开有关行政执法信息。完成137宗行政处罚案件信息的公示，发出《处罚决定书》137份，罚款1770823.66万元，已全部缴入武江区财局账户。为做好规范化行政执法工作，本着“打铁必须自身硬”的原则，定期组织执法人员开展法律法规专题学习培训。3月24日，组织开展《防范和处置非法集资条例》主题学习活动；3月和6月，积极协调新晋的公务员参加综合法律知识网上考试；4月17日至4月18日，依托韶司在线公众号组织公务员参加2021年全市国家人员国家安全法专题学考；4月27日至4月28日，举办2021年武江区城市管理和综合执法局行政执法业务培训；8月24日，组织各大队公务员、大队负责案件内勤人员、执法一线骨干人员及市政巡查股股长参加行政执法培训；10月9日，组织执法人员在线观看《中华人民共和国行政处罚法》（2021修订版）法治讲座；12月1日，组织执法人员在线观看宪法专题法治讲座，通过培训和普法宣传，全面提升全局执法人员的政治理论素养、业务工作水平及岗位履职能力，进一步加强执法队伍建设，提升执法队伍综合素质，提高城市管理执法水平和执法效能。

【综治信访维稳】 2021年，区城管局受理并处理信访件13件。抓好对群体性和极端性上访事件的信息收集、研判和稳控工作，认真切实抓好对个体性上访事件信息的收集、研判工作，争取情报信息最大化，防止出现漏管漏控现象，确保实现“四个不发生”的工作目标。9月，荣获区委、区政府授予的“韶关市武江区扫黑除恶专项斗争先进集体”称号。

【农村人居环境整治】 2021年，区城管局挂点江湾镇围坪罗屋村，积极协助罗屋村提升乡村面貌，完成外立面整治，提升道路质量，打造小公园等一系列整治工程，并积极筹集社会资金资助。罗屋村在武江区第二批农村人居环境整治“打擂比武”中获评“武江区农村人居环境整治示范村庄”，提升整治工作得到区里认可，为武江城乡融合高质量发展做出贡献。

【挂钩村（居）责任落实情况】 2021年，区城管局与挂点新华南社区开展共建活动，积极帮助共建社区居民改善社区居住环境，共与新华南社区开展共建活动4次。新华南路33号瑶岭钨矿2、3栋居民楼内众多老年人因上下楼梯未安装扶手而存在的安全隐患问题，在进出口与上下楼道处，加装楼梯扶手6对，新华南社区周边的道路与人行道存在的破损地方进行修复。

（钟泳琪）

公路交通管理

【概况】 韶关市武江区地方公路管理站（以下简称区公路站）为区政府直属公益一类事业单位，正科级。内设办公室（计财股）、基建股、养护股、路政股，另设西河道班、西联道班、重阳道班、龙归道班、江湾道班5个农村养护道班。2021年，区公路站认真学习贯彻习近平总书记“七一”重要讲话、全面贯彻落实区委九届历次全会精神，以农村公路养护体制改革为契机，加大“四好农村公路”建设力度，推动农村公路路网互通互联、共建共享，为乡村振兴提供有力保障。

武江区境内的高速公路有京港澳高速公路、乐广高速公路、韶关北环高速公路；国道有240线、323线；省道有246线、520线；县道有313线、314线，形成较为完善的城乡交通骨干网络。全区公路总里程606.24千米，其中：高速公路34千米，国道28千米，省道46千米，县道61.97千米，乡道185.25千米，村道115.31千米，乡村小道135.71千米。全区公路密度为80千米/百平方千米。农村公路桥梁共计59座2037.33延米。

【农村公路建设】 2021年，武江区完成“四好农村路”建设15个项目共计21.98千米，完成目标任务100%。武江区西河至重阳乡村精品线路提升改造工程为武江区为民办十件实事之一。工程起点位于县道313线十里亭桥头，终点止于西河镇糖寮高速公路桥底，全长7.868千米，建安费为2026.28万元。建设内容主要对道路断面进行优化调整、拓宽路面，对破损面板进行更换、加铺沥青面层。同步对沿线水沟进行硬化并增设人行横道，完善道路安全防护设施。农村公路提

“四好农村路”建设让群众出行更便捷（区委宣传部　供图）

升改建，县道313线沙园至水口段应急拓宽改造工程0.52千米，大夫前至前村公路路面改造工程1.111千米，大夫前至大夫前老村公路路面改造工程0.442千米，省道246线至青暖路面改造工程0.86千米，重阳镇水口老村公路路面改造工程2.314千米，水口至东风山路面改造工程0.335千米，水口至大冲坪村路面改造工程0.534千米，县道313至马屋公路路面改造工程0.195千米；四好农村路村道安全防护工程项目3.321千米；武江区龙归镇董村寺至山塘改建工程1.28千米；奇石至石灰岭农村公路改造工程3.2千米。

【农村公路路网调整】 2021年，武江区为进一步完善县道交通路网规划布局，强化各镇之间的交通联系和未来发展趋向，根据《广东省交通运输厅关于加快推进县道网调整工作的通知》，经韶关市人民政府同意（韶府复〔2021〕50号），对县道313线西河至游溪、县道314线马停脚至白土进行优化调整；将乡道352线重阳至桂头、乡道256线龙归至重阳、乡道263线龙归至三口塘线三条线路补充新增为县道。武江区原来的2条县道，总里程23.04千米，经调整后县道数量为5条，总里程为61.97千米。

【农村公路养护体制改革】 2021年，武江区为深入贯彻落实《国务院办公厅关于深化农村公路管理养护体制改革的意见》，进一步管好、护好农村公路，加快完善农村公路管理养护体制，建立长效机制，区政府办公室于2021年6月30日印发《韶关市武江区深化农村公路管理养护体制改革实施方案》，建立区级负责、镇村齐抓、社会参与的农村公路管理养护责任体系。2021年第四季度，武江辖区内乡、村公路养护事权已正式下放，实行属地管理，由各镇负责养护。

【日常养护】 2021年，在武江区农村公路管理养护体制改革前，武江辖区内农村公路县道、省道由山蕉、重阳、江湾三个道班负责养护，乡村道由养护公司管养。各道班及养护公司根据管养范围，按照要求进行日常道路养护，及时清扫路面、清疏涵洞，维护公路附属设施，确保路产路权完好。

【应急抢修】 2021年5月20日，武江区受强降雨影响，辖区内农村公路交通线路中断共9条21处。其中，省道520线公路下边坡塌方1处、山体滑坡4处、泥石流4处，路基挡土墙、防护栏多处损毁。龙归台板电站至江湾段损毁严重，K19+450米至K21+100米路段上边坡坍塌、泥石流，堵塞道路土石方约5200立方米，道路被迫中断。经过快速抢修，省道520线灾毁路段于5月20日19时30分抢通，5月23日全线通车。为彻底消除道路安全隐患，公路站按照区政府工作部署，做好地质勘测、施工图纸设计等工作，启动全面修复工程。

【路政安全管理】 2021年，区地方公路管理站积极开展农村公路安全隐患排查。认真吸取珠海石景山隧道“7·15”透水事故教训，组织人员对险要路段、公路桥梁、桥涵进行排查，查找安全隐患，及时予以整改。做好道路安全风险防范工作。完成“一清一灯一带”21处，“平安村口”建设65处，穿城过镇路段36处，打牢物防基础。做好普通公路路长制“136”行动工作，推进路域环境整治，营造良好路域环境。

（翁一成）

教 育

教育管理

【概况】2021年，武江区共有中小学31所、特殊教育学校1所，其中，完全小学23所（另有教学点10个），初级中学6所，九年一贯制学校2所，公办幼儿园10所。全区学校有在职教职工2402人，义务教育阶段中小学生40045人（包含残疾生随班就读和在特殊学校就读的学生62人）。

区教育局机关设局长1名，副局长4名。7个内设机构：办公室、教育股、德体卫艺股、基建财务股、教育督导室、人事股、工委办。3个下属事业单位：招生考试中心、区教师发展中心、区教育局财务结算中心。全局在职人员43人，其中，在编公务员16人，事业单位在编人员27人。

【学校建设】2021年，武江区教育系统共投入工程项目资金约2亿元，实际支付约5724万元，开展118个项目的建设，其中，民生实事工程7项，支付资金约2830万元；新建武江小学，支付资金为828万元；零星工程及维修项目100项，支付资金约2066万元。

【队伍建设】2021年，区教育局开展教师公开招聘，共招聘教师92名，其中小学教师84人，初中教师5人，幼儿园3人。为更好地管理交流教师的人事关系，做到“人岗合一”，编随人走，岗随人转，使教师由“学校人”向“系统人”转变，推进县管校聘工作的纵深发展，对94名累计交流年限满3年及以上的教师进行人事关系理顺。2021—2022学年度交流轮岗89人，比例达5.33%。其中城镇学校、城区优质学校交流人数56人，占符合交流条件教师的15.6%，交流的骨干教师57人，占交流轮岗教师的64%。开展2021年教师专业技术等级岗位聘用工作，35位教师岗位等级晋升到六级岗位，141位教师岗位等级晋升到八级岗位，198位教师岗位等级晋升到九级岗位，134位教师岗位等级晋升到十一级岗位。开展武江区中小学教师资格定期注册工作，共计注册合格126人。实施中小学教师资格定期注册工作，完善教师准入后管理制度。2021年，区教育局加强对名师培养学员的培养和指导，各教研员共听课指导名师培养学员67节次；挂点指导名师工作室开展活动27次；4月，组织名教师培养学员（B班）123人在韶关学院省级发展中心进行集中培训；开展培养学员执教示范课、名教师沙龙活动、教育专著研读交流、师德师风主题教育等活动等。组织名校长培养对象63人在韶关学院省级发展中心进行集中培训，组织名校长充分利用暑假时间进行课题研究、研读专著，不断提升理论水平，自主开展学员之间的交流活动。开展名班主任专业技能比赛；借助名班主任工作室平台开展名班主任培养对象工作分享活动、班队活动课观摩活动、名班主任培养对象读书交流活动等。此外，分别组织教务（导）主任专题培训、名教师培训、信息技术教师能力提升工程2.0培训、中小学幼儿园思政课教师理论学习研修、幼儿园园长任职资格培训等项目，同时邀请江苏省洋思中学副校长、洋思经验创始人之一、中学正高级教师刘金玉举办“双减”专题讲座，2000多名教师参训。此外，通过柔性引才，邀请博士（省教研院正高级）鲍银霞举办讲座，促进武江教育高质量发展。2021年，参训教师达5000多人次。

【教学质量】 2021年，区教育局开展丰富多彩特色教研活动140次，其中中学71次，小学69次，并把精心打磨后的公开课拍成录像，制作光盘作为教学资源，实现共享。积极推进同步课堂、智慧课堂，大力推进教育信息化工作。专职教研员在本区学校听课800多节。组织全区7个互助共建组名教师培养学员代表读教育专著心得交流活动，12名学员进行研读教育专著分享活动。组织到江湾、重阳、龙归、西河等镇的中小学送教13节，提升农村教师的教育教学能力。与武江区结对帮扶的东莞凤岗镇，开展小学语文、数学等8个学科教育帮扶共建活动，有力促进全区教育均衡发展。区教育局组织考核评估小组对全区31所中小学校进行考核评估。依据考核评估的结果，决定授予韶关市第十五中学等9个单位“教学工作先进单位”称号，授予韶关市风烈中学等5个单位“教学工作进步奖”称号。师生参加省级各类教学竞赛获奖107人次，市级1425人次，区级865人次。教师发表教育教学论文62篇（国家级10篇，省级50篇，市级2篇）。荣获广东省普通教育教学成果奖二等奖1项（韶关市风烈中学老师黄万辉的《双圆米字格习字法教学研究》），获得韶关市教育教学成果奖二等奖。完成省级课题结题2项，市级结题38项，区级结题30项；省级课题立项5项（其中规划课题2项、专项课题3项），市级立项37项，区级立项45项。

【教育信息化建设】 2021年，武江区共投入800万元用于教育信息化建设项目，其中投入335万元完成韶新幼儿园、蓉城幼儿园、滨江幼儿园、江湾中心幼儿园、鸿裕幼儿园5间幼儿园教育信息化建设项目；投入194万元完成阳山小学、沐溪小学教育信息化建设项目；投入164万元完成2021年秋季新增班电教平台采购项目。通过落实上述项目，武江区中小学校新增197台计算机、125套电教平台，采购7套校园网络及广播系统等。2021年，各校团体及个人作品获奖数716项。其中在2021年韶关市中小学数字创作与程序设计交流活动中，武江区学生作品获一等奖54件、二等奖95件、三等奖126件，共计275件，武江区教育局、韶关市第九中学、金福园小学、红星小学、田家炳小学获优秀组织奖。在2021年广东省中小学科技教育劳动实践活动中，武江区学生作品获一等奖1件、二等奖10件、三等奖12件，共计25件。在2021年韶关市“小小科学家”中小学生科学实验活动中，获一等奖27人、二等奖48人、三等奖69人，武江区教育局、田家炳沙湖绿洲小学获优秀组织奖。在2021年韶关市中小学人工智能创意编程作品交流展示活动中，获一等奖作品22件、二等奖作品49件、三等奖作品69件。在2021年韶关市教育教学信息化交流活动（教师作品）中，武江区获一等奖29件，二等奖47件，三等奖56件，共有132件作品获奖。武江区教育局、新华幼儿园、红星小学、田家炳小学、第九中学获优秀组织奖。

【教育惠民】 2021年，武江区发放义务教育家庭经济困难学生补助资金1050875元，受助学生3210人次；发放学前教育家庭经济困难学生补助资金907500元，受助学生1815人次；发放建档立卡学生（含本科和研究生的建档立卡贫困户学生）免学费和生活费补助资金686750元，受助学生430人次；筹集社会资金628500元；成功申报国家开发银行生源地信用助学贷款2534919元，受助学生267人。教育惠民资金共计580.8544万元。

【学前教育】 2021年，武江区共有幼儿园92所，在园幼儿15782人，全区学前三年幼儿毛入园率100%以上。全区公办幼儿园在园幼儿占比（含购买学位）达50.15%，普惠性民办幼儿园和公办幼儿园在园幼儿占比达82.74%。全区幼儿园教职工2130人。全区幼儿园有省一级1所，市一级13所，区一级12所，基本形成以民办教育办园为主体，公办、民办相结合的学前教育新格局。

【特殊教育】2021年，武江区开设特教学校1所，有学生14人。至和汤邓淑芳纪念学校设随班就读特教班1个，有学生3人。在福利院设朝阳特教班3个，有学生45人。至和汤邓淑芳纪念学校和重阳学校设随班就读资源教室，各相关学校依照方案开展“送教上门”工作，武江区15所学校分别为102名重度残疾儿童少年开展“送教上门”服务。

【义务教育】2021年，武江区有义务教育学校31所，其中31所为广东省义务教育标准化学校。全区小学有757个班，初中有157个班；全区义务教育阶段学生共有38639人，其中，小学32620人，初中7363人。

【民办教育】2021年，武江区民办教育机构有123所（2所暂停招生），核减7所。民办教育的审批事项均进驻区政务服务大厅，在区政务服务大厅进行全流程网办，开通在线申报办理，减少群众办事跑动的次数，方便群众办理审批登记，提高办事效率。

【德体卫艺工作】2021年，区教育局广泛开展校园体育艺术活动，举办武江区第七届青少年足球联赛、第二届中小学生游泳竞赛、小学生篮球选拔赛和全区中小学生原创舞蹈、器乐、经典诵读、师生竖笛等文艺竞赛，深入开展“乒乓球、跳绳、创意绘画、竖笛”活动进校园活动，学生参与率不断提高、效果明显。参加各级体育比赛取得优异成绩，其中韶关市风烈中学获得2021年广东省中学生武术套路锦标赛初中组团体总分第三名，获一等奖；金福园小学获得2021年广东省小学生篮球锦标赛第八名，获一等奖。红星小学获得2021年广东省小学生跳绳锦标赛一等奖。区教育局获得韶关市第十二届中小学生运动会小学组乒乓球、小学男篮、小学女篮、初中武术、初中健美操共5个项目第一名，获团体总分一等奖。韶关市第十五中学、田家炳沙湖绿洲小学获得2021年全市大课间体育活动评比一等奖，东岗小学获得二等奖；区教育局获得韶关市第五届中小学体育教师教学技能大赛小学组团体总分第一名、初中组团体总分第四名，获代表队团体总分一等奖。武江区获得广东省第七届中小学生艺术展演活动优秀组织奖。御龙湾小学获得韶关市中小学经典诵读视频比赛小学组二等奖，韶关市第十五中学获得韶关市中小学经典诵读视频比赛中学组一等奖；第九中学、金福园小学分别获得韶关市中小学第四届鼓号操比赛中学组一等奖和小学组二等奖；田家炳小学、第十五中学参加韶关市“学宪法 讲宪法”演讲比赛，均获一等奖；红星小学、韶关市第九中学参加韶关市“我和我的祖国 科技托起强国梦”演讲比赛，获得二等奖。

【主要荣誉】2021年，武江区教育局被评为国家义务教育质量监测实施“优秀组织单位”、韶关市关心下一代先进单位，新华幼儿园、广思雅实验幼儿园被评为全国足球特色幼儿园，新华幼儿园被评为广东省中小学教师校本研修示范培育学校，红星小学被评为韶关市学雷锋示范岗，武江区教育局德体卫艺股被评为韶关市巾帼文明岗位。东岗小学被评为广东省少先队工作先进单位，沐溪小学和沙湖绿洲小学被评为韶关市先进红旗大队，少先队芙蓉第一小学大队被评为韶关市少先队“红旗大队”。田家炳沙湖绿洲小学被评为省近视防控示范学校。黄田坝小学、华泰小学、红星小学、朝阳小学、龙归中学、重阳学校、江湾中学、江湾镇中心小学、御龙湾小学被授予“广东省绿色学校”称号。风烈中学、芙蓉一小、风度小学、风烈小学、龙归镇山前奇石幼儿园、沙湖绿洲幼儿园、创新实验幼儿园被评为“广东省无烟单位”。

武江区学校分布简况一览表

表3

学校	地址	校长	办公室电话
韶关市第九中学	芙蓉北路60号	曾展华	6186393
韶关市风烈中学	西联镇	钟　洁	6919111
韶关市第十四中学	如意路11号	骆少毅	6919301
韶关市第十五中学	群立街后山119号	叶志红	8819326
龙归中学	龙归镇社主村	管宇权	6970468
江湾中学	江湾镇江湾街9号	胡香平	6446783
西河学校	西河镇下坑村	张碧照	8833300
重阳学校	重阳镇政府南路3号	张运才	6546019
东岗小学	新建路1号	葛晓娟	6919082
金福园小学	沙洲路3号	刘文燕	6184433
红星小学	五祖路50路	郭朝斌	8757665
田家炳小学	幸福路8号	邱必昌	6919088
华泰小学	新津路9号	邓海燕	8612521
黄田坝小学	武江北路147号	何建文	6980456
至和汤邓淑芳纪念学校	芙蓉北路34号	潘岐定	8720708
朝阳小学	惠民北路413号	余德添	8618362
镇泰小学	芙蓉北路91号	朱惠珍	8723488
田家炳沙湖绿洲小学	工业西路邹屋村9号	刘　艳	6916780
向阳小学	惠民南路15号	曾凡津	6981572
东岗太阳城小学	武江区丹霞大道中	吴　邓	6916568
芙蓉第一小学	西联镇韶关大道12号	张万标	6915661
阳山小学	西联镇阳山村	张寿南	8136562
沐溪小学	沐溪工业园七路	欧保华	8175145
风烈小学	西联镇西联村	徐万年	6915923
风度小学	芙蓉新区九龄路	罗燕珍	8174486
甘棠小学	西联镇甘棠村	刘星明	8173384
白芒小学	西河镇大村村	刘维海	8134376
龙归镇中心小学	龙归镇龙续路18号	冯炎成	6451382
凤田小学	龙归镇凤田村	刘丙国	—
江湾镇中心小学	江湾街1号	冯爵新	6446363
御龙湾小学	武江区环山路	汪荣国	—
新华幼儿园	武江区惠民南路51号	黄建荣	8632464

续表3

学校	地址	校长	办公室电话
龙归镇中心幼儿园	龙归镇龙归中学对面	江　敏	6458226
重阳镇中心幼儿园	重阳镇黄岸村	张贵明	6546019
江湾镇中心幼儿园	江湾镇政府旁	廖忠红	6446363
惠民幼儿园	武江区瘦狗岭	陈　琨	—
工业中幼儿园	武江区工业中路61号	朱玲玲	—
韶新幼儿园	武江区科阳七路	王丽丹	6970225
滨江花园幼儿园	芙蓉新城滨江路	谢晓彦	8239860
鸿裕幼儿园	武江区芙蓉北路74号	匡文波	6915062
蓉城幼儿园	西联镇芙阳路1号	文秀银	6970819
特殊教育学校	武江区建设路11号	祁纯翠	8169695

2021年武江区九年一贯制学校基本情况一览表

表4

学校名称	地址	开办时间	小学学生数（人）	中学学生数（人）	小学教学班数（个）	中学教学班数（个）	小学教职工数（人）	中学教职工数（人）
韶关市武江区西河学校	武江区西河镇下坑村	2012年8月	531	213	17	6	29	24
韶关市武江区重阳学校	武江区重阳镇镇政府南路3号	2011年2月	642	261	21	7	37	27

2021年武江区幼儿园、学前班情况表

表5

独立幼儿园（所）						小学附设混龄班（个）	在园在班幼儿（人）	教职工（人）			
合计	教育局办	单位办	镇办	村办	私立			合计	其中		
									园长	教师	保育员
92	10	0	0	0	82	0	15782	2130	121	1088	556

2021年武江区幼儿园情况一览表

表6

幼儿园名称	地址	开办时间	幼儿数（人）	教学班数（个）	教职工数（人）	占地面积（平方米）	建筑面积（平方米）	级别（区级、市级、省级）
韶关市武江区新华幼儿园	惠民南路51号	1998年9月	451	15	61	1205	3550	市一级

续表 6

幼儿园名称	地址	开办时间	幼儿数（人）	教学班数（个）	教职工数（人）	占地面积（平方米）	建筑面积（平方米）	级别（区级、市级、省级）
江湾镇中心幼儿园	江湾镇政府旁	1998年9月	37	3	8	3412	4053	市一级
韶关市武江区龙归中心幼儿园	龙归镇社主村龙归中学对面	2018年9月	63	3	7	4890	3908	—
韶关市武江区重阳中心幼儿园	重阳镇黄岸村（原黄土坛小学）	2018年9月	20	3	4	7906	1337	—
韶关市武江区惠民幼儿园	武江区瘦狗岭	2020年9月	216	7	23	3070	4527	—
韶关市武江区工业中幼儿园	工业中路61号	2020年9月	173	5	23	1330	2328	—
韶关市武江区韶新幼儿园	武江区沐阳七路	2021年9月	102	5	19	8017	6678	—
韶关市武江区鸿裕幼儿园	芙蓉北路74号鸿裕小区内	2021年9月	34	2	5	569.5	344	—
韶关市武江区蓉城幼儿园	芙阳路蓉城花园小区内	2021年9月	134	5	15	1023.8	2679.3	—
韶关市武江区滨江花园幼儿园	芙蓉新城北江北侧滨江路滨江花园内	2021年9月	51	2	8	2980	2512	—
武江区快乐中英文幼儿园	新津路鸿旺大厦首层	1998年8月	176	6	32	1799	2605	市一级
韶关市武江区嘉和幼儿园	工业西路嘉和楼	2006年7月	203	6	22	1305	1430	区一级
韶关市武江区花蕾才艺幼儿园	五祖路41号	1989年	134	5	20	1150	2985	区一级
韶关市武江区中英文实验幼儿园	沙洲一路	2000年6月	435	12	50	2824.08	2606	市一级
武江区心心幼儿园	新华南路西岸新村12号	1999年12月	106	4	11	180	660	—
韶关市武江区坝厂幼儿园	武江区沙洲路28号	2000年9月	151	5	18	350	1050	—
武江区明珠艺术幼儿园	区芙蓉北一路5号、8号楼	2002年9月	102	5	15	795	630	区一级
韶关市武江区红太阳幼儿园	光明一横巷16号	2003年2月	67	4	12	580	430	—
韶关市武江区安盛幼儿园	新津路2号	2005年7月	453	12	50	1800	3368	市一级

续表 6

幼儿园名称	地址	开办时间	幼儿数（人）	教学班数（个）	教职工数（人）	占地面积（平方米）	建筑面积（平方米）	级别（区级、市级、省级）
武江区童星幼儿园	惠民南路光明巷2号	2015年12月	66	4	9	549	549	—
韶关市武江区新华南幼儿园	新华南路一横巷一栋2楼	2015年12月	80	4	10	650	670	—
韶关市武江区华泰幼儿园	华泰花园27栋1，2楼	2005年8月	94	5	22	3114	1090	市一级
韶关市中央艺术幼儿园一院	芙蓉东路164号	2009年9月	0	0	0	0	0	—
韶关市武江区博思特幼儿园	体育东路御和苑C栋二层博思特幼儿园	2012年3月	285	6	25	2479	1712	区一级
韶关市武江区新世纪幼儿园	芙蓉东路骏达楼128号	2011年11月	131	3	13	750	800	—
韶关市武江区富华中英文幼儿园	西河工业西路63栋富华苑B座	2012年12月	191	5	19	850	1050	—
武江区鸿泰艺术幼儿园	沿江路芙蓉新城鸿泰花园5号楼	2012年12月	183	6	23	1224	1520	市一级
韶关市武江区爱欣幼儿园	武江南路16号	2014年	160	5	18	335	1000	—
武江区金童中英文幼儿园	工业西路芙蓉新苑B幢	2013年4月	289	9	36	1240	1540	—
韶关市武江区吉祥幼儿园	新华南路西岸村98号	2015年3月	230	8	30	1500	3000	区一级
韶关市武江区致涵山水华府幼儿园有限公司	芙蓉小区嘉荣苑	2015年8月	131	7	26	2602.78	1797	—
韶关市武江区御龙湾博雅实验幼儿园	新民路63号御龙湾D3D4一层	2015年8月	227	8	43	3428	3705	—
韶关市武江区金泽园卓艺幼儿园	沙洲尾金泽园小区金满楼首层	2016年12月	78	3	13	1530	1530	—
韶关市武江区碧水花城实验幼儿园	沿江路16号碧水花城H栋25号—31号一层、二层。	2016年9月	183	10	36	1547	1870	—
韶关市武江区创新实验幼儿园	芙蓉东路6号万通国际花园A座-1层商铺2号	2018年1月	152	6	23	2200	1600	—
韶关市武江区澳德幼儿园有限公司	新华南路26号广源大厦	2018年1月	270	10	36	915.37	3088	—
韶关市武江区博艺幼儿园	芙蓉北路31号	2019年4月	113	5	18	1400	1400	—

续表 6

幼儿园名称	地址	开办时间	幼儿数（人）	教学班数（个）	教职工数（人）	占地面积（平方米）	建筑面积（平方米）	级别（区级、市级、省级）
韶关市武江区童话堡幼儿园有限公司	芙蓉北三路9号	2020年9月	73	7	28	1812	1812	—
韶关市武江区桃李园超前教育幼儿园	沙洲尾福彩路5号	2010年1月	274	9	33	446.47	1442	区一级
韶关市武江区鑫泰幼儿园	工业中路61号	1991年9月	96	5	19	1380	1865	市一级
韶关市武江区金太阳幼儿园	东岗岭25座之二桂苑206号	2006年7月	69	4	10	1100	592	—
武江区西冲幼儿园	工业中西冲路	2005年8月	80	4	13	230	630	—
武江区侨新幼儿园	工业中路新城里一号	1999年7月	211	7	26	500	2200	区一级
韶关市武江区欢乐幼儿园	新华北路132号裕华楼2层	2005年7月	158	6	19	827.76	827.79	—
韶关市武江区群康幼儿园	武江区群康路21号	2000年3月	66	3	8	600	830	—
韶关市武江区明日之星幼儿园	武江北路朝阳新村	2001年8月	272	10	40	2250	1900	市一级
韶关市武江区惠民北幼儿园	惠民北路群乐楼201	1984年12月	90	3	9	500	500	—
韶关市武江区喜洋洋幼儿园	工业中路侨新小区1—2号楼二楼北面	2016年9月	88	4	11	1000	1000	—
韶关市武江区山水华府幼儿园有限公司	工业西路26号山水华府旭日附楼	2009年9月	248	8	33	4280	3150	市一级
韶关市武江区贝尔长城世家幼儿园	工业西路88号长城世家小区内	2012年12月	220	11	46	2700	5400	—
韶关市武江区海景幼儿园	武江北路49号	2014年10月	74	3	12	460	1080	—
韶关市武江区康乐幼儿园	教育西路侧14路公交车总站旁	2014年12月	200	7	25	1860	1439	—
韶关市武江区茗苑明日之星幼儿园有限公司	群立街茗苑花园二层	2017年2月	196	10	36	3200	1281	—
韶关市武江区金色未来幼儿园	工业西路利民制药厂宿舍	2005年7月	210	7	26	4650	1210	—
韶关市沙湖绿洲幼儿园有限公司	移山路1号	2019年9月	396	14	51	14435	4705	—

续表 6

幼儿园名称	地址	开办时间	幼儿数（人）	教学班数（个）	教职工数（人）	占地面积（平方米）	建筑面积（平方米）	级别（区级、市级、省级）
韶关市明珠幼儿园有限公司	惠民北路493号奥园韶关印象17号楼	2019年9月	195	5	20	58908	3747	—
韶关市乔伊贝幼儿园有限公司	工业西路26号富康山水华府旭川园1至3幢	2019年9月	179	11	43	3519	1425	—
韶关市武江区明星实验幼儿园	武江区群康路	2019年9月	261	6	24	4606	4606	—
韶关市菲尔汇艺实验幼儿园有限公司	工业中路9号	2019年9月	99	3	13	1725	1725	—
韶关市武江区韶华幼儿园	移山路3号	2020年9月	225	6	25	3900	3900	—
韶关市武江区新华北实验幼儿园	新华北路21号	2020年9月	149	4	18	1519	1519	—
韶关市武江区西联智慧星幼儿园	西联镇甘棠新村	2008年8月	80	3	12	500	1200	区一级
韶关市武江区西联幼儿园	西联镇西联小学内西联幼儿园	2006年6月	286	7	27	1100	2148	市一级
韶关市武江区沐溪幼儿园	西联镇沐溪七路沐溪新村	2009年12月	210	7	23	2500	2690	—
武江区西联镇新阳山幼儿园	西联镇新阳山村	2009年12月	81	4	15	800	1200	—
武江区西联镇美海艺术幼儿园	西联镇车头小学内	2015年5月	102	4	19	2566	2200	区一级
韶关市武江区西联镇龙飞幼儿园	西联镇阳山综合市场前栋商铺二楼	2003年8月	205	7	25	1200	1500	—
韶关市武江区西联镇玟语幼儿园	西联镇玟语幼儿园	2014年10月	397	12	46	2240	4284	区一级
韶关市武江区西联镇旭日中英文幼儿园	西联镇新阳山村11号	2014年12月	112	4	15	1300	2300	—
韶关市中央艺术幼儿园	西联镇碧桂园太阳城	2014年12月	330	12	48	6720	4278	省一级
韶关市武江区小阳山金童中英文幼儿园	西联沐溪大道106号	2015年9月	485	12	45	3774	3774	—
韶关市武江区步步高幼儿园	西联芙蓉大道18号碧桂园太阳城凤凰酒店旁	2017年3月	210	12	47	3420	4640	—
韶关市武江区西联花苗幼儿园	西联镇西联市场附近	2017年7月	0	0	0	1000	630	—

续表 6

幼儿园名称	地址	开办时间	幼儿数（人）	教学班数（个）	教职工数（人）	占地面积（平方米）	建筑面积（平方米）	级别（区级、市级、省级）
韶关市武江区金博士幼儿园	沐阳东路12号卓越雅苑二层	2019年4月	356	10	34	1883	2033	—
韶关市自然树幼儿园有限公司	西联镇星汇广场	2020年9月	150	4	22	4000	3277	—
韶关市武江区天麓山幼儿园	天麓山小学旁	2020年9月	245	5	22	8000	6412	—
韶关市武江区恒大贝尔幼儿园	恒大城二期	2020年9月	275	5	25	3000	2071	—
武江区西河镇黄塱蓓蕾幼儿园	西河镇黄塱管理区茗苑小学内	2004年8月	143	4	16	2185	2090	区一级
韶关市武江区广思雅实验幼儿园	建设路13号	2016年8月	289	12	48	5019	2019	区一级
韶关市武江区咏乐幼儿园	建设路18号	2019年9月	80	3	13	2000	2000	—
韶关市武江区龙归镇南沙幼儿园	龙归镇社主村委大楼内	2002年9月	82	4	16	400	1120	—
韶关市武江区龙归镇社主幼儿园	龙归镇社主村	1999年8月	216	6	26	6358	1960	市一级
武江区龙归镇园双幼儿园	龙归镇双头村园双幼儿园	2008年4月	308	10	42	3000	1650	—
韶关市武江区小龙人幼儿园	龙归镇原凤田中学教学楼	2015年5月	0	4	12	2500	1565	—
韶关市武江区龙归镇留村幼儿园	龙归镇原留村小学教学楼	2016年1月	114	3	10	3500	1396	—
韶关市武江区龙归镇山前奇石幼儿园	龙归镇奇石小学旁	2017年3月	49	3	11	2000	1030	—
韶关市武江区凤田糖果幼儿园	龙归镇凤田南岸	2017年3月	82	3	13	400	800	—
韶关市武江区龙归镇智美艺术幼儿园	龙归镇河滨新街	2018年10月	222	7	29	2800	1200	—
韶关市武江区龙归镇童乐幼儿园	龙归镇益龙路	2018年9月	170	5	19	700	1600	—
韶关市武江区重阳幼儿园	重阳学校对面	2011年3月	180	5	20	2500	1124	市一级
韶关市武江区迪贝金幼儿园有限公司	武江区一棉	2021年9月	72	3	12	1886	2068	—

续表 6

幼儿园名称	地址	开办时间	幼儿数（人）	教学班数（个）	教职工数（人）	占地面积（平方米）	建筑面积（平方米）	级别（区级、市级、省级）
韶关市华府绿洲幼儿园有限公司	武江北路388号凯旋华府商住小区内	2021年9月	152	7	27	2300	2700	—

2021 年武江区九年义务教育情况表

表7

小学						初中				
完全小学、一贯制（所）	分教点（个）	特教学校（所）	班（个）	学生（人）	入学率（%）	完全中学（所）	普通中学（所）	班（个）	学生（人）	入学率（%）
25	10	1	762	32620	100	0	6	157	7363	100

2021 年武江区小学基本情况一览表

表8

学校名称	地 址	开办时间	学生数（人）	教学班数（个）	教职工数（人）	占地面积（平方米）	建筑面积（平方米）	体制（公办或民办）
韶关市武江区东岗小学	新建路1号	1965年	2821	62	146	14234	19417	公办
韶关市武江区金福园小学	沙洲路3号	1987年	3510	80	182	21494	17745	公办
韶关市武江区红星小学	五祖路50号	1953年	1150	26	67	6740	7521	公办
韶关市武江区田家炳小学	幸福路8号	1994年	2068	48	118	11765	8766	公办
韶关市武江区华泰小学	新津路9号	1998年	2242	48	108	12807	9488	公办
韶关市武江区至和汤邓淑芳纪念学校	芙蓉北路34号	2002年	2040	43	107	22000	11000	公办
韶关市武江区黄田坝小学	武江北路147号	1986年	939	21	53	5500	3030	公办
韶关市武江区东岗太阳城小学	武江区丹霞大道中	2015年	2999	67	149	66450	34409	公办
韶关市武江区镇泰小学	芙蓉北路91号	1971年	1507	33	72	16050	6886.36	公办
韶关市武江区田家炳沙湖绿洲小学	工业西路邹屋村9号	1970年	1824	38	87	20000	11313	公办

续表 8

学校名称	地 址	开办时间	学生数（人）	教学班数（个）	教职工数（人）	占地面积（平方米）	建筑面积（平方米）	体制（公办或民办）
韶关市武江区向阳小学	惠民南路15号	1958年	872	19	46	2736	3500	公办
韶关市武江区龙归镇中心小学	龙归镇龙续路18号	1926年	2435	54	132	25972	11118	公办
安村教学点	龙归镇安村	—	55	3	2	6600	880	公办
续源教学点	龙归镇续源村	—	46	3	4	6600	880	公办
奇石教学点	龙归镇奇石村	—	66	3	2	15000	480	公办
后坪教学点	龙归镇后坪村	—	9	2	1	6334	360	公办
马渡教学点	龙归镇马渡村	—	64	3	2	6000	477	公办
韶关市武江区凤田小学	龙归镇凤田村	1972年	293	10	18	6600	2507	公办
方田教学点	龙归镇方田村	—	75	3	1	7176	1030	公办
韶关市风度小学	西联镇九龄东路	1954年	590	15	34	11700	17500.10	公办
韶关市风烈小学	西联镇西联村	1954年	573	14	30	17000	4617	公办
韶关市武江区甘棠小学	西联镇甘棠村	1975年	212	6	14	12000	2020	公办
韶关市武江区阳山小学	西联镇阳山村	1958年1月	1512	32	70	25151	12967	公办
韶关市武江区沐溪小学	沐溪工业园沐溪七路	1970年9月	974	23	46	20462	10136	公办
韶关市武江区白芒小学	西河镇大村村	1951年	162	6	12	4962	2134	公办
韶关市武江区朝阳小学	惠民北路413号	1951年	725	16	35	12690	3474	公办
韶关市武江区西河学校	西河镇下坑	1958年8月	300	9	24	25200	12669.8	公办
田心教学点	西河镇田心村	1958年8月	25	3	1	16850	1654	公办
茗苑教学点	西河镇黄塱村	1958年8月	206	5	4	8090	1172	公办

续表 8

学校名称	地 址	开办时间	学生数（人）	教学班数（个）	教职工数（人）	占地面积（平方米）	建筑面积（平方米）	体制（公办或民办）
韶关市武江区重阳学校	重阳镇镇政府南路3号	1921年	548	15	25	13000	6000	公办
九群教学点	重阳镇九群村委会大沙洲村	1940年	39	3	6	3475	1170	公办
万侯教学点	重阳镇万侯村委会侯屋村	1907年	55	3	6	5600	1180	公办
韶关市武江区江湾镇中心小学	江湾街1号	1967年	221	8	27	6678	2045	公办
韶关市武江区芙蓉第一小学	韶关大道12号	2018年9月	905	20	45	9601.9	6688.19	公办
韶关市武江区御龙湾小学	福林路60号	2019年	558	13	34	12005	6546	公办
韶关市武江区特殊教育学校	建设路11号（韶关市残疾人康复中心一楼）	2021年9月	14	2	5	2480	1300	公办

2021 年武江区中学基本情况一览表

表9

学校名称	地址	开办时间	学生数（人）	教学班数（个）	教职工数（人）	占地面积（平方米）	建筑面积（平方米）	体制（公办或民办）
韶关市第九中学	芙蓉北路60号	1970年	1761	35	117	24485	9130.17	公办
韶关市风烈中学	西联镇	1972年	898	20	62	15645	4609	公办
韶关市第十四中学	如意路11号	1996年5月	1386	29	93	21293	11543.46	公办
韶关市第十五中学	群立街后山119号	2002年8月	1149	25	83	10847	10257.26	公办
韶关市武江区龙归中学	龙归镇社主村	1943年	1554	32	91	39746	19132	公办
韶关市武江区江湾中学	江湾镇江湾街9号	1968年	128	3	17	7880	4465	公办

区属学校简介

【新华幼儿园】 新华幼儿园是一所市一级公立幼儿园，1998年成立，园所占地面积1205平方米，建筑面积3550平方米，建有室内外运动场地，配有木工坊、纸工坊、陶泥坊、生活体验馆等18个集幼儿生活、学习一体化的功能场室，创设近700平方室内外学习中心。2021年，有教学班15个，教师61人，其中本科学历教职工21人，幼儿451名，幼儿毕业生119名。

幼儿园始终坚持“促进幼儿身心健康和谐发展、为幼儿的终身发展奠定基础”的办园宗旨，明确“给孩子一个快乐而有意义的童年”的办园理念，紧紧围绕“快乐孩子、幸福教师、卓越幼儿园”的办园目标，精心打造团队和谐、环境和美、教育和善、课程和润、家园和睦的校园“和”文化，形成了良好的园风，凸显了艺术、科学的教育特色。

幼儿园重视教师专业成长，不断加强教师队伍建设，大胆改革和创新，积极开展教科研工作。先后开展24个国家、省、市级的课题研究，其中2021年国家级课题《幼儿园STEM教育与园本课程融合与渗透的实践研究》成功立项；有186篇教师论文在省、市、区的论文比赛中获奖；多名教师在广东省青年教师说课比赛、广东省中小学（幼儿园）体育优秀课例展示、韶关市幼儿教师基本功大赛等比赛中成绩名列前茅，共311名教师在区级以上的各类技能比赛中获奖；涌现一批优秀教师获国家级“新时代最美幼师”、特级教师、广东省三八红旗手、南粤优秀教师、韶关市优秀教师等荣誉称号；2021年5月，广东省黄建荣名园长工作室在新华幼儿园挂牌成立。近年来，幼儿园获得全国足球特色幼儿园、全国巾帼文明示范岗、广东省校本研修示范培育学校、广东省安全文明校园、韶关市教育科研先进单位等集体荣誉66项；幼儿舞蹈《妙趣小官》《智取威虎山》等29个节目在省、市的幼儿舞蹈大赛中获奖；共有2075项幼儿艺术作品荣获国家、省、市级的奖项。

【龙归中心幼儿园】 龙归中心幼儿园是一所全日制公办幼儿园，成立于2016年3月，于2018年9月正式开园。2021年有3个教学班，分别为小班、中班、大班。全园幼儿63人，其中大班毕业班28人。幼儿园教师7人，其中本科4人，大专3人，每班按照2教1保的标准进行配备，全体教师和保育员均持证上岗。幼儿园建筑场地独立、布局合理，符合幼儿园建筑设计规范、日照充分。幼儿园占地面积4890平方米，园舍建筑面积3908平方米，户外设大型器械运动区、30米直跑道、运动场、种植园等。

自开园以来，幼儿园全体教职工努力为幼儿创造一个健康、快乐的成长乐园，秉承“以游戏彰显天性”的办园理念，开展游戏化教学活动，探索立足乡土资源打造乡村特色幼儿园。每天严格保证幼儿1小时自主游戏时间，2小时户外活动时间，让孩子们“玩在其中、学在其中、乐在其中”。幼儿园在各班及公共区域创设符合幼儿年龄特点的区域，班级有语言区、科学区、益智区、建构区、娃娃家等五大领域基础区域；公共区域有茶餐厅、珠宝店、摄影馆、糖果屋等特色区域，教师们充分利用废旧的材料改造后投放到各游戏区域中，做到美观新颖，温馨舒适，突出主题，操作性强。全园共创设20多个游戏空间区域。

【重阳中心幼儿园】 重阳中心幼儿园是一所乡镇公办幼儿园，由原来重阳镇黄土坛小学改建而来，于2018年9月开园。2021年重阳中心幼儿园共有幼儿20人，大班、中班、小班各1个班；全园教师4人，均具有大专以上学历。重阳中心幼儿园占地面积约7906平方米，绿化面积约1785平方米。现有教学楼一栋，主要用于幼儿的课室、睡室和相关的功能室，以及办公室；另有一栋家属楼，现作为教师宿舍和其他家属住宿。此外，园内场地还包括宽敞的户外活动场地、绿化用地、备用地和门卫室、保健室及厨房。

重阳中心幼儿园主要通过五大领域开展主题教学活动；

设置10个游戏区域提供给幼儿进行区域自主游戏，主打体育户外游戏特色。配有网络中心机房1间，每间课室配备教学平台和电钢琴，可以满足日常的教学和办公需要。重阳中心幼儿园，从筹建之初就高起点，高标准，按市一级幼儿园标准来配备教学设备和教师，可以满足重阳镇中心及附近农村的幼儿就近入园，基本解决农村幼儿入学难的问题。

【江湾中心幼儿园】 江湾中心幼儿园新园位于韶关市武江区江湾镇江湾支线Y207公路东侧、江湾派出所南侧，于2021年8月交付使用，新园占地面积3412平方米，建筑面积4053平方米，新建园共三层，有5个功能场室（美工、图书、科学、乐高、木工坊等），室外分别有音乐小镇、风情街、跑道、滑梯、荡秋千等，环境优美；2021年，有教师8人，开设2个班级，其中大班1个，混龄班1个（中班及小班），全园幼儿37人。幼儿园开设健康、语言、拼音、社会、科学、艺术六大领域课程，对幼儿进行全面发展的教育，合理安排幼儿一日活动，以游戏为基本活动，保教并重。尊重幼儿身心发展和学习特点，为幼儿提供健康、丰富的生活和活动环境，满足他们多方面发展的需要，培养幼儿良好的习惯和兴趣。

【惠民幼儿园】 惠民幼儿园是一所全日制公办幼儿园，于2020年9月正式开园投入使用。2021年，幼儿园总占地面积3070平方米，园舍建筑面积4527平方米，建设规模为9个班，幼儿216人，教师23人。园内环境舒适优美，布局规范合理，功能场室齐全，是一所按照省一级幼儿园标准建设的高标准、高起点的公办幼儿园。

幼儿园主体建筑共四层，幼儿活动室分布在一至三层，二至四层配备美工室、科学室、阅读室及音体室等功能场室，为幼儿创设一个舒适而充满童趣的活动空间。幼儿园内部配套设施完善，每个班级均配备钢琴、教学一体机、柜式空调等设备设施，投放丰富的玩具和游戏材料，在游戏中培养幼儿的自主性和创造性。户外打造沙水区、种植区、体能运动区等游戏区域，为幼儿创设良好的室内外活动环境，促进幼儿身心健康和谐发展。

幼儿园秉承着“让每个孩子都充满活力与无限可能”的办园宗旨，紧紧围绕“用心发现每个孩子 用爱点亮成长之路”的育人理念，致力于为培养富有活力和创造力的孩子而努力。幼儿园以财经素养教育为品牌特色，在室内外创设丰富的财经素养混龄游戏区域，孩子们在混龄自主游戏中体验各种职业，感受劳动的艰辛，从小树立劳动光荣的观念。2020年11月幼儿园食堂被评为“A级食堂”；2021年8月幼儿园参加省“粤运动 越健康”趣味运动会荣获最佳人气一等奖、优秀组织二等奖；11月幼儿园被评为韶关市消防安全示范校。

【工业中幼儿园】 工业中幼儿园原名韶关市武江区鑫泰幼儿园，是一所由民办园转型的公办幼儿园。幼儿园于2020年8月3日正式成立，更名为韶关市武江区工业中幼儿园。园所占地面积1330平方米，建筑面积2328平方米；园内设有运动场、种植园、科学馆、美工坊、木工坊等功能室。2021年有7个教学班，共有幼儿173人，教师23人，教师专业结构配置合理，专任教师学历达标率100%，具有本科学历的教师10人。

幼儿园坚持贯彻落实党的教育方针，面向全体幼儿，不断改善办园条件，坚持规范化、合理化、特色化的管理，积极探索提高幼儿园办园效益的有效途径，以科学规范管理为宗旨，提升办园水平。打造“乐美文化”的内涵建设。坚持“用心守望·静待花开”的办园宗旨，明确“用艺术启迪智慧、让艺术丰沛人生”的办园理念，紧紧围绕“在生活中‘创’想、在自然中‘玩’美”的发展目标，形成良好的园风，凸显艺术教育特色。2021年，先后有31名教师在省、市、区的各类比赛中获奖；有37名儿童在教师的辅导下参加省、市、区各类比赛中获奖；幼儿园获得A级食堂等3项集体荣誉。

【韶新幼儿园】 韶新幼儿园是按照省一级幼儿园标准新建的一所公办幼儿园，位于韶关市武江区科阳七路，总投资4435万元，占地面积8016.7平方米，总建筑面积6678平方米，有班级活动单元楼3栋、综合楼1栋、办公楼1栋。办园规模为15个班、450个学位，可满足周边区域居住幼儿接受优质学前教育的学位需求。

幼儿园于2021年9月1日开园，有5个班，其中小班3个、中班2个，全园幼儿102人。教师19人，保健医生1人，每班按照“2教1保”的标准进行配备。幼儿园按照省一级幼儿园标准配备先进现代化设备设施及功能场室：保安室配备人证合一访客系统、每班配置多媒体一体机、钢琴、电子班牌、智能语音分类垃圾桶、净水器、空调、空气消毒器等，为幼儿提供优质的办学条件。韶新幼儿园立足打造一所“自然生态”的园所，紧紧围绕办园理念“回归生活、回归自然、绽放个性”进行，户外创设生态种植、瓜果采摘、农耕体验、自然探索、玩沙戏水等多个主题区域，室内开设以劳动为特色的主题游戏区，其中开设科学创客室、美术馆、扎染坊、陶艺坊、创客木工坊、编织刺绣坊、水墨馆、衣工裁缝铺、农耕馆、时光穿梭照相馆、风味一条街等十几个主题馆，让孩子在劳动中感受美、表现美和创造美，在不同场景中体验不同劳动者的职业，不同的劳动内容，知道劳动可以创造美好的生活、知道劳动最光荣，从而以劳树德、以劳增智、以劳育美、以劳健体。

【滨江花园幼儿园】 滨江花园幼儿园是一所全日制公办幼儿园，幼儿园总占地面积2980平方米，园舍建筑面积2515平方米，园内环境舒适优美，布局规范合理，功能场室齐全，有阅读室、科学室、音乐舞蹈室、体育室等生活学习的功能场室。2021年9月开园，有教学班2个，在园幼儿51人，教师8人。

幼儿园秉承“让童年的每种色彩都有绽放的可能”的办园宗旨，在“美润童心.乐享童年”育人理念的指引下，紧紧围绕“让孩子在美的发现与创造中快乐成长”的办园目标，幼儿园着力打造“育美健体”体育节、“育美健心”读书月、“育美健情”科艺节等活动，形成幼儿园独有的特色与亮点，让幼儿在快乐、自由的环境中发展自主、自理、自立的能力。让每个幼儿得到“美”的教育，获得“美”的发展，成为最“美”的人。

【鸿裕幼儿园】 鸿裕幼儿园开办于2021年9月，位于韶关市武江区芙蓉北路74号，是一所小区配套公立幼儿园。园所占地面积569.5平方米，园内开设小班中班两个班级，共有学生34人，教职工5人。园舍建筑美观实用，各类设施设备完善，育人氛围浓郁，为幼儿创设了安全、童趣的学习和生活空间，是孩子健康成长的乐园。

鸿裕幼儿园以《幼儿园教育指导纲要（试行）》《3—6岁儿童学习与发展指南》为指引，坚持“以人为本”的儿童观、发展观，用心关爱每一位幼儿。幼儿园倡导课程“生活化”，培养幼儿快乐生活、积极运动、主动交往、大胆表现，有初步责任感。以“用爱养育，用心教育，给孩子一个快乐的童年”的办园理念，以保教质量为核心，以游戏为基本活动，重视幼儿多元化智能的发展，让幼儿在快乐中学习，在快乐中成长，享受幸福童年。

【蓉城幼儿园】 蓉城幼儿园开办于2021年9月，位于韶关市武江区蓉城花园，是一所全日制公办幼儿园，幼儿园总占地面积1023平方米，园舍建筑面积2679平方米，办园规模为9个班，可提供270个优质学位。幼儿园户外活动场地宽阔，设备设施齐全，日照充足，有足球场、跑道、多功能沙水池、种植园等，满足幼儿11个大动作和体智能发展。

幼儿园秉承“让每个孩子成为最好的自己”的办园宗旨，遵循“尊重幼儿的真善美”的办园理念，用心营造“自主愉快、充实幸福”的教育环境，致力培养拥有健康身心、良好习惯、自主行为、独立人格的幼儿。遵循生活与自然结合的幼儿园一日生活课程，构建“自主课程”体系，为每个孩子一生的发展奠基。

【特殊教育学校】 特殊教育学校坐落于韶关市武江区建设路11号（韶关市残疾人康复中心一楼），学校于2021年5月批复成立，学校占地总面积约2480平方米、体育运动场所约1180平方米。学校现开设2个教学班，共有学生14人，其中智力残疾学生10人，多重残疾学生3人，肢体残疾学生1人。学校有教职工7人。学校是一所以智障少年儿童为教育对象，集思想道德熏陶、文化知识教育、康复训练、技能培训于一体的九年一贯制特殊教育学校。学校建有感觉统合室、美术美工室、音乐唱游室、图书阅览室等功能场室。

学校全面贯彻党的教育方针，体现社会文明进步要求，根据智力残疾儿童的生理、心理特点，采取多种有效措施进行缺陷补偿，潜能开发，使智力残疾学生具有初步的爱国主义、集体主义精神，具有初步的社会公德意识和法治观念；具有乐观向上的生活态度，具有基本的文化科学知识和适应生活、社会以及自我服务的技能，养成健康的行为习惯和生活方式，成为适应社会发展的公民。学校环境优美，布局合理，是残疾少年儿童快乐成长的学园和乐园。

【东岗小学】 东岗小学创办于1965年，原名韶关市第十七小学，1984年韶关市分区后，更名为韶关市武江区东岗小学。2009年8月撤并新华小学，两校合并后分为高低部两个校区。2021年，全校共有教师146人，教学班62个，在校学生2821人，是韶关市的窗口学校。其中2021年毕业生527人，基础扎实，全面发展。

多年来，学校以“传承文明追求卓越”为办学理念，以“明德博学进而不已”为校训，以“贵学明志修身重行”为校风，以“严谨拓展正己爱生”为教风，以“敏而好学不耻下问”为学风；坚持全面育人，特色办学，办好人民满意的教育为目标宗旨；教育教学质量突显、特色鲜明。学校逐步形成以好习惯养成教育的育人特色；专题式培训的家长学校特色；研训一体的教研特色；“以生为本、生生互动、师生互动”的“活力课堂”教学特色；乒乓球传统项目特色；艺术教育社团化特色；传统文化美文诵读特色，深入实施素质教育，注重培养学生综合实践能力，全面提高学生整体素质。学校1995年被定为市、区创办家长学校的试点学校，2000年被定为市传统体育项目“乒乓球”训练学校，在区、市历次的各种比赛中，均创佳绩。

学校创办五十多年来，先后被评为全国助残先进集体、广东省普教系统先进单位、广东省先进集体、广东省普法先进单位、广东省推普先进单位、广东省优秀家长学校、广东省读书读报先进集体、广东省文明单位，多次获市、区教改先进单位、教学先进单位、文明单位、巾帼文明示范岗、青年文明号、普法先进单位、党风廉政建设先进单位、卫生先进单位、先进党支部等荣誉称号。

东岗小学在2021年获得省级集体荣誉2项，市级集体荣誉6项以及区级集体荣誉及奖项12项；教师获得国家级荣誉及奖项共5人次、省级荣誉及奖项共22人次，市级荣誉及奖项57人次，区级荣誉及奖项96人次；学生获得国家级荣誉及奖项共15人次、省级荣誉及奖项59人次，市级荣誉及奖项145人次，区级荣誉及奖项173人次。学校在课程改革浪潮中，始终以科研为先导，积极开展教育科研活动，是广东省“九五”规划实验课题《学科教学与思想品德教育》实验学校、全国教育科学“十五”规划教育部重点课题《体育与健康》实验学校和教育部人文社科“十一五”规划项目《教学临界国的理论与实验研究》总课题组实验基地。

【金福园小学】 金福园小学创办于1987年，原名韶关市武江区新华南小学。为感谢韶关市金福园置业有限公司捐建综合楼的义举，2000年5月更名为韶关市武江区金福园小学。

学校有金福园小学校本部和金福园小学电化分校区2个校区，实行“一校两区”“四统一”的一体化管理。即统一办学思想，统一领导班子，统一人事，统一管理机制。

2021年，金福园小学有教学班80个，学生3510人，教师182人，教师学历100%达标。学校领导班子年富力强、务实创新，团结协作；以中青年为主体的教师队伍德才兼备、爱岗敬业，阵容整齐，为全面推进素质教育奠定了坚实的基础。

学校校园占地面积约21494平方米，校园环境优美，布局合理，设有符合省标准的课室和开放式阅览区、班级图书角。良好的校园环境和教学、生活、体育设施为学校的可持续攀高及学生的可持续发展提供有力的设施设备保障。

学校课室均安装多媒体电教平台，校园网络覆盖学校，为教育技术现代化、数字化校园建设迈向新的台阶。

金福园小学全面贯彻党的教育方针，遵循教育规律和学生的成长规律，秉承“金色童年，幸福教育，成长园”的核心办学理念，坚持“为学生的幸福人生奠基”的办学宗旨，以“幸福文化”引领学校发展；重视教师专业成长与学生全面发展，积极开展教师教科研活动及学生各类社团、兴趣小组活动，健全学校的育人体系，积极构建“全员育人，全程育人，全方位育人”的育人格局，构建“金色、阳光、和谐、进取、幸福”的校园，努力办好人民满意的教育。

学校先后被评为“全国（基础教育）爱国示范学校”“全国教育网络系统示范单位”“全国校园足球示范校”“中国好老师公益行动基地校”“广东省绿色学校”“广东省安全文明校园”“广东省规范化学校”“广东省艺术特色学校”“韶关市绿色学校”“韶关市行为示范校”“韶关市教育科研先进单位”“韶关市书香校园”“韶关市卫生先进单位”“韶关市德育工作先进单位”“韶关市义务教育阶段‘减负增效’典型学校”“韶关市未成年人思想道德建设先进活动基地”“武江区文明单位”“武江区固本强基示范单位”“武江区德育创新实验学校”“武江区教育教学先进单位”等。

【红星小学】 红星小学办学历史悠久，60多年风雨兼程、蓬勃发展。1953年，在现武江区工农巷的位置开办韶关市西乡小学，是学校的前身。20世纪60年代，西乡小学整体搬迁到现址即武江区五祖路，该址原是一国民党伤兵医院。20世纪80年代，武江区建区，学校更名为“韶关市武江区红星小学”，是西河镇中心小学。基于这段历史，红星小学办学一直倡导弘扬革命传统，弘扬社会主义主旋律，红色教育、革命传统教育是学校师德教育、学生思想品德教育的重要组成部分。时至今日，红星小学又与社会主义核心价值观教育对接，其教育内涵既有历史沿袭，又彰显时代气息。

学校占地面积6740平方米，建筑面积7521平方米。现有26个教学班，在校学生1150人，毕业生207人，教师67人。2021年，顺利完成学校南面围墙重建工程、追真楼隔热工程、向善楼六楼以及消防梯护栏加高、更换课室场室风扇、增加资源课室等多个项目并投入使用。

2021年，学校继续以“向往教育”为内核，秉承“红星照亮一生”办学思想，在校训“我是一颗星”的感召下，从“穿好衣、走好路、说好话、唱好歌、扫好地、做好操、写好字、读好书”入手，着力培养“习惯良好有品质，基础扎实有潜质，兴趣广泛有特质的文明、好学红星人”，达成“红星闪闪亮，颗颗放光彩”的办学追求。学校坚持“抓住每一门学科、滋养每一位学生，培育一校好老师、打造一校好课堂”，全体学生在老师的辛勤培育下，争做“习惯良好有品质、基础扎实有潜质、兴趣广泛有特质”的文明好学红星人。

学校党支部被评为武江区先进基层党组织。学校获得全国文明校园评审资格，获评武江区“教学工作先进单位”，在韶关市第十二届中小学生运动会暨韶关市第二十六届中小学生“英东杯”跳绳竞赛获第一名，在2021年武江区第一届中小学生跳绳竞赛中获小学组团体总分一等奖、表演赛一等奖，武江区第五届中小学校少先队鼓号花样操比赛中获一等奖。一个区级课题、一个市级课题顺利结题。

【田家炳小学】 田家炳小学原名工业中路小学，创办于 1994 年（定编 18 个教学班的办学规模）。1998 年由香港爱国实业家田家炳捐资扩建，并更名为“田家炳小学”（扩编为 24 个教学班的办学规模）。2007 年宏顺实业有限公司捐建综合楼一座（扩建为 36 个教学班的办学规模）。2011 年撤并一棉小学后，办学规模增加到 51 个教学班。2017 年因一棉校区教学楼被评定为危房，现所有学生均在总校。2021 年度共有学生 2068 人，教师 118 人。教师专业结构配置合理，专任教师学历达标率 100%，具有本科学历的教师 73 人。

学校占地面积 11765 平方米，校舍建筑面积 8766 平方米，校园布局合理，功能区划分较清晰，现有教学楼 2 幢，六层综合楼 1 幢。体育活动场总面积 8414 平方米，共有 3 个篮球场，1 个 200 米跑道，1 个 80 米直跑道。学校配备专用多功能电教室、心理辅导室、乒乓球室、党务室、队部室、图书室，电脑室、录播室等场。

学校的办学理念是为学生的全面发展奠基，努力培养基础扎实，习惯良好，身心健康，全面发展的学生。在育人的过程中，把立德树人作为教育的根本任务，全面加强德育、智育、体育、美育等工作，使学生全面发展，拥有幸福美好的明天。

学校以体育大课间为抓手，结合自身优势，将篮球开发成校本课程，创体育艺术特色学校，结合朗诵语言艺术、超轻黏土创意绘画，全面推进素质教育，展现特色。近年来，学校被评为“全国青少年校园篮球特色学校”“广东省书香校园”“广东省绿色学校”“韶关市优秀语文、体育教研组”“韶关市文明校园”“韶关市中小学卫生工作示范校”“武江区中小学校党建工作示范校”，在团体艺体比赛中荣获多个省市级一等奖。2021 年，教师有 141 人次获得区级以上教学奖励，学生有 197 人次获得区级以上比赛奖励，集体有 19 项荣获区级以上奖励。

【华泰小学】 华泰小学地处武江区新津路九号，创办于 1998 年，开始名为新津小学，2006 年改名为华泰小学。学校占地面积 12807 平方米，建筑面积 9488 平方米。校园布局合理，环境优美。学校教学设施设备齐全，设有图书阅览室（含电子图书）、体育器材室、音乐室、舞蹈室、队部室、电脑室、心理咨询室等室。

2021 年，学校有教学班 48 个，在校学生 2242 人，教师 108 人。其中省级骨干教师 2 人，区级骨干教师 3 人，区级学科带头人 3 人。师资力量雄厚，教学水平精湛。

学校本着“责任高于一切，实干成就未来”的校训，“愉悦学习，善思笃行”的学风，“愉悦教学，尽责求精”的教风，让校园形成了“人际和谐，尽我职责”的校风，让孩子们唱着“快乐的成长”的校歌，健康快乐地成长。

经过多年的努力，学校先后获得“全国校园文化建设先进单位”“广东省优秀少先队红旗大队”“广东省安全文明校园”“广东省依法治校示范校”“广东省英特尔未来教育技术示范校”“省禁毒示范校”“省足球推广校”“市优秀少先队红旗大队”“市心理健康教育示范校”“市校务公开先进学校”“市科研工作先进单位”“市教育信息化建设与应用先进单位”“市义务教育阶段教学质量优秀单位”“市德育示范学校”“市文明校园”“区文明单位”“区文明校园”“区平安校园”“区教学工作先进单位”等荣誉称号。

学校从课堂入手，坚持“先学后教，以学定教、教学合一”的现代教学理念，改革教学模式，提高教学质量。改革的是课堂，成长的是教师，受益的是学生。2021 年，学校参加区教育局组织的跳绳竞赛、学生竖笛比赛、少先队鼓号花样操比赛等，获得 6 个二等奖、1 个三等奖，并获得少先队先进学校荣誉；学校教师 70 人次在省、市、区三级教育教学科研成果、课堂教学、教学论文、优质课比赛中获奖；学生 109 人次在省、市、区三级书法、绘画、歌舞、朗诵、体育等比赛中获奖。

【至和汤邓淑芳纪念学校】 至和汤邓淑芳纪念学校坐落于韶

关市芙蓉北路，学校占地面积2.2万余平方米，建筑面积1.1万平方米。学校前身是韶关市电石厂联办职工子弟学校，教学环境极差。2002年11月，为解决附近企业下岗职工、外来民工子弟入学难问题，在上级党政部门的关心下，由香港至和坛基金会主席汤伟奇等一批慈善人士慷慨解囊，政府部门也投入巨资，将学校异地重建，并改名为“武江区至和汤邓淑芳纪念学校”。学校2021年有教学班43个，特教班1个，在校学生2040人，毕业生418人，教师107人。学校设备设施先进，高清录播室、多媒体阶梯电教室、图书阅览室、心理咨询室、舞蹈室、音乐室、电脑室、特教资源室、创客实验室等功能场室一应俱全，为孩子的快乐成长提供了广阔的空间。

为传承社会各界人士对学校的善心善举，根据学校的校史和校情，学校以“善文化”为核心文化，遵循“向善 求真 健体”的办学理念，确立“以善育德，以善立教”的办学思想，营造“明德知善，求真善美”的校风，即引导师生求真、向善、爱美，以善为美，积善成德。培育孩子从小就做善良之人、有爱之人，让善的种子在孩子的心间生根发芽。学校还注重学生的艺体发展，组建击剑队、足球队、篮球队、田径队、合唱队、舞蹈队、鼓号队等；击剑运动普及到一至三年级的课堂，成为校园中的“格斗芭蕾”；校园足球在四、五年级普及，每班每周开展一节。如今，创客、击剑、校园足球成为学校的三大特色品牌。

在“善文化”的浸润下，校园内文明有礼蔚然成风；教师循循善诱、乐教善研，学科教学质量有了质的飞跃，得到社会各界人士的赞誉。学校先后被评为“武江区教学工作先进单位”“武江区教学工作进步单位”“武江区平安校园”“武江区体育特色教育学校”“韶关市德育示范学校”“韶关市绿色校园”“韶关市文明校园”“韶关市模范教工之家”“韶关市城市学校少年宫项目单位之一”“广东省少先队红旗大队”“广东省教育信息化中心校”“英特尔未来教育项目推广示范学校”“全国青少年校园足球特色学校”“全国‘百社千校书香童年’阅读活动基地学校”；语文学科组被评为“韶关市先进教研组”。

【黄田坝小学】 黄田坝小学创建于1986年，办学至今35年。学校坐落于美丽的武江河畔，是一所环境幽雅，绿树成荫的园林式学校。学校占地5500平方米，校舍建筑面积3030平方米，2021年有教学班21个，在校生939人。学校是广东省义务教育标准化学校，拥有宽敞明亮的教室、电脑室、心理咨询室、音乐室、体育室、图书室、红领巾广播站等各类功能场室；学校新建环形塑胶跑道、塑胶运动场；每间课室均配备多媒体教学平台。

学校拥有一支爱岗敬业、积极奉献、素质精良、争创一流的教师队伍。2021年有教师53人，2名教师曾受省级表彰，32名教师曾获得市级表彰；多年来学校培养出2名省级骨干教师，1名市级学科带头人，3名区级学科带头人；教师学历100%达标，其中本科以上学历教师占83%。

学校高度重视文化建设，学校将“红棉树”定为学校的象征物，并着力挖掘红棉精神，确立了“红棉树正气，尚美导人生”的办学理念。在这一理念的引领下，形成“正直向上 勇于担当”的校训，“和谐，勤奋，求实，进取”的校风，以及“身教善教，诲人不倦”的教风和“好学乐学，学而不厌”的学风。学校将“红棉花开朵朵红”文化理念渗透到管理文化、教师文化、学生文化、课程文化、环境文化五个方面，以期让师生们获得更好的、主动地、个性化的发展，使学校走上文化育人的高地。

“尚美教育”是黄田坝小学打造的办学特色，主要体现在四个方面：一是以品德高尚为美，实施尚美德育，打造德育特色。二是以满腹诗书为美，实施大阅读教育，打造书香校园。三是以体质健康为美，积极锻炼身体，形成篮球特色。四是以情趣高雅为美，培育艺术之花，彰显艺术特色。

学校先后获得“韶关市武江区艺术特色学校”“韶关市武

江区体育特色学校”“武江区教学工作先进单位”“韶关市德育示范学校”“韶关市安全文明校园”。

【东岗太阳城小学】 东岗太阳城小学创办于2015年9月，坐落在韶关市芙蓉新城。学校2021年有教师149人，学生2999人。学校分为高年级部、低年级部两个校区，占地面积66450平方米，建筑面积34409平方米，教学设施齐全，师资精良。图书室、美术室、音乐室、计算机室、足球场、篮球场、排球场、羽毛球场、体育馆等各类功能场室一应俱全，初步形成“环境优美、设施先进、质量一流、初具特色”的办学格局。

东岗太阳城小学借助“名校＋新办校”的共享发展模式，在短短的几年时间里已彰显优质发展的态势，实现高起点起步，高速度发展。学校以“育名生、出名师、创名校”为办学目标，坚持“博爱、博雅、博采”的办学理念，秉承“明明白白做人，踏踏实实做事”的校训，形成“崇孝尚德，博学创新”的校风，“精业善导，严谨育人”的教风，“不耻下问，厚积薄发”的学风。学校创设多种教研途径，不断促进教师专业成长：技能比赛，强化教师基本功；师徒结对，促进青蓝工程建设；同课异构，提高课堂教学能力；课题研究，向专家型教师转变。学校全面推行“养成教育”活动，按照“低起点、小坡度、分阶段、多层次”的原则，培养学生行为有姿势、语言讲文明、学习有方法、做事有思想的良好习惯。学校重视课程文化建设，开办美术绘画班、舞蹈班、书法班、合唱队等，丰富多彩的校园文化活动，调动学生积极参与，使学生个性及能力得到充分的张扬和锻炼，成效显著，学校已初步形成以“孝文化”为引领的校园文化特色。

依托新办校的后发优势，东岗太阳城小学开展“IT+教育”管理模式的有效探究，将信息技术与现代化学校管理进行整合。教师依托网络开展业务学习、研讨，指导学生根据课程特点选择信息化工具进行网络化学习，在线上线下共享发展方面走在了武江的前列。

学校先后荣获“武江区教学工作进步单位”“武江区教学工作先进单位”“武江区中小学校园足球文化节团体一等奖”“韶关市文明校园”“韶关市卫生工作示范学校”“广东省绿色学校”等集体荣誉。

【镇泰小学】 镇泰小学创建于1971年，前身是韶关市制药厂联办小学。1997年，由韶关市武江区政府接管，更名为韶关市武江区芙蓉北小学。2000年，由镇泰集团慈善基金会捐资扩建，更名为韶关市武江区镇泰小学。学校占地面积16050平方米，建筑面积6886.36平方米，有教学班33个，学生1507人，教师72人。

武江区镇泰小学是广东省绿色学校。学校秉持“环境育人，文化兴校”的办学理念，谨守“明志砺学、崇真尚美”的校训，营造“团结朴实、顽强攀高”的校风，打造“业精善教，求实创新”的教师队伍，日益形成“乐学善思，笃行致知”的良好学风。

学校结合实际，把足球和书法纳入品牌建设。打造精彩纷呈的足球文化，全面提升了校园足球水平，被评为全国青少年足球特色学校，有力地推动学校阳光体育活动的开展，促进学生的健康成长。学校全面开设书法课，组织开展小学书法教育教研，努力提高书法教育教学质量，是“广东省第三批中小学艺术（书法）教育特色学校”。

【田家炳沙湖绿洲小学】 田家炳沙湖绿洲小学坐落在武江区工业西路，校园占地面积为2万平方米，建筑面积11313平方米，运动场面积5058平方米。校园布局合理，教学、艺术、体育、科技等学生活动场所一应俱全且整洁有序，学校自然景观、人文景观和谐统一。

学校有教师87人，高级教师4人，学科带头人4人，本科学历55人。教学班38个，学生1824人，2021年7月毕业生143人。学校以“尊重学生多元发展，培养品质好少年”为办学愿景，以“生长教育，让未来更精彩”为办学理念，形成“绿芽尖尖逐梦想”

的校训，以“和谐共长 演绎精彩”为校风，以“春风化雨 润泽童心”为教风，以“小小绿芽 茁壮成长”为学风。以健康向上、阳光智慧的“绿芽”文化作为校园文化建设努力发展的方向，通过“绿芽管理”“绿芽课堂”“绿芽课程”“绿芽活动”“绿芽评价”“绿芽联动”“绿芽讲堂”的“七维度三文化”即和谐向往家校文化、积极向阳教师文化、活泼向上学生文化，助力学生成长的“家、师、生”三文化，形成“兴绿芽文化，育时代新苗”学校文化内涵。

学校坚持以活动促教，以活动促学，重视凝聚和发挥名师工作室的示范引领作用。依托智慧课堂网络平台，构建“互联网＋教研”模式，积极开展学科交流、教学素养大赛、专题讲座、课题研究等活动聚焦“学科核心素养”提升工程，努力打造一批教学业务精湛的教师团队。学校以社团建设为依托，将育人目标融入课堂教育教学、融入校园文化建设，最终实现用传统浸润学生心灵，以德育塑造人生的“一生一兴趣，一生好品质”育人特色。

学校曾获得“全国青少年足球特色学校”“全国柔道特色学校”“广东省绿色学校”“广东省艺术教育特色学校”“广东省儿童青少年近视防控示范学校”“广东省生活垃圾分类教育示范基地”“田家炳学校德育创新卓越奖”“韶关市文明校园”“韶关市绿色校园”“武江区教学先进单位”“武江区教学工作进步奖”“武江区未成年人思想道德建设实践基地”“武江区平安校园”“武江区文明校园”等荣誉和称号。

【向阳小学】 向阳小学地处韶关市武江区惠民南路，创办于1958年，是广东省义务教育规范化学校。学校占地面积2736平方米，建筑面积3500平方米，拥有教学楼1栋，综合楼1栋。学校2021年有教师46人，在校学生872人，毕业生184人。学校功能室有计算机室、音乐室、体育活动室、舞蹈室、仪器室、心理咨询室、保健室、多媒体电教室等，所有班级严格按照标准化要求配备了班班通设备。学校建有一条50米的塑胶跑道和一个符合新标准的塑胶篮球场。

向阳小学充分挖掘校名文化内涵，结合学校“葵花朵朵向阳开”办学理念，积极构建“向阳文化”特色品牌，打造“向阳教育”办学特色。向阳教育是一种光明的教育、温暖的教育、励志的教育，是一种用阳光之心育阳光之人的教育，是一种使每个孩子眼前始终有希望，行动始终在奋进的教育。

多年来，学校树立“阳光教育”的教育理念，以“感恩、崇善”为学校德育核心理念，学校焕发出生机和活力。在培育和践行社会主义核心价值观教育活动中，以弘扬中华传统美德为导向，以学雷锋为抓手，以韶关市红星综合厂为基地，广泛开展志愿献爱心主题实践活动，打造出学校德育教育的一大亮点。

学校致力于课堂教学改革，“阳光课堂”在新课程标准实施过程中，从解决教学中的实际问题入手，以行动研究为主要研究方法，大力开展校本教研活动，以“爱是教学成功的基础，创新是教育的希望”为学校教学理念，形成“实践反思，同伴互助、专业引领”的教学模式。

【龙归镇中心小学】 龙归镇中心小学创办于1926年，是九年义务教育寄宿制公办学校。分高年级部、低年级部校区，高年级部校区位于龙归镇龙续路18号，低年级部校区位于龙归镇政府斜对面（原龙归二中）。学生辐射周围14个村委会1个居委会，覆盖人口3.8万余人。学校环境优美，布局合理，教学硬件设施完善，中心小学占地面积25972平方米，建筑面积11118平方米。2021年，校本部有教学班54个，学生2431人，下辖安村、奇石、续源、马渡、后坪5个教学点14个教学班，共有教学班68个，学生2671人，其中女生1281人，内宿生211人，六年级毕业学生453人。教职工143人，研究生学历1人，本科学历65人，大专学历34人；小学高级教师2人，小学一级教师57人。

学校秉承“正品雅行，笃学致远”的校训，坚持“尚品、尚善、尚学、尚礼”的校风，以“崇教厚德，业精善教”的教风依法治教，以“乐学善思，敦品正行”的学风去育人。2021年1月，学校被韶关市委市政府评为2020年度韶关市文明校园；2021年7月，学校党总支被区教育工委评为先进基层党组织。

【风度小学】 风度小学位于武江区九龄东路，前身为武江区车头小学。原武江区车头小学始建于1954年，由于孟洲坝水电站的建设，占用原校址，于1992年重建，1994年迁入现校址。历经半个世纪多的风雨，2019年12月更名为韶关市风度小学，由唐朝宰相张九龄的“九龄风度”而得名。

2021年9月学校异地搬迁至新校址，新校区学校占地面积11700平方米，建筑面积17500.10平方米，48个班的小学规模。有班级15个，学生592人，教师34人，学历达标率100%。现有毕业班2个，毕业生71人。

现在的风度小学，校园环境优美，每间课室均安装了最先进的教学平台，硬件设施已处于区一流水平。现有功能场室20间，其中音乐室3间，书法室、美术室各2间，计算机室、体育室、科学实验室、科学仪器准备室、科学教具室、档案室、劳动室、劳技室、劳技准备室、少先队部室、心理咨询室、卫生室、舞蹈室、报告厅各1间，功能场室已配备相关的硬件设施，为培养学生全面发展奠定良好基础。学校校园及每间课室，都安装有高清视频监控系统，覆盖学校每个角落，为学校师生安全提供强有力的保障。

新的风度小学正在实践中探索，在探索中茁壮成长，取得一定的成绩，荣获“2021年韶关市武江区中小学‘奏响经典，同心颂党’学生竖笛比赛三等奖”“2021年武江区第一届中小学生跳绳竞赛小学组团体总分三等奖”“2021年韶关市武江区中小学中华经典诗文诵读比赛小学组三等奖”“2021年韶关市武江区第五届中小学校少先队鼓号花样操比赛三等奖”等。

【韶关市风烈小学】 韶关市风烈小学地处武江区西联镇西联村，原名韶关市武江区西联小学，创办于1954年，2019年更名为韶关市风烈小学。学校2021年有教学班14个，教师30人，在校学生576人。学校占地面积17000平方米，建筑面积4617平方米，绿化面积2550平方米，运动场面积5670平方米。学校布局合理，拥有宽阔的操场、醒目的文化长廊，校园处处充满生机，是师生工作学习的好地方。2006年6月，学校成功创建“韶关市绿色学校”。2011年1月，顺利通过韶关市“广东省义务教育阶段规范化学校”评估验收。

学校以“风烈精神”为基础，确立“养家国情怀，扬拼搏锐气，领追梦启航”的办学理念，并形成“为梦想而拼搏”的校训，“崇德、务实、进取”的校风，“厚德、博学、创新”的教风，“明德、立志、有恒”的学风。近年来，学校在当地政府及村委的大力支持下，进一步改善办学条件，优化育人环境。学校坚持以教学为中心，以课题研究为科研兴校主抓手，狠抓常规管理，创设“激励为主，公平竞争”的管理机制，引导教师争优创先，着力打造出一支高素质的教师队伍，促进了教学质量的快速提升。学校在2008年、2009年、2010年、2012年的武江区教学评估中，获“教学工作先进单位”称号。2011年4月，在韶关市教学质量评估中，获“韶关市教学质量优秀单位”称号。

【甘棠小学】 甘棠小学坐落在韶关市西郊13千米处，是闻名海内外的爱国将领欧震的家乡，新校址始建于1975年，位于甘棠工业园东面。甘棠小学学校三易其址，最终于90年代初，由香港余氏宗亲会捐资兴建风采教学楼，2011年新建1幢综合楼。校园风景秀丽，环境优美，绿树成荫，学校占地面积1.2万平方米，建筑面积2020多平方米，拥有2个标准的篮球场，1个200米塑胶运动场。2021年学校有教师14人，本科学历6人，学历达标率为100%。学校共有教学班6个，每班已开通班班通平台，全校有学生212人，六年级毕业生有33人。

学校功能场室完善、制度健全，教育教学工作成果显著：武江区第23届中小学生运动会团体总分（小学B组）三等奖；2017年中小学（幼儿园）民族集体舞大赛铜奖；2017—2018学年度“教育教学进步奖”；2019年中小学、幼儿园舞蹈比赛三等奖；2019年、2020年韶关市武江区中小学中华经典诗文朗读比赛三等奖；教师多人次获区教学基本功比赛奖。一直以来，甘棠小学秉承“精心育人让校园成为学生成长的乐园”的教育教学理念，不断强化优势，全面提高学生文化素养，抓住“优先发展教育”这个良机。以“用心做好自己的事”为校训，培养学生“勤奋、守纪、拼搏、创新”的精神，提倡“好学、进取、尚品、雅行”的良好学风，逐步形成“严、实、活、新”的教风。学校构建以学生发展为本、自主探究的开放性教学模式，打破传统教学中束缚学生思维的限制，把自由还给学生，为学生思考、探索、发现、创新提供最大的空间，保证教育教学质量的全面提高，从而促进学生的文化素养和人文素养。

【阳山小学】 阳山小学，建于1958年，坐落在韶关市西郊，占地面积25151平方米，2021年有教学班32个，学生1513人，全校教师70人。学校功能场室配备齐全，现有标准200米环形跑道运动场1个，标准篮球场2个，羽毛球场2个。有学生电脑室、音乐室、舞蹈室、体育室、图书阅览室、科学实验室、科学准备室、心理咨询室、卫生保健室、多媒体电教室、少先队部室等各种功能场室。教室全部安装现代化教学平台，实现了教学手段现代化。

阳山小学是韶关市乡村少年宫基地，大力开展各项活动，有跆拳道、舞蹈、信息技术、书画等各类型项目。学校坚持“有教无类，阳光成长”的办学理念，和“愉悦教学，成就成长”的教学理念，坚持“一切为了孩子，为了孩子的一切”的办学宗旨。坚持在内涵上下功夫在特色上做文章，严格学校管理，坚持依法治校。为确保教学质量稳步上升，学校重视并积极组织教师参加各类培训、外出学习，鼓励教师撰写教育教学论文，近几年来二十多篇论文获区级以上奖项，多位教师的课题在区级以上立项。此外，学校还积极组织教师和学生参加区级比赛，并都能在比赛中获得不错的成绩。

学校重视学生素质，成立多种兴趣小组，培养学生的创新思维和实践能力。使每个孩子积极、主动、活泼、健康地成长。学生讲文明、懂礼貌、讲卫生、爱学习，形成“好学善思，文明守纪”的良好学风。

2021年8月，阳山小学扩建项目建成　　（区教育局　供图）

【沐溪小学】 沐溪小学，创办于1970年9月，是一所完全小学。2008年，学校异地新建，现址位于韶关市武江区沐溪工业园七路2号。学校占地面积20462平方米。2020年5月学校进行改扩建，新增建筑面积5970平方米，总建筑面积为10136平方米。运动场地7332平方米，绿化面积2049平方米。学校2021年有教学班23个，在校学生889人。学校有教师46人，大专以上学历35人，中级职称以上教师10人。

2012年学校通过教育强镇验收，设施设备齐全。2020年学校进行改扩建，新增课室22

间，至此该校办学规模达36个教学班，最多可以容纳1600—1800名学生就读；功能室12间，其中一间阶梯课室；安全监控摄像头121个，校园监控系统实现全覆盖，进一步提高安全防患措施。2014年11月，完成课室网络“班班通”工程，全部课室安装教学平台，让农村的孩子享受到城区孩子同等的教育待遇，实现教育的均衡化。

学校以“童蒙养正，德被润心”为校训，以“水润童蒙，海纳涓滴”为校风，以“春风化雨，爱润童心”为教风，以“点滴成习，乐学善学”为学风。坚持“着眼未来，全面发展，整体优化，个性鲜明”的办学方向，狠抓师资队伍建设，坚持在内涵上下功夫，严格学校管理，坚持依法治校。近年来，学校注重文化育人，该校校园文化定位为“小水滴文化”。学校自行设计了小水滴吉祥物，水滴精神在沐小师生心中生根发芽。学校课题《水滴文化育人功能的有效性研究》成功立项韶关市课题、自编校本课程《小水滴诗文诵读本》荣获广东省校本课程成果二等奖、小水滴文化系列论文五篇发表在《广东教学报》，三篇论文荣获省一等奖、两篇论文荣获省二等奖。小水滴“与黎明齐诵”活动深入人心，学校经典诵读连续两届荣获武江区中华经典诵读比赛一等奖。小水滴社团精彩纷呈：美术社团的师生作品荣登《中国少年报》；信息社团师生获得信息技术奖项广东省、韶关市一等奖、二等奖；足球社团女子组荣获区第二名、男子组乙组第二名，被评为广东省足球特色推广学校。学校教育教学质量稳定，素质教育取得较大成效，在武江区的农村小学中享有很高的声誉，是武江区农村小学中的一颗璀璨明珠。学校先后被评为“武江区文明单位”“武江区教学工作先进单位”“韶关市绿色学校”“广东省绿色学校”“武江区体育特色学校”“武江区先进基层党组织”“韶关市文明校园”“韶关市卫生学校”“韶关市巾帼文明岗”；2021年，少先队大队被评为韶关市少先队“红旗大队”。

【白芒小学】 白芒小学，位于韶关市西河镇大村村委，创办于1951年，学校占地面积4962平方米，建筑面积2134平方米。2021年有6个教学班，在校学生162人，其中毕业生25人，教师12人，学历达标率100%。

学校布局合理，环境优美，教学设施齐全，有仪器室、电脑室、科学实验室、图书室、书法室、美术室、舞蹈室、体育器材室，心理咨询室、道德讲堂、队部室、保健室等12个功能室。学校以“严谨求实，创新向上”为校训建设目标，以“团结勤奋，求实创新”为校风，以“严谨争优，律己爱生”为教风，以“诚实守纪，好学进取”为学风，以“以学生发展为本，以创新为动力，以特色为保障”为办学理念，完善各项规章制度，加强教学常规管理，促进良好校风教风学风的形成，教育教学质量稳步提高。

结合武江区白芒小学德育工作特点，制定“日常工作精细化，常规德育特色化”的工作思路，主要从“改进德育方法，优化育人手段，开辟育人新路，强化德育效果”等方面有针对性地开展各项工作，构建符合新教育理念的特色德育目标。以弘扬和培育民族精神教育、文明礼仪行为习惯的养成教育、诚信教育为重点以德育常规活动为抓手，不断提高德育教育质量，使其更有针对性、实效性和主动性。2021年，学生获区级以上比赛奖励21人次，教师获区级以上奖励9人次。

【朝阳小学】 朝阳小学位于惠民北路413号，学校创办于1951年，占地面积12690平方米，建筑面积3474平方米。是一所环境优美，设施完善的公办小学，2021年有常规教学班16个，学生725人（含送教上门学生1人）；福利院附属特教班4个，学生37人。2021学年毕业学生人数99人。朝阳小学现有教师35人，学历达标率为100%，本科学历教师有13人。

朝阳小学环境优美，校园内大树参天，鸟语花香，一幢5层的教学楼配有16间课室及1间电脑室。2个标准篮球场、1个足球场及400米塑胶跑道为学生提供充足的活动场所。

学校始终秉承“全面育人、德育为首”的办学思想，坚持“朝露润泽学子、阳光照亮人生”的办学理念，坚持精细化和创新管理，注重师生文明素养的提升。在“双减”政策的指引下，教学上构建了“自主、合作、创新”的教学模式，扎扎实实开展常规工作，着力打造高效课堂。同时积极发挥学科组的作用，群策群力，优化创新作业方式，使学校教育教学水平稳步提升。学校不但注重文化科学知识的传授及思想品德教育而且注重体美劳全面发展，打造出以“崇武尚德”为核心的武术特色教育。2021年1月，学校武术队员12人参加全国武术网络大赛荣获集体赛三等奖的优异成绩；2021年11月，学校武术队员14人参加韶关市第二十六届中小学生“英东杯”武术竞赛，荣获小学组团体总分第四名，其中6人次获个人赛前三名，13人次获个人赛前八名。

【江湾镇中心小学】 江湾镇中心小学坐落在美丽的江湾河畔，学校创建于1967年，前身是江湾镇湖洋小学，2002年撤销镇教办更名为江湾镇中心小学，2004年由韶关市武江区接管。学校占地面积6678平方米，建筑面积已达2045平方米，2021年有教学班8个，学生220人，今年毕业学生43人。教师27人，学历达标率100%。

学校三区（运动区、教学区和生活区）布局合理，有计算机室、科学实验室、仪器室、美术室、音乐舞蹈室、图书阅览室等专用功能室，8个教学班安装了多媒体教学平台及无尘黑板，实现了“班班通”和“人人通”，建立并开通了校园网络，2021年9月，爱心人士捐赠8万多元兴建学校书法室。师生平安食堂宽敞、明亮、整洁、卫生，拥有1个多功能型的运动场和200米的环形塑胶跑道，整个校园紧凑有序，环境幽静清雅。近年来，学校强化内部管理，注重基础教学，狠抓教学质量，在教育教学方面取得较好的成绩，2021年被武江区教育局评为“教学工作进步奖单位”，参加武江区第五届中小学生乒乓球竞赛中荣获城郊组团体总分第三名，劳动成果《“石文化”和“竹篾手工”》入选广东省中小学劳动教育优秀实物作品成果。

学校全面贯彻党的教育方针，积极推进素质教育，秉承“人人充满希望，生生健康成长”的办学理念，坚持“立足于学生的整体发展，着眼于学生的个性成长，着力于学生的主题发挥”的办学宗旨，践行“明理、敏行、尚美”的德育理念，狠抓教育教学工作管理，积极实施课题研究，不断完善教育工作方法，增强德育工作的针对性、实效性，开展德育系列活动，促进学生全面发展。

【芙蓉第一小学】 芙蓉第一小学位于韶关市武江区韶关大道12号，于2018年9月1日正式开学，学校占地面积9601.9平方米，建筑面积6688.19平方米。教学楼是由2栋四方形合围建筑构成，形成一个“回”字形，白墙红顶，与恒大城整体建筑风格相融合。2021年有教师45人，已招生20个班，905人。芙蓉第一小学按照规范化学校建设，配备美术室、音乐室、舞蹈室、实验室、电脑室、图书室、心理咨询室、卫生室等在内的多个功能场室。

学校以“芙蓉文化”打造学校品牌，以特色教育为突破口，规范办学、提高教育质量，高标准、严要求、重实效，从细节抓起，构建和谐校园。建设班级文化，提高学生参与意识，增强班级活力，凝聚班级向心力；建设办公室文化，提高教师精神追求，明确努力方向，美化办公环境；建设学校制度文化，以规范制度促教学，提高管理水平；建设学校礼仪文化，通过各种仪式帮助学生树立远大理想，强化责任意识，促进学生养成教育，培养学生文明习惯；建设学校文艺生活文化，丰富师生课外文化生活，培养学生兴趣爱好，发展学生特长。

学校把规范学校管理，提高教育质量作为学校的核心工作来抓，提高认识，转变观念，规范教师行为，培养学生行为习惯，认真落实学校常规管理，使学校各项工作逐步实现规范化、制度化、科学化。学校领导班子分工明确，各负其责，对照自己分管的工作，依据标准细则，积极思考，认真完成，规范学校管理，提高管理水平。

【御龙湾小学】 御龙湾小学位于韶关市武江区环山路芙蓉山脚下，芙蓉山矿山公园北侧，学校于2018年12月开工建设，于2019年12月全部完成建设。学校占地面积约12005平方米，建设五层教学楼，规划建筑面积约为6546平方米，由欧浦置业房地产投资有限公司进行建设并简装交付，武江区教育局进行局部微调和设施设备采购安装。学校建筑呈“士”字形综合设计布局，黄墙红瓦，端庄高雅，建筑风格与欧浦御龙湾小区欧式整体建筑风格极度融合。学校招生规模为24个标准班约1200人。2021年9月，学校招生一至三年级共13个班，学生共556人，教师34人。

御龙湾小学建设规范，户外配备标准200米环形塑胶跑道运动场，场内设置羽毛球场2个，篮球场2个。教学楼内建设有音乐室、舞蹈室、心理健康室、学生图书阅览室、教师书吧等功能场室。课室配备多媒体平台，已实现千兆光纤入校园，千兆交换到桌面的校园网络。

学校依托地理位置的优越性，遵循“养匠心，厚师德，育新苗”的办学理念，以“弘扬工匠精神，厚植匠心文化，培育一代新人”为己任，确定“匠心教育”为学校文化特色主题，以“育人先养心，树人先立己”为校训，把匠心教育的核心素养贯穿于学校管理、课程建设、德育体系、文化建设之中，形成“匠心独运，阅读经典”“变废为宝，‘匠’错就错”“学案导学，‘匠’导‘匠’学”“具匠心，承匠艺”等教育教学特色。

【凤田小学】 凤田小学创办于1972年，学校位于龙归镇凤田村牛牯墩，与江湾镇相邻，地处偏远山区，学生辐射周围3个村委会，覆盖人口1万余人。学校整体布局合理、校园环境优美，占地面积6600平方米，有教学楼2栋，校舍建筑面积2507平方米，有1个60米跑道运动场地，标准篮球场2个。学校有9个教学班，290名学生，教师18人，方田教学点有一至三年级3个教学班，75名学生，有1名教师。

学校坚持“育人为本、敬业为乐”的办学理念，“求实、创新”的教学理念，坚持以“创办家长满意的学校”为办学宗旨。严格学校管理、坚持依法治校、依法治教。

【韶关市第九中学】 韶关市第九中学始建于1970年，坐落于风景秀丽、环境宜人的芙蓉山北麓。学校占地24485平方米，建有200米标准运动场、2个足球场、4个篮球场等运动场地；配有多间多媒体电脑室、实验室以及多媒体阶梯课室、智慧课室、创客工作室、录播室、舞蹈室、美术室、音乐室、书画室、心理咨询室、卫生保健室等功能场室；课室配备多媒体平台，已实现千兆光纤入校园，千兆交换到桌面的校园网络。

学校2021年有35个教学班，在校学生1761人，教师117人。其中中学高级教师43人，中级职称以上教师100人，省级骨干教师5人，市级学科带头人3人，市级名校长和名班主任各1人，区级学科带头人17人。近年，学校教师获区级以上荣誉和表彰290多人次。

学校坚持“有利于学生成才、有利于教师成长、有利于学校发展”的办学原则，坚持“崇德尚志、乐学乐教、立人成才”的办学理念，遵循校训“严谨、求实、勤奋、创新”，建设“健康、文明、主动、活泼”的校风，倡导“敬业、爱生、进取、悦教”的教风，推行“乐学、善思、求真、笃行”的学风，努力构建以“教师乐教、学生乐学、成长乐园”的“愉悦教育”和“和谐校园、活力校园、智慧校园”的“三园文化”为内蕴的“愉悦教育”特色，追求师生共享“愉悦”的教育教学和学习过程，让学生乐学、教师乐教，让学校成为师生共同成长的乐园，形成其乐融融的学校文化氛围。

历代“九中人”立足岗位讲奉献、团结拼搏创佳绩。学校被评为“全国青少年校园足球特色学校”“全国国防教育示范校”“广东省基础教育党建示范校”“广东省安全文明校园”“广东省依法治校示范校”“广东省书香校园”“广东省五四红旗团委”“广东省绿色校园”“韶关市义务教育阶段教学质量优质学校”“韶关市首批行为规范示范校”“韶关市教育教研示范校”“韶关市中小学中华优秀传统文化教育试点学校”“韶关市文明校园”“韶关市中小学校党建工作示范校”和“武江区德育创新与发展工作先进单位”“武江区基层党建示范校”等，连续多年被评为武江区教学先进单位。

【韶关市风烈中学】 韶关市风烈中学原名为韶关市第十一中学，2019年更名为“韶关市风烈中学”。学校2021年有教学班20个，在校学生898人，教师62人，其中高级教师13人。学校秉持“强 健 雅 正”的校训校风，营造“精研、乐教”的教风，培育“善思、乐学”的学风，自创《火焰》为校徽、《和乐之家》为校歌。

学校践行“生活即教育”，创设“五育并举”“学科融合”的生命教育体系。建设有生物气象科普站、风烈武术队、芙蓉花开文学社团、创意机器人社团、美术社团、戏剧队、舞蹈队、竖笛队等10多个学生社团。学校的“风烈三品”（风烈武术、梦想田园、梦想艺术）迁移到各学科教学中进行学科大融合。其中学校武术队享誉全省，获得广东省第十二届武术精英比赛18块金牌、2021年广东省中学生武术锦标赛集体项目第二名，团体总分第三名，并获得韶关市第二十四届、二十五届、二十六届“英东杯”武术比赛连续三届冠军。特色办学带动学校教育教学等办学内涵全面提升。2021年学校被评为“广东省中小学劳动教育特色学校”“广东省绿色学校”“广东省禁毒示范校”“韶关市文明校园”“韶关市武术基地学校”。

【韶关市第十四中学】 韶关市第十四中学创办于1996年5月，校园占地面积21293平方米，建有电脑、多媒体、音乐、舞蹈、美术、实验、录播等功能室和智慧课堂，每间教室配备先进的教学平台和丰富的软件资源校园网。2021年有教学班29个，学生1384人，教师93人，其中高级教师34人，中级教师42人，初级教师9人，“南粤优秀教师”2人，市级名班主任1人，区级名校长1人、名校长培养对象1人，市级名教师工作室主持人1人，区级名教师工作室主持人2人、名教师培养对象17人，区级名班主任工作室主持人1人、名班主任培养对象4人。

学校把学生培养成为具有科学文化知识，爱党爱国爱人民，知法守法，珍惜生命，懂得感恩，身心健康，熟悉锻炼方法，养成阅读和劳动习惯，不妨碍社会、不妨碍他人的人作为培养目标；确立“提供特长展示的舞台，搭建专业发展的平台”的办学理念，秉承“团结、务实、博学、创新”的校训，锤炼“和谐、文明、进取、创新”的校风，营造“崇德、敬业、严教、善教”的教风，培育“善学、明理、修身、安人”的学风，严格规范办学行为，切实推进教育公平，稳步提升办学水平。2021年，学校获评韶关市中小学卫生工作示范学校、韶关市科普教育基地。

学校围绕学风教育和特色教育两个中心及社会主义核心价值观教育、行为规范养成教育、安全教育、法治教育、心理健康教育五个重点，以书法特色教育为抓手，开展书法大课间活动为载体，课堂常态巡查通报为手段，力促学生个性特长得到充分展示，综合素质得到较大提升。学校坚持推进教育信息化，利用“互联网+教育”开展业务培训，借助学乐云、粤教翔云、好分数、翼课网等平台为教师提供丰富的教学资源，促进信息技术与学科教学深度融合。2021年，学生参加各项劳动技术实践活动及比赛获区级以上奖项共482人次，其中体育竞赛类169项，编程科创类105项，艺术类124项；教师2021年撰写的论文、录像课、教学案例、课例获省级一等奖1项，市级奖项24项。

【韶关市第十五中学】 韶关市第十五中学始建于2002年8月，前身是具有五十多年办学历史的韶关市商业学校。学校占地面积10847平方米。学校建有运动场1个，篮球场2个等运动场所，配有多媒体电脑室、实验室以及多媒体阶梯课室、智慧课室、创客工作室、录播室、舞蹈室、美术室、心理咨询室、卫生保健室等功能场室；已建成现代化信息教学系统和先进的校园网络，完善了校园安全监控系统及校园广播系统。

学校2021年有教学班25个，学生1149人；现有教师83人，其中中学高级教师15人，中级职称以上教师61人，区级以上骨干教师9人，区名教师1人，区名班主任1人。学校坚持将“以德育德，以爱育爱”德育特色与教育教学改革相结合，取得可喜的成绩，2016年9月8日，学校与北江中学正式挂牌成为结对学校。

学校还注重培养学生个性，注重兴趣引导，学校先后成立田径队、篮球队、合唱队、舞蹈队、电脑制作兴趣小组、书法兴趣小组等。2020年学校收获颇多，荣获学校集体奖市级奖3项；师生共荣获大小奖141项。2020年，学校健美操队代表武江区参加韶关市第25届“英东杯”健美操啦啦操竞赛，获得三个单项冠军、获初中组团体总分第一名；2021年12月学校健美操队参加韶关市第12届中小学生运动会暨韶关市第26届中小学“英东杯”健美操啦啦操竞赛获得4个单项第一名、团体总分第一名。科技实践小组参加第三十五届韶关市青少年科技创新大赛荣获一等奖，参加第三十五届广东省青少年科技创新大赛荣获三等奖；学校语文科组荣获“韶关市巾帼文明岗”称号；学校语文科组和英语科组被评为“韶关市优秀科组”；学校荣获“韶关市教师教育教学信息化交流及新媒体新技术教学应用活动优秀组织奖”，学校参加韶关市现场创客制作大赛荣获“团体项目优秀奖”，2021年参加第三十六届广东省青少年科技创新大赛荣获二等奖。2021年6月分获武江区“童心向党”中小学文艺竞赛及艺术展示朗诵比赛、学校合唱、班级合唱、戏剧情景剧4项一等奖。

学校先后被评为广东省义务教育规范化学校、广东省绿色学校、韶关市文明校园、韶关市德育示范校、韶关市卫生标兵、武江区教学工作先进单位、武江区中小学德育特色创新与发展先进单位、武江区体育特色教育学校、武江区平安校园。2020年11月被评为韶关市初中生物学学科科研基地，2021年6月被评为韶关市健美操基地学校。其中，学校团委多次获得武江区“先进团委”“五四红旗团委”等荣誉称号。2021年1月，被评为广东省绿色校园。

【龙归中学】 龙归中学创办于1943年7月，位于韶关市区西郊龙归镇，是一所历史悠久、人文底蕴深厚的寄宿制学校。学校占地39746平方米，建筑面积19132平方米。学校建有塑胶运动场、足球场、篮球场、羽毛球场、排球场等运动场地设施，配有电脑室、实验室、多媒体阶梯课室、高清数字录播室、舞蹈室、美术室、音乐室、书画室、图书室、心理咨询室、卫生保健室等功能场室，每间课室都配备多媒体教学平台，实现了千兆网络全覆盖。

学校2021年有32个教学班，在校学生1553人，毕业生483人，教师91人，本科以上学历教师67人，副高级职称教师11人，中级职称以上教师69人。

近年来，学校实施素质教育，立德树人，秉持“刚柔相济、精细管理、和谐育人”的办学理念，遵循“厚德、尚礼、励志、笃学”的校训，传承“和而雅、知而远”的校风，发扬“精而细、实而活”的教风，充实“勤而毅、礼而悦”的学风。学校教育教学成绩优异，毕业生上省、市重点高中的人数在全市乡镇中学名列前茅。赢得社会的普遍赞誉和上级主管部门的肯定。学校先后被授予“韶关市师德建设先进单位”“广东省义务教育标准化学校”“韶关市安全文明校园”“武江区教学工作先进单位”“武江区先进单位”“广东省毒品预防教育示范学校”“广东省校园足球推广学校”“武江区教育系统党建示范校”等荣誉称号。

【江湾中学】 江湾中学创建于1968年，是一所乡镇寄宿制初级中学，位于武江区江湾镇。

学校占地面积7880平方米，2021年，有3个教学班，学生128人，教师17人，学历达标率为100%。建有160米环形塑胶跑道和塑胶篮球场、羽毛球场，各种功能场室和教学设施齐全。

江湾中学以“和谐校园，自立人生”为办学理念，以“自己的事情自己做”为校训，注重培养学生的独立人格。学校坚持以学生发展为本，积极创设让学生乐学、会学的环境和条件，逐步形成“爱生、敬业、博学、奉献”的良好教风及“文明、守纪、勤学、进取”的良好校风。学校有一支敬业爱岗、无私奉献、德才兼备的教师队伍，教育教学质量不断提高。学校先后被评为“武江区德育达标学校”、“武江区教育教学工作先进单位”，在武江区第五届中小学生乒乓球赛中荣获初中组第四名。

【西河学校】 西河学校地处武江区西河镇下坑村，创办于1958年8月，前身是韶关市第七中学、韶州师范学校、韶关市第三中学的分校；1985年，由武江区政府接管，并命名为武江中学；2012年8月，将原茗苑小学、田心小学、下坑小学和武江中学4所学校整合为1所九年一贯制学校，并更名为韶关市武江区西河学校，下有茗苑、田心两个教学点；2021年有教学班23个，学生744人，教师53人，教师配备合理，学历达标率为100%；校园占地面积25000平方米，建筑面积12669.82平方米；各功能场室及设施设备齐全，布局合理，环境幽静清雅，是广东省义务教育标准化学校。

学校认真贯彻党的教育方针，全面推进素质教育，以“为学生成长奠基，为教师发展铺路”为办学理念，制定“诚信、卓越、合群、进取”校训，努力创建“文明、守纪、勤奋、创新”的校风。在推进素质教育的进程中，努力形成“勤奋、严谨、务实、慎思”的教风和“勤学、多思、创新、求活”的学风。学校以“红棉文化”为切入点，培养学生“正直乐观、自强自爱、无私奉献”的优良品行，借助乡村学校少年宫活动，以古筝教学为特色，促进学生个性和谐发展，不断提高教育教学质量。

【重阳学校】 重阳学校是一所九年一贯制农村学校。由原重阳中学、重阳中心小学于2011年2月合并而成，位于重阳镇镇政府南路3号。现为武江区安全文明校园、武江区平安校园。学校占地面积40130平方米，2021年有28个教学班（含九群教学点3个、万侯教学点3个），在校学生903人，毕业生82人，教师64人，教师学历达标率为100%。学校现有多媒体电教室、计算机室、理化生实验室、图书室、阅览室、音乐室、美术室、舞蹈室、团（队）室、心理辅导室、卫生室等设施完善的功能室，建设校园网并接入韶关市教育专网，有200米塑胶跑道、运动场、篮球场、羽毛球场、乒乓球台等体育设施，学校生活区、教学区、运动区布局合理规范。

学校通过互助共建组（韶关市第十四中学、武江区红星小学）和东莞市低涌中学、广州市98中学、广州市海珠区赤岗小学的大力帮扶，学校的教育教学质量逐步得到提高。学校有教师33人次在省、市、区论文评比、学科竞赛、优课比赛中奖项；2021年被评为先进基层党组织；获得第五届武江区中小学乒乓球竞赛城郊小学组团体总分第四名，武江区第一届中小学跳绳竞赛初中组团体总分三等奖、小学组团体总分三等奖。

“对留守儿童的关怀与教育”是学校的办学特色，坚持“知感恩，求上进”的办学理念，以“勤奋守纪，励志自强”为校训，培育“文明和谐，务实进取”的校风，努力形成“有教无类，启智育才”的教风和“循序渐进，精思博学”的学风。

（谢悦彬）

文化·旅游·体育

文　化

【概况】 韶关市武江区文化旅游体育局（以下简称区文旅体局）内设办公室、公共服务股、市场与产业股三个股（室）。下设韶关市武江区文化馆（副科级）、韶关市武江区图书馆（正股级）、韶关市武江区博物馆（正股级）、韶关市武江区业余体育运动学校（正股级）四个公益一类事业单位。

【疫情防控和安全生产】 2021年，区文旅体局积极应对新冠肺炎疫情，围绕“科学防控、外防输入、内防反弹”的防控理念，在举办群众性文化活动、公共文化场馆开放、歌舞娱乐场所和互联网服务场所营业中严格贯彻执行疫情防控措施，全区文化旅游体育系统场所、人员零感染。

【公共文化服务】 2021年，区文旅体局深入推进总分馆建设，进一步完善公共文化服务基础设施，开工建设武江区图书馆二期项目，督促指导各镇（街）完成基层综合性文化站建设，选取31个基层综合性文化服务中心进行试点提升。持续做好文化场馆公共服务。

【文化阵地建设】 2021年，武江区认真落实公共文化场馆免费开放制度，持续办好让市民群众满意的公共文化场馆。文化馆对外开放功能室11个，开放时长2973小时，接待入馆游客5万多人，设置主题布展6期，满意度测评优秀率达到95%。区图书馆对外开放功能室11个，开放时长3168小时，接待读者48825人，满意度测评优秀率达到96%。区博物馆以武江人文为主题，设置六大板块，接受捐赠物品61件/套，委托广东省文物总店征集藏品，共征集51件/套，开放时长317天，接待入馆游客约16316人。通过公众号、融媒体等信息平台，同步加强社会宣传，不断提升区文化“三馆”社会知晓度、公众参与度、群众满意度和文化影响力。

【深化改革工作】 2021年，区文旅体局持续深化“放管服”和商事制度改革，不断优化审批流程，遵循“线上线下融合统一”的原则，实现“综合受理，集成服务”工作模式，83项政务服务事项全部进驻区政务服务大厅办理，进驻率达100%。全年办理行业场所新设立、变更、延续、注销许可共33项、批准营业性演出5项、文物保护工程许可1项，全部获得“好评”。

【行业市场建设】 2021年，区文旅体局在文化旅游体育市场深入开展安全生产、疫情防控、扫黑除恶、扫黄打非、创文巩卫、禁止黄赌毒、反邪教等综合治理工作，出动市场巡查人员800余人次，组织动员培训3期，开展专项治理行动15项，配合市文化执法部门立案查处1起，妥善处置民生舆情5件，签订《韶关市生产经营单位主要负责人安全生产主体责任承诺书》《系统防范化解道路交通安全风险责任书和承诺书》。组织行业从业人员接种新冠肺炎疫苗4000余人。制作普法宣传手册，加强普法宣传教育，推动法治市场、平安市场、诚信市场建设。

【群众文化活动】 2021年，区文旅体局不断推动公共文化事业繁荣发展，发挥区文化馆文化窗口作用，着力打造“魅力武江·艺荟芙蓉”文化品牌，开办文化艺术公益培训30期、举办“芙蓉山下”芙蓉讲坛6课、“艺荟芙蓉”系列群众文化活动24场，举办文化体育系列活动周，探索“文化+体育”融合发展新模式。持续办好文化惠民活动，举办“我们的节日”系列活动7场、传统戏曲进农村7场、传统戏曲进校园5场，不断丰富群众文化生活，大力弘扬中华优秀传统文化。2021年，组织创作文化艺术精品12件。

【开展阅读活动】 2021年，区文旅体局创建“悦读武江”“芙蓉山下”文化阅读IP，举办“悦读武江”“芙蓉山下”全民阅读系列活动共97场，探索全民阅读体系拓展途径，在韶关市皇海化工实业有限公司、韶关市韶瑞重工有限公司等9家企业和御龙湾小学、韶关市振华中等职业学院等4间学校，试点开展“图书进企业、进校园”活动，送书进企业、进校园8500册次，受到广泛欢迎，吸引读者6000人次。不断推进全民阅读体系和“书香武江”品牌建设。

【文物遗产保护】 2021年，区文旅体局充分活化利用红色资源，在武江区博物馆开展“红色武江”“风云武江”红色主题布展，区党委理论学习中心组在区博物馆开展了一期党史专题中心组理论学习。结合党史学习教育，在区博物馆创建爱国主义教育基地，联合区教育部门组织1100名师生开展爱国主义教育专题活动。在新建展厅举办传统篆刻展，大力弘扬中华优秀传统文化。开展不可移动文物安全专项排查，确保文物安全，推进实施文物保护一期工程，按照“修旧如旧”的文物修缮原则，编制文物保护一期工程实施方案。在武江区文化馆建立非遗工作站，申报省级非遗保护项目1个、申报非遗传承人1个，举办非遗保护传播活动10场，不断弘扬武江本地特色传统文化。

（钟明东）

档案工作

【概况】 2021年，武江区档案馆深入学习贯彻习近平总书记对档案工作重要批示精神，坚持围绕中心，服务大局，以提升档案公共服务能力为立足点，夯实档案业务基础，提高档案工作管理和服务水平，各项工作取得新进展。

区档案馆是区委直属正科级公益一类事业单位，核定事业编制6名，设馆长1名，副馆长2名。内设机构3个：办公室、接收保管股、技术声像股。截至2021年12月31日，区档案馆实有在编人员5人。

【落实党建责任】 2021年，区档案馆紧紧围绕“学党史、悟思想、办实事、开新局”，深入开展党史学习教育，引导全馆党员干部深入学习“四史”，重点学习习近平总书记在党史学习教育动员大会和庆祝中国共产党成立100周年大会上的重要讲话精神，将党史学习教育与加强党支部建设、落实主题党日和“三会一课”制度紧密结合，强化思想政治引领，忠诚拥护“两个确立”、坚决做到“两个维护”，以为群众办实事、为发展开新局的实际行动，推动党的创新理论在区档案馆落地生根、结出丰硕成果。健全组织建设，夯实基层战斗堡垒。严格廉政建设，筑牢防腐拒变思想防线。强化作风建设，增强干部使命担当。

【档案接收与征集】 2021年，区档案馆接收档案共4172卷又5657件，照片档案178张。按照市档案局、市档案馆要求，切实做好精准扶贫、地名普查和疫情防控档案资料的收集、整理和保管工作。征集了《中国共产党成立100周年特别报道》、韶关日报特刊《决战全面小康，决战脱贫攻坚》和《武江区全力推进农村人居环境整治暨乡村建设纪实》等具有重要历史意义的资料5册。

【档案服务与利用】2021年，区档案馆主动服务乡村振兴战略，加强农业农村档案规范化管理，配合区档案局指导村（社区）换届档案收集整理工作。努力做好档案服务，前往区委编办、区公安局、龙归镇等部门，现场指导、检查，做好档案预接收工作。树牢以人民为中心的思想，扎实开展“我为群众办实事”活动，与韶关市档案馆建立馆藏民生档案跨馆异地利用工作机制，实现“跨馆查询，异地出证”服务，进一步优化服务方式、改进服务手段，为群众提供更加方便快捷、优质高效的服务。全年共接待来电来人查阅档案资料288人次，调阅档案资料336卷（件）次，复印735张，出证256份，为群众解决社保待遇、退休工龄、遗产公证、婚姻家庭等问题提供依据，利用档案资源为党委政府决策提供参考。

【档案数字化建设】2021年，区档案馆按照“增量电子化、存量数字化”的原则，进一步加强数字档案资源建设，全年完成近30万页的馆藏档案全文数字化，新增数据容量138GB，累计完成馆藏档案数字化扫描94万页，数字化扫描比例接近40%。数字档案馆建设取得新突破，投入专项债券资金170万元建设城乡云档案平台。该平台将整体提升档案包和立档单位的档案信息化水平，优化区档案室业务协同的工作质量与效率，满足档案资源增量电子化管理要求，实现对电子文件和电子档案的数字化、规范化接收。同时，利用先进的信息化技术手段，整合各类档案资源建立多层次、多渠道的共享利用，推进档案资源社会化共享。

【档案宣传及学习】2021年，区档案馆与区档案局联合开展以“档案话百年”为主题的庆祝中国共产党成立100周年暨“6·9”国际档案日宣传活动，通过悬挂宣传横幅、发放新修订的《中华人民共和国档案法》单行本、赠送印有档案主题的环保袋等形式，向活动现场群众宣传新档案法及档案知识、党的百年故事，普及档案与社会和公民的关系，增强群众的档案意识。依托信息化宣传阵地，开展常态化宣传学习。制作宣传标语利用档案馆服务大厅开展政策宣传，营造良好宣传氛围，扩大宣传效果。通过国家档案局、中国档案网等平台，组织全馆干部职工开展档案法律法规线上学习，积极参加档案知识竞赛，以竞赛促进学习，提高干部职工档案专业知识和业务水平。

【档案馆业务评价】2021年，区档案馆为加强档案馆规范化建设，提升县（区）级综合档案馆业务建设水平，推动档案馆事业高质量发展，认真对照《韶关市县级国家综合档案馆业务建设评价办法》，全力以赴开展档案馆业务建设评价工作，加强档案馆业务规范化建设，进一步夯实档案馆业务基础。

【档案安全管理】2021年，区档案馆采取有力举措，落实档案安全管理制度。严格遵守库房管理规章制度，坚持“以防为主、防治结合”的原则，落实档案“十防”要求。完善了档案安全巡查制度和应急预案，严格执行重大节假日前夕、“三防”期间领导带班实地巡查制度，注重库房安全检查和应急演练工作，排除档案安全隐患；定期检测及时更换消防设施设备，确保档案库房和档案实体安全。

（蔡利欢）

党史·地方志

【概况】2021年，韶关市武江区史志办公室严格贯彻执行《地方志工作条例》《广东省地方志工作条例》，推动区地方志工作改革创新、开放发展，切实提升服务党委政府、服务经济社会发展、服务人民群众的能力和水平。坚持以习近平新时代中国特色社会主义思想为指导，推动全区史志工作创新发展，完成《中国共产党武江区历史》（1984–2012）编写、革命遗址普查、年鉴编纂、自然村落历史人文普查、地方志资料收集整理及数字化等工作。

【党史工作】 2021年，区史志办完成《中国共产党武江区历史》(1984—2012)初稿编写工作。4月19日，召开《中国共产党武江区历史》(1984—2012)审稿会议，扎实推动编撰工作。《中国共产党武江历史》(1984—2012)是反映武江改革开放和社会主义现代化建设时期的党史基本著作。该书自2014年底启动编写工作，历时六年。重点记述从1984年9月建立韶关市辖武江区并组建中共韶关市武江区委至2012年11月党的十八大召开这一时期，武江党组织领导全区人民开展经济、政治、文化、社会、生态文明建设，加强党的自身建设，开创和发展中国特色社会主义在武江生动实践的历史过程，认真总结历史经验，深刻揭示执政规律。该书是武江区的第一本党史，全书共5章27节约40万字。

【红色革命遗址认定】 2021年4月至6月，区史志办补充完善重要革命遗址线索信息报送市委党史研究室；6月30日区史志办完成14处新增革命遗址的审核报送至市党史室，经审核，新增14处市级革命遗址。全区普查登记遗址总数55个，革命遗址51个，其他遗址4个。在51个革命遗址中，重要历史事件和重要机构旧址25个，重要历史事件及人物活动纪念地21个，纪念设施5个。核定纳入广东省红色革命遗址24个，纳入广东省革命遗址线索9个，纳入韶关市革命遗址18个。

【红色革命遗址通览编写】 2021年5月11日，区史志办汇编《韶关市武江区红色革命遗址通览》。根据革命遗址普查情况撰写《韶关市武江区革命遗址普查调研报告》，获区委主要领导批示。12月区史志办完成《韶关市武江区红色革命遗址通览》校审，修订部分史料，增加缺失内容，同时增加革命老区村庄、武江区历史革命人物两块内容。

【年鉴编撰】 2021年3月17日，中共韶关市武江区委办公室、韶关市武江区人民办公室印发《〈武江年鉴(2021)〉编纂方案》通知，启动全区年鉴编纂工作。12月《武江年鉴(2021)》由方志出版社公开出版。《武江年鉴(2021)》在保持基本框架相对稳定的前提下，对部分内容进行调整、充实，突出武江特色，并增加少量条目，使编目更加科学和完整。其中："特载"类目内容全部更新。"概况"类目新设"领导机构党派团体负责人名单"分目。"人民团体"类目易名为"群众团体"。"经济管理"类目易名为"综合经济管理"。"工业·科技"类目易名为"工业"。"商业·贸易"类目易名为"商业"。"财政·税务"类目易名为"财政·税务·金融"，新设"金融"分目。"城乡建设·信息·公路"类目易名为"城乡建设·生态环境·公路"，新设"生态环境"分目。新设"民政·人力资源与社会保障"类目。"先进单位·个人"类目易名为"先进表彰"。

【年鉴数字化】 2021年，区史志办根据《广东省地方志工作条例》《中共广东省委办公厅广东省人民政府办公厅关于进一步加强新时代地方志工作的通知》以及《关于加快推进全省地方志数字化工作的通知》(粤志办发〔2019〕7号)通知要求，提交《武江年鉴(2006—2008)》《武江年鉴(2009)》《武江年鉴(2010)》《武江年鉴(2011)》《武江年鉴(2012)》《武江年鉴(2013)》《武江年鉴(2014)》《武江年鉴(2019)》共8部年鉴到省方志办，由省方志办录入省情数据库。12月，与韶关市典经社彩印有限公司签订合同，购买服务数字化《武江年鉴(2021)》。

【党史学习教育】 2021年，武江区为庆祝中国共产党成立100周年，深入贯彻落实习近平新时代中国特色社会主义思想和中共十九大精神，进一步加强对红色革命精神的宣传教育，讲好红色故事，弘扬红色文化，传承红色基因。2021年3月15日，区委办转发《关于开展韶关红色故事征集活动的通知》。区史志办向市委党史研究室报送武江区红色故事4篇、红色保密故事3篇。报送论文《韶关市武江区第一个党组织——

中共重阳支部》《党史研究如何更好体现“一突出两跟进”》，其中《韶关市武江区第一个党组织——中共重阳支部》在全市党史方志系统传达学习贯彻习近平总书记“七一”重要讲话精神暨党史专题论文交流会上进行首个发言。积极参加武江区党史宣传活动，区史志办人员作为区党史宣讲团成员多次进行党史宣讲。为区文化馆、区博物馆、区档案馆历史展览提供大量图片及重要历史资料。在重阳水上运动小镇水口村“重阳革命历史展览”和“西水暴动重阳指挥部展览馆”中，与区委宣传部、重阳镇合作完成展览活动，加强干部群众和社会各界对武江革命历史的了解。

【地方志资料收集整理】 2021年10月20日，区委办印发《关于报送2020年度地方志资料的通知》，要求各单位于2021年11月30日前报送2020年度地方志资料（含纸质版与电子文档）到区史志办，并要求各单位统筹安排2005—2019年度的年报资料。51个单位按要求完成地方志报送任务，部分单位未完成。

【大事记汇编】 2021年3月，区史志办启动《韶关市武江区大事记》（1999—2021）编纂工作。武江区大事记第一卷从建区1984年记录至1999年，该书在第一卷的下限年开始编写，记事年代始于1999年1月，止于2021年12月，全书字数合计44.2万字。集中反映武江区二十三年来各战线、各部门、各行业的大事、要事、新事。

（邱小庭）

旅　游

【概况】 2021年，武江区文化旅游体育局着眼于全域旅游建设，积极应对新冠肺炎疫情对旅游业态的影响，统筹推进基础设施建设、旅游经济回暖、文旅产业升级、旅游资源推广等各项工作。

【旅游基础设施建设】 2021年，武江区紧紧围绕招商引资“一号工程”，不断提升“店小二”服务意识，扎实做好便企惠企部门服务，扶持新增限上住宿业2家。积极开展“暖企走访”活动，深入企业走访调研，并提供政策讲解服务。探索搭建全域旅游体系，围绕乡村振兴与旅游工作结合点，大力推动“旅游+生态”产业融合发展模式，组织旅游宣传推介和旅游志愿服务活动，积极参加旅游博览会，制作武江旅游地图资讯手册一批，进一步完善旅游基础服务设施，完成旅游厕所年度建设指标，制作安装精品线路沿线旅游标识标牌。

【旅游宣传推广】 2021年，武江区开展“四季武江”精品旅游线路游活动，已开展2期，吸引游客200余人参加。5月15日在武江区新天地广场开展“绿色发展 美好生活”武江区精品旅游线路暨“中国旅游日”推广活动，吸引约500人参加。参加4月22日开展的2021韶关文旅（东莞）推介会，5月18日乳源云门山承办的2021“中国旅游日”宣传活动，5月20日至23日开展的2021广东（惠州）文化旅游体育产业博览会暨手信产品展销会，7月30日市文广旅体局开展的全市文广旅体系统营销推广会议，在各活动、会议上推广宣传武江区乡村精品旅游路线。武江区乡村精品旅游线路手绘地图第二版已经印制成功，并在相关展销会上使用推广。积极参加市局组织的广州旅博会，深圳文博会，加强推广宣传武江区乡村精品旅游路线。已完成对西河至重阳精品旅游线路标识标牌选点、设计工作，下一步将继续推动龙归至江湾旅游标识标牌工作。

【旅游经济】 2021年，武江区旅游收入11.2678亿元。接待游客109.9548万人次，住宿业营业额20286.6万元。新增限上企业2家，重点项目（奥园项目）累计投资21000万元，超额完成年度投资计划105%。

2021 年驻武江区旅行社一览表

表10

序号	驻武江区旅行社名称	详细地址
1	韶关市骄阳假期旅行社有限公司	韶关市武江区工业西路20-3号
2	韶关市全域旅游卡经营有限公司	韶关市武江区工业东路1号汽运站内第6幢首层自编号1-1-01商铺
3	韶关市风采假日旅行社有限公司	韶关市武江区武江北路393号城市花园-金城小区D幢1层13号商铺
4	韶关红程旅行社有限公司	韶关市武江区工业西路第65幢芙蓉新苑A幢第三层写字楼2号（自编）

体　育

【概况】 2021 年，韶关市武江区文化旅游体育局严抓体育管理，不断规范体育行业、协会运行。审批高危险性体育经营项目（游泳）14 个。加大对《体育法》、《广东省全民健身条例》等体育领域法律法规宣传推广，积极应对新冠肺炎疫情，扎实推进安全生产“一线三排”和扫黑除恶专项斗争行动。

【体育设施管理】 2021 年，武江区持续加大体育基础服务设施投放力度和持续管理。辖区内共新增 44 套健身路径，乒乓球台设施 14 套，篮球场地 9 个，羽毛球场地 15 个，健身步道 8 条。为群众就近运动健身提供便利条件。努力补齐区域体育场地设施短板，有效提升公共体育场地设施供给。开展陈旧破损体育器材专项维修 8 批次。体育场地面积达到约 92 万平方米，全区人均体育场地面积达到约 2.73 平方米。

【群众体育】 根据《广东省全民健身条例》《“健康中国 2030”规划纲要》指导思想，进一步推动全民健身发展，促进人民群众身心健康发展，提高青少年身心健康水平，进一步实现体教有机融合。区文旅体局与区教育局联合举办“2021 年韶关市武江区中小学生体育竞赛”活动，鼓励和引导青少年积极参与全民健身活动；同时，选拔优秀运动人才并向省、市级输送更高级、更优秀的人才，进一步推动武江区体育事业。加强社会体育指导员队伍建设，年度培育社会指导员 198 人，积极开展国民体质测定活动，年度测定 1700 人。大力推进全民健身活动，促进武江区体育锻炼和市民体质双项达标。

2021 年，武江区开展丰富多彩的全民健身活动。4 月举办“城乡融合·奋发共进”2021 年武江区科学健身进乡村活动，该次运动会超千人参与，以举办农民运动会形式，进一步促进农村全民健身运动的蓬勃发展。8 月，举办武江区第八届羽毛球公开赛、“水口如画、渔你有约”韶关市武江区首届钓鱼公开赛、2021 年韶关市武江区“全民健身与奥运同行”全民健身日活动等区级赛事活动，引领和推动全区全民健身赛事活动广泛开展，参与全民健身活动达 5 万多人次。

2021 年，武江区普及推广传统节庆假日体育项目活动。举办武江区 2021 年“迎新年·庆元旦”文体展演、篮球对抗赛、“魅力武江大过年”体育系列活动、2021 武江区“贺中秋”文体游园活动、2021 年韶关市武江区“庆国庆”体育系列活动等传统节庆体育赛事活动，共计参与 2000 多人次。

【区域体育交流】 2021 广东省高校体育舞蹈公开赛（韶关站）粤北地区第八届体育舞蹈（国际标准舞）公开赛、2021 年广东省老年人手杖操、“农行杯”2021 韶关市横渡北江活动、“农行杯”2021 韶关重阳水上无动力运动基地龙舟测试赛”等省、市大型赛事活动在武江举办。吸引大量游客来韶游玩体验，进一步推动文旅体的深度融合。

【竞技体育】2021年，武江区业余体育运动学校认真贯彻上级的指示精神和各项工作，按照宗旨和业务范围组建各项目队伍训练并组织参加上一级部门举办的赛事活动。在韶关市第十六届青少年运动会上，武江区代表队运动员表现出色，取得16枚金牌、16枚银牌、26枚铜牌。下一步将进一步提升区竞技体育综合实力，提高为武江区争光能力，激发广大群众特别是青少年参与体育运动的热情，为推动增强人民体质推进体育强国建设，为省、市输送更多的体育后备人才。

【体育产业】2021年，武江区体彩年销量8621.33万元，地面销量全市第一。积极克服新冠肺炎疫情影响，年度新增销售点2家，总计61家在售网点，全市排名第一。

2021年武江区新增体育场地设施情况表

表11

序号	场地名称	详细地址
1	吉祥公园	韶关市武江区新华街道
2	叶屋村	韶关市武江区江湾镇围坪村委
3	周屋村	韶关市武江区江湾镇围坪村委
4	范角村	韶关市武江区江湾镇围坪村委
5	土楼村小组	韶关市武江区龙归镇凤田村村委
6	什石园新村小广场	韶关市武江区西河镇什石园村委
7	田心老村	韶关市武江区西河镇田心村委
8	林屋	韶关市武江区西河镇下坑村委
9	警民文体中心	韶关市武江区西河镇塘湾村委
10	太阳城第二社区花地	韶关市武江区西联镇太阳城第二社区
11	太阳城第二社区岭誉	韶关市武江区西联镇太阳城第二社区
12	太阳城第二社区柏林	韶关市武江区西联镇太阳城第二社区
13	太阳城第二社区芷兰湾	韶关市武江区西联镇太阳城第二社区
14	恒大社区	韶关市武江区西联镇恒大社区
15	太阳城第二社区天麓山	韶关市武江区西联镇太阳城第二社区
16	车头新村	韶关市武江区西联镇车头新村
17	太阳城第一社区天玺湾一期	韶关市武江区西联镇太阳城第一社区
18	太阳城第一社区天玺湾二期	韶关市武江区西联镇太阳城第一社区
19	太阳城第一社区芙蓉湾	韶关市武江区西联镇太阳城第一社区
20	水口村	韶关市武江区重阳镇水口村委
21	重阳镇政府对面	韶关市武江区重阳镇

（钟明东）

卫生健康

卫生工作

【概况】2021年，武江区区属9家基层医疗卫生机构实有在岗卫生技术人员354人，其中卫生技术人员139人、医生123人、注册护士159人，其他医技人员32人。乡镇卫生院下辖51间村卫生站，共有48名乡村医生驻点执业。

区属8家基层医疗卫生机构有编制床位255张，2021年底实际开放病床139张，其中惠民街道社区卫生服务中心29张，龙归、重阳、江湾三镇卫生院80张，新华街道社区卫生服务中心根据机构当前的业务发展和人员编制的情况暂未开放住院业务、沙洲尾和芙蓉新区两个社区卫生服务中心因场地限制，暂未设置病床。2021年，西河卫生院实有病床30张，因医保未开通住院，未收治住院病人。

2021年，全区总户籍人口29.90万人，育龄妇女5.25万人，全区户籍人口出生2761人，人口出生率为9.07‰，人口自然增长率为3.56‰，其中政策内出生2486人，总和生育率为1.16%。符合政策生育率为90.04%。全区户籍出生人口中，男婴1439人、女婴1322人，出生人口性别比为108.85。

武江区卫生健康局内设办公室、医政与中医股、基层卫生与妇幼健康股、疾病预防控制与应急股、人口监测与家庭发展股、规划改革与信息统计股、宣传股、爱卫股、人事与科技教育股、财务股。核定编制16人，在岗工作人员15人。

【行政管理】2021年，武江区重点抓好社区卫生服务中心、卫生院及村卫生站的管理，做好基层医疗机构建设、卫生防疫及妇幼卫生保健等工作。武江区医师执业注册（首次注册）7人，医师执业注册（变更注册）52人；护士执业证书核发（首次注册）11人，护士执业证书核发（延续注册）13人，护士执业证书核发（变更注册）32人；医疗机构执业许可（变更登记）22份，中医诊所备案5份，医疗机构执业许可（校验）76份，医疗机构执业许可（注销）5份。

【公共卫生】2021年，武江区在新冠肺炎疫情防控指挥部的统一领导下，发挥卫生健康部门主力军作用，坚持联防联控、群防群控，在疫情防御方面切实落实“预防为主、外防输入、内防扩散”的策略，依法科学精准有序有力做好疫情防控工作，为推动全区疫情防控形势向好，全面打赢疫情防控的人民战争、总体战、阻击战做出了积极的贡献。全年区公安专班推送涉疫重点人员信息11917条，完成三人小组核查人员11917条。核查后落地管理10113条，推送信息核查率、落地管理率与核酸检测率均为100%。组成流调、采样、消杀三支队伍，共计230人。成立武江区突发公共卫生事件应急物资储备领导小组。各类人群新冠病毒疫苗全程接种情况如下：3—11岁人群接种覆盖率70.3%，12—17岁人群接种覆盖率99.5%，18—59岁人群接种覆盖率90.26%，60岁以上人群接种覆盖率54.5%。全人群接种覆盖率79.7%。

【计生服务】 2021年，区卫健局被国家卫生健康委评为2018—2020年度全国计划生育优质服务单位。2021年度广东全员人口数据质量评估工作在全省142个市县中排名第二。出生人口信息录入覆盖率100%、准确率100%、完整率99.93%。省内业务通报反馈率和及时率达100%，跨省流动人口计划生育协查信息和通报信息的反馈率、及时率均达100%。全区共兑现各类奖励扶助金1854.9万元，其中省农村部分计划生育家庭扶助金571人，合计发放77.3万元，区农村部分计划生育家庭扶助金（节育奖）958人，合计发放58.1万元，计划生育特殊家庭特别扶助金（子女伤残183人，子女死亡261人），合计发放345.53万元，计划生育手术并发症15人，合计发放5.4万元，城镇独生子女父母计划生育奖励金14591人，合计发放1368.56万元。为1258户计生家庭购买意外伤害保险，合计金额为37740元。

【医药卫生】 2021年，武江区属基层医疗卫生机构门急诊总计433405人次，其中新华街道社区卫生服务中心73202人次，惠民街道社区卫生服务中心110011人次，武江区芙蓉新区社区卫生服务中心133835人次，韶关市武江区沙洲尾社区卫生服务中心27527人次，龙归镇中心卫生院53929人次，重阳卫生院20008人次，江湾卫生院8683人次，村卫生站合计63237人次；出院人数总计2691人次，向上级医院转诊252人次，转诊率0.06%。2021年区属基层医疗卫生机构总收入9493.1万元，其中医疗收入4343.1万元；总支出9858.5万元，其中医疗业务成本6330.4万元。联合区市场监管局印发了《关于开展2021年药械化安全监测工作的通知》（韶关市监联字办〔2021〕14号）文件，积极联合开展药械安全监测工作。以推行国家基本药物制度为抓手，优化乡村卫生资源配置，分步推进基本药物制度实施。2021年度转移支付到各基层医疗机构和村卫生站的国家、省、市三级基药资金136.51万元，预算执行率达100%。

健康管理

【老年人健康管理】 2021年，武江区累计为17215名辖区内65岁及以上老年人建立健康档案、提供生活方式和健康状况评估、免费体检和健康指导等服务。高血压管理人数11718人，规范管理7100人，规范管理率60.59%；糖尿病管理人数5059人，规范管理3036人，规范管理率60.01%。

【精神障碍患者健康管理】 武江区辖区常住人口为324200人，截至2021年年底，全区在册严重精神障碍患者1265人。严重精神障碍报告患病率为3.9‰，年面访率82.06%，管理率为92.49%，规范管理率为88.77%，体检率为62.92%。为1134名严重精神障碍患者购买监护责任补偿保险合计226800元；由各镇街综治统计提交辖区范围内的监护补助情况，各部门核实后分别两次发放2054人次，合计802557元；2021年共对武江区12名未及时购买医保的患者住院费用予以报销，共计356216.68元；报销各镇（街）提交的2019年至今住院相关费用，共计134人次，住院费用为512855.56元；2021年武江区共有患者4059人次享受免费取药政策，减免药费合计410265.35元；截至12月31日，接受长效针剂患者共19人。辖区内经上级定点医疗机构确认并转诊到基层管理的肺结核患者为163人，已管理人数163人，管理率为100%；同期内已完成治疗肺结核患者人数185人，经基层医务人员督促按要求规律服药患者172人，规律服药率为92.97%。

【妇幼管理】 2021年，城乡妇女免费“两癌”筛查任务数1548人，宫颈癌结案率122.8%，乳腺癌结案率124.74%。地中海贫血筛查8645人；完成率433.12%；唐氏综合征筛查1871例，完成率93.74%；严重致死致残结构畸形筛查1811例，完成率90.73%；新生儿代谢性疾病筛查2495例，完成率85.09%；新生儿听力筛查2047例，完成率82.04%；平均完成率达156.94%。全年完成孕前优生检查175对，完成率116.67%。全年新生儿活产数2810，新生儿访视率92.81%。2021年，武江区儿童计划免疫接种情况如下：乙肝疫苗接种总针次数14797针、卡介苗接种总针次数6588针、脊灰疫苗接种总针次数16139针、百白破疫苗接种总针次数15764针、含麻疹成分疫苗接种总针次数8424针。

【中医药事业】2021年，武江区8个基层医疗机构均设置中医馆，能为群众提供7种以上中医药技术方法。全区8个基层医疗机构和51个村卫生站均能提供国家基本公共卫生中医健康服务。全区配备中医执业（助理）医师22人，其中中医全科医生18人。大力推广国家基本公共卫生中医药服务，全区老年人中医药健康管理率为59.05%、儿童中医药为61.93%，为16847名老年人提供中医体质辨识和健康管理服务；为6806名0—3岁儿童提供中医健康管理和健康指导服务。2021年，全区中医服务48650人次。

爱国卫生

【爱国卫生宣传】2021年，武江区认真贯彻《广东省爱国卫生工作条例》，把爱国卫生工作纳入国民经济和社会发展规划，爱国卫生工作实行以人民健康为中心，政府主导、部门协作、全民参与、社会监督、科学治理的原则。通过线上线下广泛宣传卫生防病和健康知识，全年发放各类爱国卫生运动宣传资料5.2万份，更换宣传栏内容126个，180多个电子显示屏不断滚动播报爱卫宣传内容，营造浓厚的爱卫宣传氛围。落实《学校卫生工作条例》，辖区学校设和托幼机构全部开设健康教育课程，学生健康知识知晓率和健康教育行为形成率在92%以上；积极开展控烟禁烟活动，2021年全区共21个单位创建广东省无烟单位，武江区已成功创建广东省无烟单位204个，创建韶关市无烟单位82个。

【病媒生物防制工作】2021年，武江区严防病媒传播疾病的发生和流行。全年新装毒鼠屋470个，发放灭鼠药2000千克，灭蚊药290千克，出动专业防制人员530人次、消杀器械400台次，使用药物1000千克，消毒消杀面积143万平方米。对重点单位和场所消毒消杀共计165次，其中农贸市场110次，集中隔离酒店11次，接送车辆7次，其他重点场所37次。

【开展爱国卫生运动】2021年，武江区落实“三个一”环境卫生整治制度，持续推进城乡环境卫生整治，强化预防优先，打造健康环境，为疫情防控营造干净整洁的人居环境。全年出动4.1万人次，开展环境综合整治118次，清除各类积水800多处，清理孳生地460处，卫生死角800处，清理垃圾杂物淤泥约1179多吨。强力推进卫生镇村创建工作，截至2021年年底，全区已成功创建广东省卫生镇5个、广东省卫生村38个（行政村）、韶关市卫生镇5个，韶关市卫生村51个（行政村）。全区省、市卫生镇覆盖率达到100%，市卫生村（行政村为单位）覆盖率达到100%。

区属卫生院和社区卫生服务中心简介

【惠民街道社区卫生服务中心】

惠民街道社区卫生服务中心于2011年托管给市第二人民医院，中心承担辖区内约7.7万名居民的14项基本公共卫生服务和家庭医生签约服务工作。

【新华街道社区卫生服务中心】

新华街道社区卫生服务中心是一所非营利性基层医疗卫生机构，属于公益一类事业单位。该中心承担着辖区6.6万人的基本医疗、基本公共卫生服务、公共卫生突发事件的应急处理和健康教育、康复、计划生育技术服务等综合医疗卫生服务。中心占地面积约3200平方米，业务用房4016.96平方米，其中五层业务大楼3896.96平方米，辅助用房供应室120平方米。2021年，中心有职工68人。开设的科室有全科门诊、中医馆、检验科、放射科、影像科、公共卫生科等科室；床位编制50张，暂未开展住院部。中心年门诊量72902人次，业务总收入609.3万元。卫生院严格按照规范认真做好14项基本公共卫生服务和家庭医生签约服务。

【沙洲尾社区卫生服务中心】沙洲尾社区卫生服务中心于2019年9月28日正式建成投入使用。是一所非营利性基层医疗卫生机构，属于公益一类事业单位。承担辖区花城、金洲、沙洲、新华南、芙蓉东、御龙湾6个居民委员会和西河镇红星、向阳、大村、村头4个村民委员会共约5.3万名村（居）民的基本医疗、基本公共卫生服务、公共卫生突发事件的应急处理和健康教育、康复、计划生育技术服务等综合医疗卫生服务。中心业务用房面积1475平方米，开设的科室有全科门诊、中医馆、检验科、放射科、影像科、药剂科、公共卫生科等科室，暂未开设住院部。2021年中心有职工48人。年门诊量27527人次，业务总收入620.8万元。

【芙蓉社区卫生服务中心】芙蓉社区卫生服务中心于2019年9月28日正式建成投入使用。是一所非营利性基层医疗卫生机构，属于公益一类事业单位。承担碧桂园太阳城、恒大城、保利大都会、宝能公馆社区和西联镇8个村约4.6万人的基本医疗、基本公共卫生服务、公共卫生突发事件的应急处理和健康教育、康复、计划生育技术服务等综合医疗卫生服务。中心业务用房面积约1600平方米，开设的科室有全科门诊、公共卫生科、中医科（康复治疗室）、检验科、影像（B超、心电图、X线诊断）科、肺功能检测等，暂未开设住院部。2021年，中心有工作人员51员。全年门诊量133618人次，业务总收入559.1万元。

【西河镇卫生院】西河镇卫生院始建于2019年，于2020年9月28日正式建成投入使用。该院承担着全镇约2万人的基本医疗、基本公共卫生服务、公共卫生突发事件的应急处理和健康教育、康复、计划生育技术服务等综合医疗卫生服务，负责对辖区村级卫生机构的技术指导和乡村医生的培训。卫生院占地面积约3000平方米，现有业务用房约2700平方米，辅助用房约100平方米。2021年卫生院有职工29人。卫生院开设的科室有全科门诊、妇产科门诊、中医馆、康复理疗室、检验科、放射科、B超及心电图室、药剂科、预防接种科、儿童保健科、公共卫生科。卫生院严格按照规范认真做好14项基本公共卫生服务和家庭医生签约服务。

【龙归镇中心卫生院】龙归镇中心卫生院为非营利性基层医疗卫生机构，属于公益一类事业单位，是武江区唯一的一间中心卫生院。该院承担着全镇约4万人、辐射周边各镇区域范围人民群众的基本医疗、基

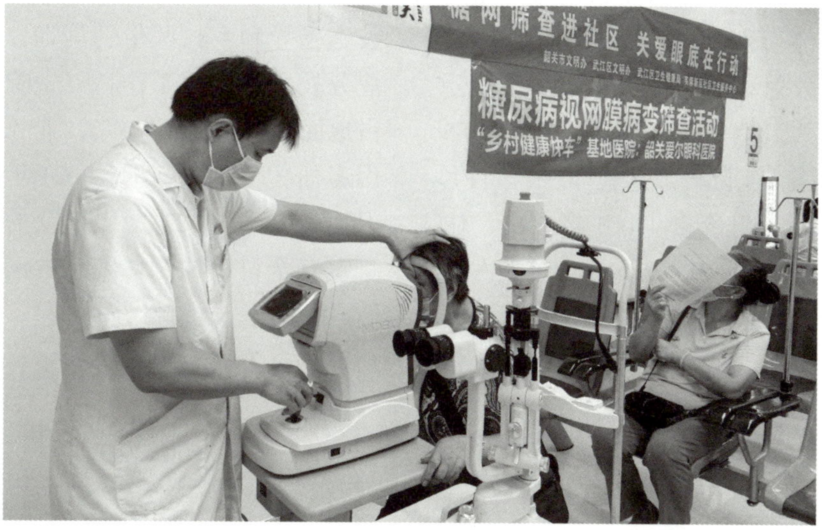

2021年9月15日，芙蓉新区社区卫生服务中心协同韶关爱尔眼科医院在西联镇开展的“糖网筛查进社区，关爱眼底在行动”公益活动正式启动

（区委宣传部　供图）

武江区重阳卫生院　　（重阳镇　供图）

本公共卫生服务、公共卫生突发事件的应急处理和健康教育、康复、计划生育技术服务等综合医疗卫生服务，负责对村级卫生机构的技术指导和乡村医生的培训，并承担对区域范围内一般卫生院的业务技术指导、培训等工作。卫生院占地面积约3200平方米，业务用房4016.96平方米。2021年卫生院有职工112人。卫生院开设的科室有全科门诊、住院部、手术室、中医馆、检验科、放射科、影像科、药剂科、公共卫生科等科室，编制床位85张，实际开放床位40张。卫生院年门诊量47001多人次、住院969人次、分娩200多人次，业务总收入约714.4万元。卫生院严格按照规范认真做好14项基本公共卫生服务和家庭医生签约服务。

【江湾卫生院】　江湾卫生院是一所非营利性基层医疗卫生机构，属于公益一类事业单位，该院承担着江湾全镇6400千人的基本医疗、基本公共卫生服务、公共卫生突发事件的应急处理和健康教育、康复、计划生育技术服务等综合医疗卫生服务，负责对村级卫生机构的技术指导和乡村医生的培训，业务技术指导等工作。卫生院占地面积约3200平方米，业务用房面积792平方米。2021年卫生院有职工22人。开设的科室有全科门诊、住院、中医馆、检验科、放射科、影像科、药剂科、公共卫生科等科室。共开放床位18张。卫生院年诊疗人次8686人次，住院326人次，业务总收入约83.1万元。卫生院严格按照规范认真做好14项基本公共卫生服务和家庭医生签约服务。

【重阳卫生院】　重阳卫生院是一所非营利性基层医疗卫生机构，属于公益一类事业单位。该院承担着全镇约1.5万人的基本医疗、基本公共卫生服务、公共卫生突发事件的应急处理和健康教育、康复、计划生育技术服务等综合医疗卫生服务，负责对村级卫生机构的技术指导和乡村医生的培训，并承担对区域范围内一般卫生院的业务技术指导、培训等工作。卫生院占地面积约8500平方米，业务用房3391平方米，辅助用房供应室120平方米。2021年，卫生院有职工35人。卫生院开设的科室有全科门诊、住院部、中医馆、检验科、放射科、影像科、药剂科、公共卫生科等科室，开放床位22张。卫生院2021年门诊量15158人次、住院192人次、业务总收入约136.1万元。卫生院严格按照规范认真做好14项基本公共卫生服务和家庭医生签约服务。

（李素芬）

社会生活

民政工作

【概况】 韶关市武江区民政局是主管社会行政事务的区政府工作部门，为正科级单位。主要职责是研究制定全区民政事业的发展规划和年度计划，负责管理民生兜底保障、社会救助、基层政权建设、行政区划、殡葬改革、社会组织管理、社会事务、社会福利、慈善事业及婚姻登记等工作。区民政局内设办公室、社会事务股、基层政权股等3个职能股（室），机关行政编制7名（其中局长1名，副局长2名，正股级领导职数3名）；下设社会福利院、婚姻登记中心2个下属事业单位，事业编制8名。

2021年，区民政局围绕区委、区政府的中心工作，始终坚持"以民为本，为民解困，为民服务"的宗旨，积极开展社会救助、社会福利、基层政权、专项行政事务管理等工作，各项工作取得长足发展。

【社会组织管理】 2021年，武江区核准设立登记的社会组织139家，其中，社会团体29家，民办非企业单位110家；完成变更登记的社会组织16家，其中社会团体2家，民办非企业单位14家；完成注销登记的社会组织5家，其中民办非企业单位5家。行业协会商会脱钩改革全面完成，社会组织信息体系建设进一步加强，社会组织"活动异常名录"和"严重违法失信名单"逐步完善。社会组织党建工作不断加强，有13个社会组织设立党支部，共有党员69人。

【社会救助】 2021年，武江区脱贫人口中完全丧失劳动能力或部分丧失劳动能力且无法通过产业就业获得稳定收入的人员共569人，依规全部纳入农村低保或特困人员救助供养范围，兜底保障率100%。截至12月在册分散供养人员共116人，全面完成落实委托照料人照料护理责任。对基本生活出现困难的城乡居民，按规定给予临时救助，对173人发放临时救助共27.882万元。截至12月10日，共救助2名外地户籍流浪乞讨人员，均已安全送返。推动武江区流浪乞讨人员救助站新建工作，于2021年11月29日动工建设。

【社会福利和慈善事业】 2021年，武江区城镇低保提标至800元/人·月执行，农村低保提标至580元/人·月执行，共有低保人员1943人，兜底保障率100%；城镇特困提标至1280元/人·月执行，农村特困提标至928元/人·月执行，共有特困人员214人，兜底保障率100%。困难残疾人生活补贴、重度残疾人护理补贴标准，分别提高到181元/人·月、243元/人·月标准。80岁以上高龄老人共有5592人，组织共发放80岁以上老人津贴约161.7万元。加强养老服务人才队伍建设，组织敬老院、养老机构护理员共100人次参加"居家及养老机构消毒防疫职业技能线上培训""2021年度养老护理员继续教育及岗位培训"。完成老年人居家适老化改造工作，按照每户4000元资助标准，为19户老年人家庭开展居家适老化改造试点工作。持续开展养老院服务质量专项行动，做好养老机构“双随机、一公开”监督管理工作。联合有关职能部门开展养老服务领域非法集资工作。持续开展农村留守老年人关爱服务。

【基层政权和社区建设】 2021年，武江区全面依法依规完成武江区88个村（社区）的换届选举工作，共产生村民委员会成员223人，居民委员会成员246人；村务监督委员会成员165人，居委监督委员会成员145人；党组织书记、主任“一肩挑”比例均为100%，村（社区）“两委”交叉任职比例94.71%，其中村“两委”交叉任职比例90.18%，社区“两委”交叉任职比例100%。配合区委组织部组织开展新一届村（居）委会培训工作。修订完善自治章程、村规民约（居民公约）和工作制度；推进村（居）委会工作规范化、标准化，规范村民小组建设。

推动基层社会治理创新，健全自治、法治、德治相结合的基层治理体系，发挥村民委员会在群众自我管理、自我教育、自我服务中的重要作用，不断增强城乡基层对涉黑涉恶问题的“免疫力”。配齐配强村级民政专干，进一步提升基层干部队伍综合素质和履职能力。

【区划地名】 2021年，区民政局全面完成武江区—曲江区行政区域界线以及武江区—浈江区行政区域界线的联合检查工作，促进了边界地区的稳定。加强界线界桩管理，指导各镇做好界线界桩日常管护工作；深化平安边界创建活动，扎实做好界线争议隐患排查工作。

【社会事务】 2021年，区民政局加强婚姻管理规范化建设，贯彻《中华人民共和国民法典》，深入开展跨区域婚姻登记，全面实现婚姻登记“全城通办”、“跨省通办”业务，在做好疫情防控常态化的同时，完成办理婚姻登记2305宗。积极开展婚俗改革工作，向新婚市民发放倡议书，积极引导广大新人摒弃婚礼陋习、继承传统美德、倡导“婚事新办、仪式从简、生活低碳”的良好风气，树立正确的婚礼和价值观念，举办七夕节“树立文明节俭的婚俗新风”倡议活动，引导广大群众树立新型婚恋观，鼓励婚仪从简，抵制高价彩礼，杜绝铺张浪费。

推进殡葬改革，2021年减免228.623万元的基本丧葬费，减轻困难群众的丧葬负担。持续推进殡葬领域移风易俗，发挥红白理事会作用，做好清明节等重要时间节点祭扫管理服务工作，做好相关舆情应对与处置。

【社会工作与志愿服务】 2021年，区民政局加强社会工作者队伍建设，做好武江区全国社会工作者职业水平考试组织动员工作。配合做好社会工作者考前辅导培训和社工人才继续教育培训工作，做好现有社工人才职业水平证书登记工作。

推进“双百镇（街）社会工作服务站”工作，打通“为民服务最后一公里。”制定落实本区关于“广东兜底民生服务社会工作双百工程”的实施方案，截至2021年10月20日，武江区7个乡镇（街道）“双百社工站”全部挂牌，完成社会救助经办人员、残疾人专员和社工人员整合组建“社工双百工程”服务队伍。

（罗　伟）

人力资源和社会保障

【概况】 韶关市武江区人力资源和社会保障局（区人社局）内设办公室、劳动就业和培训股、劳动关系股、劳动保障监察综合执法大队、社会保险股、专业技术人员管理股、人事管理股、工资福利股8个职能股（室）；下属单位5个：武江区人才工作服务中心、武江区劳动人事争议仲裁院、武江区社会保险基金管理中心、武江区就业服务中心、武江区职业技能鉴定指导中心。2021年，在武江区委、区政府的正确领导下，区人社局以“落实政策、服务民生”为工作出发点和落脚点，狠抓各项工作落实，努力推进全区人力资源和社会保障事业健康发展。

【就业与培训】 2021年，区人社局完善和落实各项就业扶持政策，扎实开展就业再就业工作。全年共认定就业困难人员903人，帮助就业困难人员政策咨询近1000人次，为全面实施各项就业援助工作打下良好基础。全区城镇新增就业人数3862人，完成率107%；城镇失业人员再就业2566人，完成率117%；就业困难人员再就业382人，完成率109%；促进创业人数205人，完成率108%；开展补贴性职业技能培训4151人次，其中适岗培训923人次、企业新型学徒304人次、“粤菜师傅”199人次、“南粤家政”2079人次、创业培训111人次，其他各类个人技能培训435人次。城镇登记失业率为2.89%，控制在年度目标3.5%以内。

搭建线上线下招聘平台，全年共举办“春风送岗”“高校毕业生就业”和“百日千万网络招聘”等各类网络招聘会共8场次，435家提供就业岗位共14019个，网络点击浏览量达233917次，收到求职者简历共4453份。举办现场招聘会共3场次，206家企业为求职者提供就业岗位7799个，吸引1459人次入场洽谈交流，213人现场达成初步就业意向。

【工伤认定】 2021年，区人社局共做出工伤认定案件243件，其中作出工伤认定结论236宗，不予受理4宗，不予认定3宗，有争议案件共有36件，共发生行政诉讼案件15宗，行政复议5宗。作出劳务派遣行政许可5宗。

【劳动保障监察】 2021年，区人社局加强劳动保障监察执法工作，认真贯彻落实劳动保障法律、法规，维护劳动者的合法权益。武江区劳动保障监察综合执法大队共受理劳动者投诉举报案件120宗，涉及劳动者1068人，涉案金额1258.978万元，已结案120宗，结案人数1068人，结案金额1258.978万元，结案率100%。受理网络问政1001宗，已回复1001宗，回复率100%。受理信访件33件，已在法定期限内回复，答复率100%。

2021年，开展专项执法检查，共检查各类中介机构和其他用人单位10家，其中人力资源服务机构4家，其他用人单位6家。开展农民工工资支付情况专项整治行动，区人社局共受理举报投诉案件37宗，涉及人数191人，涉及金额620.2426万元，化解37宗，涉及人数191人，涉及金额620.2426万元。共受理工资保证金48件，涉及金额共计8419.255976万元。

【人才管理与引进】 2021年，武江区事业单位在职工作人员2310人，严格按照事业单位招聘程序，公开招聘和引进各类人才148人。

【人才服务工作】 2021年，武江区实行日常考核与年度考核相结合。参加考核的事业单位工作人员2343人，评出优秀344人，占总数的14.68%，合格1911人，占总数的81.56%，其他88人，占总数的3.76%。

【干部管理】 2021年，区人社局经韶关市武江区人民政府党组会议研究，任免干部51人次。

【高校毕业生就业】 2021年，武江区接收应届毕业生报到登记508人，其中：单位就业190人，自主创业18人，升学、出国及其他39人。

【军转干部安置】 2021年，韶关市武江区完成军转干部接收安置。计划分配军转干部安置在机关事业单位，占总数83.3%；安置在企业，占总数16.7%。

【工资与福利】 2021年，武江区正常工资晋升事业单位人员2305人，晋升后工资于2021年1月份执行；审核本区2020年度事业单位、机关工勤绩效考核奖励金和离退休人员慰问金；督促各单位落实和发放2020年应休未休年休假报酬；办理50名退休人员审核工作，32名病故人员一次性抚恤金和遗属生活补助审核工作；保障事业单位工作人员每月工资按时发放。

【职称工作】 2021年，根据省市的有关要求，区人社局组织做好职称评审与认定工作，完成对2020年度武江区中小学中、初级教师评审结果的审核及对审核通过的258名教师的发证工作，核准初次职称考核认定结果并发证6人。开展武江辖区内企事业单位高级职称评审推荐工作，同意推荐7名专业技术人员参加高级职称评审。开展2021年乡村工匠专业人才职称首审工作，组织引导武江区原农村实用技术人才符合条件的人员全部转评，发动新增评审“乡村工匠”职称57人，其中乡村工匠家政中初级职称评审通过19人。乡村工匠烹饪专业初级职称评审通过3人，乡村工匠经营管理专业中初级职称评审通过6人（含转评2人），乡村工匠生产应用专业中初级职称评审通过5人（含转评2人）。

【劳动人事争议仲裁】 2021年，区人社局共处理各类劳动人事争议案件，全年共处理各类劳动人事争议612宗（含2020年期末结转7宗），涉及劳动者717人，结案604宗，涉案金额1568.49万元。其中通过立案受理252宗，结案244宗，累计结案率96.83%，调解成功率为78.64%，两项指标均高于上级政府部门考核目标。2021年11月，区人社局正式启动仲裁建议书制度，针对在仲裁过程中发现用人单位存在的问题，提出加强和改进工作的建议，引导用人单位规范用工，促进用工部门加强管理、堵塞劳动纠纷漏洞。

【社会保险】 执行机关事业制度职工参保人数（不含离退休）3629人，年度目标任务完成率100%；城乡居民基本养老保险参保人数35864人，年度目标任务完成率102.03%。工伤保险参保人数103134人，年度目标任务完成率108.61%。失业保险参保人数87477人，年度目标任务完成率102.85%。

2021年，武江区新增基本养老金领取人数1762人，其中新增企业职工退休人员899人，新增机关事业单位退休人员65人，新增城乡基本养老金领取人数798人。现武江区共有企业职工退休人员19436人，机关事业单位退休人员1529人，城乡养老养老金领取人数15935人。新增失业金领取人数426人，新增工伤待遇领取人数139人次。

武江区共有222个单位进行参保登记，符合参保登记范围并正常缴费人数3555人；基金收入累计11905.74万元（基本养老保险累计7935.63万元，职业年金累计3970.11万元）；待遇发放共1529人，基金支出累计11785.5万元。

2021年武江区分配落实被征地资金2177.95万元。

武江区职工医保返回结算232人次；城乡居民医保返回结算532人次。职工医保普通门诊统筹支付定点医疗机构18家；职工、城乡居民医保特门结算7家。武江区新增定点零售药店12家，新增定点门诊4家，新增定点医院1家。受理定点医药机构变更申请共7家。现场检查定点医药机构29家、定点零售药店110家；下发整改通知书16份。

申报生育待遇478人次，生育基金支付299.19万元。申请领取工伤待遇209人次，工伤基金支付1631万元。

（欧艳华）

医疗保障

【概况】 武江区医疗保障工作坚持以确保基金安全为前提，以保障参保人员切身利益为重点，以加强定点医疗机构监管为核心，积极履行服务、管理、监管、宣传职能，不断创新管理机制和提升服务能力，全力破解影响医保制度运行过程中存在的突出问题和困难，着力推动各项医保工作的全面、协调、快速发展，取得较好的成效。

武江区医疗保障局（以下简称区医保局）内设办公室、待遇保障和医药管理股、医药采购和价格管理股。

【医保领域便民服务】 2021年，区医保局完善国家医疗保障信息平台，指定专人负责协调省项目组解决医保信息系统不完善的问题，以求最快的速度解决群众在医保待遇方面的问题。全面推行15项信息业务编码标准的落地应用。全面推广医保电子凭证激活服务，通过加强培训、广泛宣传、上门服务等举措，积极引导参保人激活使用医保电子凭证，全区150余家定点医药机构基本实现医保电子凭证支付全覆盖，市民就医购药直接扫码结算，立享“码”上服务。规范政务服务事项，区医保局35项政服务事项已进驻区政务服务大厅，围绕群众和企业办事“最多跑一次”的需求，实现“综合受理、集成服务”工作模式，实现政务服务标准化、精准化、便捷化、平台化、协同化。

【基本医疗保险】 2021年，武江区城乡居民医保征缴工作启动以来，区医疗保障局在工作动员、政策宣传、工作督导等方面持续发力，确保全面完成任务。加强医保政策惠民宣传，普及工作人员及群众的医保知识，引导群众积极主动参保续保，提高参保覆盖面。根据参保缴费进度情况，督促各镇（街）经办加大工作力度。收集各镇（街）经办、居民等各个层面反馈的问题，积极与社保、税务和市医保局沟通协调，力促问题的解决。2021年，武江区城乡居民成功参保140764人，完成市下达的参保任务率101.50%，全市排名第一。

【医疗保障基金管理】 2021年，区医保局不断健全完善基金监管体制机制，建立区医疗保障基金综合监管部门间联席会议，加强综合检查，开展打击欺诈骗保宣传和专项治理，对辖区医药机构进行飞行检查，实施联合惩戒，形成基金监管高压态势，起到震慑作用，及时有效防控和化解基金运行风险，不让医保基金成为新的“唐僧肉”。全年区医疗保障局出动140人次，巡查医药机构150余家，对11家医疗机构发出整改通知，1家医疗机构暂停医保，追回违约金共3.94万元。

【医药机构监管】 2021年，区医保局对全区30家定点医疗机构，126家定点药店按照定点协议管理。通过信息系统数据对住院患者诊疗信息进行实时监控，发现问题及时电话或书面问询，对整改不力的进行约谈，限期整改。同时对患者进行电话回访，对医疗机构报销材料进行事后全面复核，并下达审核意见书。通过不定期检查和年终考核，将进一步强化“两定机构”的管理，进一步规范医疗服务行为、强化服务意识、提高服务质量，更好地为参保人员提供优质服务。

【药品和医疗服务价格管理】 2021年，区医保局督促辖区内公立医疗机构按时完成国家集中采购任务，做好对辖区内采购主体执行中选药品使用情况的监测，随时掌握使用进度，对约定采购任务量完成率较低的医疗机构加强指导并了解情况，对医疗机构提出的问题及时进行解决。通过推进辖区内定点医药机构药品集中采购，有效降低医疗机构采购成本，减轻相关患者费用负担，提升医保基金使用效率。

【医疗救助】 2021年，全额资助武江区特困人员等困难人群参加城乡居民基本医疗保险。全年共全额资助8000余人参加城乡居民基本医疗保险。对经基本医疗保险、大病保险和其他补充医疗保险报销后，个人及其家庭难以承担的合规医疗费用，按不低于85%的比例给予救助，重点救助对象的救助比例为100%，对经救助后自负医疗总费用仍负担过重、影响基本生活的，按规定给予“二次救助”，有效防止因病致贫、因病返贫。据不完全统计，2021年“一站式”结算支付医疗救助费用300多万元。

【医药采购管理】 2021年，区医保局按照“按月监测、年度考核”的方式，加强对12家医疗机构药品采购量完成情况进行跟踪，督促公立医疗机构落实货款结算第一责任人责任，按照合同约定与企业按时结算，武江区各医疗机构第二批药品集采2021年响应订单规格量（已配送）逐月增加。

【防控工作和特殊医疗保障】 2021年，区医保局协助区市场监督管理局督促各定点药店落实购买退热药品实名制登记工作，按疫情防控指挥部要求，抓好新冠肺炎疫情常态化防控工作。积极配合市医保局，做好“应检尽检”核酸检测医保费用结算以及新冠疫苗和接种费用的支付工作。

（曾伟虾）

消防救援

【概况】韶关市武江区消防救援大队（以下简称区消防救援大队）的前身为原韶关市武江区公安消防大队，下属2个消防救援站：韶关市武江区工业东路消防救援站、韶关市消防救援支队西联特勤站。2021年，区消防救援大队认真贯彻落实习近平新时代中国特色社会主义思想和重要训词精神，积极对标主力军、国家队职能定位，主动适应全灾种、大应急的任务需要，紧紧围绕“双一流”工作目标，实现各项工作有突破、有创新、有成果。

【综合性消防救援】2021年，区消防救援大队在实战实训中锤炼队伍，找准队伍薄弱环节，把提升体技能水平作为打赢制胜的有效途径，强化专业能力，打牢业务基础，保持“闻警即动”的执勤战备状态，出色完成各类安保和急难险重救援任务。共接警出动745起，其中火灾事故222起（轻微火灾213起），抢险救援240起，社会救助237起，总计出动车辆1291次，出动人员7654人次，直接经济损失约629.08万元，过火面积约4613平方米，先后打赢了“5·19”内涝抢险救援、“11·27”汽车维修店火灾和“11·29”佳信市场火灾等一系列急难险重任务，全区未发生伤亡或有影响的火灾事故。

【火灾隐患整治】2021年，区消防救援大队科学有序推进火灾防控各项工作，确保火灾形势持续平稳。持续加大区域场所排查整治力度，共检查单位1027家次，发现火灾隐患367处、整改火灾隐患366处、处罚70家、罚款37.46万元、查封52家，数据较韶关市处于靠前水平。在“两个专项行动”（“三合一”场所消防安全整治、“打通消防生命通道”工程）、老旧小区整治、电动车综合整治、火灾高风险区域、挂牌重大火灾隐患单位、重大危险源和创建“三合一”场所示范街等工作取得明显成效，“两个专项行动”月度考评多次获排名第一。坚持政府主导，高位推动落实《武江区镇（街）消防委托执法工作实施方案》，部署开展镇（街）委托执法工作，正式挂牌成立街道消防所，推行大队派出机构“消防所”的运行机制，延伸基层消防监督力量，解决基层消防监督力量不足，突破监督执法“最后一公里”的难题。

【消防宣传教育】2021年，区消防救援大队结合消防宣传教育“五进”工作，采用“线上+线下”宣传模式，扩大消防科普宣传覆盖面。组织开展“大队长讲消防”、消防安全宣传“百车南粤万村行”、消防救援站开放体验日、聘请第三方机构进行“消防安全大培训”、组织消防志愿者开展“敲门行动”等形式多样的“线下”消防知识培训宣讲活动。发动群众注册使用“消防安全学习云平台”，随时随地“线上”学习消防安全知识。充分利用报刊、网站、微博、微信、户外大屏、影院屏幕、商场超市LED屏、KTV开机屏幕等各类媒介，播发消防公益广告和安全提示，在企业、社区、小区、人员密集场所电梯口、人流出入较大的地方进行粘贴消防安全标示，向群众普及消防安全常识和逃生自救知识。利用“119”消防宣传月有利契机，在保利广场举办消防嘉年华暨武江区“119”消防宣传月启动仪式，并同步开展“119之夜”灯光秀表演，在强化消防科普宣传上持续发力。

【队伍建设管理】2021年，区消防救援大队自觉对标应急救援主力军和国家队定位，坚决执行“两严两准”管理标准，不断强化全员练兵，落实上级党委“全员普训，实战实训”的练兵模式。不断强化实战化训练，加强辖区重点场所的熟悉演练，开展涉疫、石化企业、水域和高层建筑等专项训练，参加全要素实战拉动演练，全方位锤炼队伍灭火救援实战打赢能力。推进专业队建设，打造地震救援、水域救援、山岳（绳索）救援、高层建筑救援等专业队伍组建建设，提升队伍打赢制胜作战能力。认真抓好队伍安全稳定，严密组织“人车酒”、“网电密”、“黄赌毒”、借贷、疫情防控、执勤训练安全、手机使用管理和消防指战员探亲休假期间管理，堵塞各类安全隐患漏洞，常态落实队伍管理形势分析制度，梳理管理风险清单，加强重点时间、重点环节的防范，确保队伍始终保持严整的队容、严明的纪律、过硬的作风和正规的秩序。

（丘燕霞）

农村居民收入与消费水平

【概况】 2021年，武江区委、区政府全面贯彻落实中央和省、市有关农业农村经济工作部署，落实各项强农富农惠农政策，加快农业科技创新，提高农民职业技能和创收能力，拓宽农民增收渠道，积极巩固拓展脱贫攻坚成果，推进乡村振兴工作。从实际出发，转变农业发展方式，优化农业产业结构，农业农村的各项工作取得新成绩。实施乡村振兴，建设美丽乡村，农村居民收入平稳增长，生活质量明显提高。

【农业生产】 2021年，武江区把农业主导产业放在突出的战略位置。通过发展高效优质、特色优势农业产业带动全区农业的发展，粮食生产稳定、生猪生产明显增长。全年农林牧渔业总产值157085万元，同比增长18.7%。

【农民收入】 2021年，武江区推进乡村振兴，农民的生产生活条件得到明显改善。加大农村劳动力的培训力度，农民外出务工收入成为收入增长的主要来源。各项社会保障标准调整，继续向低收入群体倾斜。通过耕地、林地等资源的规范流转和有效经营，村集体股份分红水平、各种补贴不断逐年提高，农民股权收益增长较快。

根据全区70户农村住户抽样调查统计，2021年武江区农村居民人均可支配收入24230元，比2020年（下同）增加2381元，增长10.9%。农村居民家庭收入主要由工资性收入、家庭经营收入、转移性收入和财产性收入四部分组成。其中工资性收入和家庭经营收入占人均可支配收入的93.92%，为总收入的主要来源。其中：人均工资性收入17458元，同比增加2720元，增长18.46%; 人均家庭经营收入5298元，同比增加959元，增长22.10%。从家庭经营收入的组成来看，家庭经营现金收入还是以农业收入为主。人均财产性收入1082元，同比增加475元，增长78.25%。人均转移性收入392元，同比减少1773元，下降81.89%。

【农民消费水平】 2021年，武江区农村居民人均家庭消费现金支出20566元。其中人均食品支出7289元，农村居民食品支出占总消费支出的比重（恩格尔系数）为35.44%；人均衣着支出692元，占总支出的3.36%；人均教育文化娱乐支出（公共文化服务水平）1392元，占总支出的5.64%；人均居住支出6938元，占总支出的33.74%；人均生活用品及服务支出729元，占总支出的3.54%；人均交通通信支出2089元，占总支出的10.16%；人均医疗保健支出911元，占总支出的4.43%；人均其他用品及服务支出526元，占总支出的2.56%。

城镇居民收入与消费水平

【概况】 2021年，随着经济社会的发展，武江区城镇居民收入水平不断提高，城镇居民消费性支出稳步增长。城镇居民人均可支配收入由2020年的41306元增加到45127元，比上年（下同）增加3821元，增长9.3%。从城镇居民人均可支配收入的四大构成（工资性收入、经营性收入、转移性收入和财产性收入）看，工资性收入、经营性收入两项均呈现稳步增长。城镇居民人均消费性支出为31671元。其中城镇居民人均食品和烟酒支出12199元，占总支出的38.52%；人均衣着支出1410元，占总支出的4.45%；人均居住支出6712元，占总支出的21.19%；人均生活用品及服务支出是1629元，占总支出的5.14%；人均教育文化娱乐支出3209元，占总支出的10.13%；人均交通通信支出4408元，占总支出的13.92；

人均医疗保健支出是1602元，占总支出的5.06%；人均其他用品和服务502元，占总支出的1.59%。

【工资性收入】 2021年，武江区工资性收入保持稳步增长，城镇居民人均工资性收入36674元，占居民家庭总收入比重为81.27%，同比上年增加15452元，增长72.81%。

【经营性收入】 2021年，武江区城镇居民人均经营性收入2802元，增长6.88%。

（谢珍环）

新农村建设

【概况】 2021年，武江区共51个行政村273个自然村，100%达到“干净整洁村”标准以上，其中美丽宜居村89个，比例达到32.6%；特色精品村81个，比例达到29.67%。在三清三拆三整治方面，已完成自然村273个，完成率为100%；在生活垃圾处理方面，已建立垃圾收运处理体系自然村273个，完成率为100%；在垃圾收集点建设方面，建有垃圾收集点自然村为273个，完成率为100%；在保洁员配备方面，已完成自然村数273个，完成率100%；在农村生活污水收集方面，已完成自然村262个，完成率为95.97%；在农村生活污水治理方面，已完成自然村236个，完成率为86.45%；在人畜分离和家禽集中圈养方面，已完成自然村273个，完成率为100%。

【建立组团联动推进机制】 2021年，武江区按照“党政主要领导包片、处级领导抓村、科级干部驻组、百家企业扶点”的原则，建立组团联动推进机制，以镇为责任主体，以行政村为承办主体，以自然村为实施主体，区直单位挂点推进，驻区企业协助推进。对两条精品线路沿线的27个行政村，分别组成27个组团，发动区四套班子成员、区直单位、乡镇、村组和企业5股力量，共有29名区领导、42个区直单位162名区直单位副科以上领导、17名副书记以上镇领导和76家企业下沉到村，协同作战，形成工作合力。

【专项资金撬动】 2021年，区财政安排三方面专项资金用于激励镇村、组团和社会企业广泛筹集资金，提高建设生态宜居美丽乡村的积极性。农村人居环境整治项目配套奖补资金，区财政设立1000万元专项配套奖补资金，按照“先申报，后验收，再奖补”的程序，根据各组团筹集社会资金建设农村人居环境整治项目完成情况进行配套奖补，配套奖补资金按照筹集的资金总量和项目完工时间先后，报区项目验收组审定后进行排名，排在1—5名、6—10名和10名后的自然村分别按1∶1.1、1∶1和1∶0.9的比例奖补，奖完为止。生态宜居美丽乡村奖补资金，区财政设立专项奖补资金，对在2020年8月、10月、12月打擂比武中获评生态宜居美丽乡村的自然村分别奖补80万元、60万元、40万元。泥砖房拆后新建奖补资金，区财政设立1000万元专项奖补资金，鼓励村民在泥砖房拆后原址整村新建的12个新村，做好房屋外立面统一美观，全面完善垃圾收集点和污水处理设施、村集中供水、公厕、绿化美化等公益设施。在2020年国庆、2021年元旦和2021年春节三个时间节点前完成并通过审核验收的新村分别按每套1.5万元、1.2万元、1万元的标准奖补，奖完为止。政策出台后，各组团通过“政府主导、村民参与、社会支持”的方式八方筹集资金，已筹集社会资金1246万元，投工投劳4057工日。

【乡村全面振兴】 2021年，武江区推进乡村振兴，既要注重“面子”的靓丽，更要注重“里子”的厚实，最大限度地激发农业农村发展的内生动力，从而带动乡村全面振兴。武江区围绕生态宜居美丽乡村建设，盘活自然资源优势，打好乡村旅游和产业发展牌，因地制宜，一村一策，探索采取“公司+基地+合作社+农户”经营模式，农村生态旅游带旺人气，通过农特产品销售、农家乐、采摘体验项目、民宿等实现农民增收。龙归镇冲下村和社主村通过建设生态宜居美丽乡村，种植油菜花和格桑花，每天吸引数千名市民前来游玩，迅速成为火爆的“网红乡村打卡点”，并吸引浙江安吉等多个投资项目和资金前来洽谈，实现“人来了、钱来了、项目来了、产品出去了、农民高兴了”的效果。

【自治共建共享】 2021年，武江区充分发挥村“两委”干部、党员的“主心骨”作用，通过召开专题组织生活会，自我剖析，开展批评和自我批评，统一思想认识，坚定信心，激发状态。实行党员包片联户，敢于亮身份作表率、勇于挑重担当先锋，积极发挥示范带头作用，发动村民积极参与建设生态宜居美丽乡村。打擂比武工作开展以来，各级党员干部化身“金牌推销员”，深入企事业单位、村组社区、党员群众，召开座谈会、发放倡议书，把实情、话未来，讲透讲清利弊得失，调动一切人员参与家乡建设的热情，形成了党员干部示范带头、企业家乡贤踊跃出资、困难群众投工投劳的动人局面。充分发挥村民理事会的作用，将有威望、有影响力的氏族长者、乡贤等吸纳进理事会，在理事管事、协调矛盾纠纷方面发挥好“带头人”的作用，激发村民自我管理和自我服务的热情，最大程度地调动村民参与的积极性和创造性。西河镇下坑村获评2021年度“广东省乡村治理‘百镇千村’示范村”提升乡风文明，引导村民开展居室净、庭院净、厨厕净、房前屋后净的“四净”清洁家庭行动，自觉打扫室内及房前屋后的卫生，做到不乱倒生活垃圾污水，共同打造村内清洁的良好环境。提升乡村治理水平，培育与社会主义核心价值观相契合、与村规民约相融合的乡风民风，抵制陈规陋习。引导村民协商解决纠纷矛盾，不断健全自治、法治、德治相结合的乡村治理体系，形成共商共建共治共享的新格局。

（赵奉君）

关工委工作

【概况】 2021年，武江区设区级关工委1个，镇（街道）级关工组织7个，村级关工组织51个，社区级关工组织31个；公安局武江分局设关工委1个；教育局设关工委1个，学校设关工组织31个。全区关工工作的机构设置基本实现全覆盖。

【关心下一代工作】 2021年，区关工人员在区委的安排下，全采取集中或分散相结合学习的方式，结合党中央、省、市、区关于关心下一代的指示精神，坚持学在前，做在前，紧密结合关心下一代工作实际，学思用结合，知信行相统一。进一步抓好广大青少年的社会主义核心价值观教育活动。分类分批进行培训，通过培训，使培训人员在自己提高技术技能的基础上，带动身边的人提高创业就业本领，力争做到培训一个带动一帮。推动武江区关心下一代工作扎实开展。

【开展形式多样的活动】 2021年，区关工委扎实开展红色教育进校园活动。4月邀请“五老”人员在校园开展“童心向党，传承红色精神”活动31场

2021年5月7日，武江区黄田坝小学邀请退役军人刘伯滔到校讲述烈士的英勇事迹

（区教育局　供图）

次。各镇街关工委则按照就地就近、自愿参加的原则，由镇（街）党政办、创文办、妇联、教育、社会事务办事部门共同牵头，动员更多的“五老”自愿参加关心下一代工作，开展“五好家庭”和“大手牵小手”关爱活动。通过活动的开展，触动孩子养成尊老爱幼、孝敬父母、关心他人、文明礼貌的好习惯。在庆祝中国共产党成立100周年，讲好党的故事活动中，根据市关工委开展的“三百”活动的安排，在全区“五老”人员中进行广泛的动员发动，采取自愿报名，身体健康、对党忠诚、资历丰富，好中选优，自下而上的原则，充实各基层单位的“五老”队伍。向市关工委推荐7人参加市“三个一百”活动，并号召在参加市活动的同时，讲好“武江的故事。2021年，“五老”人员开展“童心向党，传承红色精神”宣讲进校园活动共31场次。

2021年5月13日，红星小学“庆祝建党100周年、同上一堂党史课”活动现场　（区委宣传部　供图）

【主题教育活动】 2021年，区关工委充分发挥教育系统各学校的阵地作用，在全区各学校开展“党的光辉照我心”系列主题教育活动。举办武江区“传承红色，清明祭英雄”暨“我们的节日一清明”主题教育亲子演讲活动和广泛开展“最美南粤少年”“新时代好少年”评选活动。把开展学雷锋月活动形成常态化，使雷锋精神代代相传。5月，联合市区关工委开展“党的光辉照我心”系列活动，全区分批次组织青少年观看红色电影95场次。在“党史的实践”系列活动中，开展“我向党旗敬个礼”活动，同时，举办学党史课本剧展演、党史小讲解员选拔赛，成立少年宣讲团及组织主题班、团、队会等，帮助青少年了解党旗意义，学习党的历史。举行“唱支红歌给党听”活动，传唱红色经典，表达爱党爱国之情。举行“重温红色经典，传承红色基因，向建党100周年献礼”创意绘画、规范汉字书写大赛，书写党史知识，传承红色革命基因，弘扬中华民族优秀文化传统。在以“红心向党”为主题的“朝阳读书”系列活动中，全区中小学充分发挥“五老”（老干部、老战士、老专家、老教师、老劳模）优势，组织动员广大“五老”，深入青少年中，引导青少年广泛阅读红色

2021年6月1日，武江区开展“党史教育引导学生童心向党　奋发成长”图为东岗小学红色歌舞现场　（区委宣传部　供图）

经典文艺作品。

【主题实践活动】2021年，区关工委联合区教育工委关工委，在区教育系统持续开展“三工”促“三风”系列活动，并与区妇联、文化、体育、公安、交通、团委等各个部门主动沟通，使“三工”促“三风”主题实践活动，基本形成在思想教育上联抓，文体活动上联办，结对帮扶上联动，培训教育上联设的工作局面。强化资源整合，统筹协调，齐抓共管的工作格局。学校充分发挥青少年思想道德建设的主阵地作用，积极争取各方和学生家长的支持学校教育，学校通过定期召开学生家长会、校长信箱互动、邀请学生家长进课堂听课等方式，及时让家长和社会了解、掌握学校日常管理情况，监督学校落实好各项教育工作，并积极参与学校周边环境的整合。学校以家长学校为载体，成立三级家长委员会（学校家长委员会、级部家长委员会、班级家长委员会），制定《家校联合制度》《家长参与学校活动制度》《家长评议制度》等，开设校长信箱，开通“校长热线”。学校设立学生家长开放周、咨询日，举行家长报告会等定期单向沟通的基础上，充分利用现代信息网络平台，实现学校与家庭、社会、学生之间信息的即时双向互动交流，学校与家长委员会密切合作，定期举行“心连心”感恩教育、模拟法庭、学生成立恳谈会等大型教育活动，通过学生、家长、教师、社会人士共同参与和“零距高”互动交流，促进相互间的信任和理解，密切师生关系和亲子关系，加深学生对社会的正确理解，使学生在体验中获得感想、受到启发和教育。区部分学校试行家委会“驻校办公制，每个月安排一个年级的3个家委会成员到校办公半天，参与升旗仪式、随堂听课、检查食堂、值日护守等活动。每2个月家委会召开例会，加强学校之间的交流。利用寒暑假和节假日，学校、村（社区）、企业等单位联合，组织青少年参加爱国主义教育、关老敬老、帮困助学和暑期社会实践等活动，加强青少年思想道德教育，取得较好的社会效果。

【农村创业青年培训】2021年，区关工委结合当地实际，持续开展创业青年的培训。通过培训，进一步提升创业青年的致富本领，对创业青年的培训，采取与区直部门联合培训方式，分类分批进行。在课程安排上，主要种植、养殖等内容，并邀请专业人员授课。随着互联网销售平台的开通，与区团委联合，对创业青年进行培训。

【关心关爱特殊群体儿童】2021年，武江区成立关爱特殊儿童家长会。各学校在每学期班级家长会上，向家长了解学生的监护情况，使“特殊儿童”更好地融入班级大家庭，各学校在班级成立“关爱特殊儿童之家”，实施关爱特殊儿童工程。成立关爱留守儿童领导小组，区教育工委关工委的统一领导下，区属各学校成立了关爱留守儿童领导小组，由校长担任小组长，副校长、总辅导员、班主任分别担任副小组长。具体分工为校长（小组长）负责抓总，副校长（小组副组长）负责对留守儿童的安全法治教育，总辅导员（小组副组长）负责对留守儿童的思想教育，班主任（小组副组长）负责留守儿童的学习教育及生活教育等。利用主题班队会，增进互相关爱。各校班级会，根据本班学生的具体情况，确立主题，并策划、组织举行主题队会。通过主题队会，以正反方面的事例教育留守儿童，珍惜时间，摆正心态，好好学习。经过组织“送微笑”活动，使学生体验帮助他人的乐趣。

（何　森）

镇（街道）

西河镇

【概况】西河镇总面积75.8平方千米。2021年，年末户籍人口22036人，常住人口40029人。辖红星、向阳、前进、朝阳、塘湾、马屋、下坑、田心、黄塱、什石园、糖寮、山蕉、村头、大村14个行政村。辖区有九年一贯制学校1所，为西河学校；完小5所、幼儿园37所，教学点2个，在校学生4129人；有1个文化站，14个文化服务中心，1个新时代文明实践所、14个新时代文明实践站，市成人文化技术学校1所。

2021年，西河镇党委、政府设下列9个党政机构：党政综合办公室（应急管理办公室）、人大常委会办公室、党建工作办公室（组织人事办公室）、纪检监察办公室、公共服务办公室（党群服务中心）、综合治理办公室、综合行政执法办公室（综合行政执法队）、规划建设办公室（生态环境保护办公室）、农业农村办公室（经济发展办公室）。西河镇党委建立综合治理委员会、公共服务委员会、综合行政执法委员会等统一指挥协调的工作平台，统筹负责辖区综合治理、公共服务、综合行政执法重大事项。

【农业林业】2021年，西河镇常用耕地面积491.5公顷，林地面积2996.67公顷，森林覆盖率39.14%，活立木蓄积量205758立方米。在远郊村，主要着力发展特色种植，有下坑枸杞、黄塱无花果、什石园良种蔬菜、山蕉超甜玉米等，通过新技术示范基地推广种植规模。

【基层党建】2021年，西河镇接收预备党员18名，预备党员转正8名。推进机关在职党员到社区报到活动，7个城中村和近郊村发布疫情防控、创文巩卫和人口普查等任务，全镇共发布活动2986次，共组织1.5万人次到村开展服务，其中：红星村党总支部发布“吹哨”活动1387次，在全市各村（社区）中排名第一。扎实做好“青苗”品牌工程，持续深化“青苗工程”村级后备干部培养示范点建设，加强村级后备人才培养，其中35岁以下21名，占47.7%；具备大专及以上学历的26名，占62%。西河镇班子成员把群众是否满意、问题是否解决作为检验“民情夜访”活动是否取得成效的重要标准，积极为群众排忧解难，全年镇班子成员共开展夜访活动406次，解决群众问题406个。

【镇村两级换届】2021年，西河镇制订镇村两级换届工作方案，成立以镇党委书记为组长的换届工作领导小组，由镇党政班子和镇指导员为成员包点负责镇、村换届选举工作。选举产生新一届村“两委”干部、镇党委、纪委、人大、政府领导班子成员。14个村党（总）支部产生70名委员，其中女党员干部20名；14个村委会经村民大会选举产生村委会成员69名，同比第七届村“两委”干部平均年龄下降6岁，村党组织书记“三个一肩挑”比例达100%，村“两委”交叉任职比例为 88%。

【党史学习教育】2021 年，西河镇制订党史学习教育实施方案、党委理论学习中心组学习计划，共组织中心组成员集体学习 14 次，组织机关党员集中学习 4 次；组织党员干部到红色基地现场参观学习和“两新”党员到北片远郊村党支部交流学习，开展党史学习交流会 12 场次，各党（总）支部在省、市、区等媒体平台刊发新闻稿件 58 篇，利用 LED 屏、宣传栏等张贴宣传党史知识 120 多处。

【乡村振兴】2021 年，西河镇在全面巩固脱贫攻坚成果的基础上，与乡村振兴有效衔接。围绕“西河—重阳”乡村精品线路以及武江区农村人居环境整治“打擂比武”工作，重点对省道 S313 沿线的马屋、下坑、田心以及山蕉 4 个行政村的村容村貌进行打造提升。按照“景区建精品、村庄出品位、环境变优美、村民得实惠”的思路，发掘田心墩子头村张九龄及其家族文化，打造马屋村史馆，体育公园等，推动美丽乡村建设。2021 年第二批“打擂比武”活动评比中，马屋组团马屋村和田心组团田心新村分别以第一名和第三名的好成绩荣获“武江区农村人居环境整治示范村庄”称号。

2021 年，为进一步满足广大农民的金融服务需求，西河镇进村入户普及金融知识，摸排村民金融需求、介绍金融产品，协助村民申请涉农贷款 31 笔，通过审核投放 284 万余元，打通金融服务乡村振兴的最后一公里。

【产业发展】2021 年，西河镇以稳定粮食蔬菜生产，发展优质水果为主。蔬菜播种面积 858 公顷，水稻播种 108.2 公顷，花生 133.4 公顷，玉米 27.6 公顷，水果 159.1 公顷，什石园村、黄塱村连片发展优质蔬菜生产基地 66.67 公顷，2021 年，该基地年产量 1000 吨以上，产值 800 万元。西河镇通过建立经营主体与农户利益联结机制，推动农业产业发展拥有新型职业农民 7 人，发展家庭农场 11 家，专业合作社 11 家，市级龙头企业 2 家。

【拆违控违】2021 年，西河镇联合相关部门共组织 32 次大行动，13 次小范围行动，共发放 86 份停工通知书，上报认定 12 宗违法建筑，共拆除 3 宗新增加违法建筑，同时拆除一级水源保护地乱搭乱建共 1 宗。拆除违法建筑 62 宗，拆除总面积为 6.5 万余平方米。

【行政执法】2021 年 10 月，韶关市武江区西河镇人民政府对下坑村委村民未经批准违法占地建房案发出编号为韶武西河综合执法（罚）字〔2021〕1 号的《行政处罚决定书》，并按规定于 2021 年 11 月 2 日完成广东省行政执法信息公示平台网上公示。这是西河镇人民政府开出镇历史上的首个行政处罚罚单。标志着西河镇人民政府实行综合行政执法步入新阶段。

【环境保护】2021 年，西河镇加大环境治理力度，关闭禁养区养殖场 17 家，完成拆除水源保护区沿线 45 家污染企业和 28 家“散乱污”企业的整治任务；清理河面垃圾 200 吨，打捞水上漂浮物 1.2 万平方米，打捞漂浮物水域面积 20 万平方米。处理广东智慧河长工作台事项 33 起，办结事项 33 起。

【森林防火】2021 年，西河镇安排护林防火员巡查 6480 次，入户宣传 1 万次，发放禁火令 1.5 万份、宣传资料 1.5 万份，确保全年重点地区防火安全。

【安全生产】2021 年，西河镇深入开展“三小”“三合一场所”专项整治行动，共排查登记 937 家“三小”场所，其中 54 家“三合一”场所，清理违规住人 47 处，建立物理防火隔离 4 处、查封 2 处、搬迁 1 处。整改完成率 100%；西河镇为前进市场示范街 32 家“三小”场所配备齐全灭火器、独立烟感和应急照明灯等消防设施，为 4 家“三合一”场所加装自动喷淋、独立烟感、建造实体防火墙和安装防火门；利用“党员报到”活动，组织党员到村内疏通消防通道，发放消防安全宣传资料《家庭住宅火灾风险防范措施指引书》《致村民（住户）一封信》共5000份。制订防火安全公约，督促村委会落实工作与每户户主签订防火公约，共签订防火公约600份，积极开展普通公路路长制“136”行动，西河镇在马屋村、山蕉村设立两个交通劝导站，配备两名劝导员进行交通安全劝导，发放道路交通安全宣传资料2740余份，交通法规宣传教育走访入户1136户，开展交通巡查874余次。

【征地拆迁】 2021年，西河镇在规定的时间节点全面完成涉及6个村、16块地的框架协议签订工作，具体签订征地面积约83.51公顷，历史征地面积1215公顷，收储攻坚征地面积80.18公顷。

【民政优抚】 2021年，西河镇共有低保户58户87人，共发放农村低保金496320元；五保集中供养5人共发放金额44544元，五保分散供养9人共发放金额100224元；80岁老人361人共发放津贴92520元；重度残疾人护理补贴发放共261人761076元；符合困难残疾人（在册低保户）生活津贴发放标准的共49人，共发放106428元。

【计划生育】 2021年，西河镇出生人口227人，出生率0.88‰，政策生育率88.11%，政策外多孩率9.69%。发放地贫防治相关宣传资料210余份，发放避孕套180盒，药具发放到位率达100%，信息反馈率达100%，独生子女奖励费和农村独生子女户、二女结扎户奖励扶助落实率100%。

【扫黑除恶专项斗争】 2021年，西河镇召开扫黑除恶专项斗争工作专题会议4次、扫黑除恶专项斗争宣传3次；累计走访入户5000户，走访人数3万人，发放扫黑除恶的宣传资料共5300份，提高广大村民群众对扫黑除恶的知晓率。

【信访维稳】 2021年，西河镇接待群众32批72人次，上级转送信访件15件，均已全部办结。镇一级调委员共调解各类纠纷23宗，村一级调委调解矛盾纠纷60宗纠纷。

【疫情防控】 2021年，西河镇利用网格化管理，筑牢疫情防线。在防控过程中，注重发挥基层党组织的战斗堡垒作用和党员的先锋模范作用，贯彻落实“外防输入、内防反弹”政策。安排流动接种车及派专车到村小组去接60岁以上老人接种疫苗，完成两针接种人数为28890人次，完成率87.6%，其中60岁以上人员完成接种两针1725人次。镇村干部职工完成第三针接种126人次。做好防疫“三人小组”核查工作，三人小组中3位成员角色分明，相互配合，共接收公安推送重点人员核查852人，组织三人小组上门核查852人次；入境返韶人员19人；中风险地区人员12人；密切接触人员6人；次密接接触人员27人，均按政策严格落实居家隔离措施。

【民生工程】 2021年，西河镇投入45万元，全面提升敬老院生活环境，对敬老院室外路面硬底化。院内植物重新布局、角落清杂美化，对室内厨房全面提升改造、老人房间进行翻新、安装空调、监控设备等；投入13万元建设西河镇康园中心，中心设有康复理疗室、工疗室、文体娱乐室和多功能活动室，为残疾人提供就业机会及社会适应能力辅导等服务。2021年该中心共收入20名会员。

【党风廉政建设】 2021年，西河镇积极推进作风建设，开展基层正风反腐行动，共收到党风廉政线索21条，信访了结4条，立案4宗，涉及基层党员4人。重点查处有关党员干部的酒驾问题，立案查处3人，给予批评教育4人。

【人民武装】 2021年，西河镇在征兵工作中，坚持按高标准、严要求认真组织适龄青年应征入伍，大学生征兵入伍宣传率达100%。抓好民兵整组工作，通过整组组建西河镇民兵参加上级人民武装部集训及执行任务和训练。

【农村经济组织换届】 2021年，西河镇农村集体经济组织有股份经济联合社6个、经济联合社8个、经济合作社31个，均已完成换届，确认成员14121人，颁发股权证3603本，成员证2382本。完成糖寮村十一队农村集体经济合作社的产权制度改革工作，确认成员178人。

【居家养老服务】2021年，西河镇共为153户村居老年人提供上门理发、代办购物、测量血压、卫生清洁等服务。每月对未入户的独居、低保、空巢等特殊困境长者进行电话回访，了解其生活近况及需求。深入乡村开展节庆、邻里互助、美丽乡村、健康宣传等系列活动27场次，服务惠及1350余人次。

【先进表彰】2021年4月，西河镇塘湾村党支部被评为担当落实类“先进基层党组织”。2021年6月，下坑村党支部被评为“韶关市武江区先进基层党组织”。2021年9月，西河镇被评为“武江区扫黑除恶专项斗争先进集体”；2021年11月西河镇被授予“第七次全国人口普查先进集体”称号；2021年12月，西河镇被评为“韶关市乡镇（街道）统计能力建设先进单位”。2021年，西河镇田心村、村头村被评为“广东省卫生村”。

【村情简介】

红星村　红星村位于韶关市武江河畔西侧，是现代城市化进程中形成的典型的“城中村”。总面积约5平方千米，下辖果园、西岸、坝厂3个自然村。2021年，该村有常住人口764人。党总支部下设3个党支部，有党员86人（含1名预备党员）。2021年，红星村党总支部书记、主任陈柏松被评为“先进基层党组织书记”。2021年，红星村集体经济以物业经营和物业管理为主，村集体收入达3099.1万元，比2020年同期增加76.29万元，增幅2.53%。为该村80岁村民办理高龄补贴事项19宗；申报退休人员退休待遇共9宗；办理新型农村养老保险事项4宗；该村18—60岁共4000多人的第一针、第二针疫苗接种率达90%。2021年，村委共投资20万元提升改造党群服务中心及建立果园、西岸、坝厂党群服务室，创建集党员教育、文化生活、便民服务于一体的高标准的农村基层党建示范点。

向阳村　向阳村地处武江河畔，是典型的“城中村”，下辖光明巷、工农巷、韭菜地、石狮头4个自然村。2021年，该村有常住人口949人。村党总支部下设两个分支部，4个党小组，现有党员96人。该村以经济建设为中心，不断投资兴建物业，集体经济收入以物业经营和物业管理为主。2021年，集体总收入达1986万元。村集体每年将收入的80%用于村民各项福利，自2018年起，该村每年出资200多万元为符合条件的村民交纳城乡医疗保险、社会养老保险，2021年参加城乡医疗600多人，社保204人。2021年5月，西河镇向阳村团支部被评定为“武江区五四红旗团支部”。

前进村　前进村位于西河镇的中部，东面与向阳、红星村接壤，南至芙蓉山顶为界，西与农业科学研究所相邻，北至市自来水厂，总面积约5平方千米，下辖津头岭、头茶亭、天鹅坪、黄屋、邹屋、蓝屋、杨屋等7个自然村，是典型的“城中村”。2021年，该村有常住人口1903人，党员70名。该村主要经济收入来源是物业出租，有前进国际装饰城、武江蔬菜批发市场、加油站、门店等物业。2021年，前进村总投资8200万元建设武江区金城汇项目，该项目分A、B两栋建设，A栋设计7层总建筑面积11048.52平方米，B栋设计19层总建设面积16530.38平方米；投资3500万元建设前进文娱综合大楼工程项目，该大楼计划于2022年初投入使用。

朝阳村　朝阳村位于西河镇中部，武江河流西岸，南面与市区相连，北面与塘湾村为邻，西面与前进村接壤，是典型的“城中村”。该村下辖黄田坝、上窑2个自然村。2021年，该村常住人口1576人，党员52名。2021年，该村村民村级退休标准保持每人每月700元。组织全村适龄妇女和65岁以上退休村民进行免费体检，让退休老人充分地享受村社会福利带来的实惠。2021年，村集体经济经营性收入为

842万元。

塘湾村 塘湾村位于西河镇北部，北邻武江河，南面与朝阳村相接，西面与十里亭上坝村接壤，下辖沙州村、塘湾村、塘湾新村3个自然村。2021年，该村常住人口640人，党员21名。2021年，引进四达（广州）投资有限公司，该项目已正式签订项目投资协议，计划总投资约6亿元，利用西河镇塘湾村委集体经济发展用地建设塘湾村文旅地产。2021年，村集体经济经营性收入103万元。

马屋村 马屋村位于西河镇北部，南面与浈江区接壤，东面与下坑村相邻，由丘屋、马屋、杨屋3个自然村组成。2021年，该村有270户，1060人，党员38名。耕地面积11.6公顷，主要种植水稻、蔬菜，马屋香葱、香蒜是传统蔬菜名牌品种。2021年，村集体经济经营性收入27万元。2021年，第二批“打擂比武”活动评比中，马屋组团马屋村以第一名的成绩被评为“武江区农村人居环境整治示范村庄”的自然村，获得50万元的奖励资金。

下坑村 下坑村位于西河镇北部，西面与马屋村交界，北面与田心村相邻，南面与浈江区靖村接壤。下辖林屋、沙架岭、上坝、下坝4个自然村。2021年，该村有农业人口240户1080人，党员37名。该村交通便利，境内G323线横穿而过，距广乐高速出口3千米。下坑村经济发展以农业为主，主要种植水稻、蔬菜，韭菜、枸杞叶是传统的蔬菜名牌品种。2021年，村集体收入28.98万元。2021年，下坑村党支部被武江区委授予“韶关市武江区先进基层党组织”称号；村党支部书记林永前被授予“广东省乡村振兴先进村党组织书记”称号。

田心村 田心村位于西河镇北部，北面与山蕉村相连，南面与下坑村接壤，东面与什石园相邻，下辖盘龙村、田心村、麦元头、墩子头、大村、张屋坪、新张屋、坑尾等8个自然村。2021年该村有481户，户籍人口2148人，党员35名，耕地面积92.47公顷。该村主要种植水稻、蔬菜、花生等，每年都有大批蔬菜供应市区市场。田心墩子头村丞相山有省级文物保护单位唐朝名相张九龄家族墓地及祠堂。2021年，村集体经济收入57万元。2021年第二批“打擂比武”活动评比中，田心组团田心新村第三名的好成绩评为“武江区农村人居环境整治示范村庄”的自然村，获得50万元的奖励资金。

2021年，西河镇田心村被广东省爱国卫生运动委员会授予“广东省卫生村”荣誉称号。

黄塱村 黄塱村位于西河镇北部，地处武江河的西岸，北面与糖寮村相邻，南面与什石园村接壤，西面与浈江区沙园村交界，下辖上坝、中坝、广明龙3个自然村。2021年，该村有农业人口310户1307人，党员29名，耕地面66.67公顷。该村以发展农业为主，主要种植水稻、蔬菜、花生等，黄塱黄瓜、大葱是传统的蔬菜名牌品种。2021年，黄塱村与什石园村连片发展的优质蔬菜生产基地66.67公顷，该基地年产量达1000吨以上，产值800万元。2021年，村集体经济经营收入28.69万元。

什石园村 什石园村位于西河镇东北部，西面与田心村相连，北面与黄塱村相邻，东南面与浈江区十里亭镇接壤，由什石园、下坝、什石园新村3个自然村组成。2021年，该村有农业人口238户、1370人，党员29名。耕地面积62.8公顷，主要种植蔬菜、水稻、花生等，与黄塱村连片发展的优质蔬菜生产基地达66.67公顷，该基地年产量达1000吨以上，是韶关市主要的“菜篮子”生产基地之一。2021年，村集体经济收入6.5万元。

什石园村有400年历史，村内有一座清朝石拱桥，1棵400多年的大榕树，2棵200年的大榕树，1棵200年的大樟树。

糖寮村 糖寮村位于西河镇北部，武江河的东面，西南面与黄塱村相邻，北面与浈江区犁市镇接壤，由糖寮旧村、新村、麦屋村3个自然村组成。2021年，该村有农业人口305户、1322人，党员37名，耕地面积74.67公顷。该村以发展农业为主，主要种植水稻、蔬菜、花生、甘蔗等，其中白萝卜是传统的蔬菜名牌产品。2021年，村集体经济经营性收入1.89万元。

2021年，该村完成整村自来水建设工程，全面实现户户通自来水。

山蕉村 山蕉村位于西河镇北部，南面与田心村接壤，东面与黄塱村、糖寮村相邻。2021年，该村有农业人口155户577人，党员26名，耕地面积134公顷，主要种植水稻、蔬菜、花生、甜玉米、红薯等，其中种植甜玉米、红薯是山蕉村的支柱产业，每年山蕉的甜玉米除供应本地市场外，还远销湖南、香港等市场。2021年，山蕉村投入70万元资金，用于主巷道提升整治，其中硬化水泥地新建1380.6平方米，重修256.5平方米；新建水泥盖板排水沟545米；铺装沥青路面433米；镀锌钢管护栏550米。2021年，村集体经营性收入约12.52万元。

村头村 村头村位于西河镇南部，武江河西岸，北面与城区相连，南面与大村相邻，西面与西联镇接壤，仅有1个自然村。2021年，该村有农业人口1648人，党员35名（含预备党员2名），50年以上党龄2名。耕地面积24公顷。村民以外出务工和种植蔬菜、养殖家禽为主，村集体收入主要来源为物业出租。2021年，村集体经济经营性收入187.65万元。2021年，村头村利用村中闲置空地建成一个能容纳20余辆车停放的便民停车场，缓解村民停车难的问题。

2021年，村头村被广东省爱国卫生运动委员会授予“广东省卫生村”荣誉称号。2021年，村党支部书记朱智聪被武江区委授予“韶关市武江区优秀共产党员”称号。

大村村 大村村位于西河镇西南部，广韶公路西侧，东南面与浈江区乐园镇高头村、新村相邻，西与西联镇车头村、岭头村、芙蓉山为界，下辖上村、下村、张屋岭村3个自然村。2021年，该村有560户，户籍人口2980人，党员76名（含预备党员1名）。该村以物业出租、种植蔬菜、养殖家禽为主，2021年，村集体经济经营性收入121.63万元。

大村村每年开展“昌华奖教奖学”活动，每年设置10万元奖教教学活动经费，奖励白芒小学教师、一至六年级获奖学生及本村考上本科及重点大学的优秀学子。

（谢雪诗）

西联镇

【概况】 西联镇位于武江区的中部，东、北与西河镇交界，南邻曲江区的白土镇，西与龙归镇相连，总面积70.3平方千米。辖西联、芙蓉、车头、下胡、赤水、阳山、沐溪、甘棠共8个行政村和恒大社区、碧桂园太阳城社区、碧桂园太阳城第二社区共3个社区。有糖环、艾糍、油糍、叶子糍、灰水糍、米饼等土特产，有莞韶产业园、武江区科技工业园和甘棠工业园3个大型工业园区；主要旅游景点有芙蓉山公园、犁石湖、拾贝湖、沐溪水库、莞韶园黄沙坪创新园等，欧震纪念亭、宋代余靖墓等名胜遗址。京珠高速公路、高铁韶关站、国道323线、韶关大道穿镇而过。

2021年，西联镇年末户籍人口37804人，常住人口73552人，耕地面积277.98公顷，粮食播种面积1.8公顷，粮食产量7吨，林地面积3017.2公顷（包括商品林和生态林）。2021年，全镇农村经济总收入1042万元。财政一般预算收入3799.43万元，同比上年增长22.56%。该镇主要经济来源有建材、运输、机械、制造、铸造等工业。全镇有中学3所（公办2所，民办1所），小学8所（公办7所，民办1所），幼儿园21所（公办3所，民办18所），在校学生21732人；芙蓉新区社区卫生服务中心1间，镇文化站1个，综合文化服务中心10个，广播站1个。全镇参加医疗保险人数18500人，覆盖面100%。2021年，西联镇获得韶关市第七次全国人口普查先进集体、武江区扫黑除恶专项斗争先进集体等荣誉称号。

西联镇政府有9个内设机构：党政综合办公室（应急管理办公室）、人大常委会办公室、党建工作办公室（组织人事办公室）、纪检监察办公室、公共服务办公室（党群服务中心）、综合治理办公室、综合行政执法办公室（综合行政执法队）、规划建设办公室（生态环境保护办公室）、农业农村办公室（经济发展办公室）。

【征拆交地工作】 2021年，西联镇根据韶关市政府下达的土地收储攻坚任务，列入重点督导任务的土地收储项目有16个，涉及面积185.15公顷。截至2021年12月，该镇签订房屋拆迁协议333户，拆除房屋约107843.44平方米，完成收储项目交地15个，交地174.81公顷，完成率94%，顺利完成华天项目、金融中心A地块项目、金融中心B地块项目、韶关大道西侧地块项目、城投大厦周边地块项目、高铁站前地块项目、风度小学南侧地块项目、高创南路、高创北路项目生物医药产业园项目等重点项目的征拆交地任务。2021年7月，西联镇提前完成朗圣药业项目一期用地征拆工作，得到韶关市委市政府、武江区委区政府的通报表扬。

【招商引资】 2021年，西联镇领导班子走访调研园区企业14家，及时了解企业生产经营情况，宣传招商引资政策和金融服务政策，协助企业解决用地困难等问题，积极为各村委开展招商引资，推进村集体经济发展用地开发建设，指导西联镇下胡村委与韶关市俊盈投资发展有限公司成功签订协议，合作开发下胡村3.25公顷经济发展用地，项目涉及资金约2亿元。

【疫情防控】 2021年，西联镇扎实做好常态化疫情防控工作，认真落实来韶人员的核查，全年共累计追踪991户1630人，累计排查返乡人员共1405人次，其中发现境外来（返）韶人员240人，中高风险地区所在市来（返）韶关人员744人，已全部按要求落实健康管理措施。积极推进全人群新冠疫苗接种工作，疫苗接种做到应接尽接，构筑全人群免疫屏障，2021年，西联镇完成新冠疫苗全程接种44956人（其中3岁—11岁4739人，12岁—17岁2959人，18岁—59岁33369人，60岁以上3889人），接种率达90.14%。

【乡镇党委换届】 2021年，西联镇始终将上级关于换届工作的部署要求贯彻始终，圆满完成乡镇党委换届工作。2021年7月21日至22日，顺利召开中国共产党武江区西联镇第十次代表大会，该镇17个党（总）支部所选出的101名代表出席会议，会议听取和审议相关工作报告，选举产生第十届中国共产党西联镇委员会委员9名，中国共产党西联镇纪律检查委员会委员7名，出席武江区第十次党代会代表16名。

【人大换届选举】 2021年9月至10月，西联镇按照相关法定程序，历时一个月，顺利完成镇人大换届选举工作，全镇通过依法投票选举产生新一届区代表29人，镇代表64人。10月26日至27日，顺利召开西联镇第十届人民代表大会第一次会议，听取和审议各项工作报告，并投票选举产生新一届的镇人大主席团主席1名、镇长1名、副镇长3名。

【村级组织换届选举】 2021年2月2日，西联镇11个村（居）民委员会顺利完成换届选举。村（社区）党组织和村（居）选举产生70名群众认可、组织满意、能力突出的村（社区）“两委”干部进入村级领导班子，其中新一届村（社区）“两委”干部中高中及以上学历的有60人，占比85.71%；交叉任职41人，交叉任职率达85.41%；全镇、村（社区）“两委”干部平均年龄38.96岁，各村（社区）均有35岁左右的年轻干部。

【基层党建】 2021年，西联镇聚焦标准化规范化建设，进一步提升基层党组织的创造力凝聚力战斗力，切实落实“第一议题”制度，全面改造提升镇委党校，开展微党课进社区、进村组活动。2021年，西联镇党校共授课57期，其中在村（社区）分教点授课45期，培训党员1456人次，基层党员培训覆盖率100%；推动党史学习教育持续走深走实，组织下辖党组织开展“我为群众办实事”活动93次，为群众解决问题116个。

新建村级党群服务中心3个，新建党群服务室11个，覆盖下辖51个村（居）民小组，设立党支部服务日，每周二党支部书记接待来访群众，共收集解决群众反映问题125个，确保党的领导和党的工作在基层全覆盖全落实。认真做好党员发展和管理工作，新发展党员7名，转正11名，确定入党积极分子22人和发展对象22人。

【开展在职党员到社区报到活动】2021年，西联镇围绕“1+4+N”工作思路组织村、社区开展在职党员报到工作，开展活动共900余次，参与党员8153人次，有效推进该镇疫情防控、森林防火等工作的开展。西联镇太阳城社区党总支部获评“2020年度韶关市在职党员到社区报到服务之星‘优秀组织者’”。

【党风廉政建设】2021年，西联镇持续推进作风建设，开展基层正风反腐行动，组织纪律教育月学习活动，落实“三重一大”事项审批，抓好重要节假日值班值守纪律监督，做好公务用车、公务接待等监督管理。及时做好信访接待工作，提升线索排查和处置效率，2021年，共计立案4宗，结案4宗，案件办结率达100%，查处违纪党员4名。

【扫黑除恶专项斗争】2021年，西联镇扎实开展扫黑除恶常态化工作，组织召开3次相关工作会议，在东盈服装厂、西联农贸市场等地方开展宣传活动共10余场次，印制宣传横幅30条、张贴宣传海报50余张、派发宣传资料3000余份。2021年，西联镇获“武江区扫黑除恶专项斗争先进集体”荣誉称号。

【维护稳定】2021年，西联镇共排查调处各项矛盾纠纷58起，调解成功58起，成功化解率达100%。其中欠薪矛盾纠纷26起，赔偿矛盾纠纷10起，家庭婚姻矛盾纠纷3起，其他矛盾纠纷19起，全镇没有因矛盾纠纷调处不及时或不适当引发的非自然死亡、民转刑案件、群体性上访和群众性械斗事件的发生。

【人民武装】2021年，西联镇立足实际，深入贯彻新时代军事战略方针，奋力开创西联镇武装工作新局面，充分调动适龄青年参军热情和积极性。2021年，召开武装工作会议，召集民兵按时参加区人武部组织的集训、点验，提升民兵战斗力。

【农村集体产权制度改革】2021年，西联镇纵深推进集体产权制度改革，加快实现“资源变资产、资金变股金、农民变股东”的变革。全镇46个涉改村（组）已全面完成集体经济组织成员身份认定工作，累计认定集体经济组织成员13272人，完成率100%；全镇2个应开展集体经营性资产折股量化的村均已完成，量化资产179.99万元，完成率100%；累计对完成改革的45个村（组）农村集体组织进行登记赋码颁证，完成率97.82%；清产核资累计清查登记集体资产2.1258亿元（含资源性资产），登记集体资源面积3800公顷。

【脱贫攻坚】2021年，西联镇建立脱贫户档案，健全防止返贫致贫监测与动态帮扶机制，巩固“两不愁三保障”成果，坚决守牢不发生规模性返贫底线，西联镇帮镇扶村工作队于2021年7月27日入驻，协助推进巩固拓展脱贫攻坚成果和乡村振兴工作。西联镇脱贫户26户43人（其中：有劳动能力贫困户6户20人，无劳动能力贫困户20户23人；一般贫困户3户11人，低保贫困户23户32人），全镇贫困人口年人均可支配收入从2016年的6141.10元提高到2021年的13631.71元，其中有劳动能力贫困人口达到15607.52元，无劳动能力贫困人口达到13038.96元。

【乡村振兴】2021年，西联镇以阳山上庙背村、甘棠船民村参加“打擂比武”工作为抓手，进行人居环境整治提升工程。阳山上庙背村以“时光·夜上庙”为主题，打造美食长廊，发展夜间经济，促进消费升级。

通过改造上庙背村楼房外立面，整治占道经营，规划停车位，提升文化广场，打造书法长廊等措施，上庙背村的村容村貌焕然一新。甘棠村以“船民文化”为主题，对村道进行白改黑，建设码头等，打造融合文化、休闲、美食产业的岭南名村，带动西联镇现代服务业发展。2021年，阳山上庙背村在武江区农村人居环境整治“打擂比武”活动中，获评“农村人居环境整治示范村庄”。

【民生保障】 2021年，西联镇全面加大民生保障力度，发放城乡最低生活保障金23.2192万元，孤儿生活补贴7.3620万元，农村五保户保障金和供养护理费1.0152万元，高龄老人津贴发放355人共8.9390万元。完成新农保参保3491人，领取待遇2318人，为28个企业353人申请困难补贴，216个人申请就业困难人员补贴，为3个机关事业单位办理“三支一扶”岗位补贴9人。全力推进“银龄安康”行动，为3738名60周岁以上户籍人口购买意外伤害综合保险。西联镇政府获2021武江区“银龄安康行动”卓越奖，恒大社区被评为“全国示范性老年友好型社区”。

【卫健工作】 2021年，西联镇大力开展卫生计生政策、健康知识、疫情防控关心慰问等方面工作。共开展卫生健康宣传活动15场，义诊51场，服务群众11000人次，发放宣传资料12000份；开展走访送温暖活动260次，走访慰问困难人员1400次，发放慰问金和物资29017元。加强人口信息登记管理，登记已婚育龄妇女11084人，共出生604人，办理生育登记380例，再生育审批23例，办理城镇独生子女父母奖励221人次，农村部分计划生育家庭奖励25人次，特别扶助4人次。

【创文巩卫】 2021年，西联镇强化网格化管理，确保辖区保洁时长，实行生活垃圾袋装化和桶装化，垃圾统一转运、处置和填埋；持续深化“门前三包”责任制，综合整治市场周边秩序，充分利用LED电子显示屏幕、健康教育宣传栏、微信等宣传方式，不断加大创文巩卫的宣传力度。开展“我们的节日”“爱国卫生月”“周五公共卫生日”等主题的系列活动38次，在背街小巷、村（居）张贴公益公告124张，印发各类宣传资料5000份。

【精神文明建设】 2021年，西联镇积极开展精神文明建设工作，共开展41场精神文明建设活动，受益群众达4000人次。

【退役军人“双拥”工作】 2021年，西联镇以创建全国示范型退役军人服务站、广东省星级退役军人服务站为目标，积极做好“双拥”工作，春节期间慰问退役军人及其他优抚对象。“七一”走访慰问老党员和困难退役军人党员；开展庆祝建军94周年拥军优属活动，送上慰问金和慰问品；走访慰问4名立功受奖军人家庭（三等功军人3名、优秀士兵1名）。

【安全生产】 2021年，西联镇组织开展安全生产检查，排查各类安全隐患，全年安全生产形势平稳。结合“敲门行动”“生命窗”等消防安全综合治理，开展安全生产三年行动，对危险化学品、消防、非煤矿山、建筑施工、农村隐患房屋等方面进行专项整治，督促隐患整改，促进安全生产形势稳定好转。全年累计组织对638家（次）企业（单位、场所）进行日常执法监管，检查（排查）危化品企业2家、加油站5家、农贸综合市场4家、网吧4家、旅店公寓26家、“三小”（“三合一”）场所409家，发现问题隐患122处，下发限期整改通知书26份，清理违规停放电动车40余辆。

【应急工作】 2021年，西联镇加强防疫、防汛、防火、防寒期间的值班巡查工作，组建应急队伍，实行24小时值班，落实突发情况信息上报制度，及时处置突发事件，做好应急物资储备，开展应急演练工作，切实做好各类风险隐患排查，共摸排发现40处森林火灾隐患，处置17宗野外火情，没有发生重大以上森林火灾，没有发生人员伤亡事故。

【村情简介】

西联村　西联村位于西联镇中心，东与芙蓉村相邻，西与赤水村、沐溪村交界，南与下胡村毗邻，北与阳山村接壤，总面积约6平方千米，该村下辖九个自然村。2021年，该村有户籍人口2720人，户数680户，常住人口3150人。西联村地理位置环境优越，依伴奇峰异石犁头石群峰，形成美丽盘中之景。百旺大道、韶关大道十字形贯穿该村，并与国道323线、京广线、京珠高速公路相连接，构成南来北往交通框架，交通十分方便，是发展最大交通、文化、工贸、服务业的区域。辖区内有1所中学，1所小学，1所幼儿园，1个中型农贸市场，1所卫生站。该村已纳入韶关市芙蓉新城的建设范围，重点项目建设有保利地产、宝能公馆、碧桂园太阳城、韶州中学、广东韶关实验中学、前海人寿韶关医院、市妇幼保健院等。西联安置新村建在韶关大道西北侧，建设用地面积约22万平方米，于2013年8月正式动工建设，2016年11月已全面建成并交付使用。

芙蓉村　芙蓉村位于西联镇东部，在风景秀丽的芙蓉山水环抱当中，东北与西河镇一山之隔，西与西联村交界，南与车头村毗邻，距离市区约6千米，交通便利，芙蓉路与西联大道相连接，总面积约6.7平方千米，该村下辖5个自然村。2021年，该村有户籍人口1840人，户数497户，常住人口约1596人。该村辖区的芙蓉仙洞、拾贝湖、芙蓉山等景点，已成为韶关市民休闲度假胜地之一。辖区内有1间中医诊所、1间卫生站。芙蓉村已纳入韶关市芙蓉新城的建设范围，重点项目建设有芙蓉广场。2021年，芙蓉村被广东省委农办、广东省农业农村厅等部门评为“2020年广东省乡村治理示范村”。芙蓉安置新村建设在南华路北侧，建设用地面积约15.9万平方米，于2014年6月正式动工建设，2016年9月已全面建成并交付使用。

下胡村　下胡村位于孟洲坝电站下游，东与车头村相邻，南靠北江河，西与赤水村相邻，北与西联村相邻，下胡村周围东有32号路，南有滨江路，西有韶关大道，北有5号路相互贯穿，是西联镇水陆交通最便利的行政村。总占地面积约3.29平方千米，该村下辖1个自然村。2021年，该村有户籍人口1524人，户数473户，常住人口1467人。辖区内有1所小学，1所幼儿园，1间卫生院。下胡村已纳入韶关市芙蓉新城的建设范围，重点建设项目有恒大地产、保利地产、滨江商务中心、韶洲文化广场等项目。下胡安置新村建在滨江路旁，新村总占地面积约15万平方米，于2018年1月正式动工建设，2021年3月已完成新村主体建设工作，截至2021年12月尚未完成全面竣工，预计2022年建成并交付使用。

车头村　车头村位于北江河畔，在西联镇南部，东与西河镇村头、大村相连，南与浈江区六合村隔河相望，西与下胡村毗邻，北与西联村、芙蓉村相依。该村依山傍水，水陆交通十分方便，沿北江河、西联大道贯穿村内并与京珠高速公路连接。总占地面积约3.6平方千米，该村下辖三个自然村。2021年，该村有户籍人口1648人，总户数约390户，常住人口1657人。辖区内有1所小学、1所幼儿园、1间卫生院，1间医院（在建市一医院）。车头村已纳入韶关市芙蓉新城的建设范围，重点建设项目有北江航道扩能升级孟州坝枢纽工程、城投大厦、广东南岭干部学院、犁石湖公园、风度小学陆续建成并投入使用，市一人民医院迁建、省档案备份中心、省消防指挥中心正在建设中，重点项目逐步落地，为今后的经济社会发展营造了良好的环境。车头安置新村位于韶关市芙蓉新城32号路以东，韶关市公安局以南，下胡安置区以北的区域，新村建设用地面积约13.64万平方米。车头安置新村于2014年3月开工建设，2018年4月全面寻成并交付使用。2021年，车头村被武江区妇女联合会评为“平安家庭”创建活动示范村。

赤水村　赤水村位于西联镇西南面、东与下胡村接壤，西与甘棠村、沐溪村交界，北与西联村毗邻、南与乐园镇坝厂村委会一河相隔，地处北江河畔，水运便利。总面积约3.2平方千米，该村下辖1个自然村。2021年，该村有户籍人口764人，总户数228户，常住人口约715人。赤水村地处北江河畔，原村域内有天然千姿百态的赤水河，紧依有“小桂林”之称的铜鼓洲。该村辖区内有1所幼儿园，1所卫生院。赤水村已纳入韶关市芙蓉新城的建设范围，重点建设项目有武广高铁站、长途汽车站、恒大城、京珠高速、星汇休闲商业街等。赤水安置新村建于韶关高铁站旁，建设用地面积约7.3万平方米。赤水安置新村于2012年7月开工建设，2014年4月全面建成并交付使用。2021年，武江区委、区政府授予赤水村党总支部“武江区先进基层党组织”荣誉称号。

阳山村 阳山村位于西联镇西北部，交通十分便利，国道323线穿村而过，东面与西联村接壤，南面与沐溪村相邻，西面与龙归镇后坪村接壤，北面与西河镇下坑村、前进村相邻，总面积约16.7平方千米，下辖有黄沙坪、老阳山、田心、上庙背、下庙背、大坪、大陂头、新阳山八个自然村。2021年，该村有户籍人口3468人，户数696户，常住人口3855人，流动人口约1.5万人。该村辖区内景点有莞韶园（双塘印雪、寻梅路、两塘书院）。辖区内有1所小学，8所幼儿园，1所农贸市场，2间医院，1个供电所。该村是莞韶产业转移园建设的主战场之一，也是西联镇成为“广东省技术创新专业镇”的重要依托，村民的年均收入排在西联镇前列。辖区内建有旭日玩具厂、五洲汽配城、韶瑞重工、铁友机械等30多家实力雄厚的企业，莞韶城项目初具规模，黄沙坪电子商务城建成70多栋。2021年，武江区委、区政府授予阳山村党总支部“武江区2020年担当落实先进基层党组织”荣誉称号。

沐溪村 沐溪村位于西联镇西北部，东、南面与阳山村、赤水村相邻，西、北面与曲江区接壤，国道323线穿村而过，交通十分便利。总面积约13.3平方千米，该村下辖五个自然村。2021年，该村有户籍人口1593人，常住人口约1349人，流动人口约4173人，总户数535户，1个农贸市场、1所小学、1所幼儿园、1间卫生站。下辖的沐溪水库是韶关市重要水源地之一，也是韶关市民休闲度假首选胜地之一。特色传统节庆食品有油糍、糖角、糖环、米饼、叶子糍、艾糍、灰水糍等。辖区内有科艺创意、丹霞制药、百事得茅、核力重工等实力企业20多家。

甘棠村 甘棠村位于西联镇西面、国道323线旁，东面与赤水村相邻，南面与曲江区白土镇河边村相邻，西面与龙归镇社主村相邻，北面与沐溪村相邻。总面积约12平方千米，下辖8个自然村。2021年，该村户籍人口2724人，户数770户，常住人口2832人。该村辖区内有1所小学，1所幼儿园，1所农贸市场，1所卫生院。甘棠村由刘氏在元朝末期从江西迁入而建村，南面有座三娘庙，建于宋朝末期，由甘棠村民刘少孟创建，是当地人宗教活动场所。甘棠村建有欧震纪念亭以及宋代余靖墓。该村重视集体经济发展和精神文明建设，每年投入10多万元，用于村公共基础设施建设、甘棠小学教育经费以及村民各项福利事业。甘棠村是京珠高速、韶赣高速和广乐高速的交汇区域，紧临国道323、北江航道、武广高铁，甘棠工业园建设有莱雅化工、都市丽人、东盈制衣厂、正邦农牧科技等项目。2021年，甘棠村被武江区妇女联合会授予“儿童之家示范点”荣誉称号。

恒大社区 恒大社区位于韶关市西联芙蓉新城，近邻韶关武广高铁站，韶关大道东侧，南连京珠高速，东望芙蓉山公园，北接韶关大道，辖区总规划建设面积约1.39平方千米，辖区范围有恒大城一至十期等多个片区。2021年，该社区有户籍人口4086人，户数3086户，社区常住人口约8600人。辖区内有1所小学（芙蓉第一小学），1所幼儿园，恒大城国际全能运动中心、综合会所、商业街、居家养老服务中心等便民设施已经完善。恒大商业综合体、恒大酒店、新区幼儿园、东岗保利小学等大型配套也在陆续建设中。恒大社区居委会成立于2018年5月，位于恒大小区一期一栋一楼，建筑面积356.3平方米。2021年，恒大社区被国家卫生健康委员会、全国老龄工作委员会办公室命名为“2021年全国示范性老年友好型社区”。

碧桂园太阳城社区 太阳城社区位于西联镇东南面，东与芙蓉村相邻，西与西联村交接，南与保利大都会毗邻，北至芙蓉隧道，位于丹霞大道中道路西北侧，与太阳城第二社区紧紧相连，总规划建设面积约1.07平方千米，辖区范围有芙蓉湾、天玺湾、天钻、新城之光、蓉城花园等多个片区。2021年，该社区有户籍人口2130户8229人，常住人口约1.5万人，辖区内有2所幼儿园（中央艺术幼儿园、蓉城花园幼儿园）、2所小学（东岗太阳城小学、广东韶关实验小学）、1所中学（广东韶关实验中学）、1所农贸市场，2所医院（韶关市妇幼保健院、前海人寿医院）和1所社区卫生院，（新区第二幼儿园在规划建设中）。2021年，太阳城社区获“2020年度韶关市在职党员到社区报到服务之星优秀组织者”“韶关市武江区先进基层党组织”“武江区‘妇女之家’示范点”等荣誉称号。

碧桂园太阳城第二社区 西联镇碧桂园太阳城第二社区位于西联镇东南面，东与芙蓉村相邻，西与西联村交接，南与保利花园、宝能公馆毗邻，北至芙蓉隧道，位于丹霞大道中道路东南侧，与太阳城社区紧紧相连。总规划建设面积约1.6平方千米，辖区范围有：花地、芷兰湾、泊林、天麓山、青云台、岭誉等片区。2021年，该社区有户籍人口约1890户共5672人，常住人口约1万人，周边有百旺路直通百旺大桥、韶关大道和丹霞大道等多条城市干道，相邻芙蓉山公园。辖区内有2所幼儿园（步步高幼儿园、天麓山幼儿园）、1所小学（东岗太阳城小学低年级部）、1所中学（韶州中学）、1个商业综合体（碧城广场碧乐坊）。

（侯家良）

龙归镇

【概况】 龙归镇位于武江区的中西部，东邻西联镇和曲江区白土镇，南与曲江区樟市镇、罗坑镇相接，西与江湾镇和乳源瑶族自治县毗邻，北与重阳镇、一六镇相连，总面积277.7平方千米。辖续源、山前、奇石、龙归、坳头、冲下、龙安、留村、社主、马渡、寺前、后坪、盘村、凤田、方田15个行政村和1个龙归社区。龙归镇土特产有淮山、香蜜薯、马蹄、果蔗、生姜、茨菇、粉葛、莲藕、杨梅、食用桑、桑葚。该镇主要旅游景点有韶关武江乡村振兴培训实践中心（龙归粮仓）、龙归水岸公园、文武阁塔、安民祠。自然资源有矿产、土地、山林、矿产、水力。有“九子石”、文武阁塔、董村寺、三皇石、四点金围屋建筑等名胜古迹。

2021年，全镇年末户籍人口40580人。耕地面积4136.8公顷，粮食播种面积162.7公顷，粮食产量15469吨。林地面积18482公顷，森林覆盖率86.9%，活立木蓄积量1456936立方米。镇农村集体经济总收入1002.63万元。固定资产投资14.11万元，全镇财政一般预算收入3636.67万元。全镇有初中1所，小学2所，幼儿园10所，教学点7个，在校中小学生4225人；有文化站1个，16个文化服务中心。全镇参加医疗保险人数29312人，覆盖面93.35%。主要经济来源有：农业、小水电、矿产开采与加工。

2021年，武江区深化乡镇街道体制改革，完善基层治理体系，龙归镇设置党政综合办公室、人大常委会办公室、党建工作办公室（组织人事办公室）、纪检监察办公室、公共服务办公室（党群服务中心）、综合治理办公室、综合行政执法办公室（综合行政执法队）、规划建设办公室（生态环境保护办公室）、应急管理办公室、农业农村办公室（经济发展办公室）。

【基层党建】 2021年，龙归镇镇委党校授课63期，其中在村（社区）分教点授课48期，累计统计培训基层党员、干部、群众2409人次，实现基层党员培训全覆盖。全年共组织8期村（社区）书记培训班，4次外出学习交流，全力提升支部书记履职能力。组织18名“两委”干部参与学历提升工程，15名干部参加并通过入学考试；贯彻落实“青苗”工程，挑选村“社区”后备干部储备人选48人。完善联系服务群众工作机制，在全镇16个村（社区）建立三级党建网格，无职党员设岗定责，“两新”组织与村（社区）党组织结对帮扶服务制度，落实民情夜访、在职党员报到活动。2021年全镇16个村（社区）共有216名无职党员自愿领岗，民情夜访走访群众359户，在职党员到社区报到123人，志愿者总时长3463.2小时。

【先进表彰】2021年4月，龙归镇被韶关市武江区委、区政府评为“武江区2019年攻坚克难单位”。6月，龙归镇在武江区2019—2020年脱贫攻坚工作中表现突出，被区委、区政府评为“脱贫攻坚先进集体”。龙归镇紧紧围绕年初制定的“两点一线三抓手”工作思路，突出重点，完成村（社区）换届、农村人居环境整治工作、高效完成龙归产业园、“一桥一路”、龙归甘棠工业园9号路跨南水河大桥及周边道路工程项目405.98公顷土地房屋的征地拆迁工作。

【疫情防控】2021年，龙归镇从严从快从紧抓好各项防控工作，强化人员摸排，严防外部输入，常态化开展国内中高风险地区返乡人员摸排，全镇共排查市外返乡人员448人次，三人组大数据排查332人次。该镇全程疫苗接种比例达89.2%。

【乡村振兴】2021年，驻镇帮镇扶村工作队结合实际，紧扣城乡融合省级试点任务，以建设武江高质量发展副中心、城乡融合发展先行区为目标制订发展规划，为未来5年乡村振兴发展奠定基础。巩固拓展脱贫攻坚成果，对照“八有”指标，对龙归镇286户脱贫户进行动态监测和跟踪帮扶。农村人居环境持续优化。在2021年区人居环境整治“打擂比武”活动比赛中，共筹集投入各类资金769.4万元，投工投劳1091人次。龙归村双头村、龙安村安村老屋村获评“人居环境整治示范村庄”，并各获得区奖励60万元；社主后坑村、山前何屋新村和晏屋村、冲下龚屋村、龙安小村老屋村，获得区奖励220万元，2021年，全镇共获得区农村人居环境整治奖励资金350万元。

武江谋划将龙归镇打造成为中心城区新型城镇化辐射镇域农村的示范镇（区委宣传部 供图）

【综合治理】2021年，龙归镇探索试点建立“韶关民声热线武江区龙归镇乡村工作站”。切实转变全镇工作作风，以抓党建、抓班子带队伍为切入点，进一步加大宣传发动、完善技术视频监控等方面的投入。按照相关的法律和规章制度，加强对矫正对象的管理，制订矫正方案，做到一人一档。2021年，龙归镇共有社区矫正人员10名，没有发生重新犯罪和脱离管辖的情况。新增安置帮教人数为41人，其中重点帮教人员为11人，安置帮教率为100%。开展法律宣传活动4次，发放宣传资料2800份，各村调解委员会共调解各种矛盾纠纷203件次，人民调解书面协议20宗，调解成功180件，涉及金额375万元。

【项目工作】2021年，龙归镇落实龙归城乡融合产业园征拆工作，共签订征地协议402.99公顷并完成清点丈量342.23公顷，顺利完成区交办龙归城乡融合产业园攻坚战158.53公顷的交地任务，拨付征地款3654.7万元；顺利完成“一桥一路”和南水河大桥及周边项目征地拆迁、迁坟等工作。扎实推进债券及重点项目实施，紧盯时间节点、倒排工期，按时完成武江区龙归镇河滨路白改黑工程、武江区龙归镇冲下至盘村路灯安装提升工程、武江区龙归镇方田至盘村道路白改黑工程、武江区农业种植片区灌溉工程（龙归）等项目。及早谋划助力城乡融合发展，充分发挥副中心优势，突出城乡融合示范特色，加强产业项目谋划，完善基础设施建设，积极上报涉及基本农田、农田水利、乡村道路、美丽圩镇、农村道路提升等项目，让城乡融合落地惠民。

【民生实事】2021年，龙归镇自来水供水通水建设项目总投资1610万元，主要建设内容涉及全镇14个村（居）。2021年，龙归镇自来水工程已实现全镇行政村自来水覆盖率、农村自来水普及率100%。龙归镇河滨新街河边沿线道路提升建设、路灯安装工程项目总投资400万元，建设地点在河滨新街河边沿线道路。建设项目包含电力电缆、一般路灯、配管安装。河滨新街沿线道路提升工程加宽主干道（原路宽13米，现路宽15.5米），路旁合理安排停车位，原300余米水泥路面改铺为沥青路面，安装25盏路灯。

【农业生产】2021年，龙归镇粮食播种面积2440.5公顷，粮食产量15469吨。抓好主导产业，大力推进镇“一村一品”“一镇一业”工作，扩种丝茅姜和珍珠黄皮。严格做好畜禽的防疫工作，全年共注射猪瘟疫苗3050头次，猪口蹄疫疫苗3110头次，羊口蹄疫疫苗以及小反刍兽疫疫苗1830头次，注射鸡新城疫和禽流感疫苗15万羽次，开具动物检疫票约790张，全年未发生动物疫情。2021年3月18日完成全镇15个经济联合社210个经济合作社的换届工作，整理各村的换届资料、打码装订，归档迎检。清产核资工作，根据村账办提供的会计报表账目，核对15个村委、210个村小组的经济报表及2020年各村委和村小组的盘点后的资产并录入广东省农村集体管理系统。2021年，龙归镇结合疫情防控，全面开展农村爱国卫生运动，组织开展了以“共建清洁家园，喜迎建党百年”为主题的农村人居环境整治村庄清洁行动春季、夏季战役和冬季人居环境整治工作，悬挂横幅32条，发放“一封信”等宣传资料5200份。2021年，农户申请办理家庭农场8家。撂荒地核查及复耕工作，6月，完成全镇300余公顷耕地1公顷以上连片疑似撂荒地的核查工作，10月完成小于1公顷撂荒地核查工作，进行撂荒地复耕共约33.33公顷。开展驻镇帮镇扶村相关工作。

【民政工作】2021年，龙归镇共有农村低保户275户516人，共发放318.99万元，城市低保户13户19人，新增低保户53户116人，取消42户56人，全镇农村低保金额从532元提高到每人每月580元，城镇低保人员金额每人每月从772元提高到800元，城乡低保每人每月补差分别提高了48元和28元。2021年，低收入家庭新办理26户50人，每年帮助他们购买城乡医疗保险，除不发放救助金以外，享有与低保同等基础待遇。特困供养人员69户69人，共发放金额105.4万元，分散供养人员58人，集中供养人员11人，供养费从852元提高到928元，特困护理补贴分别是全自理32.4元、半自理486元、失能972元，除护理补贴每季度发放一次以外其他救助金额均每月按时发放。龙归镇有残疾人1015人，发放残疾人生活补贴206人，金额43.8万元，残疾人重度补贴626人，金额190.6万元；2021年残疾人领取生活补贴新增13人，领取重度护理补贴新增125人；新办残疾证102人；协助办理残疾证79人，同比2020年提高35%；为11户残疾人进行无障碍改造，安装并完成验收工作。临时救助52人，救助金额8.22万元；医疗救助10人，救助金额15.4万元。事实无人抚养儿童27人，发放金额39.75万元，孤儿5人共发放7.36万元，另外智力残疾女童11人，在册留守儿童9人；对于这类困境儿童，每月入户了解生活及家庭情况，关心其学业解决存在困难。高龄老人761人，新增93人，全年发放高龄补贴20.84万元。在册留守老人14人，每个季度走访留守老人并送上慰问品，掌握其家庭情况。

2021年7月，该镇成立“龙归镇社会工作服务站”整合经办人员，配备所需设备，确保工作顺利进行。同时成立“龙归镇社会工作服务点”以冲下村作为试点，以点带片，计划在2022年12月完成所有服务点及社工的上岗，为全面推进乡村振兴工作、确保困难群众和特殊群体提供更专业的服务。根据规定要求排除困难，提前完成社区社会组织备案，包括1个居委，15个村委在内的共85个社区社会组织的登记、备案。完成生活服务类社区社会组织数量15个，文体活动类社区社会组织数量65个，社区事务类社区社会组织数量5个。2021年，龙归镇出生430人，政策生育率79.5%，出生男女性别比107.7。农村部分计生家庭奖励13人，城镇独生子女父母奖励15人。

【安全生产】2021年，龙归镇出动检查组12批、检查人员100余名，共检查单位场所300家，发现火灾隐患和消防违法行为21处，整改21处。对电动车乱停乱充现象进行严厉整治，力争隐患排查、整改治理和督导检查“三个全覆盖”，2021年，检查包括幼儿园、托儿所在内的11家公共密集场所，发现9处安全隐患，已完成整改数9处。根据区应急安全检查工作部署进行安全生产大检查，共进企业130次，发现排查安全隐患33处，已完成整改33处。该镇烟花爆竹店13家，其中6家已开始营业，1家烟花爆竹选点不符合安全生产要求。

【环境保护】2021年，龙归镇镇政府成立爱卫检查组，对辖区街道、各村委会卫生进行检查、评比。村委会负责城镇垃圾清运工作对镇村接合部环境卫生进行治理，共出动清运车辆4次，清理污染水沟1500米，卫生死角8处，清除乱贴乱画小广告35处，清除垃圾32吨，对全镇自来水蓄点每月进行10次投药消毒，保证饮用水的卫生安全。利用武江区农业局植保站和龙归镇农科站每年两次灭鼠机会，镇爱卫办共对15个村委会发放老鼠药8吨。发放宣传单365份，宣教展板16块，黑板报64期。2021年，龙归镇全面推行河长制工作领导小组，设立固定的河长公示牌共27块，其中市级2块，区级10块，镇级15块。镇村两级河长在企业微信“广东智慧河长”平台互联网上线率100%，互联网上巡河1733人次，其中镇级河长585人次，村级河长1148人次，超额完成区河长令要求的巡河次数。全年全镇巡河共发现问题21宗，均已结案。在河道较显眼位置设立固定的河长制宣传牌33块，制作宣传横幅、传单等300份。2021年，开展培训3次，开展宣传活动3次，简报数量2篇。全年累计清理水上漂浮物500多吨，清理水域面积2.5万平方米。

【综合行政执法】2021年，龙归镇依法拆除违法乱占耕地房屋4栋，有效地遏制“两违”案件发生。持续加强镇主要街道整治，制止“六乱”现象，营造良好的镇区环境。加强市场监管，维持市场秩序，累计开展食品药品安全检查124次；开展系统防范化解道路交通安全风险行动，对省级督办路段国道240线进行安全整治，多次联合公安、交警开展专项行动，狠抓校车、一危一货、摩托车、电动车交通安全管理。

【人民武装】2021年，龙归镇完成民兵整组工作，完善全镇基干民兵资料，参加市、区两级的点验及训练。完成年度征兵工作，为部队输送新兵。

【森林防火】2021年，龙归镇共发放禁火令、自然灾害生活自救手册、村民防火公约等宣传资料5000份。利用圩日设立3次摊位发放宣传资料，在各村（居）及各路口等明显位置挂40条宣传横幅，树立10个宣传牌，联合辖区内的学校开展2次森林防火常识宣传，在做好“119”消防宣传日、宣传周活动的同时，采取广播、消防宣传车等各种传播媒体大力开展消防安全教育。把消防宣传教育融入“平安龙归”创建工作之中，通过创“平安村、平安社区、平安校园、平安单位”等活动，发放《村、居民消防宣传手册》1万份。在镇主要街道、路口悬挂宣传标语30条。发动群众注册使用“全民消防安全学习云平台”，使群众能随时随地进行线上学习消防安全知识，提升自防自救能力。通过制订详细的演练方案，联合区应急局开展森林防火演练两次，区、镇、林场三级共计80人参加。

【村情简介】

续源村 续源村位于龙归镇的最南部，距镇区10千米，东邻曲江区白土镇大岭村，南接罗坑镇下坪村，西面与盘村相连，北与山前村相连。该村为宋朝时建村，因当年年三十晚发洪水，故名续源村。由元石村、榕树下、冯屋村、欧山村、潘屋村和下社村等10个自然村组成。2021年，该村有710户，户籍人口2546人，耕地面积170.93公顷，山林面积3378.2公顷。该村经济以农业种植水稻、果树等作物为主，畜牧业以养殖猪、鸡、鸭、鱼等为主，山林资源丰富，村内建有10多个个人及集体电站，1个林场，村小学1间。完成续源河堤整治工程，建成通潘屋村桥梁。

山前村 山前村位于龙归镇南部，距离镇中心8千米，该村北与奇石村相邻，与奇石山岭交界，南与续源村接壤，西与方田墩头分水岭为界。续源河贯穿该村。该村人口分隔居住于东西岸。该村建于南宋时期，原称“三千村”，后因迁居山岭脚下，故称“山前村”。2021年，该村有452户，户籍人口1618人。有耕地面积108.73公顷，其中水田62.67公顷，山林面积193.33公顷。山前村经济以农业为主，种植作物有水稻、蔬菜、果树等，传统农业品牌有淮山、粉葛、韭菜。引进种猪场1个。该村与奇石村合办小学1间，接收一年级至三年级的小学生。该村建有山前文化广场、卫生站、党群服务中心等，山前至续源道路实现硬底化。2021年1月，山前何屋新村被武江区委评为美丽农房风貌村庄。

奇石村 奇石村位于龙归镇南部，是革命老区村。村的西南面与方田、山前村相邻，东北面与龙归、龙安村接壤。奇石村建于明朝时期，因该村有一尖锥状的奇特小石山而得名。2021年，该村有10个村民小组，538户，户籍人口2308人，耕地面积178.27公顷，山林面积344公顷。

位于谭屋自然村的革命烈士纪念碑，碑前广场可容纳约100人进行瞻仰革命先烈仪式。该村经济以农业为主，传统作物有优质水稻、花生、蔬菜等。特色作物有茶叶、八月瓜、香蜜薯、马蹄、莲藕、桑葚、杨梅、柑橘等品种。畜牧业有鸡、鸭、猪、牛。村辖区大型企业有新希望集团旗下的广东新好正和农牧有限公司。

龙归村 龙归村位于龙归镇的中心区域、京珠高速公路

2021年8月2日，“革命老区”龙归镇奇石村民讲述先辈们经历的红色革命故事 （钟政宽 摄）

及国道323线的南侧，距高速公路韶关北站出口及国道323约2千米。村的东南与西联镇甘棠村为界，南面与曲江区白土镇苏拱村接壤，西北面与奇石村、龙安村、冲下村、社主村相邻。龙归村始建于宋朝，因当地有一山岭如五条龙形状，由南向北俯冲而来，气势宏伟如五龙归位，故名龙归村。2021年，该村有25个村民小组，1110户，户籍人口4688人，耕地面积218.6公顷，山林面积233.33公顷。该村经济以农业为主，种植作物有水稻、蔬菜、果树苗等，农业传统品牌主要有淮山、慈姑、莲藕、果蔗。

坳头村 坳头村位于龙归镇南部，村的东南与曲江区白土镇苏拱村委相邻，西部与龙归村水流坪相邻。2021年，该村有673户，户籍人口2652人，有耕地面积149.4公顷，山林面积459.73公顷。该村经济以农业为主，种植作物有水稻、莲藕、慈姑、粉葛、马蹄、黑皮冬瓜等，部分村民以养鸡、鸭为主，有东埔水库（小2型）1个，养殖草鱼，有一个大型养殖场，占地面积6.67公顷，养殖生猪，规模5万头存栏。

龙安村 龙安村位于龙归镇西南部，距镇区约5千米。东面隔河与龙归村相连，北与冲下村相邻，南与方田村相邻，西与留村水冲坪接壤。2021年，有20个村民小组，731户，户籍人口3120人，分为安村和小村两大部分。山林面积522.93公顷，耕地面积209.8公顷，其中水田158公顷，旱地51.8公顷。境内有江湾公路横穿，江湾河流过。该村经济长期以来以农业为主，种植作物有水稻、蔬菜、果树等，淮山和马蹄是该村的传统作物。该村利用山地等优势，大力发展畜牧业和养殖业。村内有龙安村淮山生产专业合作社、金桑园、食用桑叶等，成立小龙虾养殖示范基地，龙安村生态农业有限公司种植茶花1公顷。龙安村淮山荣获广东省“一村一品、一镇一业”专业村。

龙安村姓氏有黄、叶、赖、唐、张、侯、潘、肖、黎、董、杨、刘、李、卢、游、梁等20余个姓。其中最大姓氏为黄姓，623人，分布在安村；第二为赖姓，436人，分布在小村；第三为叶姓，有342人，分布在安村。其余的为小姓，人数从几十人至几百人不等。

龙安村存有1座清朝时期修建的古庙（安民祠），该村还存有3棵400百多年的大榕树。该村现有小学1间。村集体有石灰山和大洞山，村内有高城、龙安两座私人老板投资建设的小水电站。2021年，安村岭边、小村岭边村在武江区农村人居环境整治“打擂比武”活动中荣获“生态宜居美丽村庄”称号。

冲下村 冲下村位于龙归镇中西面，北面与社主村相邻，西面与留村接壤，村委会所驻地离国道323线和京珠高速公路仅1千米，境内有龙归河、南水河流经过，交通便利。由郑、龚、高、管、涂、曾、邹屋7个自然村15个村小组组成。2021年，该村户数604户，户籍人口2585人，总面积2.6平方千米，其中山林面积333.33公顷，耕地面积111.6公顷，水田面积70.2公顷，旱地41.6公顷。

冲下村经济以农业为主，种植作物主要有水稻、黑皮蔗、蔬菜等。由于人均耕地面积较少，劳务收入是该村村民的重要经济来源之一。全村拆除泥砖房400多间；对公路沿线房屋进行立面改造，对邹屋、曾屋、涂屋、高屋村内巷道进行硬底化，建成新郑屋、老郑屋、涂屋、邹屋4个小公园及涂屋文体广场；完成5个公厕建设及邹屋到郑屋约1300米环线公路建设以及U084线冲下村至高屋360米“四好公路”建设，革命老区村面貌焕然一新。

留村村 留村村距离镇区3千米，位于龙归镇的西部，其东面与冲下村相连，南与龙安村、方田村相连，西与乳源县和寺前村接壤，北面隔河与马渡村相邻。分为留村和水冲坪两大部分，共有15个村民小组。2021年，该村户数660户，户籍人口2973人。该村经济以农业为主，种植作物有水稻、蔬菜、玉米、花生、西瓜、莲藕等。龙归产业园（莞韶城三期）主要位于该村。

社主村 社主村位于韶关市区西部，距离市区15千米，距离武广高铁站11千米。距离龙归镇2千米，东与武江区西联镇甘棠村相邻，北面与后坪村、西面与马渡村、南面与冲下、龙归两村接壤。2021年，社主村由老人村、丁洞村、屋场坪、后坑村、砖厂新村、河头新村6个自然村组成。2021年，该村户数278户，户籍人口1277人，有山林面积265.87公顷，耕地面积58.87公顷，其中水田48.1公顷，旱地10.8公顷。该村交通便利，境内有京珠高速公路、国道323线和国道240线横穿而过，乐广高速公路和京珠高速公路韶关北站出入口坐落在本村。

社主村经济以商贸，土地出租以及市场商铺出租和农业为主，种植作物主要有水稻、花生、无公害蔬菜等。兼营畜牧业以养殖猪、鸡、鸭、鱼等为主。凭借地理和交通优势，在国道两侧建设许多饮食店、修理店、加油站和商店。村内有龙归中学和3间幼儿园。

马渡村 马渡村位于龙归镇的西北部，京珠高速、广乐高速公路互通位于该村，村东面与社主相邻，南面与留村相邻，西面与寺前村委交界，北面山与带头接壤。该村始建于咸丰年间。2021年，该村总户数524户，户籍人口2211人，现有山林686.47公顷。该村经济长期以农业为主。主要农作物有水稻、花生、黄豆、果树等，有马渡村鱼塘养殖专业合作社，鱼塘面积约5.33公顷，主要养殖草鱼、雄鱼、鲫鱼每年产量约40万公斤，有大型养鸡场2间，占地面积3.33公顷，走地鸡每年约2万只；有养鸭场1间，占地面积2公顷，蛋鸭每年约1万只。村内有中威有色再生公司、大宇管桩厂、龙韶石场等。

寺前村 寺前村始建于明朝末期，因村前有一寺庙，而得名“寺前”。位于龙归镇西部，国道323线横穿该村，村东面与后坪、马渡村相邻，南面与留村、方田接壤，西北面与乳源县侯公渡交界。该村由寺前村、老柴桑村、新柴桑村、桥源村、矿塘村5个自然村组成，2021年，该村总户数485户，户籍人口1619人，林地面积1081.47公顷，耕地面积140.07公顷。

该村经济以农业为主，种植作物主要有水稻、蔬菜、花生、生姜等。由于地理条件制约，村集体没有企业，集体收入靠电站管理费3.2万元（包括自然村部分）。

后坪村 后坪村位于龙归镇北部，属石灰岩山区，海拔高度在600—800米之间。2021年，该村总户数473户，户籍人口2092人，该村现辖后坪、带头2个自然村4个村民小组，后坪自然村始建于明朝弘治年间，祖籍来自江西、福建两地，村方言为虱麻话。带头自然村始建于清朝乾隆年间，村方言为客家话。耕地面积123.27公顷，山林面积3959公顷。

两村经济以农业为主，传统作物主要有水稻、生姜、毛竹、油茶等，引进后坪百福食用菌种植专业社企业1个，种植茶树菇0.67公顷。生姜、毛竹是该村传统的品牌农业作物，也是该农民主要经济来源产品。有后坪小学1间，建成环村路。兴建后坪光伏发电站1个，后坪村公园1个。

盘村村 盘村村位于龙归镇西南部，北面与凤田村相接，东面与续源村相连，南面与江湾镇相连，西与乳源县接壤。面积约为24平方千米，全村分为盘村、多田、城村、密落四大部分共有15个村民小组。2021年，该村有738户，户籍人口2973人。山林面积439.4公顷，耕地面积158.33公顷，其中水田146.87公顷，旱地76.47公顷。龙归最高的山峰黄茂堂位于该村密落，海拔为941米。境内森林、水力和矿产资源丰富，矿产主要有稀土矿和瓷土矿等。

该村经济以农业为主，种植作物主要有水稻、蔬菜、油菜、果树等。少数村民从事畜牧业、渔业和林业。由于村中人多田少，该村很多青壮年外出珠三角务工，成为家庭重要经济收入来源之一。

凤田村 凤田村是龙归镇辖行政村，位于该镇西部，距镇区12千米，省道520线贯穿该村，村的东面与方田村相邻，北面与本村北岸山顶与乳源县侯公渡镇的卢师洞村滴水为界，西面与盘村村委相接壤，南面与续源的莲花山分水岭为界。该村始建于明朝时期，因当时已有龙归村的存在，按照中国的传统习俗，有龙必有凤，取龙凤呈祥之意，又因其地势所丘陵盆地，有大片肥沃良田可耕种，故名凤田。2021年，该村有4个自然村，460户，户籍人口2379人。人口较多的姓氏有陈姓、胡姓、刘姓、曾姓、赖姓。耕地面积150.13公顷，山林面积828公顷。

该村经济以农业为主，种植作物主要有优质水稻、蔬菜、果树等。兼营畜牧、水产业，经济作物主要有花生、黑皮冬瓜、淮山等。村内有私人小水电企业2个，小学1间，幼儿园2间以及龙归社会福利院。

方田村 方田村位于龙归镇西南片，距镇区7千米，北与龙安村交界，南与凤田村交界，东与山前村、奇石村、续源村交界，西与乳源侯公渡交界。2021年，该村面积23平方千米，有20个村小组762户，户籍人口3065人。全村山林面积1229.87公顷，耕地面积170.13公顷，以水稻、淮山、蔬菜等农作物为主。龙归至江湾省道520公路横贯全村，江湾河流经全村。

有教学点1个（小学1—3年级）、医疗卫生站1家，村里有重点文物保护单位1个——文武阁塔。九归禅寺位于该村墩头。该村建有公厕3所，党群服务中心1个，文体广场7个。

龙归社区 龙归居委会位于镇中心，是全镇的政治、经济、文化、交通中心。1951年成立。2002年5月，改称龙归社区居委会。2021年辖区面积1.21平方千米，有1151户、户籍人口2732人。辖区范围东至江源口水电站，南与益龙路屋边为界，西至龙归中心小学，北至龙归河与冲下村接壤。设水上运输社、益龙路、兴龙路、和平路、中心巷、建国路、河滨新街等。

龙归社区东邻西联镇和曲江区的白土镇，南与曲江区的樟市镇、罗坑镇相接，西与江湾镇和乳源瑶族自治县毗邻，北与重阳镇相连，距韶关市区19千米，京珠高速公路通过该镇，并在该镇社主地段设有高速公路进出口，交通便利。

（黎　颖）

江湾镇

【概况】 江湾镇位于韶关市武江区西部，总面积233.8平方千米。辖区内有锅溪、围坪、梁屋、湖洋、胡屋、瑶族6个行政村和1个江湾社区。2021年，全镇年末户籍人口7350人，常住人口3621人。耕地面积567.61公顷，粮食播种面积337.87公顷，粮食产量2666吨。林地面积1371.33公顷，森林覆盖率94.7%，活立木蓄积量150万立方米。2021年，全镇农村经济总收入17229万元，比上年增长5.7%。农村居民人均可支配收入19565元，增长7.9%。全镇财政一般公共预算收入1326.5万元。

2021年，武江区深化乡镇街道体制改革，完善基层治理体系，江湾镇设置党政综合办公室（应急管理办公室）、人大常委会办公室、党建工作办公室（组织人事办公室）、纪检监察办公室、公共服务办公室（党群服务中心）、综合治理办公室、综合行政执法办公室（综合行政执法队）、规划建设办公室（生态环境保护办公室）、农业农村办公室（经济发展办公室）。

江湾镇主要经济来源有农家乐、民宿、农业种植、畜牧养殖、小水电、林业。2021年全镇有初中1所，小学1所，幼儿园1所；有文化站1个，7个综合文化服务中心。全镇参加医疗保险人数5089人，覆盖面69.24%。江湾优质农产品有铁皮石斛、天冬等，江湾天冬示范种植基地亩产12500公斤，已列入2021全国名特优新农产品名录，土特产有香菇、木耳、云雾茶、山蜜、灵芝。江湾镇主要旅游景点有十里江湾驿站、寺前广场、梦里荷乡、榕树广场、江湾老街等。矿产资源丰富，有钨矿、硫铁矿、铜矿、铅锌矿、稀土矿、萤石矿等多种矿藏，且有多个天然氡温泉，水质优良，温度在60摄氏度以上。有区级不可移动文物11处，有乳曲边人民联防办事处江湾老街旧址、围坪革命烈士纪念碑、胡屋革命烈士纪念碑等名胜古迹。

【农业生产】 2021年，江湾镇水稻种植273.33公顷、花生

100公顷，冬种油菜、紫云英等53.33公顷。2021年，江湾镇召开防控红火培训会及现场防控会1次，培训会、现场会由红火蚁防控专家现场教学，学员有村民、村干部、护林员30名。2021年，江湾镇组织落实各类畜禽强制免疫工作，为6000头猪、5万羽鸡禽注射疫苗。江湾镇全年为市场提供经过检疫后的牛15头、猪1万头、鸡5000羽。清理违规、不合格养殖场两处，分别是位于胡屋村委的违规养牛1处和违规养牛蛙1处。对辖区内的猪场共进行常态化巡查1000场次，全镇辖区范围内未出现非洲猪瘟病例。

【“三防”工作】 2021年，江湾镇完善防汛应急简易预案及防汛防旱防风防冻应急预案各一份，明确各部门分工、改善三防应急处置流程。共举行防汛应急演练1次，增强部门协同意识、提高群众参与度，将应急处置流程现场化、实地化检验一遍。2021年，该镇巡查中发现地质灾害点5处、山洪易发点6处，涉及村民77人，均提前落实相关整治及紧急避险措施。5月20日，江湾镇发生山洪灾害，灾害类型主要有洪水、山体滑坡、塌方，受灾人口750人，灾害造成经济损失93.9万元，未造成人员伤亡。灾情发生后，根据防汛应急预案启动灾害复工复产工作，要求各驻村工作组组员下到各村（居）协助推进灾后复工复产工作，应急队积极参与到道路清障、复通工作。

【河长制工作】 2021年，江湾镇按照市、区全面落实河长制工作的决策部署，扎实推进河长制工作。江湾镇河长办设在江湾镇农业农村办公室内，由李桂海担任负责人，江湾镇组织力量对河道两侧的垃圾、水中漂浮物进行集中清理。采取悬挂宣传横幅、河长公示牌等宣传方式，使河流保护意识更加深入人心。联合安监、国土部门严厉整治非法采砂行为。

【林业工作】 2021年，森林防火是林业工作的重点，在防火期内，江湾镇林业工作人员加大防火宣传工作力度，新设立森林防火牌50块，悬挂宣传横幅150条，发放禁火令1万张，防火宣传资料4000份，组织宣传车辆进行防火宣传，遇到野外用火的村民及时制止教育25宗，全年江湾镇进行防火宣传巡查6000人次，严防山火的发生。

2021年，江湾镇生态公益林总面积共为4612.84公顷，按上级关于生态公益林补偿款发放要求，积极投入工作，多次派出林业工作人员参与省林业局对该镇的生态公益林地块进行重新落界核定，并由省、市、县（区）对全省生态公益林管理系统进行升级录入。江湾镇收到省、市、区关于2021年生态公益林效益补偿资金的发放通知及各村生态公益林明细表等，按有关文件要求进行落实发放，并在12月下旬完成该镇2021年度生态公益林效益补偿金92%以上的发放落实工作。

2021年，江湾镇高度重视林木病虫害防治工作，组织力量对松材线虫病疫点进行调查摸底、对调查结果进行统计，疑似松材线虫病害面积约190.87公顷，活立木蓄积量约为20041立方米，组织清理8.67公顷，蓄积量869立方米，清理方式主要是农户自主清理后由疫木加工厂统一回收，提高林农的经济收入。

【新冠肺炎疫情防控】 2021年，江湾镇继续做好防疫和卫生知识宣传工作，指导村民做好公共卫生及个人防护，严防高风险地区人员输入。全面排查高风险、中风险地区和境外来韶人员，并建立“一人一册”镇村社区档案，盯紧看牢，严格做好排查登记和隔离观察工作。推进疫苗接种工作，筑牢全民防疫屏障，坚持“外防输入、内防反弹、人和环境同防”，强化联防联控、群防群控，加强境外及国内中高风险地区来韶人员核查管控，落实重点场所和关键环节常态化防控措施。

【乡村振兴】 2021年，江湾镇自工作队进驻以来，全体队员迅速进入角色，对全镇行政村进行走访，与所有村委班子均进行座谈。该镇不存在返贫监测户，但工作队队员仍对全镇脱贫户共86户239人进行走访，并排查出一规模性返贫隐患，经过镇政府向区乡村振兴局沟通，争取到60万元资金扶持，为排除隐患提供保障。安排7名脱贫户从事公益性岗位，开展劳动技能培训。该镇为了能摸清江湾镇的现状和发展难点，工作队制定调查提纲、排查表格，对各自然村户籍人口、常住人口、地理面积、耕地面积、主导产业情况等基本情况进行摸底，了解各村的发展规划，为接下来的镇域规划提供基础。工作队员加入江湾镇打擂比武的工作，引入凤岗的社会资金参与共建，并获得区奖励。江湾镇工作队建立周会的制度，逢星期五总结本周的工作情况及布置下周的工作任务，次周周一在镇班子会上及时汇报和请示。建立工作群，工作群成员有镇党委书记、镇长等班子成员，遇到问题及时沟通。驻镇工作队推销早脆梨、脐橙达5万公斤以上，共计9万多元。对江湾小学、中学进行教育帮扶，筹集基金5万元对困难学生进行资助，为江湾小学课间操教研活动捐赠1.5万元，组织凤岗的学校来江湾送教，联系东莞市人民医院对江湾镇卫生院医务人员进行网络远程培训，联系凤岗人社部门来江湾开展电子商务和民宿礼仪等方面的培训。

【基层党建】 2021年，江湾镇坚持“围绕经济抓党建，抓好党建促发展”的工作思路，把加强各级党员干部对新知识、新理论的学习作为一项重要工作来抓，利用镇党校学习、专题党课、民主生活会等载体，狠抓理论学习规范化、制度化建设，精心制订学习计划。2021年，江湾镇党校按要求完成授课31期，其中在村（社区）分教点授课14期。累计统计培训基层党员、干部、群众1503人次，基层党员培训覆盖率100%。努力提升党建工作阵地建设，贯彻落实基层党建阵地改造提升计划，对江湾社区党群服务中心进行新建，改善办公条件和活动环境。严格落实“三会一课”、组织生活会、谈心谈话、民主评议党员等制度，对各村党务台账，对区级巡查未覆盖到的村进行党务工作检查，并督促整改。从严从实抓好基层党组织生活。2021年，发展党员6名，完成指标任务。完成2021年江湾镇党委换届，全镇共选出乡镇党代表101人，其中各级领导干部38名，占37.6%；各类专业技术人员党员12名，占11.9%；各条战线先进模范人物17名，占16.8%。生产和工作一线党员60名，占59.4%。女党员22名，占21.8%。少数民族党员9名，占9%。50岁以下（含50岁）党员63名，占62.4%。学历在大专以上（含大专）34名，占33.7%；中学（含中专）65名，占64.3 %；小学2名，占2%。全面落实社区“大党委”工作机制，确定大党委成员单位及兼职委员，明确各自的职责任务，定期召开社区“大党委”会议，确保社区“大党委”正常运作起来，发挥作用。开展中国共产党成立100周年庆祝活动，做好荣誉评选表彰、走访慰问和“光荣在党50年”纪念章颁发工作。

2021年，江湾镇开展100节“微党课”活动。营造团结奋进、开创新局的浓厚氛围。广泛开展党史、新中国史、改革开放史、社会主义发展史教育，深入进行理想信念教育、爱国主义教育。发挥支委班子“头雁引领”效应，充分发挥人民群众主体作用，以“大榕树”为平台，开展平安建设、戏曲表演、耕地使用讲解、党史情景剧演出活动，党员与群众围坐在一起，以各类形式拉近党和群众的距离。组织开展党员对湖洋村民宿开展监督落实外来人员登记疫情防控工作，组织接送老人接种新冠疫苗。在打擂比武工作中，组织党员带头参与村中道路建设，发动家属和群众积极参与清理村中卫生，提升村容村貌。

【人居环境整治】 2021年，江湾镇牢牢把握武江区“打擂比武”契机，深入推进农村人居环境整治。菜队村、范角村、周屋村分别获得第三批“打擂比武”评审第一名、第二名和第六名，寺前村获得第四批“打擂比武”评审第一名，罗屋村、江屋村获得第五批“打擂比武”评审第七、第八名。江湾镇代表武江区在广东省第二届“乡村振兴大擂台”韶关赛区海选中总分排名第三，获得二等奖。

【综合治理】 2021年，江湾镇将社会治理工作纳入重要议事日程，纳入年度工作重点，成立江湾镇平安建设（社会治理）领导小组。深化平安建设的第一责任、直接责任和分管工作范围内的责任，把治理工作的实绩纳入领导班子和领导干部的综合考核评价。2021年，江湾镇共收到27宗信访案件，其中7件为初件，20宗为重复件，1宗重复件正在办理，其余均已办结。全镇人民调解委员会共受理案件32宗，其中已化解30宗，调处成功率93%。2021年，国家反诈App下载716人，安装率为32.8139%。2021年，江湾镇的社会治安总体态势平稳，全镇未发现重大刑事案件，各类纠纷都能得到妥善的解决，未发生严重的群体性事件。

【安全生产】 2021年，江湾镇多次开展专项整治行动，重点开展道路交通、烟花爆竹、建筑施工等安全生产专项整治行动，对全镇道路、商店、学校等进行综合安全检查，针对检查出的安全隐患采取相应措施，制定责任清单，督促企业落实整改。对”三合一”场所消防设施、违规住人进行逐户清理整治工作，下发整改通知书，整改完成率为100%。

【民生实事】 江湾镇新建的江湾镇中心幼儿园2021年9月正式投入使用，新增优质学位270个。2021年，江湾镇完成集中供水工程，新建标准化水厂1座，铺设输水管网53.05千米，为镇区范围群众提供干净、优质的饮用水。完成江湾镇卫生院改扩建项目，进一步提高镇医疗水平，改善群众就医条件，为该地群众新冠疫苗接种、核酸检测提供便利。织密扎牢常态化疫情防控网络，加强对重点人员、重点场所管控，实现零确诊、零疑似，完成新冠疫苗接种6784人，接种率80.75%。切实做好就业保障工作，举办电子商务、民宿礼仪、劳动技能等专题培训班，不断提高劳动者创业就业能力。落实五保、低保和城乡居民医疗保险政策，保障困难群众切身利益，城乡居民医疗保险参保人数5089人，覆盖率69.24%。全镇最低生活保障人群、特困供养人群全部落实保障供养政策，城乡低保、残疾人福利水平、孤儿基本生活保障水平稳步提高。完成文化站修缮更新并免费对外开放，进一步丰富群众文化生活。深入推进“平安乡村建设”，在各村（居）主要路口和重点区域安装80个摄像监控点，进一步提升防火防汛、案件处理反应速率，群众旅客幸福感、安全感不断增强。严格落实安全生产责任，切实加强对辖区内在建工地、“三小场所”、燃气安全、道路交通等方面的安全隐患排查和整治工作，全年未发生较大安全生产事故。深入推进全民禁毒、反邪教等社会综合治理，常态化扫黑除恶专项斗争和政法队伍教育整顿成效明显，社会大局和谐稳定。

【村情简介】

锅溪村 锅溪村是江湾镇行政村，位于江湾东南部，东与龙归、凤田相邻，南与曲江樟市、罗坑镇相邻，西、北与围坪村相连。由上洞村、河背村和叶屋村等3个村小组组成，耕地面积45.33公顷，山林面积26.7平方千米。2021年，该村总人口139户613人。该村以农业为主，主要种植水稻、花生、蔬菜、果树等作物。改革开放后，该村累计引进外资2000万元，先后建成9宗小水电站。装机容量3300余千瓦，其中上洞村集体电站2宗总装机容量550千瓦。

该村水能资源丰富，有1个大型水库（锅溪水库），其水坝在属曲江县管辖时，被称为曲江第一拱坝，垂直高度20余米。锅溪河水富含矿物质和微量元素，河鱼肉肥甘香，锅溪村正在大力推广淡水养殖，打造“锅溪河鱼”特产招牌。

围坪村 围坪村是江湾镇的行政村，地处江湾镇北面，东与锅溪村委相邻，西南与梁屋村委相接，西与乳源县相邻，北与武江区龙归镇相交。由周屋村、罗屋村、涂屋村、坑背村、范角村、大塘村、寺前村和叶屋村组成，有耕地面积104公顷、山林面积40余平方千米。2021年，该村总人口302户1351人。

该村以种植水稻、花生、蔬菜、水果为主，畜牧业、林业为辅。村内大力发展林下经济，成立草珊瑚种植合作社，种植5.33公顷草珊瑚。改革开放以来，该村累计引入外资1500万元，先后兴建小水电站6宗，装机容量2000千瓦，其中，属村及村小组的4宗，装机容量1200千瓦。2021年拆除寺前水电站。该村有围坪村综合性文化中心1个。该村大力开展美丽乡村建设，新建成4个公园，4个篮球场，增加体育健身器材，丰富村民的文体生活。

梁屋村 梁屋村委是江湾镇辖行政村，位于该镇西北部。东与湖村委相邻，西与乳源县相邻，南与胡屋村相连。由武洞村、红山村、下洞村、曾屋村、钟屋村、梁屋村、湾仔村和河背村组成，有耕地面积140公顷，山林面积32平方千米。2021年，该村总人口347户1320人。

该村长期以种植水稻、花生、蔬菜和果树为主，畜牧业、林业为辅，是长短经济结合的农村经济。改革开放后，该村凭借丰富的水资源，积极引进外资3600余万元，开发水力资源，先后建成21宗小水电站，装机容量达6300千瓦，农村经济有较大发展。该村有梁屋村综合性文化中心1个。该村村道已全面实现硬底化。该村汤下有丰富的温泉资源，地理位置优越，是该村发展旅游经济的重要支撑。

湖洋村 湖洋村是江湾镇辖下的行政村，是江湾镇的中心地带。东与曲江罗坑相连，西与胡屋相邻，北与梁屋村相交，南与乳源相邻，由和山村、黄九村、高围村、江屋村、湖洋村、倒流水村、菜队村和黄陂潭村组成，有耕地面积93.47公顷，山林面积34.7平方千米。2021年，该村总人口281户1161人。

该村以传统农业为主，畜牧家禽为辅，以林业支撑经济，主要种植优质水稻、红薯、花生、蔬菜、桑蚕等。该村大力发展天冬种植加工产业，种植面积20公顷，发展“公司+基地+农户”的模式，推动产业振兴，带动农民致富。此外湖洋村打造石斛生产基地和番薯干生产基地。该村累计引入外资2000万元，先后建成8宗小水电站，总装机容量2800余千瓦，有力地加强村集体经济。该村有湖洋村综合性文化中心1个。该村村道已全面实现硬底化。

湖洋村大力开展美丽乡村建设，建成倒流水、菜队风貌片区，打造湖洋村委会、荷花田、榕树广场、江湾老街观光线路，吸引大批游客前来旅游。湖洋村以“景点+特产”的模式，将美丽乡村观光与优质特色农产品销售相结合，推动农旅经济快速发展。

胡屋村 胡屋村是江湾镇辖下行政村，地处江湾镇的西边，东南与湖洋村相邻，西与乳源县交界，北与梁屋村相邻。由胡一队村、胡二队村、胡三队村、胡四队村、田心村、王坝村、白石村、周塘村、墩头村、羊角寨村和佰公陂村等组成，耕地面积156.93公顷，山林面积36.7平方千米。2021年该村总人口320户1506人。

胡屋村以农业为主，畜牧家禽为辅，主要种植优质水稻、花生、蔬菜、水果等。该村充分利用丰富的水资源优势，先后引入外资4500多万元，修建16宗小水电站，总装机容量7500千瓦，有力地增强村集体经济收入。该村有胡屋村综合性文化中心1个。该村村道已全面实现硬底化。

胡屋村具有丰富的矿产资源，其中有多处温泉。该村优质特产早脆梨皮薄肉厚，甘甜多汁。

瑶族村 瑶族村是江湾镇下辖的行政村，位于梁屋、围坪、湖洋、胡屋的边界处，与乳源瑶族自治县相接。由练屋村、左坑村、华山村、长岭村、良坑村村和南坑村等组成，居住较偏僻、分散，耕地面积27.8公顷，山林面积15.3平方千米。2021年，该村总人口154户616人。

瑶族村是全镇最为贫困的村之一。村民靠山吃山、以山为本，种植少量的水稻、玉米和自供自给的蔬菜。中共十一届三中全会后，各级政府认真落实国家的民族政策，对民族村的经济发展，在政策上给予优惠，在经济上给予支持，全村经济有了较快的发展。该村还积极引进外资1000万元，先后兴建了6宗小水电站，装机容量1400余千瓦，大大地改善了村民生活水平。近年来，先后有60多户瑶民搬出大山，在江湾镇周边兴建楼房。该村有瑶族村综合性文化中心1个。

该村作为武江区唯一的瑶族村，在语言、服饰、歌舞等各方面都有自己的特色。瑶歌的格调与旋律都比较单一，节奏感不太明显，却可以按各自的感情需要而任意延长或缩短，故唱时比较灵活自如、独具一格。瑶族的舞蹈具有古朴、简单、节奏感强等特点，动作变化少，随着音乐一蹲一起，每一个动作都有东南西北四个方向之分，如此反复多次。瑶族还有一个重要的节日——盘王节，也叫“跳盘王”。盘王节是瑶族祭祀祖先盘瓠的重大节日，瑶胞十分重视这一民族祀典。盘王节可以一家一户进行，也可以联户或者同宗同族人集聚进行。但不管以哪种形式举办，都要杀牲祭祀，设宴款待亲友。节日为三天两夜，也有的长达七天七夜。盘王节的主要内容是祭盘王、唱盘王和跳盘王。

江湾社区　江湾社区是江湾镇街道居委会。2021年，该社区户籍人口870人，由江湾街民、原国营林场职工和部分龙归水上渔民组成。社区辖区内有幼儿园、小学和中学各1所。2021年秋季，新建江湾中心幼儿园开学，规模为9个班，可容纳270名幼儿的公办幼儿园。2021年，江湾卫生院进行扩建、改建，提高农村医疗基础设施保障，推进村卫生站医保即时结账，建成后将提高该镇医疗水平和人民群众健康水平。

（叶多胜）

重阳镇

【概况】　重阳镇位于武江区西北部，镇政府驻地重阳社区，与西河镇、浈江区犁市镇、乳源瑶族自治县的一六镇、游溪镇、桂头镇相邻。辖重阳村、青暖村、万侯村、九联村、大夫前村、水口村、黄岸村、妙联村共8个行政村和重阳社区1个社区。重阳镇总面积70.5平方千米，耕地面积1060公顷，粮食播种面积902.8公顷，粮食产量0.5733万吨。林地面积0.42万公顷，森林覆盖率64.53%，活立木蓄积量0.0027亿立方米。重阳镇土特产有丝茅姜、百香果、皇帝柑、贡柑、沃柑、黄金奈李、鹰嘴桃、黑美人西瓜、蓝莓、糖角等，主要旅游景点有水口村油菜花基地、水上无动力运动中心、市级红色村万侯村、中共南方工作委员会韶关交通站南岸村遗址、西水暴动指挥部旧址、重阳革命烈士纪念碑等。有李子园炮楼、青水塘炮楼、侯屋炮楼（紫薇楼）、徐楼炮楼、芹村石拱桥等名胜古迹。自然资源有竹木、铅、锌、砒、钨、钼、铁、锰、铝等。2021年，全镇户籍人口1.811万人，常住人口0.9534万人。农村人均纯收入24230元，增长10%，财政一般预算收入0.399亿元。有初中1所，小学1所，幼儿园2所，教学点2个，在校学生1131人；有文化站1个，广播站1个。全镇参加医疗保险人数12405人，覆盖面98.45%。

2021年重阳镇获得的荣誉称号有“市级文明镇”、2021年全市“无毒社区”、韶关市禁毒示范镇。

重阳镇设9个内设机构：党政综合办、党建工作办、人大办、纪检监察办、公共服务办、综合治理办、综合行政执法办、规划建设办、农村农业办。

【基层党建】　2021年，重阳镇结合党史学习教育，采取“党性教育+集中授课+外出学习+学历提升”组合培训，举办为期3天的“两委”干部培训，组织4期党建业务培训，动员14名大专以下学历的村（社区）“两委”干部参加学历提升工程。强化后备干部培养，从优秀青年中选拔3至5人充实建立村级后备人才库，统筹安排后备干部跟班学习和轮岗锻炼，参与村务党务工作，提升能力。认真做好党员发展和管理工作，2021年吸收13名预备党员。

【党史学习教育】　2021年，重阳镇充分利用本地红色资源，开展党史学习教育。组建红色历史讲解团，共接待党政机关、教育团体、社区团体、旅游团等近2510人次。整合重阳本土红色文化和市级红色村万侯村等资源，拍摄的《传承西水精神 砥砺奋力前行》红色教育微党课，在全国党员干部现代远程教育频道播出。为59名老党员（50年党龄）颁发“光荣在党50年”纪念章。

【我为群众办实事】 2021年，重阳镇利用在职党员社区报到平台，开展活动46次，参与党员1686人次、党政领导班子、驻镇帮镇扶村工作队开展“民情夜访”活动，累计入户568户，解决群众提出问题132件。

【党风廉政建设】 2021年，重阳镇推进作风建设，组织纪律教育学习，坚持重大事项集体研究，落实“三重一大”事项审批制度，抓好节假日等重要时间节点值班值守纪律监督。组织观看反腐倡廉警示专题片、换届纪律专题警示教育等视频。加大对违规违纪党员干部的惩处力度，2021年，镇纪委办办结线索27条，立案17宗，查处党员干部13名。

【惠民工作】 2021年，重阳镇公共服务办坚持以就业促发展、以社保惠民生的目标，开展劳动力转移就业、城乡居民养老保险、劳动维权帮扶等民生工作。全镇就业困难人员认定28人，灵活就业人员申请社保补贴61人，申请社保补贴金额约27万元；申请高校生岗位补贴5人，补贴金额约3万元；申报16个乡村公益性岗位助力乡村振兴；组织重阳镇劳动力参加粤菜师傅培训30人。不断巩固韶关市城乡居民医保覆盖面，全镇城乡居民医保参保缴费12405人；全镇城乡居民养老保险参保人数6250人，缴费人数2355人，缴费金额约435万元，办理城乡居民养老待遇领取资格认证2241人。农民工投诉欠薪案件14起，均已调解成功。

【困难群众救助】 2021年，重阳镇对困难群众逐一排查摸底，了解困难群众的生活情况，对符合条件，确需救助的对象，给予相应社会救助。2021年，全镇共有最低生活保障对象222户397人，发放最低生活保障金约207万元，其中城镇低保6户8人，农村低保216户389人。新增最低生活保障对象21户39人，取消低保9户11人。农村低保金额从532元提高到每人每月580元，城镇低保人员金额每人每月从772元提高到800元，城乡低保每人每月补差提高分别提高48元和28元。特困供养人员36户36人，发放特困供养金约40万元，其中集中供养人员20户20人，分散供养人员16户16人。供养费从852元提高到928元，护理补贴提高到全自理32.4元、半自理486元、失能972元。重阳镇敬老院严格落实养老机构疫情防控，实行封闭管理，实现院内20位老人零感染。全镇383名高龄老人，全年发放高龄津贴约10.86万元。2021年，新增低收入家庭10户37人，发放临时救助9户15人，共计23664元，困难群众非一站式结算医疗救助19人次7196元。评定残疾人74人，为28名残疾人发放辅助器具，免费为7户残疾人家庭进行无障碍改造，为14户50人困难残疾人进行家庭捐赠，帮助23名残疾人成功在旭日玩具厂挂靠“旭日爱心车间”就业。

【农业生产】 2021年，重阳镇抓好诺普信百香果种植基地、正邦猪场的保障服务工作，主动对接正邦集团，争取资本投入，消化闲置土地。推进青暖田园综合体土地流转工作，高品质推进绿色工业，全力配合建设武江现代农业产业园、绿色矿山综合开发利用产业园区，加强英俊农场、夏娃农场、六记兰花种植基地等农业经营主体扶持力度，根据企业发展状况和难题做好长期服务工作，提升培育技术，协助政策申请及拓宽销售途径。积极开展培育新型农民工作，组织各类农业技术专题培训10轮，培训新型农民350多人次，有效提升各类农业技术人员水平。2021年，全镇家畜家禽存栏99969头（只）；粮食种植902.8公顷，实现粮食产量5733吨；蔬菜播种面积343.4公顷，实现蔬菜产量11346吨；种植水果272.1公顷，实现水果产量3877吨。

【人居环境整治】2021年，重阳镇通过党政一把手亲自抓，分管干部带头干，包片干部网格化管理，有效带动村民开展人居环境整治工作。完成8个行政村42个自然村内道路卫生死角的清理，清理村内沟渠约128处，打扫公厕23座，清理巷道柴草杂物518处，清理积存垃圾约580吨，村内卫生从“脏乱差”到“白靓美”转变。全镇共有16个自然村参加打擂比武，推动乡村从“一时美”向“时时美”转变，从“美丽乡村”向“美丽经济”转变，多个自然村获得“武江区农村人居环境整治示范村庄”“武江区农村人居环境整治示范村庄”等称号。

【返贫动态监测】2021年，重阳镇为巩固拓展脱贫攻坚成果，扎实做好防止返贫动态监测工作，全面发挥驻镇帮镇扶村工作队和镇农业农村办作用，对照“八有”指标，对全镇260户脱贫户进行“回头看”，2021年有脱贫户260户653人，其中有劳动力144户227人，无劳动力116户426人。全镇有监测户12户24人，全为无劳动力低保，享受低保兜底政策，基本医疗保险实现应保尽保。落实13名就业困难的脱贫户上岗，慰问118户无劳动能力脱贫户，发放5.9万元慰问金。镇党委成功动员三家爱心企业开展捐赠活动，为群众捐赠防寒保暖衣物、月饼、运动器材等物品。动员5家企业向35名学生发放圆梦助学金，每年共7万元。向有劳动能力、有意愿的脱贫户发放鸡苗，共向149户发放鸡苗2000多只。

【河长制工作】2021年，重阳镇深入实施河长制工作，完善重阳镇全面推行河长制工作领导小组。设立固定的河长制公示牌共15块，其中区级8块，镇级7块。镇、村两级河长在企业微信“广东智慧河长”平台互联网上线率100%，全年使用平台巡河共744次，其中镇级河长巡河299次，村级河长巡河445次。巡河共发现问题32宗，其中镇级河长发现问题13宗，村级河长发现问题19宗，有效处理32宗，处理率达100%。开展工作培训会议2次，宣传活动3次，制作悬挂宣传幅、发放宣传购物袋、文具包等300余份。开展“河小青”培训2场，“河小青”巡河护河行动3次，参与人数200余人。全年开展两次水面清漂专项工作，完成河道保洁21.7千米，清理乱堆乱建等四乱问题6宗，划定河道管理范围21.61千米，积极申请水利短板资金230万元，修复水毁河堤2处，共230米，完成水口碧道建设2千米。

【环境保护】2021年，重阳镇加大生态环境保护巡查力度，推进生态文明建设。建立重阳镇生态环境保护巡查台账，有序开展生态环境保护巡查工作，开展环保巡查41次，重点企业每季度巡查到位。7月制定《2021年武江区重阳镇生态环境安全查纠整治工作方案》，9月开展专项整治行动，拆除牛蛙养殖场一家，整改企业7家，加强对养殖场等企业的环保监管，确保企业全面落实环保责任。

【民生工程和重点项目】2021年，重阳镇完成村村通自来水入户管网工程，未到入户管安装村安全饮用水五期工程于2021年6月完工。全镇管网增补项目未通到户管网补漏铺设，已完成主管铺设约68.093千米，到户管铺设共3408户，基本实现村村通户户通自来水。完成重阳镇高速出口至镇政府路段省道246线沿线农村人居环境提升工程，完善该路段周边设施。提升道路周边景观和完善绿化配套设施，包括人行道工程、道路排水工程和绿化工程等，涉及道路长度约2.5千米。完成观音山新村250户村民以及冲口坪新村50户村民的房屋和市政雨污水建设，包括整村道路硬化、绿化、亮化，及供水、排水、排污、小广场、标准公共厕所建设，打造干净、整洁的居住环境。

【交通道路安全】2021年，重阳镇始终坚持人民至上、生命至上理念，4月成立系统防范化解道路交通安全风险工作领导小组和工作专班，党政“一把手”亲自组织部署亲自督导落实，制订《重阳镇系统防范化解道路交通安全风险工作方案》。全面推行“路长制”工作机制，坚守红线、全面深入排查，加强路长巡查，确保全镇道路交通安全有序。加大宣传，普及交通安全知识，镇道安办与龙归交警中队开展联合执法行动6次，共出动145人次，签订安全责任书468份、承诺书868份，查处违法车辆20辆，发放宣传资料2500余份。

【综合治理】2021年，重阳镇积极开展平安创建工作，成立“平安重阳”领导小组，制订平安创建工作方案和宣传工作方案。加强“中心+网格化+信息化”建设工作，全镇8个村1个居共36个网格，进行唯一编码，各村（社区）配有兼职网格员36人，全年共录入网格事件1892宗，每月人均4.26件，结案率100%。健全矛盾纠纷多元化解工作机制，重阳镇设调委会10个，调解员人数65人，全年接待来访群众117人，受理矛盾纠纷案件73宗，结案69宗，结案率为94.5%。做好重点人群服务管理工作，规范管理安置、社矫人员，全镇在管安置帮教人员共81名，暂无脱管人员。全力做好在册108人严重精神障碍患者的救治救助工作，综治办、卫生院、派出所、村委会定期排查走访，对易肇事肇祸的精神障碍患者送往定点医院治疗7人次。

【扫黑除恶专项斗争】2021年，重阳镇深入贯彻落实上级关于开展扫黑除恶专项斗争工作的决策部署，全年召开17次扫黑除恶专题会议，进行具体安排部署、座谈和动员。挂点党政班子带领驻村工作组成员深入到村委、村小组摸排线索，开展专项摸排行动。2021年，举办扫黑除恶专项斗争宣传活动12次，发放宣传手册2300份，宣传环保袋、毛巾、水杯、扇子等宣传物资2000份，张贴宣传海报、悬挂横幅共50条，并通过镇村LED电子屏、宣传栏以及微信群进行宣传，有效提高人民群众的知晓率。

【信访工作】2021年，重阳镇信访系统接收信访案件29宗，共33人次，办结率100%。重阳镇严格按照信访案件办理要求，及时受理、按期答复，及时开展信访满意度评价工作。为营造良好的信访秩序，重阳镇多渠道开展信访维权相关宣传活动，增强群众依法上访的意识。

【退役军人服务】2021年，重阳镇认真贯彻落实中央、省、市、区关于退役军人服务保障工作的各项决策部署，全力开展退役军人服务保障工作，全面落实退役军人政策。全年开展春节、“八一”等重要节日慰问，发放慰问金及物资，开展“八一”座谈会10场次，参与人员超过300人；帮助3位患重病的退役军人申请应急救助资金，共计43000元。组织开展清明及“9·30”烈士纪念活动2次，参与人员超过100人次；组织参加森林防火、应急抢险、疫情防控退役军人志愿服务活动15场次，参与人员超过200人次。

【综合行政执法】2021年，重阳镇自综合行政执法队成立以来，加强日常巡查检查，共出动执法车辆118车次，出动执法人员286人次，发出责令整改通知书12份。联合区、镇相关职能部门开展专项行动16次，查处一批不合格电器产品，有效地维护消费者的合法权益。扎实开展各类安全生产大检查工作，道路交通安全全年开展整治10次，查处“两客一危”（长途班线客车、包车和危险品运输车）、“三超一疲劳”（超速、超员、超载和疲劳驾驶）、农村车辆违法载人和严重超员、无证驾驶、酒驾醉驾等问题100处。在消防安全方面，及时调整更新消防安全领导小组，与企业店铺签订消防安全承诺书，全年查出安全隐患30处并及时下发整改通知书，整改率达100%。镇综合执法办联合派出所对辖区内5家烟花爆竹零售店的有效证件、存放、库存等情况进行大排查，严厉打击非法生产经营烟花爆竹行为。

【防汛抗洪】2021年，重阳镇为切实做好防汛抗洪工作，提高重阳镇应对汛情的能力，组织应急抢险分队开展冲锋舟、橡皮艇驾驶训练及水上模拟实战救援适应性训练，组织近30名职工干部参加冲锋舟及橡皮艇驾驶等防汛抢险专业技能训练。

【森林防灭火】 2021年，重阳镇慎终如始做好森林防灭火工作，在重大节假日、重大政治活动期间和持续森林高火险天气等时段，执行24小时值班值守制度。在林区、街道、镇村、学校、厂矿等人员活动较多的地方，悬挂森林防灭火横幅123条，进入林区和进山路口的主要道路设置8个临时检查站并放置8个森林防火警示牌，出动宣传车10180辆次，安排镇村干部进入村庄宣传、派发《禁火令》《致广大人民群众的一封信》27828份，与农户签订《森林防火责任书》8357份，查处、制止违规野外用火21人；组织开展一年两次的森林防灭火应急演练活动。清理生物防火林带、道路隔离带7.3千米，消除防火区内电力、电信和其他生产经营单位周边可燃物隐患3个，以及公墓、连片坟地周边可燃物隐患4处。投入人力686人次，力争做到森林防灭火工作人人知道、家喻户晓。

【精神文明建设】 2021年，重阳镇切实加强精神文明建设，深入开展“讲文明树新风”活动。在庆祝中国共产党成立100周年之际，组织慰问老党员。持续推进“我们的节日”主题活动。清明节、端午节、中秋节前后，分别通过倡导文明祭扫之风，组织开展以“团圆、和谐”为主题的节庆活动，引导人们认知、继承、弘扬传统文化。在做好疫情防控工作的基础上，广泛开展系列志愿服务活动，开展移风易俗宣讲活动和“关爱留守老人和儿童，建社会主义和谐大家小家”志愿服务活动等，共计开展活动9次，活动参与人数累计317人，关爱留守老人累计15人次。积极开展群众性精神文明建设活动，积极参与韶关市创建全国文明城市工作。在街主干道和各村、社区制作文明城市宣传栏、公益广告等，提高居民对韶关市创建全国文明城市的知晓率、参与率和支持率。积极推进未成年人思想道德建设。加大整治力度，进一步净化未成年人成长环境，深入开展“扫黄打非”行动，着力整治校园周边治安环境。

【武装工作】 2021年，重阳镇完成辖区适龄青年兵役登记工作；完成年度征兵工作，完成民兵潜力调查、民兵整组、民兵训练和相关软件资料的完善整理。组织民兵执行紧急任务3次，分别是森林灭火2次，防汛抗洪1次，转移群众32人。完善基层武装部正规化建设，并迎接区军地联合检查组检查考评。

【村情简介】

重阳村 重阳村位于重阳镇中心方向，东接黄岸村，南抵重阳社区，西至青暖村，北临九联村，总面积5.8平方千米。耕地面积333.33公顷，山地面积400公顷，辖9个自然村。2021年，该村总户数729户，总人口2983人，该村有村“两委”干部共7名，党员71名。重阳村以农业种植为主，主要农作物有水稻，西瓜，花生，柑橘等。由于地处镇街中心的优势，重阳村工商零售业较发达，较多的村民从事加工、运输、饮食等个体服务行业，为村经济的发展起到推进作用。

青暖村 青暖村地处重阳镇的西南部，紧靠县道322线，距重阳镇中心4千米。辖区面积约20平方千米，东接重阳村，南抵万侯村，西抵乳源游溪村，北临重阳社区。下辖12个自然村。2021年，该村总户数426户，户籍2185人，有村“两委”干部5人，党员72人。全村有耕地面积100公顷，林地400公顷。主要以水稻、花生、西瓜为主要经济作物，矿产资源较丰富，主要有陶瓷矿、白钨矿等。青暖行政村下辖的欧屋自然村为红色革命老区村，有震惊粤北的西水暴动指挥部旧址、青水塘炮楼、战壕群等红色遗迹，村内有四棵百年榕树，还有天然生态温泉。

万侯村 万侯村位于重阳镇西南方向，距重阳镇中心6千米。东接妙联村，南抵乳源一六镇，西抵乳源游溪镇，北临青暖村。辖8个村民小组。2021年，该村总户数782户，户籍3267人，该村有村“两委”干部7人，党员86人。万侯村自然资源丰富，主要矿产有陶瓷矿、白钨矿、铅锌矿等。村中有5棵百年以上的榕树和2座抗日战争前为躲避土匪而建的炮楼，颇有历史价值，有连片油菜花基地。该村经济以农业为主，种植作物主要有皇帝柑、杨梅、花生、水稻等。

九联村 九联村位于重阳镇西北方向，距重阳镇中心2.6千米，总面积5.42平方千米。东接重阳村，南抵青暖村，西抵乳源游溪镇，北临大夫前村。下辖4个村民小组。2021年，该村总户数650户，户籍2357人，该村有村“两委”干部5人，党员49人。全村总面积5.42平方千米，种养场所15个，总耕地面积200公顷，鱼塘面积3.33公顷。该村经济来源主要以农业为主，并成立九联村经济联合社，九联村资源丰富，主要种植皇帝柑、西瓜、马铃薯、花生、水稻，芋头等农作物。

大夫前村 大夫前村位于重阳镇西北方向，距重阳镇中心3千米。东接水口，南抵九联，西抵乳源游溪，北临乳源桂头。辖6个村民小组。2021年，该村总户数333户，户籍1299人，该村有村“两委”干部6人，党员46人。该村经济来源主要以农业为主，长期以来主要种植水稻、花生、西瓜、香瓜、柑橘等。

水口村 水口村位于重阳镇东北方向，距重阳镇中心6千米，东接武江河，南抵黄岸村，西抵黄土坛村，北临乳源桂头镇。下辖10个村民小组。2021年，该村总户数513户，户籍2424人，山岭面积533.33公顷，水田面积96公顷，旱地面积26.67公顷，鱼塘面积58.93公顷。该村有村“两委”干部5人，党员60人。水口村主要生产水稻、花生、玉米、柑果、西瓜等农作物。森林资源颇为丰富，有多棵千年以上的樟树和榕树。本村充分利用和挖掘龙舟文化，积极推动打造水上无动力运动中心项目建设。

黄岸村 黄岸村位于重阳镇东部，东与水口村交界，南与妙联村相邻，西与重阳村交界，北与大夫前村接壤，相传建村500余年。下辖黄土坛村、南岸村2个自然村，黄岸村共430户。2021年，该村总人口2020人，有村“两委”干部6人，党员64人，全村青壮年大多在外务工。全村现有耕地面积130.33公顷，林地面积366.67公顷，主要产业以种植水稻和发展养殖为主，农业以种植水稻为主，经济作物以西瓜、花生为主。

妙联村 妙联村位于重阳镇南面方向，距重阳镇中心10千米。东接西河坑尾村，南抵龙归后坪村，西抵万侯村，北临青暖村。下辖9个自然村。2021年，该村总户数390户，户籍1245人，有村“两委”干部5人，党员33人。妙联林地资源较丰富，经济发展有靠山吃山的特色，有生姜合作社，主要农作物有竹笋、丝茅姜、茶树、蘑菇、冬笋等，还有鹰嘴桃、李子、柑橘等各类果树。

重阳社区 重阳社区位于镇中心，东与黄岸村委接壤，南与重阳村委为邻，西与重阳村委紧靠，北与九联村委毗邻，辖区面积2.4平方千米。2021年，该社区户籍人口为937人，户籍户数546户，常住人口323人。社区党委下设1个党支部，有“两委”干部3名，党员23人，监督委员会3人，镇驻点领导3人。重阳街道居委会于1951年设立，社区居民多数从事小商业活动，或外出务工。辖区内有1所中学，1所小学，1所幼儿园，1所农贸市场，1间医院。社区公共服务站占地面积50平方米，阅览室50平方米，文化广场2000平方米，含有1个篮球场、2个羽毛球场、1间图书阅览馆。

（肖　璐）

惠民街道

【概况】 惠民街道位于武江区的中北部，总面积8.1平方千米。辖惠民北、黄田坝、武江北、群立、新华北、群康、新村、东岗岭、侨新、幸福、冷水坑、沙湖、长城、沐阳东共14个社区。2021年，年末户籍80510人，常住人口96383人。

主要旅游景点有韶州公园。

街道辖区有公办成人高校（韶关开放大学）1 所，公办全日制综合普通本科大学分校区（韶关学院黄田坝校区）1 处，初中 1 所，高中 1 所，综合性中学（含初中、高中）2 所，小学 6 所，幼儿园 19 所。

2021 年，惠民街道党工委、办事处设 9 个党政机构：党政综合办公室（人大办公室）、党建工作办公室（组织人事办公室）、纪检监察办公室、公共服务办公室（党群服务中心）、综合治理办公室、综合行政执法办公室（综合行政执法队）、经济发展办公室、城市管理办公室（应急管理办公室）、社区建设办公室。

【党群阵地建设】 2021 年，惠民街道完成武江北社区党群服务中心主体提升工作，将其打造成最高标准的服务阵地。新村社区党群服务中心已完成装修，正式投入使用，解决新村社区长期借用东岗岭社区场所合署办公的问题。

【基层党建】 2021 年，惠民街道 14 个社区党组织书记中有 1 名考录进机关事业单位，党工委及时从书记后备人选队伍中遴选 1 名综合素质高的担任书记，保障工作延续性。2021 年，完成社区“两委”换届工作及换届后续工作，全部实现社区党组织书记和居委会主任“一肩挑”，“两委”干部交叉任职人数 72 人，交叉任职率从 77% 提高至 100%。完成社区党组织书记、居务监督委员会主任、其他社区“两委”干部的培训工作。完善社区“大党委”工作机制，与辖区 50 个市直、区直机关企事业单位党组织建立党建结对关系，结对项目共 54 个。签订共建协议 54 份；建立健全社区党组织兼职委员制度，将“两新”组织党组织负责人、党员民警、物业企业的党员负责人纳入兼职委员，共推选任命 82 名社区党组织兼职委员，充分发挥兼职委员及其所在单位共建作用。加强“两新”组织党组织建设，制订《两新组织党组织工作经费指引》《党建指导员排查走访方案》等文件，对辖区 15 个“两新”组织党组织党建基本情况进行大排查工作。指导成立韶关市浩辰医学研究所有限公司联合党支部。

【党员教育和管理】 2021 年，惠民街用好街道党校和 14 个社区党校分教点阵地，结合学习强国、广东党建云等线上学习平台，借助“百人讲师团”师资力量，组织党员进行专门学习和交流研讨。全年街道党校开展授课 24 场次，培训党员干部 1023 人次；社区党校分教点开展授课 85 场次，累计培训党员 3388 人次。做好国有企业退休人员社会化管理工作，2021 年共接收国企退休党员 92 人。做好管理及发展党员日常工作，规范党员接收程序，积极引导转入党员加强与党组织联系，认真负责处理好失联党员的相关工作。严格把好党员入口关，规范发展党员程序，提高发展党员质量。全年惠民街道共收到入党申请书 37 份，吸收入党积极分子 32 人，发展预备党员 15 名，转正党员 8 人。常态化开展“不忘初心、牢记使命”主题教育。落实好中国共产党成立 100 周年庆祝活动，制作宣传横幅 72 条，播放 86 条次宣传标语，营造浓厚氛围。做好市级、区级荣誉评选表彰工作，新村社区党委书记宋瑞霞获评市级优秀共产党员，推荐的 10 名党员和两个社区党组织获得 2021 年武江区“两优一先”拟表彰对象。为“光荣在党 50 年”的 458 名老党员颁发纪念章。组织在职党员开展“党员大走访”活动，共走访党员 2777 名，占比 94.4%，并与 32 名失联党员取得联系，进一步加强党组织与党员的沟通和联系。结合党史学习教育，以“认领群众‘微心愿’”为切入点，深入推进“我为群众办实事”实践，社区党组织用心用情解决弱势困难群众的操心事、烦心事、揪心事。2021 年，全街共认领群众“微心愿”240 件，件件有着落。

【在职党员报到】 2021 年，惠民街道常态长效推进“1+4+N”在职党员到社区报到服务活动，各社区党组织按照“一社区一特色”开展在职党员报到服务工作，其中群立社区党委的“助老关爱‘不打烊’”，获评 2020

年度韶关市在职党员到社区报到特色服务项目；惠民街新华北社区党委获评2020年度韶关市在职党员到社区报到优秀组织者。街道在职党员、社区党员、居民党员利用晚上和周末的时间，深入群众家中，宣传老旧小区改造政策，收取改造诚意金。防洪防汛工作中，街道党员领导干部第一时间疏散存在安全隐患的住户，围蔽山体滑板危险区域等。据统计，2021年惠民街14个社区共吹哨2025次，在职党员累计到社区服务17820人次。

【退役军人服务站】 2021年，惠民街道退役军人服务站在落实落细广东省应急救助资金政策方面，服务站始终坚持以解决退役军人实际困难出发，结合社区力量，通过入社区张贴宣传海报、党员入户、微信互联网等多种形式加大宣传政策力度，按照有关规定给予帮扶援助。收集需求11人，已成功申请9人29.77万元。服务站坚持实地走访慰问，到户了解困难退役军人生活情况。2021年街道退役军人服务站及社区组织召开退役军人座谈会16场，走访慰问2400余人，慰问金额4万余元。广泛开展大走访慰问活动，进一步营造拥军优属、拥政爱民的浓厚氛围。做好自主就业、信息录入等工作，做到人数实、底数清。加强就业创业意向摸底调查，结合退役士兵就业意向，配合上级部门适时举办退役士兵技能和创业培训班，提高退役士兵职业技能和自主创业能力。协助开展退役军人专场招聘会两场次，推荐辖区优秀退役军人参与招聘，达成就业意向11次，广泛发布就业招聘信息，精准推送岗位60余条。辖区失业退役军人均得到精准岗位推介。为退役军人自主创业提供退役军人税收减免政策帮扶。

【企业监管工作】 2021年，惠民街道市场监管所共检查辖区内餐饮单位632家次、农贸市场经营户723家次、进口冷链食品经营单位106家次、药店62家次，对部分单位登记信息不全、未及时引导顾客佩戴口罩等行为责令改正。开展医疗机构、药店、化妆品经营单位日常和专项监督检查。全年共检查医疗机构15家，覆盖率达35%，检查药店13家，覆盖率达35%，检查化妆品经营单位30家，完成上级下发的全部工作任务。开展特种设备日常和专项监督检查。2021年，共检查特种设备使用单位20家次，处理电梯投诉7宗。

【企业信用监管】 2021年，惠民街道将日常检查中发现的经营异常企业23家、个体户157家，列入经营异常名录。开展“双随机”检查企业36家。

【食品安全】 2021年，惠民街道认真开展校园周边食品安全检查，全年共对8间大中小学校、19间幼儿园周边开展食品安全专项检查6次，检查食品经营单位1183家次。开展春秋开学季学校食堂全覆盖专项检查，共检查学校食堂54家次，对检查中发现的问题发出监督整改意见书42份，并对食堂食品安全管理员进行现场抽考27人次，合格率100%。开展食品销售风险分类评级，对辖区769家食品销售单位开展了风险评级，已评级占比100%。开展餐饮业从业人员“食安快线通用版”食品安全知识学习培训，共培训餐饮单位344家，考核通过率为96.45%，超过年度考核80%的目标。开展重要领导来韶、中高考等重大活动食品安全保障工作3次。

【工业产品质量安全监管】 2021年，惠民街道加强对儿童玩具、婴幼儿服装、燃气具、消防产品、电线电缆、开关设备等十类重点工业产品的质量安全监管，全年共检查相关经营单位313家次，签订《质量安全承诺书》78份，发出《责令改正》通知书16份。开展防范道路交通安全风险专项检查，对辖区4家电动自行车经营单位每周开展一次全覆盖检查，重点检查其进货查验，购销台账、是否有非法改装等情况，对存在问题的单位督促其落实整改。

【食品经营许可审查与消费维权】 2021年，惠民街道做好食品经营许可审查，全年共受理审查食品经营许可254份（其中小餐饮承诺制72份）。2021年，惠民街道市场监管所处理消费维权举报投诉共582宗，挽回经济损失18万余元。

【违法行为案件办理】2021年，惠民街道市场监管所开展食品、药品等违法行为案件办理，共办理食品类案件3宗，药械化案件3宗。

【统计工作】2021年，惠民街道持续开展各项调查工作，按照国家统计局韶关调查队的要求，对侨新社区160户调查户进行劳动力调查，每月调查16户并有8户要进行轮换，填写调查表做到户不漏人、人不漏项，对就业、失业等重点指标重点调查，以正确反映就业形势。按照国家统计局韶关调查队、区统计局的要求，在街道范围内抽取批发、零售、住宿、餐饮业的企业调查样本市级3家，区级8家，小微企业调查样本1家，每个月、季度按时填报调查表。为反映街道抓产业项目、经济发展、城镇化、生态环境保护等方面发展状况，根据公安、财政、住建、民政、自然资源、市场监管、生态环境、统计等相关部门提供数据进行镇域经济发展监测。每季度对新增、个体户、企业进行入户扫码登记入库。

【人大换届】2021年，惠民街道第十届区人大代表换届选举工作在区人大的精心指导和街道党工委的正确领导下，坚持以宪法、选举法、代表法为依据，严格依法办事，切实保障选民权利，经过近4个月的精心组织实施和各选区的努力工作，顺利选出该街新一届区人大代表47名，选举工作取得圆满成功。

【巩卫创文】2021年，惠民街道严格落实新冠肺炎疫情防控和创建全国文明城市工作要求，以“爱国卫生活动月”和“周五公共卫生日”活动为重要抓手，结合“元旦”“春节”等中国传统节日，紧密联系挂点单位和驻点领导干部以及社区吹哨党员报到活动，在辖区内定期开展疫情防控宣传、清理“牛皮癣”、卫生死角和除“四害”等行动。营造出良好的疫情防控、创文工作氛围和卫生健康的生活环境。

惠民街道组织下户开展各项疫情排查工作并派发防疫宣传资料5万份；对辖区17处重点公共场所和无物业小区进行环境消杀；清除孳生地625处，卫生死角840处，清理垃圾87吨，投放灭鼠药物1260千克，灭蚊药物120千克，加装更换老鼠屋合计168个，及时清理大街小巷乱拉乱挂的横幅26条；处理乱张贴，乱书写小广告3150张；更换健康教育宣传栏3期。向辖区居民发放宣传健康科普知识、市民卫生公约以及《新型冠状病毒肺炎预防控制指引》《生活垃圾分类》《病媒生物防制知识》等资料6000份；更换、修补宣传栏共56处。

全年组织社区集中开展“五个一”创文入户宣传活动4次，走访居民6370户，群众对文明城市创建工作的知晓率和满意度达98.6%，征集相关意见、建议近112条。积极协助社区拓展未成年人校外活动空间，开办社区家长学校和居民学校，以讲课、座谈会等形式开展未成年人相关活动28场。为丰富居民精神文化生活，提升生活的幸福感，街道及社区积极开展“我们的节日”活动84场。深入落实国家各项惠民政策，及时为困难群众提供帮助，组织街道和社区干部，党员志愿者在辖区入户走访居民500多户，为独居老人，低保户，残疾人等群体及时提供帮助。

【老旧小区改造】2021年，惠民街道共有10个老旧小区纳入改造范围：水务局宿舍、家具厂宿舍、广东北江中学宿舍、利民制药厂宿舍、果蔬供销社宿舍、群康南片区—质监局宿舍、土产公司宿舍和建筑设计院宿舍、怡安大厦、武江教师新村宿舍、链条厂宿舍，总建筑面积8.498万平方米，共涉及楼栋27栋，居民1137户，项目概算总投资约3000万元。

2021年，10个小区建安工程已有3个小区完成改造提升，10个小区综合进度75%。

【综治维稳工作】2021年，惠民街道开展书记大接访活动12次，各类专项整治行动10次，接待群众来访71批96人次，组织矛盾纠纷排查24次，调处各类矛盾纠纷121宗，其中各社区工作站调处各类矛盾纠纷114件，在矛盾纠纷调解中，引入律师参与其中，提高化解率，全年的矛盾纠纷调处率达到100%，成功调处率达到99%。

【反诈骗工作】2021年，惠民街道组织辖区14个社区居委会落实各项工作措施预防和减少电信诈骗案件发生，通过上门入户、设摊宣传、互联网传播等方式，大力推广“国家反诈中心”App，安装率稳步提高；通过社区律师以案释法、反诈宣传进社区、邀请专业人员给社区居民讲案例等形式，不断提高辖区居民反诈知识和防骗意识；通过在小区悬挂反诈横幅、楼梯口电梯口张贴反诈海报、移动播放反诈音频等方式，在涉诈案件较多、风险较高的小区，开展有针对性的宣传；积极完成涉电诈重点人员信息采集及承诺书签订和在缅人员的劝返工作。

【最低生活保障工作】2021年，惠民街道对申请最低生活保障的对象，逐一排查摸底，了解贫困群众的生活情况，对符合条件，确需救助的对象，给予最低生活保障。惠民街道享受最低生活保障的有158户251人；特困人员供养42户45人。其中，分散供养人员13户13人，集中供养32户32人，经审核，符合条件已办理低收入证明家庭10户。

【残疾人救助】2021年，惠民街道为辖区112名低保户中的残疾人申请广东省残疾人生活津贴，为789名重度残疾人申请广东省重度残疾人护理津贴。并积极为残疾人争取就业岗位，鼓励有条件的残疾人自主创业，为他们提供必要支持。配合市残联组织残疾人参加就业培训，提高辖区内残疾人的职业技能水平。

【公租房、经济适用房工作】2021年，惠民街道严格按照要求抓好公租房、经济适用房、公共租赁减免房租的审核工作，全年受理公租房申请38户，经审核，符合条件上报38户。

【爱心超市】2021年，惠民街道“爱心超市”发放慰问累计413户，共发放米582袋、油374桶、面378箱、果汁350箱、洗涤用品200套、酒精喷雾200支、口罩9340个、风扇34台。

【卫生健康】2021年，惠民街道召开12次专题工作会议，各类培训讲座5次，共234人次参加培训。开展健康义诊活动4次，参与群众200余人，开展宣传活动5场，参与群众1000余人次，慰问活动4次，服务群众600人次，发放宣传资料3万多份，全年派发避孕套2000余盒。全年户籍人口出生541人，其中政策内出生503人，政策生育率为93.26%，孕前优生健康检查33人。

【劳动保障所工作】2021年，惠民街道人力资源和社会保障所不断完善劳动再就业机制和服务体系，以发展促就业，以就业促稳定，拓展就业渠道，安置再就业。全年城镇新增再就业692人，城镇失业再就业177人，城镇就业困难人员再就业122人，认定就业困难人员人数145人。企业申请社会保险补贴及岗位补贴人数29人，补贴金额约11万元；灵活就业申请补贴人数793人，金额约420万元；办理城乡居民养老保险合计办理1655人，全年累计参加医疗保险人数20633人（此数据不包括职工医疗保险人数），基本实现养老、医疗保险覆盖全社区的目标。

【安全生产工作】2021年，惠民街道深入贯彻“安全第一，预防为主”综合治理的工作方针，深入开展消防安全宣传整治工作，提升居民安全意识。全年开展检查行动160余次，联合区应急局、区住建局、区消防大队、派出所、市场监管所等职能部门检查25次。全年开展消防演练18次，警示教育15次，张贴“严禁电动车楼道充电”“消防五进”等各类宣传海报、横幅3000余份。开展消防安全专项整治行动40余次，检查“三小”场所共计2127家，其中“三合一”场所100家，已整改71家，清理违规住人82人。清理违规停放、充电电动车2300余辆，私拉电线违规充电60余处，派发禁止电动车私拉电线告知书共3000余份，开展市、区挂牌火灾高风险区域消防安全隐患整治专项行动30余次，两处高风险区域均已摘牌，其中市挂牌火灾高风险区域冷水坑A区验收得分95.41，排名第一。根据城市户外用火管理，围绕野外用火、禁止燃放烟花爆竹等城市管理要求，开展3次专题宣传活动40余次森林防火巡查，派发《森林防火责任告知书》2万余份。全年一共派发签署《系统防范化解道路交通安全风险承诺书》5.4万余份，排查发现交通隐患点5处。全年检查8家危险化学和燃气经营企业，检查辖区在建工地15家，老旧厂房4家，打击煤气私罐充点5处，没收非法充装燃气瓶共156个。

【“三防”工作】2021年，惠民街道严格执行汛期24小时值班制度，与各社区居委会签订三防责任书，全年召开三防专题会议5次，组织人员培训110人次，开展汛期隐患排查行动20余次，开展防灾减灾演练15余次，开展汛期危房、危墙、削坡建房排查行动8次，派发三防宣传单张1.5万余份，通过多种举措和方式，确保各项汛期防灾减灾工作落到实处，保障辖区群众生命财产安全。

【武装工作】2021年，惠民街道狠抓征兵工作，适龄青年完成兵役登记，登记率100%。街道、社区通过多种方式大力宣传，悬挂征兵横幅185条，制作辖区青年最关心问题的一页纸征兵宣传单，结合“社区吹哨，党员报到”活动，到适龄青年家中入户宣传，提升宣传成效，按照基层武装部标准化建设要求，街道武装部配齐“三室一库一站”，软硬件设施显著提升。各社区大力推进民兵连建设，做到有组织、有制度、有场所、有人员、有器材。

【河长制工作】2021年，惠民街道严格按照区委、区政府河长制工作的通知要求，全面推行河长制工作，2次召开水面漂浮物清理行动工作会议，召开听取“五水共治”开展工作会议、沿江岸线整治“百日攻坚战”工作会议、预防与打击“蚂蚁搬家式”违法采砂行为工作部署会议等，街道4次部署专项整治工作，组织开展“清四乱”“沿江岸线整治”等专项行动6次，积极对照查找问题，自查自纠，全年两级河长巡河285次，清捞48次，对巡查中发现的问题，及时限期整改。加强对治水护河工作的宣传，提高群众的意识，通过组织“河小青”“护河志愿者”及党员志愿者开展清理河道垃圾等活动，联合市青少年宫，举办“节水·护水·爱水”主题儿童绘画比赛活动，收到100名学生参赛作品，带动多个家庭关注该公益内容。5月20日，惠民街河长办会同韶关水警、消防大队、新华派出所等成功营救2名被困渔民上岸。12月1日至5日，惠民街道统一开展“河小青”巡河护河志愿服务活动，通过组织“河小青”“护河志愿者”及党员志愿者清扫河堤垃圾，共有党员100余人次与志愿者150余人次参与活动。

【征拆工作】2021年，惠民街道完成电信地块交地1.31公顷，锦锂场地块交地3.47公顷，科创园北侧地块交地10.25公顷；完成移山路西侧地块项目拆迁1户、征拆412.39平方米、交地0.24公顷，丹霞大道北侧项目农业局地块拆迁9户、征拆8343.48平方米、交地7.57公顷。5月，承担区委区政府交办儿童医院拆迁任务，集中力量分组推进，一个月内完成2栋楼房拆迁13户，征拆面积1018.55平方米。用15天时间完成原金属结构厂3栋、16户职工棚改难题，攻克原朝阳置换地上长达15年的拆迁困难户，在7月31日圆满完成全面交地。

【表彰情况】2021年，惠民街道获得的荣誉称号有：惠民街道办事处被韶关市国防动员委员会评为“民兵工作先进单位”；惠民街道办事处在武江区2020年“担当落实、走在前列”活动中被武江区委办、武江区政府办评为“征拆攻坚先进组团”；惠民街武装部被韶关市军分区评为“先进基层武装部”；惠民街退役军人服务站被韶关市退役军人事务局评为“优秀退役军人服务站”；惠民街惠民北社区党委、惠民街幸福社区党支部被中共韶关市武江区委评为“韶关市武江区先进基层党组织”；惠民街长城社区经韶关市禁毒委员会评估验收，通过“无毒场所”创建工作；惠民街道区儿童医院征收工作任务如期完成，得到中共韶关武江区委办公室表扬。

【社区简介】

惠民北社区 东起朝阳楼，西至大塘边，南至江湾名庭，北至塘湾村南，主要道路有武江大道北、惠民北路、朝阳路，管辖面积近1.2平方千米，一共划分5个网格进行管理。2021年，该社区常住人口11220人，户籍人口8084人。辖区内有广东北江实验学校、武江区朝阳小学、广东省韶关市社会福利院、韶关市供销合作联社等单位；有江湾名庭、碧桂园·凯旋华府、城市花园金城小区、奥园（韶关印象、江山壹品）、二棉宿舍区、钱隆华府、外滩华府、金科集美等小区。社区党群服务中心位于惠民北路68号城市花园惠民北小区A1栋2楼，办公场所350平方米，与黄田坝社区合用办公场所。有社区“两委”干部7人，网格员2人。

黄田坝社区 东至武江北路电化厂宿舍，西至惠民北路252号，南至黄田坝小学，北至武江北路朝阳新村，主要道路有武江北路、惠民北路，管辖面积近0.8平方千米，一共划分6个网格进行管理。2021年，该社区常住人口5344人，户籍人口5391人。辖区内单位有武江区黄田坝小学、韶关市韶关学院黄田坝校区、韶关市金财资产、韶关市城市照明和信息中心、韶关市城镇污水处理管理中心、韶关市政府物业管理中心和韶关市武江区新华派出所等，小区有朝阳新村、南枫雅居、金旭大厦、海景花园、丽江苑、江滨华庭、城市花园（惠民北路68号）、原韶关市教育局宿舍（拆迁范围）、韶关市韶关学院黄田坝校区职工宿舍等。社区党群服务中心位于惠民北路68号A1座2楼，办公场所350平方米，与惠民北社区合用办公场所。有社区“两委”干部6人，网格员2人。

武江北社区 东至武江大道北，西至惠民北路（韶关市财政局），南至武江桥，北至韶关市工贸资产有限公司，主要道路有武江大道北、惠民北路，管辖面积近0.6平方千米，一共划分4个网格进行管理。2021年，该社区常住人口5516人，户籍人口6029人。辖区内有韶关市财政局、韶关市妇幼保健院、韶关市建筑设计院、韶关市住房公积金、中国建设银行股份有限公司韶关分行、中国农业银行股份有限公司韶关分行、韶关市青少年宫，韶关市工贸资产有限公司等单位，有滨江汇景、江景苑、桂苑小区、新世纪大厦等小区。社区党群服务中心位于武江北路19号，办公场所723平方米。现有社区“两委”干部7人，网格员2人。

群立社区 东至惠民北路，西至新兴路和虾公山，南至公安街，北至广东北江中学初中部，主要道路有惠民北路、教育路，管辖面积近0.8平方千米，一共划分3个网格进行管理。2021年，该社区常住总人口8555人，户籍人口6278人。辖区内有广东北江中学、韶关市广播电视台、国家税务总局韶关市税务局、韶关市军队离休退休干部惠民路休养所、韶关市第一建筑工程有限公司等单位，有优山美地、教师新村、翰林世家、松苑小区等小区。社区党群服务中心位于康乐村279号优山美地A1栋1楼，办公面积320平方米。有社区“两委”干部7人，网格员2人。

新华北社区 西起新兴路，东至百货大厦，南起新华北路，北至公安街，主要道路有新华北路、惠民北路、新兴路、新群路，管辖面积近0.5平方千米，一共划分5个网格进行管理。2021年，该社区常住人口9562人，户籍人口9412人。辖区内有韶关市科学技术局，韶关市生态环境局、惠民路军分区干休所、韶关市口腔医院、广东省有色金属地质局九三二队、东岗小学低年部、鎏花康鑫养老院等单位，有茗苑花园、嘉晖商厦、香槟小城、椿松花园、志兴丽景园、铭轩豪庭、百货大厦等小区。社区党群服务中心位于新兴路城市花园B座201，办公场所320平方米。有社区“两委”干部7人，网格员2人。

群康社区 东至新华北路，西至幸福家园，南至侨新小区，北至姐妹岭，主要道路有新华北路，新兴路、群康路，松山路。管辖面积近0.7平方千米，一共划分3个网格进行管理。2021年，该社区常住人口6235人，户籍人口4190人。辖区内有韶关市妇女联合会、韶关市第五中学、韶关市开放大学等单位，有星河华庭、明居园、供电局宿舍、景泰花园、顺和公寓等小区。社区党群服务中心位于群康路2号明居园首层，办公场所118平方米。有社区“两委”干部7人，网格员2人。

新村社区 东至惠民北路29号，西至新建路4号，南至工业东路16号，北至新华北路13号，主要道路有惠民北路、新华北路、工业东路，管辖面积近0.4平方千米，一共划分5个网格进行管理。2021年，该社区常住人口5799人，户籍人口5820人。辖区内有韶关市水务局、武江区市场监督管理局等单位，有东枫花园、阳光康地、盈翠皇庭、内燃机厂宿舍、水务局宿舍、茶叶公司土产公司宿舍等小区。社区党群服务中心位于工业东路10号水务局大院内17、18栋，办公面积800平方米。有社区“两委”干部7人，网格员1人。

东岗岭社区 东至新建路，西至新华北路立交桥侧，南至工业东，北至新华北路，主要道路有工业东路、新华北路、新建路，管辖面积近0.3平方千米，一共划分6个网格进行管理。2021年，该社区常住人口8484人，户籍人口9114人。辖区内有武江区东岗小学（高年部）、韶关市文化馆、中国农业发展银行韶关分行等单位，有志兴金碧园、东岗岭安置小区、富康广场等有物业小区。社区党群服务中心位于东岗岭安置小区物业管理处对面二楼，办公面积240平方米（共三层），有社区“两委”干部7人，网格员2人。

侨新社区 东起立交桥北侧，西至工业中35号，南起工业中路，北至群康路口，主要道路有工业中路、景秀路、上饶路、新华北路，管辖面积近0.8平方千米，一共划分5个网格进行管理。2021年，该社区常住人口10171人，户籍人口7802人。辖区内有交通银行韶关分行营业部、韶关农商银行西河支行等单位，有锦鹏花园、景秀花园、侨新小区、新三联、汇展华城等小区。社区党群服务中心位于工业中路侨新小区鸿福大厦C座二楼，办公场所330平方米。有社区“两委”干部5人，网格员2人。

幸福社区 东至幸福路，西至同心酒店，南至工业中39栋，北至幸福家园二期，主要道路有幸福路，管辖面积近0.5平方千米，一共划分3个网格进行管理。2021年，该社区常住人口3757人，户籍人口2329人。辖区内有丽景教师新村、幸福家园等物业小区。社区党群服务中心位于幸福路汇展华城翠竹轩南区29栋至31栋之间4号铺，办公场所260平方米。有社区“两委”干部7人、网格员2人。

冷水坑社区 东起同心酒店（工业中路39号），西至惠民街道办公楼，南起工业西路，北至黄屋村，主要道路有工业大道路、西冲路、丹霞大道北路，管辖面积近0.4平方千米，一共划分6个网格进行管理。2021年，该社区常住人口4415人，户籍人口4930人。辖区内有武江区工业中幼儿园、武江区田家炳小学、西冲幼儿园、惠民社区卫生服务中心等单位，王屋安置小区、西冲安置小区、七〇六宿舍、教师新村等小区。社区党群服务中心位于武江区西冲安置小区4栋103房，办公场所392平方米。有社区“两委”干部7人，网格员2人。

沙湖社区 东起工业西路20号，西至移山路，南起工业西路、北至韶州公园，主要道路有工业西路、沙湖路，管辖面积近0.4平方千米，一共划分4个网格进行管理。2021

年，该社区常住人口5955人，户籍人口4987人。辖区内有中国电信股份有限公司韶关分公司、广东电网有限责任公司韶关供电局等单位，有山水华府、芙蓉花园、电力新村、沙湖天上虹等小区。社区党群服务中心位于工业西路26号山水华府旭川园8栋负二层，办公场所352平方米。有社区“两委”干部7人，网格员2人。

长城社区 东至工业西移山路西侧，西至工业西长城世家，南至工业西路，北至韶华幼儿园，主要道路有工业路。管辖面积近0.4平方千米，一共划分2个网格进行管理。2021年，该社区常住人口5653人，户籍人口2875人。辖区内有武江区田家炳沙湖绿洲小学等单位，有沙湖绿洲、长城世家等小区。社区党群服务中心位于武江区工业西路88号长城世家58栋1楼，办公场所420平方米。有社区“两委”干部7人，网格员2人。

沐阳东社区 东至韶关市博物馆，西至沐阳东路16号，南至工业西路，北至韶关镇泰有限公司，主要道路有工业西路、沐阳东路、建设路，管辖面积近0.6平方千米，一共划分5个网格进行管理。2021年，该社区常住人口5717人，户籍人口3269人。辖区内有核工业四一九医院、韶关市中级人民法院、韶关市博物馆等单位，有卓越雅苑、丰华公司福源小区宿舍、东南明珠花园、天子岭廉租房小区、天子岭新村、利民药厂后山宿舍、华馨花园、核工业四一九宿舍等小区。社区党群服务中心位于卓越雅苑6栋商铺二楼，办公场所280平方米。有社区“两委”干部7人，网格员1人。

（罗薇君）

新华街道

【概况】 新华街道位于武江区东部，办公地点位于武江区新民路21号。辖区东起武江桥，西至西郊6千米，南至百旺大桥，北至工业路，以及曹陂村、曲仁红尾坑矿宿舍区，管辖面积为13.84平方千米，辖区有乳韶、工业西、工业中、芙蓉北、沙洲、金洲、芙蓉东、惠民东、惠民西、五祖路、工业东、武江南、新华南、红尾坑、花城、利民、御龙湾17个社区。2021年，户籍人口约9.4万人，常住人口约13.09万人。有高中1所，初中3所，小学6所，幼儿园25所，主要旅游景点有芙蓉山国家矿山公园。

2021年，新华街道办事处内设党政综合办公室（人大常委会办公室）、党建工作办公室（组织人事办公室）、纪检监察办公室、公共服务办公室（党群服务中心）、综合治理办公室、综合行政执法办公室（综合行政执法队）、经济发展办公室、城市管理办公室（应急管理办公室）、社区建设办公室、司法所（区派驻机构），下设公共服务中心、退役军人服务站2个事业单位。

【基层党建】 2021年，新华街道党工委以党史学习教育为抓手，以深学促实干，着力为群众办实事、解难题，推动党史学习教育深入基层、深入群众、深入人心。推动党史学习教育求新求实，各级党组织组织开展专题学习会、专题培训讲座、组织生活会等各类活动100场，新华街道党工委排演的红色情景剧《脊梁》，获得武江区“重温党史经典，体悟初心使命”大赛一等奖。建立“三社联动”社区工作法，设立“红色楼长”、联户党员，引导居民积极参与社区治理，做好“当家人”“主人翁”。以惠民服务为落脚点，通过“真情五百”走访活动，累计敲门走访居民49205户，发放新冠防疫宣传单48940张，切实提高居民防护意识。构建区域化党建新格局，推动街道“大工委”社区“大党委”工作机制落地落实，充分整合各类资源，推动辖区内各基层党组织互联互通、共建共享，共推基层治理，共同服务群众。

【社区“两委”换届】 2021年，新华街道切实抓好第七届社区“两委”换届选举工作，选优配强社区“两委”班子，严格按照上级有关要求，坚持把加强党的领导与充分发扬民主、严格依法照章办事结合起来，规范选举程序，维护选举秩序，圆满完成第七届社区“两委”

换届选举工作。此次换届选举选出社区党委委员会（御龙湾社区党支部）成员87人，其中书记17人，副书记17人，委员53人，党员参选率平均为94.3%。选出社区居民委员会成员119人，其中主任17人，副主任17人，两委交叉任职比例达100%。党组织书记、主任全部实现“一肩挑”。“两委”成员中，大专以上学历102人，占85.71%；平均年龄37.14岁，“两委”干部素质更高，学历层次、年龄结构都更加合理，更加切合居民的实际需求和居委会的管理要求，为今后街道社区的和谐发展奠定坚实的基础。

【老旧小区改造】 2021年，新华街道坚持以“提升居民生活品质”为出发点和落脚点，深入推进老旧小区改造项目工作，继续启动韶齿、利民制药厂等15个老旧小区改造项目，投入改造资金约4900万元，总建筑面积16.22万平方米，共有楼宇86栋，惠及户数2103户。为加强老旧小区工作长效机制，编制“新华街道2021—2025年老旧小区改造工作五年规划”，计划未来5年将完成28个老旧小区改造，涉及建筑面积29.8万平方千米、改造楼宇254栋、受益居民3215户。

【创文巩卫】 2021年，新华街道以“网格化＋五级联创”管理为抓手，开展新一轮创建全国文明城市工作新局面。扎实开展环境卫生整治活动。以网格为单位，组织发动辖区单位干部职工、小区居民群众800余人次参与“周五公共卫生日”活动，清理卫生死角2072处，清理小广告1万张，投放鼠药600千克，消灭蚊蝇孳生地，全面整治辖区内存在的脏、乱、差现象，营造健康卫生的人居环境。广泛开展精神文明宣传活动，依托新时代文明实践中心、街道综合文化站、社区综合文化服务中心等基层宣传文化设施及阵地，开展各类文化活动100场，开展以文明健康生活为主题的公益宣传，大力倡导文明健康绿色环保生活方式。

【基层公共服务】 2021年，新华街道不断完善基层公共服务建设，全力建设康园中心，在全市率先开展精神康复社区康园，为全市康园中心精神专科提供有益的尝试。4月12日开园以来在册会员59人，常驻在托人员35人，2名专职老师为学员开展康复训练，1名医护人员负责医疗健康服务，为残疾人提供康复照料、技能培训、庇护性就业和康乐文体活动等多种服务。社区阵地建设不断优化提升，沙洲、利民、五祖路社区党群服务中心经全面提升已投入使用。

【民心工程和惠民政策】 2021年，新华街道多措并举做好就业服务工作，多渠道为用人单位和求职者搭建双向选择平台，成功匹配和推荐就业20人次。积极落实各项补贴政策惠民利企，办理发放各类补贴570余万元，惠及130多个企业和3545人次。切实做好残疾人弱势群体关爱工作，为疑似残疾人上门评残95人，成功评残78人。办理申请重度护理补贴登记在册的残疾人1112人，申

2021年7月14日，新华街道党工委排演的红色情景剧《脊梁》获得武江区“重温党史经典 体悟初心使命”大赛一等奖

（区委宣传部 供图）

请生活津贴的残疾人187人，全部申请残疾人两项补贴的人员资料已全部录入广东省残疾人两项补贴管理系统。根据不同残疾类别为残疾人建立个人档案，做好各类辅具的发放。

【安全生产】2021年，新华街道严格落实应急值班值守工作，认真抓好安全隐患排查工作，全年开展安全生产和消防安全培训16场，应急演练11次，派发3.8万份宣传资料，悬挂35条宣传标语。落实做细安全生产、消防安全及森林防火责任。与辖区内企业、加油站、学校、公共娱乐场所、"三合一"场所等重点场所签订安全生产责任书90份，消防安全告知书500份。深入辖区内企业、危险化学品企业、建筑施工等场所检查，共排查辖区内企业、"在建工程"、加油站、地质灾害隐患点、"燃气点"、人员密集场所、"三小"场所共1983家，发现隐患367处，已整改264处，限期整改103处。积极联合公安、消防、应急管理局等职能部门开展联合执法行动，共检查场所48家，整改安全隐患49处，查处非法充气站点3个，有效防范各类安全事故的发生。

【生态环境保护】2021年，新华街道对照生态环保问题清单，加大排查力度，针对存在问题举一反三，对于能立即整改的问题立行立改，对于已完成核查整改的问题，组织开展"回头看"，持续巩固整改成效，确保问题不反弹。自2021年开展环境卫生专项整治以来，排查油烟398间，联合整治油烟68宗，整治噪声41宗，家禽62宗，处理涉生态环境问题163宗，收到中央生态环保督察组交办的关于光明巷凌记烧烤店的油烟和噪声问题的转办单1宗，已处理完成。

【表彰情况】2021年，新华街道及各社区获得国家级荣誉奖项1个，省级荣誉奖项2个，市级荣誉4个，花城社区被中共中央授予"全国先进基层党组织"称号。新华街道被评为广东省第七次全国人口普查先进集体、广东省民族团结进步创建"示范单位"；新华南社区被评为韶关市先进基层党组织、韶关市乡镇（街道）统计能力建设先进单位。武江南社区被评为2018—2020年度韶关市文明社区。惠民西社区被评为2020年度韶关市"平安家庭"创建活动先进示范社区。五祖路社区被评为2020年度韶关市在职党员到社区报到服务"特色服务项目"。街党工委副书记李旭阳被评为韶关市抗击新冠肺炎疫情先进个人。

【社区简介】

芙蓉北社区 芙蓉北社区东起林桥坑至寓山路，西至芙蓉北三路，南至芙蓉山脚，北至水泥制品厂路，管辖面积约1.2平方千米。2021年，该社区户籍人口4463人，常住人口约5928人。主要道路有芙蓉北路、怡华路、吉祥路、津头岭一至五横巷。驻辖区单位：韶关市看守所、韶关市救助站、韶关市红十字会、至和汤邓淑芳纪念学校。办公地点位于芙蓉北路16号，有社区"两委"干部7人，党支部5个，共191名党员。

乳韶社区 乳韶社区东起劳教所门前移山路，西至西郊六公里粤北二院，南至芙蓉山脚北侧，北至芙蓉北路，面积为1.2平方千米。2021年，该社区户籍人口4200人，常住人口7558人。主要道路有芙蓉北路、韶关大道、沐溪大道3条；驻辖区单位有广东省核工业地质调查院、粤北第二人民医院、韶关市食品药品检验所、武江区教育局、武江区人力资源和社会保障局、武江区医疗保障局。办公地点位于芙蓉北路68号芙蓉丽景三栋首层。有社区"两委"干部5人，党支部5个，共124名党员。

利民社区 利民社区辖区东起移山路，西至沐溪大道市林科所，南至芙蓉北路，北至工业西路南面，辖区面积约1.1平方千米。2021年，该社区户籍人口3758人，常住人口约7106人。主要道路有工业西路、建设路、沐溪大道、芙蓉北路4条；驻辖区单位有韶关市气象局、韶关市人力资源和社会保障局、韶关市人民检察院、韶关市疾病预防控制中心、韶关市中心血站、韶关市水文分局、武江区镇泰小学、丽珠集团利民制药厂、韶关市民政局、韶关市职业病防治院、武江区国家税务局、武江区卫生和健康局、武江区食品药品监督管理局。办公地点位于武江建设路16号雅居蓝湾商铺二层，现有社区“两委”干部5人，党支部3个（其中“两新”组织2个），共110名党员。

工业中社区 工业中社区东起新华南路至新民路，南至怡华路，西至丹霞大道北，北至工业中路，面积约0.7平方千米。2021年，该社区户籍人口8923人，常住人口11288人。主要道路有工业中路、芙蓉北路、新津路、新民路、怡华路、丹霞大道北6条；驻辖区单位有武江区华泰小学、韶关市公安局武江分局、新华街道市场监督管理所。办公地点位于工业中路22号繁荣锦苑2栋，有社区“两委”干部6人，党支部5个（其中“两新”组织1个），共266名党员。

工业西社区 工业西社区辖区面积0.7平方千米，有9个居民小组，共有74栋楼房，16个物业小区，东至芙蓉北一路，南至吉祥路，西至芙蓉北三路，北至工业西路。2021年，该社区户籍人口7036人，常住人口约10048人。主要道路有芙蓉北一路、二路、三路，吉祥路（双号）、工业西路、如意路共6条；驻辖区单位有韶关市第十四中学，芙蓉山派出所。办公地点位于吉祥路2号，现有社区“两委”干部6人，党支部3个，共135名党员。

五祖路社区 五祖路社区东起体育东路，西至新华南路，南至亨泰路，北至体育中心路，面积为约0.7平方千米。2021年，该社区户籍人口7164人，常住人口约9170人。主要道路有体育东路、五祖路、新华南路、亨泰路4条；驻辖区单位有韶关军分区新华南路离职干部休养所、韶关市军队离退休干部五祖路休养所、韶关市环境监测中心站。办公地点位于体育东路3号御和苑H栋负一楼，有社区“两委”干部6人，党支部7个（其中“两新”组织1个），共235名党员。

工业东社区 工业东社区东起五祖路，西至新华南路，南至体育东路，北至工业东路。面积约0.3平方千米。2021年，该社区户籍人口5501人，常住人口约4953人，户数1579户。主要道路有工业东路、五祖路、新华南路、体育东路、文艺路5条。驻辖区单位有广东省第五建筑工程公司、广东省核工业地质局、韶关市公安局消防支队、韶关市卫生监督所、韶关市应急救护指挥中心、韶关市军队离休、退休工业东路军休所、武江区红星小学。办公地点位于体育东路18号，有社区“两委”干部7人，党支部8个（其中“两新”组织3个），共237名党员。

惠民西社区 惠民西社区东至惠民南路，南至邮政储蓄银行，西至新华南路、亨泰路、五祖路，北至西河客运站，面积约1.2平方千米。2021年，该社区户籍人口5418人，常住人口约5893人。主要道路有韶关市卫生健康局门前路、亨泰路、惠民南路、新华南路；有韶关市卫生局、中国人民银行韶关市中心支行、韶关市武江区人民政府等11个辖区单位。办公地点位于惠民南路136号，有社区“两委”干部6人，党支部5个（其中“两新”组织2个），共175名党员。

惠民东社区 惠民东社区东起光明巷，南至北江桥底，西起田家炳高中部，北至医学院，面积约0.8平方千米。2021年，该社区户籍人口4941人，常住人口约7021人。主要道路有惠民南路、武江南路、光明巷3条；驻辖区单位有粤北人民医院、韶关学院医学院、区总工会。办公地点位于武江大道北81号（原武江南路5号），有社区“两委”干部6人，党支部3个，共145名党员。

武江南社区 武江南社区东起武江大道北83号（金银辉宿舍），西至惠民南路55号（田家炳中学高中部），南至武江大道北182号（食品厂宿舍），北至武江桥头。面积为0.7平方千米。2021年，该社区户籍人口4307人，常住人口约4256人。主要道路有工农巷、武江大道北路、惠民南路、光明巷；驻辖区单位有韶关市中医院、韶关市田家炳中学、广发银行股份有限公司韶关分行、韶关市慢性病防治院、韶关市武江区新华幼儿园。办公地点位于武江大道北81-1号，有社区“两委”干部6人，党支部6个（其中“两新”组织1个），共174名党员。

金洲社区 金洲社区东起武江大道中（鸿洲花园至沙洲六路）；西至芙蓉东路（沙洲六路至金泽园南侧）；南至沙洲六路；北至桥西六巷、金福园横路。辖区面积0.82平方千米。2021年，该社区户籍人口11260人，常住人口15629人。主要道路有福彩路1路、福彩路2路、沙洲四路、沙洲五路、沙洲六路、芙蓉东路、沿江路、沙洲路。办公地点位于武江区沙洲四路1栋6号铺，社区“两委”干部7人，党支部7个（其中“两新”组织2个），共290名党员。

沙洲社区 沙洲社区东起武江大道中路，西至芙蓉东路，南至金福园南边，北至新华南路，面积为0.78平方千米。2021年，该社区户籍人口7765人，常住人口约9352人。主要道路有武江大道中路、芙蓉东路、新华南路、沙洲一路、沙洲二路，沙洲三路、沙洲路；驻辖区单位有韶关市住房和城乡建设管理局、韶关市人才服务局、武江区人民法院、韶关市公安局武江分局交通警察大队、国家税务总局韶关市税务局沙洲办公区、武江区金福园小学、韶关市田家炳中学初中部。办公地点位于武江区福彩路5号，有社区“两委”干部6人，网格员2人，党支部6个（其中“两新”组织1个），共248名党员。

新华南社区 新华南社区东起新华南路，西至芙蓉山脚，南起红玫路，北至新民路，面积约1.2平方千米。2021年，该社区户籍人口3762人，常住人口4669人。主要道路有新华南路、怡华路、新民路、红玫路；驻辖区单位有韶关市卷烟厂、武江区文体旅局、韶关市武江区人民政府新华街道办事处等单位。办公地点位于武江区红玫路2号，有社区“两委”干部6名，党支部4个，现有党员198人。

芙蓉东社区 芙蓉东社区东起新华南路，西至芙蓉山脚，南至芙蓉东路，北至新华南路一横巷，面积为1.21平方千米。2021年，该社区户籍人口4581，常住人口约6125人。主要道路有新华南路、福林路、上连冲路、下连冲路、芙蓉东路、红玫路；驻辖区单位有韶关市烟草机械配件厂有限公司、韶关市特殊教育学校。办公地点位于芙蓉东路2号，有社区“两委”干部6人（网格员1名），党支部5个（其中“两新”组织2个），共238名党员。

红尾坑社区 红尾坑社区辖区面积0.74平方千米，辖区范围为红尾坑本部、红尾坑东边区和红尾坑曲仁园社主轩安置小区，其中东边区已棚改土地收为国有土地，红尾坑本部被龙归镇马渡村所包围，曲仁园·社主轩被龙归镇社主村所包围，有曲仁园·社主轩、曲仁园·六福居两个小区，有韶关市红光水泥实业有限公司、韶关市世邦新型建材实业有限公司、红尾坑留守站3个辖区单位。2021年，该社区户籍人口1986人，常住人口约2198人。办公地点一处位于社韶大道3号曲仁园·社主轩综合楼四楼，另一处位于曲仁园·六福居旁，现有社区“两委”干部7人，党支部3个，共135名党员。

花城社区 花城社区东起沿江路，西至芙蓉山，南至百旺大桥底，北至沙洲六路，辖区面积1.8平方千米。2021年，该社区户籍人口5138人，常住人口约10521人。主要道路为沿江路、芙蓉东路一带。驻辖区单位有武江区人民武装部、核工业华南技工学校、广东韶能集团股份有限公司。办公地点位于武江区芙蓉东路178号碧水花城8栋附一层二楼，现有社区“两委”干部7人，党支部5个（其中“两新”组织2个），共171名党员。

御龙湾社区 御龙湾社区东起芙蓉东路，西至芙蓉山脚，南起怡华路，北至芙蓉北市水泥厂后门路，辖区面积约1.96平方千米。2021年，该社区户籍人口3792，常住人口约8958人，辖区单位有武江区御龙湾小学。办公地点位于韶关市武江区新民路63号B3栋负一层。社区有“两委”干部6人，党支部3个，共104名党员。

（邓新佳）

先进表彰

2021 年度获国家级表彰先进单位一览表

表12

单位名称	荣誉称号	表彰单位
中共韶关市武江区新华街花城社区委员会	全国先进基层党组织	中共中央
武江区统计局	第七次全国人口普查先进单位	国务院第七次全国人口普查领导小组
武江区卫健局	2018—2020年全国计划生育优质服务单位	国家卫生健康委
武江区恒大社区	2021年全国示范性老年友好型社区	国家卫生健康委员会、全国老龄工作委员会办公室
武江区西河镇红星村	继续保留“全国文明村（红星）”荣誉称号	中央精神文明建设指导委员会
武江区教育局	2021年国家义务教育质量监测实施“优秀组织单位”	教育部基础教育质量监测实施中心
武江区新华幼儿园	全国足球特色幼儿园	教育部办公厅
武江区广思雅实验幼儿园	全国足球特色幼儿园	教育部办公厅
武江区卫健局	武江区西联恒大社区被评为全国示范性老年友好型社区	国家卫生健康委、全国老龄工作委员会办公室

2021 年度获省级表彰先进单位一览表

表13

单位名称	荣誉称号	表彰单位
武江区田家炳沙湖绿洲小学	省近视防控示范学校	广东省教育厅、广东省卫健委
武江区黄田坝小学	广东省绿色学校	广东省教育厅、广东省发展和改革委员会
武江区华泰小学	广东省绿色学校	广东省教育厅、广东省发展和改革委员会
武江区红星小学	广东省绿色学校	广东省教育厅、广东省发展和改革委员会

续表 13

单位名称	荣誉称号	表彰单位
武江区朝阳小学	广东省绿色学校	广东省教育厅、广东省发展和改革委员会
武江区龙归中学	广东省绿色学校	广东省教育厅、广东省发展和改革委员会
武江区重阳学校	广东省绿色学校	广东省教育厅、广东省发展和改革委员会
武江区江湾中学	广东省绿色学校	广东省教育厅、广东省发展和改革委员会
武江区江湾镇中心小学	广东省绿色学校	广东省教育厅、广东省发展和改革委员会
武江区御龙湾小学	广东省绿色学校	广东省教育厅、广东省发展和改革委员会
武江区新华幼儿园	广东省中小学教师校本研修示范培育学校	广东省教育厅
武江区风烈中学	省无烟单位	广东省爱国卫生委员会
武江区芙蓉一小	省无烟单位	广东省爱国卫生委员会
武江区风度小学	省无烟单位	广东省爱国卫生委员会
武江区风烈小学	省无烟单位	广东省爱国卫生委员会
武江区龙归镇山前奇石幼儿园	省无烟单位	广东省爱国卫生委员会
武江区西河镇田心村	广东省卫生村	广东省爱国卫生运动委员会
武江区西河镇村头村	广东省卫生村	广东省爱国卫生运动委员会
武江区重阳镇青暖村委会	广东省卫生村	广东省爱国卫生运动委员会
武江区卫健局（武江区爱国卫生运动委员会）	龙归镇、重阳镇被评为广东省卫生镇	广东省爱国卫生运动委员会
武江区重阳镇退役军人服务站	广东省五星级退役军人服务站	广东省退役军人事务厅
武江区惠民街道退役军人服务站	广东省五星级退役军人服务站	广东省退役军人事务厅
武江区西联镇退役军人服务站	广东省四星级退役军人服务站	广东省退役军人事务厅
武江区重阳镇退役军人服务站	全国示范性和广东省五星级退役军人服务站	广东省退役军人服务厅
韶关市消防救援支队西联特勤站	先进消防救援站	广东省消防救援总队
武江区消防救援大队	基层建设先进大队	广东省消防救援总队
韶关市消防救援支队西联特勤站	基层建设先进消防站	广东省消防救援总队
武江区人民政府新华街道	广东省民族团结进步创建“示范单位”称号	广东省民族宗教事务委员会
武江区住房和城乡建设局	广东省脱贫攻坚先进集体	中共广东省委、广东省人民政府
武江区总工会	城市困难职工解困脱困工作中作出重要贡献集体	广东省总工会

续表 13

单位名称	荣誉称号	表彰单位
国家税务总局韶关市武江区税务局	广东省法治政府建设示范单位	中共广东省委全面依法治省委员会办公室
武江区委组织部	信息报送先进单位	广东省委组织部
武江区委组织部	广东基层党建创新案例　农村基层党建示范案例	广东省委南方杂志社
武江区卫健局	全员人口数据质量评估在全省142个县市区中排名第一	广东省卫生健康委
武江区直机关工委	第九届广东省市直机关“先锋杯”工作创新大赛 三等奖	广东省直机关工委
武江区行政服务中心	广东省“巾帼文明岗”	广东省妇女联合会
武江区人民检察院	全省新时代“五好”基层院建设先进单位	广东省人民检察院

2021 年度获市级以上表彰先进单位一览表

表14

单位名称	荣誉称号	表彰单位
武江区妇女联合会	家庭教育工作先进集体	韶关市妇女联合会
武江区法律援助处	2020年度韶关市巾帼文明岗	韶关市妇女联合会
武江区妇女联合会	“善美韶城巾帼 大宣讲”活动先进集体	韶关市妇女联合会
武江区妇女联合会	基层组织建设先进集体	韶关市妇女联合会
武江区委组织部	韶关市“三八红旗集体”	韶关市妇女联合会
武江区新华街工业西社区	韶关市“三八红旗集体”	韶关市妇女联合会
武江区法律援助处	韶关市“巾帼文明岗”	韶关市妇女联合会
武江区龙归镇中心卫生院妇产科	韶关市“巾帼文明岗”	韶关市妇女联合会
武江区土地和房屋征收事务中心财务股	韶关市“巾帼文明岗”	韶关市妇女联合会
武江区东岗小学语文组	韶关市“巾帼文明岗”	韶关市妇女联合会
武江区金福园小学语文教研组	韶关市“巾帼文明岗”	韶关市妇女联合会
武江区新华街道惠民西社区	韶关市“平安家庭” 创建活动先进示范村（社区）	韶关市妇女联合会
武江区西河镇向阳村	韶关市“平安家庭” 创建活动先进示范村（社区）	韶关市妇女联合会
武江区龙归镇龙归村	韶关市“平安家庭” 创建活动先进示范村（社区）	韶关市妇女联合会

续表 14

单位名称	荣誉称号	表彰单位
武江区卫健局 龙归镇中心卫生院颜建明	龙归镇中心卫生院妇产科被评为韶关市“巾帼文明岗”	韶关市妇女联合会
武江区西河镇人民政府公共服务办	2021年度韶关市巾帼文明岗	韶关市妇女联合会
武江区委组织部	三八红旗集体	韶关市妇女联合会
武江区新华街惠民西社区	2020年度韶关市“平安家庭”创建活动先进示范社区	韶关市妇女联合会
武江区市场监督管理局	参加第二届全国、广东省市场监管系统法律知识竞赛先进单位	韶关市市场监督管理局
武江区市场监督管理局	2021年度全市市场监管系统知识产权保护工作先进单位	韶关市市场监督管理局
武江区市场监督管理局	2021年特种设备安全工作表现突出单位	韶关市市场监督管理局
武江区市场监督管理局	2021年餐饮业经济发展指导工作优秀单位	韶关市市场监督管理局
武江区市场监督管理局	落实2021年省、市民生实事食品抽检工作先进单位	韶关市市场监督管理局
武江区市场监督管理局	2021年度全市标准化和计量工作成效突出单位	韶关市市场监督管理局
武江区市场监督管理局	2021年度全市市场监管系统新闻宣传与政务信息工作先进单位	韶关市市场监督管理局
共青团武江区龙归中学委员会	2020—2021年度韶关市五四红旗团委	共青团韶关市委员会
武江区政务服务数据管理局	韶关市第20届“青年文明号”称号	共青团韶关市委员会
共青团武江区重阳镇委员会	2020—2021年度韶关市五四红旗团委	共青团韶关市委员会
共青团韶关市武江区新华街金洲社区支部委员会	2020—2021年度韶关市五四红旗团支部（总支）标兵	共青团韶关市委员会
共青团韶关武江区爱尔眼科医院支部委员会	2020—2021年度韶关市五四红旗团支部（总支）标兵	共青团韶关市委员会
共青团韶关市第十五中学九（2）班支部委员会	2020—2021年度韶关市五四红旗团支部（总支）标兵	共青团韶关市委员会
武江区西河镇人民政府	第七次全国人口普查先进集体	韶关市第七次全国人口普查领导小组
武江区人民政府新华街道	广东省第七次全国人口普查先进集体	广东省第七次全国人口普查领导小组
武江区西联镇	韶关市第七次全国人口普查先进集体	韶关市第七次全国人口普查领导小组
武江区太阳城社区党总支部	2020年度韶关市在职党员到社区报到服务之星优秀组织者	韶关市委组织部
武江区纪委监委	韶关市先进基层党组织	韶关市委组织部
武江区消防救援大队	新闻宣传工作先进单位	韶关市消防救援支队
消防救援支队西联特勤站	新闻宣传工作先进单位	韶关市消防救援支队

续表 14

单位名称	荣誉称号	表彰单位
武江区工业东路消防救援站	新闻宣传工作先进单位	韶关市消防救援支队
武江区消防救援大队	安全工作先进大队	韶关市消防救援支队
武江区重阳镇人民政府	韶关市禁毒示范镇（街）	韶关市禁毒委员会
武江区惠民街长城社区	通过“无毒场所”创建工作	韶关市禁毒委员会
武江区总工会	“当好主人翁 建功新时代—韶关职工建功立业”主题劳动和技能竞赛先进组织单位	韶关市总工会
武江区总工会	评为2020年度韶关市工会工作专项奖一等奖（表彰荣誉文件2021年下发）	韶关市总工会
武江区总工会	2020年度工会统计工作先进单位（表彰荣誉文件2021年下发）	韶关市总工会
武江区重阳镇人民政府	韶关市文明村镇	中共韶关市委、韶关市人民政府
武江区纪委监委	韶关市扫黑除恶专项斗争先进集体	中共韶关市委、韶关市人民政府
武江区新华街武江南社区	2018—2020年度韶关市文明社区	中共韶关市委、韶关市人民政府
武江区发展和改革局	韶关市2021年度全面深化改革工作先进单位	中共韶关市委、韶关市人民政府
武江区人民检察院第一检察部	韶关市扫黑除恶专项斗争先进集体	中共韶关市委、韶关市人民政府
武江区卫健局	韶关市抗击新冠肺炎疫情先进集体	中共韶关市委、韶关市人民政府
武江区卫健局	韶关市抗击新冠肺炎疫情先进集体	中共韶关市委、韶关市人民政府
武江区重阳镇万侯村委会	韶关市先进基层党组织	中共韶关市委
国家税务总局韶关市武江区税务局机关党委	韶关市“先进基层党组织”	中共韶关市委
武江区卫健局党支部	韶关市抗击新冠肺炎疫情先进基层党组织	中共韶关市委
中共韶关市武江区新华街新华南社区委员会	韶关市先进基层党组织	中共韶关市委
武江区自然资源局	武江区政府在 2021 年广东省森林城市建设主题宣传主会场活动组织工作中表现突出	韶关市人民政府
武江区卫健局	“银龄安康行动”最佳进步奖	韶关市老龄办
武江区卫健局	“银龄安康行动”达标优胜奖	韶关市老龄办
武江区卫健局	出生缺陷筛查总体完成率142.15%%全市第一	韶关市卫健局
武江区卫健局	2021年度韶关市药品不良反应监测工作表现突出单位	韶关市卫健局
武江区卫健局	直达资金支出率100%，全市排名第一	韶关市卫健局
武江区卫健局（市医改办）	医改工作以1080.12分数位列三个市辖区第一	韶关市卫健局（区医改办）

续表 14

单位名称	荣誉称号	表彰单位
国家税务总局韶关市武江区税务局	“知史爱党 学史兴税”党史知识竞赛三等奖	国家税务总局韶关市税务局
国家税务总局韶关市武江区税务局	“知史爱党守初心 学史兴税担使命”主题微党课大赛一等奖	国家税务总局韶关市税务局
武江区重阳镇人民政府	统计基层基础建设先进单位	韶关市统计局
武江区西河镇人民政府	韶关市乡镇（街道）统计能力建设先进单位	韶关市统计局 国家统计局韶关调查队
武江区审计局	2020年全市审计机关优秀审计项目	韶关市审计局
武江区自然资源局	武江区第一批试点中央奖补资金支持项目完成度较高，达93.33%。	韶关市山水林田湖草生态修复试点工程领导小组办公室
武江区自然资源局	全市自然资源系统“迎百年华诞　展自然风采”演讲比赛第二名	韶关市自然资源局
武江区惠民街道办事处	2021年度民兵工作先进单位	韶关市国防动员委员会
武江区献血办	无偿献血管理评价先进单位	韶关市献血委员会
武江区惠民街道武装部	先进基层武装部	韶关市军分区
武江区卫健局 （武江区爱国卫生运动委员会）	龙归镇寺前村荣获“韶关市卫生村”称号	韶关市卫健局（韶关市爱卫生运动委员会）
国家税务总局韶关市武江区税务局	2020年度党业融合“十佳书记项目”	中共国家税务总局韶关市税务局党的建设工作领导小组办公室
国家税务总局韶关市武江区税务局机关党委	韶关市第五届机关工作创新创优竞赛“创新创效”类三等奖	中共韶关市委组织部、中共韶关市直属机关工作委员会
武江区惠民街道退役军人服务站	2021年度优秀退役军人服务站	韶关市退役军人事务局
武江区红星小学	韶关市学雷锋示范岗	韶关市文明办、韶关市教育局
武江区惠民幼儿园	韶关市消防安全宣传教育示范校	韶关市教育局、韶关市消防救援支队
武江区	“七五”普法优秀	韶关市普法办
武江区政府	行政机关负责人出庭应诉工作做得好	韶关市委依法治市办
武江区新华街五祖路社区	2020年度韶关市在职党员到社区报到服务“特色服务项目”	韶关市财政局
武江区新华街武江南社区	2020年老旧小区改造工作先进社区通报表扬	韶关市区老旧小区改造试点工作领导小区办公室

2021 年度获市级以上表彰先进个人一览表

表15

姓　名	工作单位	荣誉称号	表彰单位
韦辛横	韶关市消防救援支队西联特勤站	训练标兵	应急管理部消防救援局

续表 15

姓　名	工作单位	荣誉称号	表彰单位
任　峰	韶关市武江区人民法院	人民法院司法警察先进个人	最高人民法院
丘韶财	武江区司法局西联司法所	全国司法所模范个人	司法部
林永前	武江区西河镇下坑村委书记	广东省乡村振兴先进村党组织书记	广东省委实施乡村振兴战略领导小组
林永前	武江区西河镇下坑村委书记	广东优秀兵支书	广东省退役军人事务厅
胡佳捷	武江区统计局	广东省第七次全国人口普查先进个人	广东省第七次全国人口普查领导小组
林洁谊	武江区统计局	广东省第七次全国人口普查先进个人	广东省第七次全国人口普查领导小组
赵　蓓	西河学校	南粤优秀教师	广东省教育厅
江文雄	金福园小学	南粤优秀教育工作者	广东省教育厅
陈玉航	韶关市武江区消防救援大队	优秀干部	广东省消防救援总队
陈玉航	韶关市武江区消防救援大队大	优秀法制员	广东省消防救援总队
许　斌	韶关市消防救援支队西联特勤站	优秀消防救援站指挥员	广东省消防救援总队
吴　鹏	韶关市武江区工业东路消防救援站	个人三等功	广东省消防救援总队
周正乾	韶关市武江区消防救援大队	个人嘉奖	广东省消防救援总队
胡宗文	韶关市消防救援支队西联特勤站	优秀消防员	广东省消防救援总队
许泽鑫	韶关市消防救援支队西联特勤站	工匠消防员	广东省消防救援总队
朱建祥	韶关市武江区人民法院	全省法院先进个人	广东省高级人民法院 广东省人力资源和社会保障厅
李　劲	韶关市武江区人民法院	最美基层法官	广东省高级人民法院
彭长济	韶关市武江区人民法院	全省法院司法警察执法知识竞赛二等奖	广东省高级人民法院
黄　豆	少先队韶关市第九中学大队八（7）中队	2020—2021年度广东省优秀少先队员	共青团广东省委员会
钟　好	少先队韶关市武江区东岗小学大队五（6）中队	2020—2021年度广东省优秀少先队员	共青团广东省委员会
管宇权	龙归中学	市优秀乡村校长	韶关市教育局
练秉根	甘棠小学	市优秀乡村教师	韶关市教育局
李启划	风烈中学	市优秀乡村教师	韶关市教育局
陈石凤	西河学校	市优秀乡村教师	韶关市教育局
李胜华	重阳学校	市优秀乡村教师	韶关市教育局

续表 15

姓　名	工作单位	荣誉称号	表彰单位
曾三凤	龙归镇中心小学	市优秀乡村教师	韶关市教育局
叶多胜	江湾镇人民政府	韶关市第七次全国人口普查先进个人	韶关市第七次全国人口普查领导小组
朱世芬	江湾镇人民政府	韶关市第七次全国人口普查先进个人	韶关市第七次全国人口普查领导小组
李　辉	江湾镇人民政府	韶关市第七次全国人口普查先进个人	韶关市第七次全国人口普查领导小组
黄劼桁	武江区统计局	韶关市第七次全国人口普查先进个人	韶关市第七次全国人口普查领导小组
朱珈慧	武江区统计局	韶关市第七次全国人口普查先进个人	韶关市第七次全国人口普查领导小组
叶　亮	武江区统计普查中心	韶关市第七次全国人口普查先进个人	韶关市第七次全国人口普查领导小组
张　丹	武江区统计普查中心	韶关市第七次全国人口普查先进个人	韶关市第七次全国人口普查领导小组
罗瑞芳	西联镇人民政府	韶关市第七次全国人口普查先进个人	韶关市第七次全国人口普查领导小组
谭　莉	西联镇阳山村民委员会	韶关市第七次全国人口普查先进个人	韶关市第七次全国人口普查领导小组
张小英	韶关市武江区西河镇人民政府	广东省第七次全国人口普查先进个人	韶关市第七次全国人口普查领导小组
陈　慧	韶关市武江区西河镇人民政府	韶关市第七次全国人口普查先进个人	韶关市第七次全国人口普查领导小组
熊芹芹	韶关市武江区西河镇人民政府	韶关市第七次全国人口普查先进个人	韶关市第七次全国人口普查领导小组
胡桂梅	韶关市武江区西河镇人民政府	韶关市第七次全国人口普查先进个人	韶关市第七次全国人口普查领导小组
胡雪辉	韶关市武江区西河镇红星村	韶关市第七次全国人口普查先进个人	韶关市第七次全国人口普查领导小组
邹玉芳	韶关市武江区西河镇向阳村	韶关市第七次全国人口普查先进个人	韶关市第七次全国人口普查领导小组
邓智源	惠民街道党政办工作人员	第七次全国人口普查先进个人	韶关市第七次全国人口普查领导小组
江　珍	惠民街群立社区党委副书记、居委会副主任	第七次全国人口普查先进个人	韶关市第七次全国人口普查领导小组
蔡　烜	惠民街长城社区党支部副书记、居委会副主任	第七次全国人口普查先进个人	韶关市第七次全国人口普查领导小组
郑韵仪家庭	韶关市田家炳小学	韶关市“优秀书香家庭”	韶关市妇女联合会
张　贞家庭	浈江区南枫小学	韶关市“优秀书香家庭”	韶关市妇女联合会
苏　畅家庭	韶关学院医学院	韶关市“优秀书香家庭”	韶关市妇女联合会

续表 15

姓　名	工作单位	荣誉称号	表彰单位
杨　品家庭	韶关学院医学院	韶关市“优秀书香家庭”	韶关市妇女联合会
邹振兴家庭	韶关市招生考试中心	韶关市“优秀书香家庭”	韶关市妇女联合会
郁　扬家庭	重阳镇人民政府	韶关市“优秀书香家庭”	韶关市妇女联合会
李卫国家庭	北江监狱二级	韶关市“优秀书香家庭”	韶关市妇女联合会
刘学平家庭	广东北江中学	韶关市“优秀书香家庭”	韶关市妇女联合会
龚　艺家庭	韶关市消防救援支队	韶关市“优秀书香家庭”	韶关市妇女联合会
林妙娟家庭	韶关市田家炳小学	韶关市“优秀书香家庭”	韶关市妇女联合会
曾春华家庭	新华街道办事处	韶关市“优秀书香家庭”	韶关市妇女联合会
周　玲家庭	韶关学院	韶关市“优秀书香家庭”	韶关市妇女联合会
余红梅家庭	韶关市十四中学	韶关市“优秀书香家庭”	韶关市妇女联合会
王　璇家庭	韶关学院	韶关市“优秀书香家庭”	韶关市妇女联合会
田　元家庭	广东北江中学	韶关市“优秀书香家庭”	韶关市妇女联合会
林　晓家庭	韶关市政府办	韶关市“优秀书香家庭”	韶关市妇女联合会
邱文怡	韶关市公安局武江分局西郊派出所	韶关市三八红旗手	韶关市妇女联合会
蔡梅英	武江区人民检察院	韶关市三八红旗手	韶关市妇女联合会
陈　艳	武江区就业服务中心	韶关市三八红旗手	韶关市妇女联合会
李永意	韶关市风烈中学	韶关市三八红旗手	韶关市妇女联合会
郭利柳	新华街五祖路社区	韶关市三八红旗手	韶关市妇女联合会
冯　艳家庭	新华街惠民西社区	韶关市“平安家庭”创建活动先进示范户	韶关市妇女联合会
黄宗伟家庭	西河镇向阳村村民委员会	韶关市“平安家庭”创建活动先进示范户	韶关市妇女联合会
陈伟锋家庭	江湾镇江湾社区	韶关市“平安家庭”创建活动先进示范户	韶关市妇女联合会
欧振健家庭	西联镇甘棠村村民委员会	韶关市“平安家庭”创建活动先进示范户	韶关市妇女联合会
何著平家庭	龙归镇龙归村委会	韶关市“平安家庭”创建活动先进示范户	韶关市妇女联合会
潘歧广家庭	龙归镇龙归村委会	韶关市“平安家庭”创建活动先进示范户	韶关市妇女联合会

续表 15

姓　名	工作单位	荣誉称号	表彰单位
张纯艳家庭	重阳镇水口村村民委员会	韶关市“平安家庭”创建活动先进示范户	韶关市妇女联合会
何远韶家庭	惠民街道办事处	韶关市“平安家庭”创建活动先进示范户	韶关市妇女联合会
刘永久家庭	惠民街道党政综合办	韶关市“平安家庭”创建活动先进示范户	韶关市妇女联合会
郑春红	武江区纪委	韶关市十大好军嫂	韶关市妇女联合会
李　霜	武江区西联镇	韶关市十大好军嫂	韶关市妇女联合会
白玉婷家庭	武江区西联镇人民政府	韶关市“最美家庭”	韶关市妇女联合会
张小英	韶关市武江区西河镇人民政府	2021年度韶关市三八红旗手	韶关市妇女联合会
李　霜	西联镇太阳城社区	2021年度韶关市十大好军嫂	韶关市妇女联合会、韶关军分区政治工作处、韶关市退役军人事务局
郑春红	韶关市武江区纪委监委宣教室主任	2021年度韶关市十大好军嫂	韶关市妇联、韶关军分区政治工作处、韶关市退役军人事务局
刘世昌	武江区龙归镇龙安村委会安村村民	第二届“韶关最美退役军人”	韶关军分区政治工作处、韶关市退役军人事务局
刘卓鹏	重阳镇人民政府	2021年度优秀退役军人服务工作者	韶关市退役军人事务局
李　霜	碧桂园太阳城社区书记、主任	2021年度韶关市十大好军嫂	韶关市妇联、韶关军分区政治工作处、韶关市退役军人事务局
陈小玲	韶关市田家炳中学少工委副主任	2021年度韶关市十大好军嫂	韶关市妇联、韶关军分区政治工作处、韶关市退役军人事务局
黄惠梅	韶关市武江区西河镇人大常委会办公室主任	2021年度韶关市好军嫂	韶关市妇联、韶关军分区政治工作处、韶关市退役军人事务局
杜丽圆	武江区市场监督管理局	参加第二届全国、广东省市场监管系统法律知识竞赛先进个人	韶关市市场监督管理局
曾丽明	武江区市场监督管理局	2021年度全市市场监管系统新闻宣传与政务信息工作先进个人	韶关市市场监督管理局
陈慧萍	韶关市第十四中学生	2020—2021年度韶关市优秀共青团员	共青团韶关市委员会
曾晓怜	武江区龙归镇人民政府一级科员	2020—2021年度韶关市优秀共青团员	共青团韶关市委员会
邓芸妃	武江区风烈中学学生	2020—2021年度韶关市优秀共青团员	共青团韶关市委员会
张苗铃	武江区风烈中学学生	2020—2021年度韶关市优秀共青团员	共青团韶关市委员会
侯　意	武江区风烈中学学生	2020—2021年度韶关市优秀共青团员	共青团韶关市委员会
李　实	韶关爱尔眼科医院健康教育部主任	2020—2021年度韶关市优秀共青团员	共青团韶关市委员会
李舒雨	韶关市公安局武江分局指挥中心一级警员	2020—2021年度韶关市优秀共青团员	共青团韶关市委员会

续表 15

姓　名	工作单位	荣誉称号	表彰单位
邝桂莲	韶关市武江区教育局	韶关市优秀辅导员	共青团韶关市委员会 韶关市教育局
温嘉伟 李森旺	韶关市消防救援支队西联特勤站	优秀通讯员	韶关市消防救援支队
赵黄波	韶关市武江区工业东路消防救援站	优秀新媒体宣传员	韶关市消防救援支队
李森旺	韶关市消防救援支队西联特勤站	优秀新媒体宣传员	韶关市消防救援支队
汪　冠	韶关市消防救援支队西联特勤站	国家队指战员嘉奖	韶关市消防救援支队
吴伟辉	韶关市武江区消防救援大队	国家队指战员嘉奖	韶关市消防救援支队
刘　方	韶关市武江区工业东路消防救援站	国家队指战员嘉奖	韶关市消防救援支队
陈　鹏	韶关市武江区工业东路消防救援站	国家队指战员嘉奖	韶关市消防救援支队
刘　海	韶关市消防救援支队西联特勤站	国家队指战员嘉奖	韶关市消防救援支队
赵黄波	韶关市武江区工业东路消防救援站	国家队指战员嘉奖	韶关市消防救援支队
欧保建	韶关市武江区工业东路消防救援站	国家队指战员嘉奖	韶关市消防救援支队
王　旭	韶关市消防救援支队西联特勤站	国家队指战员嘉奖	韶关市消防救援支队
张业顺	韶关市武江区工业东路消防救援站	国家队指战员嘉奖	韶关市消防救援支队
陈智鹏	韶关市消防救援支队西联特勤站	国家队指战员嘉奖	韶关市消防救援支队
许泽鑫	韶关市消防救援支队西联特勤站	国家队指战员嘉奖	韶关市消防救援支队
韦辛横	韶关市消防救援支队西联特勤站	优秀共产党员	韶关市消防救援支队
汪　冠	韶关市消防救援支队西联特勤站	优秀基层党支部书记	韶关市消防救援支队
汪　冠	韶关市消防救援支队西联特勤站	政治工作业务先进个人	韶关市消防救援支队
吴　鹏	韶关市武江区工业东路消防救援站	优秀干部	韶关市消防救援支队
许　斌	韶关市消防救援支队西联特勤站	优秀干部	韶关市消防救援支队
钟　江	韶关市消防救援支队西联特勤站	优秀消防员	韶关市消防救援支队
王肖杰	韶关市武江区工业东路消防救援站	优秀消防员	韶关市消防救援支队
古娘东	韶关市消防救援支队西联特勤站	优秀消防员	韶关市消防救援支队
吴慧强	韶关市武江区工业东路消防救援站	优秀消防员	韶关市消防救援支队

续表 15

姓　名	工作单位	荣誉称号	表彰单位
邹　辉	韶关市消防救援支队西联特勤站	优秀消防员	韶关市消防救援支队
颜　用	韶关市武江区工业东路消防救援站	优秀消防员	韶关市消防救援支队
李　聪	韶关市消防救援支队西联特勤站	优秀消防员	韶关市消防救援支队
姚传旭	韶关市武江区工业东路消防救援站	优秀消防员	韶关市消防救援支队
温嘉伟	韶关市消防救援支队西联特勤站	优秀消防员	韶关市消防救援支队
张业顺	韶关市武江区工业东路消防救援站	优秀消防员	韶关市消防救援支队
张丽敏	重阳镇人民政府	第七届人口普查先进个人	韶关市人普办
钟良芳	重阳镇人民政府	第七届人口普查先进个人	韶关市人普办
林姝婷	重阳镇人民政府	第七届人口普查先进个人	韶关市人普办
刘芳红	重阳镇人民政府	第七届人口普查先进个人	韶关市人普办
李文杰 张　盈	武江区总工会	2020年度韶关市工会统计工作先进个人（2021年下发文件）	韶关市总工会
李文杰	武江区总工会	2021年度韶关市困难职工解困脱困工作先进个人	韶关市总工会
江　珍	惠民街群立社区党委副书记、居委会副主任	韶关市文明家庭	中共韶关市委 韶关市人民政府
林玉辉	区委组织部	韶关市优秀党务 工作者	中共韶关市委 韶关市人民政府
李旭阳	中共韶关市武江区新华街道工作委员会	韶关市抗击新冠肺炎疫情先进个人	中共韶关市委 韶关市人民政府
沈　赟	区委政法委	韶关市扫黑除恶专项斗争先进个人	中共韶关市委 韶关市人民政府
黄韶辉	惠民街道党政办工作人员	2021年度全市党委系统舆情信息工作先进个人	中共韶关市委办公室
温　碧	惠民街道党工委委员、武装部部长、街道办副主任	优秀专武干部	韶关市国防动员委员会
王浩强	沙洲尾社区卫生服务中心	全国“敬老爱老助老模范人物”	韶关市老龄办
付秋喜	武江区卫健局	年度献血优秀组织工作者”	韶关市献血办

统计资料

武江区2021年国民经济和社会发展统计公报

武江区统计局

2022年3月31日

2021年，武江坚持以习近平新时代中国特色社会主义思想为指导，全面贯彻落实党的十九大和十九届历次全会精神，按照省委、市委部署要求，坚持稳中求进工作总基调，全面贯彻新发展理念，统筹疫情防控和经济社会发展，顺利完成年度主要目标任务，实现“十四五”良好开局。

一、综合

根据韶关市地区生产总值统一核算结果，2021年武江实现地区生产总值（初步核算数）3067200万元，同比（下同）增长5.2%。其中：第一产业增加值86081万元，增长10.3%，对地区生产总值增长的贡献率为0.3%；第二产业增加值1191864万元，增长2.8%，对地区生产总值增长的贡献率为50.6%；第三产业增加值1789255万元，增长6.4%，对地区生产总值增长的贡献率为49.1%。全年人均地区生产总值81378元，增长3.3%。三次产业结构比重由2020年的3.0∶37.7∶59.3调整为2.8∶38.9∶58.3。

2021年，年末全区户籍总人口29.90万人，比上年末增加0.92万人。其中：城镇人口23.45万人，比上年末增加1.32万人；乡村人口6.44万人，比上年末减少0.40万人；男性14.86万人，女性15.04万人。年末全区常住人口37.89万人，比上年末增加0.40万人。其中城镇常住

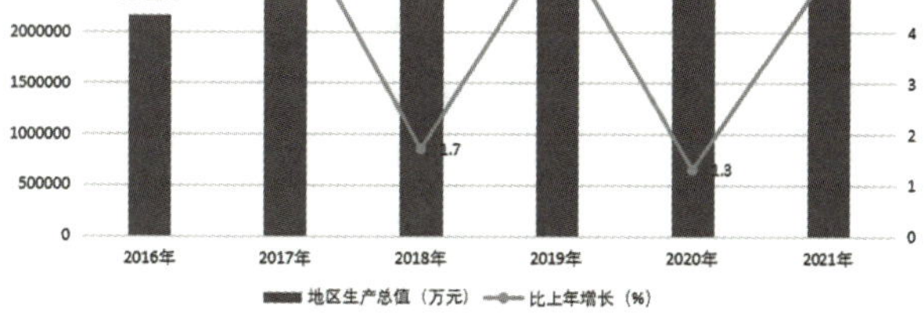

图1　2016—2021年地区生产总值及增长速度

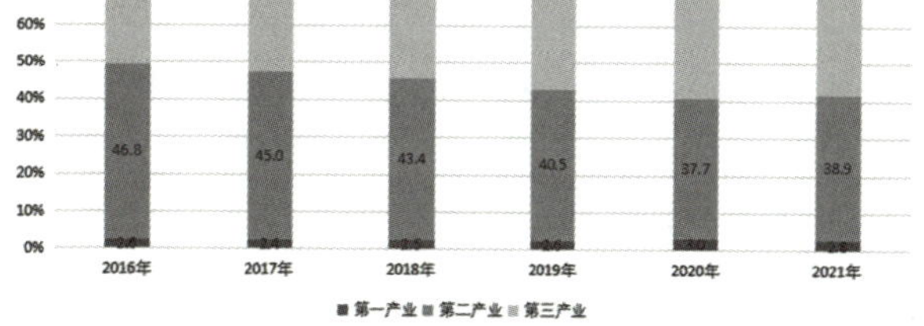

图2　2016—2021年三次产业增加占地区生产总值比重

人口32.28万人，比上年末增加0.60万人，常住人口城镇化率85.20%，比上年末提高0.70个百分点；农村常住人口5.61万人，比上年末减少0.20万人。全区常住出生人口2589人，出生率8.46‰；死亡人口1579人，死亡率5.16‰；自然增长人口1010人，自然增长率3.30‰。

二、农业

全区农林牧渔业总产值157085万元，增长18.7%。其中：农业产值70047万元，增长2.8%；林业产值12395万元，增长6.7%；畜牧业产值68088万元，增长41.3%；渔业产值4949万元，下降0.7%；农林牧渔服务业产值1604万元，增长27.2%。

全区粮食播种面积58619亩，增长0.2%，其中稻谷面积52886亩，增长1.0%。油料种植面积20458亩，下降6.4%。蔬菜播种面积40200亩，下降2.6%。中草药种植面积1090亩，增长91.2%。农村用电量8005.8万千瓦时，增长18.8%。

全区粮食总产量24559吨，增长0.1%。油料产量4412吨，下降7.1%。蔬菜总产量87267吨，下降4.4%。水果总产量12152吨，增长1.5%。茶叶产量35吨，增长2.9%。

全区肉类总产量14773吨，比上年增长35.1%。其中：猪肉产量13019吨，增长51.1%；禽肉产量1592吨，下降26.7%。年末生猪存栏136024头，增长44.5%；年末家禽存栏299546只，增长15.5%。全年生猪出栏量161992头，增长49.9%；家禽出栏量1029101只，下降26.0%；水产品产量3264吨，下降1.1%。

三、工业和建筑业

全区工业增加值976155万元，增长6.0%。其中规模以上工业增加值增长4.9%。规模以上工业中，分门类看，采矿业增长14.4%，制造业增长4.5%，电力、热力、燃气及水的供应业增长14.5%。分经济类型看，股份制工业714565.0万元，增长3.5%；外商及港澳台工业142697.5万元，增长13.2%。轻工业增加值708014.6万元，增长4.5%；重工业增加值149247.9万元，增长7.0%。

先进制造业增加值比上年增长8.7%，占规模以上工业增加值的比重为10.1%，比上年提高1.1个百分点。其中：高端电子信息制造业增长88.5%，先进装备制造业8.5%，石油化工产业增长0.76%。

高技术制造业增加值比上年增长14.1%，占规模以上工业增加值的比重为5.8%，比上年提高0.6个百分点。其中：医药制造业增长1.4%，电子及通信设备制造业增长61.1%，计算机及办公设备制造业增长31.2%，医疗仪器设备及仪器仪表制造业增长2.2%。

装备制造业增加值比上年增长12.1%，占规模以上工业增加值的比重为7.7%，比上年提高0.7个百分点。其中：电气机械和器材制造业增长37.2%，计算机、通信和其他电子设备制造业增长61.1%，通用设备制造业增长15.8%。

优势传统产业增加值比上年增长1.7%。其中：纺织服装业增长26.5%，食品饮料业增长2.1%。

全年规模以上工业实现利润8.8亿元，比上年下降42.9%。亏损企业亏损总额3.5亿元、增长240.2%，亏损企业数占比26.1%。国有控股企业利润7.7亿元，下降17.3%；股份制企业利润8.5亿元，下降43.1%；外商及港澳台商投资企业利润0.7亿元，下降62.5%。采矿业利润0.3亿元，增长23.8%；制造业利润7.3亿元，下降38.1%；电力、热力、燃气及水生产和供应业利润1.6亿元，下降66.2%。

全区资质建筑业现价总产值595584万元，增长8.8%。全区建筑业增加值215840万元，下降9.2%。

四、服务业

全区批发和零售业增加值134093万元，增长7.2%；交通运输、仓储和邮政业增加值53513万元，增长8.1%；住宿和餐饮业增加值45516万元，增长6.8%；金融业增加值183843万元，增长0.7%；房地产业增加值388510万元，增长3.4%；其他服务业增加值983072万元，增长8.5%。

全区规模以上服务业企业实现营业收入276072万元，增长3.9%。分行业看：交通运输、仓储和邮政业增长1.7%；信息传输、软件和信息技术服务业增长15.4%；房地产业（不含产地产开发经营）增长5.6%；租赁和商务服务业增长8.2%；科学研究和技术服务业增长2.9%；水利、环境和公共设施管理业下降20.5%；居民服务、修理和其他服务业下降42.3%；卫生和社会工作下降18.2%；文化、体育和娱乐业增长192.9%。

五、固定资产投资

全区固定资产投资下降5.1%。分投资主体看：国有经济投资下降8.3%，民间投资下降4.7%（总量占固定资产投资的比重为60.7%），港澳台、外商经济投资增长0.2%。分产业看：第一产业投资下降73.8%，第二产业投资下降15.3%（其中制造业投资下降4.3%），第三产业投资增长0.5%。基础设施投资下降31.6%，占固定资产投资的比重为15.0%。其中：电力、热力、燃气及水生产和供应业投资下降34.8%，交通运输仓储和邮政业投资下降52.3%。

全区房地产开发投资增长0.1%。房地产商品房销售面积121.91万平方米，增长1.2%；房地产商品房销售额83.51亿元，下降2.6%。

六、贸易和外经

全区社会消费品零售总额753258万元，增长8.0%。从消费形态看，商品零售额697059万元，增长7.4%；餐饮收入56199万元，增长16.4%。

全区批发业销售额764858万元，增长27.1%；零售业销售额436992万元，增长8.6%；住宿业营业额25314万元，增长16.8%；餐饮业营业额66945万元，增长11.1%。

全区合同吸收外资金额436.49万美元。实际利用外资20万美元，较上年减少99.0%。全区外贸进出口总额77826.8万元，增长26.9%。其中：进口70367.1万元，增长44.1%；出口7459.8万元，下降40.4%。

七、财政金融

全区地方一般公共预算收入61521万元，增长3.6%（不含韶关新区，可比口径）。其中税收收入43886万元、增长19.8%。全年一般公共预算支出196586万元，增长0.3%。其中：教育支出38216万元，增长0.01%；卫生健康支出19629万元，增长17.7%；社会保障和就业支出30106万元，增长29.3%。民生类支出158763万元，占一般公共预算支出的80.8%。

八、人民生活与社会保障

全区城镇居民人均可支配收入45127元，增长9.3%；全区农村居民人均可支配收入24230元，增长10.9%。城乡居民收入比1.862：1。

全区执行企业制度城镇职工基本养老保险（不含离退休）参保人数92456人，城乡居民基本养老保险参保人数35864人，失业保险参保人数87477人。

全区提供住宿的社会工作机构4个，提供住宿的社会机构床位128床。享受城镇居民最低生活保障有460户749人，享受农村居民最低生活保障有663户1194人，享受农村五保供养人数135人。

九、教育、科技、卫生

全区专利授权量1287件（发明专利57件，实用新型1157件，外观设计73件）。

全区中等职业教育学校2所，专任教师290人，其中：女教师188人。在校学生4672人，其中：女生2696人。招生数1005人，其中：女生405人。毕业学生1711人，其中：女生1226人。

全区普通中学学校14所，其中：初级中学6所，九年一贯制2所，完全中学5所，高级中学1所。中学专任教师1792人（初中1042人，高中750人），其中：女教师1016人（初中628人，高中388人）。中学招生数9451人（初中6011人，高中3440人），其中：女生4515人（初中2835人，高中1680人）。中学在校学生26003人（初中16287人，高中9716人），其中：女生12436人（初中7599人，高中4837人）。中学毕业学生7906人（初中5031人，高中2875人），其中：女生3885人（初中2418人，高中1467人）。初中升学率97.25%，其中：女生升学率98.98%。

全区小学学校24所（城区20所，镇区2所，乡村2所），其中：教育部门办23所，民办1所。小学专任教师1806人，其中：女教师1434人。小学招生数5832人，其中：女生2742人。小学在校学生35122人，其中：女生16311人。小学毕业学生5069人，其中：女生2337人。小学升学率100%，其中：女生升学率100%。学龄儿童入学率100%。

全区幼儿园92所（城区78所，镇区4所，乡村10所），其中：教育部门办11所，民办81所。幼儿园专任教师1099人，其中：女教师1095人。幼儿园入园人数4551人，其中：女生2172人。幼儿园在园人数15780人，其中：女生7256人。幼儿园离园人数4659人，其中：女生2150人。

全区医院、医疗卫生机构216个，床位5677床，医疗卫生机构技术人员6499人，其中：执业（助理）医师1951人。

十、能源、环境和安全生产

全区规模以上工业综合能源消耗量11.28万吨标准煤，比上年下降3.1%。

全区二氧化硫（SO_2）、二氧化氮（NO_2）、可吸入颗粒物（PM_{10}）、细颗粒物（$PM_{2.5}$）、臭氧（O_3日最大8小时均值第90百分位数）、一氧化碳（CO日均值第95百分位数）年平均浓度，分别为8微克/立方米、14微克/立方米、41微克/立方米、24微克/立方米、140微克/立方米、1.0毫克/立方米，均达到国家二级标准。全区空气质量优良天数（AQI ≤ 100）357天。

全区农村生活污水日处理能力达1.287万吨，增长48.6%。城市生活垃圾无害化处理率100%。

全区完成人工造林32公顷，当年新封山育林406公顷，退化林修复198公顷，中幼林抚育410公顷，森林覆盖率70.45%。全区共有国家地质公园1个，面积2170公顷。

注：

1. 公报中的2021年数据为初步统计数。部分数据因四舍五入的原因，存在着与分项合计不等的情况。

2. 本公报数据除特别注明外为地域统计数。

3. 地区生产总值、各产业增加值绝对数按当年价格计算，增长速度按可比价计算；

4. 先进制造业包括装备制造业、钢铁冶炼及加工业、石油及化学制造业；高技术制造业包括医药制造业、电子及通信设备制造业、计算机及办公设备制造业、医疗仪器设备及仪器仪表制造业、信息化学品制造业、航空、航天器及设备制造业；传统优势产业包括纺织服装制造业、食品饮料制造业、家具制造业、建筑材料制造业、金属制品制造业、家用电力器具制造业。

5. 本公报资料来源：户籍人口数据来自区公安局；常住出生人口、出生率、死亡人口、死亡率、自然增长人口、人口自然增长率、医疗机构数据来自区卫生健康局；合同吸收外资、实际利用外资外贸进出口总额来自区工业和信息化局；财政金融数据来自区财政局；基本养老保险参保数据来自区人力资源和社会保障局；社会工作机构个数（床位数）、居民最低生活保障户数（人数）、农村五保供养人数来自区民政局；专利授权量来自区市场监督管理局；教育数据来自区教育局；空气指标数据来自韶关市生态环境局武江分局；污水、垃圾处理数据来自区住房和城乡建设局；林业数据来自区自然资源局；其他数据来自区统计局。

2021年武江区国民经济统计资料一览表

表16

指标名称	计量单位	2021年数值
年末户籍总人口	万人	29.90
其中：城镇人口	万人	23.45

续表 16

指标名称	计量单位	2021年数值
年末户籍总户数	户	105198
年末常住人口	万人	37.89
其中：城镇常住人口	万人	32.28
常住出生人口	人	2589
出生率	‰	8.46
死亡人口	人	1579
死亡率	‰	5.16
自然增长率	‰	3.30
国内生产总值（现价）	万元	3067200
其中：第一产业增加值	万元	86081
第二产业增加值	万元	1191864
第三产业增加值	万元	1789255
人均生产总值	元	81378
农林牧渔业总产值	万元	157085
规上工业总产值	万元	1820576
资质建筑业总产值（现价）	万元	595584
农林牧渔业增加值	万元	86658
工业增加值	万元	976155
建筑业增加值	万元	215840
社会消费品零售总额	万元	753258
固定资产投资	万元	不公布
其中：房地产开发投资	万元	不公布
房地产商品房销售面积	万平方米	121.91
房地产商品房销售额	万元	835116
实际利用外资	万美元	20
外贸进出口总额	万元	77827
其中：进口总额	万元	70367
出口总额	万元	7460
城镇单位在岗职工年末人数（不含私营）	人	无数据

续表 16

指标名称	计量单位	2021年数值
全市城镇非私营在岗职工年人均工资	元	109157
城乡居民人均可支配收入	元	不公布
其中：城镇居民人均可支配收入	元	45127
农村居民人均可支配收入	元	24230
地方一般公共预算收入（不含韶关新区）	万元	61521
地方一般公共预算支出（不含韶关新区）	万元	196586
国内税收收入	万元	738311

文件辑录

当好“二次创业”拓荒牛　奋力开创武江高质量发展新局面

——在区委九届十三次全会上的报告

（2021年2月2日）

颜　亮

一、在习近平总书记、党中央坚强领导下，我们统筹推进新冠肺炎疫情防控和经济社会发展，2020年各项事业取得新进步

2020年是全面建成小康社会和“十三五”规划圆满收官之年，是新中国历史上极不平凡的一年。面对新冠肺炎疫情爆发的严峻形势，在党中央和省委、市委的坚强领导下，区委坚持以习近平新时代中国特色社会主义思想为指导，深入学习贯彻党的十九大和十九届二中、三中、四中、五中全会精神，认真学习贯彻习近平总书记出席深圳经济特区建立40周年庆祝大会和视察广东重要讲话、重要指示精神，不断深化对省委“一核一带一区”建设的认识把握，认真落实省委“1+1+9”决策部署和市委工作要求，统筹推进新冠肺炎疫情防控和经济社会发展，扎实做好“六稳”工作、全面落实“六保”任务，坚定不移对接融入“双区”建设，城乡融合高质量发展迈上新台阶，经济社会发展各项事业取得新进展新成效。

一年来，我们主要抓好了以下工作。

（一）学思践悟习近平新时代中国特色社会主义思想更加深入扎实。坚持把学习贯彻习近平新时代中国特色社会主义思想、中共十九届五中全会精神和习近平总书记出席深圳经济特区建立40周年庆祝大会和视察广东重要讲话、重要指示精神作为首要政治任务，严格落实区委常委会会议第一议题和区委理论学习中心组学习制度，科学谋划制定武江区“十四五”规划和2035年远景目标，深入开展新一轮“大学习、深调研、真落实”工作，围绕五大课题16个专题对全区经济社会发展各方面开展深层次调研，形成了一批有质量的调研报告，并同步优化完善武江区改革发展“六大行动”，明确路线图、任务书、责任状、时间表，推动总书记思想在武江大地落地生根、结出丰硕成果。

（二）统筹疫情防控和经济社会发展实现“双

胜利”。面对新冠肺炎疫情，区委坚持人民至上、生命至上，凝聚全区合力打好打赢疫情防控阻击战。创新“六个一”党建引领网格化疫情防控机制等相关经验做法得到国家指导组充分肯定，并代表韶关市在广东省疫情防控新闻发布会上作经验介绍，全区18名个人、4个集体获评省、市抗击新冠肺炎疫情先进称号。复工复产精准有序，“六稳”“六保”扎实有效，减税降费政策措施落实有力，巩固了疫情防控和经济社会发展持续稳定向好局面，全年实现地区生产总值269.45亿元（含新区65.44亿元），按市对武江统计口径，GDP增长1.5%，固定资产投资增长4.8%；地方一般公共预算收入5.94亿元、增长10.54%（可比口径）；居民人均可支配收入3.85万元、增长5.9%。GDP总量、人均GDP、财税增长继续保持全市第一。

（三）产业创新发展迈出坚实步伐。进一步完善重点建设项目组团八项制度，开展奋战100天重点项目建设行动，武江城乡融合产业园、现代农业产业园等产业创新发展平台开工建设，完成武江科创园一期建设并成功引入40家企业。对接融入“双区”建设力度加大，推动招商引资工作掀起新一轮热潮，全年招商引资新签约项目总投资达73.32亿元。乡村产业发展取得阶段成果，“五朵金花”特色农业产业新增种植面积1100亩，成功申报省级“一村一品、一镇一业”入库项目2个，新增粤港澳大湾区“菜篮子”生产基地1个。营商环境和惠企暖企服务质量显著提升，武江范围内登记注册的各类市场主体、注册资本、从业人员数与上年同期相比分别增长13.56%、36.55%、12.05%，全年新增“四上”企业39家，净增数位列全市第一，对优质企业的吸引力与日俱增。

（四）城市生态宜居品质持续提升。蓝天保卫战成效显著，辖区空气质量指数优良率达97%，空气质量为市辖三区最优。在武江大道南等多个市级重大征拆交地任务中展现“武江速度”。芙蓉山片区道路、村头环村路等项目建成通车，拖拉机厂小区、津头岭城中村等城市更新经验做法得到省、市肯定推广，韶州公园建成开放区域扩大40%，城区便捷度和生态城市形象进一步提升。试点建立重点主干道整治提升管理站，武江大道、朝阳路等重点路段成为样板路，年度城市管理综合检查考评成绩位列全市第一，被评为全市巩卫先进集体。扎实完成第七次全国人口普查，居住人口比户籍人口增加4.66万人，武江人口要素吸引力、城乡发展集聚活力显著增强。

（五）美丽乡村建设呈现生动局面。脱贫成效持续巩固提升，全区贫困人口年人均可支配收入超过1.5万元。在全市率先完成“四好农村路”建设任务，农村生活污水治理率达到70%，农村集中供水初步实现全覆盖。实施“五水共治”，推动全面落实河长制，高质量建设龙归水方田段等“百里碧道”，辖区地表水断面水质达标率为100%。第一批6个山水林田湖草生态修复项目建设进度全市第一，完成造林面积超过700亩，育林护林防火工作更加有效。创新农村人居环境提升机制，调动筹集社会资金超过2000万元，龙归镇方田大人村、西河镇田心麦元头村等29条自然村在“打擂比武”中胜出获奖，相关经验做法得到叶贞琴常委两次批示肯定。武江乡村知名度和美誉度不断提升，重阳“生态体验+特色产业休闲线”入选韶关首批十大乡村旅游线路，“龙归—江湾”廊道获评第二届“广东美丽乡村精品线路”，江湾镇湖洋村获“广东省乡村大擂台单项奖”。

（六）改革争先内生动力不断增强。上级部署的重点领域和关键环节改革稳步推进，全年共完成中央、省、市部署改革事项11项。农村集体产权制度改革国家级试点任务圆满完成，累计登记集体资产24亿元，较改革试点前增幅达231%。乡镇街道体制改革顺利完成，推动自然资源、市场监管等人员、权责下沉镇街。政务服务改革不断深化，全区行政许可事项“两减一即”在全省实现最优。深化“担当落实、走在前列”激励机制，全区通报表扬批评213项，推动武江区在市辖三区各类现场会评比和全市各类考评中位列前茅，荣获78项市级荣誉、15项省级荣誉、3项国家级荣誉。被省政府确定为城乡融合发展省级试点，被市委市政府确定为党建引领乡村振兴、重点项目“全生命周期”管理机制改革等试点示范。

（七）民生事业和社会治理取得新进步。全力推动民生事业补短板、促发展，在民生领域投入占一般公共预算支出比重高达75%。深入实施武江教育“四大工程”，国家义务教育质量监测成绩稳居全市第一，全年新增优质学位3240个。谋划推动区中医院、儿童医院等项目开工建设，镇级中医馆和村卫生站实现全覆盖，被国家卫健委授予“计划生育优质服务先进单位”荣誉称号，超额完成城乡居民医保参保任务。高质量做好稳就业工作，在全市率先完成国有企业退休人员社会化管理。统筹抓好“两个文明”建设，提升改造区镇两级文化场所，花城社区、红星小学被授予省文明单位、文明校园荣誉称号。创新社会治理成果显著，“五级联创”等4个案例入选市域社会治理创新案例。深入推进扫黑除恶专项斗争，全区刑事警情同比下降30%。

（八）党的领导和党的建设进一步加强。坚持把政治建设摆在首位，以接受省委巡视为契机强化政治担当，扎实开展整改落实工作，政治生态不断净化。全面落实意识形态工作责任制，及时处置各类涉武江舆情。支持人大、政协依法依章履行职能，巩固和加强爱国统一战线，发挥工青妇等群团组织作用，做好党管武装工作。深入实施基层党组织建设三年行动计划，村（社区）“两委”换届顺利完成，班子结构、交叉比例大幅优化提升，按时完成软弱涣散党组织整顿，考核优秀比例位居全市第一。领导干部“民情夜访”和“1+4+N”在职党员到社区报到服务常态化制度化。持之以恒正风肃纪反腐，共处置问题线索150条，立案103件，给予党纪政务处分86人，给予组织措施23人。先后开展3轮常规巡察，实现村级党组织巡察全覆盖。

过去一年，是惊心动魄又波澜壮阔的一年，是艰苦卓绝又催人奋进的一年。这一年，我们实现“十三五”规划圆满收官，全面建成小康社会胜利在望。这一年，我们同舟共济、逆行而上，夺取了疫情防控和经济社会发展“双胜利”，磨炼了越是艰险越向前的武江意志；这一年，我们危中寻机、不等不靠，启动了三大创新发展平台的开工建设，展现了逢山开路、遇水搭桥的武江激情；这一年，我们勇立潮头、敢闯敢试，创建了一批省、市试点示范，激荡了主动求变、敢闯敢干的武江气魄。好局面来之不易，这是党中央和省委、市委坚强领导的结果，是全区上下团结奋斗、忘我奉献的结果。在此，我代表区委常委会，向全区广大工人、农民、知识分子、干部、公安干警和人民武装，向各民主党派、各人民团体和关心支持武江发展的社会各界朋友，表示衷心的感谢！

看到成绩的同时，我们也要清醒认识到武江在高质量发展进程中存在的突出短板和关键问题：一方面，我们虽然在主观上加强了党对经济工作的领导，付诸了努力，但客观上经济支撑力不足、增长乏力被动的局面还没破解。城乡发展不平衡不充分的问题依然突出，产业发展动能不足，这是武江发展的最大问题，我们必须更加坚决把产业发展作为最紧迫的任务，保持定力、加油奋进。另一方面，在客观上武江经济经受了疫情影响和改革阵痛，但主观上一些党员干部主人翁意识淡薄，事业心、荣辱感缺失，一定范围、不同程度造成了工作被动、影响了武江发展。特别是从接受省委的巡视、审计反馈的情况看，有的公职人员，拿着武江公饷却对武江事业发展和单位工作好坏漠不关心、置身事外；少数领导干部，坐在领导的位置却干着“二传手”的活，工作推动矛盾上交、任务下派；有的党员干部，身为党的一分子却对党的纪律规矩不存敬畏，不作为、乱作为。这些现象问题虽是少数，却是武江发展最大的阻碍，我们必须高度重视、严肃整治。

二、坚持以习近平新时代中国特色社会主义思想为指导，当好“二次创业”拓荒牛，奋力推动武江“十四五”开好局起好步

2021年是中国共产党成立100周年，是实施“十四五”规划、开启全面建设社会主义现代化国家新征程的第一年，做好今年工作意义重大、责任重大。习近平总书记在中共十九届五中全会、中央经济工作会议等重要会议上发表了一

系列重要讲话，作出了我国进入新发展阶段的重大战略判断，对全面贯彻新发展理念、构建新发展格局作出了重要论述，为我们确定目标任务、部署重大工作提供了根本依据。我们要把总书记系列重要讲话与总书记出席深圳经济特区建立40周年庆祝大会和视察广东重要讲话、重要指示精神结合起来，一体学习贯彻，自觉用以武装头脑、指导实践、推动工作，按照省委、市委工作部署，进一步增强"四个意识"、坚定"四个自信"、做到"两个维护"，从讲政治高度认识并做好经济工作，切实沿着习近平总书记指引的方向谋划推动武江改革发展各项事业。

今年区委工作的总体要求是：以习近平新时代中国特色社会主义思想为指导，全面贯彻党的十九大和十九届二中、三中、四中、五中全会及中央经济工作会议精神，深入贯彻习近平总书记对广东系列重要讲话和重要指示批示精神，围绕贯彻落实省委、市委全会精神及工作部署，坚持稳中求进工作总基调，立足新发展阶段，贯彻新发展理念，积极参与构建新发展格局，以推动高质量发展为主题，以深化供给侧结构性改革为主线，以改革创新为根本动力，以满足人民日益增长的美好生活需要为根本目的，坚持系统观念，巩固拓展疫情防控和经济社会发展成果，扎实做好"六稳"工作，全面落实"六保"任务，更好统筹发展和安全，坚定不移融入对接"双区"建设，实施新一轮改革发展"六大行动"，以落实市委提出的全面深化改革年为抓手，突出打响打好"三大战役"，全面提升武江中心城区的创新发展承载力和生态宜居品质，奋力开创"新武江新经济新生活"崭新局面，推动武江在城乡融合高质量发展上走在北部生态发展区前列，争当韶关改革发展排头兵，确保"十四五"顺利开局起步，以优异成绩庆祝建党100周年。

综合研判各方面因素，区委考虑今年经济增长的预期目标为5%左右，固定资产投资增长6%左右，地方一般公共预算收入增长4%左右，居民人均可支配收入增长7%。提出这样的目标，既考虑了重大发展平台才刚刚建设起步的现状，又考虑了在"十四五"规划开局之年我们加快发展、迎头赶上的坚定决心。这个目标不是自然而然、轻轻松松就能实现的，每一位党员领导干部都要勇当"二次创业"拓荒牛，发扬敢闯敢干、锐意创新、勤政务实、我将无我的拓荒牛精神，不畏艰辛、脚踏实地、加油实干，共同开创"新武江新经济新生活"崭新局面。

今年，要重点抓好以下六方面工作：

（一）打响产业平台建设大会战，加快构建创新发展新动能

把加快三大产业平台建设作为推动创新发展最迫切的任务，在平台建设中推动产业招商、在产业招商中提升平台建设水平，在城乡产业协同创新中汇聚高质量发展新动能。

一是打响产业园区建设大会战。用百倍的精力、百倍的干劲，实施园区建设组团攻坚会战，全面完成园区用地征收工作，加快完善园区设施配套。要突出创新科技数字化、智慧化方向抓好武江科创园建设。加快招商企业研发、生产、经营场所建设，力争在上半年实现第一批企业全面入驻。加强凤岗—武江对口协作，推进园区二期工程建设。加大园区建设投入，推动5G、云计算、大数据、人工智能、区块链等新技术在园区配套应用，建设园区配套实验室及中试基地，创建省级孵化器和众创空间。要对标绿色生态智慧现代园区标准，系统推进武江城乡融合产业园规划建设。加快"一桥一路"工程进度，确保年底顺利通行。抓紧推动园区供水、供气、供电、通信等配套设施高起点规划、高水平建设，构建以"碳达峰、碳中和"牵引产业绿色低碳发展的园区生态体系。高质量完成园区规划修编和审批工作，力争年内推出首个招商项目承载片区。要围绕生态农业产业化方向，加快建设武江现代农业产业园。力争上半年全面完成园区基础设施项目一期工程建设，抓紧标准厂房、冷链仓储、现代农业新产品技术推广中心等项目规划建设，确保年底初步形成特色农产品展示、销售、精深加工的集聚效应。

二是做好"产业招商"这篇大文章。举全区之力抓好主导产业精准招商，千方百计引进一批技术含量高、发展前景好、示范带动强的大项目

好项目。要构建“大招商”工作格局。增强“人人都是招商专干，个个都是武江形象”思想认识，把四套班子、区直部门“一把手”编入三大招商组团，用好“一个企业一个三人组”服务模式，推动区直部门积极对上争取惠企政策，统筹抓好“三个一”“项目直通车”“三级调度”等机制落地落实。要树立“招大商”鲜明导向。围绕医药健康、智能装备、智慧农林等产业领域，突出“强”和“大”、“新”和“特”、“绿”和“优”，大力招引辐射带动型链主企业、创新成长型新兴企业和生态友好型绿色企业，与地区商会、行业协会展开深入合作，更加务实推动亿达未来等专业化园区运营企业委托招商，不断拓展招商渠道、丰富招商资源。要强化“招好商”工作保障。落实好招商引资“20条”，充分发挥服务招商项目职能，建立全周期保姆式服务机制，完善全方位招引配套政策，全力保障项目落地。投入1000万元建立产业发展引导奖励基金，设立“小巨人”科技专项基金，建立全流程内部考核激励制度，按招商服务绩效赏优罚劣。力争全年引进亿元级产业项目20个以上，在武江科创园引进50个以上高新技术企业和高成长性企业，在武江现代农业产业园引进2家以上投资超5000万元的农业龙头企业。

三是大力发展城市时尚消费新业态。顺应消费升级趋势激发消费潜力，力争建设成为区域消费节点城区。要利用资源禀赋发展街区经济。充分利用武江科创园、儿童医院带来的人口集聚效应，加快把天子岭街区建设成为中青年创新创业和品质生活的城市发展高地；围绕奥园文旅城、韶州公园加快打造韶关全域旅游集散地和餐饮休闲中心；重点打造沙洲尾、幸福路等一批高品质夜间消费经济街区。要大力提升楼宇经济发展质效，引导枫合汇打造以高端服务业为主导的商务楼宇，力促摩尔城、富康广场等商业综合体开业运营，加快中骏世界城项目进度，推动建筑大厦等专业特色楼宇动工建设。要积极培育传统消费经济新增长点，推动沃尔玛超市、益华百货等传统商贸企业创新转型升级，做好限下批零企业转限上工作。

四是精准助推传统产业提质增效。着力扩大科技创新投资，提高R&D经费支出占全区GDP的比重，推动要素集约利用，实现传统产业发展动能转换。盘活低效土地和闲置资源，集中对传统企业园区内低产、低效工业用地进行清理，促进老旧厂房用地盘活、提质、增效，为企业创新成果转化腾出空间和资源。围绕产品、工程、服务三大领域，积极开展“工改工”和技术创新，支持企业科技研发创新成果转化，帮助利民制药厂新产品尽快获得批文上市。积极创建国家知识产权强区示范区，开展产业专利导航、预警、分析评议和资助工作，为企业技术创新提供支持。

（二）打好城市品质提升攻坚战，激发中心城区发展新活力

武江作为韶关城市发展战略格局的几何中心，要加强项目谋划建设力度，丰富城市品质内涵，致力建设生态宜居精品城区，不断增强城市综合承载力和人口集聚能力，全面激发中心城区高质量发展活力。

一是实施好城市提质更新攻坚行动。以工匠精神推动城市有机更新，通过微改造、补短板，为广大市民增添一批美好生活城市精品。要以“绣花”功夫推进老旧小区改造和“三旧”改造，推动原毛巾厂、针织厂、第二拖拉机厂等连片更新改造。重点完成一批生活垃圾分类示范片、点建设，推广绿色节能建筑，强化历史文化保护，打造一批具有“老街味道”的特色市井街区，赋予老城区时尚新内涵。全力抓好城区土地收储，在精准核查地块、精准宣传引导、精准组团攻坚、精准调度决策等方面下功夫，力争在全市率先高质量完成市下达武江区土地收储任务，为城市发展提供坚实用地保障。

二是实施好宜居城市建设攻坚行动。牢固树立城市经营理念，塑造更好的城市形象。加强征拆等要素保障，推动丹霞大道北、丹霞大桥、教育西路等主干道建设，加快康乐村周边路网等道路工程建设进度，完成体育西路、新华北路人行道等路段改造工程，提升道路整体通达水平。新建改造一批智慧停车场、城市公厕，加快推进城市充电桩建设，推动5G基站城区全覆盖基本实

现，提升现代城市配套服务水平。全面完成韶州公园建设项目，将韶州公园打造成市级城央绿色生态休闲城市综合公园。加快城市盒子项目拓展运营，实施A9新天地整体形象升级改造工程，建设韶州公园、科创园兰花基地，推动建设区市民文化广场、书香广场等文化惠民工程，提升文化休闲生活品质。

三是实施好城市精细化管理攻坚行动。城市的管理水平关乎城市脸面，体现城市文明程度。要以新一轮全国文明城市创建工作为抓手，大力整治市容“六乱”“三线”等问题，严查严管违法用地和违规建筑行为。加强《韶关市文明行为促进条例》宣传贯彻实施，压紧压实“门前三包”责任制，重点规范整治五祖路等街巷沿街商铺，巩固提升武江大道等重点路段整治成效。着力将“数字城管”高效运用到城管执法、市政管护、交通疏导等方面，让城市更聪明更智慧。

（三）深入开展美丽乡村擂台战，开创农村宜居宜业新局面

积极稳妥推进农村改革，不断创新完善“三农”工作机制，大力推动农村人居环境整治“打擂比武”向2.0版本迈进，做好巩固拓展脱贫攻坚成果同乡村振兴有效衔接。

一是突出生态宜居大力实施乡村建设行动。科学把握乡村建设规律，营造更可持续的乡村发展内生动力，让武江乡村“形态美”与“内在美”兼具。要打造内外兼修的美丽农居。不断完善农村基础设施建设，梯次推进村级污水处理终端和管网建设，逐步提升农村生活污水治理率，加快解决农村水利灌溉问题，深入推进“厕所革命”。通过开展美丽庭院创建工作，一方面严格落实禁止乱搭乱建、乱占违建的制度规定，抓好农房管控和风貌提升，另一方面探索制定契合乡村淳朴民风的村规民约，让美丽农居更有文化、更有内涵。要打造建管并重的美丽廊道。着力畅通乡村道路微循环，建设改造“四好农村路”20公里以上，完成三类桥梁维修加固工程。深入开展廊道周边区域违法建设集中清理和整治，加强廊道沿线景观节点建设，不断提升龙归－江湾“广东美丽乡村精品线路”的知名度、美誉度。要打造形神兼备的美丽田园。鼓励镇村、村民在房前屋后、闲置空地经营小菜园、小果园、小花园、小公园等小生态板块，统筹提升田园生产、田园生活、田园生态，以绿色自然美化乡村环境，以乡土气息留住乡愁记忆。

二是突出特色品牌加快发展美丽产业。把产业兴旺作为解决农村一切问题的前提，以优质生态供给更好融入和服务“双区”。要大力推进农业现代化，用产业化思维发展现代农业，加强农业品牌营销，因地制宜发展田园经济和乡村特色产业。加大土地流转力度，把规模化、设施化、数字化农业发展起来，力争实现千亩以上规模农业“零”的突破。在高附加值农产品开发、精致农业发展等方面加强与企业合作，扶持培育一批农业龙头企业、家庭农场等经营主体，着力打造艾草、南药等一批“一村一品”和特色优势农产品，发展更多全国名特优新农产品、“粤字号”农业品牌。要建立助农服务体制机制，大力支持农村电子商务和快递物流发展，鼓励本地优质产品进入电商和物流网络销售，扩大市场份额，让武江优质农产品风行“双区”、畅销省内、走向全国。要建立完善利益联结机制，推广“订单收购＋保底分红”“土地流转＋务工收入”等合作模式，把引入资本开发和农民乡村创业有机结合起来，让农民享受到更多产业发展带来的红利。

三是突出资源活化利用壮大美丽经济。立足武江特色资源，探索多元化生态产品价值实现之路和乡村美丽经济蝶变之路。要充分利用好山水优势，全力推动乡村旅游发展，围绕打造“双区”的“后花园”“康养地”“体验场”，深挖龙舟文化、九龄文化、知青文化的丰富内涵，激活龙归—江湾、西河—重阳两条美丽乡村精品线的资源潜力，做好龙归粮仓、江湾温泉等旅游资源的合作开发，加强旅游品牌打造、项目谋划、配套服务和宣传推介，加快发展民宿经济和观光式、体验式现代农旅。要充分挖掘自然资源资产潜力，积极探索价值化实现模式，查清武江各类自然资源分布、土地利用现状及权属情况，探索编制自然资源资产负债表价值量表，对矿产资源、森林资源、水资源、农用地资源、大气资源

等进行评估核算，通过租赁、置换、入股等方式集中自然资源资产并开展整体运营，吸引社会资本和专业运营商发展优势产业，提升生态产品的供给能力和整体价值。

（四）聚焦高质量发展，更大力度围绕痛点难点抓改革

不争先就是落后，要争先就必须打破常规，就必须改革创新。要坚持以改革理念破解问题、用改革办法破解难点、用改革思路解决痛点，努力推动武江在全面深化改革促高质量发展上破浪前行、行稳致远。

一是集中精力抓好城乡融合发展省级试点改革。分重点分阶段推进各项试点任务落地落实，促进城乡生产空间集约高效、生活空间宜居适度、生态空间山清水秀。要牢固树立全区抓试点工作一盘棋意识，形成齐抓共管生动局面，推动全区上下把试点摆在当前乃至今后中心工作的“第一序列”，健全组织领导协调机制，强化各试点任务板块、各试点地区之间的联动集成。聚焦美丽小城镇发展机制建立、城乡产业协同发展平台搭建、村改社区管理机制健全、农村集体经济运行机制完善等 4 项试点任务，列出目标要求、明确责任分工、倒排时间节点，同时加强跟踪督促，建立监测评估机制和试点报告制度，形成试点工作台账，实现对试点工作推进情况的动态监控。要及时总结做法成效和问题不足，切实加强区一级对上级部门的沟通衔接，做好相应项目储备和工作准备，积极争取更多来自省、市的政策和资金支持。加强舆论宣传引导，广泛调动社会参与，形成关注武江城乡融合发展、参与试点、支持工作的浓厚氛围。

二是更大决心抓好营商环境改革。不断加快推进营商环境优化各关键环节改革，逐步释放改革牵一发而动全身、抓重点以变全局的传导放大效应。要深化招商引资机制改革，推行一站式审批、一条龙服务、全流程代办，对科技含量高、经济带动力强、生态效益好的项目实行“一事一议”“一企一策”，同步推进重点项目“全生命周期”管理机制改革市级专项试点，加快项目建设。要深化商事制度改革，进一步推行“照后减证”“多证合一”和“证照分离”改革，设置企业开办专窗，探索实现商事登记“秒批”，实现武江区“开办企业一日内办成”。要深化政务服务改革，力推“一件事”主题式利企便民服务，实现多个关联事项“一套材料、一窗受理、一网通办、一次办结”，推动依申请类服务事项全部进驻政务服务大厅集中办理。

三是更大力度加强基层治理创新。围绕镇（街）和村（社区）行政管理领域迫切需求，统筹加快政策落实、方式创新、力量强化。要深化镇（街）综合行政执法改革，出台镇（街）行政执法程序指引，推动新一批经济社会执法权限下放镇（街）实施，明确下放方式、出台下放目录，推进行政执法信息平台推广使用，指导镇（街）规范执法。要深化社区网格化治理体制改革，统筹整合全区基层社会治理网格，加快全科网格建设，确定综合网格总体布局、目标任务、方法路径，构建精细化服务、信息化支撑、开放化共享的基层管理综合服务平台。要深化农村综合治理体系改革。完善支持乡村振兴组织体制，建立健全巩固拓展脱贫攻坚成果长效机制，对易返贫致贫人口实施常态化监测；推进农村集体产权制度改革，推行农村集体经营性资产股份合作制；全面落实户籍制度改革政策，加快农业转移人口市民化。

（五）突出抓重点兜底线，接续把民生事业办到群众心坎上

真抓实干践行以人民为中心的发展思想，把人民群众普遍关注、反映强烈、反复出现的问题一个一个解决好，努力让人民群众的获得感成色更足、幸福感更可持续、安全感更有保障。

一是突出抓好教育卫生重点民生事业。着力解决好群众关心的热点问题，努力让群众看到变化、得到实惠。要深入推进教育“四大工程”建设，积极推动“3+3+1”项目规划建设，加快解决好朝阳、沙洲尾等片区学前、小学优质学位不足问题，加大新区幼儿园、风度小学等新建扩建项目建设力度，继续推进农村义务教育寄宿制学校达标建设。推动建设区教师发展中心、智慧教育平台等教育支撑项目，加快谋划区特殊教育学校

建设。全面提高教育教学质量，探索建立临聘教师转特聘教师、专聘教师制度，深化思政课改革创新，新增设立一批名校长、名教师、名班主任工作室。要加快补齐医疗卫生服务短板弱项，不断完善城乡医疗服务网络，实现区中医院、儿童医院主体工程完工，完成江湾卫生院改扩建项目，加快推进区疾控中心、惠民社区卫生服务中心建设。提高重点人群健康服务覆盖率，探索家庭医生签约服务分类健康管理，建立健全分级、分层、分流的重大疫情救治机制，提高公共卫生应急处置能力。加强医疗人才队伍建设，引进基层医疗实用性人才和二级医院项目科室带头人，建立“人才池”管理模式，实施卫生技术人员交流轮岗。

二是坚决保护好蓝天绿水净土青山。系统推进山水林田湖草生态保护修复试点工程，巩固拓展污染防治攻坚战成果。常态化开展扬尘整治，全面落实建筑工地、砂石场（堆）、裸露地扬尘“六个100%”管控，实现全区空气质量指数（AQI）优良率达省、市要求。深入推进“五水共治”，更加扎实有效落实河长制，推动新城区截污管网铺设和运营使用，完成续源河等重点河道整治，高质量建设龙归河等部分河段“百里碧道”。持续加强土壤污染防治，采取更多有力举措推动绿色矿山建设，严厉打击非法盗采河砂、稀土等环境违法犯罪活动，完成好固体废物堆场的风险管控及实施整治工作，提升土壤环境管理能力。全力配合开展国家森林城市创建工作，建立区镇村三级林长体系，扎实推进造林抚育，推动九龄纪念园林相改造项目建设，坚决做好森林防灭火工作。

三是全面办好兜底性基础性民生。社会保障是民生安全网，要努力建成结构完备、更可持续的社会保障体系。全面落实稳就业政策，推进“粤菜师傅”“广东技工”“南粤家政”三项工程，多渠道促进高校毕业生、退役军人、异地务工人员、就业困难人员等重点群体稳定就业。巩固扩大社会保险扩面征缴成果，落实职业年金制度，用好用活失业保险援企稳岗政策，强化对贫困人员享受社会保险待遇的保障力度。实施“广东兜底民生服务社会工作双百工程”，谋划建设区社会福利院、老年人康复颐养中心和城市居家养老中心，稳步提升底线民生保障水平。

（六）统筹发展和安全，建设更高水平的平安武江法治武江

坚持用大概率思维应对小概率事件，把打好建党100周年安保维稳主动仗作为全年防风险工作的主线，落细落小防风险、保安全、护稳定各项措施。

一是坚决做好常态化疫情防控工作。疫情防控不能有半点松懈，必须织紧织密织牢公共卫生防护网，全力守护武江百姓的生命健康安全。要严格落实外防输入、内防反弹措施，进一步完善“六个一”党建引领网格化疫情防控机制，做到及时发现、快速处置、精准管控、有效救治。切实增强风险管控意识，紧盯重点地区、重点场所、重点环节不放，落实好重点人员集中接送、核酸检测、隔离观察等全流程闭环管理措施。加大疫情防控宣传和风险警示力度，根据疫情防控需要，引导群众消除侥幸心理，尽量减少外出、减少聚集，加强个人防护，避免到敏感地区探亲旅游。提高突发疫情应急处置能力，全力做好冬春季疫情防控工作。

二是坚决防范化解重大风险。防范化解重大风险，是党委、政府和领导干部的政治职责。要深入开展维护国家政治安全专项行动，坚决维护国家政治安全。压紧压实意识形态工作责任，加强意识形态阵地管理，筑牢意识形态安全“护城河”“防火墙”。加强经济安全风险预警、防控机制和能力建设，更好实现稳增长和防风险长期均衡。高度重视安全生产工作，压实企业主体责任，确保人民群众生命财产安全。

三是坚决维护社会稳定和安全。坚持和发展新时代“枫桥经验”，切实把安全隐患预防在前、化解在前、处置在前。要围绕全周期管理理念推进社会治理现代化，开展第三期区应急管理综合化信息平台建设，超前布局城区生命线、应急救援和物资储备等系统，全面提高对各类突发事件的预警能力、应变能力和恢复能力。健全矛盾纠纷排查和分析研判机制，坚持打早打小打苗头，加强捕捉研判矛盾纠纷“弱信号”，落实领

导干部定期接访、下访和包案制度，及时就地解决群众合理诉求。健全扫黑除恶常态长效机制，加快推进“中心＋网格化＋信息化”建设，完成镇（街）雪亮工程分平台建设，推动“智慧新警务”战略向纵深拓展。不断把依法治区工作引向深入，全面启动实施“八五”普法，开展政法队伍教育整顿工作，为改革发展创造安全的政治环境、稳定的社会环境、公正的法治环境。

三、坚定不移加强党的全面领导和党的建设，为武江“十四五”开好局提供坚强政治保证和组织保证

完成2021年各项目标任务，关键在党、根本在党。要充分发挥党的政治优势和组织优势，把全区各级党组织锻造得更加坚强有力，团结带领广大党员干部增强政治自觉思想自觉行动自觉，燃起“二次创业”激情，凝聚起推动武江高质量发展的强大合力。

（一）坚持不懈用党的创新理论武装头脑。坚持把学习贯彻习近平新时代中国特色社会主义思想作为头等大事和首要政治任务，全面落实第一议题等学习制度，深入开展“大学习、深调研、真落实”工作，从领导班子、领导干部抓起，全面系统学、及时跟进学、联系实际学，带动党员干部学深悟透、融会贯通、真信笃行，筑牢理想信念之基。持续巩固深化“不忘初心、牢记使命”主题教育成果，聚焦走好“二次创业”新征程开展新一轮思想解放大讨论，围绕庆祝建党100周年，深入进行理想信念教育、爱国主义教育，广泛开展党史、新中国史、改革开放史、社会主义发展史教育，引导广大党员干部坚定理想信念、践行初心使命。

（二）旗帜鲜明讲政治抓政治。始终把党的政治建设摆在首位，严格执行关于坚决落实“两个维护”十项制度机制，推动党员干部不断提高政治判断力、政治领悟力、政治执行力，在增强“四个意识”、坚定“四个自信”、做到“两个维护”上重行重效，在落实党中央决策部署上到底到位。严格落实管党治党主体责任，严明政治纪律和政治规矩，严守“五个必须”，杜绝“七个有之”，落实“三个决不允许”，巩固深化肃清李嘉、万庆良恶劣影响成果。充分发挥区委各类议事协调机构职能作用，切实提高区委领导经济社会发展的能力和水平。积极支持人大、政协依法依章程履职，切实做好收集社情、反映民意、维护民权各项工作，继续巩固和发展爱国统一战线，发挥工青妇聚合引领、组织动员的作用，不断提升党管武装工作质效，把人民群众紧紧团结在党的周围，为武江高质量发展凝聚最广泛的共识和力量。

（三）全面加强基层党组织和干部队伍建设。加快研究制定武江区新一轮基层党建三年行动计划。坚持大抓基层鲜明导向，不断推动党组织工作触角向各领域“末梢神经”延伸。推进“一中心多站点”立体化党群服务中心体系建设，提升村级党组织精准落实、服务群众的能力。建立农村基层党组织带头人队伍精准培养机制，通过实施“老带新”等举措，加快提升新一届村（社区）“两委”班子的凝聚力战斗力。常态长效推进“民情夜访”和“1+4+N”在职党员到社区报到服务活动，让更多“红色细胞”活跃在服务群众一线。扎实有序推进镇（街）换届工作，选好配强各镇（街）领导班子。落实好干部标准，提高各级领导班子和党员干部适应新时代新要求抓改革、促发展、保稳定专业能力，综合运用好激励措施，为苦干实干、改革创先的武江“二次创业”拓荒牛鼓劲撑腰，不断激发党员干部“闯”的精神、“创”的劲头、“干”的作风。

（四）持之以恒正风肃纪反腐。压紧压实党风廉政建设主体责任和监督责任，把严的主基调长期坚持下去。坚持纠“四风”与树新风并举，从严落实中央八项规定精神，突出整治以文山会海、滥用考核等现象为代表的形式主义、官僚主义问题。深入抓好省委巡视、审计反馈问题的整改工作，针对整改情况开展专项“回头看”行动，确保改及时、改到位、改彻底。充分发挥巡察“利剑”作用，推动各单位“未巡先改”，高质量完成对剩余4个单位的巡察工作，确保区委一届任期内常规巡察全覆盖。做实日常监督，推动监督下沉、监管落地，强化对“一把手”和领导班子监督。重点查处政治问题和经济问题交织

的腐败案件，持续整治群众身边的腐败和作风问题，聚焦项目招商、民生工程、乡村振兴等重点领域，加大对政法系统腐败惩治力度，强化监督执纪问责，一体推进不敢腐、不能腐、不想腐。

同志们，创业路虽苦涩艰辛，新征程当奋勇争先。让我们更加紧密地团结在以习近平同志为核心的党中央周围，不忘初心、牢记使命、接续奋斗，以一往无前的奋斗姿态、风雨无阻的精神状态，勇当“二次创业”拓荒牛，奋力开创“新武江新经济新生活”崭新局面，为武江在城乡融合高质量发展上走在北部生态发展区前列，争当韶关改革发展排头兵作出新的更大贡献，以优异成绩庆祝建党100周年！

在区委九届十四次全会第二次全体会议上的讲话

（2021年6月29日）

颜　亮

这次全会，主要任务是全面贯彻落实习近平总书记关于做好换届工作的重要指示精神，深入贯彻落实党中央、省委和市委部署要求，研究部署关于召开武江区第十次党代会的有关事宜。全会听取了我代表区委常委会所作的决议草案说明，审议通过《中国共产党韶关市武江区第九届委员会第十四次全体会议关于召开中国共产党韶关市武江区第十次代表大会的决议》。在大家的共同努力下，会议取得圆满成功。

武江区第十次党代会是武江区在实施“十四五”规划、开启全面建设社会主义现代化新征程的起步之年，在推进“二次创业”和开创“新武江新经济新生活”崭新局面的关键之年，召开的一次承前启后、继往开来的大会，是全区人民政治生活中的头等大事，各（镇）街、各单位务必要站在政治和全局的高度，以扎实有力的举措为服务好区委换届工作提供坚强保障。这里，我再强调几点意见。

一、统一思想，提高认识，不断增强抓好换届工作的政治责任感和历史使命感

此次换届是在“两个大局”交织、“两个百年”交汇、“两个五年规划”交接的历史节点上进行的，工作扎实与否直接关系到武江“十四五”发展蓝图的实现和各项目标任务的完成，全区上下必须进一步统一思想和行动，不折不扣贯彻落实党中央的决策部署和省委、市委的工作要求。

*一要认识到抓好换届工作是践行“两个维护”的政治要求。*习近平总书记高度重视换届工作，多次作出重要指示，为我们做好换届工作指明了方向、提供了根本遵循。当前和未来一段时间我们的首要任务，就是把高度认同新思想、自觉践行新思想、善于落实新思想的干部选出来、用起来，着力把全区各镇（街）、各单位领导班子建设成为忠实践行习近平新时代中国特色社会主义思想的坚强领导集体，使全区广大党员干部“四个意识”更加牢固、“四个自信”更加坚定、“两个维护”更加坚决，奋力推动习近平新时代中国特色社会主义思想在武江大地落地生根、结出丰硕成果。

二要认识到抓好换届工作是实现发展目标任务的坚强保障。“十三五”时期是极不平凡的五年，五年里，全区党员干部群众一起抵御经济下行压力和新冠肺炎疫情的强烈冲击，一起为武江的未来而不懈拼搏、努力奋斗，使武江经济高质

量发展优势不断厚积、城乡美丽变化不断发生、宜居宜业宜游生活品质不断提高。接下来五年，既是本次换届产生的区镇领导班子任期，也是武江推进城乡融合高质量发展、打造“新武江新经济新生活”的攻坚期，必须把换届工作作为关乎全局、影响长远的一项重要政治任务抓紧抓实抓好，为新的“一线指挥部”开展工作、带领广大党员干部拓荒破浪、坚毅前行提供良好条件。

三要认识到抓好换届工作是提升干部政治能力的重要契机。领导班子和领导干部是引领和推动武江经济社会发展的中坚骨干，我曾在多次会议上指出，目前武江区还有部分单位的班子及成员一定程度存在“慢人半拍”“推诿扯皮”“懵懵懂懂”等问题，未能完全适应武江经济社会发展的需要和人民群众的新期待，必须抓住此次换届机遇，推动全区各级党组织不断提高政治判断力、政治领悟力、政治执行力，为建设韶关“双化双融”先行示范区和高质量发展率先突破区提供坚强有力组织保障和人才支撑。

二、加强领导，严把四关，切实把风清气正的要求贯穿换届全过程

区委始终坚持把纪律规矩挺在最前，将“严”字贯穿换届工作各关口、各流程，以风清气正的氛围环境为换届选举工作保驾护航。

一是严把政治关。政治忠诚是贯彻落实党中央决策部署的根本保证，是干好党的事业的根本要求。要把政治素质考察摆在换届考察的重中之重，强化对干部政治忠诚、政治定力、政治担当、政治能力、政治自律的政治检验，着重选拔政治过硬、不折不扣贯彻落实总书记重要指示批示精神和党中央决策部署、在重大斗争实践中表现突出、专业素养好的干部。要从服从组织、讲纪律、讲规矩、讲大局等方面进行全方位考察，多渠道了解人选理想信念、政治品格、道德修养等方面情况，确保新一届班子有坚定的党性立场和政治意识，切实牢固树立“四个意识”、坚定“四个自信”、做到“两个维护”，在大是大非面前头脑清醒、旗帜鲜明，切实经得起大风大浪考验，决不能在政治方向上走岔、走歪、走错。

二是严把选人关。1938 年，党的六届六中全会上，毛泽东同志就作出著名的重要论断：“政治路线确定之后，干部就是决定的因素”。我们要按照新时期好干部标准，将政治强、懂专业、善治理、敢担当、作风正的优秀干部识别发现出来，充实到镇（街）领导班子中去，让想干事的有机会、能干事的有舞台、干成事的有地位。瞄准功能定位科学选配，统筹优化班子专业结构、经历结构、来源结构、年龄结构，注意充实熟悉经济、城市建设、社会管理和群众工作能力强的干部到班子中。注重从基层一线选拔干部，尤其要注意选拔基层工作经验丰富、善于开展群众工作、能够解决复杂问题、应对突发事件的干部。要以集中换届为契机，着力抓好领导班子和干部队伍建设，加大调整不适宜担任现职干部的力度，积极推进干部能上能下，该谈话的谈话、该调整的调整，促进能者上、庸者下、劣者汰。

三是严把程序关。选出政治素质好、品行作风好、发展本领强、治理能力强的干部是武江实现“十四五”规划和 2035 年远景目标的关键，必须严格把好程序关，使党员公平公正地表达自己的真实意愿，从而选出最好最优“头雁”。要坚持把严格程序、依法办事、严明纪律贯穿换届选举工作始终，提前谋划、从严做好党代表、区委委员、候补委员人选摸排和酝酿工作，充分体现换届选举工作的严肃性和科学性。要严格执行相关法律法规及政策规定，完善、落实好换届选举实施方案，按照民主集中制各项要求推进工作，确保程序严格规范、过程公开透明。要高度重视并正确对待群众的来信来访，建立健全来信来访登记、查处结果回复及失实举报澄清等制度，依法维护群众的民主权利，切实解决群众反映的问题，使换届选举工作成果真正受到广大党员干部群众认可。

四是严把纪律关。经过几年的作风建设，武江的政治生态比较好，但临近换届，四处打听小道消息等乱象偶有发生，必须坚决亮明纪律红线，多措并举狠刹歪风邪气。要以“知”为基抓宣传，持续对党中央和省委、市委关于换届纪律的最新会议文件进行清单化梳理归纳，通过开展“围炉夜话”式谈话，教育党员干部严守“十严禁”“十不准”等换届纪律。充分利用武江发布、武江组工等融媒体，以群众喜闻乐见的形式将换届纪律知晓率延伸至“最后一米”。要以“实”为要抓执行。各镇（街）、各单位党委（党组）作为责任主体，必须站在不忘初心、牢记使命的高度真抓严管。党委书记要担负起换届工作第一责任人责任，在“科学、高效、稳定”等关键词上下功夫，把加强党的全面领导和党的建设政治责任担当起来、落到实处、贯穿到换届全过程。要以“严”为本抓监督。从以往教训、从其他地区案例中可以看到，换届贿选拉票、“打招呼”、“萝卜坑”等问题的出现，既影响一时、阻碍了换届的进程；又贻害长远、严重败坏党的形象。对于这种不正之风，我们要敢于较真叫板、露头就打，不管发生在哪、涉及到谁，一律从严查处。区纪委监委、区委组织部、区委督查室要紧密联动沟通，把监督网的网体织大、网眼织密，实行覆盖八小时内外生活圈的“双线监督”，查处政治、经济双重问题，追究选拔任用、风气监督双重责任，让风清气正、山清水秀的武江政治生态持续巩固、加速发展。

三、统筹兼顾，积极作为，全力推动各项工作齐头并进

换届工作和经济社会发展各项工作的关系不是非此即彼的，要坚持系统观念，确保推进换届工作和日常工作两手抓、两不误、两促进。

一要加快推动全区经济社会高质量发展。区委既定的经济社会发展各项工作目标和标准要求不变，各级领导干部要把精力集中在干事创业上，确保换届期间思想不散、秩序不乱、工作不断，努力在换届年激发高质量发展新活力。要紧紧扭住项目这个“牛鼻子”，大力推进“产业生态化、生态产业化”，加快完善武江科创园、城乡融合产业园、现代农业产业园三大产业发展平台的配套服务设施，凝神聚力培育高质量发展新动能。要大力推进城区更新提质，持续提高城市管理精细度，在韶关大道北等片区打造中青年创新创业集聚区和时尚生活中心，全力加快中心城区核心区建设。要下更大气力实施乡村振兴战略，深化“打擂比武”2.0版本等创新举措，重点推动龙归、重阳、江湾三个特色镇各有侧重，实现镇域经济错位发展，加快推进城乡融合高质量发展步伐。

二要奋力推进全面深化改革实现新突破。按照市委、市政府的要求，武江要在2022年在全市率先实现300亿元的经济总量，为了完成这个高质量发展目标，我们必须更加大力运用好改革开放这个关键一招。要坚持系统推进综合改革。各级领导干部要不折不扣抓好武江区新征程改革发展产业创新、城市提质、乡村美丽、改革争先、民生幸福、作风提升“六大行动”，今年要确保深化改革实施方案72项重点任务改出经验、改出成效，以机制体制的革旧创新加快推进武江“二次创业”。要突出抓好营商环境改革。坚决贯彻落实全区改革优化营商环境大会“3+3+3+4”有关工作部署，通过开展改革优化营商环境大学习大讨论、优化营商环境“三个一批”改革攻坚行动、招商引资服务争先创优工作三大竞赛、营商环境四大突出问题查纠整治行动，优化整体营商环境，打通服务群众最后一米。要坚决大胆抓好省市改革试点。聚焦城乡融合发展省级试点，党建引领乡村振兴、重点项目“全生命周期”管理机制改革等市级试点，启动西河镇红星村、西联镇赤水村村改社区先行试点，推动村改社区在市政规划、基础设施、公共服务等方面与城市社区相衔接，建立集体资源、资产股权量化登记交易制度，在今年启动西河镇向阳村、西联镇阳山村等4个农村集体经济试点运行，努力在落实试点任务中形成武江改革经验模式，以点带面推动武江高质量发展。

三要防范化解重大风险维护社会大局稳定。近段时间，“德尔塔+”新冠病毒变种全球传播，国内外疫情防控局势再起波澜，安全生产方面，美国佛罗里达州富豪住宅倒塌事件仍有上百人下落不明，习近平总书记还就湖北十堰燃气爆炸事件作出“要举一反三、压实责任，增强政治敏锐性，全面排查各类安全隐患，防范重大突发事件发生，切实保障人民群众生命和财产安全”的重要指示。我们必须聚焦风险防范化解工作，做到警钟悬新、常敲长鸣。要结合疫情中暴露出的治理体系和治理能力的薄弱环节，主动发现问题、查找短板、堵塞漏洞，不断提高防范化解风险能力，切实增强忧患意识、提升防控能力、健全预防机制。要围绕道路交通、校园安全、重点企业开展各类安全隐患全面排查工作，加强防汛防洪和堤坝、地质灾害点巡察力度，严防重特大事故发生。要不断增强社会风险防控能力，坚决贯彻落实党委（党组）意识形态工作责任制，围绕建党100周年、区镇换届选举等重大活动、重要时间节点做好涉稳群体性事件的预防和管控工作，严厉打击各类违法犯罪行为，切实提升群众安全感。

同志们！开展好换届工作责任重大、使命光荣。让我们更加紧密地团结在以习近平同志为核心的党中央周围，坚持培养造就忠诚干净担当的干部队伍，以一往无前的奋斗姿态、风雨无阻的精神状态，勇当“二次创业”拓荒牛，奋力开创“新武江新经济新生活”崭新局面，为武江建设韶关“双化双融”先行示范区和高质量发展率先突破区作出新的更大贡献，以优异成绩庆祝建党100周年！

在区委九届十五次全会第一次全体会议上的讲话

（2021年8月16日）

颜　亮

这次区委全会的主要任务是，坚持以习近平新时代中国特色社会主义思想为指导，全面贯彻落实党的十九大和十九届二中、三中、四中、五中全会精神，深入学习贯彻习近平总书记在庆祝中国共产党成立100周年大会上的重要讲话和对广东系列重要讲话、重要指示批示特别是关于横琴、前海开发开放的重要论述精神，贯彻落实省委十二届十四次全会和李希书记在韶调研指示精神，以及市委十二届十五次全会精神，全面部署主动对接服务横琴粤澳深度合作区、前海深港现代服务业合作区建设工作，推动武江加快建设韶关“双化双融”先行示范区和高质量发展率先突破区，奋力争当韶关改革发展排头兵。下面，我代表区委常委会，讲三点意见：

一、深入学习贯彻习近平总书记“七一”重要讲话精神，认真贯彻落实省委、市委全会精神，进一步增强开创武江高质量发展新局面的思想自觉、政治自觉、行动自觉

（一）*深刻领悟习近平总书记“七一”重要讲话精神，切实增强实现中华民族伟大复兴的政治担当*。在庆祝中国共产党成立100周年大会上，习近平总书记发表重要讲话，立足中国共产党华诞的重大时刻和“两个一百年”历史交汇的关键节点，回望光辉历史、擘画光明未来，高屋建瓴、思想深刻、内涵丰富，体现了深远的战略思维、强烈的历史担当、真挚的为民情怀，是习近平新时代中国特色社会主义思想的重要组成部分，为全党全国各族人民向着全面建成社会主义现代化强国的第二个百年奋斗目标迈进、实现中华民族伟大复兴指明了前进方向、提供了根本遵循。全区各级党组织和广大党员干部要切实增强“四个意识”、坚定“四个自信”、做到“两个维护”，深入学习领会习近平总书记“七一”重要讲话的重大意义、丰富内涵、核心要义、实践要求，全面准确把握大局大势和使命任务，积极响应党中央“为党和人民创造更大光荣”的号召，不断增强工作的系统性、预见性、创造性，努力为实现中华民族伟大复兴创造新的更大业绩。

（二）深入学习贯彻省委十二届十四次全会、李希书记在韶调研指示精神，切实增强在主动对接、全面融入“双区”建设中实现更高水平发展的使命担当。今年7月21日至22日，省委书记李希同志来到韶关进行调研，强调要紧紧抓住“双区”建设、横琴粤澳深度合作区建设、全面深化前海深港现代服务业合作区改革开放等重大历史机遇，积极承接优质要素资源，深度链接湾区大市场，在主动对接、全面融入中实现更高水平发展，并对韶关提出了九个方面具体要求。7月28日，省委召开十二届十四次全会，深入学习贯彻习近平总书记“七一”重要讲话和对广东系列重要讲话、重要指示批示特别是关于横琴、前海开发开放的重要论述精神，就推动横琴粤澳深度合作区和前海深港现代服务业合作区建设、做好当前和今后一个时期工作进行部署，强调推进横琴、前海两个合作区建设，是全省的大事，人人有责、人人有份、人人有机遇，全省受益、各地共享。我们要切实把思想和行动统一到省委十二届十四次全会精神上来，统一到李希书记在韶调研指示精神上来，坚决把省委重大战略部署和李希书记调研指示精神落实到武江发展的具体行动、具体举措上，在主动对接、主动支持、主动服务中找到新的发展空间、汲取新的发展动力，谱写建功新时代、奋进新征程的崭新篇章。

一要深刻把握合作区对武江创新发展带来的重大机遇。省委全会指出，要强化创新联动传导和产业联动传导，为全省提供更多创新源头支撑和人才支撑，要立足各地资源禀赋和比较优势，推动产业资源在两个合作区和省内其他地区科学布局，进一步推动企业以“总部＋基地”“龙头＋配套”等方式在省内布局，并且要把横琴、前海作为培育发展20个战略性产业集群的重要节点。其中，横琴将发展的高端制造、中医药、文旅会展商贸，以及前海发展的现代服务业等重点产业，与武江“3+2”现代产业体系高度契合。我们必须认真学习实践，牢牢把握这些重大战略部署、重大发展机遇，找准与两个合作区协同发展的切入口，以新的更大作为在主动融入两个合作区中实现武江的创新发展。

二要深刻把握合作区对武江生态发展带来的广阔市场。省委全会强调，要强化市场联动传导，聚力打造粤港澳大湾区国际消费枢纽，在两个合作区和省内其他地区谋划建设一批覆盖全省、辐射全国、联通全球的商品集散和分销中心，更好链接大湾区大市场和沿海经济带及北部生态发展区市场，特别是要推动广袤农村的“米袋子”“菜篮子”“果盘子”“水缸子”“茶罐子”等优质农特产品畅销大湾区、风行全中国、走向全世界。我们必须要充分利用两个合作区内联外通的关键节点作用，加快发展壮大美丽产业，以更多生态名优特新农产品供给对接融入湾区大市场，切实把生态优势转化为发展优势，加快绿色发展、高质量发展步伐。

三要深刻把握合作区对武江改革发展带来的经验理念。省委全会强调，推进两个合作区建设是广东打造新发展格局的战略支点，要发挥两个合作区改革试验田作用，牵引全省全面深化改革创新驱动发展。横琴、前海开展综合授权改革，把创造型、引领型改革的重要事项纳入申请授权清单，同时对标国际经贸规则开展国有企业、竞争政策、知识产权保护等方面制度型开放。这些系统性集成性改革在合作区率先突破，必将牵引带动全省全面深化改革，更好推进新时代改革开放和现代化建设。我们要把思维理念作为对接融入两个合作区的先手棋，紧抓合作区先行先试改革举措的学习研究，结合实际借鉴实践，进一步解放思想、更新理念，充分激发武江改革开放、绿色发展新活力。

（三）认真贯彻落实市委十二届十五次全会精神，切实担负起武江“二次创业”的历史责任。8月2日，市委召开十二届十五次全会，强调要牢牢把握“双区”和横琴、前海两个合作区建设带来的重大政策红利，找准结合点、支持点、借力点，推动韶关从改革开放的“边沿”变成扩大内需的“前沿”，从生产原材料的“供应地”变成产业综合开发利用的“主战场”，努力把韶关打造成为对接大湾区和支持合作区的先行响应地、大湾区辐射带动内陆发展的枢纽节点、大湾区虹吸效应和集聚资源的落脚地桥头堡。市委要求，武江要高水平建设省级城乡融合发展试点，加快打造武江科创园等专业园，明确2025年率先在县域突破400亿元的经济发展目标。我们要认真贯彻落实市委决策部署，对标中心城区核心区发展定位，在主动对接、融入“双区”和两个合作区建设中加快武江“二次创业”步伐，坚决担负起建设韶关“双化双融”先行示范区和高质量发展率先突破区的重大使命。

面对省委关于“双区”建设带来的新机遇，以及市委赋予武江的新期待，我们既要看到自身优势，也要看到自身的短板和不足：一是产业结构问题突出，发展新动能支撑不足。近年来，武江经济发展过度依赖传统产业和房地产的局面依然突出，一方面烟厂和房地产销售GDP占比超过25%，另一方面工业投资增长、高技术制造业占比、R&D经费投入占比远低于全国、全省、全市的平均水平，新旧动能转化滞后、经济增长明显乏力，两年经济平均增长处于全市末位。二是城镇化水平质量不高，城乡居民消费需求拉动乏力。武江区虽然常住人口城镇化率达到了84.52%，但中心城区在推动新型城镇化的进程中产业发展不足，公共服务短板偏多，宜居宜业城市品质不高，吸引人才、人口转移的承载力不强。新区入住率仅50%左右，辖区农村适龄劳动力仍有3.3万人，城镇化对消费需求的拉动作用没有充分显现。三是部分党员干部改革创新劲头不足，打硬仗抓发展的手段办法不多。面对百年未有之大变局和各地区进位争先、百舸争流的发展格局，部分干部主人翁精神、荣辱感缺失，抓经济工作的思维陈旧、办法不多，突出表现在产业招商不想服务、不会服务，能力不足、作风漂浮；项目建设束手束脚、推诿扯皮、不敢碰硬、脚力不足。这些问题，必须引起高度重视，下决心使韧劲推动解决。

同志们，时代潮流，浩浩荡荡，唯有弄潮儿能永立潮头；历史车轮，滚滚向前，唯有奋斗者能乘势而上。我们必须要深刻认识到武江“二次创业”已经到了关键时期，要有强烈的危机感和荣辱感，以不服输、不认怂的拼劲闯劲打破发展中的种种困难和束缚，切实把思想和行动统一到党中央及省委、市委的决策部署上来，继续发扬担当落实、走在前列的优良作风，把征拆攻坚的“武江速度”运用到抓招商引资、抓项目建设等经济工作战场上，在韶关对接大湾区和支持两个合作区的发展进程中体现武江担当、实现武江作为、作出武江贡献。

二、主动对接融入两个合作区建设，突出重点把握关键，奋力打造韶关高质量发展率先突破区

建设横琴和前海两个合作区，必将释放出强劲的发展动能，形成强大的辐射带动效应，我们要锚定市委赋予建设“双化双融”先行示范区和高质量发展率先突破区的发展定位，在主动对接、主动支持、主动服务两个合作区建设中找到新的发展空间和前进动力，奋力推动武江“二次创业”开创高质量发展新局面。

（一）找准融入重大平台的切入点，加快构建绿色发展新型工业化产业体系

产业发展是横琴、前海两个合作区建设的重要内容，也是武江对接融入的重要内容。要强化大局观念和机遇意识，抢抓碳达峰、碳中和重大机遇，充分发挥中心城区产业发展要素优势，着力在产业对接、科技创新、招商引资上“借船出海”，推动“十四五”时期工业发展成为经济增长的主要支撑动力。

一是主动服务韶关新区创新驱动发展。要不断强化“服务新区就是服务自己，支持新区就是支持武江”的理念，以更大的视野、更大的胸襟和更大的气度，做好产业发展保障服务。要围绕新区确定的先进装备制造业、生物医药产业、现代生产性服务业、新材料产业等主导产业，强化以土地要素为核心的产业发展支撑保障。加快完成朗圣药业项目（二期）征拆交地，做好三石王村的拆迁安置工作，全力保障生物医药产业园的建设。学习借鉴顺德产业园区旧改先进做法，加大闲置低效用地的盘活力度，为欧莱、运泰等招商项目和承接“双区”及两个合作区企业外溢提供发展空间，加快武江科技园的转型升级。要全

力围绕华韶数谷、韶华科技等头部企业、重点企业，做好土地房屋征收工作，力促创新企业加快建设、尽快投产。

二是大力推动产业创新集聚发展。加强组织领导，成立工作专班，加快推进原镇泰玩具厂及韶关大道北片区“厂区变园区、产区变城区”试点工作。大力推动科创园一期67家已签约企业尽快入驻运营，重点推动朗科集团、浩辰医疗、华林云等头部企业全面达产运营，不断扩大武江科创园的集聚效益。加快青创中心和凤武大厦建设，完善创新创业的政策支撑和配套服务，确保今年建成投入使用，加速成为韶关青年创新创业的众创空间和孵化平台。加大科创园周边低效闲置用地的盘活和征收力度，加强与朗科集团、中震科建等企业对接合作，借力“双区”和两个合作区总部企业和科研院所，大力开展引资引智引技，规划建设数据产业园和防灾减灾产业园，加快把韶关大道北建设成为武江创新产业发展集聚区。

三是加快城乡产业协同发展平台建设。充分发挥全域城乡融合省级试点平台作用，加快构建“一园多区、错位发展、特色鲜明”的城乡产业协同发展格局。举全区之力加快龙归城乡融合产业园基础设施建设，重点围绕发展智慧装备产业，加快国家林草（韶关）智能装备示范园申报，抓紧深化与中国林业机械协会等行业协会对接，开展智慧装备研发、生产、检测、试验、会展一体化招商合作，努力实现明年春节前第一批企业入园开工建设。抢抓韶关机场即将通航契机，整合西河—重阳精品线路沿线建设用地资源，瞄准高端文旅、康养、运动、体验的生态产业发展方向，加大招商引资、合作开发力度，建设服务“双区”和两个合作区的西河北郊生态特色小镇（天子岭—沙山水库片区）。抓紧完善重阳水上运动小镇整体规划，加快基础设施和配套服务建设，加强与省、市体育协会合作，积极承办水上舟艇运动赛会，不断扩大重阳无动力水上运动产业基地的影响力和吸引力。加快重阳现代农业产业园标准厂房建设，加大产业招商力度，推动特色农产品精深加工规模集聚发展，实现更多武江名优特新生态农产品进入珠三角、畅销大湾区。

（二）发挥中心城区要素优势，建设更高水平的新型城镇化

要坚持适度规模、质量优先的城镇化发展方向，以“六提六转”为抓手，加快构建以中心城区为龙头、镇区为梯度承载腹地的新型城镇化格局。

一是大力提升中心城区首位度。坚持以城市提质行动为抓手，加快完善城市功能、提升城市品质、丰富城市元素，提升中心城区核心区在新型城镇化的龙头带动作用。系统推进城区基础设施建设，抓紧教育路、沙洲路、新华北路、沙湖路二期等主次干道及微循环路网建设，全力保障张九龄纪念公园、韶州体育公园加快建设，不断提升城市便捷、舒适水平。扎实推进文明城市创建，充分运用好武江智慧应急信息化平台，加快推进“智慧武江”“数字城管”统一平台应用，持续提升城区智能化、精细化水平。着力实施城市更新行动，推广拖拉机厂东区宿舍改造等成功经验，以“绣花功夫”做好今年新开工的25个老旧小区改造，让城市有温度、有风度。大力提升城市在产业创新发展的配套服务，支持服务广东股权交易中心韶关分中心、广东碳中和研究院（韶关）、韶关生物医药高等研究院等科研机构建设，不断增强中心城区金融、科技服务区域经济发展能力。全力协同市人力资源市场加大人力资源的培训和就业匹配力度，为新型城镇化高质量发展提供人才支撑。加快都市服务业发展，重点推动中骏世界城、富康广场、新天地商业广场等项目建成开业，为转移人口提供就业创业平台。

二是加快发展镇域特色经济。要充分挖掘乡镇自然生态和传统产业发展优势，突出特色、精准发力，不断提升镇域综合承载力和发展动力。西联镇要主动融入韶关新区，加快创新产业和都市现代服务业发展，建设成为韶关高质量城镇化的承载地。西河镇要主动融入中心城区发展大格局，提升专业市场和特色楼宇的能级，加快都市生态农业发展，建设成为韶关城乡融合发展率先突破区。龙归镇要对标武江高质量发展副中心

的定位，加快构建城乡产业协同发展平台和中心镇街扩容提质，提升产业、人口转移承载力，建设成为韶关城乡融合发展先行示范区。重阳镇要对标建设省级水上运动中心发展定位，主动参与“河阳”城乡融合先行片区建设，加快现代农业、绿色产业发展，建设成为服务粤港澳大湾区的生态康体小镇。江湾镇要抢抓南岭国家公园建设机遇，大力发展精致农业，加快推动生态资源资产价值化，建设成服务珠三角和韶关城区的特色生态森林小镇。

三是大力推动城乡融合发展。要紧紧围绕以人为核心的新型城镇化，重点抓好城乡融合发展省级试点建设工作，加快破解城乡二元结构。要聚焦美丽小城镇发展机制建立、城乡产业协同发展平台搭建、村改社区管理机制健全、农村集体经济运行机制完善等4项试点任务，形成一批具有引领性的城乡融合发展“武江模式”，为全省同类地区提供可复制推广的典型经验。要着力推进城乡基本公共服务均等化，实现城区和镇区同步规划、同等水平。加快启动西河镇红星村、西联镇赤水村村改社区先行试点，探索推进村集体资源、资产股份化，推进基本公共服务和社会保障城乡一体化，加快农业转移人口市民化。要加快城乡要素双向流动，探索构建“政府+投资运营主体+企业”园区建设开发以及“龙头带动、多元投入、串珠成链”农旅融合发展等模式，大力推动城市人才、资本、技术等要素向乡村流动，农村生态绿色产品向城市流通，农业人口向城市集聚。

（三）打通“两山”转换通道，构建以绿色产业为牵引的乡村振兴发展新格局

要认真贯彻习近平生态文明思想，坚持保护中开发、开发中保护，坚持以生态为特色优势融入和服务“双区”和两个合作区建设，盘活各领域资源，切实将资源资产优势转化为经济发展优势。

一是集聚资源资产价值化，加快新时代文明实践中心赋能建设。加快搭建城市资金与农村资源资产互动交易平台，把建设农村产权交易中心作为首要任务，加快实现生态资源与资本的高效充分对接，让生态优势转化成为经济优势，使生态资源价值化、生态产品成为生产力。要加强农村资源资产转化人才队伍建设，一方面要推动更多科技人才上山下乡，通过科技创新赋能农村资源资产，重点围绕农业新品种、新技术推广应用，加大创新研发和科技兴农力度，发展智慧农业，打造“电商+”“直播+”农产品网络销售平台，构建线上线下双渠道销售体系；另一方面要加大新型农民的职业培训，高质量推进“粤菜师傅”“广东技工”“南粤家政”三项工程，提高农民职业技能，培育更多乡村振兴的能工巧匠。

二是加大资源资产“串珠成链”力度，加快乡村休闲旅游发展。要以打造龙归—江湾和西河—重阳两条美丽乡村精品线为重点，充分挖掘乡村资源禀赋，打造更多的网红打卡点，做好龙归粮仓、江湾温泉、重阳红色革命遗址等文化旅游资源的合作开发，大力发展特色餐饮、酒店民宿，不断丰富两条乡村美丽廊道的生态魅力和品质内涵。要加快乡村特色产业发展，大力发展“一镇一业、一村一品”，力促“五朵金花”特色农业产业“开花结果”，推动林下经济发展，在精品线沿线建设以家庭农场等为载体的集农产品种植、采摘、加工和生态观光、休闲、体验为一体的田园综合体。要深化与银月湾文化旅游公司合作，进一步加强项目谋划、配套服务和宣传推介，全面激活农村自然生态、历史文化等“沉睡资产”，唱响武江旅游品牌，让乡村经济发展活力在“两廊道”上竞相迸发。

三是大力推进农村“三变”改革，提升农村资源资产综合效应。要通过对农村各类资产进行确权、赋权、易权，促进资源变资产、资金变股金、农民变股民，以壮大村集体经济和促进农民增收为核心，围绕人、地、资金、经营主体、村集体经济五类要素，通过股份制改革盘活农村自然资源、存量资产和人力资源，发挥政府主导作用和龙头企业、农民合作社带动作用，构建以农民为主体、股权为纽带，整合农村、政府和社会各种资源要素的产业发展平台，着力解决农村土地碎片化和撂荒问题。要通过构建共建共享的创新机制，进一步增强群众“主人翁”意识，激

发加快农村发展的内生动力，深入推进美丽乡村“打擂比武”2.0版，再造一批“干净整洁村”“美丽宜居村”“特色精品村”，提升农村资源资产综合效益。

（四）更大力气推动全面深化改革，加快提升主动融入“双区”和两个合作区的竞争优势

要牢牢抓住横琴、前海打造全面深化改革试验田平台的重大机遇，立足武江实际，以更大魄力在更高起点上推进深化改革，持续增强武江竞争优势。

一是全面深化改革，健全完善对接“双区”和两个合作区的机制体制。要对标先进思维抓改革，主动学习借鉴“双区”和两个合作区创新经验做法，勇于在企业办事服务、项目落地建设、兑现惠企政策等方面开展更多探索实践。要深化“放管服”改革，严格落实“非禁即入”，依法依规放宽投资者在武江开展投资贸易的限制条件，持续拓展高频事项“跨省通办、省内通办”，推动更多招商营商服务“网上办、指尖办”，努力让企业在武江能享受到同两个合作区一样的营商环境。要创新项目管理模式，优化项目落地审批流程，推动项目快速落地实施，缩短项目建设周期，降低企业投资成本。要切实提高惠企政策兑现效率，将惠企政策兑现作为助企纾困、激发市场主体活力的重要抓手，主动为市场主体送政策、送资金、送服务，破解政策不易找、申报多次跑等难题。要加快对接合作区科技发展体制机制，从项目实施、人才使用、成果转化等全链条促进与合作区创新链对接联通，推动形成更加灵活高效的科技创新合作机制。

二是大力改善民生福祉，提升融入“双区”和两个合作区的保障力。主动对接两个合作区教育、医疗、社会服务、社会保障等民生领域体制机制，为创新人才和转移人口的学习、就业、创业、生活创造更加便利的条件。积极探索引进大湾区优质教育资源，全面深入实施教育“四大工程”，尤其要重点做好新区学校投入使用，加快推进老城区“3+3+1”项目，落实好“双减”政策，建设现代化教育强区。不断优化医疗卫生体系，加快中医院、儿童医院项目建设进度，提高重点人群健康服务覆盖率和康复服务率。持续做好污染防治工作，守护武江蓝天碧水净土青山，擦亮绿色自然生态底色。不断做大城区绿化总量，建设一批高品质城市景观小品、健身步道、亲水平台，打造宜居宜业休闲生活环境。要毫不松懈抓好常态化疫情防控工作，强化重点场所和重点环节疫情防控，完善应急预案和处置措施，强化疫情监测预警，深入开展疫情防控查纠整改行动及疫苗接种攻坚行动，让城镇居民生活得更舒心、更放心、更安心。

三是加强基层社会治理创新，营造法治诚信平安的协同发展环境。深入推进法治武江建设，进一步完善乡镇综合行政执法体制机制，提升基层执法能力。加快推进市域社会治理现代化工作，完善“全科网格”建设，健全“基层党建+”治理模式，发挥好“村民（街坊）议事堂”“红色楼长”“红色物业”等自治组织作用，激发群众自治活力。加强社会信用体系建设，推进政府、市场、社会协同的诚信建设，在市场监管、投融资体制、绿色发展等领域，推进以信用体系为基础的市场化改革创新，为对接融入两个合作区提供信用支撑。努力建设更高水平的平安武江，巩固拓展政法队伍教育整顿成果，推进扫黑除恶常态化，深入实施全民攻坚“平安共同体”行动计划，构建“中心+网格化+信息化”体系，加快镇（街）雪亮工程分平台建设，推动“智慧新警务”战略向纵深拓展。

（五）坚持把招商引资和项目建设作为更高水平发展的总抓手，不断构筑武江“二次创业”新优势

坚持把招商引资和项目建设作为经济发展首要任务和“一把手”工程，强化融入“双区”和两个合作区的大局意识、系统思维、整体行动，全力推动招商引资和项目建设落地见效。

一是下大气力推进招商引资。强化对标意识，大力创新招商引资思维理念，提升服务质量。突出招商引资“一号工程”的地位，通过领导干部带头招商、带头引项目、带头抓落实，推动形成全区“大招商、招大商、招好商”的工作格局。深入实施“5+1”产业链招商组团攻坚，

落实招商服务“3+3+4”机制，积极实施优化营商环境“三个一批”改革攻坚行动，开展招商引资服务争先创优工作竞赛，整治营商环境四大突出问题，形成在招商项目质量、招商落地绩效、营商服务口碑上比高低、论英雄的实干氛围。进一步创新产业链招商方式，开展中介招商、平台招商、委托招商，动态更新管理“项目库”和“客商库”，充分发挥数字信息库对招商引资的支撑作用。进一步提升产业链招商服务水平，健全产业链项目三人组全流程负责制、项目落地要素保障机制、重大事项快速决策机制和项目“全生命周期”管理服务机制，推动形成招商项目对接一批、成熟一批、签约一批、落地一批、建成一批的良性发展格局。

二是下真功夫提高主导产业质量。要从“双区所需、武江所能”出发，找到对接横琴、前海20个战略性产业集群的方向和切入点。要加强与“双区”和两个合作区的产业对接，主动参与两个合作区的大型企业总部、行业龙头企业产业协作服务，依托“总部＋基地”“龙头＋配套”模式实现产业互补协同发展。要坚持“3+2”产业链招商方向，以“强链、延链、补链”为重点引进一批高新技术企业和高成长性企业，积极发挥武江医药产业优势，对接粤澳中医药科技产业园，加强与中医药澳门优势企业合作，实现创新发展、互利共赢。坚持“生态产业化、产业生态化”发展方向，大力支持企业科技研发创新成果转化，加快自主孵化一批创新创业企业，推动中小企业创新驱动发展。

三是扑下身子推进重点项目建设。扎实推动“三个一批”工作机制落实落具体，加强项目收集、整理、报送、跟踪等各环节工作，催化项目成熟，促进开工建设。积极向上争取专项债券、一般债券、中央预算内资金和重大项目前期工作经费等上级项目资金，为重点项目顺利实施提供资金保障。进一步强化项目“全生命周期”管理，认真研究项目建设中存在的问题，狠抓项目开工率、竣工投产率，大力破解人力资源、土地、资金等要素制约，为项目建设营造良好的外部环境，加快项目落地建设、建成投产、做强做大。持续抓好重点项目建设“流动红黄旗”考评机制，充分调动各组团各项目建设单位的主观能动性。

四是以更加开放姿态拓展合作发展空间。韶关地处“双区”和两个合作区辐射带动内陆发展的枢纽节点，要发挥好武江在中心城区几何中心区位优势和交通地缘优势，加强政策研究，切实把武江打造为湖南、江西等“红三角”城市优势企业对接珠三角的桥头堡。要发挥好驻外招商工作队关键作用，打通武江与粤港澳大湾区、京津冀、“长三角”等发达地区要素互通渠道，大力支持华林云、浩辰医疗等企业向国内广阔市场拓展。要发挥好莞韶对口帮扶机制作用，不断深化凤岗与武江产业共建合作，力促武江区招商引资工作迈上新台阶。要加强与周边兄弟县市区的合作发展，推动武江区龙归—江湾、西河—重阳两条旅游精品线路与周边县市区的旅游度假区贯通开发，增强集群效应。

三、坚持加强党的全面领导和党的建设，为奋进新时代走好新征程提供坚强政治保证和组织保证

要深入学习贯彻习近平总书记关于党的建设和组织工作的重要思想，坚定不移加强党的全面领导和党的建设，切实增强武江把方向、谋大局、定政策、促改革的定力和能力，为融入“双区”和两个合作区、实现更高水平的发展提供坚强保证。

（一）深入开展党史学习教育，厚植爱党爱国爱武江情怀。坚持把党史学习教育作为一项重要政治任务，与深入学习贯彻习近平新时代中国特色社会主义思想结合起来，与学习宣传习近平总书记“七一”重要讲话精神结合起来，充分汲取百年党史奋进力量，为新时代改革发展提供坚强思想保证。严格落实第一议题制度，充分用好“三会一课”、专题学习培训等方式抓好深层次学习，深刻领会伟大建党精神的丰富内涵，进一步激发爱党爱国情怀。要注重把爱党爱国情怀转化为爱武江爱家乡的实际行动，在对接融入“双区”和两个合作区建设、推动招商发展中主动作为，抓一件成一件。要持续抓好“我为群众办实

事”实践活动，进一步密切党群干群关系，促使广大党员干部厚植为民情怀，主动将武江发展、群众期盼与单位、个人紧密联系起来，将个人理想融入武江“二次创业”生动实践中。

（二）旗帜鲜明讲政治抓政治，巩固风清气正的良好政治生态。加快推动两个合作区的建设，是省委坚决贯彻落实习近平总书记关于横琴、前海开发开放重要论述的具体行动。武江各级党组织要提高政治站位，切实增强“四个意识”、坚定“四个自信”、坚决做到“两个维护”，在主动对接融入“双区”和两个合作区建设中找到自身定位，找准工作切入口，将对党负责、为党奉献贯彻落实到一个个项目、一项项改革中。要紧扣党中央重大决策部署和省委、市委工作要求，全面强化对优化营商环境、实施新征程改革发展“六大行动”等情况的监督检查。要落实好意识形态责任制，加强做好重要阵地的建管工作，健全完善重大舆情和突发事件舆论引导机制，牢牢掌握主导权和话语权。要加强党的全面领导，充分发挥人大、政府、政协和统一战线、群团组织等的作用，强化党管武装工作，动员社会各方面力量积极参与，汇聚强大合力。

（三）持续强化党的基层组织建设，提振干部干事创业的精气神。推进横琴、前海两个合作区建设，是“国之大者”，是全省的大事。我们要坚定担起政治责任、主体责任，主动增强学识才干，提振革命拼命的精气神，始终做到雷厉风行干工作、动真碰硬促发展，在时代赋予的大舞台上一展才华和抱负。要大力实施新一轮党的基层组织建设三年行动计划，把各领域基层党组织建设成为坚强战斗堡垒。持续推进抓党建促乡村振兴示范区创建工作，强化各镇党委龙头作用，实施“人才下乡、干部返乡、能人回乡”计划。认真抓实城市基层党建工作，优化社区干部绩效考核方案，提高社区干部待遇报酬。将“严”字贯穿区镇领导班子换届各关口全流程，选优配强新一届区镇领导班子。坚持深入一线考察识别干部，大胆使用改革创新、勇于开拓的干部，大力提拔在重点工作中表现突出的干部。深入开展作风提升三年行动，进一步健全完善干部管理工作机制，综合运用好激励措施，提升基层党建的内生动力，凝聚党员干部奋进合力。

（四）持之以恒正风肃纪反腐，营造干净干事的发展环境。打造一流的干事创业发展环境，对武江主动融入“双区”和两个合作区建设至关重要。要贯彻落实中央八项规定精神，从坚持政治原则、严明政治纪律的高度，深入集中整治形式主义、官僚主义。严肃查纠“事不关己、高高挂起”“等待观望、慢半拍”“推诿扯皮、中梗阻”“亲而不清、清而不亲”四类顽疾固症，全力营造风清气正的武江营商环境。要探索加强日常监督的方式方法，把巡视巡察问题清单、整改任务清单和责任清单作为监督“账单”，提高监督针对性。要把反腐败斗争贯穿于武江“二次创业”全过程，一体推进“不敢腐、不能腐、不想腐”体制机制，不断巩固发展反腐败斗争压倒性胜利。

同志们，主动对接、服务、融入横琴、前海两个合作区建设，使命光荣、意义重大、责任重大。让我们更加紧密地团结在以习近平同志为核心的党中央周围，高举习近平新时代中国特色社会主义思想伟大旗帜，不忘初心、牢记使命，聚势而为、久久为功，以勇当“二次创业”拓荒牛的精气神，为武江建设韶关“双化双融”先行示范区和高质量发展率先突破区做出新的更大贡献！

在区委九届十六次全会上的总结讲话

（2021年10月18日）

张广晖

根据《中国共产党章程》和《中国共产党地方组织选举工作条例》的规定，中共韶关市武江区第九届委员会和中共韶关市武江区第九届纪律检查委员会已任期届满。今天，我们在此召开了区委九届第十六次全体会议，也是本届区委最后一次全体会议，主要任务是全面贯彻落实习近平总书记关于换届工作的重要指示精神，深入贯彻落实党中央和省委、市委决策部署，研究部署区委、区纪委换届选举工作。刚才，我们听取了世甲同志汇报了区第十次党代表大会筹备工作情况，选举了武江区出席市第十三次党代会代表候选人预备人选，审议通过了两份工作报告，审议通过了下届党委委员、纪委委员候选人预备人选建议名单以及党代会召开时间。在大家的共同努力下，会议开得很成功。关于换届选举工作的重要意义和主要任务，区委九届第十四次全会已经作了强调，大家也按要求落实得比较好。这里，我就开好第十次党代会再说几点意见。

一、立足新起点，不忘来时路，要继续发扬“团结奋斗、担当实干”的武江精神

武江第十次党代会，是在庆祝中国共产党百年华诞的历史时刻，在全面建设社会主义现代化国家新征程的关键节点，召开的一次十分重要的会议。开好这次大会，对于动员全区各级党组织和广大党员干部群众，统一思想、凝聚共识，加快推进武江发展，具有重大而深远的意义。站在新的起点上，我们不能忘记走过的路。武江在第九届区委领导下取得了非凡的成绩，中心城区首位度不断提高、城乡融合发展持续加速、民生福祉持续增进、深化改革优势凸显等等，地区生产总值逐年增长至269.49亿元，人均GDP超出全市平均水平50%，居民年人均可支配收入、固定资产投资总量等多项经济指标稳居全市第一，胜利完成了区第九次党代会主要任务。五年来武江经济社会发展所取得的每一个进步、每一点成绩，都得益于你们坚持奋斗打下的坚实基础。在此，我想对在座的九届区委委员表达衷心的感谢，感谢大家一直以来对区委常委会工作的支持，感谢为武江的建设添砖加瓦，为人民的幸福不懈奋斗。五年来取得的成绩来之不易，感谢大家始终坚持“一张蓝图绘到底”的精神，能够紧紧把住城乡发展不平衡不充分这一最大问题，积极谋划落实打基础、利长远、惠民生的事，做到了一项项攻坚、一年年奋进；感谢大家始终保持克难争先的昂扬斗志，啃下了污染防治、征拆交地、脱贫攻坚等一个个“硬骨头”，也收获了多个方面的考评优秀、排名第一，做到了不断超越、拼搏奋进；感谢大家始终做到全面加强党的领导，坚持以解放思想、改革创新为工作利器，面对顺境逆境都敢想敢干，做到了担当有为、团结协作。这些年来我们干部凝聚起的这种“要干就要干最好”的武江气魄和“团结奋斗、担当实干”的武江精神，是我们立足新起点、迈向新征程的宝贵财富，是我们昂首向前走的强大动力，大家一定要倍加珍惜，巩固好、发扬好。

二、走好新征程，勇当排头兵，努力开启武江高质量发展新篇章

我来武江任职已经一个多月了，在各个镇街、单位调研走访的过程中，深刻地感受到了武江这些年来的变化，也感受到了武江干部队伍的能力和水平。武江作为韶关核心城区，市委寄予了高度期望，市委瑞军书记在10月14日调研中充分肯定了武江取得的积极成效，也对武江提出了“力争在城区建设、城乡融合、产业发展、商贸物流、科技创新等方面走在全市前列”的新要求。今后五年，是武江站稳“两个一百年”奋斗目标历史交汇点，迈步新征程，开启建设经济社会发展各项事业的关键时期。希望全区各级党组织和广大党员干部，能够全方位地研判面临的新形势，深入贯彻落实瑞军书记调研要求，更充分认识肩负的新使命，携手一道科学谋划更美好的武江未来。我们要认识到，武江既拥有多重发展机遇，也还面临着众多竞争挑战；既拥有丰富的资源禀赋，也还存在诸多弱项短板；既孕育着新的发展动能，也还经历着转型阵痛。未来一个时期，全区上下能不能共克时艰、保持良好发展势头，在新时代展现新气象、新作为，在现有基础上推动武江高质量发展迈上新的台阶，是对我们在座所有人的一个现实考验。想要做好这份答卷，我们要始终牢固树立“四个意识”，坚持加强党的领导。要常怀忧党之心、为党之责、强党之志，树牢“四个意识”、坚定“四个自信”、坚决做到“两个维护”，始终对党忠诚老实、与党同心同德，始终与以习近平同志为核心的党中央保持高度一致，做到思想上高度认同、政治上坚决维护、组织上自觉服从、行动上紧紧跟随，不折不扣推动党中央和省委市委各项决策部署在武江落地生根、开花结果。要始终贯彻新发展理念，构建新发展格局。要牢牢把握双区和横琴、前海两个合作区建设带来的重大政策红利，找准切入点，坚持“大招商”“招大商”“招好商”，积极承接双区和两个合作区优质合作资源。蹄疾步稳抓好重点领域和关键环节的改革，以改革的纵深发展激发武江发展活力，加快推动武江强产业、产业强，推动更多高质量发展成果惠及人民群众。要始终坚持以人民为中心，切实提升民生福祉。要始终坚持以人民为中心的发展思想，把人民对美好生活的向往作为奋斗目标，倾听群众声音、坚持为民取向，以民为本、与民同心，为民谋利、为民尽责。要从群众急难险盼愁的问题中，找准民生工作的切入点，全力以赴抓好民生实事，更大力度优化城乡公共服务供给，加大平安武江建设力度，让武江38万人民获得感、幸福感、安全感更加充实、更可持续。

三、把牢细节关，把严纪律关，确保党代会各项筹备工作高质量完成

6月底，区委成立了换届筹备工作领导小组，下设人事安排组、文件起草组等7个工作组，各工作组前期都做了大量准备工作。现在，距离第十次党代会召开的时间已经很近了，各项工作已基本就绪，在最后的关键阶段，各单位务必要做到“五个满分”，即满分的重视、满分的负责、满分的细致、满分的协作、满分的守纪，以保障党代会取得圆满成功。请各组组长及时统筹力量进行查漏补缺。文件起草组要认真收集各代表团意见建议，进一步完善党代会工作报告；会务组要做好各种资料的印制和会务方面的准备，进一步加强后勤保障；宣传组要协调各新闻媒体做好宣传报道工作，进一步营造良好舆论氛围；纪律监督组和维稳安保组要各司其职，为党代会的圆满召开营造风清气正、和谐稳定的环境。特别强调一点，党代会为期3天，参会人员多达250余人，共有大大小小会议26个，疫情防控工作一定要做扎实，要把严格遵守疫情防控工作作为一项纪律要求，每个细节措施要做到位，不留任何隐患。请各位党代表提早熟悉会议须知。要清楚各个环节的地点和流程，并站在战略全局高度，围绕立足新发展阶段、贯彻新发展理念、服务和融入新发展格局，把区委工作报告、区纪委工作报告研读好、讨论好、审议好，认真提出意见建议，使两份报告更好体现人民意愿、代表人民利益。请各位党代表高站位领会省委市委组织意图。要毫不动摇坚持和加强党的全面领导，带头讲党性、讲原则，准确理解并认真贯彻省委市委组织意图，正确处理好民主与集中、权利与义务的关系，高质量严要求做好换届选举，真正做到思想不散、秩序不乱、工作不断、力度不减，确保政策执行不走样、程序换届不出错，共同推进第十次党代会各项工作顺利圆满。

同志们，开好第十次党代会责任重大、使命光荣。希望广大党员干部在两届委员会更替的关键时段，更加紧密地团结在以习近平同志为核心的党中央周围，更加努力地做好武江改革发展各项工作，以勇当“二次创业”拓荒牛的精气神，为武江建设韶关“双化双融”先行示范区和高质量发展率先突破区作出新的更大贡献！

抢抓发展机遇　奋勇拼搏争先
全力建设韶关“双化双融”先行示范区和高质量发展率先突破区

——在中国共产党韶关市武江区第十次代表大会上的报告

2021年10月29日

张广晖

中国共产党韶关市武江区第十次代表大会，是在实现全面建成小康社会第一个百年奋斗目标，向着全面建成社会主义现代化强国的第二个百年奋斗目标迈进的关键时期，召开的一次十分重要的会议。大会的主题是：坚持以习近平新时代中国特色社会主义思想为指导，全面贯彻党的十九大和十九届二中、三中、四中、五中全会精神，深入贯彻习近平总书记对广东系列重要讲话和重要指示批示精神，团结带领全区广大党员干部和人民群众，全力建设韶关“双化双融”先行示范区和高质量发展率先突破区，为开创美好未来的新武江而努力奋斗！

一、区第九次党代会以来的工作

五年来，区委坚持以习近平新时代中国特色社会主义思想为指导，紧紧围绕争当韶关改革发展排头兵的奋斗目标，团结带领全区上下实干拼搏、奋勇争先，不断掀起担当落实、走在前列的工作热潮，深入实施改革发展六大行动，实现了中心城区首位度不断提高、城乡融合发展步伐加快、民生福祉持续增进等历史性突破，决胜全面建成小康社会取得决定性成就，胜利完成了区第九次党代会确立的主要任务。五年来，武江经济发展综合指数保持全市前列，地区生产总值逐年增长至269.49亿元，人均GDP超出全市平均水平50%，居民年人均可支配收入、固定资产投资总量、高新技术企业数量等经济指标稳居全市第一。

（一）产业基础打牢做实。深入实施产业提档行动，三次产业结构比由2.6∶46.8∶50.6优化至3.2∶38.8∶58.0。谋划建设了武江科创园、城乡融合产业园、现代农业产业园三大产业园，现代产业体系发展基础初步形成。“五朵金花”特色产业种植面积超过2700亩，5个农产品被选入全国名特优新农产品名录。对比2016年，新增“四上”企业142家，烟厂、利民、供电等传统支柱企业通过转型升级不断迸发新活力。世邦广场、摩尔城等一批商业综合体、高端酒店建成运营，带动幸福路、沙洲尾、世纪新城广场商圈网红餐饮、便民夜市等城市消费新业态蓬勃发展。

（二）城市魅力更加凸显。武江常住人口、户籍人口城镇化率分别提高至84.52%、76.38%，高于全国、全省、全市平均水平。推动芙蓉隧道、丹霞大道北等主干道建成通车，武江大道、工业路、沙湖路等15条城区道路街巷实现优化提升。新增城市公园面积294.5万平方米，韶州公园、林桥公园等成为市民康体运动、休闲生活首选地，科创园、城市盒子、枫合汇等成为彰显武江内涵底蕴的“城市名片”。完成老旧小区改造项目39个，拖拉机厂宿舍、光明巷、津头岭等城市微改造经验得到省、市肯定推广。建成一批智慧停车场、充电桩等便民设施，城市管理智慧化水平明显提高。深入推动文明城市创建常态化，大力开展文明新风主题活动，市民文明素养进一步提升。

（三）镇村风貌美丽宜人。7个省定贫困村、755户1788人相对贫困人口率先在全市实现有序稳妥退出，贫困人口年人均可支配收入增长约3.6倍。大力实施镇域提升“139”行动，村道路面硬化完成率100%，县乡公路生命安全设施建设里程近300公里，农村生活垃圾处理与集中供水基本实现全覆盖。创新“打擂比武”机制，有效引导社会各界力量参与农村人居环境整治提升，全区干净整洁村比例达到94.12%，文明村镇覆盖率达96.55%，相关经验做法得到国家、省、市媒体平台报道宣传。深入实施乡村振兴战略，打造龙归粮仓、方田花海、十里江湾等网红打卡点近30处，“龙归—江湾”乡村精品线路获评“广东美丽乡村精品线路”，重阳镇万侯村和江湾镇湖洋村分别获得“全国乡村治理示范村”和“广东省乡村振兴大擂台污水治理先进村”荣誉称号。

（四）民生福祉日益改善。新改扩建公办幼儿园、小学18所，新增1.2万个优质学位。高标准谋划建设区中医院、儿童医院，完成51个基层医疗卫生机构新改扩建项目，医技人才数量实现翻番，被国家卫健委授予“计划生育优质服务先进单位”荣誉称号。创新“六个一”党建引领网格化疫情防控机制等相关经验做法得到国家指导组充分肯定，并在省疫情防控新闻发布会上作经验介绍，全程疫苗接种比率位居全市前列。区文化“三馆”建成开放，7个镇（街）文化站全面完成改造提升。新增城镇就业超过1.4万人，排名全市第一。城乡养老、基本医疗保险实现全覆盖，长者饭堂、社区居家养老服务中心等一批惠民工程建成运营，底线民生保障水平逐年提高。一体化推进山水林田湖草生态保护修复工作，十里亭饮用水源保护区专项整治工作得到省、市肯定。空气综合指数保持市辖三区最优，地表水断面水质达标率100%，水质指数排名全市前列，森林覆盖率保持70%以上，自然生态底色更加厚重。

（五）深化改革成效显著。坚定不移推动城乡融合高质量发展，被省政府确定为城乡融合发展省级试点。全力服务韶关新区改革，强化以土地要素为核心的产业发展支撑保障，完成征地面积超过253万平方米。农村集体产权制度改革国家级试点任务圆满完成，成立经济联社51个、经济合作社377个，累计登记集体资产24亿元，较改革试点前增幅达231%。因地制宜推进党政机构、镇街体制改革任务，不断优化协同高效的机构职能体系。创新“6+4”党员领导干部带头抓项目组团攻坚模式，创造省、市重点项目攻坚“武江速度”。深化“数字政府”建设和政务服务改革，区级政务服务大厅建成使用，在全市率先设立企业“一窗通办”绿色通道、建立企业“半日办结”模式、开设“办不成事”反映窗口，政务服务“两减一即”实现全省最优。创新实施产业链招商“334”系列工作机制，五年来武江范围（含新区）登记注册的各类市场主体、注册资本、从业人员数分别增长约38%、702%、103%，营商便利度位居全市前列。

（六）社会治理活力彰显。坚持党建引领激发社会治理新活力，搭建起平安志愿者队伍、村（居）民议事堂、村（居）妇女议事会等平台，创新建立“红色楼长”“红色业委会”“百米调解圈”等制度机制，有力凝聚引导广大群众参与共建共治。深入推进公民道德规范、诚信体系建设。围绕全周期管理理念推进社会治理现代化，积极探索“数字治城”，初步实现智慧应急管理平台和“全科网格”有机衔接，城市建设管理考评连年稳居全市第一。有序推进矛盾纠纷排查化解，“七五”普法工作获评优秀等次，持续推进扫黑除恶专项斗争，社会大局保持和谐稳定。

（七）党的建设全面加强。旗帜鲜明讲政治抓政治，深入开展“两学一做”学习教育、“不忘初心、牢记使命”主题教育和党史学习教育，全区上下不断增强“四个意识”、坚定“四个自信”、做到“两个维护”。充分发挥人大、政府、政协和统一战线、工青妇群团组织的作用，党管武装工作和双拥工作质效显著提升，汇聚强大合力推动改革发展。坚决加强意识形态阵地建设管理力度，意识形态安全“防火墙”更加坚实牢固。实施加强党的基层组织建设三年行动计划，全面完成 87 个村（社区）党建阵地改造提升工作，圆满完成村（社区）“两委”干部换届工作，书记、主任“一肩挑”比例达 100%，花城社区党委荣获“全国先进基层党组织”称号，基层基础得到全面巩固。常态长效推进领导干部“民情夜访”和“1+4+N”在职党员到社区报到服务工作，全区党员领导干部通过夜访解决群众问题 1291 个。干部队伍建设取得显著成效，近年来荣获 350 项市级荣誉、67 项省级荣誉、11 项国家级荣誉。持之以恒正风肃纪反腐，坚决做好省委巡视、审计反馈意见整改“后半篇文章”，推进政法队伍教育整顿取得显著成效，政治生态更加风清气正。

回首五年，我们的历程极不平凡，成绩来之不易。在党中央和省委、市委的坚强领导下，区委充分发挥总揽全局、协调各方的作用，四套班子精诚团结，各条战线携手并进，全区上下风雨同舟、和衷共济，一次又一次经受住了考验，沉稳有力地推动武江始终沿着正确方向破浪前进。在此，我代表中共韶关市武江区第九届委员会，向各位代表和全区广大党员干部群众，向所有关心和支持武江发展的同志们、朋友们、社会各界人士，表示衷心的感谢，并致以崇高的敬意！

二、今后五年总体要求和发展目标

今后五年，是我国实现第一个百年奋斗目标、全面建成小康社会之后，向着第二个百年奋斗目标进军的第一个五年，也是武江抢抓机遇，推动经济社会高质量发展的关键五年，做好未来五年的各项工作，意义重大、责任重大。从国际大势来看，当今世界正经历百年未有之大变局，国际力量对比深刻调整，新冠肺炎疫情影响广泛深远，经济全球化遭遇逆流，世界进入动荡变革期，我国仍处于重要战略机遇期。从国内形势来看，党中央审时度势，作出“构建以国内大循环为主体、国内国际双循环相互促进的新发展格局”的重大决策，对武江高质量发展是重大利好。从省级层面来看，我省正举全省之力推进“双区”和横琴、前海两个合作区建设，“一核一带一区”的区域格局加快构建，辐射带动效应日趋凸显，武江要打造成为支持、服务“双区”和两个合作区的“后花园”、辐射带动内陆省市发展的“桥头堡”。从市级层面来看，市委赋予武江建设韶关“双化双融”先行示范区和高质量发展率先突破区的发展定位，明确 2025 年地区生产总值率先在县域突破 400 亿元的经济发展目标，这是市委对武江的殷切期望，也是时代赋予武江的历史使命。当今武江，拥有全市中心的区位优势、人才集中的资源优势、先行先试的政策优势，正处于大有可为的战略机遇期。

今后五年的指导思想是：高举中国特色社会主义伟大旗帜，以习近平新时代中国特色社会主义思想为指导，深入学习贯彻习近平总书记“七一”重要讲话和对广东系列重要讲话、重要指示批示精神，贯彻创新、协调、绿色、开放、共享的新发展理念，按照省“1+1+9”工作部署和高质量加快构建“一核一带一区”区域发展格局要求，以及韶关“争当北部生态发展区高质量发展排头兵”的目标定位，坚持以生态为特色优势融入“双区”和横琴、前海两个合作区建设，力争在城区建设、城乡融合、产业发展、商贸物流、科技创新等方面走在全市前列，全面提升武江区作为中心城区核心区的承载力和宜居宜业品质，全力建设韶关“双化双融”先行示范区和高质量发展率先突破区，争当韶关改革发展排头兵。

今后五年的主要目标是：立足新的历史交汇点，凝心聚力、继往开来，努力实现“十四五”规划目标，以昂扬姿态奋力走好武江“二次创业”新的赶考之路。

经济实力更加强劲。“十四五”时期，全区地区生产总值突破 400 亿元。农业产业化水平显著提升，新兴产业发展初具规模，都市型产业蓬勃发展，实现经济发展新旧动能转换，创新氛围

更加浓厚，发展环境更加优越，武江科创园、城乡融合产业园、现代农业产业园等新平台建设取得重要进展，有力支撑经济高质量发展。

*中心城区更加繁荣。*全面拓展城市发展空间，全面提升城市首位度，全面增强城市发展能级。实现城市建设精品化、城市管理网格化、城市文明创建常态化，城市综合功能不断完善，文化实力出新出彩，生态品质明显改善，承载力、竞争力持续提升，成为韶关市环境最好、管理最优的中心城区，常住、户籍人口城镇化率年均分别提高 0.7%、0.6%。

*城乡融合更加深入。*全面推进乡村振兴和新型城镇化建设，城乡一体化发展格局基本形成，城乡基本公共服务均等化基本实现，城乡生产要素跨界流动渠道畅通。现代农业产业体系、生产体系与经营体系基本构建，工农互促、城乡互补、协调发展、共同繁荣的新型工农城乡关系基本形成。农村集体经济进一步壮大，城乡居民收入差距显著缩小。城乡融合发展省级试点任务取得战略性成果，城乡二元结构发生根本改变。

*生态环境更加优美。*美丽中心城区国土空间格局初步构建，生产、生态、生活空间科学合理，绿色生产方式和生活方式广泛形成，单位生产总值能耗、单位生产总值二氧化碳排放量、主要污染物排放量进一步降低，生态系统功能与生态环境质量全面提升，生态环境自我修复能力不断增强，生态保护和绿色发展取得更大成效。

*人民生活更加殷实。*城乡居民收入增长和经济增长基本同步，高水平的公共服务体系基本建立，城乡区域优质公共服务设施分布更加均衡，宜居宜业环境显著改善，公民素质进一步提高，社会保障体系逐步健全，群众生活更加殷实安康。

*社会大局更加和谐。*市域社会治理现代化基本实现，社会治理制度科学完备，社会治理体系不断完善。数字政府全面建成，智慧城市建设成效明显。社会主义民主法治更加健全，反恐怖斗争和禁毒专项斗争扎实有效开展。食品药品安全保障水平全面提升，突发公共事件应急能力显著增强，“三防”工作责任落实落细，社会大局更加和谐稳定，基本形成共建共治共享的社会治理格局。

三、全力推进武江实现高质量发展

开局关系全局，起步决定后势，走好“新的赶考之路”，第一步很关键。我们必须坚持把发展作为解决一切问题的基础和关键，把发展质量摆在突出位置，找准定位，明确任务，努力实现更高质量、更有效率、更加公平、更可持续、更为安全的发展。

（一）聚力开展现代产业体系招商引资，培育创新发展新动能

产业是高质量发展的根基，把加快三大产业平台建设作为武江产业发展最重要的抓手，在平台建设中推动产业招商，在产业招商中提升平台建设水平，推动武江产业结构优化升级。

一是打造产业发展新引擎。高水平建设武江科创园，加快青创中心和凤武大厦建成投入使用，推进科创园及周边地块“厂区变园区、产区变城区”工作。加强云计算、大数据、人工智能、区块链等新技术在园区配套应用，建设园区配套实验室及中试基地，创建省级孵化器和众创空间。围绕科创园规划建设数据产业园和干细胞健康产业园，靶向引进一批新材料、医药健康、智能装备领域的高新技术企业和高成长性企业，不断提高园区科技创新引领支撑力。高标准建设武江城乡融合产业园，高质量、加速度推进基础设施建设，引入智慧农林装备、医疗健康器械等领域“链主”企业，完善周边教育、医疗、商业等生活配套，打造集产业研发、生活休闲、智慧服务为一体的广东韶关国家林草智能装备科技示范园。高起点建设武江现代农业产业园，构建政府、龙头企业、科研院所有效联动的科技创新引领农业发展模式，吸引优质农业企业落户园区、集聚发展，培育出更多具备高附加值的名特优新农产品和知名品牌，加快发展农产品精深加工、仓储冷链物流等产业，将其打造成特色农产品精深加工示范园区，争创省级国家级农业科技园区。

二是扣牢招商引资主抓手。强化招商引资“一号工程”地位，坚持大招商、招大商、招好商，持之以恒推动武江产业大发展。要立足区位优势、产业基础精准招商引资、招才引智，注重

建链补链，推动产业集群化、系统化发展。坚持构建全员招商格局，发挥领导干部先锋队作用、招商工作队主力军作用、驻留企业义务兵作用，不断增强招商引资的工作合力和服务水平。创新产业链招商方式，大力推进中介招商、平台招商、委托招商，动态更新管理“项目库”和“客商库”。完善产业链招商优质高效服务机制，全流程压实产业链项目组团责任，用好用实项目落地要素保障机制和重大事项快速决策机制，为企业提供“一对一”“保姆式”项目跟踪服务，推动形成招商项目对接一批、成熟一批、签约一批、落地一批、建成一批的良性发展格局。

三是激发创新发展驱动力。着力扩大科技创新投资，进一步提高研发经费投入占全区 GDP 的比重，推动引导和支持创新要素向企业集聚，培育发展一批“小巨人”和“专精特新”中小企业。积极创建国家知识产权强区示范区，充分发挥省级实验室、产业发展顾问智囊团作用，围绕产品、工程、服务三大领域，积极开展“工改工”和技术创新，支持企业科技研发创新成果转化。借鉴顺德“村改”经验做法，盘活低效土地和闲置资源，加快推动“腾笼换鸟”，集中对传统企业园区内低产、低效工业用地进行清理，促进老旧厂房用地盘活、提质、增效，为产业高质量发展腾出空间和资源。

（二）持续增强城市综合承载力，建设高品质宜居中心城区

坚持打造宜居宜业宜游的大城市中心城区核心区，加快建设创新产业发展载体，布局城市特色功能片区，增强新型城镇化龙头辐射带动能力。

一是加快提升中心城区建设水平。大力实施城市更新行动，通过争取国家、省级资金及吸引社会资本，加快推进老旧小区改造和“三旧”改造。着力推进城区基础设施建设，加快主干路桥建设，进一步完善道路体系。在重点公共区域配建停车场，加大立体停车场建设力度。持续扩大 5G 网络覆盖面，推进“5G+”示范应用，重点完成一批生活垃圾分类示范片、点建设，推广绿色节能建筑，推进电网智能化改造升级。推动建设区市民文化广场、书香广场等文化惠民工程，提升文化休闲生活品质。

二是突出产城融合布局特色街区。坚持以产兴城、以城促产、产城融合，推动城市功能品质增强、区域空间价值提升、高端资源要素集聚，打造一批特色街区，进一步繁荣商贸物流产业，带动餐饮、娱乐、文化产业蓬勃发展。依托武江科创园，把韶关大道北片区建设成为中青年创新创业集聚区，使科创园及韶关大道北片区成为创新气息浓郁、高端人才汇集的特色街区。加快武江大道南片区城市业态规划招商，围绕韶州体育公园、百旺美食城等项目，发展与体育赛事、会展演艺关联度高的现代服务业及休闲娱乐业。围绕富康广场、新天地广场、幸福世邦广场、保利中宇广场、摩尔城等商业综合体，打造全市高品质消费集聚区。大力发展夜间经济，打造群康路等一批夜间经济示范街区。

三是推动城市管理精细化品质化。紧紧围绕习近平总书记关于“城市管理应该像绣花一样精细”的工作要求，让武江城市管理更有温度和风度。以新一轮全国文明城市创建工作为抓手，大力整治市容“六乱”“三线”等问题，严查严管违建行为。加强《韶关市文明行为促进条例》宣传贯彻实施，压紧压实“门前三包”责任，重点规范整治街巷沿街商铺，巩固提升武江大道等重点路段整治成效。充分运用好武江智慧应急信息化平台，加快推进“智慧武江”“数字城管”统一平台高效运用到城管执法、市政管护、交通疏导等方面，打造智慧城市管理体系，推动交通事故数和死亡人数“双降”。

（三）全面推进乡村振兴，加快实现农业农村现代化

坚持农业农村优先发展，聚焦农业农村现代化重点任务，巩固拓展脱贫攻坚成果同乡村振兴有效衔接，加快补齐“三农”短板，推动镇域经济高质量发展。

一是扎实做好驻镇帮镇扶村工作。落实落细“五个提升”任务要求，推动全区脱贫攻坚成果进一步巩固拓展，镇村同建同治同美取得显著成效。提升抓党建促乡村振兴水平，强化镇党委在推进乡村振兴中的作用，持续推动村级集体经

济发展壮大，增强村级组织服务群众能力。提升脱贫攻坚成果水平，落实“四个不摘”要求，健全防止返贫动态监测和帮扶机制，健全帮扶项目低收入群众参与机制、产业园区吸纳劳动力就业管理机制，加强扶贫资产管理。推动全区各镇（街）、各部门切实支持和服务好驻镇帮镇扶村工作，全力为帮扶干部工作生活提供良好环境，为帮扶干部在乡村振兴大舞台大显身手创造最佳条件，让帮扶干部在武江驻得安心、干得出彩。

二是持续推进生态宜居乡村建设。科学把握乡村建设规律，激活乡村发展内生动力，让武江乡村“形态美”与“内在美”兼具。完善农村基础设施建设，巩固“厕所革命”成果，推进村级污水处理终端和管网建设，逐步提升农村生活污水治理率。打造建管并重的乡村美丽廊道，着力畅通乡村道路微循环，建设改造“四好农村路”。加强廊道沿线景观节点建设，不断提升龙归—江湾“广东美丽乡村精品线路”和知名度、美誉度。积极推进西河—重阳精品线路建设，打造一批龙舟文化、知青文化网红打卡点。实施乡村清洁能源建设工程，加大农村电网建设力度，推进农村光伏发电试点工作，全面提升农村电力保障水平。持续深化美丽乡村建设“打擂比武”机制，推进美丽庭院创建工作，鼓励村民在房前屋后、闲置空地经营“四小园”等小生态板块，打造形神兼备的美丽田园。抓好农房管控和风貌提升，完善契合乡村淳朴民风的村规民约，推动美丽农居更有文化、更有内涵，以绿色自然美化乡村环境，以乡土气息留住乡愁记忆。

三是奋力筑牢产业兴旺坚实基础。把产业兴旺作为解决农村一切问题的前提，实行粮食安全党政同责，坚决扛稳粮食安全政治责任，以优质生态供给更好融入和服务“双区”。大力推进农业现代化，提高土地利用价值打造近郊农业，发展工厂化农业、无土农业、设施农业。加大土地流转力度，破解村集体留用地流转难题，为产业发展留足空间，力争实现千亩以上规模农业“零”的突破。加强农业品牌建设，在高附加值农产品开发、精致农业发展等方面加强与企业合作，扶持培育一批农业龙头企业、家庭农场等经营主体，着力打造香蜜薯、艾草、南药等一批“一村一品”和特色优势农产品，培育更多全国名特优新农产品、粤港澳大湾区菜篮子基地、“三品一标”、“粤字号”品牌。建立助农服务体制机制，大力支持农村电子商务和快递物流发展，鼓励本地优质产品进入电商和物流网络销售，扩大市场份额，让武江优质农产品风行“双区”、畅销省内、走向全国。建立完善利益联结机制，推广“订单收购＋保底分红”“土地流转＋务工收入”等合作模式，把引入资本开发和农民乡村创业有机结合起来，让农民享受到更多产业发展带来的红利。

（四）纵深推进全面深化改革，积蓄高质量发展强劲动能

改革开放是事关武江“二次创业”成功与否的关键，必须做到改革不停顿、开放不止步，主动对标“双区”标准，推动更深层次改革，实行更大范围、更宽领域的对外交流合作，促进各类生产要素自由便利流动，不断激发高质量发展新动能。

一是坚定不移优化营商环境。针对制约经济发展的突出矛盾，在关键环节和重要领域加快改革步伐，不断提升对优质高端要素资源的强大吸引力。以“放管服”改革为牛鼻子，加快推进“数字政府”建设，深入推进区级政务服务事项向镇村延伸，让数据多跑路、群众少跑腿。深化商事制度改革，统筹推进“政策兑现”“跨域通办”“全市通办”“四免优化”“工改”“一件事”主题式服务等专项工作，争取实现政务服务事项“进门上网”“秒报秒批”，针对中小微企业推出更便捷、更高效的服务。认真落实各项惠企政策，降低市场主体创设的制度性成本，不断激发民间资本投资活力。积极构建亲清政商关系，提升“店小二”服务意识，提高“助商”“暖商”水平，用“速度＋温度”赢得更多优质企业落户武江，将武江打造成为企业向往的投资洼地、发展高地。

二是统筹抓好重大改革试点。树立全区一盘棋意识，强化中央和省、市确定的改革试点与区内改革试点的协同配合，以试点迈开步子、蹚

出路子，形成改革效益。持续抓好城乡融合发展省级试点改革，努力破除城乡二元结构壁垒，形成具有代表性的城乡融合发展“武江模式”，为全省同类地区提供可复制、可推广的典型经验。增强改革的前瞻性，加强与上级部门沟通衔接，聚焦科技创新、城市更新、项目建设、自然资源资产管理、社会民生、文化体育等领域，积极谋划争取一批重大改革试点。大力推动基层改革创新，鼓励基层因地制宜开展原创性和差别化改革探索，打造各具特色的改革品牌，营造你追我赶、竞相突破的生动局面。

三是主动加强对外合作交流。发挥武江地处韶关区域发展中心的先天区位优势，加强与“双区”核心城市的交流合作，建设成为“双区”辐射湘赣地区和内陆省市的“桥头堡”。全力配合好韶关新区改革，在承接社会事务、推动产业高效协同上更好服务韶关新区发展。主动融入“双区”和两个合作区发展，在产业协同发展、创新科技转化等方面深化与广州、深圳对接合作，积极探索与珠海市金湾区建立医药健康产业融入“双区”对接合作机制，更高水平推进凤岗—武江的对口帮扶，实现与“双区”优势互补、错位发展、互促共进。积极参与谋划建设粤赣湘南岭生态经济圈，主动跟江西赣州、湖南郴州等“红三角”城市中心城区建立常态合作机制，共同推进旅游、教育、文化、物流等领域交流发展。

（五）坚决践行人民至上理念，不断提升武江百姓生活品质

坚持以人民为中心的发展思想，注重把提高发展平衡性放在重要位置，大力补齐教育、医疗卫生、社会保障等公共服务短板，促进武江人民全面发展和社会全面进步，扎实推动共同富裕的现代化。

一是推动教育优质均衡发展和文化普及普惠。持续深化教育领域改革，深入推进教育“四大工程”，全面建设现代化教育集团的办学强区。深入谋划实施“3+3+1”项目工程，扩大优质教育资源供给，推动学前教育普及普惠安全优质发展，推动义务教育优质均衡发展和城乡一体化。全面深化新时代教师队伍建设改革，建设区教师发展中心，大力提升教师教书育人能力素质。坚决贯彻落实“双减”工作要求，规范校外培训机构，建立实施教师轮岗制度，缩小城乡、校际教育水平差距，建设区特殊教育学校，努力办好人民满意的教育。创新实施文化惠民工程，加大文化普惠力度，推动文化供给与群众需求精准对接，加快形成城乡一体、全民共享的优质公共文化服务体系。结合城镇化发展，统筹规划一批公共体育设施建设，实现镇（街）、村（社区）公共体育设施全覆盖。

二是加强全方位全周期健康保障。把保障人民群众健康放在优先发展的战略位置，不断优化区、镇、村三级医疗卫生服务体系，补齐医疗卫生服务短板。加强与粤北人民医院、核工业四一九医院等医院对接合作，推进优质医疗资源扩容和区域均衡布局。推动区中医院、区儿童医院等项目早日投入使用，引导优质资源下沉到基层、服务在基层。健全突发、重大疫情防控救治体系和应急响应机制，常态化抓好疫情防控，织牢公共卫生防护网。大力引进医疗领域管理人才和细分领域专家，鼓励引导社会资本提供优质医疗服务，满足群众多层次多样化的医疗健康服务需求。坚持中西医并重，完善中医药服务体系。提升健康教育、慢病管理和残疾人康复服务质量，加强精神卫生和心理健康服务。

三是提高就业质量和社会保障水平。把就业作为经济社会发展优先目标，用好用活省、市促就业政策。大力推进“粤菜师傅”“广东技工”“南粤家政”三项工程，全面铺开企业“新型学徒制”培训，建立企业与技工学校精准对接机制，健全终身学习制度和职业技能培训制度。充分发挥乡村振兴培训实践中心的作用，大力推进“农村电商”“乡村工匠”培训项目，提升劳动力就业技能。以就业竞争力的提升带动收入增长，保持居民收入增长与经济增长基本同步。健全就业困难人员托底帮扶机制，大力开发公益性岗位，积极解决脱贫人口和就业困难群体就业问题。健全政府、工会、企业共同参与的新型劳动关系协调机制，全面治理拖欠农民工工资问题，构建和谐劳动关系。大力实施全民参保计划，加

强养老、工伤保险参保扩面征缴，加快推进医疗保险城乡一体化。健全退役军人工作体系和保障制度，谋划建设区残疾人康复中心，加强对孤寡老人、困难儿童、残疾人等特殊困难群体的兜底保障工作。推动三孩生育政策及相关配套政策落地，从提高优生优育服务水平、发展普惠托育服务体系、降低生育养育教育成本等方面做好保障工作。

（六）着力提升基层治理效能，营造安定有序良好社会环境

持续稳固有利于经济社会发展的安全环境，不断增强防范化解重大风险能力，积极推进市域社会治理现代化和法治政府建设，提高社会治理法治化、社会化、专业化、智能化水平，构建共建共治共享社会治理新格局。

一是坚持“法治化”方向打造平安武江。深入学习贯彻习近平法治思想，坚持依法治区、依法行政共同推进，统筹推动法治政府、法治社会一体建设。建立健全乡镇综合行政执法体制机制，提升基层依法执政能力。深化司法体制综合配套改革，全面落实司法责任制，推进严格公正司法。持续开展扫黑除恶专项斗争，切实提升群众安全感。健全社会治安防控体系，持续高压态势打击突出违法犯罪，扎实开展反恐怖工作和禁毒专项斗争。严厉打击电信网络诈骗、“套路贷”等新型犯罪，提升金融领域、网络领域等新型违法犯罪的打击破案能力。落实“八五”普法，广泛开展宪法、民法典普法工作。

二是坚持“社会化”方向构筑和谐武江。建立健全“基层党建+”治理模式，增强基层自治活力，引导社会各方面积极参与社会管理和服务。坚持以社区党建“五级联创”为基础，充分发挥好“村民（街坊）议事堂”“红色楼长”“红色物业”等自治组织作用，激发群众自我管理的内生动力。积极借鉴“枫桥经验”“百米调解圈”等经验做法，推动“枫桥经验”由乡村治理向城镇社区治理延伸，更多依靠基层、发动群众，实现社会矛盾就地化解。进一步完善信访制度，加强信访信息化、智能化建设，整合基层矛盾纠纷化解资源和力量，健全矛盾纠纷多元化解机制，促进调解、信访、仲裁、行政裁决、行政复议、诉讼等有机衔接。

三是坚持“专业化”方向营造善美武江。加快推动社会治理重心下移，大力培育发展社会组织人才队伍，支持社会组织参与社会治理、开展公共服务。全面实施镇（街）双百社会工作服务站全覆盖工程，健全社会组织孵化培育、人才培养、资金支持机制，鼓励成立社区社会组织联合会、社区社会组织服务中心等枢纽型社会组织，不断提高社会组织孵化培育和活动场所覆盖率。支持和发展社工服务机构，不断扩大“居家养老服务”和“风采长者食堂”等社工服务项目运营覆盖面，提升社工队伍社会化、专业化服务水平。探索社工职业分类分级管理办法，推进网格员、人民调解员、平安志愿者等队伍与社工人才队伍融合发展。加强基层治理队伍建设，整合社区党员干部、警员、社区工作者等治理力量，结合网格化服务管理体系建设，建立网格员队伍的管理、培训、保障、激励机制，提升网格员队伍专业化水平。

四是坚持“智能化”方向建设智慧武江。创新基层社会治理模式，推动现代科技与社会治理深度融合。完善“全科网格”智能应急管理平台建设，实现疫情防控、消防、安全生产等网格“多网融合”，有效整合全区基层资源。持续推进“雪亮+智格”“智安小区”等工程建设，构建“中心+网格化+信息化”治理体系，打造设施智能、服务便捷、管理精细、环境宜居的智慧社区。充分运用大数据、5G、人工智能等新技术，打通社会治理线上协同指挥通道，推动智慧交通、智慧警务等不同领域数据互联互通，形成统一指挥调度、多部门联动作战的社会治理新模式，不断提升基层社会治理效能。

（七）坚持生态优先绿色发展，全力筑牢粤北生态屏障

深入践行习近平生态文明思想，突出生态保护主旋律，全力筑牢粤北生态屏障关键一环，建设天蓝、水清、土净、地绿的美丽武江。

一是促进资产资源转化利用。牢固树立绿水青山就是金山银山理念，积极推进碳达峰、碳中

和，全力配合开展国家森林城市创建工作，不断优化林业产业结构，推进国家储备林项目建设，抓好森林碳汇、生态景观林带、森林公园、乡村绿化美化等林业重点工程建设。探索推进自然资源资产有偿使用制度改革，加强对全区各类自然资源分布、土地利用现状及权属情况调查摸底，通过将集体土地、林地等资源折算转变为企业、合作社股权，让资源变资产、资金变股金、农民变股东。努力推动资源资产多元化增值，加快山林、河流、空气、温泉等资源开发利用，探索碳汇、水权、排污权等各类生态环境有偿使用模式，让保护修复生态环境获得合理回报。

二是加强生态环境保护治理。以中央生态环保督察整改工作为契机，建立健全生态环境保护长效机制，不断拓展生态保护的广度和深度，让老百姓实实在在感受到生态环境改善。坚持防治结合、标本兼治、综合施策，统筹推进山水林田湖草一体化保护和修复，巩固提升蓝天、碧水、净土保卫战成果。着重做好工业污染防治、移动源污染控制、扬尘污染防治、挥发性有机物污染控制、餐饮业油烟整治等工作，让武江的天更蓝。完善河长制与网格化治水机制，推动碧道建设，实施“五水共治”，强化“水上岸上”系统治理，大力整治占用河道现象，加强水源地环境保护和水质监测，持续改善域内水体水质，让武江的水更清。建立土壤环境监管机制，做好土壤污染重点监管点污染防治，推动绿色矿山建设，让武江的土更净。严守生态三条红线，实施“三线一单”生态环境管控体系，压实压细生态环境保护“党政同责、一岗双责”、属地管理责任和企业生态修复治理主体责任。

三是倡导绿色低碳文明生活。全域推进节能降耗，落实能源消费强度与消费总量“双控”目标任务。加强资源节约集约利用，推动能源结构优化调整，培育壮大节能环保、清洁生产、清洁能源等产业，加快推广天然气应用，统筹推进汽车充电桩等新能源基础设施建设。大力发展循环经济，完善再生回收体系，实行垃圾回收分类，推动资源利用最大化。以“绿色家庭”创建为抓手，推动城乡家庭践行绿色低碳生活理念，形成适度消费、光盘行动、低碳出行的绿色生活方式。大力宣传“生态兴则文明兴，生态衰则文明衰”的绿色文明思想，增强全民节约意识、环保意识、生态意识，让尊重自然、顺应自然、保护自然的理念在全社会蔚然成风。

（八）全面加强党的领导和党的建设，为现代化先行提供坚强保证

习近平总书记强调，治国必先治党，治党务必从严。立足新起点，开创新局面，核心在党、重点在人、关键在干部，必须进一步继承和弘扬伟大建党精神，以高质量党建引领高质量发展。

一是旗帜鲜明讲政治抓政治。深入学习贯彻习近平总书记系列重要讲话精神，坚持用习近平新时代中国特色社会主义思想武装头脑，落实好“第一议题”制度，真正做到学深悟透、融会贯通、真信笃行，切实增强“四个意识”、坚定“四个自信”、做到“两个维护”。牢记“国之大者”，始终在政治立场、政治方向、政治原则、政治道路上同以习近平同志为核心的党中央保持高度一致，不断提高政治判断力、政治领悟力、政治执行力。牢牢掌握意识形态领导权，严格落实意识形态工作责任制，压实各级党委（党组）主体责任，加强意识形态领域情况分析研判，及时预判舆情动态，有效维护意识形态安全。坚持党的领导、人民当家作主与依法治国有机统一，充分发挥人大监督、政协民主监督、参政议政重要作用，落实党的民族、宗教、对台、侨务政策，完善大统战工作格局，深化军民融合，加强群团组织建设，广泛凝聚团结奋进的强大合力。

二是锤炼忠诚干净担当的干部队伍。站稳为党和人民选干部的出发点，坚持把政治过硬摆在首位，深化政治监督、政治督查，严把选人用人政治关，全面落实“凡提四必”、廉政意见“双签字”等制度，防止干部“带病提拔”。立足解决用什么干部的问题，树立正确鲜明的用人导向，突出实绩用人，坚持深入重点工作、重大项目、重要任务等一线考察识别干部，注重提拔使用在乡村振兴、招商引资、重大项目建设等重点工作中表现突出的干部。聚焦怎么培养干部，加大对党政“一把手”、新任乡科级领导干部的培

训力度，增强领导经济社会发展的能力素质，持续推进干部交流轮岗，大力培养选拔优秀年轻干部，统筹做好女干部、党外干部培养选拔工作。围绕怎么用好干部，坚持严管与厚爱并重，深入实施“担当落实、走在前列”十条意见，持续开展领导干部“头雁作用”民主测评，健全容错免责机制，宽容干部在改革创新中的失误错误，旗帜鲜明为敢于担当、敢于负责、敢于作为的干部撑腰鼓劲。同时，着力深化人才队伍建设，优化配套服务，高质量推进“丹霞英才计划”，大力引进和培育高端产业、专业技术、职业技能、乡村振兴、招商引资等各类人才。

三是筑牢坚强有力的战斗堡垒。持续推进基层党组织规范化建设，开展新一轮软弱涣散基层党组织排查整顿，扎实实施新一轮党的基层组织建设三年行动计划。推行“党建+”模式，统筹推进社区、农村、企业、机关、学校、“两新”组织等领域党建工作，抓好民兵预建党组织建设，着力深化基层党组织“头雁”工程、党员先锋工程，加强对基层“两委”干部队伍的关心关爱工作，固本强基筑牢战斗堡垒。健全完善党员教育长效机制，落实“三会一课”、组织生活会、主题党日等制度，完善党员干部“1+7+N”教育培训工作体系，深入实施“十百千”干部培训工程。高度重视做好新形势下群众工作，树牢群众观点，站稳群众立场，坚持群众路线。深入推进党史学习教育，以“我为群众办实事”实践活动为契机，主动深入基层、深入群众，了解民情民意，切实解决群众的操心事、烦心事、揪心事，真正赢得群众的拥护信任。

四是持之以恒正风肃纪反腐。高度重视党风廉政建设，注重强化责任担当，明晰纪委监委职能定位，全力支持纪委监委扎实履职，一体推进不敢腐、不能腐、不想腐。以“不敢腐”为方向，把严的主基调长期坚持下去，压紧压实党风廉政建设主体责任和监督责任，保持惩治腐败高压态势。紧盯重点领域、重大工程、关键岗位，强化监督执纪问责，持续整治群众身边腐败问题，全面加强对经济社会发展领域公权力运行的制约和监督，锲而不舍抓好中央八项规定精神落实，坚决整治“四风”顽瘴痼疾，力戒形式主义、官僚主义，大力弘扬实事求是的作风，实现正气充盈、政治清明。进一步完善“不能腐”的制度，着力构建纪律监督、监察监督、派驻监督、巡察监督统筹衔接、协同协调的监督体系。坚持标本兼治，堵塞管理漏洞、弥补制度缺陷，针对省委巡视、审计反馈暴露的制度问题，坚持全面改、深入改、彻底改、改到位，增强制度“刚性”，真正做到用制度管权、管事、管人。锚定“不想腐”的目标，进一步发挥各类廉政教育阵地作用，将廉政典型示范教育和腐败案例警示教育结合起来，让广大党员学有标杆、行有底线。更加注重领导干部家风建设，以好家风带党风、促政风、淳民风。

同志们，征途漫漫，惟有奋斗。让我们更加紧密地团结在以习近平同志为核心的党中央周围，不忘初心、牢记使命、接续奋斗，以一往无前的奋斗姿态、风雨无阻的精神状态，奋力走好第二个百年奋斗目标新的赶考之路，加快建设韶关“双化双融”先行示范区和高质量发展率先突破区，努力为党和人民争取更大光荣！

在区委十届一次全会上的讲话

张广晖

（2021年10月30日）

今天上午，中国共产党韶关市武江区第十次代表大会圆满完成各项议程，胜利闭幕了。大会经过充分酝酿和讨论，选举产生了新一届区委和区纪委。刚才，区委十届一次全会选举产生了新一届区委常委，书记、副书记，通过了区纪委十届一次全会选举结果的报告及区委十届一次全会决议。在此，我代表新当选的全体同志，对大家的信任和支持，表示衷心的感谢！这次全会选举我担任区委书记，感谢同志们的信任。我深感责任重大、使命光荣，我有信心、有决心与同志们一道，在市委的坚强领导下，团结带领全区党员干部群众，不负重托、不辱使命，全力做好各项工作，向党和人民交上一份满意的答卷！

同志们，从今天开始，十届区委郑重地接过了历史的“接力棒”。本届区委班子，就任于“十四五”开局的关键时期，受命于“两个一百年”奋斗目标的历史交汇点，承载着全区广大党员干部和人民群众的共同愿望。这是一副交织着光荣与责任、凝聚着信任与希望、承载着激励与奋斗的历史重担。朝受命、夕饮冰，昼无为、夜难寐。各位同志要视使命为追求、化责任为动力，倍加珍视组织的重托和厚望、倍加珍惜人民的信赖和期待，接好事业棒、跑好接力赛，共同把宏伟事业推向前进，努力把武江建设成为韶关“双化双融”先行示范区和高质量发展率先突破区。在此，我提几点希望和要求，与同志们共勉。这既是要求，也是承诺。

第一，要以讲政治、筑忠诚为第一要求，做政治坚定的明白人。习近平总书记指出，“党员领导干部讲政治是第一要求，必须坚守党性原则，坚定政治信念，增强政治意识。”十届区委作为武江事业发展的领导核心，肩负着把方向、管大局、作决策、保落实的职责使命，更要把讲政治、顾大局作为第一要求。要绝对忠诚，把对党忠诚作为一种政治责任、一种精神追求、一种良好习惯，作为履行好职责的第一需要，在党言党、在党爱党、在党忧党、在党护党，不断提高政治判断力、政治领悟力、政治执行力，增强“四个意识”、坚定“四个自信”、做到“两个维护”，在思想上、政治上、行动上与以习近平同志为核心的党中央保持高度一致。要坚定信念，坚贞不渝守住精神高地，筑牢信仰之基，补足精神之钙，把稳思想之舵，坚定对马克思主义的信仰，对共产主义和中国特色社会主义的信念，对中华民族伟大复兴的信心，用理想之光照亮奋斗之路，用信仰之力创造美好前景。要追求真理，坚持不懈用党的最新理论成果武装头脑、指导实践，不断增强学习的自觉性和紧迫性，切实把学习作为一种责任、一种境界、一种修养，摆上更加突出的位置，做学习型干部，建设学习型区委班子。同时，要做到既学习习近平总书记“七一”重要讲话等政治理论，又要学习“双碳”政策等业务知识，进一步把学习成果转化为推动武江发展的思路举措，不断提高领导发展、驾驭全局、依法执政的实际本领。

第二，要以强改革、谋发展为第一要务，做担当实干的引领者。发展是党执政兴国的第一要务，是解决一切问题的前提和基础。要紧盯发展这个终极目标。作为全区的“关键少数”，我们要充分发挥总揽全局、协调各方的核心作用，紧盯融入对接“双区”的目标，立足新发展阶段、贯彻新发展理念、构建新发展格局，加强和改进党对经济工作的领导，把全部的精力和注意力集中到领导和推动发展上来，下决心、下狠心推进招商引资、项目建设、民生改善等重点工作，全力推动经济社会发展呈现新气象、迈上新台阶，掀起武江“二次创业”的热潮。要用好改革这个关键一招。改革创新是发展的关键动力。我们要以一往无前的勇气深化改革，增强改革信心，保持改革定力，突出抓好城乡融合省级改革试点，大力推动重点领域和关键环节改革攻坚，为武江建设韶关“双化双融”先行示范区和高质量发展率先突破区提供强大动力。

第三，要以惠民生、守初心为第一关切，做尽责为民的好公仆。为中国人民谋幸福，为中华民族谋复兴，是共产党人的初心和使命，让全区人民过上好日子，是我们区委的奋斗目标。要牢记一切为了群众，以深入推进“我为群众办实事”实践活动为抓手，统筹推进教育、医疗、就业、养老、住房等与群众息息相关的民生事业，确保人民群众学有所教、劳有所得、病有所医、老有所养、住有所居；要大力推进城市更新改造，加快各类涉及民生的重大基础设施建设，保护和改善环境，让武江的天更蓝、水更清、山更绿、空气更清新，让人民生活更舒适更便捷。要坚持一切相信群众，发挥群众主体作用，带头严格执行调查研究、信访接待等制度，深入基层、深入群众，多到条件艰苦、情况复杂、矛盾突出的地方解决问题，想群众之所想、急群众之所急，不断密切与人民群众的“鱼水情”。要做到一切依靠群众，尊重群众首创精神，做到谋划发展思路向群众问计，查找发展问题听群众意见，改进发展措施向群众请教，落实发展任务靠群众努力，充分激发人民群众创造力，切实构建共建共治共享的社会治理格局。

第四，要以重廉洁、抓团结为第一责任，做清正廉洁的好党员。全面从严治党永远在路上，领导干部必须主动适应当前从严治党新常态，把纪律规矩外化为行为自觉，内化为良好的作风和习惯。要在干净干事上当表率。廉洁是领导干部的安身立命之本。新一届班子成员必须严守底线、不越红线，严格贯彻中央八项规定精神，以平和之心对待名，以淡泊之心对待位，以敬畏之心对待权，以知足之心对待利，抵得住诱惑、经得起考验，为全区党员干部当好表率。要坚持“一岗双责”，严格落实党风廉政建设责任制，管好班子、带好队伍，把对党员干部的严格管理和热情关心有机结合起来，经常提醒、抓早抓小、防患未然，努力营造武江政治生态的“绿水青山”。要在团结协作上当表率。瑞军书记在武江调研时强调，要讲团结顾大局。大家要迅速找准角色定位、明确职权范围，尽快转换身份、进入角色、熟悉情况，把思想往区委上统一，主动加强与人大、政府、政协班子以及社会各界的沟通团结，全力营造心齐气顺、政通人和、上下同欲、同舟共济的良好氛围。在这我也表个态，我将严格落实第一责任人责任，带头维护班子团结，摆正个人与集体领导的位置，当好“班长”，严格执行民主集中制，认真落实“三重一大”集体决策等制度。其他同志也要严格落实集体领导下的分工负责制，坚持在职责上分、思想上合，在工作上分、目标上合，做到分工不分家、补台更补位。

同志们，新起点要有新气象，新班子要有新作为。以上四条承诺，是新一届区委班子加强自身建设的基本要求，是我们对全区人民的集体表态。作为区委书记，我一定带头落实、严格执行。也希望大家相互监督、相互勉励，以实际行动当好全区党员干部的表率，为实现“十四五”描绘的宏伟蓝图而不懈奋斗！

名词解释

1. “139”行动：“1”是镇街整治提升专项规划，“3”是垃圾、污水、“六乱”三项整治，“9”是九大基础工程，即实施镇街主干道风貌街（商业街）提升工程、镇街门户标志标识节点工程、镇街绿化美化工程、镇街文体中心工程、镇街文化公园工程、镇街农贸市场提升工程、镇街停车场建设工程、镇区污水处理和公厕改造工程、镇街文化书屋（党员服务中心、志愿者驿站）工程。

2.“六个一”党建引领网格化疫情防控机制：建立一个网格一个支部、一个社区一张拼图、一个关卡一座堡垒、一名党员一面旗帜、一个网格早晚一会商、一个结对一个帮扶工作制度。

3.“三馆”：区文化馆、区博物馆、区图书馆。

4.“6+4”党员领导干部带头抓项目组团攻坚模式：“6”即指挥部下设政策研究与项目策划组、项目前期工作与招标管理组、项目征地供地保障组、项目资金保障与核算组、项目跟踪与安全质量监督组、项目工作考核考评组共6个专责小组；“4”即在政策研究与项目策划组内设立产业发展组团、城乡建设组团、民生事业组团、生态发展组团共4个组团。

5.“1+4+N”在职党员到社区报到服务工作：“1”即紧紧围绕加强和创新社区社会治理这一主题；“4”即深入落实四项社会治理重点任务，包括突出党组织体系全覆盖、强化基层党建引领，突出疫情防控常态化、落实爱国卫生运动，突出加强出租屋精细化管理、创新小区治理模式，突出构建和谐邻里关系、培育社区文明新风；“N”即按照“一社区一特色”原则，开展N项各具特色的社区便民服务活动。

6.教育“四大工程”：教育资源优化整合项目工程、名校长名教师名班主任培育工程、思政课创新实践工程、师德师风建设提升工程。

7.“3+3+1”项目工程：建设3所公办幼儿园、3所公办小学、1所中学。

8.“五水共治”：水底、水体、水面、水岸、水源共同治理。

9.“1+7+N”：1个中心（武江区乡村振兴培训实践中心），7所党校（五镇两街党校），N个站点（87个远教站点+N个党群服务室）。

10.“十百千”干部培训工程：选派20名以上领导干部参加省市各类组织调训；举办300名以上科级以上领导干部培训班；举办1000名以上基层党员干部专题培训班。

附 录

文件目录一览表

2021年中共韶关市武江区委文件目录一览表

表17

序号	文件名称	文号	发文单位	发文时间
1	中共韶关市武江区委 韶关市武江区人民政府办公室关于韶关市武江区2022年全面推行河长制工作的情况报告	韶武委〔2021〕2号	区委	2021年1月19日
2	中共韶关市武江区委关于武江区20220年度污染防治攻坚战工作情况报告	韶武委〔2021〕3号	区委	2021年1月25日
3	中共韶关市武江区委关于武江区2020年党员干部联系服务群众工作情况汇报	韶武委〔2021〕4号	区委	2021年1月27日
4	中共韶关市武江区委关于2020年工作总结及2021年工作计划的报告	韶武委〔2021〕6号	区委	2021年2月1日
5	中共韶关市武江区委关于深化招商引资机制改革的报告	韶武委〔2021〕7号	区委	2021年2月3日
6	中共韶关市武江区委关于武江区2020年实施乡村振兴战略工作情况报告	韶武委〔2021〕8号	区委	2021年2月4日
7	中共韶关市武江区委关于“七一勋章”提名和全国“两优一先”推荐工作情况报告	韶武委〔2021〕11号	区委	2021年3月10日
8	中共韶关市武江区委 韶关市武江区人民政府关于武江区革命老区振兴发展的情况报告	韶武委〔2021〕16号	区委	2021年5月11日
9	中共韶关市武江区委关于全省、全市“两优一先”推荐工作的情况报告	韶武委〔2021〕18号	区委	2021年6月1日
10	中共韶关市武江区委关于深入贯彻落实全市改革优先营商环境大会精神情况的报告	韶武委〔2021〕19号	区委	2021年6月6日

续表 17

序号	文件名称	文号	发文单位	发文时间
11	中共韶关市武江区委关于同意召开中国共产党韶关市武江区西河镇代表大会的批复	韶武委〔2021〕20号	区委	2021年6月16日
12	中共韶关市武江区委关于同意召开中国共产党韶关市武江区西联镇代表大会的批复	韶武委〔2021〕21号	区委	2021年6月16日
13	中共韶关市武江区委关于同意召开中国共产党韶关市武江区龙归镇代表大会的批复	韶武委〔2021〕22号	区委	2021年6月16日
14	中共韶关市武江区委关于同意召开中国共产党韶关市武江区江湾镇代表大会的批复	韶武委〔2021〕23号	区委	2021年6月16日
15	中共韶关市武江区委关于同意召开中国共产党韶关市武江区重阳镇代表大会的批复	韶武委〔2021〕24号	区委	2021年6月16日
16	中共韶关市武江区委关于给予邓桂生同志撤销党内职务、职务撤职处分的批复	韶武委〔2021〕25号	区委	2021年7月7日
17	中共韶关市武江区委关于成立韶关市武江区文学艺术界联合会的批复	韶武委〔2021〕26号	区委	2021年7月12日
18	中共韶关市武江区委关于党政主要领导履行经济责任审计发现问题的整改情况报告	韶武委〔2021〕28号	区委	2021年8月9日
19	中共韶关市武江区委关于落实党政主要领导自然资源资产审计发现问题的整改情况报告	韶武委〔2021〕29号	区委	2021年8月19日
20	关于黄艺坤同志任职审议结果的报告	韶武委〔2021〕31号	区委	2021年9月7日
21	关于全面开展环境风险隐患排查整改的工作报告	韶武委〔2021〕32号	区委	2021年9月17日
22	关于韶关市武江区出席中国共产党韶关市第十三次代表大会代表候选人推荐人选酝酿情况的报告	韶武委〔2021〕33号	区委	2021年9月24日
23	中共韶关市武江区关于调整区委机构编制委员会组成人员的通知	韶武委〔2021〕34号	区委	2021年10月9日
24	关于酝酿推荐十三届市政协委员初步人选情况报告（报市委统战部）	韶武委〔2021〕35号	区委	2021年10月13日
25	关于酝酿推荐十三届市政协委员初步人选情况报告（报市委组织部）	韶武委〔2021〕36号	区委	2021年10月13日
26	关于韶关市武江区出席中国共产党韶关市第十三次代表大会代表候选人初步人选酝酿情况的报告	韶武委〔2021〕37号	区委	2021年10月20日
27	中共韶关市武江区委关于确定武江区出席中国共产党韶关市第十三次代表大会代表候选人的情况报告	韶武委〔2021〕38号	区委	2021年10月20日

续表 17

序号	文件名称	文号	发文单位	发文时间
28	中共韶关市武江区委关于加强招商引资工作的情况报告	韶武委〔2021〕39号	区委	2021年10月28日
29	武江区2021年度推动民族地区加快高质量发展工作进展情况报告	韶武委〔2021〕40号	区委	2021年10月29日
30	中共韶关市武江区委关于出席韶关市第十三次党代会代表候选人预备人选征求意见的报告	韶武委〔2021〕41号	区委	2021年11月8日
31	关于选举产生韶关市武江区出席中国共产党韶关市第十三次代表大会代表的情况报告	韶武委〔2021〕42号	区委	2021年11月8日
32	关于中国共产党韶关市武江区第十次代表大会第十届委员会第一次全体会议、第十届纪委第一次全体会议选举结果的报告	韶武委〔2021〕43号	区委	2021年11月8日
33	中共韶关市武江区委关于十届区委常委分工的通知	韶武委〔2021〕44号	区委	2021年11月11日
34	关于给予谭克志开除党籍政务开除处分的批复	韶武委〔2021〕46号	区委	2021年11月18日
35	关于韶关市武江区第十届人民代表大会第一次会议选举结果的报告	韶武委〔2021〕47号	区委	2021年11月26日
36	关于政协第十届韶关市武江区委员会第一次会议选举结果的报告	韶武委〔2021〕48号	区委	2021年11月26日
37	关于推荐十三届市政协委员初步人选情况报告（报市委组织部）	韶武委〔2021〕49号	区委	2021年11月29日
38	关于推荐十三届市政协委员初步人员情况报告（报市委统战部）	韶武委〔2021〕50号	区委	2021年11月29日
39	武江区2021年实施乡村振兴战略工作报告	韶武委〔2021〕51号	区委	2021年12月8日
40	中共韶关市武江区委关于区委领导班子成员分工调整的备案报告	韶武委〔2021〕52号	区委	2021年12月24日
41	中共韶关市武江区委关于区人大领导班子成员分工调整的备案报告	韶武委〔2021〕53号	区委	2021年12月24日
42	中共韶关市武江区委关于区政府领导班子成员分工调整的备案报告	韶武委〔2021〕54号	区委	2021年12月24日
43	中共韶关市武江区委关于区政协领导班子成员分工调整的备案报告	韶武委〔2021〕55号	区委	2021年12月24日
44	关于武江区“两高”项目整改工作报告	韶武委〔2021〕56号	区委	2021年12月24日
45	关于韶关市明昊新建材有限公司整改情况报告	韶武委〔2021〕57号	区委	2021年12月24日

续表 17

序号	文件名称	文号	发文单位	发文时间
46	关于武江区“村改居”试点工作推进情况的报告	韶武委〔2021〕59号	区委	2021年12月29日
47	武江区委传达学习贯彻市第十三次党代会精神情况的报告	韶武委〔2021〕61号	区委	2021年12月31日

2021 年中共韶关市武江区委办公室文件目录一览表

表18

序号	文件名称	文号	发文单位	发文时间
1	中共韶关市武江区委办公室关于调整区委保密委员会的通知	韶武委办〔2021〕3号	区委办	2021年2月2日
2	中共韶关市武江区委办关于成立韶关市武江区社区矫正委员会的通知	韶武委办〔2021〕6号	区委办	2021年3月15日
3	中共韶关市武江区委办公室关于印发《2020年度区委领导班子民主生活会整改落实方案》的通知	韶武委办〔2021〕7号	区委办	2021年3月31日
4	中共韶关市武江区委办公室关于成立韶关市武江区乡镇领导班子换届工作领导小组的通知	韶武委办〔2021〕8号	区委办	2021年4月20日
5	中共韶关市武江区委办公室关于印发《中共韶关市武江区委理论学习中心组2021年度学习计划》的通知	韶武委办〔2021〕10号	区委办	2021年5月25日
6	中共韶关市武江区委办公室关于印发《区委第二巡察组巡察区委办公室反馈意见的整改工作方案》的通知	韶武委办〔2021〕12号	区委办	2021年7月12日
7	中共韶关市武江区委办公室关于印发《武江区2021年纪律教育学习月活动实施方案》的通知	韶武委办〔2021〕14号	区委办	2021年8月17日
8	中共韶关市武江区委办公室关于认真做好2022年度《中共中央办公厅通讯》《秘书工作》征订和学用工作的通知	韶武委办〔2021〕18号	区委办	2021年11月10日
9	中共韶关市武江区委办公室关于刘志琳等同志职务任免的通知	韶武委办〔2021〕19号	区委办	2021年11月8日
10	中共韶关市武江区委办公室关于做好2022年党报党刊发行工作的通知	韶武委办〔2021〕20号	区委办	2021年12月7日
11	中共韶关市武江区委办公室关于调整镇（街）及区直机关绩效考核工作领导小组组成成员的通知	韶武委办〔2021〕22号	区委办	2021年12月20日
12	中共韶关市武江区委办公室关于调整武江区关心下一代工作委员会领导成员的通知	韶武委办〔2021〕23号	区委办	2021年12月30日

2021年韶关市武江区人民政府文件目录一览表

表19

序号	文件名称	文号	发文单位	发文时间
1	关于暂缓执行《韶关市武江区专利资助管理办法实施细则》部分条款的通知	韶武府〔2021〕1号	区政府	2021年3月3日
2	韶关市武江区人民政府办公室印发《关于加快推进质量强区建设的实施方案》的通知	韶武府〔2021〕2号	区政府	2021年3月26日
3	韶关市武江区人民政府关于儿童医院建设项目国有土地上房屋征收决定书	韶武府〔2021〕3号	区政府	2021年4月22日
4	韶关市武江区人民政府关于龙归镇武江区康乐养老中心建设项目国有土地上房屋征收决定书	韶武府〔2021〕4号	区政府	2021年5月10日
5	韶关市武江区人民政府关于调整领导班子成员分工的通知	韶武府〔2021〕6号	区政府	2021年6月24日
6	韶关市武江区人民政府关于印发韶关市武江区人民政府法律顾问工作规则的通知	韶武府〔2021〕13号	区政府	2021年10月20日
7	韶关市武江区人民政府关于公布乡镇街道权责清单的决定	韶武府〔2021〕16号	区政府	2021年12月17日
8	关于2021年度计划生育考核结果的通知	韶武府〔2021〕17号	区政府	2021年12月22日

2021年韶关市武江区人民政府办公室文件目录一览表

表20

序号	文件名称	文号	发文单位	发文时间
1	关于印发《韶关市武江区突发公共事件总体应急预案》等13份预案的通知	韶武府办〔2021〕2号	区政府办	2021年3月1日
2	韶关市武江区人民政府办公室关于印发《2021年区政府重点任务责任分解表》《2021年区十件民生实事责任分解表》的通知	韶武府办〔2021〕3号	区政府办	2021年3月16日
3	韶关市武江区人民政府办公室关于印发《韶关市武江区人民政府“三重一大”事项清单（试行）》的通知	韶武府办〔2021〕4号	区政府办	2021年4月14日
4	韶关市武江区人民政府办公室关于印发《武江区政府常务会议制度》的通知	韶武府办〔2021〕5号	区政府办	2021年4月14日
5	关于印发《武江区落实征地补偿巡视专项整改工作方案》的通知	韶武府办〔2021〕6号	区政府办	2021年4月19日
6	韶关市武江区人民政府办公室关于印发《武江区开展“政府效率年”活动实施方案》的通知	韶武府办〔2021〕7号	区政府办	2021年4月22日
7	韶关市武江区人民政府办公室关于印发《武江区城镇房屋和老楼危楼使用安全排查整治工作方案》的通知	韶武府办〔2021〕8号	区政府办	2021年4月24

续表 20

序号	文件名称	文号	发文单位	发文时间
8	关于印发《武江区区本级项目建设用地征收工作指引（试行）》的通知	韶武府办〔2021〕9号	区政府办	2021年4月25日
9	韶关市武江区人民政府关于印发《韶关市武江区城镇老旧小区改造实施方案（2021—2025）》的通知	韶武府办〔2021〕10号	区政府办	2021年4月25日
10	关于印发武江区市容市貌整治提升工作方案（2021—2022年）的通知	韶武府办〔2021〕11号	区政府办	2021年5月13日
11	关于印发《武江区土地和房屋征拆工作经费管理办法》的通知	韶武府办〔2021〕12号	区政府办	2021年5月13日
12	关于印发《武江区土地征收工作专项资金管理办法》的通知	韶武府办〔2021〕13号	区政府办	2021年5月13日
13	关于印发《武江科创园科创中心租金补贴暂行办法》的通知	韶武府办〔2021〕14号	区政府办	2021年5月20日
14	韶关市武江区人民政府办公室关于印发《韶关市武江区关于开展老年人居家适老化改造工作的实施方案》的通知	韶武府办〔2021〕15号	区政府办	2021年5月25日
15	关于印发《武江区自然资源监管工作机制》的通知	韶武府办〔2021〕16号	区政府办	2021年5月28日
16	韶关市武江区人民政府办公室关于印发《武江区项目谋划决策实施方案（试行）》的通知	韶武府办〔2021〕20号	区政府办	2021年6月10日
17	关于印发武江区迎接2021年国家土地督察工作方案的通知	韶武府办〔2021〕23号	区政府办	2021年9月13日
18	韶关市武江区人民政府办公室关于印发《武江区镇（街）消防委托执法工作实施方案》的通知	韶武府办〔2021〕50号	区政府办	2021年11月19日
19	关于印发《韶关市武江区松材线虫病疫情防控五年攻坚行动实施方案（2021—2025年）》的通知	韶武府办函〔2021〕54号	区政府办	2021年12月28日

武江区城乡旅游精品线路一览表

表21

序号	旅游名称	精品线路
1	龙归—江湾精品路线	龙归水岸 — 龙归粮仓 — 安民祠 — 文武阁塔 — 方田河畔小岸 — 四点金村 — 十里江湾 — 省道520线寺前村 — 梁屋温泉 — 梁屋古树公园 — 黄陂谭村中心公园（星空岛） — 江湾榕树广场 — 倒流水村梦里荷乡
2	西河—重阳精品路线	山蕉知青园 — 重阳水上无动力运动中心 — 水口村千亩油菜花观光栈道 — 水口村兰花种植基地 — 中共南方工作委员会韶关交通站南岸村遗址 — 大夫前村千亩蔬菜观光栈道 — 西水暴动指挥部旧址 — 西水暴动旧址（青水塘炮楼） — 市级红色村万侯村 — 徐屋炮楼

武江区古树名木一览表

表22

古树编号	科	属	树种	生长环境	小地名	树龄（年）	等级
440203100203000049	樟科	樟属	樟树	西联镇车头村民委员会	村内	280	三级
440203100203000050	樟科	樟属	樟树	车头村民委员会	村内	260	三级
440203100203000052	樟科	樟属	樟树	西联镇车头村民委员会	村内	260	三级
440203100203000055	樟科	樟属	樟树	车头村民委员会	村内	260	三级
440203100203000054	樟科	樟属	樟树	西联镇车头村民委员会	村内	210	三级
440203100203000053	樟科	樟属	樟树	西联镇车头村民委员会	村内	210	三级
440203100203000051	樟科	樟属	樟树	西联镇车头村民委员会	村内	160	三级
440203100205000062	樟科	樟属	樟树	西联镇赤水村民委员会	村背	185	三级
440203100205000048	樟科	樟属	樟树	西联镇赤水村民委员会	村背	215	三级
440203100205000078	樟科	樟属	樟树	西联镇赤水村民委员会	村背	200	三级
440203100205000077	樟科	樟属	樟树	西联镇赤水村民委员会	村背	210	三级
440203100205000082	樟科	樟属	樟树	西联镇赤水村民委员会	村背	400	二级
440203100205000087	樟科	樟属	樟树	西联镇赤水村民委员会	村背	330	二级
440203100205000086	樟科	樟属	樟树	西联镇赤水村民委员会	村背	240	三级
440203100205000088	樟科	樟属	樟树	西联镇赤水村民委员会	村背	250	三级
440203100205000084	樟科	樟属	樟树	西联镇赤水村民委员会	村背	280	三级
440203100205000076	樟科	樟属	樟树	西联镇赤水村民委员会	村背	210	三级
440203100205000083	樟科	樟属	樟树	西联镇赤水村民委员会	村背	300	二级
440203100205000081	樟科	樟属	樟树	西联镇赤水村民委员会	村背	210	三级
440203100205000079	樟科	樟属	樟树	西联镇赤水村民委员会	村背	200	三级
440203100208000074	金缕梅科	枫香树属	枫香树	西联镇甘棠村民委员会	老村委	170	三级
440203100208000072	樟科	樟属	樟树	西联镇甘棠村民委员会	老村委	320	二级
440203100208000073	樟科	樟属	樟树	西联镇甘棠村民委员会	老村委	220	三级
440203100208000075	樟科	樟属	樟树	西联镇甘棠村民委员会	三石王村	300	二级
440203100207000071	樟科	樟属	樟树	西联镇沐溪村民委员会	大村	270	三级
440203100201000065	樟科	樟属	樟树	西联镇西联村民委员会	领头村	280	三级
440203100201000064	樟科	樟属	樟树	西联镇西联村民委员会	领头村	240	三级
440203100201000063	桑科	榕属	雅榕	西联镇西联村民委员会	新联村	360	二级

续表 22

古树编号	科	属	树种	生长环境	小地名	树龄（年）	等级
44020310020100057	桑科	榕属	雅榕	西联镇西联村民委员会	塘边	120	三级
44020310020600070	樟科	樟属	樟树	西联镇阳山村民委员会	黄沙坪	210	三级
44020310020600061	樟科	樟属	樟树	西联镇阳山村民委员会	下庙	200	三级
44020310020600059	樟科	樟属	樟树	西联镇阳山村民委员会	下庙	190	三级
44020310020600060	樟科	樟属	樟树	西联镇阳山村民委员会	下庙	270	三级
44020310020600071	樟科	樟属	樟树	西联镇阳山村民委员会	黄沙坪	250	三级
44020310020200009	樟科	樟属	樟树	西联镇芙蓉村民委员会	拾贝湖	130	三级
44020310020200008	樟科	樟属	樟树	西联镇芙蓉村民委员会	拾贝湖	130	三级
44020310020200007	樟科	樟属	樟树	西联镇芙蓉村民委员会	拾贝湖	130	三级
44020310020200006	樟科	樟属	樟树	西联镇芙蓉村民委员会	拾贝湖	130	三级
44020310020200005	樟科	樟属	樟树	西联镇芙蓉村民委员会	拾贝湖	150	三级
44020310020200004	樟科	樟属	樟树	西联镇芙蓉村民委员会	拾贝湖	150	三级
44020310020200003	樟科	樟属	樟树	西联镇芙蓉村民委员会	拾贝湖	150	三级
44020310020200002	樟科	樟属	樟树	西联镇芙蓉村民委员会	拾贝湖	150	三级
44020310020200001	樟科	樟属	樟树	西联镇芙蓉村民委员会	拾贝湖	130	三级
44020310220700027	樟科	樟属	樟树	龙归镇冲下村民委员会	龚屋	150	三级
44020310220700029	樟科	樟属	樟树	龙归镇冲下村民委员会	龚屋	240	三级
44020310220700030	大戟科	秋枫属	秋枫	龙归镇冲下村民委员会	龚屋	250	三级
44020310220700028	樟科	樟属	樟树	龙归镇冲下村民委员会	龚屋	450	二级
44020310220700034	樟科	樟属	樟树	龙归镇冲下村民委员会	涂屋	220	三级
44020310220700033	樟科	樟属	樟树	龙归镇冲下村民委员会	冲下	220	三级
44020310221800036	桑科	榕属	雅榕	龙归镇方田村民委员会	大村	160	三级
44020310221800037	桑科	榕属	雅榕	龙归镇方田村民委员会	大村	200	三级
44020310220900043	樟科	樟属	樟树	龙归镇留村村民委员会	路边	110	三级
44020310220900045	樟科	樟属	樟树	龙归镇留村村民委员会	路边	200	三级
44020310220900047	樟科	樟属	樟树	龙归镇留村村民委员会	河边	460	二级
44020310220900046	樟科	樟属	樟树	龙归镇留村村民委员会	龚屋	380	二级
44020310220600038	桑科	榕属	雅榕	龙归镇龙安村民委员会	小庙	380	二级
44020310220400039	桑科	榕属	雅榕	龙归镇龙归村民委员会	土贡	150	三级
44020310221100040	樟科	樟属	樟树	龙归镇马渡村民委员会	新茹	280	三级
44020310220300026	桑科	榕属	雅榕	龙归镇奇石村民委员会	龚屋	120	三级

续表 22

古树编号	科	属	树种	生长环境	小地名	树龄（年）	等级
44020310221000031	樟科	樟属	樟树	龙归镇社主村民委员会	公路边	290	三级
44020310221000032	樟科	樟属	樟树	龙归镇社主村民委员会	市场边	300	二级
44020310221200042	金缕梅科	枫香树属	枫香树	龙归镇寺前村民委员会	桥源	120	三级
44020310220100025	桑科	榕属	雅榕	龙归镇续源村民委员会	续源榕树下	420	二级
44020310220100024	桑科	榕属	榕树	龙归镇续源村民委员会	潘屋	450	二级
44020310220600039	桑科	榕属	雅榕	龙归镇龙安村民委员会	寺庙旁边	330	二级
44020310220700035	樟科	樟属	樟树	龙归镇冲下村民委员会	郑屋	810	一级
44020310120900091	桑科	榕属	雅榕	西河镇黄塱村民委员会	广明龙村口	200	三级
44020310120800093	樟科	樟属	樟树	西河镇什石元村民委员会	菜地	370	二级
44020310120800092	桑科	榕属	雅榕	西河镇什石元村民委员会	路边	500	一级
44020310120800094	桑科	榕属	雅榕	西河镇什石元村民委员会	河边	460	二级
44020310120800102	桑科	榕属	榕树	西河镇什石元村民委员会	河边	110	三级
44020310121000089	桑科	榕属	雅榕	西河镇糖寮村民委员会	麦尾河边渡口	350	二级
44020310121000090	樟科	樟属	樟树	西河镇糖寮村民委员会	麦屋渡口	280	三级
44020310120600103	樟科	樟属	樟树	西河镇田心村民委员会	张九龄公园内	110	三级
44020310120600095	樟科	樟属	樟树	西河镇田心村民委员会	大村村口	200	三级
44020310120600096	樟科	樟属	樟树	西河镇田心村民委员会	大村村口	200	三级
44020310120600097	樟科	樟属	樟树	西河镇田心村民委员会	墩子头村	220	三级
44020310420500012	樟科	樟属	樟树	重阳镇大夫前村民委员会	新村	280	三级
44020310420500013	樟科	樟属	樟树	重阳镇大夫前村民委员会	新村	300	二级
44020310420600015	桑科	榕属	雅榕	重阳镇青暖村民委员会	黄屋	200	三级
44020310420600016	桑科	榕属	雅榕	重阳镇青暖村民委员会	黄屋	220	三级
44020310420600014	樟科	樟属	樟树	重阳镇青暖村民委员会	黄屋	280	三级
44020310420600017	桑科	榕属	雅榕	重阳镇青暖村民委员会	欧屋	220	三级
44020310420100007	桑科	榕属	雅榕	重阳镇水口村民委员会	旱塘	410	二级
44020310420100006	桑科	榕属	雅榕	重阳镇水口村民委员会	旱塘	410	二级
44020310420100009	樟科	樟属	樟树	重阳镇水口村民委员会	老村的新村	220	三级
44020310420100004	桑科	榕属	雅榕	重阳镇水口村民委员会	凉亭旁	290	三级
44020310420100001	樟科	樟属	樟树	重阳镇水口村民委员会	龙头子	280	三级
44020310420100002	樟科	樟属	樟树	重阳镇水口村民委员会	龙兴子	450	二级
44020310420100010	桑科	榕属	雅榕	重阳镇水口村民委员会	新村	250	三级

续表 22

古树编号	科	属	树种	生长环境	小地名	树龄（年）	等级
44020310420100008	桑科	榕属	雅榕	重阳镇水口村民委员会	榕树下	350	二级
44020310420700018	樟科	樟属	樟树	重阳镇万侯村民委员会	侯屋	230	三级
44020310420700021	桑科	榕属	雅榕	重阳镇万侯村民委员会	侯屋	360	二级
44020310420700020	桑科	榕属	雅榕	重阳镇万侯村民委员会	侯屋	360	二级
44020310420700022	桑科	榕属	雅榕	重阳镇万侯村民委员会	侯屋	400	二级
44020310420700019	樟科	樟属	樟树	重阳镇万侯村民委员会	侯屋	250	三级
44020310420300011	樟科	樟属	樟树	重阳镇重阳村民委员会	麻公坑	450	二级
44020310320300101	金缕梅科	枫香树属	枫香树	江湾镇梁屋村民委员会	湾仔	180	三级
44020310320300098	桑科	榕属	雅榕	江湾镇梁屋村民委员会	榕树坝	330	二级
44020310320400100	桑科	榕属	雅榕	江湾镇湖洋村民委员会	倒流水	410	二级
44020310320400099	桑科	榕属	雅榕	江湾镇湖洋村民委员会	老街	310	二级

武江区风度书房一览表

表23

序号	书房名称	书房地址	面积（平方米）	藏书量（册）
1	惠民分馆	武江区惠民街道惠民北路18号财政局门口	135	11000
2	利民分馆	武江区惠民街道工业西路91号	218	14100
3	青少年宫分馆	武江区惠民街道武江北路3号青少年宫内	260	13000
4	林桥公园分馆	武江区惠民街道乳韶路镇泰小学旁，林桥公园内	130	7400
5	新华北分馆	武江区惠民街道东岗岭经适房负一楼10号	220	12000
6	武江南路中国人寿分馆	武江区惠民街道武江南路59号首层	120	9400
7	韶州公园分馆	武江区惠民街道韶州公园游客服务中心1楼	220	19465
8	碧水花城分馆	武江区新华街道沙洲路43号碧岛华庭5栋1层	100	6000
9	沙洲四路分馆	武江区新华街道沙洲四路1-3号首层5商铺	130	9000
10	工业东分馆	武江区新华街道工业东路10号市水务局首层	240	16000
11	保利大都会分馆	武江区西联镇百旺路15号保利中悦花园1幢13、14、15号	246	9300
12	太阳城分馆	武江区西联镇碧桂园太阳城芷兰湾一期2号楼裙楼	152	12000
13	行政服务中心分馆	武江区西联镇市行政服务中心内	120	3500
14	龙归分馆	武江区龙归镇文体广场旁	150	8834

索 引

主 题 索 引

一、本索引按照主题词首字汉语拼音字母顺序排列。

二、本文中的类目题、分目题用黑体字标明，其余用书宋体字排印。

三、索引款目后的数字表示内容所在的页码，数字后的英文字母（a、b、c）表示栏别（即版面的1、2、3栏）。

四、本索引对《大事记》《先进表彰》《文件辑录》《附录》等类目不作内容主题分析。

A

B

C

D

E

F

G

H

J

S

T

Y

Z

彩 版 索 引

表 格 索 引